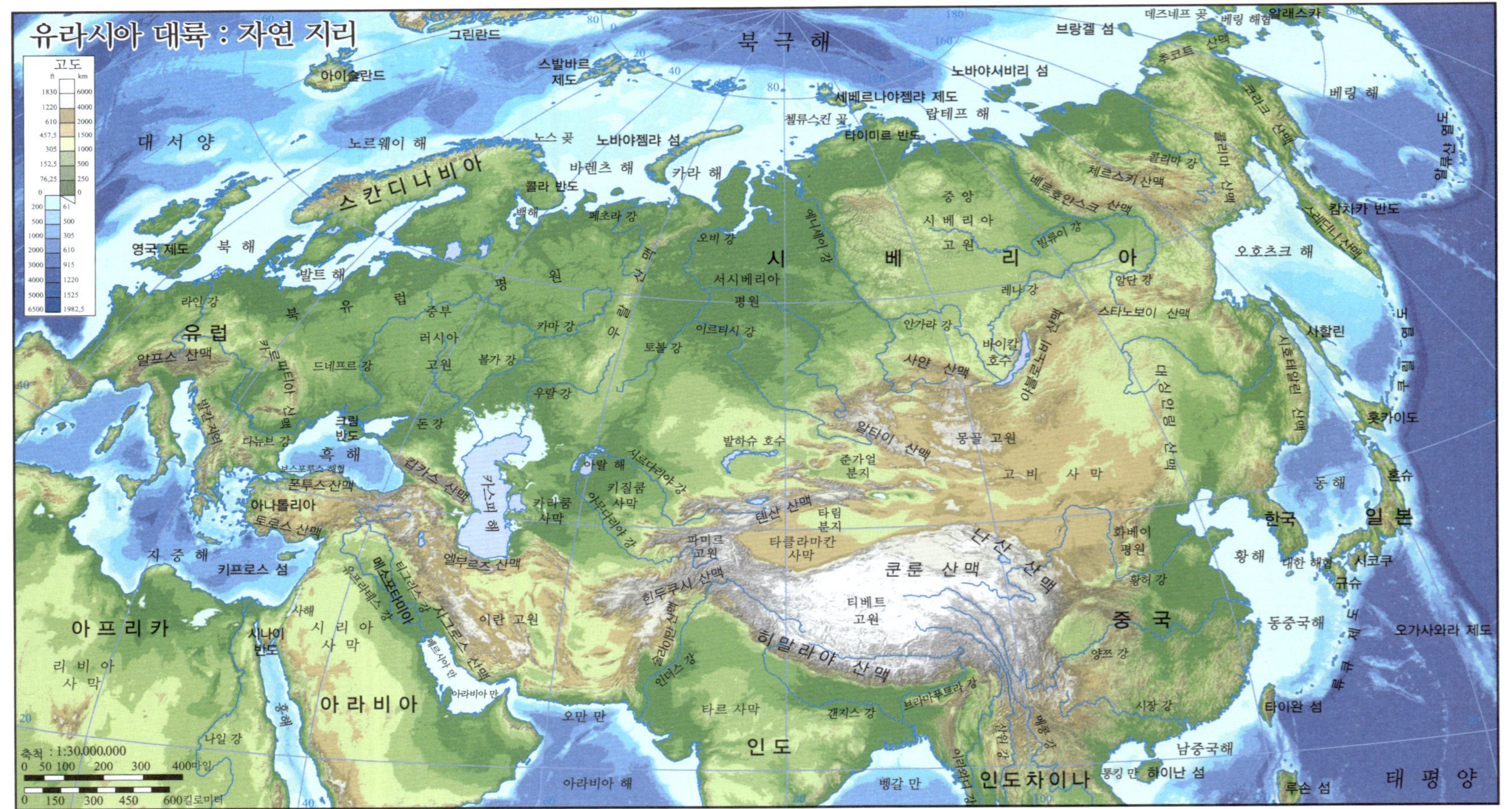

유라시아 대륙 : 자연 지리
고도
ft km
데즈네프 곶 베링 해협 알래스카
브랑겔 섬
추코트 산맥
베링 해
북 극 해
그린란드
스발바르 제도
노바야서비리 섬
콜리마 산맥
콜리마 강
세베르나야젬랴 제도
랍테프 해
체르스키 산맥
베르호얀스크 산맥
캄차카 반도
스레드니 산맥
오호츠크 해
아이슬란드
노르웨이 해
노스 곶
노바야젬랴 섬
첼류스킨 곶
타이미르 반도
대 서 양
바렌츠 해
카라 해
중 앙
시 베 리 아
고 원
스칸디나비아
콜라 반도
백해
페초라 강
오비 강
예니세이 강
빌류이 강
사할린
베 고 리 아
영국 제도
북 해
발트 해
유 럽
평 원
우 랄
서시베리아
평원
이르티시 강
레나 강
알단 강
스타노보이 산맥
야블로노비 산맥
동 해
혼슈
라인 강
중부
러시아
고원
카마 강
볼가 강
토볼 강
안가라 강
바이칼 호수
사얀 산맥
홋카이도
알프스 산맥
가르파티아 산맥
드네프르 강
우랄 강
발하슈 호수
알타이 산맥
몽골 고원
고 비 사 막
사 산 맥
한국
일 본
크림 반도
돈 강
시르다리야 강
준가얼 분지
화베이 평원
동 해
시코쿠
규슈
보스포루스 해협
흑 해
아랄 해
키질쿰 사막
톈산 산맥
타림 분지
황해
대한 해협
폰투스산맥
캅카스 산맥
카라쿰 사막
아무다리야 강
타클라마칸 사막
쿤 룬 산 맥
황허 강
아나톨리아
카스피 해
파미르 고원
오가사와라 제도
토로스 산맥
엘부르즈 산맥
티베트 고원
중 국
동중국해
지 중 해
키프로스 섬
티그리스 강
자그로스 산맥
히두쿠시 산맥
히 말 라 야 산 맥
양쯔 강
아 프 리 카
사해
시리아 사막
이란 고원
타이완 섬
리비아 사막
시나이 반도
유프라테스 강
카룬 강
메소포타미아
페르시아 만
살윈 강
인더스 강
시장 강
메콩 강
이라와디 강
아 라 비 아
홍해
아라비아 만
오만 만
타르 사막
갠지스 강
브라마푸트라 강
나일 강
인 도
남중국해
통킹 만 하이난 섬
태 평 양
축척 : 1:30,000,000
아라비아 해
벵갈 만
인 도 차 이 나
루손 섬
0 50 100 200 300 400마일
0 150 300 450 600킬로미터

러시아의 역사 ㉭

제8판

러시아의 역사 하

니콜라스 V. 랴자놉스키, 마크 D. 스타인버그
조호연 옮김

까치

A HISTORY OF RUSSIA : 8TH EDITION

by Nicholas V. Riasanovsky, Mark D. Steinberg

역자 **조호연**(趙虎衍)
서울대학교 서양사학과를 졸업하고, 동대학원에서 석사학위를 받았다. 러시아국립사범대학교에서 박사학위를 취득했다. 서울대학교, 한국외국어대학교, 중앙대학교 등에서 강사를 지냈으며 현재 경남대학교 역사학과 교수로 재직 중이다. 주요 논문으로 「베르댜예프의 기독교적 사회사상」(『슬라브학보』, 제23권 제4호[2008. 12] : 377–404), 「상트페테르부르크 종교철학회의 : 러시아 교회사에서의 하나의 전환점」(『서양사연구』, 제37집 [2007. 11] : 103–129), 「1905년에서 1917년까지의 러시아 자유주의 연구」(『슬라브학보』, 제14권 제1호[1999. 6] : 341–377)가 있다.

편집, 교정_김소라

러시아의 역사 ㉻

저자 / 니콜라스 V. 랴자놉스키, 마크 D. 스타인버그
역자 / 조호연
발행처 / 까치글방
발행인 / 박후영
주소 / 서울시 용산구 서빙고로 67, 파크타워 103동 1003호
전화 / 02 · 735 · 8998, 736 · 7768
팩시밀리 / 02 · 723 · 4591
홈페이지 / www.kachibooks.co.kr
전자우편 / kachibooks@gmail.com
등록번호 / 1–528
등록일 / 1977. 8. 5
초판 1쇄 발행일 / 2011. 11. 5
　　6쇄 발행일 / 2023. 9. 20
값 / 뒤표지에 쓰여 있음

ISBN　978–89–7291–511–9　94920
　　　　978–89–7291–509–6　94920 (전2권)

<h1 style="text-align:center">차례 · 하</h1>

차례 · 상

하권의 서론 : 역사적 배경

러시아의 근대는 알렉산드르 2세의 "대개혁" 이후에야 제대로 진행되었다고 주장될 수 있고, 또 종종 그렇게 주장되어왔다. 대개혁으로 인해서 농노제가 종식되었고, 새로운 형태의 지방 및 도시 자치정부가 생겼으며, 대학에 좀더 많은 자율권이 부여되었으며, 자의성과 혼란이라는 특징을 가지고 있던 후진적인 사법체제가 유럽에서도 아주 진보적이고 공개적인 사법질서로 대체되었고, 서적과 잡지에 대한 관료주의적인 검열체계가 법에 기반을 둔 체계로 대체되었으며, 복무 기간이 제한되고 정규 예비군을 가진 근대 유럽식으로 군대가 개편되었다. 이 이후의 장에서는 근대를 향하여 러시아가 걸어간 길이 가진 특수성이 명확히 드러나기는 하겠지만, 러시아가 유럽에서 공통적이었던 근대성의 길을 따라서 여행하고 있었다는 수많은 증거가 제공될 것이다(근대성은 유럽에서조차 모든 곳에서 단일한 현상이 아니었다는 사실은 기억할 만하다). 학자들은 근대성이 어떻게 정의되어야 하는지에 대해서 여전히 논쟁을 벌이고 있다. 그러나 적어도 유럽 역사의 경우에 가장 설득력 있고 유용한 정의는 모순된 얼굴을 가지고 있다. 그것은 합리주의적이고 과학적인 근대화(물리적인 환경과 사회관계와 경제관계에 질서를 잡고 통제하고 개선하려는 추진에 대한 의지를 포함한다)를 의미하기도 하고, 분열과 인습 타파, 유동성과 불확실성의 정신을 의미하기도 한다. 그와 유사하게, 앞으로의 전진에 대한 근대적 신념에는 그에 못지않을 정도의 근대적 불안, 걱정, 의심, 저항이 뒤따랐다고 주장되어왔다. 근대성에 대한 이런 시각은 19세기 중반 이래의 러시아 역사에 대해서 생각할 때 유용하다. 그러나 이와 관련된 이야기는 그보다 일찍 시작되었다. 앞의 여러 장에서 기술했듯이, 러시아에서는 많은 것들이 "대개혁" 이전에 이미 변화되고 있었다.

17세기에 모스크바국(Moskovskoe gosudarstvo : 이 국가는 모스크바의 공들이 15세기부터 몽골에 의한 지배 및 수많은 공들 사이의 권력 분화 현상과 싸울 때 성립되었다)은 국가의 정치적 및 사회적 질서를 수립하는 정책에 착수했다. 이 시기에는 관료주의적 중앙집중화가 증대되고, 행정과 법이 체계화되고, 귀족의 권위가 약화되고(특히 국가에 대한 봉사라는 조건하에서 토지를 보유하게 함으로써, 봉직자들에게 토지와 귀족의 지위를 보상으로 주어서 귀족 영지를 새로운 사람들에게 개방함으로써), 농촌의 노동인구에 대한 통제가 강화되었다(특히 영지와 주인으로부터 도망칠 수 있는 권리를 폐지함으로써 농촌의 농노제는 완성되었으나, 기나긴 농민 반란도 시작되었다). 점차 강력해졌던 이 민족국가는 17세기에 서쪽으로는 오늘날의 벨라루스와 우크라이나(이것은 몽골 이전의 "루시", 혹은 키예프 루시라는 과거의 역사적 중심지를 모스크바국으로 통합시킨 것을 의미했다), 남쪽으로는 카스피 해에 이르는 스텝 지대, 동쪽으로는 광활한 시베리아 지역을 포괄할 정도로 영토를 계속 확장했다. 17세기 말 무렵, 이미 러시아는 아주 권위주의적이었지만 점차로 근대화되어가는 국가이자 다민족 제국이 되고 있었다.

17세기는 러시아와 서유럽의 문화적 연계가 가속도를 얻으며 급속히 맺어지던 때이기도 했다. 분명히 이 무렵이면 나머지 유럽 지역과의 관련성은 이미 그 역사가 오래되었다. 러시아의 많은 지배 엘리트들은 키예프 루시 국가를 세운 스칸디나비아의 침략자들에게로 자신들 가문의 기원을 소급했다. 그리스와의 상업적 유대와 왕조적 유대는 심지어 러시아의 통치자들이 10세기에 국가를 정교회로 개종시키기 이전에 시작되었다. 그 이후에, 러시아는 정치와 예술을 포함하여 많은 영역에서 정교회 비잔티움의 문화적 영향력을 느꼈다. 그러나 동시에 이탈리아의 건축가들은 15세기에 모스크바의 크렘린에 있는 웅장한 새로운 석조 교회를 설계하기 위해서 초대되었다. 17세기, 특히 알렉세이의 통치기(1645–1676)에는 러시아에서 서구의 영향력의 범위와 깊이에 변화가 일어났다. 러시아 교회의 의식을 그리스 관행에 맞추려는 노력—러시아 정교회를 민족적인 관점이 아니라 전 세계적인 관점에서 바라보려는 총주교에 의해서—은 신도들 사이에 분열을 초래하기는 했지만, 국가의 지지를 받았다. 키예프 등의 도시들에서는 서구와의 지적 교환의 중심으로서 슬라브–그리스–라틴 학술원(Slaviano-greko-latinskaia akademiia)이 설치되었다. 그리고 유럽 곳곳에서 많은 외국인들이 차르의 봉직을 맡게 되었고, 러시아 군대에서 장교로 복무하거나, 외국과의 교역과 공장 건설에서 핵심적인 역할을 맡았다. 알렉세이의 활동적인 아들이자 제위를 물려받은 표트르를 포함하여 많은 러시아인들 사이에서는 서구의 관습 및 사상의 영향력이 커져갔다.

표트르 1세(재위 기간 1682-1725) 치하에서 러시아의 근대화와 서구화는 가속도를 얻었다. 표트르는 엄청난 에너지와 추진력 그리고 매우 권위주의적인 무자비함을 가지고, 자신이 보기에 여전히 후진적이며 서구와의 관계에서 고립되었다고 생각되던 러시아를 개편하는 과제에 몰두했다. 러시아 제국—표트르가 1721년에 "위대한(Velikii)"이라는 칭호만이 아니라 황제(imperator)라는 칭호를 추가로 받았을 때, 러시아는 공식적으로 제국으로 인정받았다—의 영토가 계속해서 확대됨에 따라, 표트르는 정부와 행정을 좀더 합리적으로 만들고 중앙집중화시키는 일에 전념했다. 그리고 그는 다른 무엇보다도 콜레기야(collegia)라고 불리는 장관부서, 원로원, 정치경찰을 설치하고, 국가를 주(州)로 나누고 주 행정부서를 설치함으로써 제국을 재편하고, 교회를 국가의 통제 아래에 두었다. 이런 개혁 조치와 나란히, 국가만이 아니라 사회를 변형시키려는 변화가 시도되었다. 표트르 대제는 단일한 "관등표"를 만들어서, 봉직을 통한 승진에 기반을 둔 위계질서 속으로 신구 귀족을 통합했다. 그리고 그는 도시민들을 길드와 조합으로 조직하고, 공장 등의 산업시설을 세웠으며, 육군을 근대화하고 해군을 창설했고, 조세 구조를 개혁했고(그것이 좀더 효율성을 가지도록), 러시아 최초의 고등교육 학술원과 학교를 설립함으로써 서구화된 지적 생활에 자극을 주었고, 교회슬라브어가 아닌 새로운 알파벳을 창안했고, 러시아 최초로 인쇄된 신문을 창간했고, 서유럽에서와 마찬가지로 러시아인들이 세계 창조가 아닌 그리스도의 탄생으로부터 햇수를 계산할 수 있도록 달력을 새로 재정하기까지 했다.

역사학자들은 표트르 재위기에 러시아 역사 전체를 관통하는 하나의 중심 사상이 있다고 보았다. 워트만은 그것을 "위로부터 가해지는 문명화의 동력의 역할" 사상이라고 불렀다. 많은 러시아 통치자들처럼, 표트르도 러시아의 진보를 보장하기 위해서 국가의 힘을 이용했다. 그러나 표트르 치하에서 이전보다 더 강하게 목표로 설정되었던 것은 바로 "서구 문명"이었다. 이것은 두 가지 상징적인 조치에서 아주 강력하게 드러났는데, 표트르의 통치기는 이로 인해서 가장 잘 기억된다. 하나는 그의 엘리트들에게 서구식 복식을 하고 턱수염을 깎으라고 한 것이며, 다른 하나는 상트페테르부르크(처음에는 상트 피테르 부르크[Sankt Piter Burkh])라는 완전히 서구식 이름을 가진 서구식 수도를 건설한 일이었다. 표트르로서는 서유럽의 근대성이란 무엇보다도 행정, 법, 사회구조의 합리화이자 조직화라고 정의되었다. 그는 러시아를 위해서 명확한 법, 규칙, 절차, 발전된 기술, 좀더 근대적인 경제를 모색했다. 적절하게도, 러시아의 새로운 수도는 기하학적인 도시였다. 이 도시는 늪이 많고 제멋대로 나 있으며 홍수가 잦은 지형 위에 선, 정사각형, 격자무늬, 삼각형 모양으로 세운 도시였다.

대체로 18세기에 표트르를 계승한 사람들, 특히 엘리자베타(재위 기간 1741-1762)와 예카테리나 2세(재위 기간 1762-1796)는 여자였는데, 이것은 군주가 계급, 성 혹은 혈통과는 무관하게 적합한 후계자를 선택할 수 있도록 표트르가 계승법을 개정했기 때문에 가능했다. 표트르의 딸인 엘리자베타는 표트르의 유산을 이어받기 위해서 많은 일을 했다. 그녀는 정부기구를 규격화하고 합리화하기 위한 노력을 계속 이어갔고, 고등교육과 문화 발전을 장려했으며, (예를 들면, 관세장벽을 폐지하고 기업 정신을 고무시킴으로써) 경제에 자극을 주었다. 그리고 그녀는 대외정책 면에서 러시아가 유럽의 강국이라는 점을 입증하기 위한 노력을 계속했으며, 심지어 7년 전쟁에서 프로이센을 물리치고 1760년에는 잠시 베를린을 점령하기까지 했다. 그러나 그녀가 가장 잘 기억되는 것은 러시아인들의 삶에서 문화와 아름다움에 대한 새로운 정신을 옹호했기 때문이었을 것이다. 그녀는 이탈리아 건축가들을 데리고 와서 일군의 멋진 궁궐과 공원을 건축했다. 그리고 그녀는 러시아인들의 공적 생활에서 "행복에 대한 숭배"라고 불리는 것을 주창했다. 엘리자베타에게 바치는 시는 그녀의 통치 방법이었던 "사랑"과 "친절"을 노래했다. 그녀 자신은 아주 공개적이었던 자신의 사생활에서 쾌락의 미덕에 헌신된 삶을 추구했다.

예카테리나 2세—전쟁을 통한 정복, 제국 영토의 계속적인 확장으로 인해서 "대제"라는 이름이 붙었다—는 러시아의 근대화를 계속하려는 야심 찬 희망에서 영감을 얻었다. 그녀는 러시아의 법을 편찬하려고도 했다. 그러나 그녀의 목적은 체계화만이 아니라, 정치 문화적 근대화이기도 했다. 그녀는 다양한 계급 출신의 대표들을 소집해서 1767년에 유례가 없는 전국 입법 위원회를 구성했다.

그리고 그녀는 자신의 유명한 「나카즈(Nakaz)」 혹은 「훈시」를 통해서 러시아가 "유럽 국가"라는 점, 군주정의 목적은 "국민들에게 천부적인 자유를 빼앗는 것이 아니라 최고의 선을 획득하기 위해서 그들의 행동을 교정하는 것"이라는 점, "국가는 법에 따라서 통치되어야 한다"는 점, "모든 인간은 평등하며 동일한 법 아래 있어야 한다"는 점 등의 여러 기준에 부합되는 새로운 법전을 만들라는 임무를 대표들에게 부여했다. 비록 예카테리나가 러시아의 근대화를 추진하기 위해서 제위에 있을 때 많은 일을 이루기는 했지만, 계몽주의 철학의 강한 영향을 받은 이런 이상주의적인 미래상은 실현되지 않았다. 그녀는 중앙행정을 개편하여 절차와 부서가 더욱 효율적이게 만들었다. 그녀는 죽은 남편인 표트르 3세(그는 근위대 장교들에 의해서 폐위된 이후에 살해당했다)의 몇 안 되는 인기 있는 결정 중의 하나를 수용했다. 그래서 모든 귀족에 대한 국가 봉사 의무를 폐지하고, 분명 귀족들이 지방 문제와 자신들의 영지 경영에서 좀더 활발하게 활동하도록 장려하려고 했다. 그녀는 지방행정의 방법 면에서 중요한 개혁을 시작했다. 그리하여 이치에 좀더 맞도록 주(州)를 재편했고, 점차 성장하고 있던 도시를 경영하도록 도시의 기구를 새로 설치했으며, 귀족 협의회를 만들었고, 주의 새로운 법 제도를 창설했다. 그녀는 사설 출판사와 인쇄소를 처음으로 허용하고, 학비를 내지 않는 공립초등학교와 고등학교를 개교하는 일 등을 통해서 교육과 문화를 육성했다. 그녀는 농업에 종사하는 귀족과 기업 소유자들을 대상으로 다양한 대부와 그 외의 인센티브를 제공함으로써 경제를 발전시키려고 노력했다. 그리고 그녀는 폴란드인들, 우크라이나인들, 리투아니아인들, 유대인들 등을 러시아의 통치 속으로 포함시킴으로써 제국을 계속해서 확장시켰다. 이런 일은 세계에서 러시아의 위상을 강국으로 자리매김시켰다고 생각되었다.

파벨 황제는 자신의 어머니인 예카테리나 2세의 많은 개혁 조치를 무효로 만들려고 노력했으나, 그것은 그가 폐위당하고 살해당함으로써 중단되었다. 계몽된 개혁에 대한 이야기는 알렉산드르 1세(재위 기간 1801-1825)의 통치기에 다시 시작되었다. 알렉산드르는 통치 바로 초기에 비공식 위원회(Neglasnyi komitet)를 설치하여, 헌법 및 농노제 폐지를 포함한 주요 정치 및 경제의 개혁을 논의했다. 그는 정책을 조율하고 최고 법원으로서 기능하는 원로원에 좀더 큰 영향력을 부여했고, 비효율적이고 종종 부패해지는 콜레기야를 좀더 효율적이고 책임을 지는 장관부서로 교체했으며, 나폴레옹의 "참사원(Conseil d'etat)"을 본떠서 입법에 관하여 차르에게 자문을 해주도록 임명된 전문가 집단인 국무 협의회(Gosudarstvennyi sovet)를 창설하는 등의 일들을 통해서 중앙집권적인 국가를 개혁했다. 그렇지만 그는 헌법을 제정하지도 못했고, 농노제를 폐지하지도 못했다. 그리고 그는 (개별 농노의 판매처럼) 농노들의 삶에서 아주 잔인한 일부 상황을 완화시키기 위한 법, 귀족이 아닌 사람들도 영지를 소유할 수 있게 함으로써 경제를 활성화하기 위한 법, 새로운 대학과 학교를 설립함으로써 문화 발전을 자극시키려는 법 등을 제정했다. 그뿐만 아니라 그는 1805-1807년에 나폴레옹에 대한 전쟁과 1812년의 전쟁을 통해서 세계 속에서 러시아의 역할을 계속 확대시켰다. 특히 나폴레옹이 러시아를 침입함으로써 시작된 1812년 전쟁은 러시아 군대가 1814년에 파리로 진격해 들어감으로써 종식되었는데, 이것은 러시아가 유럽 강국이 되었다는 것을 강력하게 상징하는 사건이었다.

동시에, 알렉산드르는 전임자들과 마찬가지로 자신의 절대적인 권력을 세심하게 보호했다. 국제정치에 대한 흥미를 잃어버렸다는 것에서부터 시작하여, 메테르니히 공과 같은 유럽의 보수주의자들이 영향을 미쳤다는 것, 자유화의 위험에 대해서 점차 불안감을 가지게 되었다는 것, 그가 완전히 이중적인 태도를 가지고 있었다는 것에 이르기까지, 그가 왜 러시아에 헌법을 부여하지 못하고 농노제를 폐지하지 못했는지에 대해서는 많은 이유가 제시되어왔다. 그러나 심지어 그가 러시아에 헌법을 부여했다고 할지라도, 그가 생각하는 입헌주의 개념은 각별히 민주주의적인 것이 아니었음을 기억해야 한다. 최근의 학자들이 강조한 것에 따르면, 알렉산드르와 그의 측근들은 선출된 입법기구와 강력한 사법부를 통하여 행정부의 권력을 제한하고 균형 잡는 것을 헌법이라고 이해했던 것이 아니라, 자의성과 폭정으로부터 벗어난 질서 잡힌 행정과 법체계로 이해하고 있었다. 한마디로, 그들은 민주주의가 아니라 투명성, 질서, 효율성—법치국가(Rechtsstaat)—을 원하고 있었다. 대부분의 계몽된 전임자들과 마찬가지로, 알렉산드르는 러시아의 근대적 진보를 위해서는 강력한 국가가 필수적이라고 믿고 있었다.

니콜라이 1세(재위 기간 1825-1855)의 통치기에는 권력이 가져다줄 수 있는 진보에 대한 생각보다는 질서와 권력을 위한 필요성 쪽으로 강조점이 변화되었다. 이 시기의 중심 사상은 종종 무자비한 방법으로 강요되기도 한 질서였다. 니콜라이 1세는 유럽의 혁명에 대항하여 투쟁을 벌였기 때문에 "유럽의 헌병"이라는 별명을 얻었다. 그는 국내에서 교육, 출판, 학문, 문학, 심지어 과학을 겨냥해서, 반체제 세력을 적발해서 침묵시키기 위한 정책을 폈다. 니콜라이 1세 정부에서 주도적인 관료였던 우바로프 백작은 자신이 "이론적으로 준비되어 있는 것보다 러시아를 약 50년 뒤로 후퇴시키는" 데에 성공할 수 있다면, 자신에게 부여된 의무를 다하고 죽는 셈이라고 말했다. 정부와 사회에 대한 새로운 사상—"이론들"—의 영향을 차단하려는 이런 노력은 놀라울 정도로 성공적이었다. 한 당대인의 견해로는, 니콜라이는 "육체적으로나 정신적으로 썩어 문드러져서 악취를 풍기는 묘지의 침묵"을 러시아에 부과했다. 크림 전쟁의 대실패는 근대 서유럽 국가들에 비교되는 러시아의 상대적인 후진성을 아주 분명하게 보여주었다. 러시아가 서구 국가로 나아가는 발전을 멈추게 하려는 노력은 세계에서의 러시아의 명성에 해를 끼칠 뿐만 아니라, 러시아의 국력 및 심지어 생존에 해로운 것으로 보였다.

니콜라이는 러시아에서 근대화로의 변화를 회피하려고 했던 최초의 통치자는 아니었다. 유사한 노력은 표트르 3세(재위 기간 1762), 그리고 특히 파벨 1세(재위 기간 1796-1801)에 의해서 시도된 적이 있었다. 그러나 니콜라이 1세 통치기에 개혁 및 개혁주의적 사상에 대한 반동은 역사학자들이 "관제 국민성(Ofitsial' naia narodnost)"이라고 부른 명확한 이데올로기와 새롭게 결합되었다. 우바로프 백작이 아주 정교하게 만든 이 이데올로기에는 세 가지 원칙, 즉 정교회, 전제정치, 국민성이 포함되어 있었다. 정교회는 기존 교회의 커다란 공적 역할만이 아니라, 삶의 의미와 가치의 궁극적인 근원으로서의 진실된 믿음을 가리켰다. 특히 정교회는 인간 이성과 인간의 능력에 최고의 자리를 부여하는 계몽주의 사상과는 반대의 입장에 서 있었다. 전제정치는 러시아의 선을 위해서 군주의 절대적인 권력은 신성하기도 하며 필요하기도 하다는 점을 의미했다. 국민성—러시아어로는 "나로드노스트(narodnost)"—은 차르의 사랑스럽고 순종하는 신민(臣民)으로서 강력하고도 사려 깊은 인도를 필요로 하며 희망하는 러시아인들과 러시아의 특별한 성격을 가리켰다.

그렇기는 했지만, 러시아의 사회와 문화는 점점 빠른 속도로 변화되고 있었다. 이런 변화는 합리적이고 과학적인 진보만이 아니라, 불안정, 유동성, 기존 기구와 사상에 대한 도전이라는 근대의 두 얼굴을 모두 반영했다. 우리는 특히 17세기부터 러시아에 유럽의 문화와 사상의 영향력이 커져가고 있었다는 점을 이미 언급한 적이 있다. 그 이후에 러시아의 삶에서는 근대 과학, 세속 교육, 이성과 진보에 대한 계몽주의 사상, 외국어 등의 영향력이 커져갔다. 18세기의 러시아에서는 고전주의와 감상주의 그리고 다른 유럽 조류에 영향을 받은 새로운 문학 장르들이 급성장했다. 무엇보다도 푸시킨과 고골의 시대인 19세기 초는 러시아 문학의 "황금시대"의 시작이라고 불려왔다. 그리고 세속 음악, 연극, 회화, 건축은 18세기에 등장해서 19세기 초에 번창했다. 아주 간단하게 보면, 1800년 무렵의 러시아 문화는 1700년의 경우와 공통점이 별로 없어 보였고, 발전은 계속해서 가속도를 내고 있었다. 그리고 단순히 차용하는 것에서 나아가 상당한 정도의 창의적인 적용과 독창성을 보여주고 있었다.

18세기 후반과 19세기 초반에 가장 큰 변화를 가져온 문화적 발전은 "인텔리겐치아(intelligentsia)"의 대두였을 것이다. 러시아어로부터 영어로 들어온 이 용어는 교육받은 사람들 혹은 심지어 이상적인 삶에 헌신하는 사람들만이 아니라, 교육받고 지적인 일에 종사하는 개인들(1860년대까지는 남성들)로서 처음에는 계몽사상, 그다음에는 낭만주의의 영향을 받은 절대적인 원칙의 이름으로 자신들이 억압적이고 탄압적인 정치 및 사회질서라고 생각한 것에 반대하던 사람들을 의미했다. "인텔리겐치아"라는 용어는 1860년대가 되어서야 사용되었지만, 그 단어의 역사는 그보다 일찍 시작되었다. 예카테리나 대제의 통치기 동안에, 노비코프와 같은 기존 질서의 비판자들은 곳곳에 퍼진 "연약함, 불완전성, 악덕"을 신랄한 풍자로 꾸짖으면서, 인간을 동등한 존엄성과 권리를 가진 신성한 존재로 보는 관점에 기반을 둔 사회와 정책을 옹호했다. 반면에 좀더 급진적이었던 라디시체프는 인류의 동등한 존엄성이라는 이름으로 농노제를 공개적으로 비판했다. 이 두 사람은 결국 자신들의 대담한 행동 때문에 예카테리나 2세에 의해서 투옥되었다. 여제는 특히 프랑스 혁명 이후에 지나치게 많은 자유가 가지는 위험에 대해서 점점 더 우려하고 있었다. 1800년대 초에는 귀족 청년들 사이에 비밀 정치단체 운동이 등장했다. 나중에 이것은 1825년 12월에 새로운 황제인 니콜라이 1세에 대항한 무장 봉기가 시도된 이후에, "데카브리스트 운동"이라고 알려졌다. 그들은 계몽주의적 이성과 개인의 존엄성 및 권리에 대한 신념이라는 이름으로, 전제체제를 입헌군주정이나 공화정으로 대체하자고 주창했다. 그리하여 그들은 인간의 기본권(언론, 출판, 결사, 종교의 자유)을 보장하고 농노제를 폐지하려고 했다. 쿠데타 시도 이후에, 운동의 지도자들은 체포되고 재판받았다. 많은 사람들은 시베리아로 유배당했다. 그 운동의 지도자였던 5명의 젊은 귀족들은 교수형을 당했다.

　인텔리겐치아의 반체제 운동—비록 공식적인 행동에 대해서는 아주 조심스러운 운동이었지만—은 1830년대와 1840년대에 아주 크게 부흥되고 발전되었다. 그리고 이 시기에는 인텔리겐치아가 경쟁적인 두 개의 이데올로기적 흐름으로 분화되었다. 게르첸, 벨린스키, 바쿠닌 같은 "서구주의자들"은 인간의 존엄성이라는 중심 원칙을 위반한 것이라는 이유로 전제정치, 농노제, 그리고 인권이 부재하는 현실을 반대했고, 모든 개인들에게 존엄한 삶을 보장해주는 유일한 질서로서의 "사회주의"에 대해서 말하기 시작했다. 호먀코프, 키레옙스키, 사마린과 같은 "슬라브주의자들"도 농노제, 시민적인 자유의 부재, 개인 생활에 대한 정부의 침해에 반대했으나, "정신적인 공동체(sobornost)"라는 원칙의 이름으로 그런 태도를 취했다. 그 원칙에 따르면, 사회와 정치체제는 자유의지에 의해서 연합되어야 하며, 표트르 대제가 이질적이고 기계론적인 권력 및 사회 질서 원칙을 러시아에 들여오기 전에 존재했다고 그들이 주장하는 도덕 및 정신적 가치를 공유해야 했다. 온갖 차이점에도 불구하고, 1830년대와 1840년대의 인텔리겐치아는 공통의 정신을 가지고 있었다. 그들 모두는 사상에 대한 열정(그들이 좋아하던 철학자는 독일 관념론자들이었다), 세상이 잘못 되었다는 것에 대한 강한 인식, 변화를 향한 열망을 가지고 있었다. 그들은 자국의 운명을 발견하려고 노력했으며, 이러한 미래를 존재하도록 만드는 것이 자신들의 사명이라고 생각하고 있었다. 물론 이 두 가지만이 당대의 유일한 지적 흐름은 아니었다. 다양한 보수주의도 좀더 발전되고 분명한 모습을 가지게 되었다. 예를 들면, 알렉산드르 1세의 통치기에 카람진은 러시아 전체 역사의 발전을 세심하게 관찰한 데에 기반을 두고, 비록 도덕적인 목적을 가졌지만 절대적인 권력을 가진 국가의 필요성에 대한 열정적인 주장을 펼쳤다.

　교육받은 사람들 사이에서 점차 많은 관심을 끌게 되었던 사회 및 경제 문제

면에서는, 1861년에 농노제가 폐지됨으로써 러시아에서 사회 경제적 성장과 변모의 새로운 가능성이 열리기 이전에도 이미 많은 것이 변화되었다. 국가의 많은 지역의 농업은 좀더 시장을 지향하게 되었다. 그리고 제조업과 국내 상업과 국제교역은 꾸준히 성장해서 새로운 직업을 창출했고 도시 인구를 증대시켰다. 이런 발전으로 인해서, 전통적인 사회신분에 기반을 두고 바라보던 사회질서가 약화되었다. 그렇지만 대다수의 사람들은 여전히 농민으로 남아 있었고, 17세기 중반에 완전히 확립된 농노제는 사회생활에서 확고한 현실이 되었다. 그러나 농노제는 점점 더 흔들리는 모습을 보였다. 많은 교육받은 러시아인들은 농노제를 경제적인 골칫거리이자 국가의 도덕적인 오점이라고 바라보고 있었을 뿐만 아니라, 농민들 스스로도 농노제에 저항하고 있었다.

농민들은 물질적인 곤경과 자신들의 삶의 불확실성에 대처하는 다양한 방법을 발견했다. 그들은 공동체에서 질서 및 자신들의 집단적인 생존을 보장받기 위해서, 가장들의 공동 회의에 의해서 운영되는 강력한 농민공동체(미르[mir])를 조직했다. 농민들은 깊은 종교적 관점으로 세상을 바라보았는데, 그 관점에 따르면 세상에는 영적 힘들이 있기는 하지만 그것은 기도 및 기독교적 의식만이 아니라 오래된 마술적 행위들의 도움을 받아 다룰 수 있는 것들이었다. 농민들은 때때로 일종의 노예제 수준까지 다다른 농노체제에 직면하여 반란을 일으켰다. 농노들은 어느 곳이든지 이동이 금지되었고, 노동 및 화폐 지대가 어느 정도 혼합된 형태의 지대를 지주들에게 납부해야 했다. 지주들은 아버지와 같은 태도로 친절하거나, 참을 수 없는 요구를 하기도 하고 잔인한 징벌을 가할 수도 있었다. 아주 흔한 방법으로는, 농민들은 소소한 방법으로 저항했다. 그들은 특히 노동지대처럼 영지에서 일할 때 명백히 게으름을 피우거나 일을 대충 했다(이런 태도는 자신들을 위한 식량이나 심지어 시장을 위한 농산물을 경작하는 토지에서의 경우와는 반대였다). 그들은 영지나 다른 영주 재산이나 국가 재산으로부터 소소한 것을 훔쳤고, 교회가 그들에게 후진적이고 무지막지하다고 가르쳤던 종교적 신념과 관행을 고수하는 것과 같은 "문화적 저항" 형태를 취하기도 했다. 그런 것에는 구교 신앙(17세기의 교회 의식 개혁에 반발하여 등장한 기존 형태의 정교회에 대한 반대 형태)의 "이교적" 관습으로부터 비정교회적인 "종파주의"에 이르기까지 다양했다. 농민들은 가령 높은 노동지대나 화폐지대 혹은 잔인한 매질을 막아달라고 때때로 정부에 도움을 요청하기도 했다. 특히 18세기 후반과 19세기 초에는 특정한 상황에 대해서 집단적으로 항의하는 농민들이 일으킨 지방의 "소요(volnenie)"를 정부가 기록으로 남겼다. 알렉세이 통치기의 스텐카 라진 반란, 표트르 1세 통치기의 불라빈의 반란, 예카테리나 2세 때의 푸가초프의 봉기처럼 대중 봉기도 때때로 발생되었다. 이런 반란은 지도자들의 이름을 따서 불렀는데, 지도자들은 모두 카자크(Kazak)였다. 카자크들은 한때 국경지역의 약탈적인 부족들이었는데, 모스크바국과 표트르 이후의 제국이 확대됨에 따라 그들의 자유와 자율성은 축소되었다. 푸가초프 반란―푸가초프는 자신이 농노들을 해방시키겠다는 결정을 공개했을 때, 스스로를 가리켜 자신을 폐위시키고 죽이려고 했던 귀족 살인자들의 손을 기적적으로 벗어난 표트르 3세라고 주장했다―에는 농노들, 국가농민들, 공장과 광산에서 일해야 했던 "차용된" 농민들, 도시의 하층민들, 구교도들, 불만을 가진 카자크들, 많은 비러시아인들 등이 가담하여, 모든 토지를 농민들에게 분배하고 농민들을 귀족의 권한으로부터 해방시키라는 격렬한 (그리고 격렬하게 진압된) 운동을 벌였다. 반란이 진압되었을 때, 푸가초프는 체포되었고, 짐승 우리에 갇힌 채 모스크바로 압송되었다. 그는 공개적으로 참수형을 당하고 사지가 절단되었고, 경고의 의미로 그의 머리와 신체 각 부위는 도시에 전시되었다. 예카테리나 대제는 푸가초프의 선언문을 읽고는, 그것을 "공중누각"이라고 일축했다. 그러한 "누각"―완전히 자유롭고 행복한 사회에 대한 꿈―은 러시아의 삶에서 오랫동안 실제로 남아 있었다.

제29장

알렉산드르 2세의 통치(1855-1881)

거리에서도 동일한 열광의 소리가 있었다. 수많은 농민들과 교육받은 사람들은 궁전 앞에 서서 만세를 불렀고, 차르가 나타나는 곳마다 그의 마차를 뒤따라 달리는 시위 군중이 있었다.……나는 1861년 8월에, 그리고 1862년 여름에 다시 니콜스코예에 있었는데, 농민들이 새로운 상황을 조용하고도 현명한 방식으로 받아들이는 모습에 충격을 받았다. 그들은 땅에 대한 상환금을 지불하는 것이 얼마나 어려운지 아주 잘 알고 있었다. 상환금은 사실상 농노제하에서의 의무 대신에 귀족들에게 주는 배상금이었다. 그러나 그들은 자신들의 예속 상태가 폐지된 것을 아주 중요하게 생각했기 때문에, 개인적인 자유를 얻었을 때—불평이 없지는 않았지만 어렵고도 불가피한 일로서—막대한 비용을 부담하는 것을 수용했다.……나는 해방 후 15개월 뒤에 니콜스코예의 농민들을 보았을 때 그들을 존경하지 않을 수 없었다. 그들의 타고난 선한 천성과 온유함은 그대로 남아 있었으나, 온갖 노예근성의 흔적은 사라졌다. 그들은 마치 결코 그런 일이 없었던 것처럼, 동등한 신분의 사람들끼리 이야기하는 방식대로 자신들의 주인들과 이야기를 나누고 있었다.

—크로폿킨

알렉산드르 2세는 37세의 나이에 자신의 부친인 니콜라이 1세의 뒤를 이어서 러시아의 제위에 올랐다. 그는 아주 훌륭한 교육을 받았을 뿐만 아니라, 국가업무에 대해서 상당한 정도의 실질적인 훈련을 받았다. 알렉산드르의 스승 중에는 자신의 제자에게 인간적인 감정을 발달시켜준 것으로 종종 여겨지는 유명한 시인인 주콥스키도 있었다. 확실히, 알렉산드르 대공은 자신의 의지력 강한 부

알렉산드르 2세. (*Tsarstvuiushchii dom Romanovykh*)

친의 순종적인 아들이었고, 황제가 되기 이전에는 어떤 자유주의적 성향도 보여
주지 않았다. 사실, 그는 평생에 걸쳐서 본질적으로 보수주의적인 심성과 태도를
보유하고 있었다. 게다가 알렉산드르 2세는 강력하거나 재능 있는 인물이었다
고 간주될 수도 없다. 그러나 새로운 군주는 상황 논리에 의해서 어쩔 수 없이
표트르 대제 이래로 러시아 역사에서 가장 방대한 근본적인 개혁들을 취하기로
결정했고, 실제로 그런 개혁들을 실시했다. 이런 개혁들은 매우 중요하기는 했지
만 러시아의 모든 문제점을 치유할 수는 없었고, 사실상 새로운 문제와 동요로
이어졌으며, 다른 무엇보다도 "해방자―차르"의 암살이라는 결과를 가져왔다.

농노해방

크림 전쟁의 종식을 선언하는 알렉산드르 2세의 성명서의 마지막 구절에서는 개
혁이 약속되었고, 이것은 대중에게 강한 인상을 남겼다. 심지어 전쟁이 종식되기
전에 새로운 황제가 취한 첫 번째 조치에는 외국 여행 및 대학교에 다니는 학생

들의 수에 대한 제한과 같이 니콜라이 1세가 말년에 취한 몇몇 가혹한 제약 조치를 철회하는 것이 포함되었다. 이 모든 것은 밝은 앞날의 서곡을 의미했다. 러시아를 개혁하려고 했던 마지막 통치자인 알렉산드르 1세에게와 마찬가지로, 핵심적인 문제는 여전히 농노제였다. 그러나 두 통치자 사이의 50년 혹은 55년 동안에 농노제와 관련하여 많은 것이 변화되었다. 앞 장에서 언급되었듯이, 인간의 예속상태는 러시아 제국의 경제적 필요를 충족시키는 데에 효율성이 점점 더 떨어졌다. 화폐경제가 발달하고 시장을 위한 경쟁이 치열해지면서, 질 낮은 농노 노동의 결함들이 훨씬 더 명확해졌다. 많은 지주들, 특히 자산이 많지 않았던 지주들은 자신의 농노들도 제대로 부양할 수 없었으며, 귀족들은 엄청난 빚을 지게 되었다. 우리가 알고 있듯이, 실제로 자유노동이든지 아니면 누군가의 농노인 사람들의 계약노동이든지 간에, 19세기 전반에는 러시아 경제 전체에서 자유노동은 아주 흔한 일이 되었다. 19세기 중반의 러시아의 경제 위기에 대한 해석은 계량적인 방법을 이용하여 농노들의 극단적이고도 참을 수 없는 착취에 대한 명제를 강력하게 제기한 코발첸코로부터 사회 조직이 전반적으로 느슨해졌다는 것을 강조한 린드지운스키에 이르기까지 다양하다. 그 당시의 경제적인 자유주의자들과 그 이후의 역사학자들은 농노제가 점차로 시대착오적인 성격이 되어간다는 것에 대해서 동의했다. 그러나 개혁을 위한 주요 이유는 이것이 아닌 것처럼 보였다. 첫째로, 일부 학자들은 농노제의 경제적 실패 혹은 농민들의 생활수준 하락에 대한 논증을 뒷받침하는 증거에 대해서 최근에 의문을 제기했다. 어떤 경우이든지, 사실 그 자체보다는 어떤 일에 대한 인식과 견해가 보통 더욱 결정적인 역할을 하는 법이다. 경제적인 사실이 무엇이든지 간에 대다수의 정부 관리들과 대부분의 지주 귀족들이 농노제가 경제적인 이유 때문에 폐지되어야 한다는 견해에 공감하지 않았다는 것은 분명하다. 그러므로 우리는 다른 이유들을 생각해야 한다.

농민 반란에 대한 두려움은 국가가 마침내 농노제를 끝내기 위해서 행동했던 핵심적인 이유라고 종종 여겨져왔다. 억압당하고 참을 수 없을 정도로 분노한 농노들은 주인들에 대항해서 계속 봉기를 일으켰다. 19세기에 발생된 어떤 농민 봉기도 푸가초프 반란에 견줄 수는 없었지만, 봉기는 점점 빈번하게 발생되었고 대체로 더욱 격렬해졌다. 세몝스키는 공식적인 기록을 이용하여 농노해방보다 앞선 19세기에 일어난 농민 봉기의 횟수를 550회라고 셈해냈다. 소련 역사학자인 이그나토비치는 농민 봉기가 1,467회였다는 의견을 제기하면서, 다음과 같이 세분했다. 즉, 1801년부터 1825년 사이에는 총 19퍼센트에 달하는 281회, 1826년부터 1854년까지는 49퍼센트에 달하는 712회, 농노제 폐지 이전의 알렉산드르 2세의 통치기인 6년 2개월에는 32퍼센트인 474회의 농민 봉기가 발생되었다는 것이다. 이그나토비치는 봉기의 기간, 과격함, 인적 물적 손실 그리고 질서를 회복하기 위해서 소요된 군사적인 노력 등도 증대되었다는 점을 강조했다. 오쿤 등의 다른 소련 학자들은 이그나토비치의 봉기 목록에 새로운 봉기들을 추가했다. 소련 학계는 농민 봉기가 농노해방에서 결정적인 역할을 담당했으며, "대개혁" 직전에 러시아가 사실 혁명적 상황을 경험했다고 주장했다. 이런 견해는 비록 과장이기는 하지만, 완전히 묵살될 수는 없다. 흥미롭게도 니콜라이 1세 통치기에 농노제의 위험을 강조한 것은 제3부, 즉 헌병대였다. 봉기를 일으킨 것 이외에도, 농노들은 때때로 수백 명씩 혹은 심지어 수천 명씩 주인으로부터 도망쳤다. 그들을 잡기 위해서 경우에 따라서 대규모 군부대가 파견되어야 했다. 예를 들면, 캅카스 지역 어딘가에서 자유를 얻을 수 있다는 소문에 따라 농민들이 대량으로 탈주하기도 했고, 크림 전쟁 동안에는 농노 집단들이 입대함으로써 자유를 얻을 수 있다고 잘못 믿었기 때문에 입대하려고 했다.

도덕적인 이유에 바탕을 두고서 농노해방에 찬성하는 감정이 고조된 것도 농노제 폐지에 기여했다. 데카브리스트들, 슬라브주의자들, 서구주의자들, 페트라솁스키 서클, 관제 국민성의 몇몇 지지자들 그리고 그 밖에 다른 생각을 가진 러시아인들이 모두 농노제의 폐지를 원했다. 러시아에서 교육이 발전되고 특히 러시아 문학이 명성을 얻게 됨에 따라, 인도적인 감정과 태도는 더욱 널리 확산되었다. 푸시킨 그리고 특히 1852년에 출판된 훌륭한 이야기 모음집인 『사냥꾼의 수기(*Zapiski okhotnika*)』에서 농노들을 완전히 성숙하고 실로 잊을 수 없는 사람들로 묘사한 투르게네프와 같은 주도적인 작가들은 의심의 여지없이 영향을 미쳤다. 사실, 러시아에서 농노제 폐지 직전에—미국 남부의 노예제 상황과는 대조적으로—사실상 어느 누구도 그 제도를 옹호하지 않았다. 대개 유지를 주창하던 사람들의 논거는 해방과 같은 급격한 변화에 내포된 위험을 지적하는 정도에 그쳤다.

　마지막으로 크림 전쟁은 농노제의 결함과 위험에 대한 추가적인 증거를 제공했다. 그런 문제점들은 징집병들의 형편없는 신체 조건과 무기력함, 국가의 전반적인 경제적 및 기술적 후진성에 반영되어 있었다. 그 외에도 리버가 강조했듯이, 정부가 군인들이 마을로 돌아가도록 허락하기를 두려워했기 때문에, 러시아는 기본적으로 예비군 없이 상비군에 의지해야 했다.

　알렉산드르 2세는 권력을 승계한 지 약 1년 후에 열린 대관식 때 모스크바의 귀족들에게 연설하는 자리에서, 농노제가 아래로부터 폐지되기 시작할 때까지 기다리는 것보다 위로부터 그것을 폐지하는 작업을 시작하는 것이 더 낫다는 유명한 말을 했다. 그러고는 그는 귀족들이 그 문제를 생각해볼 것을 요청했다. 비록 정부는 농노해방과 관련하여 지주들로부터 어떤 발의를 끌어내는 데에 커다란 어려움을 경험했을지라도, 토지 분배 없는 농노해방을 토의하자는 리투아니아의 3개 주의 귀족들의 제안을 마침내 수용하게 되었다. 그 이후에 발표된 황제의 칙령에서는 농노해방이 사실상 공식적인 정책이며, 나아가 토지 분배와 더불어 실시되어야 한다는 점이 명확하게 표명되었다.

　농노해방의 도래와 관련된 놀라운 측면은 그 과정이 공개되었으며, 공식적인 토론이 이루어졌다는 점이었다. 정부는 그 계획을 발표했고 토론과 제안을 권장했는데, 이것은 글라스노스트(glasnost)라고 알려진 공개와 개방의 과정이었다. 귀족 협의회는 개혁이 실시되는 방법에 관해서 논의하도록 요청받았고, 때때로 회의가 진행되는 과정을 귀족이 아닌 사람들에게 공개하기도 했다. 언론에서 농노제 폐지 문제가 논의될 때 부과된 제약은 풀렸다. 동시에, 알렉산드르 2세는 대중들의 태도와 분위기에 대해서 매주 보고서를 제출하도록 경찰에 명령했고, 지나치게 비판적인 견해를 말한 사람은 경고를 받거나 심지어 체포될 수도 있었다. 일부 역사학자들은 정부에서 적어도 좀더 자유주의적인 인사들이 의도적으로 "여론을 일깨우기를" 원했다고 주장했다. 왜냐하면 근대 시민사회를 육성하는 것이 "대개혁"의 더 깊은 목적이었기 때문이다. 다른 역사학자들은 정부에게 실제로 다른 선택의 여지가 없었다고 주장했다. 왜냐하면 대중이 이미 각성되었고, 인정을 받아야 했기 때문이다. 어쨌든, 포고령이 공포된 이후에 기대와 열정의 물결이 온 나라를 휩쓸었다. 심지어 게르첸은 알렉산드르 2세에게 "오 갈릴리 사람이여! 당신은 승리하셨도다!"라고 외치기까지 했다.

　결국 1858년에 농노해방을 심의하기 위하여 귀족 위원회가 모든 주에 설치되었고, 상트페테르부르크에는 9명의 관료들로 구성된 중앙 위원회(Glavnyi komitet)가 조직되었다. 정부가 일단 의지를 명확히 하자, 일부의 완고한 사람들 이외에 지주들은 현실적인 입장을 취하면서 농노제 폐지를 수용했으나, 개혁이 가능한 한 자신들에게 유리하게 시행되기를 원했다. 값이 비싸고 비옥한 땅을 가지고 있던 남부와 중남부 러시아의 귀족들은 가급적이면 많은 땅을 보유하기를 원했고, 화폐 보상보다는 토지를 선호했다. 그와는 대조적으로 북부와 중북부 러시아의 귀족들은 농노 노동과 그로 인한 화폐지대를 자신들의 주요 자산으로 간주했으므로, 상대적으로 많은 토지를 기꺼이 내주고, 농노 노동을 상실한 대가로 화폐를 많이 지급받겠다고 주장했다. 해방된 농노의 바람직한 법적 지위와 그들에게 제공되어야 하는 행정과 같은 중요한 문제에 대해서도 귀족 위원회마다 의견이 달랐다.

　주 위원회들의 의견은 실제로는 동석한 두 개의 위원회였으나 단일한 기구를 구성했던 기안 위원회(Redaktsionnye komissii)로 넘겨졌다. 이 기안 위원회는 1859년 초에 설치되었으며, 고위 관료들만이 아니라 사마린과 체르카스키 공과 같은 슬라브주의자들처럼 농민 문제에 관심을 가지고 있던 저명인사들로 구성되었다. 기안 위원회는 20개월의 작업 끝에 개혁안을 중앙 위원회에 제출했고, 중앙 위원회는 마침내 국무 협의회에 그것을 전달했다. 국무 협의회의 신속한 검토가 있은 후에, 알렉산드르 2세는 1861년 3월 3일—러시아 달력으로는 2월 19일—에 농노해방 성명서에 서명했다. 공식적인 발표는 그로부터 12일 뒤에 이루어졌다.

　농노해방이라는 개혁은 길고도 복잡한 시안 작성과 통과 과정 내내, 정부와 사회 내의 보수주의자들의 적대적인 태도에 직면했다. 지대한 영향을 가져올 이 법이 마침내 입안되었던 것은 주로 내무부 장관의 직속 보좌관으로서 기안 위원회를 주도했던 니콜라이 밀류틴과 같은 관료들과 사마린처럼 일반인 참여자들을 포함하여 소위 "개명된 관료들"과 "자유주의자들"의 단호한 노력 덕분이라고 말할 수 있다. 황실 가문의 두 사람, 즉 차르의 동생인 콘스탄틴 대공과 차르의 숙모인 헬렌 대공녀는 "자유주의자"에 속했다. 보다 중요한 것은, 알렉산드르 2세 자신이 거듭 그들과 입장을 함께 했다는 것인데, 그의 의지는 "보수주의자”나 “자유주의자”로 쉽게 분류될 수 없는 로스톱체프—농노해방에서 핵심적인 인물이었다—와 같은 헌신적인 관료들을 통해서 입법화되었다. 황제는 적대적인 태도를 가지고 있던 국무 협의회를 통해서 필요한 조치가 신속히 통과되도록 사실상 강제력을 행사했는데, 국무 협의회는 농노해방과 관련된 법에 단 하나의 유해한 조항, 즉 나중에 언급될 “극빈자 배당(bedniachkii nadel)”을 겨우 추가시킬 수 있었다. 보수주의자들은 귀족의 이익과 권리를 옹호했던 반면에, “자유주의자들”은 국가의 이익을 위해서는 철저한 개혁이 요구된다는 그들의 신념 그리고 정당한 해결책이라고 생각하는 것에 대한 그들의 관점 때문에 그렇게 행동했다.

2월 19일의 법을 통해서 농노제는 폐지되었다. 그때 이후로 러시아인들의 삶에서 인간의 예속상태는 사라졌다. 그러나 각기 다른 기간에 다양한 농노적 의무 사항을 연장했던 몇몇 임시적인 규정을 고려 대상에서 배제한다고 할지라도, 그 개혁이 농민들에게 다른 사회계급들과 동등한 지위를 부여하는 것에는 실패했음은 언급할 필요가 있다. 그들은 인두세를 내야 했고, 농민공동체에 결박되었으며, 관습법에 기반을 두고 재판을 받았다. 새로운 자유는 지주 농노들뿐만 아니라 황실 토지에 사는 농민들 및 방대하고도 복잡한 부류의 국가농민들에게도 부여되었다.

농사일에 종사했던 농노들은 자유와 함께 토지도 받았으나, 가내 농노들은 그렇지 못했다. 토지 문제 해결에 대한 세세한 규정은 지역마다 아주 복잡하고 달랐지만, 농민들은 자신들을 위해서 경작하던 부분으로서 대충 절반 정도의 땅을 얻을 수 있었고, 나머지 절반은 지주들에게 남아 있었다. 그들은 자신들이 획득한 땅에 대해서 지주들에게 돈을 갚아주어야 했으나, 그럴 만한 돈을 가지고 있던 농노가 거의 없었기 때문에 정부가 국채를 통해서 귀족 지주들에게 보상했다. 이제 과거에 농노였던 사람들은 상환금을 49년에 걸쳐서 국가에 갚아나가야 했다. 하나의 대안으로서, 농노들은 자신들이 정상적으로 받을 수 있는 토지의 4분의 1, 소위 “극빈자 배당”을 받고, 아무것도 갚지 않을 수 있었다. 우크라이나나 몇몇 다른 지역 이외에는, 개별 농민들이 아니라 농민공동체에 토지가 부여되었다.

한 미국인 역사학자가 역사상 가장 위대한 입법조치라고 한 말이 과장이기는 했을지라도, 농노해방은 대개혁이라고 불릴 수 있다. 그것은 약 5,200만 명의 농민들에게 직접적인 영향을 미쳤는데, 그중 2,000만 명 이상이 사적 지주들에게 속해 있었다. 예를 들면, 그 사건은 거의 같은 시기에 평화로운 법적 절차가 아닌 엄청난 내전의 결과로 400만 명의 미국의 흑인 노예가 해방된 일과 비교될 수 있다. 농노해방의 도덕적 가치는 셈할 수는 없겠지만 의심의 여지없이 엄청난 것이었다. 특히 귀족이 소유한 모든 것의 몰수가 아니라 타협을 통한 조정이어야 했다는 점에 대한 이해에 바탕을 두고, 새로운 해결책의 구체적인 조항들은 옹호되기도 하고 심지어 찬양되기도 했다. 그리하여 러시아의 농노해방은 19세기 초의 프로이센의 경우처럼 대체로 토지 분배 없는 농노해방보다 더 나았고, 다른 여러 나라의 토지 분배보다 러시아 농민들에 대한 토지 분배는 더 나았다.

그러나 농노해방이라는 개혁은 철저한 비판을 받을 만하다. 농노들에게 할당된 토지는 충분하지 않은 것으로 판명되었다. 이론적으로 그들은 1861년 이전에 자신들을 위해서 경작하던 면적을 획득할 수 있었으나, 사실상 그보다 18퍼센트 적은 토지를 받았다. 게다가 비옥한 남부 주들에서 그들이 잃게 된 면적은 국가 전체의 평균을 웃돌았으며, 어떤 경우에는 전체의 40퍼센트 혹은 그 이상에 달했다. 그리고 분할 과정에서, 이전의 농노들은 종종 삼림지역 혹은 강에 대한 접근 권한을 확보하지 못했으므로, 자신들의 필요를 충족시키기 위해서 한때 자신들의 지주였던 사람들에게 추가적인 의무를 떠맡아야 했다. 랴시첸코는 농노해방을 다음과 같이 요약했다. "개혁 직후에 1억 1,600만 데샤티나*의 경작 가능한 토지가 2,000만 명의 '해방된' 농민들에게 남겨진 데에 비해서, 3만 명에 달하는 귀족 토지 소유자들은 약 9,500만 데샤티나에 달하는 양질의 토지를 보유했다." 다른 학자들은 적어도 과도기가 지난 다음에는 더 이상 지주를 위하여 일할 의무를 지지 않았던 동시에 스스로 경작할 토지를 과거보다 적게 가지고 있었던 이전의 농노들 사이에, 인구 과잉과 저고용 상태가 초래되었음을 강조했다. 국가농민들은 비록 결코 풍족하지는 않았지만, 대체로 사유지 농노들보다는 더 좋은 조건을 부여받았다.

재정적 조치는 실행하기에는 비현실적이고 불가능한 것으로 밝혀졌다. 해방

---

* "데샤티나"란 미터법 이전에 러시아에서 사용되던 지적단위로서, 1데샤티나는 약 10,920제곱미터에 해당한다/역주

된 농노들은 자신들의 현재 수입과 관계없는 막대한 상환금을 최대한 갚아 나갔지만, 체불금은 계속해서 늘어갔다. 마침내 상환금이 1905년에 폐지되었을 때, 이전에 농노였던 사람들은 애초에는 10억 루블도 되지 않았던 토지에 대해서 이자를 포함하여 15억 루블을 갚은 결과가 되었다. 공식적으로 농노들은 그들의 신분이 아니라 토지에 대해서만 돈을 상환하기로 되어 있었으나, 지불금 중에는 실제로는 농노 노동의 손실분에 대한 숨겨진 배상도 포함되어 있었다. 그리하여 최초의 토지 단위, 즉 첫 번째 데샤티나에 대해서 지불해야 하는 금액은 그다음의 토지 단위보다 더 많았다. 대체로 남부 러시아의 지주들은 2억 8,000만 루블의 가치가 있는 토지에 대해서 3억4,000만 루블을 받았다. 화폐지대가 지배적이었던 북부 러시아의 지주들은 1억8,000만 루블의 가치가 있던 토지에 대해서 3억4,000만 루블을 받았다. 의구심의 대상이 된 폴란드와 폴란드화된 서부 주들의 지주들은 예외였는데, 왜냐하면 그들은 자신의 토지에 대한 정당한 가격보다 약간 적은 돈을 받았기 때문이다.

비록 극히 복잡한 문제이기는 하지만, 대부분의 지역에서 개별 농민들보다는 농민공동체에 토지를 이관한 것은 또다른 중요한 실수라고 판단되어왔다. 농민공동체 제도에 있는 도덕적인 측면에 대한 슬라브주의자들의 존경심으로부터, 공동체의 책임에 의해서 세금과 징집을 보장받으려는 정부 측의 바람, 새롭게 해방된 농민들은 스스로를 부양할 수 없고 공동체 내에서 보호받을 수 있을 것이라는 주장에 이르기까지, 공동체를 선호하던 논거는 다양했다. 이런저런 비슷한 몇몇 주장들이 어느 정도의 타당성을 가지고 있기는 했지만—사실 농노들이 해방되고 농민들 스스로 생존을 위한 실질적인 필요성과 마을 내의 적절한 사회관계를 규정할 때의 도덕적 가치로서 공동체에 긴밀하게 결합되어 있었던 때에, 정부가 현실적인 문제인 공동체를 해체할 것이라고는 거의 기대될 수 없었다—공동체의 경제적 단점들은 그것이 가진 장점들을 능가했을 것이다. 가장 중요한 점은 러시아 농업에서 발전과 근대화의 필요성이 극히 높았던 바로 그때에, 공동체에서 자급적인 심적 태도(subsistence ethos)가 유지됨으로써—그럼으로써 공동체의 생존이 다른 모든 가치보다 우위에 놓였다—낮은 생산성, 혁신에 대한 저항, 인구과잉이 영속화되었다는 사실이었다.

농노해방 개혁은 러시아의 급진주의자들을 실망시켰는데, 그들은 그것이 적절하지 못하다고 판단했다. 보다 중요한 사실은 그것이 아무런 보수도 받지 않고 자신들이 일해왔던 모든 땅에 대한 권리를 가지고 있다고 분명히 믿고 있었던 농민들을 실망시켰다는 점이다. 그래서 농노제 폐지 이후에 농민들의 빈번한 소요가 발생되었으며, 농촌에서의 고통, 절망, 분노는 제정 통치가 종식되는 바로 그때까지 제정 러시아에 대한 강력한 위협으로 남아 있었다.

다른 "대개혁"

농노해방으로 인하여, 다른 중요한 변화들도 실현 가능성이 높아졌다. 알렉산드르 2세와 그의 보좌관들은 그다음으로 지방정부 개혁, 즉 소위 젬스트보 제도의 설치로 방향을 돌렸다. 지방정부는 수 세기 동안 러시아 행정과 생활에서 특히 취약한 분야로 남아 있었다. "차르−해방자"가 상속받은 제도는 예카테리나 대제의 입법으로까지 소급될 수 있으며, 관료적인 행정에 일정한 정도로 지방귀족의 참여를 결합시킨 것이었다. 지주들이 자신들의 영지에서 상당한 정도의 사법권을 가지고 있었다는 점은 개혁 이전의 농촌이 가지고 있던 또다른 눈에 띄는 특징이었다. 1864년 1월에 제정된 새로운 법은 지방정부의 강력한 근대화와 민주화, 그뿐만 아니라 주로 지방의 주도권과 활동을 자극함으로써 농촌 러시아의 절실한 필요를 충족시키려는 국가 측의 원대한 노력을 대변했다. 지방정부의 기구들, 즉 젬스트보 의회와 상임 위원회는 군(郡)과 주(州) 모두에 설치되었다. 젬스트보라는 말 자체는 중앙정부와는 구분되는 땅, 농촌, 국민을 의미했다. 군 젬스트보 의회의 선거인은 세 범주, 즉 도시, 농민공동체 그리고 귀족이 아닌 사람들도 포함된 모든 개별 지주들로 구성되어 있었다. 대표권은 도시의 부동산 보유분을 어느 정도 참작한 상태에서 토지 소유 정도에 비례되었다. 선거는 간접선거 방식으로 치렀다. 군 의회 의원들은 계급과 관계없이 자신들 가운데에서 주 의회 대표들을 선출했다. 젬스트보 당국이 존재하고 있던 군과 주의 젬스트보 의회는 매년 예산 및 기본 정책과 같은 문제를 다루기 위해서 1년에 단 한 차례만 소집되었던 한편, 그 제도의 집행기구로 계속 작용하며 전문가들을 채용하기 위해서 젬스트보 상임 위원회가 의회에서 선출되었다. 교육, 의료, 가축관계 서비스, 보험, 도로, 긴급 사태를 위한 식량 비축, 그리고 다른 많은 일들처럼 지방의 다양한 필요가 젬스트보 기구의 권한 아래에 들어왔다.

젬스트보 제도는 많은 이유 때문에 타당한 비판을 받아왔다. 예를 들면, 그것은 국경지역은 제외한 채 엄격히 제국 내의 러시아 지역인 약 34개 주에서만 오랫동안 설치되어 있었다. 그리고 그것은 많은 사람들이 불충분하다고 생각할 정도로 아주 제한된 과세권만 가지고 있었다. 넓은 의미에서 보면, 중앙정부는 경찰권을 비롯한 많은 행정권을 농촌에서도 보유하고 있었기 때문에 젬스트보는 중앙정부에 대한 보조 역할만 담당했다. 주지사는 다양한 방법으로 젬스트보 업무에 간섭할 수 있었으나, 그 반대의 경우는 성립될 수 없었다. 젬스트보의 최소 단위인 군 젬스트보는 사람들의 수많은 필요에 효과적이고 즉각적으로 대응하기에는 담당 구역이 너무 넓었고, 그 이상의 작은 단위의 젬스트보가 설치되는 것이 바람직하다는 점이 곧 분명해졌다. 그 제도의 민주주의적 성격은 명백한 한계를 가지고 있었다. 귀족 구성원들은 아주 많은 토지를 소유하고 있었기 때문에, 군 젬스트보에서 아주 많은 자리를, 그리고 주 젬스트보에서는 훨씬 더 많은 자리를 차지했다. 교육과 시간적인 여유 그리고 비용을 감당할 만한 수단이 있어야 했던 상임기구에서도 귀족 대표가 유리했다. 어떤 자료에 따르면, 귀족은 일반적으로 군 젬스트보 의회의 42퍼센트, 주 젬스트보 의회의 74퍼센트, 젬스트보 상임기구 직책의 62퍼센트를 차지하고 있었다. 그러나 그 제도는 전제적이고 관료주의적인 러시아에서 민주주의를 향한 커다란 발걸음이었다. 덧붙여 말하면, 젬스트보 기구는 지주가 없었고 농민들이 지방자치의 운영 전체를 담당했던 러시아 북부의 넓은 지역 같은 곳에서는 효과적으로 운용되었다.

여러 가지 결함에도 불구하고, 젬스트보 기구는 1864년에 설치된 때로부터 1917년에 소멸될 때까지 러시아의 농촌에서 많은 일을 해냈다. 특히 대중 교육과 의료 부문에서의 기여는 값진 것이었다. 치료와 수술이 무료로 행해짐으로써, 실제로 러시아는 다른 국가들보다 이미 오래 전에 젬스트보를 통해서 일종의 사회화된 의료제도를 갖추었다. 그뿐만 아니라 피셔 등의 학자들이 지적했듯이, 젬스트보 제도는 정부의 의도와는 반대로, 1905년과 1906년의 사건이 있기까지 지방 무대와는 구분되는 전국적인 무대에서 의사를 표현할 수 있는 기회를 거의 가지고 있지 못하던 급진주의, 특히 자유주의를 위한 학교 역할을 담당하기도 했다.

1870년에는 도시 개혁으로 시 정부가 재조직되고, 젬스트보 행정의 많은 원칙과 실질 업무가 도시에 적용되었다. "도시 경제와 복지를 보살피고 운영하게 된" 새로운 시 정부는 시 위원회 및 시 위원회에 의해서 선출되는 시 행정 위원회로 구성되었다. 시 위원회는 모든 재산 소유자 혹은 납세자들에 의해서 선출되었다. 그러나 선거는 3개의 계급제도에 따라서 실시되었는데, 그에 따르면 총 세금의 3분의 1을 납부하는 상층의 소수 집단이 전체 위원의 3분의 1을, 중간층 납세자들이 또다른 3분의 1을, 그리고 나머지 3분의 1의 세금을 납부하는 다수의 하층 집단이 나머지 3분의 1의 위원을 선출했다.

젬스트보 행정이 시작된 1864년 말에는 또다른 중요한 변화, 즉 사법제도의 개혁이 입법화되었다. 러시아의 사법부는 아마도 지방행정보다도 훨씬 더 개혁을 필요로 하고 있었을 것이다. 과거의 제도는 법 앞에서의 평등 원칙보다는 계급제도에 기반을 두고 있었으며, 서면상의 비밀 절차에만 의존하고 있었고, 고루하고 관료주의적이며 번거롭고 부패했다. 그러므로 학식이 있고 생각할 줄 아는 러시아인들은 그것을 철저히 혐오했다. 급진주의자들은 사법부 개혁에 각별한 중요성을 부여했다. 슬라브주의자로서 보수주의자인 이반 악사코프는 "과거의 법정! 그것을 회상하기만 하면 머리칼이 벌떡 서고 소름이 끼친다!"라고 회고했다.

이 개혁에서 가장 의미심장한 하나의 측면은 법원을 행정부로부터 분리시킨 일이었다. 사법부는 단지 관료기구의 일부가 아니라, 이제는 정부의 독립 부서가 되었다. 판사들은 법원의 조치에 의하지 않고서는 해임되거나 전보될 수 없었다. 이전의 관료제적인 비밀 대신에, 사법 절차는 대체로 공개되고 구어적인 성격을 부여받았다. 분쟁 당사자들은 자신들의 사건을 법정에서 다루도록 하며, 적절한 법적 지원을 받을 수 있었다. 사실 이 개혁으로 인해서 러시아에서 실제로 변호사 계급이 생겼는데, 이들은 빠른 시일 내에 대중에게 잘 알려지기 시작했다. 두 가지 법적 절차, 즉 일반절차와 약식절차는 하나의 사건을 다루는 데에 사용되던 21가지의 혼란스런 방법을 대신하게 되었다. 중대한 형사범죄의 경우에는 배심원 재판이 도입되었고, 사소한 민사사건과 형사사건을 다루기 위해서 치안판사제도가 생겨났다. 법원은 원로원을 정점으로 단일하고 통합된 기구로 조직되었다. 모든 러시아인들은 법 앞에서 평등했고, 동등한 대우를 받을 수 있게 되었다. 대부분 관습법에 따라서 살아가는 농민들 대상의 특별법정과 함께, 군법회의 및 교회법정은 일반적인 제도의 예외로 남아 있었다.

주로 법무부 장관인 자먀트닌과 그를 아주 많이 보좌해준 자루드니와 여러 명의 다른 개명된 관리들의 작품이었던 사법 개혁은 "대개혁" 중에서도 가장 성공적인 것으로 판명되었다. 그 개혁으로 인해서 거의 하룻밤 사이에 러시아 사법부는 가장 낙후된 상태에서 문명 세계의 최상의 것 중 하나가 되었다. 나중에 정부는 정치적인 이유로 판사들에게 영향을 미치려고 때때로 시도했다. 더욱 중요한 사실은 정부가 급진주의 및 혁명에 맞서 싸울 때 모든 범주의 법적 사건을 1864년의 정상적인 법 절차에서 배제시키고, 다양한 형태의 군법회의로 가져가기 시작했다는 것이다. 그러나 사법 개혁은 적용되는 과정에서는 제약받을 수 있었지만, 제정정부는 그것을 완전히 무로 되돌릴 수는 없었다. 개혁의 범위가 확대되는 한, 근대적인 사법 질서가 자의성과 혼란을 대체했다. 러시아의 사법 개혁은 서구, 특히 프랑스의 모델을 따랐으나, 쿠체로프 등이 입증했듯이 다른 나라의 모델도 러시아에 적절한 방식으로 적용되었다. 덧붙여 말하면, 젬스트보 기구와 마찬가지로 법원도 정치적인 의미를 획득했다. 왜냐하면 법원은 공적 관심의 중심에 있게 되었으며, 러시아에서 일반적으로 허용되는 것보다 어느 정도 더 많은 표현의 자유를 누릴 수 있었기 때문이다.

1874년의 군 복무의 재편과 군대 내의 몇몇 변화는 통상적으로 마지막 "대개혁"으로 분류되어왔다. 이 개혁은 군사적인 필요에 의해서 동기를 부여받았고 기술적으로 복잡했음에도 불구하고, 러시아 사회에 전반적으로 중요한 영향을 미쳤으며 러시아의 근대화와 민주화에 기여했다. 이 개혁은 전쟁부 장관인 드미트리 밀류틴—니콜라이 밀류틴의 형—에 의해서 시행되었는데, 그는 전쟁에서 승리를 거둔 프로이센 군대의 사례로부터 도움을 얻으려고 했다. 그는 여러 가지의 의미심장한 혁신적 제도를 도입했는데, 그중 가장 중요한 것은 군 복무의 변화였다. 하층계급만 지고 있던 군 복무의 의무는 모든 러시아인들에게 확대되었다. 동시에 현역 복무 기간은 알렉산드르 집권 초기의 25년에서 1874년의 개혁 이후에는 6년으로 크게 감축되었으며, 예비 병력이 조직되었다. 징병 대상자는 추첨에 의해서 소집되었는데, 어려운 사정이 있는 경우에는 다양한 방법으로 면제받았다. 그리고 교육받은 사람들은 복무 기간이 단축되었는데, 이것은 러시아의 형편상 부당한 조치는 아니었다. 그뿐만 아니라 밀류틴은 군법과 법 절차를 개혁했고, 군대 내의 체벌을 금지했으며, 장교 집단의 전문성을 신장시키고 좀더 민주적으로 만들기 위해서 노력했고, 군사 전문학교를 설립했으며, 특히 중요한 사항으로서 모든 징집 대상자들을 대상으로 초등교육을 실시했다. 밀류틴이 취한 것과 비슷한 조치는 해군에서 콘스탄틴 대공에 의해서 실시되었다.

알렉산드르 2세 치하에서의 다른 개혁에는 타타리노프에 의한 단일한 국가 금고의 설치, 연간 예산의 공개, 신용거래와 재무를 중앙에서 통제하기 위해서 1866년에 국립은행이 창립된 일과 같은 재정 혁신정책, 교육 및 검열과 관련해서 취해진 전반적인 자유주의적 조치 등이 포함되어 있었다.

"대개혁"은 러시아를 변화시키는 데에 많은 도움을 주었다. 그 자체로 엄청난 중요성을 가지고 있던 정부의 개혁 정책은 경제와 사회 분야에서도 지속적이면서 때때로 극적인 변화를 불러일으켰는데, 이것에 대해서는 나중의 장에서 논의될 것이다. 자본주의의 발달, 귀족의 쇠퇴, 중간계급의 성장(특히 교육받은 전문인들), 농민층의 새로운 유동성, 노동계급의 증가, 공적 영역의 발달 등은 전부 개혁의 영향을 받았다. 사실, 러시아는 근대 사회로의 길에서 큰 발걸음을 내딛기 시작했다. 분명히 알렉산드르 2세 치하의 러시아는 전제주의 국가로 남아 있었다. 그런데 이런 많은 변화를 추진시켜나간 것은 바로 전제주의 체제였다. 그렇지만 변화는 이런 권위주의적인 정치질서가 점차로 혼란에 빠져들도록 만들고 있었고, 많은 러시아인들은 그것이 연속된 발전에 제동 장치의 역할을 할 것이라고 보고 있었다.

힘들었던 1860년대

정부는 과거의 사회적 및 법적 질서를 회복할 수는 없었지만, 새로운 길로의 진행을 멈추고 변화의 효율성을 제약하고 제한하려는 시도를 할 수는 있었다. 그리고 사실상 알렉산드르 2세 통치 후반기, 알렉산드르 3세, 그리고 1905년까지의 니콜라이 2세 시대에 정부는 그렇게 하려고 노력했다. 개혁의 필요성이 분명했던 반면에, 반동의 근거는 그다지 명확하지 않았고 아주 복잡했다. 한편, 우리가 알고 있듯이 일부의 관료층과 러시아 귀족들은 개혁에 대해서 단호히 반대했고, 국가정책을 되돌리기 위해서 최선을 다했다. 농민 봉기, 대학생 소요, 1862년에 일어난 원인 불명의 화재, 1863년의 폴란드 반란, 1866년의 카라코조프의 황제 암살 시도 등 특수한 상황이 여기에 영향을 미치기도 했다. 보다 중요한 것은 정부가 변화를 어디에서 멈출지에 대한 근본적인 딜레마를 해결하지 못했다는 사실이었다. "대개혁"은 러시아의 전반적인 발전 및 당대의 지적 분위기와 함께 그 이상의 개혁을 위한 압력을 낳았다. 아마도 입헌군주체제를 용인하고 몇몇 다른 양보를 했더라면 대부분의 요구를 충족시키고, 제국의 안정을 가능하게 했을지도 모른다. 그러나 알렉산드르 2세 그리고 분명히 그의 후계자들은 그렇게까지 나아가려고 하지 않았다. 그 대신에 그들은 더 이상의 변화를 주장하던 사람들에게서 등을 돌리고, 기존 질서를 유지하기 위해서 분투했다. "대개혁"은 크림 전쟁으로 구체제가 완전히 파산되었다는 것이 입증된 이후에야 실시되었듯이, 알렉산드르 2세와 그의 측근들은 원대한 자유주의나 통찰력을 거의 가지고 있지 못했다. 대개혁 실시 이후의 일을 보면, 제국정부가 새로운 방법을 배우는 것이 얼마나 어려웠는지 알 수 있다.

니콜라이 1세 통치기의 정치적 침묵과 부동 상태 이후에, "대개혁"으로부터 자극을 받은 1860년대 초의 시기는 소란스럽고 변화가 많았다. 농민 폭동은 대규모로 아주 빈번히 발생되었다. 신임 교육부 장관인 푸탸틴 백작 제독의 서투른 권위주의 정책에 주로 자극되어, 1861년과 1862년에는 소요사태가 러시아의 대학교들을 휩쓸었다. 1862년에는 운콥스키의 주도하에 트베리 주의 귀족의회는 귀족의 특권을 포기하고, 러시아에서 새로운 질서를 수립하기 위해서 전체 국민을 대변하는 제헌의회의 소집을 요구했다. 그리고 같은 해인 1862년에 일련의 불가사의한 화재가 상트페테르부르크와 볼가 강 유역의 많은 도시에서 발생되었다. 그리고 1861년과 1862년에는 혁명을 촉구하는 전단지가 러시아의 여러 도시에 등장하기 시작했다. 1863년에 폴란드에서는 반란이 일어났다.

러시아의 정책에 대한 반제국적 민족주의의 도전 그리고 개혁이 전국적인 문제가 되었을 때, 정부의 개혁주의가 가진 한계는 폴란드 문제에서 다시 한번 강조되었다. 알렉산드르 2세는 1856년에 폴란드를 방문하여 "신사들이여, 백일몽을 꾸지 마시오"라고 폴란드인들에게 경고하는 유명한 말로써 개혁에 주저하는 자신의 생각을 보여주었다. 그러나 그는 폴란드에서 개혁가로서 기대를 받고 있었고, 폴란드의 자치권을 부분적으로 회복시켜준 그의 초기 정책은 더 큰 변화의 가능성을 시사해주었다. 데이비스가 상황을 요약했듯이, 알렉산드르 2세는 "1인치를 부여해주었으나 폴란드 신민들은 즉각 1마일을 가질 것을 생각했다." 황제는 상황을 통제하려고 희망하면서, 빌로폴스키 후작에게 폴란드의 행정 책임을 맡겼다. 그의 통치는 폴란드에 대한 문화적 자율성을 반체제 세력의 사회개혁 및 탄압과 결합한 것이었다. 이것은 러시아에서도 종종 볼 수 있는 개혁과 탄압의 혼합정책이었다. 그러나 이것은 온건한 민족주의 세력인 "백파(Whites)"와 사회적으로 급진파인 "적파(Reds)"* 중 어느 쪽도 만족시키지 못했다. 일련의 혼란에 뒤이어 제국정부가 주로 (혼란의 근원이라고 생각되던) 대학생들인 수천 명의 폴란드 청년들을 군대로 징집하려는 조치를 취했을 때, 반란이 일어났다. 1831년의 상황과는 대조적으로, 폴란드인들은 정규군을 전혀 보유하고 있지 못했고, 대체로 게릴라 부대로 싸워야 했다. 그러나 1863년 1월에 시작된 반란의 범위는 빠른 속도로 커져서 리투아니아와 벨라루스 땅까지 확대되었고, 1864년 5월이 되어서야 마침내 진압되었다. 영국, 프랑스, 오스트리아는 외교적으로 개입해서 폴란드의 대의를 도와주려고 했으나 러시아에 의하여 거절당했다.

반란의 결과로, 폴란드는 최근에 되찾았던 제한적인 자치권을 상실했다. 농노해방에 대한 조건과 그에 수반되는 토지의 조정은 폴란드에서 반란을 일으킨 귀족들을 적어도 부분적으로 약화시키는 역할을 했다. 농민들은 제국 내의 어느 곳보다 많은 것을 받았고, 지주들은 어느 곳보다 더 적은 것을 받았다. 전반적으로 정부는 중앙집중화, 경찰 통제, 러시아화를 강화했고, 폴란드 학교에서 러시아어 사용이 강요되었다. 러시아의 서부 국경지역에서는 훨씬 더 강력한 러시아화가 진행되어, 폴란드의 영향력을 근절시키려는 온갖 노력이 기울여졌다. 그곳에서는 폴란드 토지의 가격이 실제의 10퍼센트 수준으로 평가되었고, 폴란드어의 사용이 금지되었으며, 가톨릭 교회의 재산은 몰수되었다. 1875년에 폴란

---

* 1850년대 후반에 바르샤바의 대학생들 사이에서 혁명적 음모조직이 생겨나기 시작했는데, 온건파와 급진파를 각각 "백파"와 "적파"라고 부르게 되었다/역주

드 본토의 우니아트 교도들은 강제로 정교회로 개종되었다.

"대개혁"과 알렉산드르 2세의 통치를 전체적으로 해석하면서, 학자들은 우유 부단함과 일관성 부족에 대해서 언급했다. 러시아 통치자들의 역사에서 우리가 이전에 보았던 한 주장에 따르면, 시간이 흐름에 따라서 그가 변했다는 점에 초점이 맞추어져 있다. 그는 자유주의적 분위기에서 출발하여 점차로 보수주의자로 변모했다. 우리가 비록 반대 방향에서 그 움직임을 볼 수도 있지만, 하나의 전환점은 1860년대 초반에 겪은 어려움이었다. 예를 들면, 당국은 불만을 가진 러시아 대학생들을 처벌하고 혁명적 선동과 관련된 자들을 엄하게 징벌하는 한편, 상당히 자유주의적인 관료인 골로브닌이 1862년에 푸탸틴 제독을 대신하여 교육부 장관이 되어, 새롭고도 좀더 자유로운 대학령이 1863년에 입법화되었다. 많은 역사학자들이 보기에는, 정서적으로 불안한 대학생인 카라코조프가 황제를 암살하려는 시도를 했던 1866년 이후에 더욱 결정적인 전환이 이루어졌다. 그해에 반동적인 드미트리 톨스토이 백작이 교육부 장관이 되었으며, 정부는 러시아의 학교를 개조하는 작업을 점점 더 진행시켰다. 정부는 좀더 엄격한 통제와 고전어에 대한 강조를 통해서 학생들을 훈육하고, 그들의 관심을 당대의 쟁점으로부터 돌리려고 했다. 그 이후의 몇 년 동안 반동의 흐름은 언론 규제, 젬스트보에 의한 세금 징수와 이 세금이 투입될 수 있는 용도에 대한 제한, 정기적인 사법 절차로부터 정치 및 언론 사건을 배제시키는 정책, 지속적인 러시아아화, 치안판사들에 대한 행정적 압력 등으로 표현되었다. 다른 한편으로, 당대의 반동적인 성격에도 불구하고 1870년에는 도시 개혁이 있었고, 군대 개혁은 1874년과 같은 뒤늦은 시기에 실시되었다.

또다른 주장은 시간이 지남에 따라서 생긴 변화보다는 일관성 부족의 좀더 깊은 근원에 초점을 맞춘다. 여기에 속한 하나의 접근법은 알렉산드르 2세 개인에게 초점을 맞춘다. 그는 개혁가로서든지 반동주의자로서든지 강력한 신념을 가지고 있지 못했다는 것이다. 그래서 그는 관점이 서로 완전히 정반대인 인물들을 장관과 보좌관으로 종종 선택했다. 개인과 연결을 좀더 적게 시키려는 주장은 "대개혁" 자체의 성격에 모순, 즉 사실상 어떤 구조적인 양면성이 있다고 본다. 우리는 개혁가들—차르이든 그의 장관들이든—이 행동하는 것은 말할 것도 없고 그들이 말했던 것을 바라볼 때, 어느 정도의 이중성을 보게 된다.

한편으로, 그들의 목표는 국력을 위해서 러시아 사회와 정치를 근대화하는 것이었다. 이를 보장받기 위해서, 정부는 정상적인 절차와 법의 통치에 기반을 두고 있어야 했고, 특히 국민들은 제약으로부터 해방됨으로써 국가의 이익을 진전시키는 데에 도움을 주는 능동적인 시민이 되어야 했다. 다른 한편으로, 그들의 목표에는 근대화가 진행 중인 국가의 특징인 양면적인 정치 논리가 포함되어 있었다. 이런 변화를 가져오는 창조적인 능력(러시아의 경우에는 전제정치)을 유지하는 것, 변화가 무질서와 혁명으로 변질되지 않도록 하기 위해서 필요한 사회 구조를 보호하는 것이 바로 그런 논리였다. 달리 말해서 우리는 이미 친숙한 러시아의 개혁 전통, 즉, 진보와 권력, 변화와 질서, 안정성과 근대성의 균형을 맞추려는 노력을 보고 있는 것이다.

새로운 급진주의와 혁명운동

러시아 역사는 사태의 기본 노선에 영향을 미칠 수 없는 온건파와 자유주의자들이 중간에 있는 상황에서, 친정부적인 우파와 급진적이고 혁명적인 좌파 사이의 투쟁에 의해서 점차 지배되었다. 비록 우파와 정부 사이의 협력관계가 완전히 우호적이거나 신뢰할 만한 적은 결코 없었지만, 좌파 측에서 환영받던 폴란드 반란은 보수적인 러시아 민족주의를 자극했고, 보수주의자들이 정부 측에 더 가까이 가도록 도와주었다. 1863년에는, 한때 자유주의적 서구주의자였던 언론인 캇코프가 정부와 러시아의 국가적 이익을 강한 어조로 지지하고 나섰다. 캇코프의 입장은 폴란드 전쟁 동안 큰 인기를 끌었다. 어떤 의미에서 캇코프와 그의 동료 애국자들은 프로이센과 독일의 자유주의자들이 비스마르크를 지지하는 쪽으로 선회했을 때와 아주 비슷하게, 러시아를 열정적으로 옹호했다. 그러나 러시아의 상황이 가진 특징으로 말미암아, 결국 좌파 혁명가들은 비록 소수로 남아 있기는 했지만 광범한 층의 교육받은 대중을 끌어들일 수 있게 되었다.

19세기 후반의 러시아 지성사는 다음 장에서 요약되겠지만, 1860년대와 1870년대의 러시아의 급진주의가 가진 몇 가지 측면은 여기에서 언급할 필요가 있다. 투르게네프의 방식대로, 1860년대 세대를 "아들들"이자 "허무주의자들"이라고 부르고 이런 "아들들"과 1840년대의 "아버지들"을 대조시키는 것은 관례가 되었다. 뚜렷한 차이점이 부각되었다. 러시아의 변모는 낭만주의로부터 사실주의로의 전환이라고 묘사되었던 유럽에서의 보다 큰 변화의 일부가 되었다. 러시아적 상황에서 이런 변화는 과장되고 격렬한 성격을 가졌다.

"아버지들"이 일반적으로 형이상학적, 종교적, 미학적, 역사적 현실 접근에 강조점을 두는 독일의 관념론 철학과 낭만주의의 토대 위에서 성장했던 반면에, 체르니솁스키, 도브롤류보프, 피사레프와 같은 젊은 급진주의자들이 이끌던 "아들들"은 공리주의, 실증주의, 유물론 그리고 특히 "사실주의"의 기치를 높이 들었다. "허무주의"—그리고 대체로 "사실주의", 특히 "비판적 사실주의"—는 다른 무엇보다도 기존의 가치와 기준에 대항한 근본적인 반항을 의미했다. 즉, 그것은 추상적인 사고와 가정의 통제, 서정시와 학교 교육, 종교와 수사학에 반대했다. 1860년대의 진지한 젊은 남녀들은 모든 의례적인 겉치레를 타파하고, 모든 인습적인 가식을 제거하고, 사물의 근본에 다다르려고 했다. 그들은 자연과학과 물리학—그때는 서구 세계에서 과학이 크게 존중받게 된 시대였기 때문이다—그리고 단순하고 진지한 인간관계, 무지와 편견과 착취와 억압이 아닌 지식과 이성에 기반을 둔 사회 등을 통상적으로 실재(實在)이자 가치 있는 것이라고 간주하고 있었다. 허무주의의 도덕적 힘은 우상들—19세기 중반의 러시아에는 분명히 많은 우상들이 있었다—을 내동댕이치고, 해방과 자유를 얻는 데에 있었다.

1860년대의 반란자들은 1830년대와 1840년대의 슬라브주의자들 및 다른 관념론자들과는 다른 입장을 견지했지만, 게르첸, 바쿠닌 그리고 어느 정도는 벨린스키 등이 후기의 급진주의 단계에 있을 때 그들의 제자들이었다고 지적되어 왔다. 사실 이런 견해는 아주 중요한 핵심을 주장한다는 측면에서는 사실이지만, 어조와 태도 면의 차이점을 간과하는 것이다. 사마린이 게르첸에 대해서 말한 것처럼, 심지어 가장 급진적인 서구주의자들도 "저 강 건너편으로부터 한 줌의 흙"을 항상 가지고 있었다. 그 강 건너편이란 독일 관념론과 낭만주의이자, 그들의 젊음의 건너편이었다. 그런데 새로운 비평가들은 아주 단순하고 투박한 틀로부터 나왔다. 사회적 출신으로 보더라도 1860년대의 급진주의자들은 "아버지들"과 달리, 러시아의 교육받은 대중의 진보적인 민주화 흐름을 반영하고 있었다. 그들 중의 많은 사람들은 러시아어로 라즈노친치(raznochintsy)라고 알려진 집단, 즉 부친의 직업을 따르지 않았던 성직자 아들들, 하급 관리의 자식들, 교육과 노력을 통하여 성공한 일반 대중 출신의 개인들 등 귀족 이하의 잡다한 배경을 가진 사람들 부류에 속했다. 이 운동에 대한 여성들의 참여는 아주 중요한 또다른 사회적 변화였다. 여성들에 대한 지속적인 교육은 1860년대와 1870년대에 교육받은 젊은이들 가운데서 인습을 타파하는 식으로 젠더, 섹스, 가족에 대한 전통적인 규범을 배격하는 태도와 결합되어, 많은 여성들이 급진주의 사상 및 혁명적 정치의 장으로 들어가는 결과를 초래했다. 세계에 대한 비판적인 접근 및 러시아의 기존 질서에 대한 반항과 연관된 "인텔리겐치아"라는 단어와 그 속에 담긴 개념은 이 불길한 시기에 널리 사용되기 시작했다.

러시아의 혁명운동은 1860년대의 혁명적 선전과 서클들로까지 소급할 수 있다. 그러나 그 운동은 1870년대에 처음으로 유명해졌다. 1870년대 무렵이 되면, 본질적으로 개인주의적이고 무정부적인 허무주의의 신조는 인간의 총체적인 해방에 강조점을 두면서 "비판적 사실주의자들"에게 정치적, 사회적, 경제적 프로그램을 부여했던 인민주의(narodnichestvo)라는 새로운 신조와 결합되고, 그것에 의해서 대체되었다. 인민주의는 넓은 의미에서는 도스토옙스키, 톨스토이, 몇몇 우파 사상가들 그리고 러시아의 다른 다양한 인물들을 포괄할 수 있기는 하지만, 좁은 의미에서는 게르첸, 바쿠닌, 체르니솁스키, 라브로프, 미하일롭스키—이들은 나중 장에서 논의될 것이다—와 같은 지식인들의 가르침, 그리고 19세기의 마지막 1/3분기 동안의 러시아의 급진적이고 혁명적인 운동의 주요 흐름과 연관되었다. 허무주의자들이 그들의 해방과 독립 그리고 자신들 주위의 썩어빠진 세상에 대한 우월감에서 기쁨을 느꼈다면, 인민주의자들은 러시아의 경우에 농민들을 의미하는 대중에게로 관심을 돌려야 한다는 의무감을 느꼈다. 그들은 무지크(muzhik) 즉 농민들의 땀, 그리고 심지어 피의 희생으로 자신들이 받은 교육—그것은 값진 해방 자체를 가져왔다—을 되갚고, 인민들을 좀더 나은 미래로 이끌기를 원했다. 덧붙여 말하면, 지식인들은 가르치는 것뿐만 아니라 배우기를 원했다. 특히, 그들은 게르첸과 바쿠닌을 따라서, 미래의 공정한 사회질서의 효율적인 원천으로 기능할 수 있었던 농민공동체가 가지는 독특한 가치와 잠재력을 믿었다. 대부분의 인민주의자들은 자신들이 환경 때문에 가질 수 없었던 도덕적 순수성과 정직성—그들이 원한다면 진리—을 이런

저런 방법으로 인민들 가운데에서 발견하기를 희망했다. 그들의 이런 시도가 이성과 비판적 "사실주의"에서 유래되었는지, 혹은 비합리적인 유토피아적 꿈에서 유래되었는지, 혹은 보다 공정하고 행복한 세계를 향한 깊은 도덕적, 정서적 바람에서 유래되었는지의 문제는 보는 관점과 주장에 따라서 다르다.

인민주의 운동은 1873년, 1874년, 그 직후의 몇 년 동안에 절정에 달했다. 1873년에 제국정부가 스위스에서 공부하던 러시아 대학생들―러시아인들, 특히 여성들은 모국보다 스위스에서 종종 더 쉽게 고등교육을 받을 수 있었다―에게 학업을 포기하고 귀국하도록 명령을 내렸을 때, 그들 중 상당수의 학생들은 러시아에 있던 수많은 다른 젊은 남녀들과 함께 "인민 속으로(v narod)" 가기로 결정했다. 그들은 시골 마을로 갔으며, 그중에 약 2,500명이 농촌의 교사, 서기, 의사, 수의사, 간호원, 점원이 되었다. 그중에서 일부는 단지 능력껏 사람들을 도와주려고 했고, 다른 사람들은 원대한 급진적이며 혁명적인 계획을 키워나갔다. 특히, 자발적이고 근본적인 대규모 인민혁명에 대한 믿음을 가지고 있었던 바쿠닌의 추종자들은 자신들이 혁명의 출발을 단지 도와주기만 하면 된다고 생각하고 있었던 반면에, 라브로프의 제자들은 점진주의의 필요성, 즉 좀더 정확히 말해서 대중이 구질서를 전복시키고 새로운 질서를 수립하기 이전에 교육과 선전이 필요하다고 믿고 있었다.

인민주의자들의 운동은 실패했다. 농민들은 반응을 보이지 않았다. 인민주의자들이 일으킨 유일한 봉기는 차르가 충성스러운 농민들에게 자신의 적인 지주들을 공격하라고 명령했다는, 감명 깊지만 위조된 성명서 때문에 발생되었다. 사실 농민들은 도시에서 온 낯선 사람들을 때때로 경찰에 넘겼다. 경찰은 그들대로 열정적으로 활동하면서, 자신들이 찾을 수 있는 모든 운동가들을 체포했다. 1877년에 193명과 50명에 대해서 이루어진 집단 재판은 인민주의의 "브나로드" 단계의 슬픈 종말을 상징적으로 보여주었다.

그러나 또다른 투쟁 가능성은 남아 있었다. 그것은 또다른 인민주의 이론가인 트카초프와 도덕률을 초월하며 헌신적인 혁명가인 네차예프가 주창했으며, 프랑스 대혁명 기간에 권력을 장악해서 프랑스를 변혁시키려고 했던 자코뱅을 따라서 "자코뱅"이라는 이름을 부여받았다. 그들에 따르면, 만약 농민들이 행동하려고 하지 않는다면 혁명가들 스스로 정부와 싸워야 한다는 것이다. 그들이 성공을 거두면 정부가 취약하다는 사실을 대중에게 보여주게 됨으로써 말이 아닌 행동으로써 영감을 주게 될 것이었다. 그래서 그 이후 수년 동안 혁명적 음모, 테러 행위, 암살사건이 뒤따랐다. 초기의 폭력 사건은 다소 자발적이기는 했지만, 때로는 잔인한 경찰 관료에 대한 보복이기도 했다. 그렇듯 일찍이 1878년에 자술리치는 한 정치범에게 태형을 명령한 상트페테르부르크 군정총독인 트레포프 장군(그는 일찍이 두 차례의 폴란드 봉기를 진압하는 데에 도움을 주어 유명해졌다)에게 총격을 가하여 부상을 입혔다. 비록 자술리치가 트레포프를 총격한 사실을 결코 부인하지는 않았지만—그녀가 나중에 "그런 식으로 인간을 모욕하는 사람은 누구든지 빠져나갈 구멍이 없다는 것을 입증해 보이기 위하여"라고 나중에 썼듯이, 그녀는 오히려 자신의 행위가 도덕적으로 정당한 것이라고 스스로 변호했다—배심원단은 그녀에게 유죄 판결을 내리기를 거부했다. 정부가 이렇게 치욕을 당한 이후에, 정치 사건은 일반적인 사법 절차에서 배제되었다. 그러나 오래 지나지 않아 테러 행위를 의도적으로 활동의 중심에 놓은 조직이 등장했다. 1876년에 창립된 "토지와 자유(Zemlia i Volia)"라는 음모적 혁명단체는 점진주의와 선전 활동을 강조했던 "흑토분배(Chernyi Peredel)" 혹은 "총토지 재분배(Total Land Repartition)"와 정부에 대한 전력투구식 테러 공격을 시작한 "인민의 의지(Narodnaia Volia)"라는 두 집단으로 1879년에 분열되었다. "인민의 의지"의 당원들은 러시아의 고도로 중앙집권화된 성격 때문에 몇 명의 암살만으로도 체제에 엄청난 피해를 입힐 수 있을 뿐만 아니라, 국민들에게 영감을 줄 수 있을 것이라고 믿었다. 이것은 "행동으로 하는 선전 활동"이었다. 그들은 황제인 알렉산드르 2세를 자신들의 주요 목표물로 선택하고는 그에게 사형을 언도했다. 그다음의 일은 "황제 사냥"이라고 묘사되었는데, 어떤 측면에서는 상상을 초월하는 일이었다. "인민의 의지"의 집행 위원회는 농노 출신인 젤랴보프와 러시아의 최고 행정관료 집안 출신인 페롭스카야 같은 인물들이 주도한 약 30명의 남녀들로만 구성되어 있었지만 러시아 제국을 대상으로 싸웠다. 비록 경찰이 혁명가들을 없애려고 온갖 노력을 다 기울였고 그리하여 많은 테러리스트들이 사라져갔지만, "인민의 의지"는 계속해서 황제 암살을 시도했다. 알렉산드르 2세는 몇 차례에 걸쳐 운 좋게 가까스로 암살을 모면했다. 한번은 황제의 경호원들이 황제가 수로 이외의 방법으로는 교외의 주거지를 떠나지 못하도록 하는 동안, 황궁의 식당이 폭파되어 많은 사람들이 죽었다!

　"인민의 의지"에 의한 대담한 테러 행위뿐만 아니라, 겨울궁전에서의 폭발 사건, 파업, 대학생들의 시위가 있었고, 교육받은 대중이 놀라울 정도로 황제에 대한 공감을 가지지 않는다는 사실 등을 알게 된 이후에, 황제는 마침내 대중과의 화해(rapprochement)의 길로 나아갈 수 있는 좀더 온건한 정책을 펴기로 결정했다. 그는 장군이자 백작인 로리스-멜리코프를 처음에는 특별 행정 위원회의 수장으로, 몇 달 후에는 내무부 장관으로 임명했다. 로리스-멜리코프는 테러를 진압하면서도 개혁을 제안하게 되었다. 여러 온건하거나 자유주의적인 장관들이 많은 반동주의자들을 대신하여 임명되었다. 로리스-멜리코프의 계획은 행정 및 재정 개혁을 심의할 때, 선출되거나 임명된 대중의 대표를 참여시킬 것을 요청했다. 이것은 농노제 폐지 이후의 노선과 다르지 않았다. 알렉산드르 2세는 1881년 3월 13일에 로리스-멜리코프의 제안을 기꺼이 검토하겠다는 의사를 표명했다. 그리고 바로 그날, 그는 마침내 "인민의 의지"의 남은 당원들에 의하여 암살당했다.

대외정책

알렉산드르 2세 통치기의 대외정책은 러시아 국내의 역사만큼이나 극적이지는 않았지만, 그래도 세심한 주의를 기울일 만하다. 그것은 크림 전쟁 및 파리 조약과 더불어 시작되었다. 이때는 아마도 19세기의 유럽에서 러시아의 지위가 최저점에 도달했을 것이다. 알렉산드르 2세의 대외정책은 러시아의 위신을 회복하는 데에 많은 기여를 했다. 특히 러시아인들은 투르크와의 전쟁에서 승리했고, 발칸 반도의 지도를 상당 부분 다시 그렸다. 그리고 알렉산드르 2세는 재임기에 캅카스, 중앙 아시아, 극동으로 광범위하게 영토를 확장했다. 그러나 모든 것이 잘되지는 않았다. 러시아는 승리뿐만 아니라 중요한 외교적 실패를 경험하기도 했다. 게다가, 유럽의 변화된 세력 판도—이것은 근본적으로 차르 정부가 방해했다기보다는 도움을 주었던 독일 통일의 영향을 받았다—는 50년 전보다 1881년에는 로마노프 가문의 국가에 많은 점에서 유리하지 않았다.

　크림 전쟁은 니콜라이 1세의 세계, 즉 그를 지도자로 하던 정통주의 세계의 몰락을 의미했다. 구체적으로 보면, 그 전쟁은 1849년에 러시아로부터 커다란 도움을 받았으면서도 실전 경험이 부족했던 러시아의 적들을 도우려고 온갖 노력을 다한 오스트리아에 대해서 러시아 정부와 대중에게 큰 실망감을 안겨주었다. 튜체프가 주장했듯이, 어떤 "오스트리아의 배신자들"도 합스부르크 가문을 대신하여 니콜라이 1세에게 마지막 고별을 고하도록 허락받을 수 없었다! 신임 외무부 장관인 고르차코프 공은 상황을 살펴본 다음에, 가능성 있는 동맹국인 프랑스 쪽으로 방향을 돌렸는데, 나폴레옹 3세도 이에 상응하는 관심을 보여주었다. 그러나 그 당시—30년 이후에 일어났던 일과는 대조적으로—프랑스와 러시아의 화해는 1863년의 폴란드 반란으로 좌절되었다. 이미 언급되었듯이, 프랑스 통치자와 그의 국민들은 폴란드인들을 동정했고, 영국 및 오스트리아의 경우와 마찬가지로 프랑스도 폴란드인들 편에서 외교적으로 개입했다. 그리하여 프랑스는 빈 회의에서 폴란드 왕국이 성립될 때부터 폴란드의 운명은 국제적인 관심 사항이었으며, 단지 러시아의 국내 문제는 아니라고 주장했다. 제국정부는 러시아 국민들과 프로이센으로부터 강력한 지지를 얻음으로써만, 열강들의 이런 주장을 배격하고 그들의 개입을 저지할 수 있었다. 폴란드의 민족주의가 프로이센에 위험하다고 생각하면서 차르의 호의를 얻으려고 했던 비스마르크는 알벤슬레벤 백작을 파견하여 폴란드의 반란자들에 관해서 러시아인들에게 협조하겠다는 약속을 하고, 그런 취지의 협정에 조인하도록 했다. 러시아인들에 대한 비스마르크의 약삭빠른 조치는 의심할 것 없이, 프로이센 주도하의 독일 통일에 대해서 차르 정부가 아주 호의적인 태도를 보이도록 만들었다. 프로이센은 1866년에 오스트리아를, 1870년에는 프랑스를 패배시켰다. 돌이켜보면, 러시아가 대륙의 새로운 거대 강국으로서의 독일의 등장을 막기 위한 일을 하나도 하지 않았다는 사실은 차르의 외교정책이 범한 것 중에서 최악의 실수라고 일컬어져왔다. 그런 비난에 대한 단서를 달면, 그 중요한 10년 동안에 러시아 정치인들만이 유럽에서 상황과 전망을 완전히 잘못 판단한 유일한 사람들은 아니었다는 것을 지적해야 한다. 그리고 러시아는 파리 조약에 담긴 흑해 조항을 폐기시킴으로써 어느 정도의 보상을 받았다. 즉, 유럽의 관심이 보불 전쟁에 쏠려 있을 때, 고르차코프는 비스마르크의 후원을 얻어 파리조약에서 규정된 바대로 러시아가 흑해에 군함이나 해안 요새를 두지 않겠다는 성가신 조항을 거부했다. 영국은 이에 항의했고, 1871년 3월에 런던에서 국제회의가 개최되었다. 그러나 비록 일방적인 조치에 반대한다는 서명국들의 원칙이 만장일치로 재확인되기는 했지만, 러시아의 조치는 효력을 인정받았다.

1870년대에 차르 정부가 또다시 동맹국을 찾아 나섰을 때, 러시아는 이제는 독일이 된 프로이센과 오스트리아-헝가리가 된 오스트리아를 또다시 발견했다. 한 세기 동안 호엔촐레른 가문은 전반적으로 로마노프 가문의 가장 좋은 친구로 남아 있었다. 합스부르크 가문에 관해서 말하자면, 크림 전쟁 시의 행동으로 생겨난 러시아인들의 적개심은 오스트리아가 전쟁에서 패배하고 다른 불행한 일들이 있고 난 다음에 다소 누그러졌다. 새로운 동맹, 소위 삼제협상(Three Emperors' League)은 1872년과 1873년에 성립되었다. 러시아가 맺은 이 협상에는 독일과의 군사협상도 포함되었는데, 그에 따르면 한 당사국이 유럽 열강으로부터 공격을 받는다면 20만 명의 병력으로 도와주어야 한다고 규정되었다. 러시아는 오스트리아-헝가리와는 다소 느슨한 협정을 맺었다. 삼제협상은 기존 질서를 유지하기로 결심한 보수적인 동유럽 군주국들의 오랜 연합이 복구된 것을 의미한다고 할 수 있었다. 그러나 알렉산드르 1세와 니콜라이 1세가 보수주의적 연합을 주도했던 앞선 수십 년과는 대조적으로, 새로운 동맹의 방향타는 비스마르크가 가지고 있었다. 사실, 러시아 정부는 파트너로 허락된 것에 감사하고 있었다. 게다가 러시아와 독일의 이해관계는 몇몇 중요한 문제에서 일치하지 않았다. 1875년에 러시아와 영국이 독일에 대해서 프랑스를 대상으로 한 예방전쟁을 시도하지 말도록 강한 압력을 행사했을 때, 러시아와 독일의 관계는 분명히 금이 가 있었다.

삼제협상은 투르크와 발칸 반도 문제로 마침내 붕괴되었다. 이 문제는 1870년대에 일련의 국제적 위기와 러시아와 오스만 제국 사이의 전쟁으로 연결되었다. 1875년 7월에 헤르체고비나와 보스니아에 대한 투르크의 지배를 반대하는 봉기를 시발점으로, 반란이 발칸 반도를 휩쓸게 되었다. 1876년에는 불가리아의 봉기를 투르크가 잔인하게 진압했고, 발칸 반도의 다른 지역에서도 전투와 대량 학살이 벌어졌으며, 세르비아와 몬테네그로는 오스만 제국에 전쟁을 선포했다. 러시아의 대중은 사태가 이렇게 전개된 것에 대해서 격렬한 반응을 보였다. 범슬라브주의—그 당시까지는 몇몇 소규모 지식인 서클 이외에는 모호한

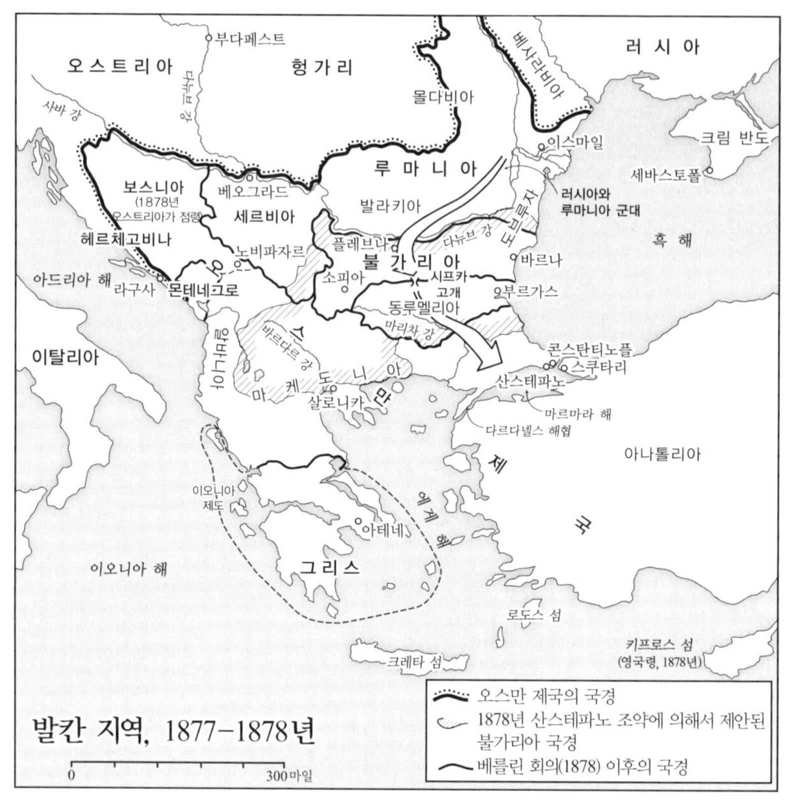

감정에 불과했다―는 처음으로 활동적인 힘을 가지게 되었다. 범슬라브 위원회는 사회의 저명인사로부터 소박한 농민들에 이르기까지 다양한 5,000명의 자원병들과 약 800명의 전직 러시아군 장교 병력 등을 파견하여 세르비아군 측에서 싸우도록 하면서, 또다른 러시아 자원병인 체르냐예프 장군에게 지휘를 맡겼다. 그러나 투르크인들은 세르비아인들을 패배시켰다. 그러므로 발칸 소수민족들은 오스만인들과의 승산 없는 대결에서 러시아의 개입에 마지막 희망을 걸게 되었다. 제국정부는 개입 문제를 조심스럽고 별다른 열의 없이 검토했다. 영국과 오스트리아-헝가리가 러시아에 적대적인 상태에서 국제 상황은 전쟁에 반대하고 있었다. 특히 군사 부문과 재정 부문에서 개혁 입법 작업이 진행 중이었으며, 인민주의자들이 소요를 일으키고 있던 러시아의 국내 상황을 보더라도 전쟁을 벌일 형편이 되지 못했다. 그 외에도, 콘스탄티노플 주재 러시아 대사로 있던 이그나티예프 백작을 제외하고는 고르차코프와 다른 책임 있는 차르의 관

료들은 범슬라브주의를 별로 신뢰하지 않았다. 그러나 발칸 분쟁이 계속되고, 국제 외교술이 평화를 가져오는 데에 실패하고, 러시아가 점차로 분쟁에 깊이 연루되게 되었을 때 차르 정부는 오스트리아-헝가리의 양해를 얻어서 1877년 4월 24일에 투르크에 선전포고를 하게 되었다.

어렵고도 격렬했으며 많은 희생을 치른 이 전쟁은 러시아의 결정적인 승리로 끝났다. 전투가 끝나갈 때, 차르 군대는 콘스탄티노플로 접근하고 있었다. 1878년 3월에 조인된 산스테파노 조약은 오스만 제국의 철저한 패배를 반영했다. 러시아는 캅카스와 남(南)베사라비아에서 중요한 국경지역을 획득했다. 플레브나 등지에서 러시아와 함께 싸운 루마니아는 남베사라비아 대신에 도브루자를 보상으로 받았으며, 세르비아와 몬테네그로는 영토를 얻고 루마니아와 함께 완전한 독립을 인정받게 되었다. 반면에 보스니아와 헤르체고비나는 어느 정도의 자치권과 개혁 조치만 얻어낼 수 있었다. 게다가 이 조약으로 인해서 에게 해에 이르는 방대한 불가리아 자치국이 탄생되었고, 러시아 군대가 2년 동안 그곳에 주둔하게 되었다. 투르크는 막대한 배상금을 지불해야 했다.

그러나 국제적인 외교적 힘이 작용하여, 러시아의 승리는 새로운 굴욕으로 변질되었다. 오스트리아-헝가리와 영국은 러시아가 산스테파노 조약에 담긴 해결책을 재검토하도록 압력을 넣었다. 오스트리아-헝가리는 러시아가 그렇게 하지 않기로 각별히 약속했는데도 발칸 반도에 불가리아라는 거대한 슬라브 국가를 성립시킨 것에 대해서 특히 분노했다. 1878년 여름에 한 달 동안 개최된 베를린 회의에서 진행된 재검토 작업을 통해서, 발칸 반도의 지도는 다시 작성되었다. 베를린에서 이루어진 조정에 따르면, 세르비아, 몬테네그로, 루마니아는 독립을 유지하고 러시아는 남베사라비아와 바툼, 카르스, 아르다칸 같은 캅카스 지역의 이익의 대부분을 보유했으나, 산스테파노 조약의 다른 규정들은 원형을 알아볼 수 없을 정도로 바뀌었다. 세르비아와 몬테네그로는 자신들이 얻은 지역 중에서 일부를 상실했다. 더욱 중요한 것은 산스테파노에서 생겨난 거대한 불가리아가 세 부분으로 나뉜 것이다. 즉, 발칸 산맥 북쪽에 있는 불가리아 본토는 자치국이 되었고, 산맥 남쪽인 동(東)루멜리아는 투르크 지배하에서 특수한 형태의 자치를 하게 되었으며, 마케도니아는 단지 몇몇 개혁 조치만 허락받았다. 오스트리아-헝가리는 비록 합병은 아니지만 보스니아, 헤르체고비나, 노비파자르를 점령할 수 있는 권한을 획득했으며, 영국은 키프로스를 차지했다. 베를린 회의의 결정에 반영된 러시아의 외교적인 패배에 관해서, 러시아의 여론은 영국, 오스트리아-헝가리 그리고 타당성은 적지만 이 회의의 "정직한 중개자"인 비스마르크에 대해서 크게 반발했다.

아시아에서의 팽창

알렉산드르 2세의 통치기에 러시아는 유럽 열강들과의 관계에서 복합적인 결과를 얻게 되었던 반면에, 이미 다민족 국가이던 러시아 제국은 아시아에서는 계속 영토를 확장하여 진정한 식민지 강국으로 변했다. 사실, 많은 학자들은 러시아가 서쪽에서 고립되거나 좌절한 것과 동쪽으로 진출한 것 사이에는 상관관계가 있다고 주장한다. 영국과 다른 식민지 열강들로서는 러시아의 식민지 확장에 대해서 점차 신경을 쓰게 되었다. 그럼에도 불구하고, 19세기의 3/4분기에 러시아가 아시아, 특히 캅카스와 중앙 아시아, 극동 지역에서 엄청난 영토를 획득했다는 점에는 의심의 여지가 없다. 그리고 차르 정부는 1867년에 720만 달러를 받고 미국에 알래스카를 팔아넘김으로써 서반구에서 철수하기도 했다.

앞에서 언급되었듯이, 19세기 전반의 몇십 년 동안에 그루지야가 러시아의 지배를 인정하고 러시아가 페르시아와 투르크에 대해서 승리를 거둔 뒤에 캅카스 산맥 남부를 차지함으로써, 캅카스 전역이 차르의 지배하에 들어오게 되었다. 그러나 수많은 산악 부족에 관한 한, 제국의 권위는 명목상에 머물거나 아예 아무런 의미가 없었다. 산악 거주민들을 굴복시키기 위한 결단으로, 체르케스인, 압하지야인, 오세티야인, 체첸인 등을 대상으로 한 일련의 전쟁이 1810년대에 시작되었다. 대부분 이슬람 교도이던 산악지역 주민들은 자신들의 자유와 신앙을 지키기 위해서 장기적인 지하드 즉 성전(聖戰) 안에서 연합함으로써 자신들을 지배하려는 러시아의 시도에 대응했다. 그러므로 캅카스 지역에 완전한 "평화"를 정착시키는 데에는 수십 년이 걸렸다. 그리고 그 웅대한 지역에서 군복무를 하는 것은 한때 거의 사망선고를 받은 것이나 다름없는 일이었다. 그러나 1857년부터 시작하여 바랴틴스키 공이 지휘하는 러시아군은 거의 기진맥진한 산악지역 주민들을 대상으로 성능이 탁월한 신형 라이플을 사용하여 이번에는 결정적인 또다른 공세를 취했다. 1859년에 바랴틴스키는 25년 동안 러시아에 대항하는 캅카스 저항운동의 군사적, 정신적, 정치적 지도자였던 전설적인 샤밀을 사로잡았다. 그곳에서 질서가 수립되기까지에는 좀더 많은 시간이 걸리기는 했지만, 이 사건은 통상적으로 캅카스 전투의 종식으로 간주되어왔다. 많은 수의 이슬람 교도 산악거주 주민들은 투르크로의 이주를 선택했다.

중앙 아시아에 대한 적극적인 정복은 알렉산드르 2세 통치기가 되어서야 시작되어, 1865년과 1876년 사이에 일련의 과감한 군사 원정이 이루어졌다. 그리하여 이 10년 동안에 러시아인들은 코칸트, 부하라, 히바의 칸국들을 정복하고, 마침내 1881년에는 카스피 해 너머 지역을 병합하기도 했다. 러시아가 중앙 아시아로 팽창한 과정은 다른 지역의 식민지 전쟁 및 미국의 서부 확장과 어느 정도 비슷하다. 중앙 아시아는 상업적인 이유들 때문에, 원료 중에서도 특히 면화의 공급원이자 러시아의 제조품을 위한 시장으로서 매력적이었다. 그곳으로의 팽창은 국경을 안정시키고 약탈적인 이웃 민족들로부터 국경지역에 있는 러시아 정착지를 보호해야 한다는 안보상의 논리를 바탕으로 이루어졌다. 마찬가지로 이 시기에는 이데올로기적으로도 서구 제국주의와 아주 유사한 사고방식이 러시아에서 발전되었다. 특히 문명국가인 러시아가 후진 민족들을 통제하고 그들에게 질서를 가져다주어야 한다는 의무를 지고 있다는 견해가 발달했다. 중앙 아시아의 원주민들은 이질적이고 열등한 "타자"—문자 그대로 이나로드치(inorodtsy)—로 보였기 때문에 러시아의 통치권을 확립한다고 해서 토착적인 경제, 사회, 법, 종교, 관습에 개입하는 일은 통상적으로 거의 일어나지 않았다. 캅카스와 마찬가지로, 중앙 아시아에 대한 러시아 제국의 접근법은 동화보다는 통제에 좀더 초점이 맞추어져 있었다.

비록 시베리아의 러시아 인구가 상당히 증가하기는 했지만, 극동에서의 러시아 국경은 1689년의 네르친스크 조약으로부터 알렉산드르 2세 통치기까지 변하지 않았다. 1847년, 정열적이고 야심에 찬 무라비요프 백작—이 사람은 나중에 아무르 강의 무라비요프라는 뜻인 무라비요프-아무르스키라고 알려졌다—이 동시베리아의 군인총독이 되었다. 그는 아무르 지역으로 러시아가 팽창해나가는 정책을 추진했고, 중국이 영국 및 프랑스와 전쟁을 벌이고 반란으로 분열된 절망적인 곤경 상황을 이용해서 두 차례의 매우 유리한 조약을 청 제국과 체결할 수 있었다. 1858년의 아이훈 조약에 의해서 중국은 아무르 강 좌안을 러시아에 넘겨주었고, 1860년에는 베이징 조약에 의해서 우수리 지역을 넘겨주게 되었다. 러시아 제국의 태평양 연안 지역에는 러시아 군인들과 이주민들이 점차 정착하기 시작했다.

캅카스 및 중앙 아시아에서와 마찬가지로, 러시아가 극동으로 새롭게 팽창해 나간 것은 경제적 이해관계와 안보상의 이유만이 아니라 러시아 제국이 근대 제국으로서 가지는 자아상에 의해서도 영감을 얻었다. 이런 자아상은 다른 식민주의 제국, 특히 영국에 비견되는 것이었다. 작가들은 아시아에서 러시아가 가진 "문명화의 사명"에 대해서, 이런 사명으로 인하여 문명 담당자들이 얻을 수 있는 위신에 대해서 말했다. 도스토옙스키가 1881년에 썼듯이, "우리는 유럽에서는 주위를 어슬렁거리는 자이자 노예인 반면에, 아시아에서는 주인이다. 우리는 유럽에서는 타타르인인 반면에, 아시아에서는 유럽인이다." 태평양 연안에서 가장 중요한 신도시 중의 하나는 1860년에 건설된 "동방의 지배"라는 뜻의 블라디보스토크였다. 그 이름은 이제 아시아 대륙의 바로 동쪽 끝까지 다다른 제국의 위엄 어린 업적을 시사했다. 그런데 이것이 아시아에서의 제국의 마지막 행동은 아니었다.

제30장

알렉산드르 3세의 통치(1881-1894), 니콜라이 2세의 통치 초기(1894-1905)

> 러시아인들이 셰익스피어가 "시간은 단절되었다"라고 정의한 시대에 살고 있었다는 것은 당연한 결론이다.
>
> —코발렙스키

정치적으로 보면, 알렉산드르 3세의 통치기와 1905년까지의 니콜라이 2세의 통치기는 위기가 심화되고, 전제적인 군주 권력의 전통을 강화하려는 노력을 기울이던 시기였다. 동시에, 이처럼 점차로 보수화되던 군주 국가는 경제를 근대화해야 할 필요성을 인식했고, 산업 발전에 자극을 주기 위해서 할 수 있는 모든 일을 하기도 했다. 사실, 1880년대와 1890년대는 러시아 역사에서 경제와 사회 분야에서는 급격한 변화가 일어났고, 정계에서는 강한 반동이 있었던 시기라고 규정되었다. 1905년의 혁명을 보는 어느 시각에 따르면, 그것은 이런 견딜 수 없는 모순이 마침내 폭발한 사건이라는 것이다. 우리가 살펴봤듯이, 알렉산드르 2세는 그의 재위 마지막 시기에 개혁을 더욱 추진하는 것이 위기에서 벗어날 수 있는 방도라고 생각했다. 그러나 그가 암살당하고 사회적 및 정치적 혼란이 지속되자, 알렉산드르 3세와 니콜라이 2세는 정치 개혁의 길을 배격했다. 그들은 차르의 수중에 남아 있는 무제한적인 개인 권력이 신성하고 필요하다고 확신했기 때문에, 더 이상의 개혁을 배격했을 뿐만 아니라, 이미 시도된 많은 변화의 효과를 제약하기 위해서 최선을 다했다. 그리하여 그들은 러시아 역사학에서 "반동 개혁"이라고 알려진 일을 제도화했다. 러시아가 처한 상황과 필요에 대한 공식적인 평가는 점차로 비현실적인 것이 되었다. 귀족 계급이 쇠퇴하고 있었음에도 불구하고, 정부는 귀족에게 견고하게 의지했다. 그리고 정부는 "정교회-전제 정치-국민성"이라는 기치를 높이 내걸었는데, 이것은 시대 상황에 부합되지 못했다. 정교회는 다민족 제국에서 다양한 종교를 가진 사람들을 거의 결속시킬 수 없었고, 심지어 자신들의 삶과 정체성에서 종교가 더 이상 중심의 자리를 차지하지 못하거나, 그것이 좀더 개인적이고 가변적인 형태의 신앙과 가치라고 생각하게 된 많은 형식적인 정교도 러시아인들조차도 통합시키지 못했다. 전제체제는 19세기보다는 20세기에 훨씬 더 시대착오적인 것이었으며, 진보를 가로막는 방해물이 될 가능성이 더 컸다. 여전히 차르와 인민 사이가 사랑과 헌신으로 신비롭게 결합되었다는 가부장적인 이상에 기반을 두는 민족주의는 일반적인 러시아인들의 정치적 및 사회적 욕구를 거의 충족시키지 못했다. 민족주의는 강제적인 러시아화를 포함하게 될 정도로까지 다민족 국가를 분열시켰을 따름이었다. 러시아를 통치한 로마노프 가문의 마지막 두 황제들은 원칙과 정책에서는 일치했지만 성격은 달랐다. 알렉산드르 3세는 강인한 인물이었던 데에 비해서, 니콜라이 2세는 유약한 인물이었다. 니콜라이 치하에서의 혼란과 우유부단함은 근본적으로 해로웠던 정부의 노력을 더욱 복잡하게 만들었다.

1845년에 태어난 알렉산드르 3세는 부친이 암살당한 이후에 러시아의 제위에 올랐을 때 힘과 혈기가 넘쳤다. 새로운 통치자는 혁명을 억압하고 전제체제를 유지하기로 결심했으며, 이 점을 1881년 5월 11일에 발표한 성명서에서 분명히 했다. 이것은 로리스-멜리코프, 드미트리 밀류틴, 콘스탄틴 대공, 아바자 재무부 장관의 퇴임을 가져왔다. 그러나 로리스-멜리코프가 제시한 방향이 완전히 폐기되고 정부가 모든 개혁으로부터 손을 완전히 떼는 데에는 아직 몇 달더 걸렸고, 지도부에서 더 많은 변화가 있어야 했다. 반동의 주창자들로는 이전에 모스크바 대학교의 유명한 법학교수였고 알렉산드르 3세의 개인교사였다가 1880년에 신성종무원장이 된 포베도노스체프, 1882년에 내무부를 이끌기 위해서 정부로 되돌아온 드미트리 톨스토이, 같은 해에 교육부를 맡은 델랴노프 등이 있었다. 19세기의 마지막 수십 년 동안 러시아에서 반동의 지도적인 실천가일 뿐만 아니라 주요 이론가였던 포베도노스체프는 그답게 인간의 유약함과 사악함, 인간 이성의 오류 가능성과 위험을 강조했고, 산업혁명과 도시의 성장을 혐오했으며, 심지어 "사람들이 물건을 발명하지 못하도록 막기"를 원하기도 했다.

그는 법, 질서, 안정의 유지와 사람들 사이의 통합을 국가의 고귀한 목적이라고 믿었다. 러시아에서 그런 목표를 달성하는 것은 전제정치와 정교회를 통해서만 가능했다.

1881년 여름에 공포된 국가안보와 공공질서를 보호하기 위한 "임시 법규"는 특정 지역의 관리들에게 출판물과 공공질서를 위협할 가능성이 있는 사람들을 다룰 수 있는 광범위한 권한을 부여했다. 즉결 수색, 체포, 투옥, 유형, 군법회의 의 재판은 다반사가 되었다. "임시 법규"는 주로 "인민의 의지"를 목표로 한 것이었다. 그 조직은 아직도 살아남아서 새로운 황제에게 정치적인 사면과 제헌 의회의 소집을 조건으로 평화를 제안하기까지 했다! "인민의 의지"는 비록 황제의 암살 사건 이전에 대체로 파괴되었고, 남아 있던 대부분의 조직원들이 곧 경찰의 손에 잡히게 되었음에도 불구하고, "임시 법규"는 폐기되지 않고 오히려 그 모호한 문구가 허락하는 경우에는 실제로 관리들이 의심한다거나 단지 싫어하는 어느 누구에게도 적용될 수 있었다. "인민의 의지"가 해체되고 난 이후에 수년 동안, 비록 가끔씩 개인에 의한 도발이 발생하기는 했지만 러시아에서 테러 행위는 차츰 잦아들었다. 그러나 원래 3년 기간으로 도입된 "임시 법규"는 갱신되었다. 사실 차르 정부는 나머지 존속 기간에도 그 법규에 의지했으며, 그 결과 러시아인들은 부분적인 계엄령과 비슷한 상황 속에서 살게 되었다.

그뿐만 아니라 알렉산드르 3세의 정부는 알렉산드르 2세에 의해서 도입된 대규모 변화를 억제하고, 중앙집권화되고 관료화되었으며 계급적인 성격을 가진 러시아 체제를 지탱하기 위한 "반동 개혁"을 입법화했다. 새로운 언론 규정으로 급진적인 잡지는 살아남을 수 없었고, 온건한 자유주의적 출판물도 위태로워졌다. 1863년의 자유주의적인 법령을 대체한 1884년의 대학령은 대학의 자율성을 사실상 폐지했으며, 대학생들이 "개인적인 방문자"라고 간주되어야 한다는 점을 강조하기도 했다. 그리하여 학생들은 단체를 결성한다거나 공동의 대표성을 요구할 수 있는 권리도 전혀 가지지 못하게 되었다. 사실상 교육부가 제정한 대부분의 정책—이것에 대해서는 이후의 장에서 요약될 것이다—은 그것이 중등학교에서 고전어를 강조하는 것과 관계되든지, 여성들에 대한 고등교육 기회의 급격한 축소와 관계되든지, 초등교육에서 정교회의 역할을 확대하는 것과 관계되든지 간에, 체제가 설정한 극히 보수적인 목표를 의식적으로 촉진시켰다.

1889년의 알렉산드르 3세. 알렉산드르 3세는 육체적인 힘만이 아니라 굳건한 보수적인 신념으로 유명하기 때문에, 돌산(mountain of stone)이라고 일컬어졌다. 그는 표트르 대제 이래로 턱수염을 기른 최초의 러시아 통치자였다. (*Treasures of Russia Exhibition*)

차르와 그의 측근들은 가령 1885년에 국가귀족 토지은행(Gosudarstvennyi dvoriaskii zemelnyi bank)을 설립하는 등 온갖 기회를 이용하여, 러시아에서 귀족을 돕고 귀족의 지도적인 위치를 강조했다. 동시에, 그들은 농민들이 성숙한 시민이라기보다는 본질적으로 국가의 피보호자라고 간주하면서 농민들에게는 더욱 제약을 가했다. 농민들을 관료주의적으로 통제하고 농촌에서 귀족의 역할을 강조하는 정책은 알렉산드르 2세 재위기의 가장 현저한 "반동 개혁", 즉 농촌 책임자 역할을 맡았던 젬스키 나찰니크(zemskii nachalnik)—이것은 젬스트보 수장이라는 뜻이다—혹은 지방감독관이라는 직책을 1889년에 설치한 것에서 표현되었다. 그 직책을 맡은 관리들—이들은 젬스트보 자치기구와는 아무런 상관이 없었다—은 해당 주지사의 추천에 따라서 내무부 장관이 임명하거나 해임했다. 그들이 맡은 임무는 농민들을 실질적으로 관료주의적으로 직접 통제하고, 사실상 그들을 관리하는 것이었다. 그리하여 지방 감독관은 선출된 농민 관리들뿐만 아니라 농민회의의 결정 사항을 확정해주었고, 관리들의 직무를 정지시킬 수도 있었고, 비록 몇 루블과 며칠을 넘기지는 않았지만 심지어 그들에게 벌금을 부과하고 그들을 체포하고 투옥시킬 수도 있었다. 게다가, 지방감독관은 광범한 사법적 권한도 부여받았다. 그리하여 1864년의 법과는 반대로, 또다시 행정권과 사법권이 결합되었다. 사실상 이렇게 임명된 관리들은 농민들, 즉 거의 대부분의 주민들에게는 선출되었거나 독립적인 치안판사를 대신했다. 1889년의 법은 지방감독관이 일정한 재산 자격을 충족시키는 지방귀족들 가운데에서 임명되어야 한다고 규정했다. 각 군(uezd, 우예즈드)에는 여러 명의 지방감독관이 있었다. 각각의 지방감독관은 여러 읍(volost, 볼로스트)을 관리했다. 러시아는 이런 식으로 지방감독관이라는 새로운 행정망을 갖추게 되었다.

그다음 해인 1890년에 정부는 젬스트보 제도에 몇몇 중요한 변화를 가져왔다. 이전에 재산 형태에 기반을 둔 1864년의 지주 분류법에 따르면, 귀족들은 개별적으로 토지를 소유한 다른 러시아인들과 구분되지 않았다. 그런데 1890년에 귀족들은 별도의 집단이 되었고, 그들의 대표권은 현저히 신장되었다. 반면에 농민들은 그때 이후로는 젬스트보 의원들을 위한 후보만 선출할 수 있었다. 주지사는 이런 후보들 중에 지방감독관의 추천을 받아서 군 젬스트보 의원들을 임명했다. 그뿐만 아니라 내무부 장관은 젬스트보 상임기구의 의장을 승인하는 권리를 가지고 있었고, 젬스트보 상임기구의 구성원들과 젬스트보 직원들은 각 주지사에 의해서 승인되어야 했다. 1892년에는 시 정부가 유사한 "반동개혁"을 경험했다. 그에 따라서 다른 규정들 중에서도, 투표권을 가지기 위한 재산 요건이 크게 강화되었다. 그 규정이 제정된 이후에 상트페테르부르크의 유권자 수는 2만1,000명에서 8,000명으로, 모스크바에서는 2만 명에서 7,000명으로 감소되었다.

알렉산드르 3세의 통치기에는 비정교도 종파에 대한 압력이 증가되었고, 러시아화 정책이 확대되었다. 심지어 제국의 일부 서부 지방에서 다수를 차지했으며 확고한 국제관계와 인정을 받고 있던 로마 가톨릭 교도들과 루터 교도들도 차별 대우를 받아야 했다. 예를 들면, 정교도와 다른 종교를 가진 부부 사이에 태어난 아이들은 자동적으로 정교도가 되었다. 그리고 지배적인 위치에 있던 정교회 이외의 모든 종파는 전도하는 것이 금지되었다. 구교도들과 러시아의 소수

종파는 더 큰 어려움을 겪었다. 그뿐만 아니라 정부는 제국의 많은 사람들 가운데 헌신적인 추종자를 가지고 있던 이슬람교와 불교 같은 비기독교에 대한 반대도 시작했다.

우크라이나인들과 그루지야인들처럼 대러시아인이 아닌 사람들도 정교회에 속해 있었기 때문에 러시아화와 호전적인 정교회는 결코 동일한 것은 아니었지만, 이 두 가지는 서로 협력하며 진행되었다. 러시아화 정책은 특히 1831년과 1863년의 봉기 이후에 서부 주들에서, 그보다 덜한 정도로는 폴란드 본토에서 폴란드인들을 대상으로 일찍이 실시되었고, 싹이 트고 있던 우크라이나 민족주의를 억압하기 위해서 명백한 모습을 드러냈지만, 19세기 후반이 되어서야 러시아 정부의 일반적인 정책이 되었다. 그것은 부분적으로 제국의 여러 민족들 사이에 점차 민족주의 감정이 성장하고 그것이 국가의 통일성에 대한 잠재적인 위협이 된 것에 대한 반응이었고, 그리고 부분적으로는 러시아인들 사이에서 대두되던 민족주의에 대한 반응이었다. 비록 니콜라이 1세의 관제 국민성도 러시아 민족주의의 한 형태이기는 했지만, 알렉산드르 3세는 종종 러시아 제위에 오른 최초의 민족주의자라고 간주되어왔다. 분명히, 알렉산드르 3세의 재위 동안에 러시아화를 위한 조치는 반란을 일으킨 폴란드인들에 대해서만이 아니라, 예를 들면 캅카스 산맥 남부의 그루지야인들과 아르메니아인들, 심지어 충성스런 핀란드인들에게도 점차 확대되었다.

중세 후기 폴란드 왕들의 초청 정책의 결과로 인해서, 서부 러시아에 많이 살고 있던 유대인들은 공격적인 정교회와 러시아화 정책이라는 새로운 환경 속에서 고통을 당해야 했다. 그리고 사실 과거부터 있었던 제한 조치들은 새로운 힘을 가지고 그들에게 적용되었으며, 그들과 그들의 활동에 추가적인 제약을 가하는 새로운 법이 제정되었다. 그리하여 규칙이 느슨하게 적용되던 이전과 대조적으로, 유대인들은 "유대인 거주지역(Cherta postoiannoi evreiskoi osedlosti)", 즉 그들이 오랫동안 살아왔던 서부 러시아 지역에서만 살도록 엄격히 제한받았다. 그뿐만 아니라 유대인들은 유대인 거주지역에 사는 경우에도 농촌이 아니라 상인들과 수공업자들이 거주하는 소도시나 작은 규모의 정착지에서만 살아야 한다는 단서가 붙었다. 교육받은 유대인들이나 유명한 유대인들은 보통 이런 제약 조건을 극복할 수 있었으나, 절대 다수의 빈곤한 유대인들은 자신들의 거주지역에 묶여 있게 되었다. 1887년에 정부는 고등교육 기관에서 유대인 학생들의 비율을 할당했다. 그것은 유대인 거주지역 내에서는 전체 등록 학생 수의 10퍼센트, 다른 주에서는 5퍼센트, 모스크바와 상트페테르부르크에서는 3퍼센트였다. 1881년에 일어난 포그롬(pogrom)—러시아어에서 영어가 된 서글픈 단어—즉, 유대인들에 대한 대중의 폭력 행사 사건은 남서부 러시아의 소도시와 정착지에서 발발하여 유대인들의 재산을 파괴하고, 때때로 그들의 생명을 앗아갔다. 포그롬은 제정 러시아 말기까지 산발적으로 재발되었다. 지방 당국은 종종 포그롬을 막기 위한 조치를 거의 취하지 않았고, 심지어 그것을 조장하는 일도 때때로 있었던 것이 분명하다. 포베도노스체프가 말했다고 전해지는 것에 따르면, 러시아의 유대인 문제는 러시아계 유대인의 3분의 1이 정교회로 개종하고, 다른 3분의 1은 다른 나라로 이주하며, 나머지 3분의 1이 죽음으로써 해결될 수 있었다. 러시아 정부는 유대인들을 그들의 종교에 따라서 정의 내렸다는 점도 말할 필요가 있다. 즉, 정교회로 개종한 유대인들의 경우에 비록 그들에 대한 편견은 종종 남아 있었지만, 그들은 다른 사람들에게 부과된 금지 조치를 피할 수 있었다.

　알렉산드르 3세는 모든 변화와 개혁을 완전히 반대하지는 않았다. 근대의 모든 러시아 통치자들처럼, 그는 민족과 국가의 힘을 유지하고 발전시킬 수만 있다면 진보를 위한 필요성을 인정했다. 새로운 점은 사회적 및 경제적 변화가 정치적 변화와 분리될 수 없다는 신념이었다. 진보적인 경제 조치는 주로 재정과 경제를 책임진 일련의 장관들의 업적이었다. 우리는 다음 장에서 사회경제사를 좀더 면밀히 살펴보게 될 것이다. 그러나 1881년부터 1887년까지 재무부를 지휘했던 붕게가 경제 발전에 자극을 주고 가난한 사람들의 부담과 위험을 감소시키기 위해서 농민 토지은행(Krest'ianskii pozemel'nyi bank)을 설치했다는 점은 주목할 만하다. 그뿐만 아니라 그는 인두세를 폐지하고, 상속세를 도입했으며, 러시아에서 노동 입법을 시작하기도 했다. 그가 만든 선구적인 공장법에는 12세부터 15세까지의 아동에 대한 8시간 노동 제한, 섬유 산업에서 아동과 여성의 야간작업 금지, 지나친 벌금이나 다른 비합법적인 공제 없이 고용주들이 노동자들에게 적절하고도 정기적인 급료를 보장해주기 위한 규정 등이 포함되어 있었다. 새로운 법의 실시를 감독하기 위해서는 공장감독관 제도가 실시되었다. 그렇지만 붕게가 그의 조치에 대한 강한 반대와 사회주의라는 비난 때문에 재무부를 떠나야 했던 것은 의미심장한 일이다. 그를 계승한 비슈네그랏스키(재임 기간 1887-1892)와 비테(재임 기간 1892-1903)는 대규모 국가철도 부설 프로그램과 고율의 관세, 국가의 청부 및 보조금 등의 조치를 통한 중공업 장려 등 산업 발전과 근대화를 자극하기 위한 노력 때문에 훨씬 더 유명해졌다.

니콜라이 2세

알렉산드르 3세의 장남으로서 1868년생인 니콜라이 2세는 1894년에 부친이 사망한 이후에 러시아의 전제군주가 되었다. 이 최후의 차르는 겸손, 자기 훈련, 신앙, 애국심, 강한 의무감, 가족에 대한 헌신 등 많은 사람들이 존경하는 개인적인 자질을 가지고 있었다. 그러나 이러한 덕목들은 힘, 적응력, 통찰력이 요구되는 상황에서는 그다지 중요하지 않았다. 또다른 표트르 대제가 등장했더라면 로마노프 가문과 제정 러시아를 구원할 수 있었다고 주장할 수는 있지만, 니콜라이 2세가 그런 일을 하지 못했다는 것에는 의심의 여지가 없다. 사실, 그는 여건이 변해서 커다란 잠재력을 가진 완전히 새로운 상황으로 내몰리고 있었을 때조차도 자신의 전통주의적인 정치적 실수를 고칠 수 없었고, 심지어 효과적인 반응을 보일 능력도 가지고 있지 않았다. 니콜라이 2세의 양육, 경험, 지적 능력, 개인 성품 등 모든 것은 그가 아주 전통적인 권력 개념(표트르 이전의 러시아의 향수 어린 이미지로부터 종종 유래되었다)에 기반을 둔 정치체제를 깊이 신뢰하도록 만들었다. 니콜라이는 차르의 무제한적인 개인 권력만이 러시아의 힘과 안정과 심지어 국가로서의 진보를 보증해준다고 명백히 믿었다. 그러나 이것은 도덕적인 능력이었으며, 정교회와 민족성과 결합된 전제정치였다. 니콜라이가 믿기로는, 통치자는 신에 의해서 복을 받고 인도되었다. 늘 그렇듯이, 그는 "차르의 심장은 신의 손안에 있다"라는 전통적인 속담을 좋아했다. 그리고 그는 러시아의 통치자는 국민들과 거의 신비로운 사랑이라는 특별한 유대를 맺고 있다고 믿었다. 심지어 1905년에 대규모 대중 소요사태를 당해서 전국적인 대표권을 가진 의회에 대한 요구에 동의할 수밖에 없었을 때조차도, "독특한 러시아적 원칙에 부합되는 질서의 기반 위에 서 있는 땅의 사람들과 짐 사이의 교

1903년에 겨울궁전에서 열린 가면무도회에서 17세기 옷을 입은 니콜라이 2세. 니콜라이는 표트르 대제 이전의 러시아에서 좀더 민족적이고 건강한 정신이라고 생각했던 것을 좋아했다. (*New York Public Library*)

감, 차르와 모든 루시 사이의 연합이 옛날 시대와 똑같이 확립되도록 하라"고 하면서, 심지어 정치질서의 개혁을 계속해서 전통주의적인 의미에서 바라보았다. 동시에, 니콜라이는 질서와 규율을 사랑했다. 그의 모델과 영감의 원천은 군대였는데, 그는 군대의 의식을 언제나 사랑했다. 동시에 이런 신념을 복잡하게 만든 것은 그가 많은 사람들이 깊은 불확실성과 심지어 유약함의 징조라고 보는 것을 드러냈다는 점이다. 황제는 많은 관찰자들에게 자발적인 결정 능력도 없이 태도와 행동이 특이할 정도로 자동적이라는 인상을 불러일으켰다. 여러 명의, 종종 자격도 없는 장관들이 중요한 결정을 내렸고, 군주는 그것을 충분히 이해하지도 못했으며 평가하지도 못했다. 황후인 알렉산드라는 독일 태생으로서 정교회로 개종한 사람이었는데, 과거 러시아의 전통에 헌신하는 그녀의 태도, 도덕적 보수주의, 신비주의, 지식인들의 개혁 사상에 대한 경멸감 등은 아마도 니콜라이의 경우보다 훨씬 더 완고했다. 통치 후반기에 황후는 차르가 가까이에서 믿을 수 있는 조언자였다. 아마도 니콜라이의 형편없는 판단력과 알렉산드라의 사악한 영향력에 대한 가장 악명 높은 징조는 라스푸틴처럼 믿을 수 없는 인물이 국가의 가장 영향력 있는 위치로 올라갈 수 있었다는 사실이다. 이 모든 것에 더하여, 니콜라이는 특히 숙명론적인 생각을 가지고 있었다. 그는 종종 "신은 우리에게 무엇이 좋은지 알고 계신다. 우리는 우리의 머리를 숙이고 '당신의 뜻이 이루어질지어다'라는 신성한 말을 반복해야 한다"라고 말했다고 전해진다. 니콜라이는 선량한 사람이었고, 심지어 성자 같은 사람이었을지도 모른다고 주장되어왔다(사실 그는 2000년에 러시아 정교회에서 시성되었다). 그렇지만 그는 위기의 순간에 제대로 대처하지 못한 비참한 통치자였다. 그가 통치하던 때에는 러시아와 세계에서 아주 많은 변화가 일어나고 있었고, 아주 많은 러시아인들은 제한된 권력을 가진 중앙정부, 시민권, 민주주의적 참여, 법에 의한 통치에 기반을 둔 새로운 정치적 관계를 정립할 때가 왔다고 확신하고 있었다. 그런데도 근대적인 민주주의제도보다는, 전제정치는 고집스럽게 그리고 심지어 맹목적으로 러시아 고대 정치의 전통에 대한 신념, 즉 신으로부터 기름 부음을 받고 영감을 받은 군주가 신비한 사랑을 통해서 백성들에 대한 의무감에서 절대적인 개인적 통치를 담당한다는 이상으로 퇴보하고 말았던 것처럼 보인다. 트로츠키 등의 결정론자들은 낡고 썩어버린 러시아 체제가 논리적으로 볼 때 과거의 형편없는 유물과는 아주 다른 지도자를 배출할 수 없었다고 주장해왔다. 혹은 오래된 속담에 따르면, 신들은 자신들이 파멸시키기를 원하는 자들의 눈을 멀게 만든다.

니콜라이 2세 치하의 반동 정치

니콜라이 2세는 부친의 반동적인 정책을 완화시키고 아마도 필요한 개혁 조치에 착수할 것이라는 기대에 직면하여, 자신의 정치적 위치를 서둘러 사회에 분명히 밝혔다. 그는 1895년 1월에 귀족 대표들, 젬스트보 대표들, 도시 대표들과의 회동에서 연설할 때 다음과 같이 직설적으로 선언했다(이것은 언론에서 널리 보도된 발언이다). "젬스트보 대표들이 국내 행정 문제에 참여해달라는 정신 나간 꿈에 휩쓸린 사람들의 목소리가 최근에 몇몇 젬스트보 회의에서 들려온 것을 짐은 알고 있습니다. 신민들의 행복을 위해서 모든 힘을 다 바치는 짐은 돌아가신 나의 잊지 못할 부친이 그랬던 것처럼, 확고하고도 변함없이 전제정치의 원칙을 유지할 것임을 모든 사람들이 알게 하시오." 정책도 이런 노선을 뒤따랐다. 신성종무원장인 포베도노스체프의 옛 제자로서 니콜라이 자신은 포베도노스체프를 비롯하여, 내무장관을 연이어 맡았던 시퍄긴 및 플레베 등의 반동적 인물들을 의지했다. 정부는 아주 엄격하게 언론을 감시하기 위해서 "임시 법규"를 계속 확대해서 적용했고, 교육을 통제하고 종종 제한하기 위해서 가능한 모든 일을 했다. 젬스트보와 시 정부의 권한은 더욱 축소되었다. 예를 들면, 1900년에 젬스트보의 과세 한도는 엄격하게 고정되었고, 긴급사태를 위한 식량 비축 업무는 젬스트보에서 박탈당해서 관료 행정조직으로 이관되었다. 게다가 당국은 어떤 공직이라도 정부에 절대적으로 충성하는 사람들만이 맡을 수 있음을 확실히 하기 위하여, 선출된 젬스트보 상임 위원회 위원들의 승인이나 젬스트보 직원들의 임명을 종종 거절하기도 했다.

이런 보수주의적 정치적 가치와 긴밀하게 결합된 공식적인 러시아 민족주의는 차르와 그의 충실한 러시아 신민들의 "사랑하는 교감"에 대해서 계속 이야기하는 것을 의미하기도 했고, 민족 집단 바깥에 있다고 규정된 사람들에 대한 규제와 학대를 의미하기도 했다. 이 정책에는 모호한 점이 없지는 않았다. 니콜라이의 승계를 기념하는 의식에서처럼, 국가는 때때로 제국 신민들의 민족적 다양성(비록 러시아인들의 주도권을 강조했지만)을 기념했고, 지방적인 관습과 토착언어를 용인했으며, 심지어 행정이나 교육에서 비러시아인들 스스로의 일정한 역할을 장려하기도 했다. 물론 이 모든 것은 다양한 민족들을 하나의 공통된 제국의 정치체제 안으로 통합시키기 위한 것이었다. 그러나 차이점을 관용하지 못하는 정책도 아주 분명했고 잔혹했다. 종교적인 박해는 증가되었다. 러시아의 소수 종파, 특히 국가를 인정하기를 거부하고 병역의무와 같은 국가에 대한 의무 이행을 거부하는 단체는 아주 큰 고통을 겪었다. 그들 중에서 많은 경우는 유럽 러시아의 중앙지역으로부터 캅카스 지역이나 다른 먼 곳으로 추방당했다. 성령부정파 신자들(Dukhobory)을 비롯한 몇몇 다른 종파—우연히도 이들은 레프 톨스토이의 도움을 받았다—에 속한 상당수의 사람들이 캐나다와 미국으로 이주하기 시작한 것은 러시아 정부가 취한 정책의 결과였다. 그뿐만 아니라 국가는 아르메니아 교회의 토지와 자선 기금을 몰수했고, 수많은 방법으로 다른 종파를 괴롭혔다. 유대인들의 처지도 더욱 악화되었다. 그들에 대한 추가적인 제약 조치로는 유대인 거주지역에 속한 도시나 정착지 이외의 제국 어느 곳에서든지 부동산 구입이 금지된 일이 있었으며, 1903년에 키시네프에서 일어난 끔찍한 일을 비롯하여 러시아 남서부에서는 새로운 포그롬이 발생되었다.

그러나 핀란드의 사례는 많은 면에서 러시아화의 우매함을 가장 효과적으로 잘 보여주었다. 핀란드는 1809년에 스웨덴으로부터 러시아에 편입된 이래로 자치대공국이었는데, 스웨덴의 통치하에 있던 것보다 더 많은 권리를 핀란드 대공이 되었던 러시아 황제로부터 얻어냈다. 핀란드는 19세기 말에 러시아화 정책이 도입될 때까지 비교적 번영하고 행복했을 뿐만 아니라, 아주 충성스러운 제국의 일부로 남아 있었다. 핀란드의 군인들은 폴란드인들을 진압하는 데에 협력했고, 일반적으로 핀란드인들은 제국의 삶의 거의 모든 부분에 적극적이고도 생산적으로 참여했다. 그러나 새로운 민족주의는 그들에게도 러시아화를 요구했다. 그런 방향을 향한 일부 예비적인 조치는 일찍이 알렉산드르 3세 통치기에 입법화되었지만, 진정한 러시아화는 1898년에 보브리코프 장군이 핀란드 총독으로 임명되고 플레베가 핀란드 문제를 담당하는 국무부 장관이 됨으로써 시작되었다. 러시아 당국은 핀란드가 지방 문제에 관계될 때에는 러시아와 의견 차이를 보일 수 있지만, 그 외에 국가 전체와 관계되는 문제에서는 체제 전체를 받아들여야 한다고 주장했다. 이런 목표를 염두에 두고서 핀란드와 러시아에 공통적인 법에 관한 성명서와 핀란드인들의 병역 의무에 관한 새로운 법령이 1899년에 공표되었다. 거의 하룻밤 사이에 핀란드는 러시아에 매우 적대적인 지역이 되었고, 새로운 법이 무시되고 징병 대상자들이 나타나지 않는 등 소극적이지만 강력한 저항운동이 전개되었다. 1901년에 핀란드에서는 집회의 자유가 폐지되었다. 1902년에 보브리코프 총독은 핀란드인 관리와 재판관을 해임하고 러시아인들로 대체할 수 있는 권한을 부여받았다. 1903년에 그는 국가안보와 공공질서를 수호하기 위한 특별 권한을 얻게 되었는데, 이것은 1881년의 "임시 법규"가 핀란드에 완벽하게 확대된 것을 의미했다. 보브리코프는 1904년에 암살되었다. 그다음 해에 핀란드의 반정부 운동은 제국 전체로 확산된 혁명의 일부가 되었다.

비테와 재무부

그러나 알렉산드르 3세 통치기와 마찬가지로 니콜라이 2세 치하에서도 재무부는 변화를 향한 아주 특이한 방향을 제시했고, 이것은 러시아의 경제와 생활의 많은 측면에 영향을 미치게 되었다. 재무부 장관인 비테는 제정 러시아의 고위 관료 중에서 극히 드문 유형의 경제적인 입안가이자 관리자였다. 비테는 자신의 놀라운 에너지와 능력을, 특히 재정의 안정, 중공업 육성, 철도 부설에 쏟아부었다. 1897년에 충분한 금 보유분을 축적한 이후에, 그는 러시아에서 금본위제도를 수립했다. 이것은 러시아의 경제 발전에 안정성과 위신을 더해주었고, 특히 외국자본을 끌어들이는 데에 많은 역할을 했다. 비테는 정부 명령, 관대한 융자, 해외투자를 확보하기 위한 끊임없는 노력, 관세 규정, 수송 수단의 개선 등 사실상 자신이 동원할 수 있는 모든 수단을 사용하여 중공업을 장려했다. 철도에 관해서 살펴보면, 철도 관리로서 명성을 얻게 된 재무부 장관은 언제나 철도에 큰 관심을 가지고 있었으며, 경제에 자극을 주고 제국을 통합시키며 심지어 대외정책을 추진하는 데에 철도가 잠재적으로 기여한다는 것을 알고 있었다. 러시아의 철도망은 1895년과 1905년 사이에 길이가 2배나 늘어났다. 증가분 속에는 1891년부터 1903년 사이에 부설된 엄청난 길이의 시베리아 횡단철도—바이칼 호수 주위의 일부 구역은 나중에 완공되었다—가 있었다.

베를린 회의 이후 러시아의 대외정책

러시아의 대외정책은 베를린 회의 이후의 수십 년 동안 중요한 변화를 겪었다. 가장 의미심장한 발전은 오스트리아-헝가리 및 독일과 최종적으로 결별하고 프랑스와 동맹관계를 체결한 것이었다. 비록 삼제협상이 발칸의 위기로 해체되기는 했지만, 새로운 삼제동맹(Alliance of the Three Emperors)이 1881년 6월에 3년 기한으로 체결되었고 1884년에는 또다른 3년 동안 갱신되었다. 그 동맹의 가장 핵심적인 규정은 동맹을 체결한 국가 중 한 나라—독일, 오스트리아-헝가리, 러시아—가 투르크 이외의 제4의 강국과 전쟁에 돌입하게 되면, 다른 두 나라는 우호적인 중립을 지킨다는 것이었다. 그러나 발칸 반도에서의 이해관계가 충돌했기 때문에, 러시아와 오스트리아-헝가리가 하나의 동맹 안에 머무르는 것은 불가능하다는 것이 밝혀졌다. 그다음의 중요한 위기는 불가리아에서 발생되었다. 젤라비치 등의 전문가들이 입증했듯이, 그곳에서 러시아는 거만하고 우둔한 정책으로 인해서 상당한 인기와 호의를 상실했다. 러시아는 불가리아의 통치자인 알렉산드르와 분쟁을 벌이면서 1885년에 불가리아와 동루멜리아의 통일을 승인하지 않았지만 통일을 막을 수는 없었다. 그러나 그 결과, 알렉산드르가 퇴위하고 불가리아 의회에 의해서 친오스트리아 성향의 페르디난트가 불가리아 왕으로 선출되었다. 불가리아는 러시아의 영향권에서 벗어나고 오스트리아 밑으로 들어감으로써, 러시아 제국은 사실상 발칸 반도에서 동맹 세력을 다 잃어버리게 되었다. 동시에 러시아와 오스트리아-헝가리 사이의 관계에서는 긴장이 고조되어 거의 폭발할 지점까지 도달했다. 그러나 독일은 오스트리아-헝가리와는 대조적으로, 그리고 1879년에는 자국이 합스부르크 왕조의 국가*와 긴밀한 파트너가 되었다는 사실에도 불구하고, 처음에는 러시아와의 관계를 유지하려고 노력했다. 그리하여 1887년에 삼제동맹의 시효가 만료되었을 때 독일과 러시아는 소위 재보장 조약(Reinsurance Treaty)을 비밀리에 체결했다. 비스마르크의 "상트페테르부르크로의 전보"라고 불리는 이 일은 외교적으로 정말 절묘한 작품이었다. 그에 따르면, 각 측은 상대측이 전쟁을 치를 때에 중립을 지켜야 했다. 단, 독일이 프랑스를 상대로 침략전쟁을 벌이거나, 러시아가 오스트리아-헝가리를 상대로 침략전쟁을 벌일 때는 예외로 했다. 이런 예외 때문에 독일이 재보장 조약을 오스트리아-헝가리에 대한 의무와 일치시키는 것이 가까스로 가능해졌다. 그럼에도 불구하고, 독일은 1890년에 비스마르크의 강제 사임 이후에 재보장 조약을 연장하지 않고 러시아와의 관계를 단절했다.

러시아가 독일계 열강과 관계를 단절하고 전반적으로 고립된 것은 중앙 아시아에서 러시아 제국의 팽창을 둘러싸고 영국과 러시아 사이에 긴장이 조성됨으로써 더욱 불길하게 보였다. 영국인들은 러시아 제국이 인도를 위협한다고 느꼈다. 그런 긴장은 러시아인들이 멀리 남쪽으로 아프가니스탄 국경인지 확실하지 않은 곳까지 다다라서 그곳의 이슬람 통치자의 군대와 충돌했던 1885년에 최고조에 달했다. 영국과 러시아가 전쟁을 회피하고 타협함으로써 국경이 확정되기는 했지만, 영국과 러시아는 세기의 전환기를 지나서까지 러시아 남부의 광대

* 오스트리아-헝가리 제국을 가리킨다/역주

한 땅, 특히 이란에서 영향력과 통제권을 위해서 경쟁을 벌이면서 서로에게 적대적인 태도를 취했다.

프랑스는 러시아와 마찬가지로 고립되어 있었고 오히려 더 큰 위협을 받고 있었기 때문에, 정치적인 현실로 보아 러불 동맹—비스마르크의 악몽이자 재보장 조약의 배경—이 체결될 가능성이 높아져가고 있었다. 알렉산드르 3세, 그리고 그의 조심성 많은 외무부 장관인 기예르스와 차르 시대의 다른 고위 관료들은 마지못해하면서 그런 결론에 도달했다. 왜냐하면 그들은 제3공화정을 결코 좋아하지도 않았고 그것에 대한 신뢰감도 전혀 가지고 있지 않았으며, 러시아의 대외정책에서 전통적인 독일 지향성은 쉽게 사라지지 않았기 때문이다. 그러나 프랑스는 유일하게 가능성 있는 동반자로 남았으며, 러시아에 제공할 수 있는 것도 많이 가지고 있었다. 특히 러시아의 국채를 위한 대규모 시장을 제공할 수 있는 곳은 파리뿐이었으며—베를린 금융시장은 1887년에 러시아에 폐쇄되었다는 것을 덧붙여 말할 필요가 있다—그리하여 파리는 제정정부가 아주 필요로 하던 외국의 재정 지원의 주요 근원이 될 수 있었다. 사실 프랑스인들은 이런 국채 매입에 동의했을 뿐만 아니라, 러시아 경제에 직접 투자하려는 놀라운 열의를 보였다. 그리하여 비록 정치가 방향을 주도하는 것이 맞다고 할 수는 있지만, 경제가 정치에 합세했다. 러불 동맹은 1891년에 외교적인 합의가 이루어진 것을 시작으로, 1893년 12월부터 1894년 1월의 군사협정으로 마무리될 때까지 여러 단계를 거치며 확고해졌다. 놀데, 랑어 등의 학자들은 프랑스인들이 주저하는 러시아인들의 손을 억지로 잡고 협상을 오래도록 끌면서, 어떻게 좀더 확고하고 구속력 있는 조약을 체결했는지 보여주었다. 이 동맹은 최종 형태로서 만약 프랑스가 독일 혹은 독일의 지원을 받은 이탈리아의 공격을 받는다면 러시아가 독일에 대항하여 모든 가능한 병력을 이용하며, 러시아가 독일이나 독일의 지원을 받은 오스트리아-헝가리의 공격을 받는다면 프랑스가 독일에 대항하여 모든 가용한 병력을 이용한다는 것을 규정했다. 추가적인 조항에는 동원 방법, 제공되는 병력의 수, 다른 구체적인 군사적 계획이 다루어져 있었다. 러불 동맹은 독일, 오스트리아-헝가리, 이탈리아의 삼국동맹이 지속되는 동안 효력을 가지도록 되어 있었다.

니콜라이 2세는 대체로 알렉산드르 3세의 대외정책을 인정했으며, 그것을 지속하기를 원했다. 그러나 우리가 보게 되듯이, 새로운 황제는 국내 문제만이 아니라 국제관계에서도 자신의 부친보다 일관성이 부족했고 더 변덕스러웠다. 그리고 알렉산드르 3세가 통치 기간 내내 조심성 많고 경험 많은 기예르스에 의지했던 반면에, 니콜라이 2세는 외무부 장관을 수차례 경질했기 때문에 장관마다 가지는 차이점과 개인적인 선호가 제국의 외교에 영향을 미쳤다. 그뿐만 아니라 마지막 차르의 통치 기간에는 궁정 파벌과 도당들의 입김이 강해져서, 러시아의 대외정책의 수행에 강력하고도 무책임한 영향력을 행사하는 일이 자주 발생했다.

니콜라이 2세는 26개국 대표가 참가한 제1차 헤이그 평화회담을 소집했을 때인 1899년에 국제무대에서 유명해졌다. 비록 러시아의 재정 형편이 아주 어려웠고, 특히 오스트리아의 무장을 따라잡기가 어려웠다는 점이 동기가 되기는 했지만, 이 회담을 주도하게 된 것은 대체로 황제의 평화적 관점에 부합되는 것이었다. 회담에서는 군축이나 강제적인 분쟁 조정에 대한 합의가 이루어질 수 없었지만, 일종의 "전쟁법"이 통과되었고—"기구에서 발사되는 발사체"에 대한 임시 금지 조치의 경우처럼 실제로 무시되는 경우가 나중에 종종 있기는 했지만—상설 중재재판소인 국제사법재판소가 헤이그에 설치되었다. 더욱 중요한 것은 이 회담이 긴 역사를 가지는 일련의 군축 및 평화에 관한 국제회담의 최초의 사례였다는 점이다. 1907년에 개최된 제2차 헤이그 평화회담에도 러시아 대표들이 참가했지만, 또다시 논의가 된 주요 이슈들에 대한 합의가 이루어질 수는 없었다.

러일 전쟁

그러나 니콜라이 2세 자신의 정책이 항상 평화에 기여한 것은 아니었다. 세기 전환기 무렵에 극동에서의 러시아의 태도는 공격성과 모험적인 개입이 특징이었고, 이것은 1904-1905년의 러일 전쟁에서 절정에 달했다. 전적으로 시베리아의 필요를 위해서만 정당화되어 1891년부터 1903년 사이에 부설된 시베리아 횡단철도는 만주, 중국, 한국, 심지어 간접적으로는 일본을 러시아와 연결시키는 데에도 기여했다. 괄목할 만한 근대화 과정을 막 겪었던 일본은 1894-1895년에 중국과 싸워서 승리함으로써 시모노세키 조약을 통해서 타이완, 펑후 군도, 랴오

1905년, 러일 전쟁에 참전하기 위해서 전선으로 떠나는 군대를 축복하고 있는 니콜라이 2세. 니콜라이는 러시아의 보통 사람들이 전통적으로 차르를 사랑하고 차르에게 헌신적이라고 종종 말했으며, 이와 같은 순간이 아주 감동적이라고 언급했다. (*Terra Publishers*)

둥 반도와 같은 중국 영토를 획득했고, 한국의 완전한 독립에 대한 승인을 포함한 다른 이익을 얻었다. 일본이 랴오둥 반도에서 이익을 얻기 이전에, 러시아, 프랑스, 독일은 일본이 그곳을 포기하도록 강요했다. 그다음에 러시아는 중국과 비밀조약을 체결하여, 외부의 공격으로부터 중국의 영토를 보장해주는 대가로 만주를 통해서 연해로 이르는 철도 부설권을 얻어냈다. 새로운 철도인 동청철도(East China Railway)는 명목상으로는 많은 중국인들이 참여한 개인 회사에 속했지만, 사실상 북만주에서 러시아의 세력권이 확립되는 것을 의미했다. 이 영향력은 하얼빈을 중심으로 철도와 철도 부지를 따라 확대되었는데, 이 지역은 러시아의 특별 철도경비대에 의해서 방어되었다.

러시아가 아시아에서 합법적인 상업적 이권 등 여러 이권—예를 들면 그들이 서구에서 경쟁할 수 없었던 시기에 동양에서 그들의 공산품을 판매하는 것—을 가지고 있었지만, 그리고 그 시점까지 극동에서의 러시아 제국주의는 평화로운 정복에만 스스로의 활동을 국한시켰지만, 상황은 점점 심각한 양상을 띠게 되었다. 게다가 러시아는 새로 생긴 기회에 대해서 점점 더 공격적으로 대응했다. 그리하여 1897년 11월에 두 명의 독일 선교사가 피살된 것으로 계기로 독일이 99년 동안 자오저우를 조차했을 때, 니콜라이 2세는 뤼순 항구와 함께 랴오둥 반도의 남쪽 부분에 대한 25년 기한의 조차권을 요구하여—이런 움직임에 대해서 비테가 반대했고, 중국과 러시아가 체결한 조약을 명백히 무시한 것임에도 불구하고—관철시켰다. 이렇게 되자 비테는 상황을 최대한 이용하여 남만주에서의 러시아의 이권을 급속하게 확대시켰다. 1900-1901년에 외국인들에게 분노한 중국인들이 일으킨 소위 의화단운동(Boxer Rebellion)에서 러시아 군대는 그에 대한 진압을 도운 다음에, 그 지방의 정세 때문에 철도가 위협받는다는 구실로 만주에 그대로 남게 되었다. 나아가, 러시아 궁정과 강력한 연계를 맺고 있던 일군의 모험주의자들은 한국에 대한 러시아의 침투 수단으로서, 압록강 유역에 있는 삼림에 대한 채벌권을 얻기 위한 계획에 착수했다. 이 새롭고도 위험한 계획에 강력히 반대하던 비테는 재무부를 떠나야 했다. 외무부는 극동에서의 러시아의 정책을 제어하거나 통제할 수 없었다. 니콜라이 2세 자신은 분명히 아시아에서의 러시아의 민족적 사명을 믿기도 했고 거의 모든 다른 사람들과 마찬가지로 일본을 극도로 과소평가하고 있었기 때문에, 모험주의자들에게 기꺼이 동조했다.

가판대에서 팔리는 신문에서는 일본인들이 종종 "노란색 원숭이"라고 경멸적으로 표현되었음에도 불구하고, 알고 보니 일본은 아주 수완 있는 침략국이었다. 일본인들은 러시아인들에게 북만주를 주고 남만주와 한반도를 일본이 가진다는 분할안을 제시한 이후에, 협상이 무익하다고 판단하고는 기회를 엿보다가 1904년 2월 8일에 뤼순 항구의 외항에서 아무런 낌새도 채지 못하던 러시아 함대를 공격—이 일은 진주만 기습의 원조 격에 해당된다—하여 성공을 거두었다. 그다음에 일어난 일은 러시아인들에게는 치욕적인 전쟁으로 판명되었다. 러시아라는 거인은 패배를 거듭했다. 그 당시에는 아주 놀라운 일이었지만, 이러한 결과가 나온 데에는 충분한 원인이 있었다. 일본은 준비가 되어 있었고, 잘 조직되어 있었으며, 실제로 러시아보다 더 근대적이었다. 반면에 러시아는 준비가 되어 있지 않았고, 조직적이지 못했으며, 국내적인 어려움을 겪고 있었고, 대중적인 지지의 결여 및 심지어 일종의 패배주의라는 결함을 가지고 있었다. 일본은 영국과 동맹을 맺고 있었고 세계 여론을 등에 업고 있었던 반면에, 러시아

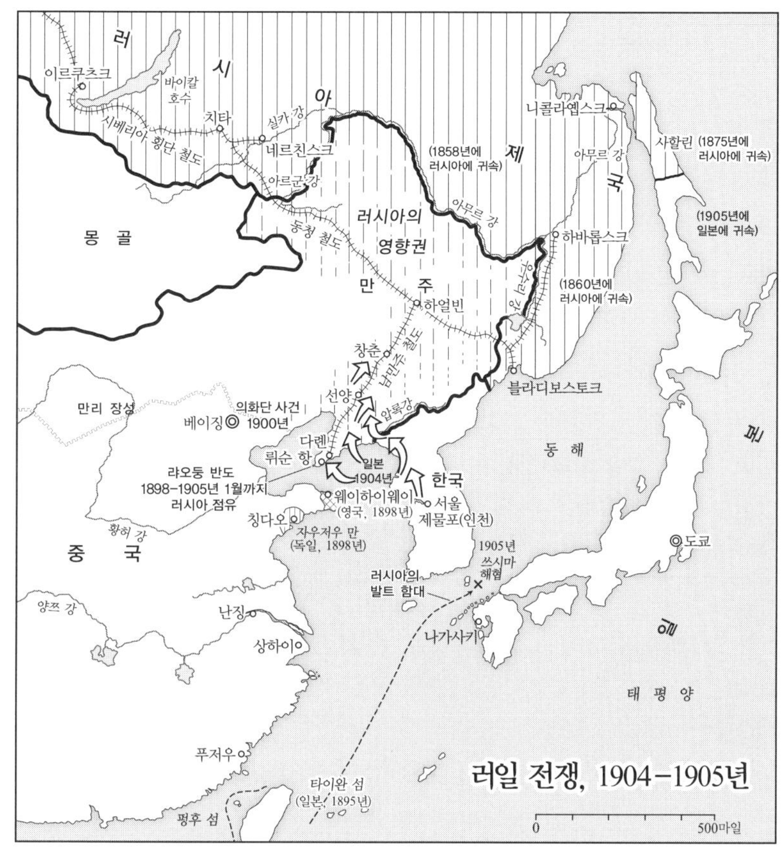

는 외교적으로 고립되어 있었다. 일본은 짧은 교통망을 이용했으나, 러시아군은 엄청나게 긴 단선의 시베리아 횡단철도에 의지할 수밖에 없었다. 그나마 바이칼 호수 부근의 일부 구역은 아직 완공되지도 않았다. 일본인들은 극동에서 러시아 해군을 패배시켰고, 뤼순 항구를 포위하여 결국 점령했다. 그리고 선양 인근과 다른 지역에서 격렬한 전투를 벌이면서 러시아의 주력군을 만주 북쪽으로 밀어냈다. 마침내 1905년 5월 27-29일에 일본인들은 쓰시마 해전에서 발트 해로부터 멀리 극동 지역으로 파견된 로제스트벤스키 제독의 구식 함대를 궤멸시켰다.

쓰시마 해전 직후에 휴전이 성립되었다. 러시아인들은 수없이 패배를 당했고, 정부는 국내에서 발생된 혁명적인 소요사태에 대처해야 했다. 일본인들은 재정이 고갈되었고, 승리에도 불구하고 러시아의 주력군을 전멸시킨다거나 전쟁을 끝까지 억지로 끌고 갈 수는 없었다. 일본의 비밀 요청에 응하여, 미국의 루스벨트 대통령은 1905년 8월에 뉴햄프셔에 있는 포츠머스에서 강화회담을 주선했다. 포츠머스 조약의 내용은 러시아 대표단을 이끌었던 비테의 교묘한 외교술을 보여주었고, 모든 면을 고려하더라도 러시아로서는 아주 만족스런 합의라고 할 수 있었다. 러시아는 한국에서의 일본의 우월권을 승인했으며, 랴오둥 반도의 조차권과 창춘 이남의 철도와 사할린 남부를 일본에 양도했다. 양국은 만주를 중국에 돌려주기로 합의했으며, 일본의 강력한 주장에도 불구하고 배상금은 전혀 부과되지 않았다.

러시아 정부가 너무 이른 시점에 일본과의 전쟁을 종식시킨 것은 아니었다. 왜냐하면 전쟁이 끝났을 무렵에, 러시아는 1905년 혁명으로 알려지는 사태로 이미 곤란을 당하는 중이었기 때문이다.

제31장

니콜라이 2세의 통치 후기 : 1905년 혁명과 입헌체제 시기(1905-1917)

20세기가 동틀 무렵에 러시아는 "혁명"보다 마력적인 단어를 알지 못했다. 유산계급은 혁명 사상을 두려움과 증오심을 가지고 바라보았고, 자유를 꿈꾸던 모든 사람들은 그것을 사랑하고 숭배했다. 새로운 삶을 갈망하던 러시아인들은 혁명이라는 단어를 듣는 것만으로도 마법에 걸렸다. 러시아인들은 심지어 그것을 마음속에 품고, 심지어 "혁명 만세"라는 신성한 문구를 발음할 때조차도, 자신들이 해방의 길의 중간쯤에 이미 왔다는 것을 명확히 느끼지 못하고 있었다. ─스타인버그

제정 시기 러시아 군주정체의 주요 약점은 결코 이런저런 방식으로 한정된 "소수"의 이익을 대변했다는 데에 있었던 것이 아니라, "그 어느 누구"의 이익도 대변하지 않았다는 사실에 있었다. ─플로롭스키

세기의 전환기로부터 제1차 세계대전 직전까지의 중대한 시기는 러시아의 낡은 정치, 사회, 문화 질서에 대해서 불확실성과 위기의 시기였을 뿐만 아니라, 가능성, 상상력, 대담성의 시기이기도 했다. 많은 면에서 1905년 혁명은 전환점이었다. 1905년의 혁명은 정치적인 반대 세력의 계속된 성장과 더불어, 러시아 사회의 변화─특히 도시 노동계급의 대두, 전문 직업인들과 사업가들의 급증─로인해서 가능했다. 우리는 이후의 장들에서 사회적 및 이데올로기적 발전에 대해서 보다 자세히 살펴보게 될 것이다. 그러나 여기에서는 자유주의의 성장, 마르크스주의의 발전, 점차 증대되던 노동자들의 불안이라는 세 가지 발전을 특별

히 언급할 필요가 있다. 물론, 불만스런 부르주아지, 비판적인 지식인들, 분노한 노동자들 뒤에는 빈곤하며 불만에 찬 농민들이라는 거대한 인간 바다가 펼쳐 져 있었다. 이 큰 바다는 수 세기의 러시아 역사에 걸쳐서 수많은 폭풍을 불러일 으켰다.

반정부 세력의 상당 부분은 불가피하게 법의 테두리 바깥에 있었고 불법이기 는 했지만, 이 시기에 조직화되기 시작했다. 1891–1892년의 끔찍한 기근은 러시 아에서 어느 정도의 소강상태가 종식되고, 체제를 격렬히 비판하는 사회 및 정 치 활동이 재개되는 계기를 제공했다. 처음으로 자유주의자들이 선두에 나섰 다. 러시아의 자유주의는 특히 중간계급 전문 지식인들 가운데서 성장했다. 그 들이 성장한 것은 사회적 변화만이 아니라, "대개혁"이 반영된 결과였다. 1864년 의 사법 개혁으로 변호사 계층이 실제로 탄생되었고, 젬스트보 체제가 도입됨으 로써 의사, 수의사, 교사, 통계 전문가 그리고 다른 많은 전문가들, 즉 젬스트 보의 "제3성분"(tretii element, 다른 두 성분은 선출된 지방귀족 대표들과 농민 들, 그리고 중앙정부에서 임명된 대표들을 말했다)을 위한 많은 기회가 제공되 었다. 일부 귀족 지주들과 교육받은 도시 엘리트들 사이에서도 자유주의자가 있기는 했지만, 전문 직업인들이 특히 자유주의의 발달을 위한 유리한 환경 속 에 놓여 있었다. 자유주의자들은 사회적 기반이 협소하기는 했지만, 1905년 혁 명 직전에 많은 저명한 인물들을 보유하고 있었다. 조직에 관해서 살펴보면, 그 들은 1903년에 해방동맹(Soiuz Osvobozhdeniia)을 결성했고, 그 기관지인 『해 방(Osvobozhdenie)』은 저명한 경제학자인 스트루베에 의해서 해외에서 발간되 었다. 그들은 1905년에 역사학자인 파벨 밀류코프의 주도로, 입헌민주당—이 정당은 "카데트(Kadet)"라고도 하는데, 이것은 러시아어 명칭(Konstitutsionno-demokraticheskaia partiia)의 첫 두 철자에서 나온 단어이다—을 조직했다.

자유주의자들은 입헌군주주의자들로부터 공화주의자들 그리고 온건한 개혁 주의자들로부터 급진적인 민주주의자들에 이르기까지 이데올로기적으로 아주 다양한 집단이었다. 그러나 그들은 러시아를 변화시키기 위한 일련의 공통된 목 표를 가지고 있었다. 즉, 법에 의한 통치, 기본적인 인권, 선거에 의한 의회, 지방 자치정부, 사회적 안정과 정의를 보장하기 위한 사회개혁 등이 그것이었는데, 사 회개혁 속에는 공공 교육, 온건한 토지 개혁, 노동자 보호를 위한 입법 등이 포

함되어 있었다. 사회주의자들은 자유주의자들의 민주주의적 목표 그리고 심지
어 자유민주주의를 뒷받침하는 철학적 논리에도 공감했다. 즉, 정치적이며 사회
적인 변화는 사회적, 문화적, 정치적 제약을 제거함으로써 개인의 자유와 존엄
성을 증진시켜야 한다는 것이다. 그러나 사회주의자들은 모든 사회 및 정치 관
계의 철저한 변형만이 러시아를 진정한 해방의 길로 올려놓을 수 있다는 급진
적인 주장을 통해서 이런 이상을 달성하려고 했다. 20세기 초에는 다양한 지하
사회주의 조직이 생겨났다. 인민주의 계열의 사회주의자들은 1901년 이후에 사
회혁명당을 중심으로 조직되었다. 이데올로기적으로 볼 때 그들은 노동에 종사
하는 전체 인민들(나로드[narod])을 자신들의 지지 기반이라고 보았고, 공동체
의 윤리적 가치와 자유를 구현하는 미래의 사회는 사회주의에 기반을 둔 사회
라고 보았다. 마르크스주의자들 혹은 사회민주주의자들은 1880년대부터 점차
수가 많아지며 영향력이 커졌고, 종종 노동운동과 긴밀하게 연관되었다. 플레하
노프는 1883년에 망명자들 가운데서 최초로 중요한 마르크스주의 단체인 노동
해방단(Osvobozhdenie truda)을 조직했다. 러시아에서 최초로 의미 있는 마르크
스주의 단체는 1895년에 상트페테르부르크에서 결성된 노동계급해방 투쟁동맹
(Soiuz bor'by za osvobozhdenie rabochego klassa)이었다. 이 단체는 당에서 레닌
이라는 가명으로 알려진 울리야노프와 스스로 마르토프라고 불렀던 체데르바
움 등 젊은 지식인들에 의하여 주도되었다. 그런데 이 단체의 대부분의 회원들
은 곧 체포되었다. 한편 러시아 사회민주노동당의 창당대회는 1898년에 민스크
에서 개최되었다. 또다시 참가자들은 즉시 체포되었고, 1903년에 당은 브뤼셀과
런던에서 개최된 전당대회에서 다시 조직되었다. 그러나 이 전당대회에서 당은
주로 조직 문제를 둘러싸고 분열되었다. 레닌이 이끌던 볼셰비키는 직업 혁명가
들에 의한 훈련된 조직을 원했고, 마르토프가 이끌던 멘셰비키는 좀더 개방된
조직을 선호했다. 때가 되면, 이런 초기의 차이점에 따른 분열 사건은 커다란 중
요성을 획득하게 되었다.

　20세기가 시작되었을 때, 러시아는 혼란 속에 빠져 있었다. 노동자들의 시
위와 파업은 전국으로 확산되었다. 학생들의 항의와 소요도 더욱 빈번해져서
1898년 이래로는 거의 연속적으로 발생되었다. 노동운동의 성장으로 사회민주
당원들이 고무되었던 것과 마찬가지로, 만성적인 농민 소요사태로 인하여 농촌

지역에서는 긴장이 고조됨으로써 사회혁명당*원들에게는 더욱 많은 기회가 제공되었다. 1902년, 1903년 그리고 1904년 초에 국가경제를 다루는 위원회들, 교사와 의사들의 집회, 다른 모든 공공단체들은 개혁을 요구했다. 게다가 사회혁명당원들은 "인민의 의지"와 같은 자신의 선배들의 테러주의 전술을 재개했다. 그들의 "전투 조직"은 수많은 중요 관료들을 암살했는데, 그중에는 특별히 반동적인 두 명의 내무부 장관인 시퍄긴(1902년)과 플레베(1904년) 그리고 모스크바 군관구의 지휘관으로서 니콜라이 2세의 숙부이자 동서였던 세르게이 대공(1905년 초)이 있었다. 일본을 대상으로 한 전쟁과 그 패배의 결과는 불에 기름을 부은 격이었다. 정부가 전혀 반응을 보이지 않은 것은 아니었다. 플레베의 후임 내무부 장관은 스뱌토폴크-미르스키 공이었는데, 그는 이전의 차르 관료들과는 달리 "사회"의 목소리를 들어야 한다고 공개적으로 말하면서, 많은 사람들이 기대감을 가지고 국가와 사회의 관계에서 정치적인 "봄"이라고 불렀던 시기를 시작했다. 그러나 이것은 개혁에 대한 시민사회의 요구에 자극을 주었을 따름이었다. 1904년 11월과 12월에 자유주의자들은 1847-1848년에 프랑스에서 있었던 사례에서 영감을 얻어서, 정치적인 민주화를 촉구하는 열정적인 연설과 결의문을 특징으로 하는 "연회(宴會) 운동(Banketnaia kampania)"을 개최했다. 11월에 상트페테르부르크에서 열린 젬스트보 대회에서는 대의제 의회와 시민의 자유가 요구되었다. 동일한 요구는 수많은 다른 공공단체에서 점차 빈번하게 제기되었다. 특히 러시아 전역에서 의사노조와 교사노조처럼 전문인 조직 및 다른 단체들이 급격히 증가되어서 자신들의 목소리를 냈다.

1905년 혁명

혁명은 정부의 충격적이고도 억압적인 폭력 행위에 의해서 촉발되었다. 1905년 1월 22일(러시아력으로는 1월 9일)에 수도의 경찰은 차르에 대한 청원서를 가지고 겨울궁전을 향해서 행진하던 거대한 노동자 시위대에 발포했다. 공식적인 추산에 따르면 130명이 사망하고 수백 명이 부상당했다. 러시아 역사에서 "피의 일요일(Krovavoe voskresen'e)"이라고 알려지게 된 이 사건은 제국 전체에서 유례가

* 인민주의의 전통을 이어받아서 1901년에 결성된 비합법 정당/역주

없을 정도의 정치적 및 사회적 격변을 초래했다. 이 행진을 주도한 사람은 카리스마를 갖춘 성직자인 가폰 신부였는데, 그는 도시 전체의 노동자들을 "러시아 공장노동조합" 속으로 조직한 인물이었다. 아이러니하게도, 가폰의 노조는 노동자들을 사회주의자들로부터 멀어지도록 회유하고, 저렴한 찻집과 교화적 내용의 강연 그리고 일상적인 물질적 필요에 대한 관심을 통해서 전제정치에 대한 노동자들의 충성심을 육성하기 위한 경찰의 노력의 일환으로 1904년에 시작되었다. 그 결과로서 생겨난 조직의 모임은 사회비판, 도덕적 열정, 신성한 목적의 혼합이라는 특징을 가졌으며, 점차로 열정적으로 노동자들을 돕고 옹호하는 활동을 시작했다. 그리고 아이러니하게도, 노동자들은 니콜라이 2세가 그곳에 없다는 사실을 알지 못한 채 충성스런 신민으로서, 아니 군주의 자식들이라는 상징물로서 성상화와 차르의 초상화를 가지고 그에게 시정과 도움을 요청하기 위해서 겨울궁전 쪽으로 모여들고 있었다. 그러나 대량 학살로 인하여 국내에서는 분노가 크게 분출되었고, 혁명운동이 또다시 힘을 얻었다. 특히 많은 권위자들이 주장하고 있듯이, 그 사건은 "피의 일요일"이 발생되기 이전까지는 차르에 대한 충성심을 가지고 있던 수많은 노동자들과 차르 사이의 관계가 결정적으로 단절된 것을 의미했다.

니콜라이 2세는 압력이 점차로 증가됨에 따라서, "자문 기능을 가진" 의회를 소집하려는 의도가 있다고 3월 초에 공표했다. 그는 더 나아가 화해를 위한 더 이상의 노력으로서 종교적인 관용을 선포하고, 소수민족들에게 불리한 몇몇 법률을 폐지했다. 그럼에도 불구하고 혁명의 물결은 계속해서 확대되었다. 혁명은 도시의 거리에서 계속 이어진 노동자들과 학생들의 파업과 시위, 공공 기물 파손과 다른 주기적인 폭력, 해군 반란(가장 유명한 것은 흑해의 전함 포템킨에서 일어난 반란이다), 많은 주에서 일어난 농민 소요, 제국의 변경지대에서 발생된 민족주의 운동 등 많은 얼굴을 가지고 있었다. 8월 19일에 발표된 황제의 성명서에서는 자문의 권한을 가진 두마(duma)를 선거를 통해서 설치하기로 했으나, 이것 또한 교육받은 사람들 혹은 대중을 만족시키지 못했다. 혁명운동은 10월 20일부터 30일까지 지속된 대규모 총파업에서 절정에 달했는데, 이것은 역사상 가장 대규모로 철저하게 실시되었으며 가장 성공적인 파업으로 묘사되어왔다. 러시아인들은 전제정치를 종식시키려는 확고한 결심을 아주 명확하게 보여주

사회민주당원들이 1905년에 시위를 벌이고 있다. 플래카드에는 "만국의 프롤레타리아트여, 단결하라!", "러시아 사회민주노동당", "우리는 제헌의회를 요구한다", "전제정 타도"라고 적혀 있다. (*Russian State Archive of Film and Photographic Documents*)

는 듯이, 한마음으로 행동하는 것처럼 보였다. 사회는 자신의 요구를 강력하게 표명하기 위하여 이전보다 더 조직화되었다. 5월에는 14개의 전문가 노조가 통합하여 자유주의적인 입헌민주당원들이 주도하는 거대한 노조들의 노조(Soiuz soiuzov)를 결성했다. 산업노동자들은 공식적인 승인을 얻지 않고서 노동조합을 설치했는데, 그 안에서 사회주의 노동자들과 지식인들이 지도적인 역할을 담당하는 경우가 빈번했다. 파업이 벌어지는 동안에 공장에 근거를 둔 산업 전체의 파업 위원회가 급증했으며, 사업주들도 조직화하기 시작했다. 나아가 많은 단체들이 자신들의 신문을 출판하기 시작했다. 10월 총파업 동안에, 그리고 파업을 지도하기 위하여 상트페테르부르크에서는 노동자들과 사회주의자들이 소비에트(soviet) 혹은 평의회를 조직했는데, 이것은 그 당시에는 알려져 있지 않던 미래의 선구적 조직이었다. 니콜라이 2세와 그의 정부는 기본 활동이 마비되었고, 마침내 반대 세력이 엄청난 규모라는 것을 어쩔 수 없이 깨닫게 되어서 결국 항복했다. 황제는 10월 30일에 비테의 조언대로 10월 선언(Oktiabr'skii manifest)을 발표했다. 그 간단한 문서를 통해서 러시아인들에게는 시민의 자유가 보장되었고, 제안된 모든 법을 통과시키거나 거부할 수 있는 진정한 입법 기능을 가진 두마가 선포되었으며, 러시아에서 새로운 질서를 더 확대할 것이 약속되었다. 요컨대, 10월 선언을 통해서 로마노프 가문의 제국은 입헌군주국이 되었다.

이 사건은 반정부 세력의 분열을 가져오기도 했다. 자유주의자들은 이런 개혁이 충분한지의 문제를 놓고 갈라졌다. 좌파 자유주의 입헌민주당원들은 정부의 양보가 긍정적이기는 하지만 미흡하다고 생각했다. 신생 정당인 "10월 17일 동맹" 혹은 10월당원들(Oktiabristy)은 충분한 것을 얻었다고 생각하면서, 더 이상의 변화를 요구하면 대중 폭력이 재점화되어 사회질서 전체가 도전받게 될 것이라고 우려했다. 거의 모든 자유주의자들과 대중운동 사이에 생겨난 분열은 결과적으로 훨씬 더 중요했다. 사회주의자들은 이러한 대중운동을 계속해서 고무했고, 개혁이 러시아 정치와 사회의 진정한 민주주의적 변화를 위해서 싸울 수 있는 좋은 기회를 제공할 따름이라고 생각했다. 그렇게 분열됨으로써, 반정부 세력은 이전에 가졌던 힘의 상당 부분을 상실했다. 12월 중순에 정부는 상트페테르부르크 소비에트의 구성원들을 체포했다. 혁명에 대한 소비에트의 호소는 오직 모스크바에서만 효과적인 반응을 얻었다. 그곳에서는 노동자들과 일부 다른 급진주의자들이 12월 22일부터 1906년 1월 1일까지 근위대를 포함한 군인들과 경찰에 대항해서 격렬하게 맞서 싸웠다.

그리하여 러시아의 1905년은 유혈 투쟁 속에서 끝났다. 겨울 동안 토벌 원정대와 즉결 군사재판을 통해서 많은 문제 지역에서 질서가 회복되었다. 극우 세력은 군대와 경찰에 합류했다. "흑색백인대(Chernosotentsy)"라고 알려진 우익 행동단원들은 유대인들과 자유주의자들과 지식인들을 때리거나 심지어 살해했다. 성격상 파시스트의 선구라고 할 수 있는 이 새롭게 각성된 우익은 인종적, 종교적 증오감에 근거하여 세력을 확대했고, 특히 부농들과 도시의 중하류층 사람들의 마음을 끌었다.

기본법

사실상 초대 두마의 소집 직전이었던 1906년 5월 6일에 정부는 기본법을 반포했다. 이 법은 러시아의 새로운 정치체제의 골격을 제공했다. 10월 선언은 그것의 지도 노선 중 일부를 지시했을 따름이었다. 기본법에 따라서 황제는 막대한 권력을 보유했다. 그는 계속해서 행정부, 군대, 외교정책—특히 전쟁을 일으키고 강화를 맺을 수 있는 권한—제위 계승, 황궁, 황실 영지 등을 완전히 장악했다. 그는 러시아 교회와의 관계에서 자신의 독자적인 지배적 지위를 변함없이 유지했다. 그리고 심지어 그는 전제군주라는 칭호를 보유했다. 그는 두마의 연례 회의를 소집하고 두마를 해산할 수 있었으나, 해산하는 경우에는 새로운 두마의 선거와 소집 시기를 명시해야 했다. 그는 입법 거부권을 가지고 있었다. 게다가, 비록 두마 개회 이후 2개월 이내에 승인을 받기 위해서 회의에 제출되어야 하기는 했지만, 그는 두마가 회기 중이 아닌 비상시에 법적 효력을 가진 명령(ukaz)을 공포할 수 있었다.

확실히 두마는 기본법에 의해서 입법 및 예산상의 중요한 권리와 기능을 부여받았으나, 이런 권리들은 크게 제약되었다. 주목할 만한 점은, 국가 예산의 거의 40퍼센트에 해당하는 육군, 해군, 황실, 국채와 같은 항목들은 두마의 권한 밖에 있었고, 나머지 항목들도 두마에 의해서 통과되지 못한다면 전년도의 예산 규모로 집행되었다는 것이다. 기본법에는 질의권, 즉 두마가 장관들에게 설명을 요구할 수 있는 복잡한 규정이 포함되어 있기는 했지만, 전체 행정부는 오직 황제에게만 책임을 지고 있었다. 나아가, 알렉산드르 1세에 의해서 창립된 이래로 명사들로 구성된 자문기구 기능을 해왔던 국무 협의회는 예상치 못하게도 권리와 특권 면에서 두마와 동등한 상원 입법기구가 되었고, 분명히 두마에 대한 보수적인 균형추를 의미하게 되었다. 상원 의원은 그중 "불과 절반만" 황제에 의하여 임명되었고—그것도 심지어 종신이 아니라 매년 작성되는 명부에 의해서 임명되었다—나머지 절반은 다음 집단, 즉 많은 재산을 가진 56명은 주 젬스트보에 의해서, 18명은 귀족에 의해서, 12명은 상공업계에 의해서, 6명은 성직자들에 의해서, 6명은 학술원과 대학교에 의해서, 2명은 핀란드 의회에 의해서 각각 선출되었다. 그리고 개혁에 대한 10월 선언의 약속은 입법을 통해서 사회정책으로까지 확대되었다. 비록 경찰이 노조 활동을 감시할 수 있고 불법적인 정치 활동을 하는 경우에는 노조를 해산할 수 있는 포괄적인 권한을 보유하기는 했지만, 노조 및 심지어 파업도 합법화되었다. 고용주들이 조직화하기 시작한 것은 이 시점에서였다. 언론의 자유는 좀더 많이 보장되었으나, 실제로 언론은 주의 깊게 감시되었고, 용인된 자유 발언의 범위를 넘어서는 경우에는 벌금을 내거나 심지어 폐쇄당할 수도 있었다.

개인적으로, 니콜라이 2세는 자신이 1905-1906년에 권력을 양보한 것을 후회했다. 그래서 그 이후에 그는 압력에 못 이겨서 양보했던 조치들을 취소시키기 위해서 자신이 할 수 있는 모든 일을 다하곤 했다. 1905년 이후의 몇 달과 몇년의 시기에 작성된 니콜라이 2세의 편지와 대화를 보면, 그는 비테의 조언을 받아서 자포자기하는 심정에서 10월 선언을 발표했지만, 자신이 가지고 있던 기본적인 정치적 가치를 타협의 대상으로 삼지도 않았고, 그럴 의도가 전혀 없었던것이 분명하다. 그에게 차르의 개인적인 권한에 대해서 제한을 두는 것은 안전을 위한 방책일 따름이지, 하나의 원칙으로서 받아들여지지는 않았다. 그러므로그는 전제군주로서의 자신의 칭호가 유지되어야 하며, 많은 권력을 자신의 수중에 남겨두어야 한다고 강력하게 주장했다. 그러나 이것은 위험한 결과를 가져왔다. 니콜라이 2세는 자신을 지지하고 자신에게 조언을 해주었던 저명한 보수 인물들과 함께, 제정 러시아 후기의 새로운 정치질서를 수립하는 과정에서궁극적으로 불안정의 근원이 되었다고 주장되어왔다. 비테와 스톨리핀 같은 장관들과 두마 의원들은 아무리 단호하기는 할지라도 시민사회에 근거하여 법에따라 근대화된 전제적 통치의 이상에 기반을 두고 안정적인 정치 체제를 구축하려고 노력했던 반면에, 니콜라이 2세는 황제라는 인격 속에 합법적인 국가권력을 위치시키기를 고수하는 정치적 미래상을 품고 있던 사람들의 선두에 서 있었다. 워트만이 주장했듯이, 니콜라이 2세는 "군주정을 시민국가의 요구 사항에부합시키기보다는" 니콜라이 1세와 더불어 아주 확고하게 수립된 전통, 즉 "국가 개념을 재정립하여 그것을 군주의 신비로운 속성으로 만들었던" 전통에 집요하게 집착했다. 주장되어온 것에 따르면, 차르가 이처럼 구태의연한 정치적 미래상을 점차로 고집스럽게 고수한 점은 러시아에 해로운 결과를 초래했을 따름이었다.

초대 및 제2대 두마

기본법은 두마의 지위와 권한에 대해서 수많은 제한을 두었던 반면에, 선거법은두마의 대의적 성격을 강조했다. 선거제도는 사회적 기반에 따른 선거인단의 집단화, 특히 농민들의 경우에는 간접선거, 도시주민들에 대해서는 전반적으로 낮은 대표권과 같은 한계와 복잡한 문제를 가지고 있었음에도 불구하고, 거의 모든 러시아인들은 두마 선거에 참여할 수 있었다. 그리하여 차르의 제국은 하룻밤 사이에 국민적인 대표권이 전혀 없던 나라로부터 실질적으로 남성 보통선거를 실시하는 나라로 변모되었다. 비교적 민주적이었던 선거법의 성격은 그 법이 최종적인 형태를 가지게 되었던 1905년 12월에, 대중적인 분위기에 양보하기 위하여 비테가 내린 결단으로부터 부분적으로 유래되었다. 보다 의미심장했던 것은 그 법이 소박한 러시아인들인 농민들이 차르와 우파 쪽으로 찬성표를 던질 것이라는 정부 내의 일반적인 가정을 반영하고 있었다는 점이다. 자유로운 선거가 실시된 이후에 초대 두마는 1906년 5월 10일에 소집되었다.

낙관적인 기대와는 반대로, 정부는 선거에서 결정적인 패배를 당했다. 월시에 따르면, 초대 두마의 497명의 의원들은 다음과 같이 분류될 수 있었다. 45명은 우파 정당에 소속되었고, 32명은 다양한 민족 및 종교 집단, 예를 들면 폴란드인들과 이슬람교도들에게 속했고, 184명은 입헌민주당 소속이었다. 그리고 124명은 다양한 좌파 집단의 대표자들이었고, 112명은 어느 당파에도 소속되지 않았다. 그리하여 의원들 중 38퍼센트를 차지한 입헌민주당은 두마 내에서 가장 강력한 정당으로 등장했다. 나아가 입헌민주당은 회의 진행에 정통하고 유능하고 표현력을 갖춘 지도부를 두었다는 이점을 가지고 있었다. 반면에, 입헌민주당보다 좌편에 있던 사람들은 통일성과 조직력을 가지고 있지 못했고, 순수하고도 단순하게 주로 반체제 투쟁을 벌이기를 원했다. 사회혁명당과 사회민주당이 둘 다 두마 선거를 대체로 보이콧했다는 사실에 의해서, 초대 두마에서 좌파는 손해를 보았다. 무소속 의원들은 주로 자신들을 어떤 정치 집단과도 항구적으로 연계시키기를 거부한 농민들이었지만, 전반적인 분위기로는 반정부 세력에 속했다. 정부는 낡은 사상을 가진 비교적 적은 숫자의 우파와 아주 온건한 10월 당원들로부터 지지를 얻을 수 있을 따름이었다.

정부와 두마가 함께 일할 수 없었다는 것은 놀라운 일이 아니었다. 황제와 장관들은 두마가 자신들에게 복종하는 자세를 취할 것을 노골적으로 원했고, 나아가 공개적으로 극우파를 편애함으로써 많은 의원들을 격분시켰다. 두마도 아주 다루기 힘들다는 점이 밝혀졌다. 좌파는 단지 반대와 방해만을 원했다. 입헌민주당 의원들은 아주 온건하고 건설적이기는 했지만, 자신들의 역량을 과신했던 것 같다. 그들은 제헌의회를 요구했고, 초대 두마가 어떤 의미에서는 1789년 프랑스의 삼부회(Estates-General)와 비슷한 역할을 할 것이라고 생각했다. 그리고 그들은 기본법에 반대함으로써 결과적으로 정부의 퇴진을 주장했다. 마찬가지로, 그들은 정치적인 사면을 주장하면서도 좌파와 연관된 동료들이 불쾌해하지 않도록 테러주의에 대한 자신들의 반대 입장을 선언하기를 거절했다. 그렇지만 가장 심각한 충돌은 토지 문제를 둘러싸고 발생되었다. 두마는 토지 소유자에게 보상을 해주면서, 국유지, 황실 보유지, 교회 토지뿐만 아니라 일정한 최대 범위를 넘어선 지주의 영지를 농민들에게 분배해주기를 원했다. 반면에 정부는 심지어 보상을 해준다고 할지라도 사유지의 양도는 허용될 수 없다고 선언했다. 제정체제는 마지막까지 계속해서 지주 편이었다. 73일 동안 진행된, 그리고 본질적으로 아무런 소득을 거두지 못한 40회의 회기 이후에 니콜라이 2세는 초대 두마를 해산했다.

두마의 해산은 특이한 결과를 초래했다. 약 200명의 두마 의원들—그중 절반 이상은 입헌민주당 소속이었다—은 핀란드 도시인 비보르크에 모여서 정부를 비난하고 국민들의 소극적인 저항을 요청하는 성명서에 서명했다. 그들은 그곳에서 새로운 두마가 소집될 때까지 국민들에게 세금을 납부하지 말고, 징병 소집에 응하지 말라고 촉구했다. 비록 비보르크 성명서가 초대 두마의 해산 때에 있었던 어떤 비합법적 조치를 그것의 정당성의 근거로 인용하고 있기는 했지만, 그 자체로 그것은 성급하고 비헌법적인 조치였다. 그리고 국내에서 별 반응을 얻지 못함으로써 그것은 실수로 판명되었다. 비보르크에서 서명에 참여한 사람들은 3개월 징역을 선고받았다. 보다 중요한 것은 그들이 제2대 두마 선거에 참여할 수 있는 권리를 상실함으로써 잠재적인 지도력의 상당 부분을 박탈당했다는 점이다.

초대 두마 선거와는 대조적으로, 정부는 제2대 두마 선거에서 유리한 결과를 얻기 위해서 가능한 모든 압력을 행사했다. 그리고 그 선거는 러시아의 많은 지역이 비상사태에 놓여 있었다는 사실로부터 도움을 받았다. 그러나 선거 결과는 황제와 그의 측근들을 또다시 실망시켰다. 어떤 권위 있는 통계에 따르면, 주로 입헌민주당과 좌파 정당이 포함된 두마의 반정부파는 비록 전체 의원의

69퍼센트로부터 68퍼센트로 감소되기는 했지만, 더욱 극단적인 성향을 띠게 되었다. 사실, 이 선거의 가장 현저한 특징은 좌우 양파가 중도파를 흡수하여 세력을 증가시킴으로써 생겨난 정치적인 양극화 현상이었다. 보다 특이했던 점은 입헌민주당 의원들이 184명에서 99명으로 줄어든 반면에, 이번에는 선거에 전면적으로 참여한 사회민주당과 사회혁명당이 각각 64석과 20석을 획득했다는 것이다. 두마의 좌파 의원 전체의 수는 124명에서 216명으로 증가되었다. 의미심장하게도, 무소속 의원들의 수는 제2대 두마에서 약 50퍼센트 감소되었다.

제2대 두마는 1907년 3월 5일에 소집되었고, 3개월이 조금 넘는 기간 동안 존속되었다. 제2대 두마도 정부와의 관계에서 곧장 난관에 봉착하게 되었다. 게다가, 두마의 특별한 반대자로서 수상직을 맡은 인물은 존재감이 없던 고레미킨—1906년 초에 입헌제도하의 최초의 수상인 비테를 대신하여 수상이 된 인물이었다—이 아니라, 유능하고 결단력 있는 스톨리핀이었다. 두마가 스톨리핀의 중요한 토지 개혁정책을 검토하기도 전에, 그는 반역 혐의로 체포하려고 했던 55명, 특히 16명의 사회민주당 의원들의 면책특권을 폐지하라는 자신의 요청을 즉각 따르지 않았다는 구실로 6월 16일에 제2대 두마를 해산시켰다.

선거법 개정과 제3대, 제4대 두마

같은 날인 1907년 6월 16일에, 니콜라이 2세와 그의 수상은 독단적이고도 비헌법적으로 선거법을 고쳤다. 차르는 자신의 역사적인 권력, 자신이 하사한 것을 폐기할 수 있다는 권리, 자신에게 권위를 부여한 신의 제단 앞에서만 러시아의 운명을 책임지려고 한다는 의도 등을 그런 조치의 정당성의 근거로 언급했다! 물론 선거법의 변화는 정부에 협력하는 두마를 창설하려는 의도를 가지고 있었다. 농민들의 대표권은 절반 이상 축소되었고 노동자들의 대표권도 대폭 줄어든 반면에, 귀족은 수적 비율에 비해서 아주 과도한 대표권을 획득했다. 그뿐만 아니라 폴란드, 캅카스, 몇몇 다른 국경지역은 대표 자리를 많이 상실했으며, 중앙 아시아는 후진적인 지역이라는 이유로 대표권을 완전히 박탈당했다. 동시에, 선거 절차는 부분적으로 프로이센 모델을 따라서 더욱 간접적이며 복잡해졌다. 나아가, 내무부 장관은 선거구를 마음대로 조정할 수 있는 권한을 부여받았다. 1907년 6월에 개정된 선거법에 따르면, 지주 한 사람의 투표권은 대략 4명의 상층 부르주아, 65명의 평균적인 중간계급 사람들, 260명의 농민들 그리고 540명의 노동자들의 투표권과 맞먹는 결과를 초래한 것으로 추산되었다. 이것을 다르게 표현하면, 20만 명의 지주 귀족은 두마에서 50퍼센트의 의석을 보장받았던 셈이다.

선거법의 변화로 인해서 마침내 정부는 협조적인 두마를 가지게 되었다. 그리고 사실 겨우 몇 개월씩만 존속되었던 두 차례의 앞선 두마와는 대조적으로, 제3대 두마는 1907년부터 1912년까지 5년 동안의 법적 기간을 완전히 채웠으며, 제4대 두마 역시 1912년부터 임기를 마치기 직전에 발발한 1917년 2월 혁명까지 존속되었다. 정부는 제3대 두마에서 총 442명의 의원 중에서 우익 160명과 약 150명에 달하던 10월당 의원들로 구성된 약 310명의 지지 세력을 얻었다. 120석으로 축소된 반대 세력에는 54명의 입헌민주당 의원들, 그보다 수적으로 적었던 다른 온건파 의원들, 33명에 불과했던 이전의 좌익 대표들이 포함되어 있었다. 특기할 사실은, 사회혁명당원들이 제3대와 제4대 두마를 보이콧했다는 것이다. 변화의 다른 측면을 지적하자면, 초대 두마에서는 대러시아인 이외의 대표들이 거의 절반을 차지했던 데에 비해서 제3대 두마는 대러시아인 의원들 377명과 제국 내의 여타 모든 민족 출신 의원들 36명으로 구성되었다.

1912년 선거에서, 정부는 표결에서 10월당에 의존할 필요성을 없애기 위해서 우파를 다수로 만들려고 열심히 노력했으나 목표를 제대로 달성할 수 없었다. 제4대 두마에는 대략 185명의 우파, 98명의 10월당, 10월당보다 좌익 성향을 가진 150명의 의원들이 포함되어 있었다. 10월당 소속 의원들은 비록 수가 대폭 줄어들기는 했지만, 중간 위치라는 중요성 때문에 두마에서 중요한 역할을 계속 담당했다. 그 밖의 점에서 우익의 증가분은 좌익의 증가분에 대해서 일종의 균형을 잡은 셈이었다.

1907년의 선거법 변화 이후에 두마에서 가장 눈에 띄는 정당으로서, 입헌민주당을 대체한 10월당 의원들은 보수성이 덜한 지방귀족과 실업계 양쪽을 대변했다. 10월당의 좌파는 입헌민주당에 근접했고, 우파는 고루한 우익과 비슷했다. 10월당은 유능한 지도부, 특히 구치코프를 지도자로 두었다는 이점을 가지고 있었으며, 의회에서 잘 활동했다. 10월당 의원들은 제3대와 제4대 두마에서 가장 부유한 집단이었다는 점도 지적할 필요가 있다. 두마의 반정부 세력 중에서 가장 큰 목소리를 냈던 입헌민주당은 비록 광범위한 중간계급, 특히 상층 중간 계급만이 아니라 일부 지주들과 다른 집단에서 영향력을 확대하기는 했지만, 무엇보다도 전문가들의 정당이었다. 여러 정당으로 구성된 우익은 비록 좀더 폭넓은 지지를 얻기 위한 선동적인 활동을 했고 두마에서 몇몇 성직자들과 농민들을 내세우기는 했지만, 지주들의 이익을 극단적으로 옹호했다. 러시아 대중 사이에 널리 확산되어 있던 극도의 불만은 두마의 좌파를 통해서 약간만 표현되었다.

스톨리핀의 정책

정부는 두마를 통제할 수 있게 되자, 자체의 입법 프로그램을 진행시킬 수 있었다. 그 프로그램의 설계자인 스톨리핀은 제정 러시아에서 진정으로 유능하고 중요한 마지막 각료라고 일컬어져왔다. 실제로, 애서는 스톨리핀의 "추진력과 끈기" 그리고 "당당한 풍채"는 1906-1911년의 기간에 정부정책을 형성하는 데에 결정적인 역할을 담당했다고 주장했다. 스톨리핀의 목적은 "평정"과 개혁으로 구성되어 있었다. "평정"이란 혁명가들에 대한 총력 투쟁을 의미했다. 왜냐하면 1905년과 마찬가지로 대규모 반정부 운동이 더 이상 체제를 위협하지는 않았지만, 테러 활동은 광범위하게 계속되고 있었기 때문이다. 특히 사회혁명당의 전투 조직과 그 당에서 분리되어 나온 사회혁명당 최대강령주의자(Maksimalist)들에 의해서 실행된 테러로 인해서, 1906년에는 약 1,400명, 1907년에는 3,000명이나 되는 많은 사람들이 사망했다. 희생자 가운데는 경찰, 정보원, 다양한 고위 관리와 하급관리, 그리고 수많은 무고한 구경꾼들이 포함되어 있었다. 예를 들면, 1906년 8월에 최대강령주의자들이 교외에 있는 스톨리핀의 저택을 폭파했는데, 수상 자신은 화를 면했으나 수상의 아들과 딸을 포함한 32명이 사망하고 다른 많은 사람들이 부상당했다.

　스톨리핀은 일관성 있고 단호하게 행동했다. 1906년 말 무렵에는 러시아 제국의 82개 지역이 다양한 범주의 특별 규정의 적용을 받게 되었다. 206개 신문의 발간이 정지되었고, 200명 이상의 편집인들이 법정에 서게 되었다. 게다가 스톨리

표트르 스톨리핀 총리. 스톨리핀에 대하여 당대인들과 역사학자들은 1905년 이후에 개혁을 통하여 혁명을 피하려고 최선의 노력을 다한 러시아 지도자라고 하거나, 두마를 약화시키고 반정부 세력을 잔인하게 억압함으로써 진보에 역행한 인물이라고 하는 등 다양하게 평가했다. (*Central State Archive of Film, Photographic and Sound Documents of St. Petersburg*)

핀은 사법적 훈련도 받지 않은 장교들로 구성된 즉결 군법회의를 도입하여, 테러와 반란 혐의로 기소된 사람들을 재판하도록 했다. 재판과 형의 집행은 약 이틀 혹은 심지어 몇 시간 이내에 집행되었다. 특별 군법회의는 단지 몇 달밖에 존속되지 않았지만—왜냐하면 스톨리핀은 그런 군법회의를 설치할 수 있는 법을 두마에 결코 제출하지 않았고, 그것은 제2대 두마가 소집된 지 2개월 후에 효력을 상실했기 때문이다—그것을 통해서 1,000명 이상의 사람들이 처형되었다. "스톨리핀의 넥타이"—올가미—라는 말은 러시아에서 유명해졌다. "평정" 정책은 대체로 성공을 거두었다. 최대강령주의자들과 다른 많은 테러주의자들은 살해당하거나 처형되었고, 수많은 혁명가들은 외국으로 도피했다. 러시아는 비교적 평온한 상태가 되었다.

덧붙여 말하면, 스톨리핀은 경찰이 혁명운동에 침투하도록 장려했으며, 매우 복잡한 첩보 및 정보요원 제도를 계속해서 후원했다. 다른 무엇보다도 경찰의 그런 관행으로 인해서 많은 이중간첩들이 등장하게 되었는데, 그중 가장 악명 높은 자로서 믿기 어려울 정도의 인물인 아제프가 있었다. 그는 사회혁명당원들에 대한 주요 정보원 역할과 그 당의 전투조직의 지도자 역할을 성공적으로 결합시켰다. 그는 후자의 입장에 서서 능력을 발휘하여 플레베 암살 및 다른 과감한 테러 사건을 일으켰다.

스톨리핀은 자신의 "평정"을 중요한 변화, 특히 기본적인 농업 개혁의 서막으로 만들려고 의도했다. 농업 개혁은 1906년 가을에 황제의 입법 명령에 의해서 도입되었다가, 1910년 여름에 제3대 두마에 의해서 승인되었고, 1911년에 또 다른 입법 조치에 의해서 진전되었다. 그것은 농민공동체를 해체하고, 강력하고 독립적이며 개별적인 농민계급—스톨리핀은 소위 강력하고도 제정신을 가진 사람들에게 내기를 걸었다—을 창출하는 것을 목표로 삼았다. 풍요롭고 만족감을 가진 농민들이 대거 등장하게 된다면, 러시아의 농촌은 빈곤의 늪이자 불안의 온상으로부터 체제를 보존하는 보루로 변모될 것이었다.

새로운 법을 통해서 모든 농민공동체는 두 집단, 즉 토지 재분배에 참여하던 공동체와 그렇지 않던 공동체로 나뉘어졌다. 첫 번째 유형의 경우에는 모든 농민들이 보유 토지에 대해서 단순히 개인적인 소유권을 획득했다. 주기적으로 재분배되던 공동체의 경우에, 모든 토지 보유자는 언제라도 재분배에 의해서 권리를 가지게 된 토지가 자신의 개인 소유로 될 것을 요구할 수 있었다. 그는 산재되어 있지 않고 한 지역에 집중된 형태로 토지를 받을 수 있도록 공동체에 강력히 요구할 수도 있었다. 공동체의 전체적인 토지 재분배가 이루어지는 시점에서 토지를 분리해나가게 될 때에는 공동체는 이런 요구를 사실상 수용해야 했고, 다른 때라고 할지라도 "가능한 한" 이 요구를 충족시켜주어야 했다. 마찬가지로, 전체 세대주의 5분의 1 이상의 요구가 있는 경우에, 공동체는 통합된 개별 구획의 땅으로 토지를 분리해야 했다. 게다가 분리되어서 나간 농민들은 공유지, 목초지, 삼림 등에 대한 권리를 변함없이 보유했다. 실제로 1911년에는 심지어 초지와 방목지의 분할조차도 허용되었다. 재분할되지 않은 공동체의 경우에는 다수결에 의해서, 재분할에 참여한 공동체의 경우에는 3분의 2 이상의 찬성에 의해서 공동체는 마침내 완전히 해체될 수 있었다. 의미심장하게도 이 개혁으로 인해서 연장자는 이전의 가족 공동소유를 대체하여 가구에 속한 토지의 유일한 소유주가 되었다. 가족 공동소유제는 직계 비속 이외의 다른 가구 구성원을 포함한 가구의 경우에만 존속되었다.

스톨리핀의 개혁은 농민들을 법적으로 다른 계급과 동등하게 만들었고, 농민들에게 잠재적인 이동의 자유를 확대시켰다. 그리고 정부는 종종 두마와 협력하여 대중 교육을 발전시키기 위한 조치 등 다른 개혁을 시도했다. 사실상 1908년의 법에 따르면, 1922년까지는 모든 러시아 어린이들이 학교교육을 받을 것이라고 예견되었다. 그뿐만 아니라 정부는 노동 입법을 확대했고, 군대와 국가방어를 강화하기 위한 작업을 했으며, 다른 다양하고 유용한 활동을 펼쳐나갔다.

그러나 이 모든 것은 근본적인 개혁에는 미치지 못했다. 논란이 많은 스톨리핀의 농업법만이 러시아인들의 상황에서 전면적인 변화를 시도한 것이었고, 스톨리핀이 보상금을 주면서까지 귀족의 토지를 몰수하려고 하지는 않았기 때문에 그 법조차도 아주 좁은 범위에 한정되어 있었다. 게다가 진보적인 조치는 반동정책과 혼합되어 있었다. 그리하여 입헌국가인 러시아에서는 좌익 테러만이 아니라, 우익 테러—예를 들면 1906년과 1907년에 초대 두마 의원 2명의 암살—도 발생되었다. 우익의 테러 행위는 보통 처벌을 받지 않았다. 그 자신이 서부 국경지방 출신이었던 스톨리핀은 민족주의자이자 러시아화 정책의 추진자로 활동했다. 한 사례로, 그는 핀란드를 러시아화하려는 불운한 정책을 재개했다. 그뿐만 아니라, 스톨리핀 정부는 불안정했다. 입헌주의자의 면모를 가지고 있었던 수상은 마침내 좌익만이 아니라 우익에서도 많은 적을 만들어냈다. 그는 황제로 하여금 입법기관을 3일 동안 정회시키도록 하고, 국무 협의회의 지도급 인사 2명의 직무를 정지시킴으로써만 어떤 중요한 법안을 제정할 수 있었다. 그의 고압적인 태도로 인해서 10월당의 지도자인 구치코프는 제3대 두마 의장에서 사임하고 말았다. 스톨리핀은 1911년 9월 14일에 어떤 혁명 집단과 관련된 경찰 요원의 저격을 받고 사망했다. 스톨리핀의 후계자인 코콥초프 백작은 지성과 능력을 갖추고 있었으나, 전임자가 가졌던 결단력이나 정부 내의 영향력을 가지지는 못했다. 2년이 조금 더 지난 시점에 그는 두 번째로 수상이 되는 인물인, 유약하고 점차로 노쇠해가던 고레미킨에 의해서 대체되었다. 고레미킨은 1914년 초에 정부의 지도권을 떠맡았다. 그런데, 그와 러시아는 몇 달 뒤에 제

1차 세계대전이라는 엄청난 현실에 직면해야 했다.

제국과 민족

제국이라는 맥락 속에서 러시아의 민족적 성격이라는 어려운 문제는 계속해서 공적인 관심과 정책의 근원이었다. 우리가 알고 있듯이, 러시아는 민족국가가 아니라 다른 수많은 민족을 포함하고 있는 제국이었다. 그런 민족 중에서 일부는 독자적인 민족 역사를 가지고 있다고 주장했고, 다른 민족들은 스스로의 민족적 모습을 발견하며 만들어가는 중이었다. 1897년의 인구조사 때, 제국 내에는 모국어에 기반을 둔 비러시아계 "소수자들"이 이미 과반수를 약간 넘는 수준이었다. 이 인구조사에 포함되지 않은 핀란드를 제외하면, 제국의 44.9퍼센트의 사람들만이 러시아어를 모국어로 말했다. 물론 당대인들은 벨라루스어와 우크라이나어를 러시아어의 하위 범주에 포함시켰으므로, 그렇게 보면 "러시아어"가 다수의 지위를 회복했다. 많은 민족적 및 종교적 소수자들은 도시 중심지에서, 특히 사업 분야와 전문 직업인들 사이에서 활발한 활동을 벌였다.

학자들은 제국주의, 식민주의, 오리엔탈리즘, 프런티어, 국경과 같은 개념들—이런 것들은 서구 역사와 관행을 러시아의 경우와 비교할 때 유용하다—을 가지고 러시아의 제국을 해석하는 것이 유용한지 아닌지의 문제를 두고 논쟁을 벌여왔다. 분명히 국가정책의 차원에서는 어떤 단일한 모델을 적용하는 것이 오해를 불러일으킬 수 있다. 예를 들면, 유대인, 가톨릭 교도 폴란드인, 정교도 우크라이나인, 이슬람 교도 타타르인, "이교도" 에벤크스인 등에 대한 처우는 동일하지 않았다. 그리고 지방의 필요와 가능성을 종종 더 잘 이해했던 제국 행정가들과 교육자들이 입안한 지방 정책은 상트페테르부르크에서 온 정책 지침과 다를 수 있었다. 개인들은 전문성과 동화 정도에 따라서 다른 대우를 받았다. 최근의 어떤 역사학자의 말에 따르면, 제국의 민족들에 대한 국가의 정책은 "엄청나게 애매모호했고, 변동이 심했으며, 불확실했고, 경쟁이 심했다."

한편 그의 부친의 정부와 마찬가지로, 니콜라이 2세의 정부는 새로운 모습의 러시아 민족주의를 장려함으로써, 민족의 범주 바깥에 있다고 정의된 사람들에게는 종종 끔찍한 결과를 가져왔다. 차르가 자신의 "민족"과 교감한다는 공적인 이미지는 비러시아계 민족들을 정확하게 배제시킨 것이었다. 니콜라이 2세가 1905년의 소요사태와 관련하여 비러시아인들, 특히 유대인들과 폴란드인들을 명백하게 비난한 이후에는 타민족에 대한 이런 배제의 움직임은 더욱 강화되었다. 게다가 니콜라이 2세는 비러시아 민족들의 러시아화를 진행하는 부친의 정책을 계속했다. 그래서 교육과 행정에 쓰이는 언어로서 러시아어를 강요했고, 국경지역에 민족적으로 러시아인에 속한 사람들의 정착을 장려했으며, 제국 전체를 통해서 정교회의 적극적인 선교 활동을 지원했고, 고등교육 기관에서 유대인들과 몇몇 다른 집단에 대한 쿼터를 더욱 엄격히 제한했고, 유대인을 대상으로 한 폭력(일부 사람들은 국가가 포그롬을 선동했다고 주장한다)을 묵인했고, 두마에서 비러시아인 민족정당의 대표권을 축소했고, 급진적인 민족주의 정당과 시위를 억압했다.

그러나 제국과 민족에 대한 정부의 접근법은 단지 러시아 민족주의를 부흥시키고 "타자"를 억압하는 것만은 아니었다. 특히 1905년 이후에 국가는 토착 지도자들이 시민생활에서 적극적인 역할을 담당하도록 좀더 많은 가능성을 부여하고, 종교적으로도 비교적 관용적인 정책을 펼쳤다. 다양한 민족 집단을 공통된 제국의 체제 속으로 동화시키려는 노력은 때때로 지역의 관습과 모국어로 된 교육을 실제로 존중하는 것을 의미하기도 했다. 예를 들면, 차르나 제국의 고관대작들이 국경지역을 방문할 때 제국의 다양성은 의식(儀式)을 통해서 눈에 띄는 형태로 때때로 기념되었다. 그러나 제국의 많은 민족들의 기념행사는 국가체계와 사명이라는 이데올로기, 즉 "문명화된" 민족인 러시아가 "후진적인" 민족들에게 "질서"와 "문화"를 전달해준다는 사상과 종종 뒤엉키게 되었다. 전반적으로 말해서, 이 시기에 러시아 제국의 미래상은 통합과 통일이었다. 이것은 때때로 관대하고 포괄적인 방법으로 실시되었다. 특히 제국의 말기에 아주 흔하게 채택된 모델은 전통적인 권력과 제국의 통일성을 강화할 때에만, 차이점을 수용했던 정치체제였다.

러시아의 외교정책, 1905-1914년

다른 열강과 마찬가지로 러시아도 제1차 세계대전에 말려들었다. 차르 정부는 국제적 제휴, 긴장, 위기에 한몫을 담당했고, 운명적인 1914년 여름에는 세르비아를 지원함으로써 무력에 의존하기로 결정했다. 그러나 악명 높은 "전쟁 책임"에서 러시아가 담당한 부분은 과장되거나 지나치게 강조되어서는 안 된다. 러시아는 다른 나라보다 무력 충돌에 대한 준비를 철저히 하지 못했다는 것이 밝혀졌으며, 전쟁에 대한 러시아의 야망이나 열정은 다른 국가들의 경우보다 크지 않았다. 차르 제국은 제1차 세계대전의 중요한 배경을 구성했던 해외 식민지 경쟁에 전혀 참여하지 않았다. 발칸 지역과 근동에서의 러시아의 이익과 계획은 오스트리아–헝가리의 경우 그리고 궁극적으로 어느 정도는 독일의 경우와 유사했다. 심지어 러시아가 초기에 실시한 동원령도 오스트리아에서 유사한 사례를 찾을 수 있었다. 결국 오스트리아–헝가리가 그럴 법한 예외일 수는 있지만, 어느 나라도 1914년 여름에 전쟁을 원하지 않았다고 주장되어왔다. 오스트리아도 대륙 전체에 전쟁의 불길을 지피는 것이 아니라, 세르비아를 신속하게 파멸시키는 것만 생각했다. 그러나 일단 전쟁이 개시되자 러시아의 야망을 포함한 다양한 공격적인 야망이 재빨리 작동되기 시작했다. 라이벌 관계 및 야망과 함께, 그 당시 유럽이 국가 간의 갈등을 해결할 수 있는 효율적인 체계를 갖추고 있지 못했다는 점도 전쟁 발발의 주요 원인이었다. 그리고 대륙 규모의 새로운 전쟁이 얼마나 파멸적이고 정치적으로 큰 파국을 가져올지는 아무도 예상하지 못했다.

러일 전쟁 이후의 몇 년 동안에 러시아와 독일의 사이는 소원해졌고, 러시아와 오스트리아의 관계는 사실상 단절되었다. 그와 동시에 러시아와 프랑스의 관계 회복은 더욱 진전되었을 뿐만 아니라, 영러 협상이 성립되었다. 1907년 8월 31일에 조인된 영국과의 합의는 러시아 외교정책에서 획기적인 사건이었다. 왜냐하면 그것은 종종 극단적으로 적대적이기도 했던 전통적인 양국관계를 우호적으로 바꾸어놓았기 때문이다. 그런 결과는 양국의 이해관계가 충돌하던 지역에서 합의가 이루어짐으로써 가능했다. 즉, 러시아는 페르시아의 북부에서 상당한 범위의 세력권을 부여받았고, 영국은 남동 지역에서 그보다 작은 범위의 세력권을 획득했다. 반면에 중부 지역은 중립으로 선포되었다. 러시아는 아프가니스탄이 자신의 세력권 바깥에 있으며 영국을 통해서만 아프가니스탄의 통치자를 상대할 것이라는 데에 동의했다. 그 대신에 영국은 아프가니스탄의 지위를 변경시킨다거나 내정에 간섭하지 않을 것을 약속했다. 그리고 양국은 티베트에 대한 중국의 종주권을 인정했다. 영국과 프랑스가 1904년에 협상을 체결한 적이 있었기 때문에, 이 새로운 합의는 독일, 오스트리아-헝가리, 이탈리아의 삼국동맹을 겨냥한 프랑스, 러시아, 영국 사이의 삼국협상의 등장을 의미했다. 프랑스 및 영국과의 제휴는 제1차 세계대전 이전의 시기에 러시아에서 인기를 얻었다는 것도 언급되어야 한다. 그것은 자유주의자들, 많은 급진주의자들, 프랑스 및 영국 자본과 긴밀한 관계를 맺고 있던 사업계, 범슬라브주의로 방향을 전환했거나 독일과의 관세 전쟁으로 고통을 받았으며, 러시아 농업에 해롭다는 이유로 독일과의 관세 협정에 반대했던 수많은 보수주의자들의 지지를 이끌어냈다.

1906년부터 1910년까지 러시아의 외무부 장관이었던 이즈볼스키는 발칸 지역과 근동에서 적극적인 정책을 전개했다. 사실 이즈볼스키 및 그를 뒤이어 1910년부터 1916년까지 외무부를 이끌었던 사조노프와 그들 밑에 있던 사람들은 4반세기의 침묵 이후에 투르크 및 오스트리아-헝가리에 대항해서 러시아의 이익을 추구하는 데에 열의를 가진 신세대 러시아 외교관들이었다고 설명되어왔다. 실제로 콘스탄티노플 주재 러시아 대사였던 넬리도프는 일찍이 1896년에 다르다넬스-보스포루스 해협을 러시아가 장악할 것을 본국 정부에 제안했으나, 이 제안은 결코 실행에 옮겨지지 않았다. 이즈볼스키는 다른 계획을 고안해냈다. 그는 1908년 9월에 모라비아의 부츨라우에서 오스트리아의 외무부 장관인 아에렌탈 백작과 합의에 도달했다. 그 합의에 따르면, 러시아는 베를린 회의의 결정에 따라서 오스트리아가 통치하고 있던 보스니아와 헤르체고비나를 오스트리아가 병합하는 것을 수용하고, 그 대신에 오스트리아-헝가리는 다르다넬스-보스포루스 해협이 러시아 군함에 개방되는 것을 반대하지 않을 예정이었다. 그런데 오스트리아-헝가리는 러시아가 양 해협의 지위를 바람직한 방향으로 재검토하기 위한 외교적인 준비를 하기도 전에, 보스니아와 헤르체고비나를 병합해 버렸다. 이즈볼스키는 이것이 상호약정을 위반한 것이라고 보았지만, 아에렌탈은 그렇게 생각하지 않았다. 위반이든지 아니든지 간에, 다른 열강들, 특히 영국은 양 해협에서 러시아 군함을 보려고는 하지 않았기 때문에, 러시아만 손해를 보게 되었다. 차르 정부는 오스트리아가 벌인 일을 승인하지 않고 머뭇거리다가 독일로부터 최후통첩에 준하는 통보를 받고서 마침내 그것을 승인할 수밖에 없었을 때, 더욱 큰 굴욕감을 맛보았다.

그 일 이후의 시기에 발칸 지역과 근동에서는 긴장과 위기 그리고 갈등이 반복되었다. 오스트리아-헝가리 및 러시아와 마찬가지로, 독일도 이 지역에서 적극적인 정책을 추진했다. 중요한 발칸 전쟁이 1912년과 1913년에 두 차례 발생되었다. 처음에는 불가리아, 세르비아, 그리스, 몬테네그로가 연합하여 투르크를 패배시키고, 투르크를 희생하여 영토를 확대했다. 그다음에는 전승국들이 서로 싸웠다. 세르비아인들, 그리스인들, 몬테네그로인들만이 아니라 루마니아인들, 그리고 일부의 손실을 만회하려고 전쟁을 다시 시작한 투르크인들에 의해서 불가리아인들이 패배당했다. 발칸 전쟁은 긴장이라는 유산을 남겨놓았다. 특히 불가리아는 불만을 가진 채로 상황의 변화를 꾀하는 국가가 되었고, 오스트리아-헝가리와 세르비아 사이의 관계는 더욱 악화되었다.

합스부르크가의 제위 계승자인 페르디난트 대공이 1914년 6월 28일에 세르비아의 애국자들에 의하여 암살당하고 오스트리아가 세르비아에 단호한 최후통첩을 했을 때, 러시아 정부는 세르비아를 지원하기로 결정했다. 그렇게 하지 않는다면 그것은 발칸 지역에서 또다시, 이번에는 완전한 패배를 당하는 것으로 생각되었다. 동맹체제가 거의 자동적으로 작동하게 됨에 따라서 독일은 오스트리아-헝가리를 지지했고, 프랑스는 러시아 편을 들었다. 오스트리아-헝가리는 7월 28일에 세르비아에 대해서 전쟁을 선포했고, 독일은 러시아에 대해서 8월 1일에, 프랑스에 대해서는 8월 3일에 선전포고를 했다. 독일이 벨기에를 공격함에 따라 영국은 8월 4일에 프랑스 및 러시아 편에 가담했다. 그리하여 유럽은 제1차 세계대전에 돌입하게 되었다.

제1차 세계대전 시기의 러시아

러시아의 역사에서 전쟁은 항상 국가의 강점과 약점을 드러내주고, 그럼으로써 정치의 모습을 결정해주는 진실의 순간이었다. 영어로 그 당시에 대전(Great War)이라고 불린 이 전쟁은 평범한 전쟁이 아니었다. 그것은 장기전으로 벌어진 근대의 군사적 충돌로서, 사회와 경제만이 아니라 기계화된 군사력과 인력을 유례가 없을 정도로 동원한 전쟁이었다. 러시아는 그런 시련을 결코 경험해본 적이 없었다. 그러나 전쟁이 발발한 1914년 8월에 정치적 및 사회적 항의는 잠잠해졌고, 적대감은 외부의 적에게 집중되었다. 그러나 이러한 애국주의적 단결은 오래 지속되지 못했다. 독일 황제에 대한 적개심과 자신의 조국 및 자신들의 목숨을 지켜야 한다는 희망이 반드시 차르 혹은 정부를 위한 열정으로 변화되는 것은 아니었다. 일부 사람들에게 전쟁은 부자들과 권력자들이 빈자들의 이익이 아니라 자신들의 이익을 추구하고 있다는 의심을 키워주었다. 한 농민 출신 병사가 이미 1914년에 많은 군인들 사이에서 퍼진 태도를 기술한 것에 따르면, "전쟁은 우리에게 아무것도 해주지 못할 것이고, 독일인들은 우리에게 패배를 안겨줄 것이다." 그와 대조적으로, 러시아의 장군들은 전투원들이 용감하고 정의로운 열정을 가졌으며, 그들의 사기가 높다고 자신 있게 장담했다.

얼마 지나지 않아서 많은 러시아인들은 그 전쟁이 파국이라고 말하기 시작했다. 사상자의 비율은 재앙의 가장 분명한 징후였다. 전쟁 개시로부터 불과 5개월밖에 지나지 않은 1914년 말에 이르러서 거의 40만 명에 달하는 러시아 군인들이 목숨을 잃었고, 거의 100만 명이 부상을 당했다. 예상보다 훨씬 더 빨리, 거의 훈련도 못 받은 신병들이 전선에 투입되어야 했는데, 이런 과정은 전쟁 내내 계속 반복되어서 충격적인 손실은 더욱 커져갔다. 전장에서의 엄청난 손실은 병력에만 국한되지 않았다. 러시아군에서는 총과 군수품 그리고 심지어 군복과 식량마저 금방 동이 났다. 1915년 중반 무렵에 25퍼센트나 되는 러시아 군인들은 무기도 없이, 전사자로부터 가능한 모든 것을 집어들어 사용하라는 지시를 받고 전선으로 파견되고 있었다. 군인들은 자신들은 인간도 아니고, 심지어 가치 있는 군인도 아니며, 부자들과 권력자들이 쓰고 버리는 물건으로 취급받고 있다고 불평하기 시작했는데, 이 말에는 타당한 이유가 있었다. 1915년 봄에 러시아 군대는 꾸준히 퇴각하고 있었다. 후퇴 과정이 항상 질서 있었던 것도 아니었다. 탈영, 혼란스런 퇴주, 약탈 행위는 드물지 않게 벌어졌다.

그러나 1916년 무렵에는 상황이 호전되었다. 러시아군은 후퇴를 멈추었다. 러시아군은 비록 엄청난 인명 손실을 당했지만, 그해에 시도된 공격에서 몇 번의 소소한 승리를 거두었다. 그리고 국내 생산을 증대시키려는 많은 노력을 통해서 물자 부족 문제도 대체로 해결되었다. 그러나 1916년 말에는 군인들의 사기가 1915년에 대후퇴를 하던 때보다 훨씬 더 나빠졌다. 전황은 호전되었을지 모르지만, 여전히 국력을 소진시키면서 많은 가족들과 개인들의 목숨을 앗아가는 전쟁이 계속되고 있다는 사실은 숨 막히는 현실로 남아 있었다. 전쟁과 혁명기에 러시아 군대에 대해서 연구한 주도적인 역사학자인 와일드만이 주장했듯이, 사기가 저하된 위기는 "대학살이 끝나고 승리 비슷한 무언가를 이룰 수 있다는 것에 대해서 전적으로 절망적인 감정을 가진 데에 근본적인 뿌리를 두고 있었다."

전쟁이 군대에만 충격을 준 것은 아니었다. 1915년 말이 되면, 전시 수요에 대한 부담이 고조됨에 따라서 경제가 붕괴되고 있다는 많은 징후가 나타났다. 징병으로 인한 대영지에서의 노동력 부족, 기본적인 소비 물품에 대한 공급 부족과 가격 앙등, 소토지 보유 농민들이 시장을 위해서라기보다는 자신들의 필요를 더 선호했다는 사실, 정부가 군수품 생산을 위해서 엄청난 양의 신권을 발행했다는 것 등 많은 상황이 결부되어 식량 부족과 물가 인상이라는 중요한 문제를 낳게 되었다. 비록 원인은 복잡하지만, 특히 도시 하층민들과 중간층 사람들에게 그 결과는 단순하고 명확했다. 인플레이션은 빠른 속도로 실질임금을 감소시켰고, 물자 부족으로 인해서 돈이 있어도 물건을 사기가 어려워졌다. 물자 부족은 특히 수도—애국적인 견지에서 페트로그라드(Petrograd)라고 개명했다*—에서 큰 문제였다. 그곳에서는 공급처와의 먼 거리와 빈약한 운송망 때문에 사태가 특별히 악화되었다. 빵, 설탕, 육류 그리고 다른 물품이 떨어지자 가게는 일찍 문을 닫거나 아예 문을 열지 않았다. 남아 있는 물건을 사기 위해서 긴 줄이 생겨났으며, 식량을 발견하고 입수하기가 점차 더욱 어려워졌다. 1915년 중반부터 파업이 꾸준히 증가된 것도 놀라운 일이 아니었다. 그리고 범죄도 마찬가지로 증가되었다. 그러나 대부분의 사람들은 고통스럽지만 참아냈다. 사람들은 부자들에 대해서 툴툴거리고, 이 모든 일이 언제 어떻게 끝날 것인지 질문하면서, 식량을 찾아서 도시를 샅샅이 뒤지고(페트로그라드의 노동계급 여성들은 식품을 사기 위한 줄에서 1주일에 약 40시간을 서 있었다고 보고되었다), 구걸을 하고, 매춘을 하거나 범죄를 저지르기도 하고, 난로에 장작을 때기 위해서 목재 울타리를 자르기도 했다. 공공질서를 책임지고 있던 정부 관리들이 사람들의 인내심이 얼마나 지속될 것인지 우려하고 있었다는 사실에는 타당한 이유가 있었다. 1916년 10월에 치안경찰인 오흐라나(Okhrana)의 페트로그라드 지부에서 작성된 어느 보고서는 "매일매일의 생존의 짐 때문에 분노한 제국

---

* 예를 들면 "함부르크"라는 독일 도시명에서 알 수 있듯이, "부르크"는 독일식이다. 그래서 "부르크"에 해당하는 러시아식 단어인 "그라드"로 바꾼 것이다/역주

의 하층계급 사람들이 가까운 장래에 폭동을 일으킬 가능성이 있다"고 직설적으로 경고했다.

　군사적인 실책에 대해서는 러시아 군대 지휘부에 책임이 있었던 반면에, 러시아 정부의 정치적인 실수는 훨씬 더 중대하기도 했고 더 큰 손실을 초래했다. 니콜라이 2세와 그의 장관들은 전쟁 발발 직후의 국민적 단결을 이용하는 데에 실패했다. 사실 그들은 국가자원을 동원할 때 계속해서 관료주의적인 수단에만 의지했고, 국내만이 아니라 오스트리아로부터 일시적으로 획득한 지역에서도 소수민족과 소수의 종파를 계속 억압했다. 러시아의 패배, 러시아 보급체계의 붕괴, 전쟁부 장관인 수호믈리노프 장군과 다른 일부 고위 관료들의 철저한 무능 등은 확실히 어떤 개선 조치로 이어졌다. 마침내 1915년 8월에 두마가 짧은 회기로 소집되었고, 수호믈리노프와 3명의 그의 동료들은 사임해야 했다. 그리고 정부는 군대를 지원하기 위한 시민사회의 노력을 활용하기 시작했다. 덧붙여 말하면, 구치코프와 같은 기업인들과 저명인사들이 주도한 이런 노력은 적십자 활동으로부터 군수물자의 생산을 증대시키기 위한 광범한 조치에 이르기까지 폭넓게 진행되었다. 르보프 공을 의장으로 하여 힘을 뭉친 젬스트보 연맹과 도시 연맹, 구치코프가 주도하던 전쟁산업 위원회는 특히 유명해졌다.

　그러나 정부와 교육받은 대중 사이의 "화해"는 뿌리가 깊지 못했고, 일시적인 것으로 드러났다. 니콜라이 2세는, 밀류코프가 주도하여 새로 조직했고 극우파와 극좌파 이외에 거의 모든 두마 의원들을 포함했으며 심지어 국무 협의회에서조차 다수의 지지를 획득했던 온건 성향의 진보 블록(Progressivnyi blok)과 협조하려고 하지 않았다. 그 대신에 그는 자신의 아내인 알렉산드라 황후 및 그녀의 특이한 자문관으로서 농민 출신의 성자(聖者)인 라스푸틴을 점차 의지하게 되었다. 라스푸틴의 높은 지위는 그가 황제와 황후의 아들을 혈우병으로부터 보호할 수 있고, 황후와 황후의 남편과 러시아를 인도하도록 신에 의해서 보냄을 받았다는 황후의 믿음에서 유래되었다. 설상가상으로, 자신의 존재로써 장교들과 군대에 사기를 높일 수 있다고 확신했고 신의 인도하심을 확신했던 니콜라이 2세는 직접 러시아 군대를 지휘하기 위해서 전선으로 출발했다. 그 결과 많은 러시아인들은 정부를 조종하는 지렛대가 "독일인" 황후와 "음탕한" 라스푸틴의 수중으로 들어갔다고 생각했다. "속이 좁고 반동적이며 히스테리 상태

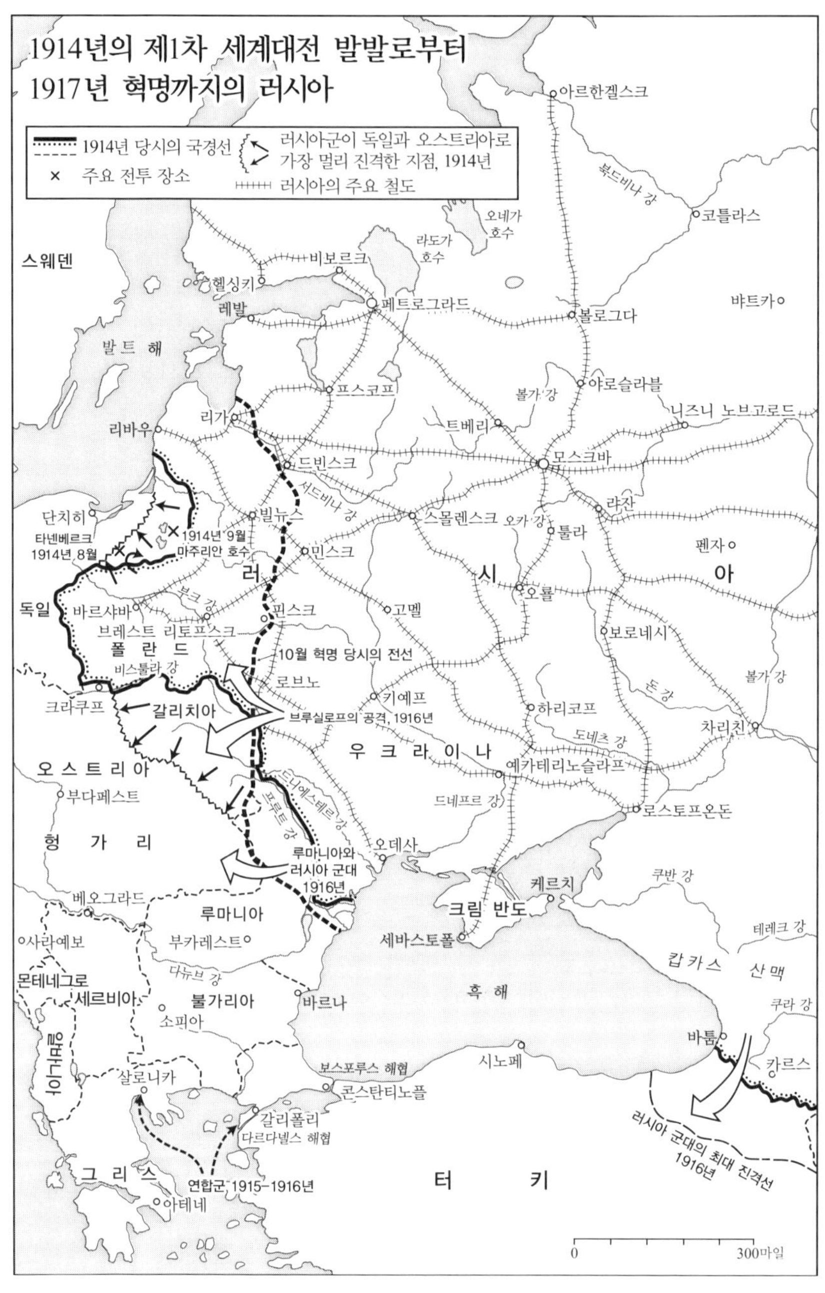

1914년의 제1차 세계대전 발발로부터
1917년 혁명까지의 러시아

1914년 당시의 국경선
주요 전투 장소
러시아군이 독일과 오스트리아로
가장 멀리 진격한 지점, 1914년
러시아의 주요 철도

스웨덴
아르한겔스크
북드비나 강
코틀라스
오네가 호수
라도가 호수
비보르크
헬싱키
레발
페트로그라드
볼로그다
뱌트카
발트 해
프스코프
볼가 강
야로슬라블
니즈니 노브고로드
리가
리바우
트베리
드빈스크
모스크바
서드비나 강
단치히
빌뉴스
스몰렌스크
오카 강
랴잔
타넨베르크
1914년 8월
1914년 9월
마주리안 호수
민스크
러
시
아
펜자
독일
바르샤바
부크 강
핀스크
고멜
오룔
보로네시
브레스트 리토프스크
폴 란 드
10월 혁명 당시의 전선
비스툴라 강
로브노
키예프
하리코프
돈 강
볼가 강
크라쿠프
갈리치아
브루실로프의 공격, 1916년
우 크 라 이 나
도네츠 강
차리친
오 스 트 리 아
드니에스테르 강
예카테리노슬라프
로스토프온돈
부다페스트
프루트 강
드네프르 강
헝 가 리
루마니아와
러시아 군대
1916년
오데사
케르치
쿠반 강
테레크 강
베오그라드
루마니아
크 림 반 도
칼 카 스
산 맥
사라예보
부카레스트
쿠라 강
몬테네그로
세르비아
다뉴브 강
세바스토폴
불가리아
바르나
흑 해
바툼
소피아
칸스
알바니아
살로니카
보스포루스 해협
시노페
갈리폴리
콘스탄티노플
다르다넬스 해협
러시아 군대의 최대 진격선
1916년
그 리 스
연합군 1915~1916년
터
키
아테네
0
300마일

그리고리 라스푸틴. 「러시아의 지배가문」이라는 제목이 붙은 당대의 캐리커처이다. 여기서 라스푸틴은 니콜라이와 알렉산드라라는 인형들을 조종하는 인물로 묘사되었다. 이런 이미지 자료는 종종 우편엽서의 형태로 널리 유포되었다. 그중에는 라스푸틴과 알렉산드라 사이의 부도덕한 내연관계를 시사하는 것들도 포함되어 있다. (Fülöp-Miller, *Rasputin*)

의 여인과 무지하며 기괴한 농민이……제국의 운명을 수중에 넣었다"라고 어떤 역사학자가 쓴 문구는 많은 당대인들의 생각을 잘 반영하고 있다. "장관들의 등 짚고 뛰어넘기(ministerskaia chekharda)"라는 말로 묘사되는 것처럼 장관들은 빈번히 경질되었고, 신임 장관은 전임자보다 더욱 깊게 라스푸틴의 영향력하에 들어갔다. 일반적으로, 고위 관료 임명상의 이러한 최악의 상황—내무부 장관인 프로토포포프는 매독 말기로 미치광이가 되었다는 소문이 널리 확산되었다—은 장관들의 무책임한 태도를 더욱 심각한 지경으로 만들어놓았다. 1916년 12월에 라스푸틴은 암살당했다. 길고도 소름 끼치는 살해 공작은 극우파 지도자와 황실가문 사람 그리고 결혼을 통하여 황실가문과 관련을 맺었던 어떤 귀족에 의해서 추진되었다. 그들의 목표는 황실과 러시아를 구하는 것이었다. 1917년이 시작되었을 때, 제국정부를 정상으로 되돌리고 지도력을 회복시키기 위해서 궁정 쿠데타를 일으키려는 논의들이 있었다. 그러나 먼저 발생된 것은 대중 혁명이었다.

제32장

"대개혁"으로부터 1917년 혁명까지의 러시아 사회경제의 발전

삶은 운동이다.……전신선은 세계를 감싸고 있으며, 모든 사람들의 가슴이 인류의 공통된 관심사로 고동치도록 만들고 있다. 변화하는 것은 오직 지역적인 상황뿐이다.
— 1911년 7월에 『가제타-코페이카(*Gazeta-kopeika*)』에 게재된, 신문 칼럼니스트 "스키탈레츠(방랑자)"의 글

우리가 처한 현실은 암울하다. 한 해의 성과는 아무것도 없다. 그리고 희망은 우리로부터 멀리 날아가버렸다. 예를 들면, 영원 속으로 막 지나간 해에 대해서 우리가 무엇을 회상할 수 있는가? 우리는 "새로운 행복"에 대한 시끌벅적한 바람을 가지고 새로운 해를 맞이했으나, 한 해가 끝날 때에는 보여줄 만한 것이 거의 없었다. 한 해는 우리에게 무엇을 가져다주었는가? 무엇이 남았는가? 아무것도 없다. 쓰라림과 환멸감 이외에는 아무것도 없다. "새로운 행복"이 전혀 없었을 뿐만 아니라, 그 어떤 행복도 아예 없었다.
— 1913년 1월에 『가제타-코페이카』에 게재된 "스키탈레츠"의 글

모든 사회계급은 "대개혁"의 충격과 그 여파를 느꼈다. 확실히 귀족은 러시아의 지배적 사회집단으로 남아 있었다. 사실 이미 지적했듯이, 알렉산드르 3세와 니콜라이 2세는 둘 다 귀족을 강화하고 귀족의 이익을 지원하기 위해서 온갖 노력을 기울였다. 궁정 사회는 주로 대지주로 구성되어 있었다. 제국을 경영하던 관료체제의 상층부는 지주계급과 긴밀히 연결되어 있었다. 장관, 원로원 의원,

국무 협의회 구성원, 그리고 수도의 다른 고위 관료, 주지사, 부지사, 그리고 주의 다른 부서의 수장 중 압도적인 다수는 귀족이었다. 1889년에 지방귀족 중에서 지방감독관이 임명되는 제도가 설치됨에 따라서, 러시아에는 농민들을 효율적으로 통제하는 귀족관료들의 새로운 연결망이 생겨났다. 그로부터 1년 뒤에는 젬스트보 "반동 개혁"으로 인해서 지방 자치행정에서 귀족의 역할이 크게 강화되었고, 지방정부 내에서 계급 원칙이 강조되었다. 육군에서도 최고위직은 지주계급 성원들이 장악했고, 해군의 장교 집단 전체는 사실상 귀족에 속해 있었다. 정부는 1885년에 아주 유리한 조건으로 지주에게 자금을 제공하는 국가귀족 토지은행의 설치 등의 조치를 통하여 귀족의 농업을 지원해주었다.

그럼에도 불구하고, "대개혁" 이후에 귀족계급은 쇠락했다. 1877년의 국세조사에 따르면, 귀족들은 7,310만 데샤티나의 토지를 소유했으나, 1905년에 편찬된 통계에 따르면 그 면적이 5,320만 데샤티나가 되었고, 오가놉스키의 계산에 따르면 1911년에는 4,320만 데샤티나에 불과했다. 동시에 로빈슨의 자료를 인용하면, "그들의 보유지의 평균 규모도 1887년의 538.2데샤티나로부터 1905년에는 488데샤티나로 감소되었다. 그리고 농업용 말의 총 보유수도 1888-1891년의 54만6,000두로부터 1904-1906년에는 49만9,000두, 즉 8.5퍼센트 줄어들었다." 비록 농노해방령은 대체로 귀족에게 관대한 것이었으나, 귀족계급의 부의 상당 부분이 1861년 이전에 국가에 저당 잡혀 있었으므로 지주들이 개혁의 일부로 받은 보상금 중 상당액이 빚을 갚는 데에 사용되었고, 귀족 경제의 근대화와 발전을 위해서 남겨진 돈은 별로 없었다는 점도 염두에 두어야 한다. 게다가 대부분의 지주들은 자신들의 자원과 기회를 효과적으로 이용하는 데에 실패했다. 농노 노동력을 빼앗긴 채 더욱 극심한 경쟁 및 변화하는 세계의 다른 가혹한 현실에 적응하도록 강요받았던 귀족들은 성공적인 자본가적 농민이 되기에는 교육과 시야 및 성격 면에서 내세울 만한 것이 별로 없었다. 사실 상당수의 지주들은 러시아의 새로운 상황에 맞닥뜨리기보다는 자신들이 가진 모든 것을 처분하여 파리나 니스에서 살기를 선호했다. 다른 지주들은 자신들의 영지에 남아서 생존을 위한 투쟁을 전개했으나, 통계가 보여주듯이 대체로 성공을 거두지 못했다. 수많은 "벚꽃 동산"이 귀족의 소유권에서 벗어났다. 소련 학자들이 힘주어 강조했듯이, 일부 귀족이 적응에 성공하여 극소수의 손에 엄청난 부가 축적되기는 했지만, 이것이 지배계급의 쇠퇴라는 그림을 근본적으로 변화시키지는 못했다는 점이 중요하다.

러시아의 산업화

"대개혁"으로 인하여 귀족들이 급격하게 몰락했다고 한다면, 그것은 또한 러시아의 중간계급 그리고 특히 기업가, 사업가, 기술자의 대두를 초래했다. 확실히 이 두 가지 결과는 결코 의도된 것은 아니었다. 물론 농노제의 폐지가 러시아에서 자본주의의 발전을 위한 하나의 전제 조건이기는 했지만, 농노제에 기반을 둔 근대 산업국가를 상상하기는 어렵다. 심지어 농노해방 이후에도, 많은 관찰자들은 러시아의 압도적인 농민적 성격으로 인해서 차르 제국이 서구의 자본주의 모델을 자신의 것으로 선택할 수 없으리라고 확신했다. 인민주의자들은 러시아의 농민들이 자급자족적이어서 자신들의 식량과 의복을 생산하며, 평등주의적인 농민공동체 속에서 자본주의를 필요로 하지 않으며 자본주의에 호응하지 않을 것이라고 주장했다. 아마도 더 중요한 사실은 농민들이 비참할 정도로 빈곤했기 때문에 러시아 산업을 위해서 충분한 국내시장을 제공할 수 없었다는 점일 것이다. 제정정부, 특히 전제정치의 유지와 귀족의 지원에 몰두하고 있던 강력한 권한을 가진 내무부는 오랫동안 사실상 산업화에 등을 돌리고 있었다.

그럼에도 불구하고, 러시아의 산업은 계속해서 성장했고, 거셴크론의 평가에 따르면 1890년대에는 연평균 8퍼센트라는 놀라운 성장률을 기록했다. 철도망의 길이가 1881년부터 1894년 사이에 약 40퍼센트나 확대되었으며 1895년부터 1905년 사이에는 또다시 2배나 증가하는 등, 러시아의 산업가들은 마침내 좀더 나은 수송체계를 이용할 수 있었다. 러시아의 재정 자원에 더하여, 외국자본이 러시아의 산업발전에 대규모로 참여하기 시작했다. 러시아 산업에 대한 외국의 투자액은 1880년에는 1억 루블, 1890년에는 2억 루블, 1900년에는 9억 루블 이상이라고 추산되어왔다. 보다 중요한 것은, 비테가 이끄는 재무부는 철도를 건설하고 외국자본을 유치하려는 노력 이외에도, 러시아에서 중공업을 발전시키기 위해서 가능한 모든 일을 했다는 것이다. 중공업 자금을 마련하기 위해서 비테는 러시아의 수출을 늘리고 수입을 급격하게 줄였으며, 세출 예산의 균형을 맞

1905년, 상트페테르부르크의 세르게이 비테 백작. (*Terra Publishers*)

추었고, 금본위제도를 도입했으며, 농민들로부터 필요한 자금을 짜내기 위해서 모든 소비 품목에 무거운 간접세를 부과했다. 그리하여 러시아의 상황에서 대규모의 자본주의적 기업을 탄생시키는 데에 국가가 주도적인 역할을 담당했다.

랴시첸코가 채택한 분류 방법을 따르면, 러시아는 세기말경에 8개의 기본 공업지역을 가지고 있었다. 6개의 주(州)로 구성된 모스크바 공업지역에는 온갖 종류의 섬유 산업만이 아니라 금속 가공 및 화학 공장들이 포함되어 있었다. 상트페테르부르크 지역은 금속 가공, 기계 제작, 섬유 산업으로 특화되어 있었다. 폴란드 지역에는 섬유, 석탄, 철, 금속가공 그리고 화학산업이 있었다. 뒤늦게 개발된 남부 러시아의 우크라이나 지역은 석탄, 철광석, 기초 화학제품을 제공했다. 우랄 지역은 계속해서 철, 비철금속, 광물을 생산해냈다. 캅카스 산맥 남부의 바쿠 지구는 석유를 제공했다. 남서부 지역은 사탕무로 만든 설탕으로 특화되었다. 마지막으로, 캅카스 산맥 남부의 망간-석탄 지역은 이 두 자원의 상당량을 공급했다.

러시아의 새로운 산업은 몇 가지 놀라운 특징을 보여주었다. 러시아는 뒤늦게 급속한 산업화를 이루어냈기 때문에, 러시아인들은 서구의 앞선 기술을 대규모로 차용했으며, 그 결과 러시아의 공장들은 서구의 공장들보다 종종 더욱 근대적이었다. 그러나 일부 경제 부문에서 이렇게 앞선 점도 있었지만, 다른 부문에서는 끔찍할 정도의 후진적인 면도 있었다. 사실 산업 과정에는 복잡한 기계와 나란히, 값싼 비숙련 노동력이 수행하는 원시적인 수작업도 병존했다. 기술적인 이유와 정부의 정책 때문에 러시아는 거의 하룻밤 사이에 거대한 공장과 대규모 산업을 가지게 되었다. 그리고 얼마 안 가서 자본가들은 조직을 갖추기 시작했다. 1902년에 금속 신디케이트, 1904년에는 석탄 신디케이트, 그 후에는 몇몇 다른 신디케이트가 성립되었다. 덧붙여 말하면, 러시아의 기업가와 고용주들은 귀족으로부터 이전의 농노에 이르기까지 다양한 계급 출신이었고, 상당수의 외국인들도 뒤섞여 있었다. 지도자들 중에는 유명한 모로조프 가문처럼 구교도로서 오랜 전통을 가진 상인들과 기업가들도 상당수 포함되어 있었다. 시장에 관해서 살펴보면, 빈곤한 러시아인들은 러시아 공장에서 생산되는 제품의 일부만 구매할 수 있었기 때문에, 기업가들은 정부의 대량 주문에 의존했으며, 더 많은 제품을 외국에서 판매하기 시작했다. 특히 러시아 제품은 대체로 서구에서는 성공적으로 경쟁할 수 없었으므로 투르크, 페르시아, 아프가니스탄, 몽골, 중국처럼 인접한 중동과 아시아 국가들을 대상으로 대량 수출되기 시작했다. 또다시 비테와 정부는 시베리아 횡단철도는 말할 것도 없고, 러시아-페르시아 은행, 러청 은행의 설립과 동청 철도의 부설 등 자신들이 할 수 있는 모든 조치로 도움을 주었다. 이미 지적했듯이, 극동에서의 러시아의 경제활동은 러일 전쟁의 배경 중의 일부였다.

1890년대의 러시아의 급속한 산업 성장은 1900년의 경기 침체로 막을 내렸다. 많은 원인이 있었지만, 경기 침체는 아마도 특히 러시아 농민층이 기진맥진해진 데에 따른 "기반의 점차적인 약화"에 의해서 초래되었다. 경기 침체는 수년 동안 지속되었고, 정치적인 불안정 그리고 마침내는 1905년 혁명과 결합되었다. 그러나 일단 질서가 회복되고 러시아인들이 일터로 돌아가자 산업화는 재개되었다. 사실 초대 두마의 소집으로부터 제1차 세계대전의 발발에 이르는 제정 러시아의 경제 발전의 마지막 시기에는, 1890년대의 연평균 성장률 8퍼센트에 미치지는 못하지만 6퍼센트의 급속한 산업화가 진행되었다. 석유 산업만 예외였고, 기초 산업의 생산량은 또다시 급등했다. 그리하여 푸드(pud)*를 단위로 하여 1909년과 1913년을 비교해보면, 러시아의 선철 생산량은 1억7,500만에서 2억8,300만으로, 철과 강철은 1억6,300만에서 2억4,600만으로, 구리는 130만에서 200만으로, 석탄은 15억9,100만에서 22억1,400만으로 생산량이 각각 증대되었다.

　새로운 산업 발전은 많은 점에서, 예를 들어 중공업과 대규모 공장이 강조되는 등 이전의 발전 유형을 뒤따랐다. 그러나 여기에는 몇몇 중요한 새로운 특징도 나타났다. 비테가 떠남으로써, 정부는 산업화의 속도를 강요하지 않았고, 자본가들에 대한 직접적인 지원을 축소시켰으며, 하층계급에 대한 재정 압박을 다소 완화시켰다. 러시아의 산업은 자립할 수 있는 능력을 이미 가지고 있었기 때문에, 필요한 조정을 해나갈 수 있었다. 그리고 산업은 국가경제 발전에서 주도적인 역할을 맡기 시작한 은행으로부터 종종 도움을 받았다. 그러나 금융 자본 이외에도, 러시아의 기업가들은 스스로 점차 강해져서 독립 능력을 획득하고 있었다. 제1차 세계대전 직전의 몇 년 동안에 러시아의 산업은 더욱 다양해짐으로써 더욱 큰 국내시장을 획득했으며, 노동자들과 소비자들에게 더욱 효율적으로 이익을 나누어주고 있었다.

　확실히 동전에는 양면이 있게 마련이었다. 제정 러시아는 20세기에 생산력을 크게 증대시켰지만, 서구의 선진국들에 비해서는 상당히 뒤진 상태였다(혹은 많은 분석가들은 그렇게 주장하고 있다). 러시아 정부가 대외 차관에 의지하고 있었던 것과 마찬가지로, 러시아의 산업은 외국자본에 크게 의존하고 있었다. 외국 자본은 1916년과 1917년에 거의 22억 5,000만 루블까지 증가되었으며, 총 산업 투자액의 거의 3분의 1을 차지했다. 예를 들면, 프랑스인들은 러시아 선철의 거의 3분의 2와 러시아 석탄 산업의 절반을 소유하고 있었고, 독일인들은 화학 및 전기 산업에 많은 투자를 했고, 영국인들은 석유 산업에 투자했다. 투자액 통계에 근거하여 일부 분석가들은 러시아가 "반식민지" 상태에 놓여 있었다

---

* 1푸드는 36파운드, 약 16.2킬로그램에 해당된다.

고까지 말했다. 더욱 불길하게도, 러시아의 산업은 고통스럽고 비참한 프롤레타리아트와 절망적일 정도로 빈곤한 농민 대중 위에서 성장했다.

농민 문제

대다수의 러시아인들은 농민이었다. 1913년의 인구조사 보고서에 따르면, 러시아의 농촌 거주자 인구는 총인구의 85퍼센트였는데, 그 당시에 유럽에서 가장 높은 비율을 차지하고 있었다. 농노해방이 "대개혁" 중에서 가장 중요한 것이기는 했지만, 해방된 농민들의 상황은 러시아에서 가장 심각한 문제 중의 하나로 남아 있었다. 언급되었듯이, 농노해방에 관한 규정은 건전한 농민경제를 발전시켜나가기에는 불충분한 것으로 드러났다. 학자들의 주장에 따르면, 농민들 스스로는 새로운 환경이 있을 수 없는 일일 뿐만 아니라 부당하다고 느끼고 있었다. 농민들 사이에 널리 확산된 신념, 즉 토지는 경작자에게 속해 있어야 한다는 신념으로 인해서, 고용된 노동력을 이용하는 대지주가 있는 한은 어떤 해결책도 실망감을 불러일으켰던 것으로 보인다. 그러나 특히 농민들은 자신들이 전에 경작하던 토지도 농노해방 이후에 전부 얻은 것은 아니라는 사실로 인해서 더욱 많은 불만을 가지게 되었다.

1861년에 농노제가 폐지된 이후에도 일상적인 농민의 생활의 대부분에는 거의 변화가 없었다. 작업, 공동체, 가족, 종교 등은 마을의 일상생활의 전형적인 특징으로 남아 있었다. 일상적인 경험의 중심에는 여전히 자급적인 가족 농법과 수공업이 있었고, 이런 것들은 기술 발전의 영향을 거의 받지 못했다. 마을에서의 생활은 대체로 공동체(옵시치나[obshchina] 혹은 미르[mir])에 의해서 통제되었는데, 공동체는 남성 가장들의 회의를 통해서 운영되는 경우가 아주 흔했다. 가족은 농민들의 일상적인 사회 및 경제 생활의 기본 단위로 남아 있었다. 가족 내에서 남성 가장은 엄청난 권한을 행사했다. 그는 가족 구성원들의 행동을 때때로 무자비할 정도로 통제했고, 마을 공동체의 회의에서 가족을 대표했으며, 마을 행정, 경찰, 법관의 지위를 가지고 있었다. 이런 가부장적인 세계에서 여성들은 가내 노동 그리고 일부 농사일과 의례생활에 참여하는 정도로 밀려났다. 여성들이 아주 큰 역할을 담당한 종교생활은 정교회(비록 구교 신앙이 러시아

1900년 무렵에 영국 사진사인 피콕이 가장들로 이루어진 농민공동체(미르) 회의를 연출하여 찍은 사진. 농민공동체는 농민들에게 세금을 징수하고 농민들을 통제하기 위한 국가의 도구라거나, 집단적 생존수단이라거나, 도덕적 질서와 정의에 대한 농민들의 개념의 표현이라거나, 원시적인 사회주의의 한 형태로서 그에 기반하여 러시아에서 사회주의 사회가 건설될 수 있다고 하거나, 근대적 농촌 경제 발전의 퇴행적인 장애물이라거나, 남성 가장들이 농촌에서 지배권을 행사하기 위한 수단이라는 등 다양하게 해석되어왔다. (*Victoria and Albert Museum*)

의 많은 지역에서 강했고, 분파주의도 흔하기는 했지만)였는데, 정교회에는 과거와 마찬가지로 민속 및 마술적 전통과 교회 전통이 복잡하게 뒤섞여 있었다.

이 시기에 농민들의 경험과 기대에서 중요한 변화가 일어났다는 증거도 그에 못지않게 의미심장했다. 엘리트들에게는 아주 겁나는 일이었겠지만, 일부 농민들은 정치에 참여하고 있었다. 1905–1907년의 기간에 전국적으로 봉기가 발생되어 변화의 가능성이 높은 것 같았던 와중에, 농민들은 정부에 제출한 청원서 및 전 러시아 농민동맹(Vserossiiskii krestianskii soiuz)과 같은 새로운 정치단체를 통해서 자신들의 불만과 희망을 공개적으로 표명했다. 훨씬 더 많은 수의 농민들은 직접 행동을 개시해서 토지를 장악하고, 곡물을 빼앗아 재분배하고, 지주들의 재산을 약탈하며, 지주의 저택을 불살랐다. 농민의 사회와 문화에서는 좀더 미묘하지만 그에 못지않게 중요한 변화도 일어나고 있었다. 엄청나게 중대한 사실은 농민들이 점차로 "동떨어진 세계"가 아닌 방향으로 가고 있었다는 것이다. 이것은 부분적으로 정부정책에서도 유래되었다. 세기 전환기 이후에 정부는 농민들을 법적으로 열등한 별도의 사회신분이 되게끔 만드는 조치 중에서 일부를 폐지하기 시작했다. 1903년에는 집단적인 세금 납부의 책임이 사라졌고, 체벌은 1904년에 금지되었다. 스톨리핀의 개혁으로 농민들은 공동체의 통제에서 해방되기 시작했다. 더 나아가, 교육받은 개혁가들, 교사들, 성직자들 등 마을에 온 다양한 이방인들의 수는 점차 늘어났고, 이들은 조합, 상호부조 단체, 강연회와 독서회, 극장, 금주회(禁酒會) 등을 조직했다. 다음 장에서 논의되겠지만, 학교교육과 문자 사용 능력이 확대되고 일반인을 대상으로 한 신문과 서적이 급증해서 심지어 문맹자라도 마을의 선술집과 찻집에서 남들이 읽고 토론하는 소리를 들을 수 있게 됨으로써, 농민들은 유례가 없을 정도로 더 큰 세계에 관한 지식에 노출되었다. 아마도 아주 중요한 것은 러시아의 계속적인 경제 발전으로 인해서 많은 농민들이 공장과 도시에서 일하기 위해서 마을을 떠날 수 있게 되었다는 사실이었다. 이런 경험은 수백 만 명의 농민들의 삶에 영향을 미쳤다. 이주한 사람들 당사자만이 아니라, 이들이 계절노동자나 임시노동자로서 공장이나 가게에서 일을 한 이후이거나 휴일을 맞아서 혹은 병이 들거나 나이가 들어서 시골로 돌아왔을 때에는, 그들의 친척이나 마을의 이웃들이 영향을 받았다. 농민들의 일상생활은 아주 구체적인 방식에서 변화되고 있었다. 많은 농민들, 특히 도시로 간 젊은 남녀들은 새로운 사회적 기치를 몸소 보어주었고(예를 들면, 인간관계와 성 관계에서), 도시풍의 의복을 입기 시작했으며, 시계, 도시 가구, 유행하는 부츠와 모자, 자기로 된 그릇, 화장품 등의 상품을 구매하거나 적어도 구매하려고 희망했다. 물론 기대감이 높아지고 욕구가 자극을 받음에 따라서 좌절감도 커질 수 있었다. 도시에서 일했던 농민 여성들에 대한 설명은 더 이상 전통에 구속되지 않았던 이 시기의 많은 개별 농민들에게도 적용될 수 있다. 그들은 "아주 생기 넘치는 말투, 더 큰 독립심, 아주 완강한 성격이라는 특징"을 가지고 있었다. 이런 변화는 즐거움을 가져다주고 기대와 욕구를 자극했지만, 특히 농민들의 경제적 현실을 고려해보면 좌절감과 위험을 가져다줄 수도 있었다.

앞에서 보았듯이, 농민사회만이 아니라 농민경제의 중심에는 공동체가 있었다. 농노해방 이후에, 공동체는 농민들의 토지에 대한 통제권을 부여받았으며, 징세와 징병에 대한 책임을 맡았고, 전반적으로 시골에서 질서와 조직생활의 보루 역할을 하도록 기대되었다. 그 결과 공동체는 농민들의 삶에서 이전보다 더 중요해졌다. 공동체는 남성 가장들이 참석하는 주기적인 회의를 통해서 토지 이용, 즉 각 경작지에서 어떤 일을 해야 하는지, 그 일이 언제 그리고 어떤 방식으로 행해져야 하는지에 대한 중요한 결정을 내렸고, 산재된 지조(地條)로 나뉘어 있는 보유지를 농민 가정들 사이에서 일손과 부양가족의 수에 근거해서 전통에 따라 주기적으로 재분배했다. 그리고 공동체는 마을 공동체를 유지하기 위한 행정적인 기능도 광범위하게 수행했다. 세금을 징수하고 징병 대상자를 지명하는 일뿐만 아니라, 공동체는 마을을 떠나서 다른 데에서 일할 수 있는 허락을 받은 사람들을 통제하고, 소소한 범죄를 조사하고 징벌하며, 도로와 다리를 보수하고, 지방 교회 혹은 예배당을 유지하고, 특히 과부와 친척이 없는 고아들과 노인들 등 공동체 내에서 곤궁에 처한 사람들을 돌봐주었다. 의심할 것 없이, 공동체는 많은 농민들이 농노해방 이후의 러시아에서 자신들의 태도를 유지하는 데에 도움을 주었고, 소속원들에게 적어도 최소한의 안전을 제공했다.

그러나 농업 부문에서 공동체가 권위를 가지는 결과가 초래한 경제적인 대가는 컸을 것이다. 대부분의 당대인들(그리고 논쟁이 계속되고 있기는 하지만, 대부분의 역사학자들)이 보기에, 공동체는 후진적이고 진정 고루한 농업 생산방식을 존속시킴으로써 생산성을 계속해서 낮추는 데에 기여했다. 그러므로 농민들이 더 많은 토지를 가져야 할 필요성이 증가되었다. 확실히 역축(役畜)이나 비료의 부족, 목재 쟁기 같은 비효율적인 농기구의 계속된 사용, 투자 자본의 결여처럼 농민들의 권한 밖에 있는 일부 상황도 존재했다. 그러나 주장되어온 바에 따르면, 낮은 생산성에 대한 "책임"은 공동체적 농업에 있었다. 농민 가족이 경작하던 토지는 재분배를 통해서 결국에는 다른 가족에게 돌아갈 수 있기 때문에, 개인들은 시비(施肥), 심경(深耕), 작물의 다양화 같은 근대적인 기술을 통해서 토양을 개선하려는 인센티브를 별로 가지지 못했다. 각 가구가 다양한 토질의 땅을 받도록 하기 위해서 토지를 소규모 지조로 분할함에 따라서, 지조 사이에 이용되지 않는 많은 토지가 생겨났고, 시간이 효율적으로 사용될 수 없었으며, 농사일은 어쩔 수 없이 이웃의 작업에 맞추어 진행되어야 했다. 아주 일반적인 현상으로서 공동체를 지배했던 가장들은 혁신적인 과학적 조언이 아니라 관습을 최상의 지침으로 삼는 경향을 보였다. 동시에 공동체는 농민의 이동을 적극 저지함으로써 농촌에서 지속적으로 인구 과잉 현상이 생기도록 조장했다. 공동체 소속원들은 공동체를 떠날 수 있는 허락을 받기가 대개는 쉽지 않았다. 왜냐하면 그들이 떠나게 되면 공동체는 적은 인원으로 국가에 대해서 정해진 의무를 수행해야 했기 때문이었다. 공동체가 가구들 사이에 토지를 주기적으로 재분배하던 곳에서는, 가구원 중 한 사람이 떠나는 경우에는 다음 재분배 시에 자신의 가구에 대한 토지 할당 면적이 줄어든다는 이유로 가장은 가구원의 이탈을 막을 수 있었다.

농노해방 이후에 러시아의 인구는 급격히 증가되었다. 1861년에는 7,300만 명 이상이었는데, 1897년의 인구조사에 따르면 1억2,500만 이상이었고, 1917년에는 거의 1억7,000만 명에 달했다. 토지의 가격은 1860년과 1905년 사이에 2배 이상이 올랐고, 1905년과 1917년 사이에 또다시 2배 가까이 인상되었다. 한동안 귀족들이 판매한 많은 토지를 농민들이 매입했음에도 불구하고, 개별 농민들이 보유한 토지의 면적은 계속해서 줄어들고 있었다. 러시아의 경제사가들에 따르면, 농노해방 직후에 28퍼센트의 러시아 농민들이 배당된 토지를 통해서는 생활을 할 수 없었으며, 그 수치는 1900년 무렵에는 52퍼센트까지 증가되었다. 농민들의 보유 토지가 다른 나라 농민들의 것에 비해서 많았다는 사실은 별로 위안이 되지 못했음이 밝혀졌다. 왜냐하면 러시아의 후진적인 농업 상황으로 인해서 토지는 분명히 충분하지 않았기 때문이다. 농민들이 소유한 말의 평균 두수도 급격히 감소되어서 1901년 무렵에는 약 3분의 1에 달하는 농가가 1마리의 말도 가지고 있지 못했다. 물론 농민들은 도시에서 일시적으로 일하거나 이주를 하는 등 자신들이 처한 절망적인 곤궁 상태를 개선하려고 온갖 방법을 시도해보았으나, 기껏해야 약간의 성공만 거두었을 따름이었다. 농민들은 땅 한 조각이라도 얻기 위해서 자신들의 힘과 토지를 고갈시켜가면서 가능한 한 열심히 일했다. 이런 한계 상황에서 가뭄이라도 들면 재앙이 되었다. 1891년의 기근은 충격적인 재앙이었다. 그러나 기근 자체가 아니더라도 농민들은 급속하게 죽어갔다. 20세기 초에 유럽 러시아의 1,000명당 연평균 사망률은 프랑스의 19.6명과 영국의 16명과 비교하여 31.2명이었고, 그 비율은 농촌이 도시보다 높았다. 거대한 러시아 제국 땅에서 다양한 상황이 있었던 것은 당연하다. 예를 들면, 시베리아의 농민들은 상당히 부유했다. 반면에 인구가 밀집된 유럽 러시아 중부의 주들은 최악의 상황이었다(그것은 소위 "중심의 빈곤화"에 의해서 야기되었다). 농민들이 자신들이 처한 운명에 대해서 어떻게 느끼고 있었는지는 1905-1907년의 대규모 봉기에서 절정에 달한 농촌 소요사태에서 아주 명확히 드러났다.

러시아 농민들이 이행해야 했던 부담을 이해하기 위해서 우리는 농민에 대한 조세 압력에 대해서 좀더 언급할 필요가 있다. 공식적인 조사에 따르면, 농노해방 이후에 상환금을 포함하면 1데샤티나의 토지당 귀족보다도 10배나 많은 세금을 매년 국가에 납부했다. 그리고 심지어 1886년에 인두세가 폐지되고 1905년에 상환금이 마침내 폐지된 이후에도 빈곤한 대중은 간접세를 통해서 국가를 계속해서 지탱해야 했다. 제국 세수의 항구적인 주요 근원이었던 이런 세금은 보드카, 설탕, 차, 담배, 면직물, 철 등 국내에서 생산되거나 수입된 일상 용품에 부과되었다. 비테가 1894년에 국가 독점사업으로 만든 주세(酒稅)는 특히 수지가 맞았다. 가혹한 재정적 압박으로 농민들은 자신들이 팔 수 있는 것을 전부 팔 수밖에 없었던 한편, 정부 그리고 특히 비테는 무역수지를 흑자로 만들고 러시아의 산업화 자금을 마련하기 위해서 식료품, 특히 곡물 수출을 장려했다. 식료품이 러시아의 모든 수출액에서 차지하는 비중은 농노해방 시기에 약 5분의 2였던 데에 비해서 20세기 초에는 거의 3분의 2에 달했다.

그러나 1905년 혁명부터 제1차 세계대전의 발발까지에 이르는 제정 러시아의 마지막 시기에는 러시아 농민들의 생활, 즉 러시아인 다수의 생활에 어느 정도의 희망이 생겼으며 일정한 정도의 개선—많은 권위 있는 전문가들은 많은 희망과 커다란 개선이 있었다고 주장한다—이 있었다. 이렇게 사태가 호전된 데에는 많은 요인들이 작용했다. 이미 지적되었듯이, 러시아의 산업화는 1890년대의 특징을 이루는 극단적인 희생을 더 이상 요구하거나 강요하지 않았고, 새로운 러시아 산업은 소비자들에게 더 많은 것을 제공했다. 프로코포비치의 계산에 따르면, 유럽 러시아 50개 주의 총수입은 1900년의 65억7,960만 루블로부터 1913년에는 118억550만 루블로 증가되었다. 1913년에 러시아 제국 전체에서 1인당 소득은 102.2루블에 달했는데, 이는 독일의 292루블, 프랑스의 355루블, 영국의 463루블, 미국의 695루블에 비해서는 아주 낮지만 상당히 증가된 것이었다.

운이 좋게도, 제1차 세계대전 이전의 몇 년 동안은 계속해서 풍년이 들었다. 게다가 러시아 농민들은 협동조합 운동의 놀라운 성장과 새로운 땅에 대한 정부의 이주 장려책으로부터 이익을 얻었다. 협동조합은 1901년에 약 2,000개였다가 1905년에는 4,500개, 제1차 세계대전 발발 시에는 3만3,000개로 급증해서 회원이 1,200만 명으로 증가되었다. 시베리아의 유제품 협동조합과 같은 일부 생산자 협동조합도 아주 성공적이었지만, 신용 및 소비자 협동조합이 흐름을 주도했다. 정부는 1905년 혁명 이후에 이주에 필요한 지도기관을 설립하고, 이주자들에게 소액의 보조금을 지급하고 일부 세금의 납부를 유예시키는 등의 조치를 통해서 마침내 이주를 지원하기 시작했다. 1907년에 50만 명 이상의 사람들이 새로운 땅으로 옮겨갔고, 1908년 1년 동안의 이주자 수는 약 75만 명으로 증가되었다. 그러나 그 이후에 제1차 세계대전 직전까지 이주자 수는 평균적으로 1년에 약 30만 명으로 감소되었다. 경작 면적은 1901-1905년에 8,830만 데샤티나에서 1911-1913년에는 9,760만 데샤티나로 늘어났다. 그리고 앞에서 언급된 것처럼, 농민 토지은행은 아주 적극적인 활동을 펴나갔다. 농민 토지은행은 1906년부터 1915년까지의 10년 동안 농민들에게 430만 데샤티나의 토지를 매입하도록 도와주었는데, 그에 앞선 10년 동안에는 그 수치가 96만 데샤티나에 불과했었다. 약 125만 데샤티나에 달하던 국유지 및 황실 보유지는 농민들에게 팔도록 내놓았다.

농촌 환경의 변화 속에서 스톨리핀의 토지 개혁은 러시아의 농촌을 변모시키려고 했다는 점에서 아주 중요한 일이었다고 평가될 수 있다. 1906년, 1910년, 1911년에 스톨리핀이 제정한 법—이것에 대해서는 앞의 장에서 개괄되었다—은 농민공동체를 해체하고, 강력한 농민 자산계급을 창출하려는 목표를 가지고 있었다. 이런 농민 자산가들은 지조가 아니라, 한군데로 통합된 형태의 토지를 소유하게 될 예정이었다. 비록 변화가 어느 정도로 깊이 진행되었는지, 변화의 정확한 성과가 어떠했는지에 대해서는 역사학자들이 여전히 논쟁을 벌이고 있기는 하지만, 개혁 작업은 비교적 단기간에 상당한 영향을 미쳤다. 1916년 1월 1일 무렵을 기준으로 보면, 이전에 공동체에 속했던 가구의 24퍼센트만이 공동체로부터의 탈퇴를 법적으로 마무리함으로써 자신들의 토지를 개인 소유로 전환시켰다는 데에는 대부분이 동의한다. 그러나 많은 학자들은 개혁이 더 크게 확산되었으며 잠재력을 가지고 있었다는 점을 강조한다. 비록 재분할되지 않는 공동체 내에서는 47만 가구만이 자신들의 새로운 독립적 지위를 법적으로 승인받을 수 있는 시간을 가지고 있었지만, 1910년의 법에 따라서 그런 공동체 내에 있던 모든 가구들은 사실상 개인 토지 소유자가 되었다. 그러므로 이 수치는 47만이 아니라, 200만이라고 하는 편이 더 사실에 가까울 것이다. 만약 우리가 이렇게 수치를 수정하고, 공동체적 소유가 전혀 발달하지 않았던 지역에 있던 300만 이상의 세습 토지 보유 가구를 새롭게 생긴 독립가구 수치에 더한다면, 1916년 초에 유럽 러시아 지역에서는 1,300만 내지 1,400만이라는 총가구 중에서 700만 이상의 독립된 토지 보유 가구가 있었다고 볼 수 있다. 달리 말하면, 농민공동체의 틀 내에서 살아가던 농민 가구 수는 러시아 전체 농민가구의 절반 이하 정도로 감소되었다. 개혁의 중요한 측면이었던 지조를 통합하는 작업은 그것을 공동체로부터 분리하는 작업보다는 훨씬 더 느리게 진행되었지만, 여기에서도 어느 정도의 진전이 이루어졌다. 한 중요한 통계자료에 따르면, 공동체를 떠난 거의 250만 가구 중에서 약 반 이상이 1916년 무렵까지는 통합된 토지를 가지고 있었다.

그러나 이 인상적인 통계 수치가 스톨리핀의 개혁이 궁극적으로 현명했고 성공적이었다고 지적하는 것은 아니다. 사실, 스톨리핀은 이 결단력 있는 수상이 사실상 제국을 구하고 있었으며 만약 시간이 충분했더라면 농업개혁으로 농촌의 변화와 안정이라는 자신의 중요한 목적을 달성했을 것이라고 믿는 트레드골드 같은 미국 학자들 및 소련 해체 이후의 러시아 역사학자들을 포함한 많은 전문가들로부터 큰 찬사를 받아왔다. 그러나 비판자들의 숫자 또한 적지 않았다. 이런 비판자들은 인민주의자들이나 공동체 자체의 다른 옹호자들에만 국한된 것은 결코 아니었다. 예를 들면, 그들은 스톨리핀의 개혁이 어떤 의미에서는 농민들이 이미 소유하고 있던 것을 재분배함으로써 귀족 토지를 구제하려고 했던 또다른 노력을 대변했을 정도로 제한된 범위만 가지고 있었으며, 개혁의 시행 과정에서 강압적인 요소가 있었음을 지적했다. 그들은 개혁이 러시아 농촌의 근본적인 질병을 치유하지 않은 채 대체로 스스로 힘을 소진했다고 주장했다. 게다가 그것은 특히 농민대중을 계층화하는 데에 도움을 주고 정부가 유리한 조건으로 공동체에서 탈퇴하도록 해준 강력하고 부유한 농민들과, 그 뒤에 남겨진 빈곤하고 평등주의적인 농민들 사이에 적대감을 조장함으로써 과거의 문제점에 새로운 문제점을 더했다는 것이다.

노동계급

19세기 중반 이래로 러시아의 산업화와 도시의 발달을 보여주는 가장 현저한 징후는 산업노동자의 수적 증가였다. 그들 중 대부분은 최근에 농촌에서 생활 기반을 잃고 도시로 와서 가혹한 환경 속에서 스스로 생존해야 했던 사람들이었다. 러시아의 산업노동자 수는 1900년에 200만 명 이상이었다가, 1914년에는 약 1억7,000만 명의 인구 중에서 대략 300만 명 정도였다. 프롤레타리아트는 전체 인구에 비하면 그다지 대단하지는 않았지만 다른 나라의 경우보다 아주 밀집되어 있었다. 러시아의 산업이 아주 집중되어 있었기 때문에, 러시아의 제조업체 중의 절반 이상은 500명 이상의 노동자를 고용했고, 1,000명 이상을 고용한 기업체도 많이 있었다. 그리하여 상트페테르부르크와 모스크바 등의 산업 중심지에서 노동자들은 대규모로 촘촘히 밀집된 집단을 구성했다.

노동법에 의해서 1800년대 후반에 노동자들의 상황은 호전되었다. 재무부 장관이었던 붕게는 공장제도의 확연히 드러난 몇몇 학대 행위를 제거하거나 방지히려고 노력하면서, 새로운 법의 실시를 감독하기 위해서 공장감독관 제도를 설치했다. 그 이후에 더 많은 법이 제정되었다. 1897년의 법은 20명 이상의 노동자를 고용한 기업체에 적용되었는데, 그것에 따르면 성인의 주간 노동이 11시간 반으로, 야간 노동은 10시간으로 제한되었다. 그리고 토요일과 주요 공휴일 전날에는 10시간 노동이 적용되어야 했고, 일요일이나 주요 공휴일에는 어떤 노동도 허용되지 않았다. 청소년들과 어린이들은 주간에 각각 10시간과 9시간 이상 노동해서는 안 되었다. 공장 작업과 관련해서 발생된 사고에 대해서는 고용주가 책임을 지도록 한 선구적인 노동보험법이 1903년에 제정되었다. 그러나 사고와 질병을 전부 포함하는 개선되고 효율적인 노동보험 법안은 1912년에야 등장했다. 마침내 1906년에는 노동조합도 허용되었으나, 그렇다고 해도 전국적인 단위가 아니라 오직 지방 단위에서만 가능했다.

그러나 노동 관련법이 제정되고 제1차 세계대전 이전의 시기에 임금이 인상되었다는 사실에도 불구하고, 러시아 노동자들은 전반적으로 비참한 상태에 놓여 있었다. 노동자들은 종종 개탄스러울 정도로 열악한 위생 수준을 가진 주거 환경에서의 복잡한 생활, 기진맥진하게 만드는 노동 시간(19세기 후반의 개혁 이후에도 1일에 10시간, 1주일에 6일이었다), 광범위한 질병(특히 결핵), 높은 비율의 조기 사망(이것은 만연된 과음 때문에 사정이 악화되었다), 빈약한 안전 조치로 인한 지속적인 상해 위험, 가혹한 작업장 규율, 낮은 임금 등을 견뎌내야 했다. 반면에 도시의 공장에서의 생활이 가지는 긍정적인 이점은 비록 사회 및 정치적 현상유지에 위험할 수는 있었지만, 도시 노동자들의 생활에 영향을 미쳤다. 노동자들은 새로운 기술을 습득하고 도시생활에 대한 대응 방법을 배움으로써 새로운 자존감과 확신을 가지게 되었고, 이것은 그들의 희망과 기대치를 높이는 데에 이바지했다. 소비 물품이 폭넓게 진열됨으로써 새로운 즐거움과 희망이 생길 수는 있었으나, 아주 제한된 수입만을 가진 노동자들은 동시에 시기심과 분노를 느낄 수도 있었다. 그리고 도시 노동자들은 농민들보다 문자를 습득할 기회가 많았으므로 새로운 경험과 사상에 그만큼 더 많이 노출되었다. 사실, 읽을 수 있고 "문화인"이 되었다는 바로 그 행동 자체로도 많은 서민들은 자신에 대한 존중감을 가지게 되었고, 그리하여 하층계급 생활의 일상적인 궁핍, 곤경, 모욕을 참기가 더욱 어려워졌다.

노동자들이 자신들의 운명을 개선하기 위해서 조직화되기 시작한 것도 놀라운 일이 아니다. 사실, 그들은 특히 1897년 법의 경우처럼 노동 관련법을 진전시키기 위해서 때때로 상당한 압력을 행사했다. 그리고 그들은 1905년 혁명 이후까지도 노동조합이 불법이었고 그 이후에도 노동조합이 정부에 의해서 여전히 방해와 의심을 샀다는 사실에 의해서 뒤로 물러서지는 않았다. 최초의 의미 있는 파업은 1878년과 1879년에 상트페테르부르크에서, 1885년에는 모스크바 인근의 모로조프 섬유 공장에서 발생되었다. 노동자이자 인민주의자였던 할투린이 주도했으며 단기간이었지만 중요했던 북부노동조합은 수도에서의 초창기 노동운동을 조직하는 데에 도움을 주었다. 1890년대에는 상트페테르부르크만이 아니라, 리가, 러시아에 속한 폴란드의 공업지역, 우크라이나의 새로운 공장지대에서도 대규모 파업이 발생되었다. 나아가 철도원들도 여러 곳에서 파업을 일으켰다. 파업운동은 20세기 초에 또다시 동력을 얻었고, 이것은 우리가 알고

1903년 무렵, 식자공 알렉세이 메드베데프. 모스크바에 있는 인쇄소의 노동자였던 메드베데프는 1903년에 인쇄공들의 파업과 불법적인 노동조합을 조직한 사람들 중의 한 명이다. 그가 조직한 불법 노동조합은 러시아에서 최초의 것들 중 하나였다. "부르주아식" 복장을 하는 태도는 "의식 있는" 노동자들 사이에 널리 퍼져 있었다. 이것은 그들 자신의 인간적인 존엄성에 대한 인식과 책임감을 표시한다는 의미를 가지고 있었다. 인간으로서의 존엄성에 대한 모독은 노동자들이 제기한 항의의 중심 주제였다. (*Moskovskie pechatniki v 1905 godu*)

있듯이 1905년 혁명에서 절정에 도달했다. 거의 모든 공장과 러시아의 모든 지역에서 파업이 발생되었다. 노동조합과 소비에트의 수는 크게 증가되었다. 정부는 1905년 12월에 파업을, 1906년 3월에는 노동조합을 합법화했다. 그리하여 분명히 정부는 파업과 노동조합을 합법화함으로써, 그리고 새로 설치된 국가 두마의 대표들을 선출하기 위한 투표에 노동자들이 참가함으로써 노동운동이 좀더 평화로운 길을 걸어갈 것이라고 희망하고 있었다. 처음에는 이런 기대가 정확히 이루어지는 것처럼 보였다. 수천 명의 노동자들이 합법적인 노동조합에 가입했고, 더 나은 경제적 조건을 획득하는 데에 힘을 집중했다. 노동자들은 사회민주당원 중에서 비교적 온건파, 즉 멘셰비키의 활동가들을 자신들의 지도자로 선출했다. 멘셰비키는 적어도 단기간 동안에는 실현 가능하고, 대체로 자유 민주주의적인 목표를 얻기 위한 합법적인 투쟁을 강조했다. 그러나 노동운동의 이런 온건한 흐름은 지속되지 못했는데, 그렇게 된 잘못의 일부는 정부에 있었다. 노동조합이 비록 법적 권한을 가지기는 했지만 경찰의 긴밀한 감시와 통제하에 있었고, 경찰은 주기적으로 모임을 폐쇄하고 지도자들을 체포했으며 노동조합 신문을 폐간시켰다. 그러는 사이에 고용주들은 강력한 조직을 결성하여, 노동자들이 1905년에 얻어낸 경제적 성과를 되찾기 위해서 노력했고, 종종 성공을 거두었다. 1910-1914년에 파업운동이 재개되었을 때, 노동자들의 불만은 매우 현저해졌다. 파업 참가자들이 끈질기게 버티면서 정치적인 요구를 다시 제기했을 뿐만 아니라, 좀더 과격한 볼셰비키의 인기가 높아졌다. 많은 노동조합의 지도부 선거에서는 볼셰비키가 다수 세력으로 진입했다. 1912년 가을에 실시된 두마 선거에서 볼셰비키는 거의 모든 공업지역 선거구에서 노동자들로부터 다수표를 획득했다. 그리고 1912년 4월에 레나 금광에서 저항하던 많은 노동자들에게 경찰이 발포하여 100여 명 이상의 사상자가 발생한 노동자 학살 사건이 일어난 이후에 파업은 특히 빈번해졌다. 1912년에는 72만5,000명, 1913년에는 88만7,000명, 1914년 1월부터 7월 사이에는 125만 명 이상의 노동자들이 파업에 참가했다. 제1차 세계대전 발발 며칠 전인 1914년 7월에만 하더라도, 바쿠의 유전지대에서 일어난 파업에 호응하여 상트페테르부르크에서 대규모로, 때로는 격렬한 파업이 발생했다.

노동자들의 파업에는 경제적인 요구와 정치적인 요구가 종종 결합되어 있었으나, 역사학자들이 도덕적인 요구라고 부르는 것, 즉 노동자들의 "품위"를 존중하는 고상한 대우에 대한 요구가 포함되는 경우도 빈번히 있었다. 동시에 노동자들의 항의 속에는 상당히 많은 원한, 분노, 심지어 폭력이 포함되어 있었다. 물론 노동자들의 항의에 담긴 증언이 노동계급의 심적 태도에 대한 이야기의 전부는 아니다. 노동자들 중에 많은 활동가들과 많은 "의식 있는" 노동자들이 흔히 말한 불평에 따르면, 대부분의 시간 동안에 평균적인 노동계급 사람들은 술에 취하고, 운명 앞에서 수동적인 자세를 취하며, 대로의 구경거리와 음악실을 즐기고, (전쟁 직전에는) 저속한 대중 영화를 보며 시간을 보내는 무신경한 취미 생활을 특징으로 하는 저속한 삶을 살았다. 노동계급 여성들은 남성들로부터 폭행을 당하기도 하고, 음주로 임금을 낭비하고도 거짓말을 일삼던 남성들의 희생자로 보였으며, 대부분의 남성 노동자들보다 훨씬 더 심한 정도의 "낙후 상태" 속에서 갈피를 못 잡고 있었던 것 같다. 일부 역사학자들은 그런 심적 태도, 취향, 행태가 엘리트의 도덕규범에 대항한 일종의 저항이며, 심지어 계급적 지배에 대항한 항의 형태라고까지 주장해왔다. 그러나 지식인이든지 노동자 자신이든지 간에 그 당시의 노동 활동가들은 그런 "반란"이 도피 이외에는 아무런 해결책이 되지 못한다고 늘 걱정했다.

시민사회

최근의 학계가 강조한 것은, 대개혁 이후에 러시아의 삶에서 가장 중요한 발전 중의 하나는 1800년대 후반과 1900년대 초반에 공적 공간이 확대되었다는 것이다. 시민 공간이 성립됨으로써, 개인과 국가 사이에 중재 역할을 하고, 시민들이 일반적인 관심사를 두고 서로 의견을 교환함으로써 여론이 생겼다. 이런 공간은 엄청난 정치적 의미를 가지면서 러시아 사회의 지형을 급격하게 바꾸었다. 시민사회의 발전을 위한 주요 장소는 1800년대 후반과 그 이후에 급증한 자발적인 단체들이었다. 여기에는 학술단체, 문맹퇴치 및 금주 단체, 사업 및 전문가 단체, 자선 및 봉사 조직, 노동자들의 상호 보조기금, 다양한 문화단체와 동아리 등이 포함되어 있었다. 1905년에 사실상 언론의 자유가 부여되고 1906년에 언론에 대한 사전 검열이 공식적으로 폐지되기도 전에, 이미 (대중을 대상으로 한 일간지를 포함한) 신문, 잡지, 학술지, 서적은 정보와 사상을 반포하고 교환하기 위해서 널리 확산된 강력한 매체가 되었다. 이에 더하여 대학, 공립학교, 법정, 지방과 도시의 자치기구, 심지어 교회 등은 비록 성장하고 있던 공적 생활에 개인들이 참여할 수 있는 중요한 공간을 제공하기는 했지만, 국가기관과 시민기관이 동시에 될 수도 있는 애매한 경계선상에 위치해 있었다. 우리가 살펴봤듯이, 1905년 혁명으로 인해서 이전에는 결코 볼 수 없던 정도로 시민들의 여론이 표출되었고, 조직이 다수 생겨났다. 1905년 혁명으로 성립된 시민권의 성장은 합법적인 정당들과 그 외의 새로운 시민단체가 성립되는 등 이런 흐름에 더 이상의 자극을 부여했다. 이런 단체들 대부분이 세속적이고 일상적인 문제에 관심을 가지고 있었던 한편, 비록 종종 기성교회의 공식적인 경로 외부에서 운영되기는 했지만 이런 공적 공간이 확대되는 가운데 종교도 번성했다. 예를 들면, 상트페테르부르크에서는 1901년에 일련의 종교철학 모임(Religiozno-Filosofskoe Obshchestvo)이 시작되었는데, 공적 생활에서의 종교의 의미를 논의하기 위해서 저명한 지식인들과 성직자들이 참석했다. 1905년 이후에는 심령론 협회와 러시아 신지학 협회(神智學協會, Rossiiskoe teosofskoe obshchestvo) 같은 종교단체가 성립되었다. 그뿐만 아니라 우리는 선술집에서 종교에 대한 이야기를 나누는 모임이나 "형제단"이라고 알려진 카리스마 운동, 톨스토이주의자들, 그리고 침례교도들로부터 몰로칸파("우유 마시는 사람들") 혹은 스콥치("거세한 사람들")로부터 신흥 종파 집단에 이르기까지 점차 많아져서 눈에 띄게 된 비정통적 종교 모임 등 도시의 중하층 가운데에서 종교적 열정과 조직들이 부흥하게 된 현상을 볼 수 있다.

그리고 이 시기에는 사회적 약자들에게 권리를 확대해주려는 공적 운동이 대두되기도 했다. 우리는 이미 노동운동의 대두에 대해서 설명했다. 이 시기에는 여성들의 권리와 해방을 장려하려는 조직적인 노력도 등장했다. 1905년에는 인간으로서의 존중 및 시민과 동일한 권리를 호소하는 모임에서 여성들의 목소리를 종종 들을 수 있었다. 전 러시아 여성평등동맹(Vserossiskii soiuz ravnopraviia zhenshchin)과 같은 대의를 장려하는 일련의 여성조직과 출판물이 등장했고, 여권주의자들과 여성단체는 (여성의 권리, 매춘 반대 투쟁, 여성교육에 관한) 일련의 여성회의에서 규합했다.

제국의 비러시아 지역과 러시아의 주요 도시에 거주하던 인종적 및 종교적 소수파들 사이에서는 이 시기가 광범한 민족주의적 활동 기간이기도 했다. 많은 집단들―폴란드인들, 우크라이나인들, 핀란드인들, 발트인들, 유대인들, 그루지야인들, 아르메니아인들, 이슬람 교도들 등―은 자신들을 "민족"(점차 공감을 얻어가던 근대적 개념)이라고 규정했다. 그리고 활동가들은 문화적인 자율성과 독립된 민족국가를 위해서 노력하는 운동을 조직했다. 그러나 비러시아인들의 삶과 기대에서의 변화는 정치운동과 민족주의 운동의 역사에 국한되지는 않았다. 많은 비러시아 공동체에게 이 시기는 아마도 우리가 알고 있는 것 이상으로, 새로운 가능성과 새로운 정체성을 탐구하던 기간이기도 했다. 러시아 역사의 이런 비러시아적 측면에 대해서는 역사학자들이 연구를 시작한 지 얼마 되지 않았다. 예를 들면, 세기의 전환기와 그 이후 무렵에는 유대인들 가운데 히브리어와 이디시어를 장려하는 학교가 등장했고, 러시아의 교양층 유대인들의 수가 증가되고 새로운 유대인 문학과 유대인 정기간행물이 등장했으며, 전통적인 유대인 학교에서 세속 학문에 대한 연구가 증대되었고, 러시아 사회의 변화를 추구하는 유대인 사회주의와 새로운 땅에서 구원을 찾는 시온주의 운동 같은 정치운동이 조직화되었다. 우리는 특히 1905년 이후에 타타르인들, 아제르바이잔인들, 중앙 아시아인들 등의 러시아의 이슬람 교도들에게서 유사한 민족적 부흥운동과 조직을 볼 수 있다. 이슬람 교도들의 조직은 도서관, 자선단체, 신용조합, 민족회의 그리고 정치적 동맹과 정당 등으로 급증했고, 자유주의와 사회주의로부터 범이슬람주의와 범투르크주의에 이르기까지 다양한 이데올로기를 표방하고 있었다.

그 자체로 점차로 커져가던 러시아의 활기찬 시민생활의 중심에 있던 도구였던 일간신문을 보면, 이런 생활이 얼마나 뿌리 깊은 모순을 안고 있었는지 알 수 있다. 한편으로 신문에는 과학 및 기술 지식, 상층으로의 이동을 위한 기회, 점증하던 문화기관(박물관, 학교, 도서관, 전시회, 극장) 그리고 온갖 종류의 시민 조직 등 근대의 생활이 만들어낸 것 중에서 최고의 것들에 대한 기사가 실려 있었다. 매일의 기사뿐만 아니라 일상적인 광고는 러시아에서 소비자 생활이 등장하고 있음을 지적해주었다. 이 점은 무이르(Muir)와 메릴리스(Merrilies) 같은 유명한 모스크바의 백화점, 상트페테르부르크의 "파사쥐"처럼 유리 지붕으로 뒤덮인 아케이드의 등장에서 아주 분명히 드러났다. 이런 곳에서 전시된 상품은 물질적 필요를 충족시키기 위한 것이었을 뿐만 아니라, 눈에 띌 정도로 유행에 맞고 존중받는 것에 대한 새로운 개념을 불러일으키기 위해서 고안되었다. 그리고 신문에는 가격대가 천차만별인 음악 홀, 나이트클럽, 여름의 야외 "유원지", 극장처럼 (비록 노동자들조차도 그런 즐거움을 얻기 위해서 저축을 하기는 했지만) 적어도 어느 정도의 경제적 여유를 가진 사람이라면 이용할 수 있는 수많은 대중적 오락거리에 대한 많은 정보가 실려 있었다. 동시에, 언론은 일부 상인들과 고용주들의 이기적이고 약탈적인 관행, 존경스러운 시민들과 시민적 질서에 대하여 비이성적인 "깡패들"이 자행하는 끔찍스러운 공격, 사기꾼들과 도

1901년, 상트페테르부르크 넵스키 대로의 "파사쥐". 대형 상업 건물이자 백화점인 이곳은 러시아의 소비생활의 등장에서 경제적인 중심이었을 뿐만 아니라, (상품들과 사람들의) 공개 전시와 욕망을 위한 현대적인 장소라는 특징을 가졌다. (*Central State Archive of Film, Photographic, and Sound Documents of St. Petersburg*)

둑들 그리고 강도들로 인한 만연된 위험과 약탈 행위, 성적인 음란과 방탕, 살인과 자살, 광범위한 대중적 술 취함, 학대받고 버려진 어린이들(이들은 종종 거리의 범죄와 악덕을 저지르게 되었다), 그리고 도시의 공공생활의 조건 자체에서 생겨난 것으로 볼 수 있는 매독, 결핵, 콜레라와 같은 질병의 확산 등 근대의 공적 생활에 있는 어두운 측면들도 독자들에게 환기시켜주었다.

맺음말

역사학자들은 제1차 세계대전 이전의 몇십 년 동안의 러시아 경제와 사회가 필연적인 위기와 혁명을 향해서 가고 있었는지, 아니면 현실성 있는 시민사회와 정치질서의 개혁을 향해서 가고 있었는지를 놓고 오랫동안 토의해왔다. 주로 초기의 역사학자들인 "낙관론자들"은 경제적 근대화와 발전, 사회개혁, 중간계급의 성장, 그리고 다른 변화들 등 진보의 많은 징후들을 강조한다. 대부분의 소련 역사학자들과 오늘날의 많은 역사학자들을 포함한 "비관론자들"은 러시아가 상당한 노력을 기울이기는 했지만 주요 문제들을 해결하지 못하고 있었다는 결론을 내린다. 확실히, 세계대전 이전 수년간의 상황이 호전되었는지 여부와 관계없이, 아주 많은 사람들에게 절망적일 정도로 힘들었던 상황은 갈피를 잡지 못하고 제한된 권한만을 가진 의회제도, 점차 보수화되어가던 통치자, 지속적인 사회적 무질서와 갈등에 의해서 악화되어가고 있었다. 그렇지만 역사학자들이 이 논쟁에서 지나칠 정도로 단순한 입장을 취하면서 어느 한 편을 선택할 필요는 없다. 우리는 러시아 사회에서 근대의 특징인 불확실성과 애매성을 상당 부분 인식할 수도 있다. 많은 당대인들이 말했듯이, 이 시기는 진보와 붕괴가 동시에 일어나면서 가능성과 위기가 동시에 공존했던 때였다. 물론 이러한 모순 속에는 위험도 내재되어 있었다. 혁명은 사람들이 완전히 극빈 상태에 빠지고 온갖 수단으로 억압당하며 희망을 상실한 때—참담한 상황은 맹목적이고도 성과 없는 반란으로 이어질 가능성이 높다—가 아니라, 성장과 개선 그리고 기대감이 있지만 고루하고 엄격한 기존 질서에 의해서 방해받을 때 발생되는 법이다.

제33장

"대개혁"으로부터 1917년 혁명까지의 러시아 문화

모든 사람들에게 미래가 빛나고 아름다울 것이라고 말하라. 그것을 사랑하고, 그것을 향해서 분투하며, 그것을 위해서 일하며, 그것을 가까이 가져다놓으며, 그것으로부터 당신이 할 수 있는 한 많은 것을 현재로 옮기도록 하라.

—체르니셉스키(1863)

개인의 물리적, 정신적, 도덕적 발전, 사회관계 속에서의 진리와 정의의 구현—이런 일들은 내가 믿기에 진보라고 간주될 수 있는 모든 것을 포괄하는 간단한 공식이다.

—라브로프(1870)

형이상학자들이 말하듯이, 예술은 어떠한 신비로운 사상, 미, 신의 모습을 드러내는 것이 아니다.……그것은 감정을 외적인 징표로 표현하는 것이 아니다. 그것은 흥미로운 것들을 만드는 것이 아니다. 무엇보다도 그것은 쾌락이 아니다. 예술이란 삶을 위해서, 개인들과 인류의 행복을 향하여 움직이도록 하기 위해서, 사람들이 사회 속에서 살 수 있게 해줌으로써 그들을 하나의 동일한 감정 속으로 결합시켜주기 위해서 필요한 것이다.

—톨스토이(1897–1898)

반동은 의기양양하고, 처형은 중단되지 않았으나, 사회는 무덤처럼 고요하다.……[과거에는] 어떤 젊은이가 위험을 무릅쓰고 스스로의 힘으로 인생의 목적을 정의 내리려고 할 필요는 없었다. 그는 인생의 목적이 이미 정해져 있다는 것을 깨달았다.……개인생활과 사회생활의 온갖 오물과 무질서는 전제정치의 탓으로 돌려졌다. 개인은 책임에서 완전히 벗어났다.……이제 우리는 많은 어려움투성이인 새로운 시대로 들어가고 있다.……각 사람은 자신들의 인생의 의미와 방향을 스스로의 힘으로 결정할 필요가 있다.……인격이 그 자체의 내면 깊숙한 곳으로 들어간 다음에 새로운 형태의 사회적 이상주의가 등장할 때까지는, 시민적 행동주의라는 폭정은 젊은이들에게 파괴적인 영향을 오랫동안 미치게 될 것이다.

—게르셴존(『향방표지[向方標識, Vekhi]』, 1909)

농노해방과 1917년 혁명 사이의 수십 년은 러시아 문화사에서 활발하고 풍성하며 대단히 매력적인 시기였을 뿐만 아니라, 문화적인 고통의 시기이기도 했다. 여러 가지 장애와 심지어 정부의 "반동 개혁"이 있기는 했지만, 교육은 계속해서 모든 단계에서 성장했고, 20세기에는 성장률이 크게 증가했다. 이미 니콜라이 1세의 사망 시에 상당한 기반을 잡은 러시아의 과학과 학문은 한층 더 발달하여 꽃을 피웠다. 한마디로 러시아는 서구 세계의 지적이며 학문적인 노력의 성숙한 기여자이자 동반자가 되었다. 주로 시보다는 대체로 투르게네프, 톨스토이, 도스토옙스키 같은 몇몇 대작가들의 업적을 통한 산문에서이기는 하지만, 러시아 문학은 "황금시대"를 지속했다. 나중에 거장들이 사망하고 톨스토이의 경우처럼 창작 활동을 중단하여 "황금시대"가 종말을 고했을 때, 체호프와 고리키 그리고 몇몇 다른 탁월한 작가들이 러시아의 산문 전통을 이어갔다. 게다가 19세기가 거의 끝날 무렵과 20세기 초반에는 "은 시대(Serebrianyi vek)"라고 지칭되는 문학과 예술의 또다른 부흥기가 있었다. 문학에서 그 부흥은 최고 수준의 시가 또다른 모습으로 등장한 것, 아주 폭넓고 다양한 새로운 조류의 도입, 예외적일 정도로 높은 수준의 문화와 기술의 대두를 의미했다. 그뿐만 아니라 "은 시대"는 극장, 음악, 발레, 회화, 조각 그리고 사실상 모든 형태의 창작 표현으로 확대되었다. 문학과 예술만이 아니라 사상사에서도 이 시기는 두 부분으로 나눌 수 있다. 1860년대부터 19세기 말까지, 그리고 실제로 1917년 혁명기까지는 좌파 서구주의자들에 의해서 처음으로 선언된 급진주의, 공리주의, 유물론의 신조가 학생들 및 다른 활동적인 지식 서클을 지배했고, 이런 신조는 허무주의, 다양한 형태의 인민주의, 마르크스주의에서 아주 잘 표현되었다. 그러나 문화 측면에서 "은 시대"인 세기 전환기에, 지식 엘리트 구성원들은 관념론적 형이상학과 종교 쪽으로 돌아서기 시작했다. 러시아의 지적이며 문화적인 생활이 이전보다 더욱 큰 생동력과 다양성과 정교함을 보여주고 있을 때, 제1차 세계대전과 그 이후의 혁명들이 갑자기 발생했다. 동시에, 특히 20세기가 시작되었을 때 문학, 예술, 그리고 아주 널리 회람되고 있던 신문과 잡지에서는 심화되어가고 있던 문화적 위기에 대해서 집중적으로 조명했다. 수많은 저술가들은 "이 시대"를, 특히 1905년 이후의 시기를 불확실성, 토대상실, 환멸에 대한 광범위한 감정이라는 특징을 가진 "문제의 시대"라고 불렀다. 제1차 세계대전 직전의 러시아 시에 대한 논평에서는 "고통, 비애, 죽음" 이외의 것은 별로 찾아볼 수 없었다. 많은 사람들이 보기에 사회와 문화는 육체적 그리고 정신적으로 병들었고, 아마도 죽어가고 있었다.

교육

니콜라이 1세의 사망과 "대개혁"의 도래는 다른 분야에서와 마찬가지로 교육에서도 자유화를 의미했다. 1863년의 대학령은 대학교의 자치 원칙을 재확인했고, 대학교에 대한 니콜라이 1세의 특별 규제는 새로운 통치하에서 사라져야 할 첫 번째 규정에 포함되었다. 1864년의 젬스트보 개혁은 농촌에서 학교를 설립할 수 있는 폭넓은 기회를 열어놓았다. 소도시나 농촌지역에서는 커져가고 있던 러시아인들의 지식욕은 자유주의 시대의 교육에 대한 좋은 조짐이 되었다. 그러나 이미 언급했듯이, 공식적인 자유주의는 오래 지속되지 못했고, 불행한 일이기는 하지만 반동 세력이 필연적으로 교육에 각별한 관심을 보여주었다. 그 결과, 러시아에서의 교육의 성장은 중단될 수는 없었지만 방해를 받게 되었고, 어느 정도는 정부의 조치에 의해서 왜곡되었다.

1866년에 드미트리 톨스토이가 골로브닌을 대신해서 교육부 장관이 된 이후에, 교육부는 교육을 통제하고 그것을 원하는 방향으로 끌고 가려고 최선을 다했다. 우바로프 때와 마찬가지로 대학교와 중등학교에는 학생들의 수를 감축하기 위해서 높은 기준이 적용되었고, 특히 사회적 배경이 낮은 학생들의 상급학교 진학은 방해받았다. 중등교육에서는 아주 전문화된 상급교육 기관과는 구분되는 정규 대학교로 가는 유일한 통로가 되었던, 소위 고전적인 김나지움에 강조점이 두어졌다. 김나지움은 전체 수업 시간의 약 40퍼센트를 라틴어와 그리스어 교육에 집중했다. 주로 엄격한 기준 때문에, 김나지움에 입학하는 학생들 중에서 졸업자는 3분의 1 미만이었다. 그리고 "사회적으로 바람직하지 못한" 구성원들을 대상으로 한 이런 원천적인 제도적 장벽에 더하여—1887년에 드미트리 톨스토이의 후계자 중의 한 사람인 이반 델랴노프가 했던 것처럼—교육부 장관들은 부하 직원들에게 보낸 회람문에서 "요리사의 아들들"이 김나지움에 들어가지 못하도록 하라고 직접 요청하기도 했다. 일반적으로 정부는 학생들이 규칙상 건널 수 없는 밀폐된 칸막이를 나누고 그 안에서 교육을 실시하려고 했다. 알렉산드르 3세와 포베도노스체프 아래에서, 교회에 의해서 설립된 학교는 각별한 관심을 받았다. 교회 및 교구학교에 관한 1884년의 법령을 따라 초등교육을 가능한 한 많이 교회에 위임하려는 시도가 이루어졌다. 그리하여 교회-교구학교의 수는 1882년의 4,500개에서 1894년에는 3만2,000개로 증가되었다. 이 교육기관들은 질적으로 뒤쳐졌지만, "안전"하다고 간주되었다. 그와 대조적으로 러시아에 막 시작된 여성에 대한 고등교육은 점차로 제약을 받게 되었다. 그리고 모든 학교와 모든 단계에서 교육부는 "품행"을 강조하며, 엄격한 규율을 유지하려고 노력했다.

그러나 모든 변화에도 불구하고, 러시아에서는 국가와 교회 그리고 특히 젬스트보가 지속적인 노력을 기울인 결과로 인해서 교육이 계속해서 성장했다. 공식적인 자료에 따르면 1856년에 러시아 제국에서는 45만 명(9퍼센트가 취학연령이라고 계산해도 전체 인구의 1퍼센트 미만이다)의 등록 학생을 가진 약 8,000개의 초등학교만이 있었던 데에 비해서, 40년이 지난 1896년에는 등록된 학생수가 380만 명(모든 취학연령 어린이의 약 3분의 1)에 달할 정도로 학교가 10배로 늘었고, 1911년 무렵까지는 660만 명의 어린이들이 러시아 학교에 다님으로써 에클로프의 계산에 따르면 전체 대상의 거의 절반이 학교에 등록되어 있었다. 특권층만 다니고 고전교육을 실시한 김나지움에 더하여, 그리스어와 라틴어 대신에 근대어와 과학을 가르친 독일식 중등학교(Realschule)에서는 고등기술학교로의 입학으로 이어질 수 있는 중등교육을 제공했다. 그뿐만 아니라 다른 종류의 학교도 발전되었다. 교육부, 전쟁부, 해군부, 신성종무원의 활동에 더하여, 비테는 재무부의 관할하에 있는 상업학교를 장려했다. 그리하여 상업학교는 1896년과 1902년 사이에 약 150개 설치되어 도합 200개 이상이 되었다. 이 학교들은 1905년에 상공부로 이관되었다. 게다가 1905년 혁명 이후에 정부와 대중 모두로부터 교육에 대한 관심이 증가되었을 뿐만 아니라 좀더 자유주의적인 정책이 실시됨으로써, 러시아의 학교들은 이득을 얻었다. 앞에서 언급했다시피, 1922년 무렵까지 그리고 제1차 세계대전의 발발에 따라 수정된 추산에 따르면 1925년까지는 모든 러시아 어린이들이 학교에 다니도록 하기 위한 계획이 입안되었다. 1917년 혁명 직전보다 러시아에서 교육에 대한 전망이 밝았던 적은 결코 없었다.

그러나 커다란 문제가 남아 있었다. 1917년 혁명 직전에 대다수의 러시아인들은 문맹으로 남아 있었다. 그래도 농노제가 폐지된 이후에는 엄청난 발전이 있었다. 라쉰이 편집한 자료에 따르면, 러시아인들의 문자 사용 능력은 1860년대에 약 6퍼센트에 불과했던 것에 비해서 1913년 무렵까지는 28퍼센트로 추산될 정도로 증가했다. 그러나 그런 총계는 러시아의 문자 사용자들의 사회적 지형이 상당히 불균등했다는 사실을 흐리게 만든다. 대단히 귀중한 1897년의 인구조사에서 드러난 것처럼, 남성, 도시 거주자(뿐만 아니라 대도시 근처에 살던 농민), 노동자, 청년 그리고 제국에서 유럽 지역에 거주하던 사람들의 문자 사용률은 평균치보다 높았다. 그러므로 단순히 국가 전체의 문자 사용자 총계를 제시하는 것보다는, 예를 들면 1897년에 유럽 러시아에 살던 농민 중 17퍼센트만이 글을 읽을 수 있었던 반면에, 공업 및 상업에 종사하는 노동자들의 54퍼센트 혹은 상트페테르부르크의 남성 노동자들 중 무려 74퍼센트가 1897년에 문자 사용 능력을 가지고 있었다는 점이 현실을 훨씬 더 명확히 보여준다. 최근에 학자들이 강조하는 것처럼, 문자 사용 능력이 개인들에게 미친 영향이 아주 다양했다는 점도 중요하다. 예를 들면, 하층계급 가운데에서 문자 사용 능력은 단지 일을 더 잘하기 위해서 필요한 간단한 기술만을 의미했거나, 자존심과 자부심 및 새로운 사상과 가능성에 대한 접촉의 주요 원천이 될 수 있었다.

교육 사다리의 또다른 끝에 있다고 할 수 있는 대학은 비록 느린 속도였지만 수적으로 증가되었다. 1864년에는 오데사에 소위 노보로시스키 대학교—이 대학교의 명칭은 그 지역의 이름, 즉 노보로시야 즉 새로운 러시아를 의미했다—가, 1888년에는 시베리아에 톰스크 대학교가, 1910년에는 사라토프 대학교가, 1915년에는 페름 대학교가, 1917년에는 로스토프온돈 대학교가 각각 설립되었다. 그리하여 러시아에는 총 12개의 대학이 있게 되었는데, 전부 국립이었다. 그뿐만 아니라 1917년에 러시아 제국에는 사범대학, 기술대학, 농업대학 등 100개 이상의 전문 고등교육 기관도 있었다. 모스크바에서 1872년에 개설되기 시작했으며 역사학 교수인 게리에르의 이름을 딴 "게리에르 강좌"라든지 또다른 역사학자인 베스투제프-류민의 이름을 따서 상트페테르부르크에서 1878년에 설립된 "베스투제프 강좌"처럼 대학 안에 세워진 특별 "강좌"에 참여함으로써 여성들도 점차로 고등교육을 받게 되었다. 1917년에 러시아의 고등교육 기관에 다니던 대학생들의 총수는 10만 명부터 18만 명까지로 아주 다양하게 추산되어왔다. 1884년의 대학령이 1863년의 경우보다 더욱 제약을 많이 가했으며 한동안 많은 저명한 교수들의 사임을 초래했으나, 그러한 제약 조치 중의 대부분은 1905년에 폐지되었다는 점도 지적되어야 한다. 일반적으로 그리고 특히 1905년 이후에 러시아 제국의 대학들이 누린 자유와 지적 생활의 다양성은 서구 대학교들과 견줄 만했다.

과학과 학문

학술원, 대학, 다른 고등교육 기관들은 러시아에서 과학과 학문을 계속해서 발전시켰다. 사실, 농노해방으로부터 1917년의 혁명에 이르는 시기에 러시아인들은 거의 모든 지식 분야에서 중요한 기여를 했다. 수학에서는 필적할 사람이 없었던 로바쳅스키를 비롯하여, 상트페테르부르크의 체비셰프와 스톡홀름 대학교에서 가르치던 코발렙스카야를 비롯한 상당수의 탁월한 러시아 수학자들이 등장했다. 한편 러시아의 화학은 많은 재능 있는 학자들의 업적으로 인해서 새로운 전성기를 맞이했다. 그중 가장 유명한 학자는 1834년부터 1907년까지 생존했으며 1869년에 만든 원소주기율표로써 그 당시까지 알려진 원소들을 하나의 체계로 통합하여 후대의 발견을 정확하게 예견하게 한 위대한 멘델레예프였다. 러시아의 대표적인 물리학자로는 자기성과 전기에 대한 전문가였던 스톨레토프, 빛의 성질에 대한 탁월한 연구자였던 레베데프만이 아니라, 에디슨보다 앞서 전등을 발전시키는 연구를 했던 야블로치코프, 마르코니보다 조금 앞선 1895년에 최초의 라디오 수신기를 제작한 포포프와 같은 탁월한 선구적 발명가들이 있었다. 러시아가 고립되었고, 해외에서는 러시아어가 잘 이해되지 않았으며, 러시아에서는 이 발명품들을 이용할 수 없었거나 이용하는 데에 실패했다는 등의 이유 때문에, 러시아의 발명가들은 전반적으로 러시아의 학자들과 마찬가지로 흔히 국제적인 영향력을 별로 가지지 못했고, 따라서 합당한 인정을 받지 못했다.

생물학에서의 발전도 물리학에 견줄 만했다. 코발렙스키는 동물학과 발생학 분야에서 고전적인 저술을 했으며, 그의 동생이자 유명한 수학자였던 코발렙스카야의 남편인 블라디미르 코발렙스키는 고생물학에 중대한 기여를 했는데, 그의 업적은 다윈에 의해서 높은 평가를 받았다. 파리의 파스퇴르 연구소에서 주로 일했던 저명한 발생학자이자 세균학자였던 메치니코프는 백혈구의 기능, 면역, 노화 과정과 같은 문제에 몰두했다. 질적인 면 그리고 젬스트보 개혁 이후에는 대중에 대한 접근성의 면에서 제정 러시아 후기 수십 년 동안은 의학이 아주 발달했다. 탁월한 해부학자이자 외과의사, 교사이자 유명 인사였으며 1881년에 사망한 피로고프 등의 지도를 뒤따른 러시아 의사들은 자신들의 일과 환자들을 대상으로 훌륭한 시민 정신과 헌신된 자세를 보여주었다.

생리학에 대한 러시아인들의 기여는 각별히 놀랄 만하고 중요하며, 심리학으로 연결되었다. 약 반 세기 동안 여러 대학교에서 강의를 하다가 1905년에 사망한 세체노프는 혈액 내의 가스, 중추신경, 반사작용 및 그와 연관된 문제들에 대하여 탁월한 연구업적을 남겼다. 1849년부터 1936년까지 생존했으며 1880년대에 획기적인 실험을 시작했던 이반 파블로프는 음식에 대한 개의 반응에 대한 연구를 통하여 조건반사의 존재와 성격을 규명했고, 자신의 연구를 더욱 발전시켜서 생리학의 이론과 실험 작업 그리고 행동심리학에 엄청난 기여를 했다.

사회과학과 인문학도 성공적이었다. 러시아 학자들은 법학부터 동양학에 이르기까지, 경제학부터 민속학에 이르기까지 모든 분야에서 많은 결실을 거두었다. 특히 러시아 역사학은 19세기 후반과 20세기 초에 번창했다. 솔로비요프 및 다른 선구적 학자들의 연구에 기반을 두고서, 클류쳅스키, 플라토노프, 류밥스키, 밀류코프 그리고 그들의 동료들은 러시아 역사를 풍요롭고 다양한 측면을 가진 학문 분야로 사실상 정립해놓았다. 중세학자인 파벨 비노그라도프와 고전고대 전문가인 로스톱체프처럼, 다른 나라 및 시대에 대한 눈에 띄는 연구를 남긴 러시아인들도 있었다. 러시아 역사학은 19세기 후반부의 특징이었던 사회학적인 강조로부터 큰 도움을 받았던 한편, "은 시대"는 콘다코프, 브누아, 그라바르와 같은 훌륭한 러시아인 전문가들을 배출한 예술사에 자극을 주었다. 그리고 그것은 철학, 미학, 문학 비평의 부흥을 가져왔다.

문학

"대개혁" 이전과 마찬가지로 그 이후에도 문학은 계속해서 러시아 문화의 큰 영광이었다. 그리고 그것은 러시아가 서구 그리고 진정으로 세계에 미쳤던 영향의 주요 근원이 되기도 했다. 물론 세 명의 탁월한 인물은 투르게네프, 도스토옙스키, 그리고 레프 톨스토이었다.

1818년부터 1883년까지 살았던 투르게네프는 그의 『사냥꾼의 수기』가 계속 발표되면서 1850년대 무렵에 유명해졌다. 그는 시대의 흐름에 맞추어 러시아의 지적 생활을 아주 섬세하게 묘사했으나, 궁극적으로 좌익을 만족시키는 데에는 실패했다. 1855년에 첫 작품이 나오고 1877년에 마지막 작품이 나왔던 6편의 소설은 교양 있는 신사인 투르게네프가 목격한 것대로, 러시아의 지식인 사회와 러시아 자체의 진화 과정을 묘사했다. 출간 순서로 보자면, 『루진(*Rudin*)』, 『귀족의 둥지(*Dvoriankoe gnezdo*)』, 『전야(*Nakanune*)』, 유명한 『아버지와 아들(*Ottsy i deti*)』, 『연기(*Dym*)』, 『처녀지(*Nov'*)』 등이 그 소설들이다. 투르게네프는 러시아가 니콜라이 1세의 철권 통치 시대로부터 "대개혁"을 거치고 1860년대 후반과 1870년대에 반동으로 회귀한 시대에 이르기까지의 러시아를 묘사했다. 그는 특히 1840년대의 관념론자들과 그 이후의 자유주의자들, 허무주의자들, 인민주의자들에게 관심을 가지고 있었다. 사실 "허무주의자"라는 용어와 그 개념 자체가 널리 사용된 것은 투르게네프의 주인공인 바자로프를 통해서였다. 그는 비록 일관되게 러시아를 변화시키려는 젊은 급진파의 노력을 인정했었던 서구주의자이자 자유주의자였지만, 혁명이 아니라 점진적인 방법을 옹호했다. 특히 그는 러시아의 경제와 교육을 발전시키기 위해서 인내하며 노력할 것을 권고했다. 그리고 그는 일방적이거나 독단적인 것을 거부했다. 실제로 비평가들은 오늘날까지도 루진과 바자로프가 본질적으로 긍정적인 인물인지, 그렇지 않은 인물인지에 대해서 논쟁을 벌이고 있다. 그 외에도, 투르게네프의 소설은 단순히 테제 소설(romans à these)은 결코 아니었다. 독자들은 작가의 이념적 주인공들만이 아니라, 놀라울 정도로 강력한 그의 여주인공들, 배경, 대화 그리고 아마도 무엇보다도 완벽한 예술적 기교를 기억한다. 작가로서의 투르게네프는 자신의 친구인 플로베르를 많이 닮았다. 투르게네프는 유명한 일련의 장편소설뿐만 아니라 몇 편의 희곡과 상당수의 단편을 썼기 때문에 장편 작가보다는 훌륭한 단편 작가라고 묘사되어왔다.

1821년부터 1881년까지 살았던 도스토옙스키도 "대개혁" 이전에 유명해졌다. 이미 언급된 것처럼, 그는 페트라솁스키 서클과 연루되어 사형선고를 받았다가 처형 장소에 가서야 시베리아 유형으로 감형되었을 때에는 이미 1845년에 출판되어 벨린스키의 찬사를 받았던 소설인 『가난한 사람들(Bednye Lyudi)』을 쓴 이후였다. 그 후 그는 시베리아에서 중노동을 하면서 4년을 보냈으며, 2년을 또다시 사병으로 보낸 뒤 새로운 황제가 대사면을 선포한 이후인 1856년에야 유럽 러시아로 돌아왔다. 도스토옙스키는 시베리아에서의 경험을 탁월한 저서인 『죽음의 집의 기록(Zapiski iz mertvogo doma)』으로 써서, 1861년에 출판했다. 한때 페트라솁스키 서클의 일원이었던 그는 문학계로 돌아온 후에는 공격적이고 많은 글을 쓰는 우익 저널리스트가 되어서 일종의 슬라브주의의 부흥과 범슬라브주의 그리고 심지어 노골적인 쇼비니즘에 기여했다. 그의 표적에는 유대인, 폴란드인, 독일인, 가톨릭교, 사회주의 그리고 서구 전체가 포함되었다. 도스토옙스키의 저널리즘이 그 시대의 소리와 격분에 힘을 보탰다고 한다면, 그의 불멸의 명성은 그중 네 편이 명작으로 꼽히는 후기의 소설에 기반을 두고 있다. 그것은 1866년, 1868년, 1870-1872년, 1879-1880년에 각각 출판된 『죄와 벌(Prestuplenie i nakazanie)』, 『백치(Idiot)』, 『악령(Besy)』, 『카라마조프가의 형제들(Brat'ya Karamazovy)』이다. 사실 도스토옙스키는 무궁무진한 힘을 가지고 있는 것 같았으며, 죽기 직전에 『카라마조프가의 형제들』의 속편을 저술하고 있을 때에 그의 창작 능력이 절정에 달했던 것 같다.

도스토옙스키는 종종 작가들 가운데 가장 러시아적인 작가로 대변되어왔으

표도르 도스토옙스키. (*New York Public Library*)

며, 러시아의 메시아주의와 러시아 영혼의 신비라는 관점에서 평가되어왔고, 이 주제에 대한 접근 방법 면에서 그 자신이 많은 기여를 했다. 그러나 이 위대한 소설가의 소위 각별한 러시아적 특징을 면밀히 연구해보면, 이런 특징들이란 기껏해야 부차적인 중요성만을 가지고 있거나 심지어 완전히 가상의 것이라는 점을 알 수 있다. 오히려 반대로, 도스토옙스키는 인간의 본성에 대한 커다란 관심과 통찰력 때문에 아주 국제적인 작가 그리고 나아가 작가들 중에 가장 인간적인 작가라고 불릴 수도 있다. 이 특이한 러시아 작가는 심층심리학이 알려지기 전에 심층심리학의 대가였다. 게다가 그는 인간의 본성을 자유와 필연, 충동과 억제, 믿음과 절망, 선과 악 사이의 폭발성 있는 갈등이라는 역동적인 관점에서 파악했다. 값을 매길 수 없을 정도로 소중한 도스토옙스키의 여러 재능 가운데에서 가장 위대한 것은 자신의 주인공들과 그들이 표방하는 사상—혹은 인간 영혼과 존재 전체의 상태—을 하나로 통합시킬 수 있는 재능이었는데, 이런 일은 이전에 다른 어느 작가도 시도해보지 못한 것이었다. 따라서 다른 작가들이 서로 다른 수준의 이야기를 혼합하면서 거의 견디기 어려울 정도로 장황하고 교훈적이거나 아니면 혼란에 빠져 있는 부분에서도 도스토옙스키는 깊은 감명을 준다. 다른 러시아 작가인 우스펜스키가 한때 말했다고 전해지는 것에 따르면, 보통 사람이라면 아마 한 켤레의 신발 정도를 집어넣을 수 있는 벽의 조그만 구멍에 도스토옙스키는 전 세계를 집어넣을 수 있었다. 도스토옙스키는 19세기 후반부의 위대한 반(反)합리주의자 중의 한 사람으로서, 현대 심리소설은 물론이고 우리 시대의 파국을 이해하기 위한 학술적인 노력과 실존주의 철학, 그리고 신학적 부흥에 영감을 줌으로써 니체, 키르케고르와 함께 20세기의 예언자로 평가받게 되었다.

레프 톨스토이는 러시아에서 가장 위대한 소설가 중의 한 사람일 뿐만 아니라, 러시아의 근대생활에서 가장 주목할 만하며 영향력 있는 인물 중의 한 사람이다. 우리는 러시아인들이 19세기에 흔히 제기한 주장, 즉 작가들이 즐거움을 주는 것 이상의 일을 해야 하고, 진리를 말하며, 세상의 악에 대항하는 도덕적 증인으로서의 입장을 취해야 한다는 주장은 이미 들어본 적이 있다. 톨스토이는 위대한 문학적 재능과 특히 후기에 도덕적 비판자이자 예언자로서의 입장을 결합시켰다. 그 때문에 그는 당대에 숭배되기도 했고, 비난받기도 했다.

1828년에 유서 깊은 고위 귀족 가문에서 태어난 톨스토이 백작은 젊은 시절에 많은 특권을 가지고, 훌륭한 교육(가정과 카잔 대학교)을 받았으며, 전형적인 귀족처럼 방탕한 생활을 즐겼다. 그는 대학교를 중퇴한 이후에 모스크바와 상트페테르부르크 주위에서 음주, 춤, 도박을 하면서 수년을 보냈다. 그는 1851년에 군대에 있는 자신의 형에게 합류하기로 결정하고, 크림 전쟁에서 장교로 복무했다. 그는 군대에 있는 동안에 소설을 쓰기 시작했다. 그리고 첫 번째 작품이 좋은 평가를 받자, 그는 이 일을 계속해나가기로 결심했다. 여기에서 그의 생애의 두 번째 시기, 즉 위대한 소설가로서의 시기가 시작된다. 전 세계에 알려진 그의 주요 작품들에는 1850년대에 나온 그의 자전적 삼부작인 『유년시대(*Detstvo*)』, 『소년시대(*Otrochestvo*)』, 『청년시대(*Yunost*)』 그리고 나폴레옹 전쟁 시기에 개인들과 가족들의 위대한 서사시로서 1869년에 출판된 『전쟁과 평화(*Voyna i mir*)』, 종종 타락하고 참담한 사회에서 진정한 사랑과 행복을 추구하는 과정과 두 번의 결혼에 대한 비극적인 이야기로서 1876년에 출판된 『안나 카레니나(*Anna Karenina*)』 등이 포함되어 있다. 그리고 톨스토이 인생의 세 번째 시기는 1878년 무렵에 시작되었다. 이때 그는 종교적인 위기를 경험하면서, 좀더 진실된 기독교로 "개종하게" 되었다. 그런 다음에 그는 자신의 새로운 종교적 관점과 소박함과 비폭력이라는 사회윤리를 반포하는 데에 자신의 생애를 바쳤다. 동시에 그는 자신의 일상생활에서 이런 이상의 모범을 보이려고 노력했고,

레프 톨스토이. (*New York Public Library*)

자연과 접촉하며 육체노동을 하면서 소박하게 살려고 했다. 생애 말에, 톨스토이는 은둔자 혹은 순례자가 되는 것을 종종 생각했다. 이런 목적을 마음에 담고, 1910년에 82세의 나이에 그는 자신의 영지와 가족과 세상으로부터 도망쳤다. 그는 도중에 병에 걸려서 어느 허름한 기차역에서 사망했다.

이처럼 톨스토이의 긴 생애에 대한 세 시기는 얼핏 보기보다 그렇게 명확하게 구분되는 것은 아니었다. 스스로에 대한 규칙으로 가득 찬 자책조의 그의 일기에서 볼 수 있듯이, 그는 심지어 젊은 시절에도 자기완성에 대한 생각에 사로잡혀 있었다. 자기이해와 도덕적 완성을 향한 좀더 진지한 추구는 나중에 저술된 그의 단편소설과 장편소설에서 찾아볼 수 있다. 그의 자전적인 3부작은 그 당시에 그가 좋아하던 주제, 즉 발달하던 자의식에 대한 심리학적인 자기분석을 시도해본 것이다. 자신에 대한 진단과 자기완성은 그의 위대한 소설 속에 나오는 등장인물들―분명히 중요하지 않은 인물인 경우도 종종 있었다―의 삶 속에서 찾아볼 수도 있었다. 그리고 그는 종교적인 개종보다 오래전에 "문명"의 문제에 대한 해결책을 찾기 시작했다. 그는 이미 1850년대에 인류가 죄 없이 태어났으나 문명제도들, 특히 서구식 교육에 의해서 파멸되었다는 확신으로부터 영감을 얻었다. 서구식 교육이 어린이들을 천부적인 도덕적 진리와 정신적 진리로부터 단절시켜놓았다고 확신한 톨스토이는 자신의 영지에서 교육 개혁을 위한 노력을 조직적으로 펼치기도 했다. 그는『전쟁과 평화』의 베주호프나『안나 카레니나』의 레빈과 같은 소설 속의 등장인물들이 어린이들과 평민들도 이해하는 자연적인 진리로부터 단절되어 있음을 깨닫는다는 설정을 해놓기도 했다.

이런저런 초기의 사상은 종교에 대한 톨스토이의 새로운 생각에 자양분을 공급했다. 사실 그의 사상은 너무나 특이하고 영향력이 있었기 때문에, 러시아 정교회는 1901년에 그를 파문했다. 톨스토이에 따르면, 공식적인 기독교는 삶의 진정한 의미를 감추고, 짓밟으며, 왜곡시켰다. 예수 그리스도가 알고 있었던 보편적인 진리는 모든 사람들이 천부적으로 알고 있으나, 비밀스런 의식과 터무니없는 신비주의적인 신앙에 의하여 가려져 있다는 것이다. 톨스토이는 성직자, 성사, 전례의 필요성과 정교회의 대부분의 신학적 교리를 배척했다. 필요한 모든 것은 악을 배격하는 윤리적인 헌신이라는 것이다. 유일하게 진실된 성사(聖事)는 매일매일 도덕적 선을 행하는 것이었다. 그러나 그의 생애의 극적인 종말이 드러내준 것처럼, 톨스토이는 자신이 문명의 사악한 영향에서 벗어나 진리를 발견했다고 전적으로 확신한 것은 결코 아니었다. 돌이켜보면, 톨스토이가 소설가, 비폭력의 스승, 근대 문명의 폭로자 중에 어느 입장에서 좀더 영향력이 컸는지, 그리고『안나 카레니나』와『참회록(Ispoved)』—그의 정신적인 위기에 대한 설명—중에 어느 것이 더 큰 영향력을 가지고 있었는지 말하기는 쉽지 않다. 적어도 제정 러시아 후기에 톨스토이는 현상 유지에 대한 도덕적 비판을 제기하면서 중요한 목소리를 냈는데, 정부도 감히 이런 소리를 침묵하도록 만들 수는 없었다. 그의 문학 작품들이 비록 예술과 감정이입의 걸작품이기는 하지만, 그가 취한 입장은 작품보다도 훨씬 더 놀라우며 귀중한 것처럼 보일 때도 종종 있었다.

투르게네프, 도스토옙스키, 톨스토이의 작품 덕분에 19세기 후반에 세계적인 명성을 얻게 된 러시아 소설계에는 다른 탁월한 작가들도 있었다. 1812년부터 1891년까지 생존했던 곤차로프는 적어도『오블로모프(Oblomov)』라는 한 편의 위대한 소설을 창작했다. 농노해방 2년 전에 출간된 이 소설은 어떤 의미에서는 사라져가는 가부장적인 러시아에 대해서 복잡한 감정으로 말한 고별사이자, 고통스럽게 발전하고 있던 새로운 질서에 대해서 또다시 복잡한 감정으로 말한 환영사였다. 게으른 오블로모프 자신은 러시아 문학의 주인공들 중에서 잊을 수 없는 대표적인 "잉여 인간"으로서 명성을 얻게 되었다. 그 시대의 또다른 주목할 만한 소설가로는 아주 개인적인 언어와 양식을 발전시켰으며 지방의 성직자나 교회 및 민중과 연관된 유사한 주제에 대한 작품을 썼던 레스코프, 인텔리겐치아만이 아니라 농민 생활에도 깊은 관심을 가지고 있었으며 인민주의자이자 염세주의자인 우스펜스키가 있었다. 시체드린이라는 가명으로 글을 썼던 능력 있는 풍자작가인 살티코프는 비판적이고 현실적인 당대에 잘 적응해서 커다란 인기를 얻었다. 아주 재능 있는 극작가인 오스트롭스키는 약 1850년부터 1886년에 사망할 때까지 지칠 줄 모르고 작품 활동을 하여, 러시아 연극의 기본적인 레퍼토리의 상당 부분을 써냈으며 특히 상인, 하급관리, 중하층계급 전반을 묘사하는 데에 기여했다.

19세기 말 무렵과 20세기 초에는 새로운 작가들이 전면에 등장하여 러시아 산문의 위대한 전통을 이어나갔다. 인민주의자이자 낙관주의자인 코롤렌코는 인민의 근본적인 선함과 진리 및 가혹한 자연적이며 사회적인 조건 속에서도 정의의 궁극적인 승리에 대한 자신의 믿음을 표현한 매력적인 단편을 저술했다. 고리키로 더 잘 알려진 침착하지 못한 성격의 페시코프는 버림받은 자, 부랑자, 반란자들의 삶과 투쟁에 대해서 저술하곤 했고, 억압적인 당국과 대중의 비굴한 굴종 모두에 도전하는 강력하고 지칠 줄 모르는 평민 영웅들의 특징을 묘사했다. 그리고 1860년부터 1904년까지 살았던 체호프는 러시아 문학과 세계문학에 지울 수 없는 흔적을 남겼다. 탁월한 극작가였던 그는 운 좋게도 모스크바 예술극장이 전성기에 오르고 있을 때 작품을 쓰고 있었다. 그는 세계에 대해서 점잖으며 억제되었지만 놀라울 정도로 효과적인 논평을 하기 위해서 그가 대개 선택한 문학 장르인 근대 단편소설의 창시자 중의 한 사람이자 대가로서 아주 중요하다.

"대개혁"과 세기 전환기의 시기는 시(詩)에 독창성과 혁신성이 비교적 결여되었고, 리얼리즘의 우위로 인해서 많은 비평가들이 "시적이지 못한 시대"라고 보기는 하지만, 시는 독자 대중 사이에서 엄청난 인기를 누렸다. 이 시기에는 두 가지 흐름, 즉 "예술을 위한 예술"과 "시민시(市民詩, civic poetry)"가 관심을 끌기 위해서 경쟁했다. 첫 번째 흐름에 기운 사람들 중에서 최고의 인물은 페트였다.

안톤 체호프. (*New York Public Library*)

대부분 자연과 사랑에 대해서 읊은 그의 아름답고 인상적인 시구는 쇼펜하우어의 염세론의 영향을 많이 받은 견해, 즉 현실은 추하므로 예술의 역할은 순수한 미를 통해서 이 세계를 초월하고 극복해야 하는 것이라는 견해를 반영했다. 체르니솁스키 같은 공리주의적 비평가들은 페트에 대해서 비방을 퍼붓고 조롱했으므로, 1860년대의 상당 시기와 1870년대에 페트가 작가로서 침묵하는 데에 기여했다. 마찬가지로 때늦은 사랑과 낭만적, 범신론적, 혼돈의 관점에서 자연을 읊은 세계적이고 위대한 서정시인이었던 튜체프는 고립된 채로 생활하다가 1873년에 사망했다. 이 시기에 지배적인 흐름은 시민시였다. 체르니솁스키 같은 비평가들로부터 격려를 받았던 시민시인들은 세계를 묘사할 때에 사실주의적이기도 했고 심지어 자연주의적이기도 했으며, 인간 조건을 개선할 수 있는 가능성에 대해서 낙관적인 태도를 가지고 있었고, 양심을 일깨우고 세계를 변화시키기 위해서 문학을 사용하기로 단호히 결심했다. 그들은 비애와 풍자 혹은 빈정대는 말을 가지고 투박한 대중의 언어를 반복해서 사용하거나 도덕적인 열정을 토로하면서, 러시아인들의 삶에서의 다양한 학대 행위, 특히 일반인들의 고통을 묘사했다. 주도적인 시민시인이었던 네크라소프는 신랄한 사실주의로부터 웅

변적인 서정성에 이르기까지 폭넓은 시적 목소리를 낼 수 있었으며, 종종 러시아의 민중 노래를 되풀이하기도 했다. 그의 수많은 영향력 있는 시는 러시아의 자연의 아름다움 및 보통의 러시아인들의 빈곤과 고통에 대한 도덕적인 분노 모두로부터 영감을 받은 것이었다.

세기의 전환기 무렵에 여명이 밝아오던 러시아 문학의 "은 시대"는 러시아 문화에 새로운 활력과 창의력을 가져다주었다. 1890년대의 일부 문학 비평가들과 시인들에 의해서 전조가 보이던 새로운 시대는 댜길레프와 브누아에 의해서 발행된 영향력 있는 정기간행물인 『예술 세계(Mir iskusstva)』가 모습을 드러낸 1898년에 시작되었다고 종종 주장되어왔다. 그 이후에는 문화적인 폭발이 뒤따랐다. 거의 하룻밤 사이에 러시아에서는 아주 다양한 문학적 신조, 예술적 신조, 모임과 운동들이 갑자기 생겨났다. 미르스키 및 다른 전문가들이 지적했듯이, 이렇게 다양하고 때때로 적대적인 집단들은 "시민 예술"을 부정하고 높은 수준의 문화와 창작 능력을 가지고 있었다는 점 이외에는 공통점을 거의 가지고 있지 않았다. 형태를 의식하는 인상주의와 상징주의가 합리주의, 실증주의, 교훈적인 사실주의를 옆으로 밀어냈다. 유미주의, 신비주의, 데카당티슴, 관능주의, 관념론, 염세주의 등이 다양한 조합을 이루며 결합되었다. 일부 비평가들은 "은 시대"의 작품 활동이 가식적이며 모호하거나 인위적인 경향을 가졌다고 생각해왔다. 그러나 결함이 있을 때조차도, "은 시대"의 작품들은 러시아 문화의 새로운 세련미, 풍요로움, 성숙함을 보여주었다.

문학 분야에서 예를 들면 벨리라고 알려져 있는 부가예프에 의해서 몇몇 놀라운 산문이 창작되기는 했지만, 새로운 흐름은 시와 문학 비평의 위대한 부활을 가져왔다. 시인들 중에서 1880년부터 1921년까지 살았으며 신비로운 "미지의 여인" 등을 소재로 놀라운 마력과 멜로디를 가진 운문을 쓴 상징주의 작가인 블로크가 당대는 물론이고 러시아 문학 전체에서도 위대한 시인 가운데 한 사람으로 간주되는 것도 당연한 일이다. 그러나 러시아는 수많은 탁월한 시인들을 갑자기 얻게 되었다. 예를 들면 안넨스키, 벨리, 브류소프, 발몬트 같은 다른 상징주의자들, 그리고 구밀료프, 만델스탐 같은 "아크메이스트(acmeist)"들, 그리고 흘레브니코프, 마야콥스키 같은 미래주의자(futurist)들, 예세닌 같은 농민 시인을 들 수 있다. 1960년에 사망한 시인이자 소설가인 파스테르나크와 1966년까지 살았던 시인인 아흐마토바도 전적으로 "은 시대"에 속하는 사람들이었다.

"은 시대"는 러시아의 문화적 개화기의 징후였을 뿐만 아니라, 당대의 혼란스런 문화 정신의 징후였다고도 주장되어왔다. 문학 연구자들은 불확실성과 해체라는 특징을 가진 세기말적인 감각, 기존의 모든 진리와 확실성에 대한 뿌리깊은 회의, 비록 희망을 가진 기대였을지라도 다가오는 "종말"에 대한 비관적인 예감(이것은 선견지명으로 판명되었다)에 대해서 말해왔다. 은 시대의 작가들은 자아, 자아발견, 자아개발, 자아완성 등에 주로 심취했다. 고리키 같은 일부 작가들은 개별 인간의 자아를 도덕적 이상으로 제시하면서 사회가 그 위에 구축되어야 한다고 생각했으며, 자신들 작품의 등장인물의 내면적이고 사회적인 존재가 겪는 고통과 주장에 작품의 초점을 맞추었다. 다른 작가들은 근대적 생활이라는 회오리바람 가운데에서 사랑과 미와 슬픔을 유미주의적으로(일부 사람들은 이것을 데카당적이라고 불렀다) 환기시키는 데에서 자아를 위한 의미를 발견했다. 우리는 고도로 개인적이고 아름답게 쓰인 아흐마토바와 다른 "아크메이스트"들의 시에서 그런 사례들을 찾아볼 수 있다. 그러나 안드레예프, 벨리, 브류소프, 기피우스, 메레시콥스키, 로자노프, 솔로구프와 같은 다른 작가들과 문화 비평가들은 각성된 근대적 자아의 아주 어둡고 이기적이며 디오니소스적인 측면에 대해서 깊이 생각하고 있었다. 일반적으로 이런 작가들은 너무나 인간적인 자아(all-too-human ego)와 이드(id)—니체와 프로이트의 영향이 매우 분명하다—의 창조력에 감탄하기도 했고 두려워하기도 하면서, 관능성, 욕정, 잔인성, 타락, 광기, 질병, 죽음 그리고 다른 충동, 열정, 경험 등을 복잡한 심리적, 철학적 틀 내에서 탐구했다.

이렇게 은 시대의 특징인 불확실성과 비관주의는 그 시대의 특징인 유미주의를 키워냈다. 많은 예술가들은 구세계가 죽어가고 있다고 느꼈지만, 적어도 그것이 아름다운 죽음이라고 확신했다. 반면에 미래주의자들은 새로운 근대적 의미라는 명목으로 인습 타파적인 반란의 자세를 취했다. 흘레브니코프와 마야콥스키는 소위 "속물적인" 문화에 대한 전통적인 가치에 대해서 큰 목소리로 명확히 도전했다. 그들의 가장 유명한 선언문은 "대중적인 취향에 뺨 때리기"를 하는 것에 대해서 말했다. 그들은 얼굴에 우스꽝스러운 그림을 그리고, 특이하게 고안한 옷을 입고, 조개 귀걸이를 하고, 단춧구멍에는 무나 숟가락을 꽂은

안나 아흐마토바. (*Zephyr Press, Brookline, MA*)

채 사람들 앞에 등장했다. 그리고 그들의 작품은 시끄러운 혼란과 현대생활의 혼돈을 고의적으로 반복했다. 그들은 진리와 미는 창의적인 주제나 과거 작품의 어휘 속에 있는 것이 아니라, 공장과 시장 바닥의 새로운 소음과 원초적이고 선험적인 "초이성적(transrational)" 소리에 있다고 주장했다.

예술

문학과 마찬가지로 예술에서도 "사실주의"가 19세기 후반부에 주도적이었지만, 이것은 "은 시대"의 다양하고 새로운 조류들에 의해서 풍요로워졌고 대부분 대체되었다. 회화에서 사실주의로 결정적으로 전환된 시기는 정확히 미술 아카데미 졸업생 전원인 14명의 젊은 화가들이 크람스코이의 주도하에 자신들의 시험 과제물인 「발할라의 축제(Pir v Valgalle)」를 그리기를 거부했던 1863년이다. 그들은 아카데미의 숨 막히는 전통과 결별하고 사실주의적인 그림을 그릴 것을 강력히 주장했다. 몇 년 후에 그들은 대중을 대상으로 자신들의 작품 순회 전시회를 조직했으므로, "순회 화가들"이라고 알려졌다. 새로운 화가들이 운동에 가담하고 그 영향력이 확산되자, 러시아 문학 비평과 문학에서 그랬던 것과 마찬가지로 러시아 회화에서도 "비판적 사실주의"가 자리잡았다. 당대의 정신에 따라서, "순회 화가들"과 그들의 제자들은 내용이 형식보다 훨씬 더 중요하며, 예술이 대중을 교육시키고 대중의 이익을 옹호하는 고귀한 목적에 봉사해야 한다고 생각하면서, 빈자의 착취, 술 취한 성직자, 야만적인 경찰 같은 주제들을 그렸다. 예를 들면, 베레시챠긴은 "페트로파블롭스크" 전함이 일본인들에 의해서 침몰될 때 그 배와 함께 자신도 가라앉는 순간까지 전쟁을 직접 관찰했다. 그는 전쟁에서 벌어지는 잔혹한 비인간적 모습들을 수없이 많이, 종종 거대한 화폭에 그렸고, 그답게 「전쟁의 화신(Apofeoz voiny)」이라는 제목으로 해골더미가 피라미드를 이루는 작품을 "현재와 과거 그리고 미래의 모든 위대한 정복자들에게" 헌정했다. 그러나 사실주의적인 회화는 직설적인 사회 비판적 작품에만 국한되지는 않았다. 크람스코이, 레핀, 수리코프, 게, 페로프, 레비탄, 세로프—대체로 서구에는 잘 알려져 있지 않으나 주목할 만한 가치를 가진 화가들—등의 재능 있는 예술가들은 주목하지 않을 수 없는 수많은 초상화, 풍경화, 역사화를 창작해냈다. 이들의 작품은 종종 내면을 성찰하고 심리적이며(이때는 자아에 대한 관심이 컸던 시기였다), 서정적이고 아름다우며, 색감이 풍부하고 짜임새가 있다. 물론 이런 작품 속에 드러난 휴머니즘에 대한 공감은 역시 일종의 사회적 평론이자 심지어 정치적 평론이었다고 말할 수 있다.

음악의 발전은 다소 다른 유형을 따랐다. 음악도 예를 들면 무소륵스키가 내용, 사실주의, 대중에 대한 접근을 강조한 것 그리고 많은 작곡가들에게 영감을 준 민족주의에서 볼 수 있듯이 당대의 사회적 관심에 반응을 보였다. 그러나 음악은 그 성격상 사회적 및 정치적 주장보다 훨씬 더 멀리 도달했다. 그리고 19세기 후반부는 음악의 위대한 재능과 독창성이 발휘된 시기였다. 저명한 작곡가이자 훌륭한 피아니스트였던 루빈시테인을 교장으로 하여 1862년에 상트 페테르부르크에 고등음악학교가 설립되었고, 루빈시테인의 동생인 니콜라이 루빈시테인을 교장으로 하여 1866년에 모스크바에 또다른 고등 음악학교가 설립되었으며, 그 이후의 시기에 다른 도시들에도 또다른 음악학교가 설립되는 등 음악교육이 확산된 것은 이런 과정에 도움을 주었다. 게다가 상당수의 뛰어난 러시아 작곡가들이 이 시기에 등장했다. 그중 가장 잘 알려진 사람들로는 차이

모데스트 무소륵스키. (*Sovfoto*)

콥스키, 그리고 "막강한 소수(Moguchaia kuchka)"라고 불렸던 유명한 러시아 5인조, 즉 무소륵스키, 림스키-코르사코프, 보로딘, 퀴, 발라키레프 등이 있었다. 중요한 사실은 이 시기에 작곡가들이 진정한 러시아 고전음악을 발견하며 구축하려고 노력했다는 점이다. 러시아의 고전음악은 서구의 기법과 양식의 영향을 받았을 뿐만 아니라, 구성 면에서 러시아가 "동양"과 맺은 관련성을 종종 포함하면서 러시아의 고유한 전통으로부터 성장해나가고 있었다. 이런 음악적 민족주의는 특히 민요, 선율, 이야기, 전설을 응용한 것과 연관되었고, 러시아의 과거를 낭만주의적으로 바라본 시각과도 연관되었다. 그 시대에 아주 탁월한 몇몇 음악 작품은 무소륵스키의 「보리스 고두노프(Boris Godunov)」, 보로딘의 「이고리 공(Knyaz' Igor)」, 그리고 림스키-코르사코프의 「사드코(Sadko)」 등의 경우처럼 전부 민족주의적 주제를 탐구한 오페라로 창작되었다. 차이콥스키는 많은 면, 특히 비가적이며, 주관적이고, 서정적이며, 그만의 심리적인 접근법을 발전시킴으로써 두각을 나타냈다.

"은 시대"에 우리는 문학에서와 마찬가지로 시각예술과 무대예술에서 동일한 정도로 놀라운 활력, 실험정신, 새로운 것과 진실된 것을 추구하는 태도를 보

표트르 차이콥스키. (*New York Public Library*)

게 된다. 음악에서는, 라흐마니노프, 스크랴빈, 스트라빈스키와 같은 작곡가들의 작품은 서정적인 것과 비가적인 것에서부터 신비주의적이고 디오니소스적이고 심지어 묵시록적인 것에 이르기까지 다양했다. 라흐마니노프의 작품은 부드럽고 서정적인 정신성, 유미주의, 비애, 숙명론의 분위기를 물씬 풍긴다. 그와는 대조적으로 스크랴빈의 음악—쇼팽, 바그너, 니체, 상징주의, 종교적 신비주의가 절충된 혼합체로부터 영향을 받았다—은 디오니소스적인 감정, 신비주의적 영성, 순수한 소리의 혼합물을 제공한다. 아주 놀라운 예술적 협력 작품의 하나는 댜길레프의 유명한 "발레 뤼스(Ballets Russes)"였다. 이 발레단은 1909년에 상트페테르부르크에서 창단되어 러시아에서 가장 혁신적인 몇몇 미술가들, 무용수들, 안무가들, 작곡가들을 결합시켰다. 댜길레프와 그의 발레단은 곧 프랑스로 근거지를 옮겼다. 프랑스에서는 예술의 자유가 좀더 많이 허용되었으며, 보다 세련된 근대적인 관객이 있었을 뿐만 아니라, 이국적인 러시아 문화에 매료된 청중들의 구미에 맞추면서 돈을 벌 수 있었다. 발레 뤼스는 러시아와 유럽 문화 속에 있는 다른 "데카당적" 조류에 공명하면서, 유미주의(미를 위한 미)와 (육체에 대한 사랑으로부터 성생활에 대한 시사에 이르기까지 다양한) 관능주

바슬라프 니진스키는 새로운 형태의 남성 발레 예술가의 모습을 보여주었다. 그는 단순히 발레리나를 도와주는 것이 아니라, 공연의 중심에 섰고, 노골적으로 에로틱했으며, 성(性) 구분이 애매했다. (*New York Public Library*)

의를 중심에 놓았고, 종종 "동양적인" 이국적 내용을 함축적으로 표현했다.

러시아 시각예술에서 가장 눈에 띄는 업적은 독창성과 영향력으로 인해서 지금도 전 세계적으로 유명한 샤갈, 칸딘스키, 말레비치 같은 화가들의 혁신적인 모더니즘이었다. 다양한 조류들이 생겨났다. 일부 예술가들은 복고적인 방향을 잡고서, 러시아의 서구화 이전에 순수한 민족적 정체성이 유지되던 안정적이고 권위 있는 것처럼 보이던 시대를 환기시키거나, 고상한 18세기의 향수 어린 기억을 작품으로 만들어냈다. 많은 사람들은 아름다움 그 자체의 이상에 끌렸으며, 무엇보다도 감정을 구체화한 "순수 회화"를 창작하려는 시도에 매력을 느꼈다. 다른 사람들은 다른 장소에서 진리와 미를 찾았다. 라리오노프, 곤차로바, 말레비치는 작동 중인 현대 기계의 이미지라든지, 양식 및 주제에서 원초주의라든지, 러시아 문화의 "동양적" 형태의 환기라든지, 역동적으로 상호작용하는 광선

1915년 페트로그라드에서 개최된 "0.10 : 마지막 미래파 회화 전시회"에서 말레비치의 "쉬프레마티즘(suprematism)"적 회화 작품 전시실. 대부분의 비평가들은 이해할 수 없다는 목소리를 냈으며, 이런 추상 실험을 새로운 관람 방법으로서 심지어 멸시하였던 데에 비해서, 어떤 호의적인 비평가는 "세계를 뒤덮고 있는 어리석음과 상스러움"에 대한 반대 입장이라고 이 전시를 호평했다. 전통적으로 성상화가 놓여 있는 구석에 "검은 사각형"이 놓여 있는 것을 주목하라. (*Mark Steinberg*)

(光線)이나 원초적인 색채를 가진 기하학적인 블록으로 실험을 했다.

종합예술인 발레와 마찬가지로 "은 시대"에는 연극도 발전했다. 훌륭한 궁정 극장들 이외에도, 사설극장들이 명성을 얻게 되었다. 스타니슬랍스키가 지도하던 모스크바 예술극장은 아주 크고 지속적인 명성을 얻었으며, 스타니슬랍스키의 심리학적 사실주의에 대한 강조를 통해서 러시아와 외국의 연극 공연에 아주 강력한 영향을 미쳤다. 그러나 다양성, 활력, 실험정신으로 유명한 시기의 연극계에서 그것은 단지 하나의 흐름을 대변했을 뿐임을 이해하는 것이 중요하다. "은 시대"의 러시아 문학에서만이 아니라, 러시아 예술은 서구의 예술과 문학에서 분리 불가능한 부분이 되었다. 예를 들면 러시아 예술은 프랑스의 문학 조류나 독일 사상으로부터 엄청난 영향을 받았고, 반대로 사실상 모든 형태의 문학적 및 예술적 주장과 창의적인 표현에 아주 독창적인 방식으로 기여하기도 했다. 어떤 의미에서 1917년 직전의 러시아 문화는 그 이전의 어느 때보다, 직접적인 모방을 하지 않았을 뿐만 아니라 아주 "서구적"이기도 했다.

이데올로기와 사회사상

이미 언급되었듯이 1860년대의 급진주의 세대들, 즉 투르게네프의 "아들들"은 종종 모호한 급진적 변화 프로그램의 이름으로 기존의 정치적이며 사회적인 권위를 배격했던 "허무주의적" 이데올로기 속에서 일차적으로 자신들의 정신적 고향을 발견했다. 재능 있는 젊은 문학 비평가로서 그들의 대변인이었던 피사레프(1840-1868)가 말했듯이, "파괴될 수 있는 것은 무엇이든지 파괴되어야 한다." 새로운 급진주의 정신은 당대의 전반적인 유물론적 성격 및 사실주의적 성격, 니콜라이 1세 치하에서의 지적 생활의 질식 상태에 대한 반발, 체제의 전제적이고도 억압적인 성격, 중간계급이나 다른 온건하고 타협 가능한 세력의 미약한 발달, 교육받은 대중의 점진적인 민주화 등을 반영했다.

　허무주의는 젊은 급진파 러시아인들을 기존 질서에 대한 어떠한 충성심으로부터 해방시키기는 했지만, 반복해서 말하면 인격의 총체적인 해방이라는 의미에서 사회적이라기보다는 개인주의적이었다. 비록 1860년대에 급진주의 대학생들이 만든 선언문에는 군주정치 종식, 공동체에 기반을 둔 분권화된 사회, 경제 분야에서의 협동조합적 소유관계와 노동, 민족들의 독립권 등과 같은 원칙 속에서 표현된 "자유"에 대한 전반적인 약속이 모호하게 제시되어 있기는 하지만, 허무주의에는 긍정적인 프로그램이 많지 않았다. 보다 정교한 사회적 신조는 1860년대와 1870년대에 등장해서 소비에트 시대까지 러시아 급진주의의 상당 부분을 지배했던 나로드니체스트보(narodnichestvo), 즉 인민주의의 형태로 갑자기 등장했다. 1874년의 유명한 "인민 속으로", 혁명단체 "인민의 의지"의 테러 행위, 사회혁명당의 활동 같은 사건에서 우리는 이미 인민주의가 미친 정치적 영향력을 살펴봤다. 이데올로기적으로 보면, 인민주의는 인민에 대한 헌신(그들의 삶을 개선시킬 뿐만 아니라 그들에게 혁명의 영감도 주면서), 자본주의에 대한 거부, 농민공동체의 힘에 의지해서 러시아가 자본주의의 해악을 피할 수 있는 각별한 역사적 기회를 가졌다는 신념, 사회혁명이 정치적 변화보다 훨씬 더 중요하다는 주장 등으로 정의되었다. 그리고 인민주의는 도덕적 주장을 공개적으로 분명히 했다. 인민주의자들은 게르첸이나 벨린스키가 살던 세대와 마찬가지로, 보편적인 도덕적 진리가 인간 본성에 기반을 두고 있다고 주장했다. 그들에 따르면, 인간 본성의 중심에는 모든 인간의 천부적인 평등과 존엄성이 있으며, 따라서 인간에게는 개인적인 발전을 위한 기회와 존중받을 권리가 있었다. 바쿠닌의 과격한 아나키즘은 더욱 성질 급한 많은 인민주의자들에게 영감을 주었다. 아나키즘은 러시아의 다양한 지식인들에게 호소력을 가지고 있었다는 것도 덧붙여 말할 수 있다. 톨스토이와 크로폿킨 공 같은 탁월한 인물들이 그에 속하는데, 1842년부터 1921년까지 생존했던 크로폿킨은 저명한 지리학자이자 지질학자이자 급진주의자였으며, 생애의 대부분을 아나키즘을 전파하는 데에 바쳤다. 교도소 병원에서 기상천외하게 탈출한 이야기를 포함한 그의 활동은 1898-1899년에 『월간 대서양(*The Atlantic Monthly*)』에서 영어로 쓰인 유명한 『어떤 혁명가의 회상(*Zapiski revoliutsionera*)』에서 기록되었다.

　게르첸과 바쿠닌이 망명을 했던 반면에, 1855년 이후에 러시아에서 인민주의 지도자들이 등장하기도 했다. 체르니솁스키의 견해와 영향은 인민주의에만 국한된 것은 아니었지만 러시아 인민주의자들에게 큰 영향을 미쳤으므로 각별한 관심을 받을 만하다. 1828년에 태어난 체르니솁스키는 1862년에 체포되기 전에는 언론인이자 작가였으며, 특히 『현대인(*Sovermennik*)』이라는 주요 정기간행물의 편집자로서 단지 몇 년 동안의 공적 활동을 했다. 그는 1883년에야 시베리아 유형생활에서 돌아와서 1889년에 사망했다. 러시아에서 공리주의와 실증주의 그리고 부분적으로는 유물론적 관점의 확산에 기여한 사람은 다른 누구보다도 아마 체르니솁스키였을 것이다. 체르니솁스키는 포이어바흐의 유물론과 벤담의 공리주의에 의지해서, 개인적 필요와 행복이 모든 도덕의 기반이어야 하고 그리하여 사회의 기반이어야 한다고 주장했다. 그러나 그에 따르면, 이런 에고이즘은 가장 많은 수의 사람들 사이에서 가장 큰 유익을 보는 것에 진정한 자기 이익이 있다는 합리적인 지식으로 조절되어야 했다. 이런 입장으로부터 그는 평등과 협동에 기반을 둔 사회와 경제의 필요성을 주장했다. 아주 박학했던 체르니솁스키는―예술보다 인생이 우월하다는 벨린스키의 사상을 더욱 발전시켜서―미학에 대해서만이 아니라, 경제학에도 관심을 가지고 있었다. 그는 러시아 문제뿐만 아니라 19세기의 프랑스 역사에 대한 글을 써서 자유주의의 실패를 논증하기도 했다. 대단한 인기를 끌었던 그의 소설인 『무엇을 할 것인가?(*Chto delat'?*)』는 새로운 세대의 "비판적 사실주의자들"과 그들의 윤리 및 활동을 다루었고, 혁명적인 주인공과 협동조합 조직의 형태를 개괄적으로 제시했다. 농민공동체에 관해서, 체르니솁스키는 당대인 어느 누구보다도 더 신중한 태도를 보여주었다. 그러나 그는 만약 유럽에서 사회주의 혁명이 먼저 승리를 거둔다면, 농민공동체가 러시아에서 사회주의로의 직접적인 전환 역할을 할 수 있다고 대체로 믿었다. 체르니솁스키는 한때 유능한 급진적 문학 비평가인 도브롤류보프와 함께 자신의 사상을 전파하기 위해서 긴밀히 협력했는데, 도브롤류보프는 25세였던 1861년에 사망했다.

약간 차이가 있기는 하지만, 체르니솁스키와 도브롤류보프의 일은 라브로프 (1823-1900)와 미하일롭스키(1842-1904)에 의해서 계속되었다. 실증주의, 공리주의, 인민주의의 또다른 박학한 지지자였던 라브로프는 많은 급진파 청년들이 "이상주의적인 열정이라는 뜨거운 눈물"을 흘리면서 읽었다고 말했던 1870년의 『역사서한(*Istoricheskie pis'ma*)』 및 다른 저술에서, 혁명적 투쟁과 러시아의 변혁에서 "비판적으로 사고하는 개인들"의 중대한 역할을 강조했다. 철학적으로, 그는 행동을 지도할 수 있는 도덕적인 체계가 필요하다는 목소리를 냈으며, 그러한 실천철학의 적합한 중심은 인격의 원칙이어야 한다고 주장했다. 사회는 개인들의 존엄성과 발전을 높이는지 혹은 제한하는지에 의해서 판단되어야 한다는 것이다. 1842년부터 1904년까지 살았던 문학 비평가인 미하일롭스키는 단순한 객관적인 기술(記述)보다는 도덕적인 가치를 강조하고 농민공동체를 옹호하기 위해서 사회분석에서 "주관적인 방법"을 도입했다. 그가 보기에 산업 질서는 일정한 노선에 따라서 편협한 전문화와 개성의 다른 측면들의 위축을 초래하는 것에 비해서, 농민공동체는 개인의 조화로운 발달을 가능하게 해주었다. 러시아는 사실상 자본주의 국가로 발전해나가고 있었고, 명확한 마르크스주의 학파가 등장하여 마르크스의 예견에 따라서 역사가 진행되고 있다는 것을 그 증거로 내세우고 있었기 때문에, 시간이 지남에 따라 농민공동체를 옹호하는 인민주의자들의 노력은 더욱 필사적이게 되었다. 20세기 초에 인민주의적 전통은 체르노프가 이끌던 사회혁명당에 의해서 주로 계속되었다. 그들은 마르크스주의자들로부터 일부 사상을 차용하기는 했지만, 인민의 통합과 민주주의를 강력히 주장했다는 점(그들은 노동자와 농민이 계급적으로 구분된다는 주장을 배격했다. 그렇게 되면 다수인 농민들을 소수인 도시민들 아래에 위치시킬 필요가 있었기 때문이다)에서, 그리고 사회주의가 과학과 역사의 합리적인 논리라기보다는 도덕과 윤리로부터 파생되었다고 보는 경향이 있었다는 점에서 마르크스주의와 달랐다.

마르크스주의자들은 인민주의자들의 강력한 경쟁자이자 적으로 판명되었다. 러시아의 실질적인 발전은 인민주의자들의 청사진이라기보다는 마르크스주의자들의 청사진을 따르는 것처럼 보였다. 마르크스주의는 1890년대부터 시작되어 러시아 지식인들 사이에 중요한 영향을 미치게 되었고, 학자들과 급진파 및 혁명운동 가운데에서 지지자들을 얻게 되었다. 이후의 장에서 논의되겠지만, 마르크스주의는 단순한 "주관적 방법" 대신에 역사에 대한 "객관적인 지식"을, 그리고 도덕적인 열정과 분개심을 대신하거나 혹은 그에 덧보태어 승리에 대한 준과학적 확신을 제공했다는 것을 기억해야 한다. 그러나 러시아의 마르크스주의자들은 근본적인 문제를 두고 분열되었다. 우리가 살펴봤듯이, 혁명정당이 얼마나 개방적이냐 혹은 규율을 갖추어야 하느냐의 문제가 볼셰비키와 멘셰비키 사이의 분열의 원인을 제공했다. 그러나 분열의 양상은 뿌리가 더 깊었다. 예를 들면, 멘셰비키 지도자인 마르토프는 본래 역사가 사회주의를 향해서 진전된다는 것에 대한 "과학적" 주장만이 아니라, 불평등과 고통을 종식시키는 정의에 대한 강렬한 도덕적 주장에 의해서 마르크스주의에 매력을 느꼈다. 반면에 볼셰비키 지도자인 레닌은 러시아 사회주의에서 아주 흔히 볼 수 있었던 정치적인 도덕적 훈계에 대한 경멸감을 거듭 거론했다. 감성의 차이점은 정치적 관점의 차이에서 반영되었다. 마르토프와 멘셰비키가 투쟁 자체에 대한 노동자들의 의식이 가진 가치를 크게 강조했던 데에 비해서, 레닌과 볼셰비키는 노동자들이 지도와 리더십을 필요로 한다는 점을 강조했다. 그러므로 당에 대한 그들의 관점은 다를 수밖에 없었다. 그리고 마르토프 같은 마르크스주의자들은 민주주의를 향한 사회주의자들의 목표가 본래적인 가치라고 보았던 반면에, 레닌과 같은 마르크스주의자들은 민주주의를 주로 사회주의를 위한 투쟁을 용이하게 하기 위한 수단이라고 보았다.

그와는 대조적으로, 자유주의자들에게는 자유와 민주주의가 절대적인 것이었다. 카르포비치, 피셔 등의 학자들은 전문 직업인들과 젬스트보 제도 속에 있던 러시아 자유주의의 주요 사회적 기반이 비록 크지는 않았지만, 결코 무시할 만큼의 규모는 아니었다고 주장했다. 자유주의는 꾸준히 힘을 증대시켜서 밀류코프와 스트루베와 같은 유능한 이론가와 지도자를 배출했다. 자유주의자들은 비록 전략과 전술 면에서는 분열되었지만, 러시아를 강력하고 근대적인 정치체제로 변모시키기 위한 공통된 목표들을 가지고 있었다. 즉 국가의 자의적인 의지 대신에 법에 의한 통치, 제국의 모든 시민들의 "권리"인 양심, 종교, 언론, 집회의 자유, 민주주의적인 의회, 강력한 지방자치정부, 사회적 안정과 정의를 보장하기 위한 사회개혁 등이 그들의 목표였다. 그들은 개인의 변화에 대한 필요성도 믿었다. 개인들은 진취성, 자립정신, 자기개발, 규율, 합리성이라는 덕목을 발전시켜야 한다는 것이다. 자유주의자들은 자신들이 어떤 특정 계급의 이익이 아니라 국가적 선을 위하여 행동하고 있다고 생각했던 것도 지적될 필요가 있다. 이것은 특히 입헌민주당원들의 경우에 해당되었다. 그들은 자신들이 "계급을 초월하고" 심지어 "당도 초월했다"고 강력히 주장했다. 물론 그들이 증진시키려고 했던 선은 개인—자유주의의 기준—의 선이었을 뿐만 아니라, 자유로운 결사와 애국적인 연대 위에 수립된 민족적 공동체의 발달이기도 했다. 어떤 자유주의자들은 자신들이 "민족도 초월했다"고 생각했다. 예를 들면, 스트루베의 자유주의적 민족주의와 함께, 밀류코프는 근대적 민족의식이 비판적인 사회의식으로 대체됨으로써 인류의 진보가 이루어진다고 주장했다.

자신의 의사를 솔직히 표현하며 생각할 줄 알던 모든 러시아인들이 자유주의자들이나 사회주의자들에 속한 것은 아니었다. 보수주의, 심지어 반동(反動)도 전제국가의 자산은 아니었다. 보수주의자들은 러시아 민족주의, 절대주의 국가의 필요성에 대한 신념, 반(反)개인주의, 지상에서 인간에 의한 행복의 가능성에 대한 철학적 회의주의 등을 지향하는 경향을 가지고 있었다. 정부 내에서 공식적인 보수주의의 지도적인 지적 주창자는 포베도노스체프였다. 근대 세계의 방향에 대해서 그가 가진 우려, 정교회, 전제정치, 그리고 국민성의 구원 능력에 대한 강력한 그의 주장에 대해서는 우리가 이미 살펴봤다. 비록 자신의 신문과 잡지를 통해서 여론과 국가 정책 모두에 영향을 미칠 수 있기는 했지만, 정부 바

끝에서 대표적인 보수주의적 목소리는 캇코프로부터 나왔다. 러시아 민족주의자들과 범슬라브주의자들의 지도자였던 캇코프는 비러시아인들을 러시아화해야 하며, 제국 내에서 러시아인들이 필연적으로 우위를 점해야 한다고 열렬히 주창했다. 좀더 극단적인(그리고 흥미로운) 러시아 보수주의자로는 다닐렙스키가 있었다. 그는 자신의 대표작인 『러시아와 유럽(*Rossiia i Evropa*)』에서 통합된 슬라브 세계가 세계에서 위대하고 지배적인 다음 문명이 되는 운명을 역사에서 부여받았다고 예견했다. 슬라브인들의 사명과 미래에 대해서 다닐렙스키의 사상과 관련되지만 다른 견해를 표명한 사람은 레온티예프였다. 그는 서구 자유주의, 평등주의, 유물론 등이 인간성에 파멸적인 해를 끼쳤다고 생각했고, 전통적인 "비잔티움주의"—정교회, 전제정치, 위계질서 사회—와 동양 국가들과의 연합을 통해서 러시아가 구원될 수 있다고 보았다.

"여성 문제"는 보수주의자들로부터 사회주의자들에 이르기까지 거의 모든 사람들의 관심을 끌었던 사회적 쟁점이었다. "여성 해방"이라는 문제는 비록 1905년 혁명 동안과 이후에 특별히 부각되고 절박해지기는 했지만, 이미 1860년대와 그 이후부터 체르니솁스키와 다른 급진주의자들의 저술에서 중심 주제였다. 남성이든지 여성이든지 간에 자유주의자들과 사회주의 운동가들은 러시아의 삶에서 여성들의 종속적인 지위와 역할 전통에 도전했고, 성적 학대, 가내 폭력, 매춘, 교육 부재, 고용훈련 부재, 저임금, 임신과 육아에 대한 사회적 지원 미발달, 법적 보호나 시민권의 부재 등 여성들이 참아야 했던 특별한 굴욕 행위를 표적으로 삼았다. 큰 범위의 정치세계처럼 여성운동도 이데올로기에 따라 분열되었다. 많은 운동가들은 여성들의 열등한 지위를 극복하기 위해서 직접 투쟁했다. 다른 운동가들, 특히 사회주의자들은 그런 여권주의와는 거리를 두었다. 그들은 모든 사람들이 구질서로부터 해방될 때에야 여성들의 지위가 변화될 것이기 때문에, 여성들이 "보다 큰" 대의에 초점을 맞추어야 한다고 주장하고 있었다.

"민족 문제" 역시 모든 사람의 관심 사항이었다. 우리는 공식적인 사상, 보수주의, 많은 자유주의자들의 사상 속에서 러시아의 정체성과 운명에 대한 주장이 포함되었다는 것을 보았다. 미술과 음악도 러시아의 민족적 관심사로 가득 차 있었다. 이 질문의 많은 부분은 다민족적, 다종족적 제국 안에 있는 러시아 및 러시아인들의 위치와 관계되었다. 바신은 이 관계에 대해서 세 가지 주요 모델을 제시했다. 첫째, "유럽 제국"으로서의 러시아는 비유럽인들에게 문명을 전달했다. 둘째, "반(反)유럽적인" 제국으로서의 러시아는 자체의 고유한 성질과 덕목을 가지고 있었고, 종종 아시아와 연관되었다. 셋째, 이 개념은 비록 1800년대 후반에 가서야 등장하기는 했지만, "민족적 제국"으로서의 러시아는 비러시아인들을 러시아적 전통에 의하여 규정된 문화 속으로 동화시켜서 점차 제국 시민을 만들어야 했다는 것이다.

제국에서 살던 비러시아 민족들은 그들 자신의 종족적 및 민족적 경험의 의미를 탐구했다. 우리는 이미 민족주의 운동이 대두되었음을 지적했다. 대부분의 민족주의 운동은 근대에 자신들의 민족적이며 종교적인 정체성을 규정하는 문화적 문제에도 관심을 두고 있었다. 그리하여 예를 들면, 유대인 공동체들은 종종 새로운 이디시어(Yiddish language)로 된 잡지를 통해서 종교적 신앙 대(對) 세속적 지식, 문화적 동화 대 분리 추진(여기에는 시온주의 및 미국으로의 이주가 포함되었다) 등의 문제를 놓고 열렬히 토론했다. 우리는 이슬람 교도들 가운데서, 특히 문화 개혁을 위한 운동에서 유사한 토론이 있었음을 보게 된다. 칼리드 등에 의하여 연구된 이슬람 교육의 자디드(Jadid : 새로운 방법) 운동은 새로운 활력을 얻고 "정화된" 이슬람교와 근대적인 세계시민주의적 지식 모두에 깊이 연루된 새로운 근대적 이슬람 교도를 만들려고 시도했다. 변화의 주요 징표이자 촉매는 가령 티플리스에서 발간된 풍자적인 『물라 나스레딘(*Mulla Nasreddin*)』과 같은 영향력 있는 잡지 등 모국어로 된 출판물이 증가했다는 사실이었다. 『물라 나스레딘』은 서구 근대의 세계관과 이슬람의 정체성 및 가치를 새롭게 혼합시킨 담론―예를 들면, 이슬람교도들의 "후진성"을 풍자하면서 여성들의 권리를 옹호했다―을 정교하게 만들어냈다.

러시아 사상과 문화에서 발생된 가장 의미심장한 변화 중의 하나는 최고 단계에 이른 철학에서 대중문화에 이르기까지, 정신적인 것과 종교로의 전환이 이루어졌다는 사실이다. 러시아 철학에서, "은 시대"는 특히 형이상학으로의 전환 그리고 종종 종교적인 신앙 자체로의 전환이라는 특징을 가졌다. 지식인들 가운데 가장 영향력 있는 인물은 역사학자인 세르게이 솔로비요프의 아들인 블라디미르 솔로비요프였다. 그는 1853년부터 1900년까지 살았으며, 다양한 철학적 및 신학적 주제에 관해서 저술했다. 쇼비니즘과 반동만이 아니라 당대의 급진적인 실증주의에 대한 예리한 비판가로서 솔로비요프는 당대에는 아주 고립된 인물이었지만, "은 시대"의 지적 엘리트들에게는 심대한 영향을 행사했다. 그리고 19세기 후반의 지배적인 합리주의와 실증주의에 도전했던 또다른 영향력 있는 사상가는 탁월한 철학자였던 셰스토프였다. 그는 1905년에 펴낸 『근거 없음의 신격화(*Apofeoz bespochvennosti*)』에서, 근대의 "환멸", "의심", "불확정성", "명료성의 부재", "무질서"가 가지는 해방의 가능성을 주장했다. 러시아 인텔리겐치아가 합리주의적 전통에서 돌아선 가장 중요한 지적 행동은 1909년에 등장했다. 그중 일부는 과거에 마르크스주의자들이었던 일군의 지식인들은 『향방표지』라는 제목하에 큰 논란을 불러일으킨 논문집을 발간했다. 그들의 논문은 수 세대 동안 인텔리겐치아의 사상을 지배했던 유물론, 무신론, 집산주의가 필연적으로 실패와 도덕적 재앙으로 귀결된다고 직설적으로 비판하면서, 그 대신에 개별성, 정신성, 도덕성의 철학을 주창했다.

편협한 합리주의로부터 이런 식의 전환을 확대시킨 것은 역사학자들이 종종 "종교적 르네상스"라고 부르는 영적 추구와 위기에서의 놀라운 격변이었다. 1900년 이후의 몇 년 그리고 1905년의 흥분과 실망 이후에, 교육받은 많은 러시아인들은 자신들의 신앙에 새로운 활력을 주기 위해서 교회로 되돌아갔다. 다른 많은 사람들은 개인 기도, 신비주의, 강신론, 신지학(神智學), 동방 종교에 이끌렸는데, 이것은 "구신파(求神派)" 운동으로 알려졌다. 우리가 보았다시피, 교양층과 도시 빈민들 모두에서 종교조직이 급증했다. 예를 들면, "형제단"과 같은 도시민 운동은 카리스마적 설교와 (성령의 불을 가진 인간들에게 걸맞은 존엄성을 깨닫게 하기 위한) 도덕적 삶의 이상, 현세에서의 구원의 약속 등을 가지고 노동자들 및 다른 사람들을 끌어들였다. 역사학자들은 농민층 사이에서 영적–윤리적 문헌에 대한 관심이 커졌고, 순례와 기적을 일으키는 성상화에 대한 기도가 급증했으며, 기존 정교회가 "분파주의"라고 낙인찍었던 종교조직이 크게 증가했다는 것을 발견했다. 일부 개별 성직자들은 정교회 신앙에 활력을 불어넣기 위해서 노력했다. 가장 유명한 사례로 카리스마적인 이오안 신부가 있는데, 그는 1908년에 사망할 때까지(그의 추종자들은 그 이후 오랫동안 활동했다) 기독교적 삶을 강조했고, 미사에서 기적적인 요소의 존재 및 열정을 회복하려고 노력했다. 마찬가지로 많은 예술가들과 작가들도 종교적인 것과 신성한 것에 매력을 느꼈다. 그리하여 "은 시대"의 많은 시인들은 자신들의 작품에서 사물의 영적 본질을 발견하기 위해서 외적 현상을 관통하여 들어가려고 시도했고, 때때로 변질된 세계에 대한 종말론적 관점을 거론하기도 했다. 시각예술가들도 명백히 종교적인 형상만이 아니라 추상적인 형상을 포함하는 이미지의 힘과 기능에 대한 영적 이해 쪽으로 이끌렸다. 예술세계 운동의 지도자였던 브누아는 인생에 대한 질문에 대답하거나 이상과 감정을 표현하기에는 당대를 지배하던 "유물론"이 아주 "놀라울 정도로 단순하다"는 생각이 예술의 전 영역에서 널리 퍼져 있었다고 1902년에 말했다. 유물론에 대한 불만과 종교적 및 신비주의적 인식에 대한 매력은 심지어 아주 예상하지 못한 장소에도 도달했다. 1908년과 1909년 무렵에, 나중에 소련의 계몽인민위원이 된 루나차르스키와 작가인 고리키를 포함한 일군의 마르크스주의자들은 "건신론(建神論)"이라고 알려진, 다시 종교로 관심을 돌린 마르크스주의를 정교하게 만들어냈다. 그들은 차가운 합리주의, 유물론, 전통적인 마르크스주의의 결정론이 대중의 혁명운동에 영감을 주기에 부적당하다고 생각하면서, 루나차르스키의 말을 빌리면 혁명을 위해서 "신화"의 힘을 되찾으려면 잠재의식적인 것과 정서적인 것에 호소할 필요가 있다고 주장했다. 그리하여 그들은 신이 있던 곳에 인간성을 가져다놓지만, 종교적인 열정, 도덕적 확실성, 악과 죽음으로부터의 구원의 약속 등을 유지하는 새로운 신앙을 창조해야 한다고 말했다.

　러시아의 문화생활은 정치, 사회, 철학, 도덕, 종교처럼 고매한 관심사로만 가득 차 있었던 것은 아니었다. 현대의 도시생활은 기회로 가득 차 있었다. 특히 어느 정도 경제적 여유가 있는 사람들은 많은 지식인들이 무지몽매한 대중적 쾌락이라고 불렀던 것들, 즉 음악 홀, 나이트클럽, 음악 카페, 야외 "유원지", 싸구려 연극무대, 점차 많아지고 있던 영화관, 자동차 경주나 레슬링 시합과 같은 대중적인 인기 오락거리를 즐길 수 있었다. 대중적인 독서 취향도 고상한 것과는 거리가 아주 멀었던 것처럼 보인다. 비록 대중 독자들에게는 번잡한 현대 세계를 향해서 열린 아주 흥미로운 창 역할을 하기는 했지만, 신문은 "추문"과 센세이션을 일으키는 이야기를 가지고 "천박한 본능에 영합했다"고 말해졌다. 반면에 널리 읽혀졌던 대중소설은 전통적으로 인기가 있었던 민족적 가치와 취향을 잠식하고, 모험, 개인적인 대담한 행동, 이국적인 현장, 물질적인 성공에 사람들이 몰두하도록 만들었다는 우려를 샀다. 엄청난 인기를 누렸던 영화는 구경거리와 센세이션, 변화 중인 사회의 가치에 대한 멜로드라마 같은 갈등 이야기, 물질주의적 소비, 종종 문제가 많은 쾌락 추구 등을 가지고서 이런 대중문화의 변화에 기여했다.

맺음말

우리는 문화생활에 대해서 생각하면서, 러시아가 위기이자 혁명을 향해서 가고 있었는지 아닌지의 질문으로 되돌아갈 수 있다. 문화생활은 사회 및 정치생활과 마찬가지로 많은 방향을 가리키고 있는 것 같았다. "낙관론자들"은 문화적 및 지적 발전의 풍요로움, 민주주의 사상의 확산, 인간 존엄성에 대한 존중심의 고양, 보편적인 가치와 진리에 대한 종교적 및 정신적 발전 등을 강조할 수 있을 것이다. "비관론자들"은 예술을 통한 기존 규범에 대한 저항, 데카당적인 예술적 취향과 관심, 대중의 우울한 분위기와 환멸감의 확산, 사회주의 및 다른 급진 이데올로기의 대두, 지적이고 문화적인 파편화 등을 부각시킬 수 있을 것이다. 물론 역사학자라면 소수와 다수 사이에 벌어진 깊은 간격을 무시할 수 없다. 이 장에서 설명된 탁월한 문화적 업적들은 다수의 러시아인들에게는 거의 아무런 영향을 미치지 못했다. 그러나 우리는 또다시 모순과 불확실성을 인정해야 한다. 사실 러시아는 한꺼번에 많은 방향을 향해서 가고 있었던 것 같았다. 우리는 1914년 여름에 시작된 파국적인 전쟁이 없었다면 무슨 일이 일어났을지 실제로 확신할 수 없다. 혁명 이전 시기부터 전쟁, 혁명, 그 이후의 내전 이후까지 되돌아본 랴시코라는 이름의 노동계급 작가는 당대의 모순을 인식하고 있었다. 즉, 그때는 "예상치 못한 고통과 즐거움"이라는 특징을 가진 시대였고, "사람들이 병들고 기진맥진하여 제 정신이 아니지만, 실제로 살아가는" 시대였다는 것이다. 우리가 이제 살펴보게 될 혁명기에 대해서도 똑같은 말을 할 수 있을 것이다.

제34장

1917년의 두 혁명

"자유로운 러시아 만세."

즐거운 외침이 나의 영혼을 뒤덮는다.

"우리의 자유 만세."

붉은 깃발이 나의 심장을 잔잔하게 만든다.

무거운 짐이 떨어져나갔다.

세상은 빛나는 꿈을 꾸고 있다.……

거기다가 나는 젊고, 나의 신체는 취해 있다.

나의 영혼은 감정으로 가득 차 있다.

방대하고 끝없는

바다라는 컵 안에 있는 물방울과도 같은 감정들로 말이다.

—미하일 세라피모비치(예비 기병 부대의 이등병, 1917년 3월)

혁명은 자신의 임무를 완수했다. 곧장 그것은 배가 불룩하고 기름투성이의 탐욕스런 군상들의 집합체인 구체제가 넘어져가고 있던 그 길에서 벗어났다. 그렇지만 곧바로 혁명은 이전의 군주정 질서하에서와 똑같은 발자국으로 되돌아갔다. 이제 똑같은 짐승들은 참을 수 없을 정도로 무거운 짐을 실어나르고 있고, 똑같은 늑대들은 양의 탈을 쓴 채 우리를 다스리고 있으며, 좋은 생활에 대해서 똑같은 말과 약속을 하고 있다.

—쿠츨라보크(군인, 1917년 8월)

앞의 여러 장에서 언급했듯이, 제정 러시아의 역사 중 입헌주의 시기는 계속해서 많은 논란을 불러일으켜왔다. 1905년 혁명으로부터 제1차 세계대전과 1917년의 두 혁명으로의 진전을 낙관적인 입장에서 바라본 사람들은 러시아가 마침내 전제정치를 뒤로 하고, 자유주의와 정치적 자유를 향해서 발전하고 있었다는 것을 강조했다. 1907년에 개정된 선거법은 국가 두마가 더 이상 폐지될 수 없음을 시사했다. 게다가 러시아의 개혁된 입법기관은 국가업무에서 계속해서 중요한 역할을 맡고 있었고, 국내의 정부 관리들과 국민들 사이에서만이 아니라 해외에서도 점점 더 위신이 커졌으며, 더 많은 인정을 받았다. 어떤 영국인이 말했듯이, 로마노프 가문의 제국에서는 "의회생활의 분위기와 성향"이 강해져갔다. 그 외에도, 낙관론자들의 주장에 의하면 그 당시의 러시아 사회는 단지 입헌체제가 시사하는 것보다도 훨씬 더 진보적이며 민주적이었고, 그런 경향은 매년 더 강해지고 있었다. 각 단계에서 급속히 확산된 근대식 교육은 러시아의 교사들 집단과 마찬가지로 놀라울 정도로 인도주의적이었고 자유주의적이었으며, 고루한 사상이나 낡은 제도를 위한 버팀목 역할을 할 것 같지는 않았다. 러시아 대학교들은 사실상 완전한 자유와 풍부한 창조적 생활을 누렸다. 그리고 곳곳에서는 활기찬 토의가 계속되었다. 심지어 정기간행물은 여러 가지 제약이 있었음에도 불구하고, 볼셰비키를 포함하여 온갖 관점을 어느 정도 대변해주었다. 정부의 출판 금지와 처벌은 출판사 이름을 바꾼다거나, 필요하다면 명목상의 편집인을 감옥에 보내고 중요한 정치 평론가들은 자신들의 일을 계속하는 것과 같은 간단한 방법으로 종종 무력화될 수 있었다. 심각한 문제들, 특히 경제적 후진성과 대중의 빈곤문제는 확실히 남아 있었다. 그러나 한편으로는 산업화를 통해서, 다른 한편으로는 스톨리핀의 토지개혁을 통해서 그 문제들은 해결되는 도중이었다. 무엇보다도 러시아에는 시간과 평화가 필요했다.

비관론적인 비판자들은 그 시대를 다르게 그려왔다. 그들 중 많은 사람들은 그 시대를 "입헌주의적"이라고 부르기조차 거부했다. 왜냐하면 기본법에 따르거나 실제적으로나, 정부의 집행부서와 특히 장관들은 두마에 책임을 지지 않았기 때문이다. 두마는 권력이 제한되어 있었고, 아주 불평등한 선거체계(특히 1907년의 독단적인 선거법 개정 이후에)에 의해서 대표성이 제한되어 있었기 때문에, 사람들의 불만 사항을 시정하기 위한 효과적인 통로라기보다는 진정한 정치 개혁을 꺼려하던 전제정치의 태도를 계속해서 불만스럽게 상기시켜주는 기능을 하고 있었다고 주장된다. 실제로, 사회조직이 러시아의 정치생활에 참여하는 데에 대한 니콜라이 2세의 반감은 이 마지막 시기에 점점 더 강해지고 있었던 것 같다. 고레미킨과 수호믈리노프와 같은 존재감 없는 인물들이 권력을 장악한 것이나 기괴한 라스푸틴 같은 인물이 등장한 것은 파산한 체제의 논리적인 결과물이었다. 그러는 사이에 사회는 위기를 향해서 나아가는 것 같았다. 비관론자들의 주장에 따르면, 경제가 근대화됨에 따라 사회적 불만은 줄어들지 않고 증가되고 있었다. 그들은 불길한 징조들을 지적한다. 즉, 농민들의 빈곤에 대한 실질적인 해결책이자 필연적으로 정의로운 행위로서 그들이 경작하는 모든 토지를 소유하려는 끈질긴 바람, 낮은 임금과 열악한 노동조건에 대항하여 계속되는 노동자들의 저항, 이런 요구들이 정치적 변화에 대한 요구들과 결합되는 빈도, (특히 상트페테르부르크와 모스크바에 집중된 노동자들 사이에서) 급진적인 사회주의자들에 대한 대중적인 지지도의 증가, 좌파와 우파 모두에 대한 정치적 테러 행위, 계급적 적대감과 민주주의적 자유에 관한 표현의 영향력 확산 등이 그런 징조들이었다. 아마도 도시화, 소비 물품의 구입 가능성의 증대, 문자 사용 능력의 확대 같은 긍정적인 발전들은 사회적인 긴장을 완화시키기보다는 현실에 대한 좌절감을 일으킨 것 같았다. 심지어 문화생활조차도 위기를 가리키고 있었다. 예술가들은 모든 전통을 속물적이거나 파산한 상태라고 하면서 배격하기도 했고, 혹은 성(性), 악(惡), 악마, 어두움 그리고 다가오는 종말에 대한 "데카당적인" 매력에 끌리고 있었다. 러시아는 파국을 향해서 달려가고 있었다.

낙관론자들은 제정 러시아가 제1차 세계대전에 의해서 파멸당한 것이라고 믿고 있다. 반면에 비관론자들은 전쟁으로 인해서 단지 최후의 강력한 힘이 제공되어 전체적으로 썩은 구조가 무너지게 되었다고 주장한다. 확실히 전쟁은 러시아인들이 지고 있던 부담에 엄청난 짐을 더해주었다. 인적 손실은 충격적일 정도였다. 골로빈의 수치를 인용하면, 전쟁 동안에 러시아군은 1,550만 명을 동원했고, 165만 명의 전사자, 385만 명의 부상자, 241만 명의 포로를 냄으로써, 세계대전에 연루된 어떤 다른 나라의 군사력보다 더 큰 인명 손실을 당했다. 여기에다가 재산 파괴와 민간인이 당한 인명 손실 및 삶의 터전에서 축출당한 일을 더해야 한다. 러시아군은 후퇴할 때 주민들을 소개시키려고 했는데, 이것은 혼란과 고통을 가중시켰다. 크림 전쟁과 러일 전쟁에서와 마찬가지로, 그러나 훨씬 더 큰 규모로, 제정정부가 자신이 맡은 임무에 또다시 실패했다는 사실이 이 끔찍한 시련을 통해서 명확해졌다. 군대 이외에도, 도시 주민들은 식량과 연료를 구입할 때 엄청난 어려움을 겪고 있었기 때문에 정부의 실책의 결과로 고통을 당했다. 인플레이션은 걷잡을 수 없을 지경이었다. 설상가상으로 정부는 어떠한 교훈도 배우려고 하지 않았다. 니콜라이 2세는 국가정책을 자유화한다거나, 기꺼이 도움을 주려고 하던 대중에게 더욱 의지하지 않고, 규제 받지 않는 전제정치에 대한 자신의 시대착오적인 정치적 신념을 계속 고수했다. 그는 잘 조직된 시민단체가 동원 활동에서 보다 큰 역할을 부여받도록 해달라는 호소를 묵살했고, "대중의 신임"을 받는 장관들을 임명하여 내각을 구성하라는 요구에 대해서도 무시하는 태도만 보였을 따름이었다. 그리고 그는 1917년의 첫 몇 주 동안에 여론 감시 역할을 맡았던 경찰들이 "폭넓은 부류의 사람들 사이에서 당국자들에 대한 적대감의 급증"에 대해서 제출한 직설적인 보고서 등 온갖 경고를 무시했다.

2월 혁명과 임시정부

제국정부는 거의 신음 소리도 내지 못하고 소멸되었다. 갑자기 찾아온 대중 혁명은 전적으로 준비되지 않은 것이었다. 2월 23일부터 27일까지의 중요한 나날(서력으로는 3월 8일부터 12일)에, 식량과 석탄 부족 사태 때문에—전쟁 동안에 독일식의 "상트페테르부르크" 대신에 "페트로그라드"로 개명된—수도에서 발생된 폭동과 시위는 아주 심각한 양상을 띠게 되었다. 2월 23일(3월 8일)에 수천 명의 여성 섬유노동자들이 공장 밖으로 뛰쳐나왔다. 그것은 부분적으로는 국제 여성의 날을 기념하기 위해서였지만, 주된 이유는 심각한 식량 부족 사태에 항의하기 위해서였다. 연료 부족이나 직장 폐쇄에 의해서 이미 수많은 남녀들이 파업을 벌이거나 놀고 있었다. 거리 시위의 규모가 커지고 격렬해짐에 따라서 파업자의 수는 계속 증가되었다. 시위 때 내걸린 현수막과 연설에서 제기된 요구는 빵(군중 사이에서 가장 흔히 나오던 고함)으로부터 전쟁 종식과 전제정치 폐지에 이르기까지 다양했다. 2월 25일에 대중을 억압하도록 파견된 예비 대대는 오히러 대중에게 동조적인 태도를 취하게 되었고, 수도에는 다른 부대가 하나도 없었다. 다른 곳에서 충성스러운 부대를 즉각 끌어들이는 것과 같은 단호한 조치를 취했다면, 적어도 일시적으로는 제국정부를 구할 수도 있었을 것이다. 그러나 니콜라이 2세가 전선에 가 있는 상황에서 정부의 권위는 쉽게 무너졌고, 많은 관리들은 숨기에 바빴다. 페트로그라드 시민들은 한마음으로 두마에 지도권을 넘겨주려는 것 같았다.

2월 26일에 두마 의원들은 제국정부의 해산령을 무시했고, 그다음 날에 두마의 유명한 지도자들과 저명인사들 20명 정도로 구성된 임시정부를 수립했다. 젬스트보 및 도시 연맹의 전직 의장이던 르보프 공은 각료회의 의장, 즉 수상직과 내무부 장관직을 맡았다. 그의 중요한 동료로는 외무부 장관이 된 입헌민주당 지도자인 밀류코프, 전쟁부 및 해군부 장관이 된 10월당 지도자인 구치코프, 내각에서 유일한 사회주의자로서 법무장관이 된 케렌스키―그는 사회혁명당과 연관되어 있었다―가 있었다. 새로운 정부는 단일 세력으로는 입헌민주당이 가장 많은 수를 차지하고 있던 두마 내의 진보 블록(Progressivnyi blok)의 구성과 견해를 거의 그대로 반영하고 있었다.

니콜라이 2세는 어쩔 수 없는 상황에 굴복하여, 3월 2일에 동생인 미하일에게 제위를 넘겨주고 자신과 자신의 외아들인 알렉세이의 퇴위를 발표했다. 미하일은 그다음 날에 제헌의회에 결정권을 넘겨주거나, 혹은 사실상 제헌의회의 결정을 기다리는 동안 임시정부에게 권력을 넘겨주고 퇴위했다. 니콜라이 2세는 제위를 포기하기 전에 르보프를 수상으로 임명했다. 이렇게 러시아에서 로마노프 가문의 통치는 종식되었다. 임시정부는 미국 및 다른 서구 민주주의 국가들로부터 재빨리 승인되었고, 환영받았다.

임시정부는 처음부터 강력한 경쟁자를 만나게 되었다. 페트로그라드 노동자병사 소비에트의 대표들은 노동자들과 병사들의 의지를 대변한다고 주장했으며, 사실상 혁명 초기의 몇 달 동안 이 집단들을 동원하고 통제할 수 있었다. 소비에트는 1905년의 노동자평의회를 모델로 삼았다. 노동자들이 1917년 2월의 파업 동안에 대표를 선출하기 시작했을 때, 대부분 멘셰비키 혹은 사회혁명당원들이었던 사회주의 운동가들은 도시 전체의 평의회를 설치하고는, 모든 공장과 수비대에 대표를 선출하라고 촉구했다. 페트로그라드 소비에트의 최초의 모임은 2월 27일 저녁에 타브리드 궁전에서 개최되었는데, 그 건물은 새로운 정부가 구성되던 바로 그 건물이었다. 그러나 소비에트의 지도자들은 자신들이 합법적인 권력이라고 생각한 것 이상을 넘어서 활동하는 것을 주저했다. 그들은 자신들이 전 국민이 아니라 국민 중에 특정 계급만을 대변한다고 믿었다. 1917년 가을까지 온건한 사회주의자들이 주도하던 소비에트는 "부르주아"로부터 권력을 빼앗아올 의사를 전혀 가지고 있지 않았다. 왜냐하면 소비에트의 지도자들은 러시아가 사회주의를 실시하기 위해서는 너무 후진적이라고 판단하고 있었기 때문이다. 그러나 그들은 자신들이 인민 대중의 이권이라고 생각한 문제에 대해서는 과감하게 행동했다. 특히 소비에트는 3월 1일에 사병의 권한과 권리에 관한 헌장에 해당하는 그 유명한 명령 제1호를 공표했다. 군부대는 낮은 계급의 군인들 중에서 대표를 선출하여 구성되는 병사 위원회를 설치해야 하며, 페트로그라드 소비에트에 대표들을 파견해야 했는데, 그리하여 이제 페트로그라드 소비에트는 군사 행동을 통제하는 최종 권한을 가질 수 있게 되었다. 그리고 무기, 차량, 다른 물자는 장교들의 통제에서 벗어나 병사 위원회의 권한에 들어오게 되었다. 상징적인 조치로서, 이제 사병들은 시민생활에서는 자유로운 시민이었기 때문에 근무 중이 아닐 때에는 더 이상 장교들에게 경례할 의무를 지지 않게 되었다. 그리고 사병들은 심지어 근무 중일 때조차도 장교들에게 더 이상 "각하"라는 경칭을 붙일 필요가 없었고, 장교들은 사병들을 "모욕적으로" 대하거나 사병들을 익숙한 대로 "너(ty)"라고 부르는 것이 금지되었다. 페트로그라드의 사례를 따라서 러시아 전역에서 소비에트가 조직되기 시작했다. 6월 3일에 수도에서 모임을 가진 제1차 전 러시아 소비에트 대회에는 350개 이상의 지역 단위에서 온 대표자들이 참석했다. 그중에는 285명의 사회혁명당원들, 245명의 멘셰비키, 105명의 볼셰비키 그리고 소규모 사회주의 계열 정당들의 대표들이 얼마간 포함되어 있었다. 대회에서는 소비에트의 최고기구가 된 집행 위원회가 선출되었다. 르보프 및 그의 동료들보다, 소비에트는 흥분 상태에 있던 노동자들, 군인들, 농민들에게 훨씬 더 가까이 있었고, 그리하여 즉각 많은 추종자를 얻을 수 있었다.

임시정부는 2월 27일부터 10월 25일까지(3월 12일부터 11월 7일까지) 대략 8개월 동안 존속되었다. 이것은 그 당시에 전 세계에서 가장 자유주의적인 정부였

임시정부 최초의 "내각". 왼쪽 첫 번째 인물은 게오르기 르보프 공, 왼쪽에서 세 번째 인물은 케렌스키, 왼쪽에서 여섯 번째 인물은 밀류코프이다. 1917년 4월 무렵, 거리의 군중은 (케렌스키를 제외하고) "부르주아 장관들"을 제거하라고 촉구하곤 했다. (*Russian State Archive of Film and Photographic Documents*)

음이 거의 틀림없다. 임시정부는 민주주의, 자유, 모든 계급과 민족의 통합이라는 이상에 확고한 기반을 두고서 즉각 급진적인 개혁 프로그램에 착수했다. 몇 주 지나지 않아 수천 명의 정치범들과 유형자들이 풀려났고, 언론, 출판, 집회, 결사의 자유와 파업권이 선포되었다. 태형, 시베리아 유형, 사형제도가 폐지되었다. 민족과 종교에 기반을 둔 법적 제약이 제거되었고(그리고 폴란드에는 독립이 약속되었다), 여성들에게는 투표권과 공직 출마권이 부여되었다. 보통, 비밀, 직접, 평등이라는 선거 원칙에 기반을 두고 제헌의회 선거 준비가 시작되었고, 토지 개혁 작업도 시작되었다. 새로운 정부의 자유주의 지도자들은 개별 시민이 새로운 질서의 기반이 되게 하는 포괄적이고 폭넓은 혁명 개념을 수사적으로 정교하게 표현했다. 이것은 계급의 이익이나 개별적인 필요보다는 국가적 통합과 조화라는 이상을 앞세우던 시민권의 이상이었다. 그리고 그들은 오랫동안 전제정치에 대한 투쟁을 벌이던 입장에 따라, 나라를 변화시키는 핵심적인 동력으로서 국가보다는 활동적인 시민사회를 강조했다.

임시정부는 자유주의가 러시아를 위하여 할 수 있었던 일을 보여주기는 했지만, 1917년에 러시아를 괴롭힌 엄청난 어려움들과 러시아를 통치했던 세력을 극복해내는 데에는 실패했다. 국민들 사이에 전쟁에 대한 지지가 계속해서 감소하고, 군대는 매일같이 전투 능력을 상실하고 있던 사실에도 불구하고, 새로운 정부는 전쟁을 계속했다. 신정부는 모든 경작 가능한 토지는 농민들이 소유해야 한다고 확신했지만, 토지 문제를 명확히 해결하지 않고 제헌의회에 넘김으로써 농민들을 만족시키는 데 실패했다. 임시정부는 인플레이션을 잡을 수도 없었고, 교통을 복구시킨다거나 산업 생산을 증대시킬 수도 없다는 것이 밝혀졌다. 사실상 러시아 경제는 계속해서 와해되고 있었다.

이런 실패의 상당 부분은 새로운 체제의 권한과 권력이 제한되어 있었다는 데에서 유래되었다. 임시정부는 실질적인 행정기구라고 할 만한 것을 거의 가지고 있지 않았으며, 특히 차르 경찰은 대체로 잠적해버린 상태였다. 이미 언급되었듯이, 임시정부는 항상 소비에트와 경쟁해야 했다. 군대의 고위 지휘관들은 정부를 지지했지만, 남아 있는 사병들의 숫자는 불분명했고, 페트로그라드 수비대는 오히려 소비에트에 충성하고 있었다. 더구나 임시정부는 페트로그라드 수비대를 제거한다거나 무장해제시키지 않겠다고 소비에트에 약속해야 했다. "설득대장(Glavnougovarivaiushchii)"이라는 케렌스키의 조롱 섞인 별명에는 그의 난처한 입장이 부분적으로 반영되었다.

그리고 정부는 몇 가지 실수를 저질렀다. 정부는 국가의 파국적인 상황을 인정하기를 거부했고, 국민들의 분위기를 잘못 판단했다. 물론, 정부의 "실수" 중에서 많은 것들은 정부의 자유주의적인 정치적 가치를 감안한다면 이해될 수 있었다. 그리하여 언급된 것처럼, 정부는 프랑스 대혁명 때의 프랑스인들처럼 러시아인들이 마침내 자유인이 되었기 때문에 이전보다 더 잘 싸울 것이라고 믿고서 전쟁을 계속했다. 정부는 권위주의적인 독일에 대항한 싸움에서 프랑스와 영국 같은 민주주의적인 동맹국들을 저버리면 자신들의 정치적 원칙을 배반하는 셈이 될 것이고, 새로운 민주주의야말로 러시아의 최상의 이익이라고 진지하게 믿고 있었다. 국내 문제에서 정부는 격동의 시기에 일반적으로 유지하기 어려운 온건하고 자유주의적인 입장을 취하고 있었는데, 이것은 절망적일 정도로 빈곤하며 대체로 문맹인 농민들이 다른 무엇보다도 귀족의 땅을 원하고 있던 국가에서는 돈키호테적인 일이었다는 것이 밝혀졌다. 정부의 잠정적이고도 "임시적인"

성격은 특별한 약점이었다. 임시정부의 구성원들은 자신들이 우연에 의해서 높은 권위를 획득했으며, 두마 자체가 극히 한계가 있던 1907년의 선거제도에 의해서 선출되었다는 사실을 깊이 인식하고 있었다. 그들은 법치주의를 크게 신봉하고 있었기 때문에, 제대로 된 민주주의적 제헌의회에 의해서만 러시아의 장래와 관련된 근본적인 문제들이 해결될 수 있다고 주장했다. 그러므로 토지 문제의 해결이나 소수민족이 미래에 가지게 될 지위 같은 기본적인 결정 사항들은 제헌의회에 맡겨져야 했다. 그러나 제헌의회가 임시정부 구성원들에게 그토록 많은 의미가 있었다고 할지라도, 그들은 제헌의회를 충분할 정도로 빨리 소집하지 않았다는 점에서 최악의 실수를 저지른 셈이었다. 러시아 최고의 몇몇 법률가들이 완벽한 선거법을 만들려고 노력하는 동안에 시간은 지나가버려서, 마침내 제헌의회가 소집되었을 때에는 너무 늦었다. 왜냐하면 볼셰비키가 이미 권력을 장악하고 있었기 때문이다.

1917년의 볼셰비키의 승리는 레닌이라는 개인 및 그의 활동과 분리될 수 없다. 그는 신정부가 망명자들에게 실시한 사면 조치 덕분에 러시아로 되돌아올 수 있었는데, 1917년 4월 3일에 페트로그라드의 핀란드 역에 도착했다. 독일 정부는 레닌과 그의 동지들이 러시아의 전쟁에 대한 노력을 단념시키도록 기대하면서, 그들을 밀봉열차에 태워 스위스에서 독일을 통해서 지나가도록 해주었다. 이 여행 때문에 곧장 레닌이 독일인들을 위해서 일하고 있다는 소문이 나게 되었다. 귀국 다음 날, 레닌은 심지어 대부분의 볼셰비키도 놀라게 했던 주장을 발표했다. 즉, 부르주아 혁명을 사회주의 혁명으로 전환시킬 때가 되었다는 것이다. 며칠 뒤에 당 기관지인 『프라우다(*Pravda*)』에 발표되었을 때 붙여진 제목에 따라 "4월 테제"라고 불린 이 주장에는 "부르주아적인" 임시정부에 대항한 혁명을 일으킬 것, 모든 권력을 소비에트에 넘길 것, 즉각적인 종전, 토지를 국유화하고 농민들에게 분배할 것, 산업을 노동자평의회의 통제하에 둘 것 등을 극적으로 촉구한 내용을 담고 있었다. 그의 많은 동료들은 그가 너무 오랫동안 러시아에서 떨어져서 지냈기 때문에 정치 현실에 어두울 따름이라고 생각했다. 그러나 레닌은 당 내에서 평당원들의 지지를 점차로 많이 받게 되었으며, 곧 대부분의 당 지도자들을 설득하여 자기편으로 끌어들일 수 있었다.

전쟁이라는 엄청난 부담과 점차 심해지던 경제적인 혼란으로 인해서, 임시정부의 입지는 계속해서 점점 더 불안정해졌다. 그뿐만 아니라 새로운 자유에 대한 열정은 새로운 통치자들에 대한 커져가는 불신감과 혼합되었다. 통치자들은 부자, 상층계급, 부르주아라는 다양한 꼬리표를 달고 있었다. 최초의 공개적인 위기는 정부의 전쟁에 대한 정책과 관련하여 1917년 4월 하순에 발생되었다. 합병주의적인 전쟁 목표를 포기하라는 페트로그라드 소비에트의 압력을 받은 임시정부는 순수하게 방어적인 전쟁만 주장하는 내용을 담은 "전쟁 목표 선언문"을 러시아 시민들에게 공포했다. 정부는 그 이상의 압력을 받음에 따라, 동일한 내용을 담은 외교각서를 동맹국들에게 발송해야 했다. 그러나 이 각서가 공개되었을 때 그 결과는 파국적이었다. 4월 20일에 신문들은 외무부 장관인 밀류코프가 동맹국들에 발송한 각서 전문을 활자화했다. 그에 따르면, 러시아는 승리를 위해서 싸울 것이며 전쟁 이후에 "보장과 제재"를 부과할 준비가 되어 있다고 확언해주었다. 그런데 대중은 이 말이 다른 무엇보다도 1915년에 동맹국들과 합의한 대로 러시아가 콘스탄티노플과 다르다넬스 해협에 대한 통제권을 계속해서 요구하는 것을 의미한다고 널리 이해했다. 이것은 페트로그라드 소비에트가 요구하고 있던 대외정책에 분명히 배치되었고, 심지어 정부 자신이 발표한 "전쟁 목표 선언문"과도 모순되었다. 많은 사람들에게는 선언문이 이제 정치적인 속임수이자 위선인 것처럼 보였다. 그다음 날, 무기를 든 군인들을 포함한 대규모의 항의 군중이 페트로그라드와 모스크바 거리에 등장하여 "밀류코프-다르다넬스키", "자본가 장관들", "제국주의 전쟁"을 비난했다. 사람들의 분노를 달래기 위해서 밀류코프는 사임할 수밖에 없었고, 내각은 개편되어서 1명이 아니라 5명의 사회주의자들을 포함하게 되었는데 그중에 케렌스키는 전쟁부 및 해군부 장관직을 차지하게 되었다. 정부는 엄격히 방어적인 전쟁과 "합병과 배상이 없는" 평화를 추구하겠다고 선언했다. 그러나 적을 몰아내기 위해서 케렌스키와 브루실로프 장군은 6월 하순에 남서부 전선에서 대규모 공격을 시작했다. 처음에는 성공적이었던 이 공격은 혼란과 규율 부재로 말미암아 곧 실패로 돌아갔다. 모든 부대는 그저 싸우기를 거부했다. 반면에 독일인들과 오스트리아인들은 러시아 방어선을 돌파했고, 임시정부는 또다른 재앙에 직면해야 했다. 사분오열된 과거의 로마노프 가문의 제국에서 종족 및 민족 운동이 급속히 번져감에 따라, 소수민족 문제는 정부에 훨씬 더 압박을 가하게 되었다. 정부는 제헌의회가 소집될 때까지 정치적인 결정을 미루는 점점 위험한 정책을 지속했다. 그럼에도 불구하고, 4명의 입헌민주당 소속 장관들은 우크라이나의 운동에 너무 많은 것이 승인되었다고 믿었기 때문에 7월에 사임했다. 내각 내에 심각한 긴장과 위기가 있었다는 사실은, 노동자들이 기업 경영에 참여하도록 만들려던 사회민주당 소속 신임 노동부 장관의 노력에 반대하던 상공부 장관의 사임, 그리고 토지정책의 실시를 둘러싸고 사회혁명당 지도자인 체르노프와 르보프 사이에 벌어진 충돌에 의해서도 입증되었다. 농민들이 제헌의회를 기다리지 않고 스스로 귀족의 땅을 무단 점유하기 시작함에 따라, 중대한 토지문제의 해결은 더욱 절박한 과제가 되었다.

높아져가던 대중의 좌절감과 불만으로 인해서 그다음의 커다란 위기, 소위 "7월의 날들(Iiul'skie dni)"이 초래되었다. 이때 수만 명의 무장 군인들, 수병들, 노동자들은 7월 3일부터 수도의 여러 거리를 차지했다. 이것은 2월 혁명 이후에는 전혀 없던 일이었다. 그러나 2월과의 차이점은 놀라운 것이었다. 거리에 나선 이 군중에게는 2월 시기의 포괄적인 다계급적(多階級的) 성격이 없었다. 그리고 여러 이야기를 종합해보면, 분위기는 훨씬 더 암울했고, 참가자들은 분노하고 있었다. 7월 4일에는 도시 전역에 발포가 있었다고 보고되었고, 사상자들의 수는 증가하기 시작했다. 카자크들이나 당국의 다른 무력이 군중과 맞닥뜨릴 때면 언제나 유혈 충돌이 발생되었다. 심지어 많은 사회주의자들도 군중의 "과잉행동"이 그 당시에 고리키가 쓴 대로 "자신들이 무슨 일을 하고 있는지 아무런 생각도 가지고 있지 않았던" 폭도들의 행위라고 느끼고 있었다. 그러나 그 당시의 자료는 사람들이 무엇에 반대하고 있는지 알고 있었다는 것을 보여준다. 즉, 그들은 전쟁, 새로운 공격, 부르주아에 반대하고 있었던 것이다. 그리고 그들은 자신들이 무엇을 찬성하고 있었는지 알고 있었다. 즉, 그들은 소비에트 권력을 원하고 있었던 것이다. 분명하지 않았던 점은 특히 소비에트 자체가 권력을 억지로 장악하기를 거절했을 때, 이런 목적을 성취하는 방법에 대한 것이었다. 소비에트 지도자들이 군중을 진정시키도록 체르노프를 내보냈을 때의 한 유명한 장면에서, 어떤 분노한 시위 참가자는 자신의 움켜쥔 주먹을 흔들면서, "개새끼야, 권력이 당신 손에 넘어갈 때 그것을 잡아"라고 체르노프에게 소리쳤다. 온건한 소비에트 지도자들은 이 모든 일에 대해서 볼셰비키를 비난했다. 볼셰비키 자신들도 비록 유혹을 받고 처음에는 어떻게 반응해야 할지 모르기는 했지만, 이런 거리 운동을 통해서 권력을 잡는 것은 거절했다. 역사학자들은 볼셰비키가 이 사건들을 조직했는지의 여부, 그랬다면 그 목적이 무엇인지에 대해서 아직도 논쟁을 벌이고 있다. 임시정부를 전복시키는 목표가 볼셰비키의 안건 목록에 포함되어 있었던 것은 분명하다. 문제는 시기였다. 볼셰비키가 이런 시위를 조장하는 데에 어떤 역할을 했든지 간에, 실패에 대한 타당한 우려 때문에 그들이 행동에 나서지 않았다고 주장하는 것이 옳을 것이다. 소비에트와 볼셰비키로부터 아무런 지도를 받지 못한 이 운동은 와해되었다. 7월 4일 저녁에는 폭우가 쏟아져서 마침내 거리에 남아 있던 마지막 군중마저 흩어져버렸다.

정부는 시위에 참가한 군인들과 단체들에 대해서 탄압을 시작했다. 볼셰비키는 반란 혐의—독일 정부로부터 자금과 지시를 받았다는 것—를 받았고, 수백 명의 볼셰비키 지도자들이 체포되었다. 레닌 등 몇몇 사람들은 잠적하거나 해외로 도피했다. 더 나아가, 보다 큰 사회질서를 위해서 몇몇 시민적 자유는 제한되었다. 전선에서의 반란, 탈영, 전투 중의 탈주, 전투 명령 거부, 항복 선동, 명령 불복종, 봉기 등으로 약식 군법회의에서 유죄판결을 받은 군인들에 대해서는 사형제도가 부활되었다. 더 이상의 공지가 있을 때까지 페트로그라드에서 거리 행진은 금지되었다. 7월 18일에 케렌스키는 신임 총사령관으로 코르닐로프를 임명했다. 그는 거친 성격의 카자크 출신 장군으로서 군사적 및 시민적 규율을 강력하게 옹호하는 입장 때문에 보수주의 서클에서는 이미 크게 존경받고 있었다. 이런 새로운 환경 속에서, 다양한 우익 및 보수주의 단체는 활동을 더 활발히 하고 점차 대담해져갔다. 그리고 케렌스키가 주도하고 10명의 사회주의자들(사회혁명당원, 멘셰비키, 근로당원)과 7명의 자유주의자들(주로 카데트들)로 구성된 새로운 연립정부가 구성되었다. 많은 사람들은 정부가 승리를 확고히 하고 급진적인 반대 세력의 뿌리를 완전히 뽑아야 한다고 주장했지만, 정부는 국내에서 권위와 질서를 회복하는 노력을 계속했다.

위기는 계속 심화되었다. 정부는 자신의 권위와 정책을 중심으로 국가를 통합시키려는 바람에서, 8월 중순에 모스크바에서 전국적인 "국가회의(Gosudarstvennoe soveshchanie)"를 소집했다. 그곳에는 모든 형태의 시민단체들이 대표를 파견하도록 초청되었다. 이 회의는 성과가 거의 없었으나, 러시아의 삶에서 깊은 사회적 및 정치적 균열을 드러내주었다. 회의가 열리기도 전에 많은 우익단체는 더 큰 질서와 통합을 통해서 "러시아를 구원"하게 될 "강력하게 통합된 거국내각"을 구성할 것을 촉구하고 나섰다. 그와 대조적으로 사회주의자들은 러시아의 고통이 부르주아의 탐욕에 있다고 비난하면서 반혁명의 위협에 대해서 경고했다. 이런 상호불신과 비난이 회의장을 가득 채웠다.

그 유명한 "코르닐로프 사건"은 무질서, 배반, 위험에 대한 이야기 그리고 규율, 통합, 강력한 권위의 필요성에 대한 여름 홍수처럼 많은 이야기로부터 직접 비롯되었다. 사건 자체는 불길한 일과 어처구니없는 일 사이를 오락가락했고, 음모에 의한 것만큼이나 혼란과 오해에 의하여 빚어졌다. 그러나 결과는 엄청났다. 신임 총사령관인 코르닐로프는 케렌스키와 정부가 소비에트와 좌익의 포로라는 우익의 관점에 동의하는 쪽으로 생각이 기울었다. 그로서는 자신이 정부와 러시아를 구출할 수 있는 인물이라고 생각했다. 보수적인 언론과 우익 지도자들, 점차로 조직화되어가던 장교단체들, 기업인들, 지주들은 코르닐로프에게 이런 자신감을 북돋우어주었다. 코르닐로프는 케렌스키도 좌파 권력을 끝장내기를 바라고 있으며, 질서를 되찾고 강력한 정부를 구성하기 위해서 일시적으로 군사독재를 지지할 준비가 되어 있다고 믿었던 것 같은데, 여기에는 근거가 없지는 않다. 그러나 이 두 사람 사이에는 서로 오해가 있었다는 증거 혹은 아마도 고의로 상대를 기만했다는 증거—역사의 기록은 이 두 가지 모순된 주장으로 가득 차 있다—도 많이 있다. 아무튼 코르닐로프가 소비에트의 해산을 포함하는 것처럼 보였던 혁명의 "보호"를 위해서 수도로 군대를 파견했을 때, 케렌스키는 코르닐로프가 권력을 장악하려는 음모로부터 "혁명을 구원하자"고 사람들에게 호소했다. 8월 하순에, 수도의 주민들은 방어를 위해서 동원되었던 반면에, 진격해오던 부대는 철도 파업에 직면하고 전반적인 저항에 부딪히고 보급품이 부족해지게 됨으로써, 사기가 꺾이고 목표 지점에 도달하지도 못한 채 꼼짝도 못하게 되었다. 부대의 지휘관은 자살하고 말았다. 사실 이 에피소드로부터 이익을 얻은 세력은 볼셰비키뿐이었다. 그들의 지도자들은 감옥에서 풀려났고, 그들의 추종자들은 페트로그라드를 방어하기 위해서 무장했다. 코르닐로프의 위협이 실패한 이후에, 그들은 수도에서 군사력의 우위를 유지했고, 점차 과격해지고 있던 대중 사이에서 점점 더 많은 지지자들을 얻게 되었다.

다른 한편, 임시정부는 코르닐로프를 배반했다는 이유로 우파로부터 심한 멸시—이런 비난이 전적으로 정당한지는 또다른 문제이다—를 받게 되었고, 좌파에 속한 많은 사람들은 임시정부가 코르닐로프와 음모를 꾸몄다고 의심하고 있었다. 내각은 또다른 위기를 경험하게 되었고—세 번째이자 마지막으로—마침내 케렌스키를 계속 수반으로 하고 10명의 사회주의자들과 6명의 비사회주의자들을 포함하는 식으로 개편되었다. 코르닐로프의 대실패에 뒤이어 코르닐로프 자신과 다른 몇몇 장군들이 체포됨으로써 군대의 규율은 더욱 붕괴되었고, 많은 부대에서 장교들은 자신의 위치를 지키기 어려워졌다.

사회혁명

우리는 혁명의 사회사에 대한 연구를 통해서 볼셰비키가 권력을 잡는 과정에서 노동자들, 군인들, 농민들이 맡은 역할에 대한 지식을 크게 늘려왔으며, 이런 사건들이 보통의 러시아인들에게 무엇을 의미했는지에 대해서 좀더 많이 이해할 수 있게 되었다. 만약 그토록 많은 사람들이 볼셰비키가 한 약속을 아주 호소력 있는 것으로 생각하지 않았더라면, 또한 계속되고 있던 사회의 불만과 분노가 러시아의 허약한 신질서를 훼손하지 않았더라면, 레닌의 주장은 1917년의 역사에 대한 하나의 보충 설명으로만 남아 있었을 것이다. 물론 질서가 무너지게 된 상당 부분의 원인은 계속된 경제적 붕괴, 특히 도시와 전선에서의 최악의 물질적 상황이었다. 기존의 정치 및 사회적 권위에 대해서 깊은 불신감을 가지고 있던 많은 하층계급 러시아인들이 보기에 이 위기에 대한 유일한 해결책은 자신들의 일상생활에서 그들 자신이 더욱 많은 권력을 가지는 것이었다. 그리하여 공장 노동자들은 자신들이 선출한 위원회가 생산을 감시하고, 물자와 원료를 감독하고, 벌금 및 다른 규율 조치를 모니터하며, 고용과 해고를 감시할 수 있도록 허용해달라고 요구했다. 경제의 상황이 더 악화되고 고용주들에 대한 불신이 커짐에 따라, "노동자 관리(Rabochii kontrol)" 운동은 노동자들에 의한 감독으로부터 노동자들에 의한 완전한 경영권 요구로 진전되었다. 노동자들은 과거에 자신들에 대한 생사여탈권을 가지고 있던 사람들에게 복수를 하기도 했다. 그런 복수는 단지 현장감독과 고용주들에게 무례하게 대하거나 순종하지 않는 행동으로 하기도 했고, 감독자들이나 소유주들을 외바퀴 수레에 태워서 공장 바깥으로 내보내는 아주 치밀하게 준비된 의식을 통해서 행해지기도 했다. 마찬가지로 사병들과 수병들도 명령을 무시하거나, 장교들을 흉내 내며 조롱하거나(심지어 장교들을 구타하기도 했다), (특히 과거의 장교들이 병사위원회의 커져가는 요구에 저항하려고 할 때) 새로운 장교를 선출하거나, 그렇지 않으면 점점 많은 수의 사병들이 그저 탈영했다. 농민들은 봄부터 대지주의 소유인 가축과 농기구들을 차지해서 분배했고, 개인 삼림에서 나무를 베었으며, 독립 농민들에게 마을의 공동체 규칙을 따르도록 강요했고, 법적인 인가를 기다리지 않고 귀족과 부농들로부터 토지를 빼앗았으며, 지주들의 집을 공격하고 불태움으로써 그들을 농촌에서 축출하려고 했다. 모든 주요 도시의 거리에서는 노동자들, 사병들, 대학생들 그리고 다른 도시민들 무리가 공공 광장, 대로, 그리고 거리를 차지하고는 계속해서 집회를 열고 장례 행렬이나 시위를 벌였다. 이런 사회적 저항 행위와 더불어 술주정, 깡패 행위, 강도, 폭력적인 범죄가 다수 자행되었다. 1917년 가을에는 많은 온건한 사회주의자들조차 이런 격변 사태가 사악한 대중적 본능이나 파괴적인 계급적 적대감의 분출이라고 보면서, 그것이 러시아를 폭력과 무정부 상태라는 악몽 같은 구렁텅이 속으로 몰아넣을 것이라고 두려워하고 있었다.

흥분한 사람들의 동기와 목표 그리고 분위기는 복잡하고 모순되었다. 이런 사회혁명에 수반되어 마구 쏟아진 말과 글로 판단해보면, 일부의 사상은 아주 설득력을 가졌던 것으로 보인다. 2월 혁명 이후의 몇 달 동안 거의 모든 사람들의 언어에는 자유가 스며들어 있었다. 그러한 언어는 러시아인들의 “부활”을 가능하게 하는 것으로서 “신성한” 무엇인 것처럼 거의 종교적인 용어로 종종 분출되기도 했다. 그러나 자유는 다양하게 이해되었다. 그것은 예속, 권리 부재, 억압의 긴 역사의 종식으로서 소극적으로 이해되기도 했고, 기본적인 “인권”의 하나로서, 아주 구체적으로는 음식, 토지, 무상교육, 종전(終戰)과 같은 사회적 유익을 가져오는 선(善)으로 적극적으로 이해되기도 했다. 그리고 정치적인 권력은 사람들의 마음을 사로잡았다. 대부분의 러시아인들은 자유의 이야기와 나란히, 국가 그리고 특히 경제에 질서를 되찾아줄 수 있는 강력하고도 통합된 정치적 권위의 필요성을 믿었던 것 같았다. 그러나 이것은 소수가 아니라 다수의, 부자

2월 혁명으로 사망한 사람들을 위해서 페트로그라드의 마르스 광장에서 거행된 장례식에 참석한 군인들. 플래카드에는 "자유를 위한 투사로서 사망한 동지들을 영원히 영광스럽게 기억하라", "민주공화국 만세", "힘은 조직 안에 있다"라고 쓰여 있다. 떠오르는 태양, 부서진 사슬, 여성으로 의인화된 자유를 사용한 것은 흔한 일이었다. (*Russian State Archive of Film and Photographic Documents*)

가 아니라 빈자의 이익에 도움이 되는 정치권력이어야 했다. 많은 사람들에게 소비에트 권력 사상 속에서 구현된 그런 "민주주의적" 권위는 예를 들면, 기아를 방지하기 위해서 식량 독점권을 확립할 것이고, 산업 분야에서 노동자 관리를 도입할 것이며, 인플레이션을 억제하기 위해서 가격을 고정시킬 것이고, "과도한 이익"을 몰수할 것이며, 심지어 그러한 대중 권력에 대한 반대를 억압할 것이었다. 여기서 볼 수 있는 것처럼, 사회적 계급에 대한 생각이 대중에게 스며들어 있었다. 대부분의 하층계급 러시아인들은 부자들과 권력자들을 불신했고, 2월 이후로 혁명의 실패에 대한 책임을 물어서 그들을 비난하는 경향이 있었으며, 심지어 그들을 "인민의 적"이자 러시아와 혁명의 "배신자"라고 낙인찍기까지 했다. 이 모든 것을 복잡하게 만든 것은 대중 혁명의 언어가 도덕적 언어와 감정으로 가득 차 있었다는 사실이다. "선"과 "악"에 대한 이야기는 1917년에 일상적으로 통용되고 있었다. 명예와 존엄성 그리고 이런 것들에 뒤따르는 사회적 권리에 대한 윤리적인 개념들이 확산되었다. 혁명은 "굴욕과 모욕"을 끝장낼 것이며, 일반인들에게 부여되는 "존중"에 의해서 규정되는 사회 및 정치 질서를 창출하게 될 것이라고 말해졌다. 볼셰비키 혁명이 성취한 것이 바로 이런 것이었는지의 문제는 또다른 이야기이다.

볼셰비키 혁명

볼셰비키는 자신들이 역사의 무대에 오를 순간이 다가왔다고 믿을 만한 충분한 이유를 가지고 있었다. 볼셰비키의 인기와 지지도는 높아져가고 있었다. 레닌은 노동자들, 군인들, 농민들의 인내심이 바닥났다고 주장했다(그는 10월 초에 변장을 한 채 핀란드로부터 페트로그라드로 돌아와서 직접 이 말을 했다). 그들은 반정부 무장 봉기를 지원할 준비가 되어 있었다. 그리고 볼셰비키의 프로그램—특히 즉각적인 평화와 농민들에 대한 즉각적인 토지 분배—을 고려한다면, 이것은 "어느 누구도 전복시킬 수 없는" 정부가 될 것이었다. 당내에서의 많은 의구심을 물리치고, 1917년 10월 10일에 개최된 볼셰비키 중앙 위원회 회의에서는 즉각적인 무장 봉기를 통해서 정부를 전복시키기 위한 준비를 하기로 결정되었다.

볼셰비키는 정치적인 양극화가 심화되고 있던 상황에서 유일하게 조직화된 주요 반정부 정당이라는 데에서 이익을 얻었고, 그들의 인기가 점차 높아져가고 있었다는 것은 의문의 여지가 없었다. 코르닐로프 사건 이전에도 특히 모스크바와 페트로그라드에서는 그런 증거는 이미 명확히 드러났다. 그들은 지역 공장 위원회와 노동조합 선거에서, 군과 시 소비에트 선거에서, 모스크바와 페트로그라드 시 평의회 선거에서(그들은 종종 다수파를 차지했다), 볼셰비키 신문에 대한 독자층의 증가와 당원 수의 증가에서 극적인 이익을 얻었다. 코르닐로프 사건으로 반혁명에 대한 두려움이 강화되고 온건파 사회주의자들에 대한 실망감이 커진 이후로, 볼셰비키의 영향력은 아주 빠른 속도로 커져갔다. 9월 25일 무렵에 볼셰비키는 페트로그라드 소비에트에서 다수파가 되었으므로, 상임 간부회 선거에서 볼셰비키가 다수로 선출되었고, 트로츠키가 의장으로 선출되었다. 대략 이 시기에 볼셰비키는 모스크바 소비에트에 대한 통제권도 획득했다. 그 이후의 몇 주 동안에 그와 같은 일이 일어났고, 1917년 10월 25일에 개최된 제2차 노동자 병사 소비에트 대회의 개막식에서는 이런 흐름이 절정에 달했다. 670명의 대의원 중에 거의 300명을 확보한 볼셰비키는 다수는 아니었으나, 193명의 사회혁명당 대의원들 중에 절반인 "사회혁명당 좌파"가 볼셰비키를 지지했다. 압도적인 다수의 대의원들은 "모든 권력을 소비에트로" 넘길 때가 되었다는 데에 동의했다.

그러나 레닌은 소비에트 대회가 모든 사회주의 정당들을 포함한 소비에트 정부를 주장함으로써 볼셰비키의 행동을 제한할 수도 있을 것이라고 우려했는데, 여기에는 상당한 근거가 있었다. 레닌의 계획은 기정사실을 소비에트 대회에 제시하는 것이었다. 즉, 그는 비록 트로츠키가 주장한 전술적인 움직임으로서 볼셰비키 당이 아니라 소비에트의 이름이기는 했지만, 볼셰비키의 무력으로 임시정부를 전복시키고자 계획했다. 10월 25일(11월 7일)—이 날짜는 70년 이상 동안 혁명 기념일로 공식적으로 축하되었다—에 볼셰비키의 "적위대(Krasnaia gvardiia)"는 주요 도로, 다리, 정부 건물, 철도역, 우편 및 전신국, 전화 교환국, 전기 발전소, 국립은행, 경찰서 등에 대한 통제권을 장악했다. 이런 봉기에 직면한 임시정부의 장관들은 허술하게 방어되고 있던 겨울궁전 안에 바리케이드를 치고 있었다(그러나 케렌스키는 아마도 변장을 한 채 25일 아침에 도망치고 없었다). 새로운 소비에트 지도부가 구성된 이후에 멘셰비키와 사회혁명당의 연설자들은 연단을 차지하고는, 볼셰비키의 행동이 "범죄적인 정치 모험"이라고 비난하면서 민주주의적인 통합을 촉구했다. 타협의 제안을 가리켜서, 자신들의 역할이 다 끝나서 이제 "역사의 쓰레기 더미"에 해당되는 "파산자들"의 변명이라고 트로츠키가 조롱했던 것은 유명한 일이다. 볼셰비키에 반대하던 이런 사회주의자들 대부분은 볼셰비키의 행동에 대한 항의의 표시로 대회에서 자발적으로 퇴장했고, 그리하여 레닌의 정당은 훨씬 더 많은 다수를 차지하게 되었다. 10월 26일의 동이 트기 전의 시각에 궁전이 기습을 받아 장관들이 체포되었다는 소식이 전해지자, 소비에트 대회는 국가권력이 소비에트 자체의 손으로 넘겨졌고 지방의 모든 권력이 지방의 노동자, 병사, 농민 대표들의 소비에트의 수중으로 이관되었다는 레닌의 선언을 승인했다. 대회는 모든 국가에 즉각적인 평화를 제안하고, 토지를 농민 위원회의 통제하에 넘기는 조치를 보호하며, 산업에서는 노동자 관리를 수립하며, 제헌의회의 소집을 보장하겠다는 약속도 선언했다. 며칠 지나지 않아 다른 많은 도시들의 소비에트는 혁명을 지지했다. 정치적인 스펙트럼과는 무관하게 많은 러시아인들은 폭력에 의한 정권 장악에 대해서 분노를 표현했다. 그리고 아주 많은 사람들은 이러한 비민주적인 모험이 분명히 그리고 곧 실패할 것이라는 확신을 표명했다.

제6부
소비에트 러시아

제35장

소비에트 러시아 : 서론

철학자들은 여러 가지 방법으로 세계를 "해석하기"만 했으나, 중요한 것은 그것을 "변화시키는" 것이다.
　　　　　　　　　　　　　　　　　　　　　　　　　　　　—칼 마르크스

마르크스주의를 공부한 역사학자에게 항상 분명히 보이는 계급투쟁은 가공되지 않은 물질적인 것들을 얻기 위한 싸움인데, 그런 것들 없이는 어떤 고상하고 정신적인 것도 존재할 수 없다. 그러나 계급투쟁 속에 존재하는 고상하고 정신적인 것은 승리자의 차지가 되는 전리품 속에서 찾아볼 수는 없다. 그것들은 이런 투쟁 속에서 확신, 용기, 유머, 간계, 불굴의 용기로 살아 있는 것이며, 과거 속 멀리까지 영향을 미치고 있다. 그것들은 과거와 현재의 통치자들이 거둔 모든 승리에 계속해서 의문을 제기하고 있다.
　　　　　　　　　　　　　　　　　　　　　　　　　　　　　—베냐민

레닌과 볼셰비키가 1917년에 권력을 잡았을 때, 그들은 파국적인 전쟁, 계속되는 경제적 해체, 오직 소수의 국민들만의 사회적 지지, 사회주의에 적대적인 세계의 국가들, 다른 나라들에서의 혁명의 실패 등 거의 이해할 수 없을 정도의 장애물들과 마주쳤다. 그리고 곧 그들은 내전에 직면했다. 생존을 위한 잔혹한 투쟁으로 인해서 당, 당의 지도자들, 그리고 많은 것에 대한 그들의 생각이 바뀌었다. 그리고 압력이 결코 약해지지도 않았다. 소련 역사 전체는 비록 생존과 성취의 이야기이기도 하지만, 커다란 어려움, 위기, 갈등의 이야기—그중의 일부는 분명히 그들 자신의 행동에 의해서 야기되었다—이기도 하다. 고통과 적응에 대한 이런 이야기는 다음 장들에서 다룰 주제이다. 그러나 소련 역사를 환경의 산물이라고 말하면, 이 역사를 그토록 놀랍고도 눈에 띄도록 만드는 핵심적인 사항을 놓치게 된다. 아마도 어떤 다른 근대국가 이상으로, 공산주의자들(그들은 스스로를 이렇게 부르기 시작했다)은 모든 것을 포괄하는 이데올로기, 즉 자신들이 마르크스주의-레닌주의 혹은 변증법적 유물론이라고 부르는 것으로부터 동력을 공급받았다. 그 이데올로기 자체는 진화되고 변화되었으나―그리고 오용되었고, 일부 사람들은 "배반당했다"고 말하곤 했다―모든 상황과 결정을 그것을 통해서 바라보아야 하는 렌즈로 남아 있었다.

소련 역사에 대하여 서구 역사학자들 사이에 벌어진 논쟁들―그리고 이런 논쟁들에서는 때때로 특히 냉전 기간에는 목소리가 높아지기도 했다―은 부분적으로 소련 체제의 모습을 형성시킬 때 상황과 이데올로기의 비중을 달리하는 문제와 관련되어 있었다. 부분적으로 이와 연관된 다른 질문들도 중대한 문제였다. 초기의 역사학자들은 거의 전적으로 국가와 정당 그리고 종종 주로 이런 기구들의 지도자들을 중심에 놓은 이야기를 전개했다. 이런 연구들은 소련을 "전체주의"―프리드리히와 브레진스키가 내린 유명한 정의에 따르면, 전체주의는 널리 확산된 이데올로기에 의해서 지배되는 정치체제, 단일하고 고도로 중앙집중화된 정당, 테러리즘적인 경찰, 통신수단에 대한 독점, 모든 무기의 국가통제, 중앙에서 지시하는 경제가 특징이다―라고 보는 대단히 중요한 해석과 종종 연관되어 있었다. 기록관의 자료를 좀더 많이 이용할 수 있게 됨으로써 도움을 받은 후기의 연구는 제도, 경제관계, 특히 사회집단들 및 그들의 경험 쪽으로 관심을 이동시켰다. 그뿐만 아니라 지방 사람들, 여성들, 비러시아인들 등 주변에 있거나 무시당하던 집단에게도 관심이 기울여지기 시작했다. 이런 변화 때문에 "전체주의 패러다임"은 복잡하고, 일관되지 못하며, 균열되고, 갈등으로 가득 찬 사회상으로 대체되는 경향을 보여주었다. 훨씬 더 최근의 연구는 소련 사회와 정치의 "문화적" 역사를 연구하면서―예를 들면, 의식(儀式), 신화, 기억, 주관성, 감정 등을 아주 자세히 살펴보는 것이다―이것이 역사에 대한 우리의 이야기와 이해를 변화시킬 수 있다는 것을 시사했다. 1991년에 공산주의 통치가 붕괴되고 기록관이 더욱 개방됨으로써, 소련 역사에 대한 우리의 지식과 해석은 더욱 큰 발전을 위한 자극을 얻게 되었다. 어디에서나 강력한 영향력을 미친 이데올로기와 독재국가의 잔혹성에 대한 새로운 평가만이 아니라, 사회적 경험과 행동이 가진 엄청난 다양성과 심지어 아주 전체주의적인 시대에서조차도 지속적이었던 변화에 대해서 새로운 평가가 내려질 수 있었다. 소련 역사는 하나의 학문으로서의 역사인 동시에, 역동적이고도 여전히 변모되는 연구 영역으로 남아 있다.

이데올로기적 뿌리 : 마르크스주의

이런 새로운 역사 영역에 들어올 때, 우리는 먼저 소련 공산주의자들이 종종 그렇게 했듯이, 혁명적 미래상의 핵심적인 지적 근원, 즉 마르크스주의를 되돌아보아야 한다. 마르크스와 엥겔스는 1840년대부터 시작해서 수십 년 동안의 연구를 통하여, 비록 완전한 일관성을 갖춘 것은 아니지만 거대하고도 포괄적인 체계를 가진 철학적, 사회적, 정치적 사상을 구축했다. 마르크스주의의 뿌리는 18세기의 계몽사상, 고전 경제학, 마르크스 이전의 사회주의, 그리고 독일의 관념론 철학—달리 말해서 서구 사상의 몇몇 주요 전통들—이었다. 러셀이 썼듯이, 마르크스는 "위대한 체계의 건설자들 중의 마지막 인물이자 헤겔의 계승자로서, 헤겔과 마찬가지로 합리적인 공식으로 인류의 발전을 요약할 수 있다고 믿었던 사람"이었다. 아주 중요하게도, 이것은 불평등, 불의, 고통으로 가득 차 있다고 판단했던 세계를 변화시키기 위해서 사용될 수 있는 실천적인 공식이 될 수 있었다. 그것은 사회생활의 어두운 측면이 그 자체의 극복을 위한 조건을 창출한다고 보는 낙관론적인 이론이었다.

소련의 이데올로기 신봉자들이 이해하고 명명한 대로 전체 체계의 철학적 핵심은 "변증법적 유물론"이었다. 왜냐하면 그것은 헤겔의 변증법과 좀더 최근의 "유물론자들"의 존재론을 결합했기 때문이다. 필연적으로 단순화시키는 일이겠지만, 우리는 변증법적 유물론을 요약할 수는 있다. 이 문제는 소련의 관심 사항이기 때문에, 이 요약은 소련에서 이 사상에 대해서 교육되었던 것을 그대로 적은 것이다. 철학적 관념론과는 대조적으로, 유물론은 세계에 대한 "과학적" 이해에 토대를 두면서 오직 물질만이 존재하며 의식은 물질로부터 파생된다고 주장한다. 마르크스주의에서 이것은 인간 사회, 문화, 역사의 모습을 만들 때 경제관계가 우선된다는 점을 강조하는 것으로 발전되었다. 마르크스가 1859년에 썼듯이, "물질적 생존 수단의 생산양식은 사회적, 정치적, 지적 생활의 전 과정을 좌우한다. 인간의 의식이 인간의 존재를 결정짓는 것이 아니라, 반대로 인간의 사회적 존재가 인간의 의식을 결정짓는 것이다." 변증법적 사고방식은 이 이론에 변화, 갈등, 역사 그리고 특히 계급투쟁을 중심의 자리에 놓은 입장을 더했다. 변증법이 우리에게 상기시키는 것에 따르면, 모든 것은 항상 변화하며 다른 것들과 역동적인 모순관계 속에서 존재하고, 점진적인 변화는 결국 질적인 변화(혁명)라는 도약으로 귀결될 것이며, 변화는 긍정적인 것이므로 세계는 모순과 혁명을 통하여 진보되는 것이다. 정(正), 반(反), 합(合)은 공통된 이론적 공식 안에 포함되어 있다. 주어진 조건, 즉 정은 그 자체 안에서 반대, 즉 반을 낳으며, 이 둘 사이의 긴장은 새로운 조건인 합으로의 도약으로 해소된다. 이제 합은 다시 정이 되어 새로운 반을 낳게 되어서, 변증법은 계속되는 것이다.

마르크스주의에서 이 운동의 동력은 계급투쟁이다. "사회의 물질적 생산력은" 계속 발전해서 "기존의 생산관계와 모순관계에 이르며", 사회적 갈등이 뒤따르게 된다. 궁극적으로, 혁명은 사회의 변혁을 가져오지만 그런 사회는 그 자체가 기존 질서가 되어 새로운 반을 낳게 된다. 이런 식으로 부르주아지는 봉건제도를 전복시켰고, 프롤레타리아트는 자본주의를 전복시킬 것이다. 각각의 혁명적 계급은 자신들이 파괴하는 운명을 가진 체제의 바로 그 조건들에 의해서 양육되는데, 그리하여 역사가 진보할 수 있다는 것이다. 마르크스는 자본주의에 대한 자신의 방대한 연구인 『자본론(*Das Kapital*)』에 다음과 같이 썼다.

이런 변화 과정의 온갖 이익을 빼앗고 독점하는 자본가 거물들의 수가 계속해서 줄어드는 것과 동시에, 비참, 억압, 노예 상태, 수모, 착취의 양은 증대된다. 그렇지만 역시 이것과 함께 노동계급의 반란도 증대된다. 이 계급은 계속해서 수적으로 늘어나고 있으며, 자본주의적 생산 자체의 과정이 작동되는 바로 그 메커니즘에 의해서 훈련받고, 통합되며, 조직화된다.……생산수단과 중앙집중화와 노동의 사회화는 결국 자본주의적 껍데기와 양립될 수 없는 지점에 다다르게 된다. 이런 껍데기는 폭파되어 산산조각이 난다. 자본주의적 사유재산의 조종이 울리게 된다. 남의 것을 빼앗은 자들이 이제 빼앗기게 되는 것이다.

그러나 의미심장하게도, 그리고 어떤 사람들은 비논리적이라고 주장하고 있지만, 프롤레타리아트 혁명은 이런 역사 과정의 종말이기도 하다. 마르크스의 유명한 말에 따르면, "'지금까지' 존재하는 모든 사회의 역사는 계급투쟁의 역사이다." 억압받던 다수의 승리로 인해서 우리가 알고 있던 역사는 종식될 것이며, 비록 구질서로부터 이익을 얻은 소수로부터의 저항을 격렬하게 극복할 필요가 없지는 않지만, 모든 인류는 갈등이 없는 자유와 평등이라는 새로운 세상으로 넘어갈 수 있을 것이다. 이것이 "공산주의"이다.

레닌주의

레닌은 제국주의와 식민주의 세력 등 마르크스의 시대의 상황과는 아주 다른 세계의 상황에 마르크스주의를 적용시키기 위해서 많은 일을 했다. 자본주의 이론을 점차로 세계화되어가던 경제에 적용하는 일, 노동계급의 놀라운 보수주의, 러시아와 같은 농업 중심 국가들에 마르크스주의를 적용시킬 필요성 등이 요구되었다. 레닌의 주장들 가운데에서는, 당과 민주주의, 혁명, 프롤레타리아트 독재에 관한 주장들 그리고 농민과 제국주의에 대한 주장들이 특별히 주목받을 만하다. 이미 언급되었듯이 1903년에 러시아 사회민주당이 레닌 주도의 볼셰비키와 멘셰비키로 분열된 것은 당의 성격에 대한 의견 차이 때문이었다. 멘셰비키는 마르크스주의의 목표에 공감하는 어느 누구에게든지 당을 개방시키려고 했다. 레닌은 명확한 명령 계통과 군대와 같은 규율을 가진, 헌신적인 직업 혁명가들로 구성되고 긴밀히 결합된 조직을 고수했다. 이처럼 상이한 당 개념 뒤에는 소련 정치에 장기적인 영향을 미치게 될 더욱 깊은 차이점이 있었다. 그중 하나의 차이점은 노동계급 운동에서 노동자들이 차지하는 위치와 관계되었다. 멘셰비키는 투쟁 경험 자체가 의식화를 가져오는 이익을 준다고 강력하게 믿는 경향이 있었던 반면에, 레닌은 보다 "의식적인" 활동가들의 인도와 지도가 필요하다는 점을 강조했다. 그가 『무엇을 할 것인가?(*Chto delat'?*)』(1902)에서 말한 유명한 주장에 따르면, 노동자들은 그대로 두면 경제적인 투쟁 이상을 바라볼 수 없고, 기존 사회체제를 전복시키는 데에 자신들의 이익이 있다는 점을 이해할 수 없을 것이다. 전위 정당은 사회주의자들이 "러시아 프롤레타리아트의

1917년의 레닌. (Gosizdat)

'후속 세대'를 경외심을 가지고 바라보는 것" 이상의 일을 했다는 것을 보증해 줄 필요가 있었다.

보다 일반적으로 말하면, 레닌은 민주주의에 대해서 다른 많은 러시아 마르 크스주의자들과 생각이 달랐다. 멘셰비키, 그리고 심지어 1917년 이전에 많은 볼셰비키는 비록 정치적 민주주의가 사회적 권리의 민주주의에 의해서 보충될 필요가 있다고 믿기는 했지만, 모든 사람들에게 동등한 정치적 대표권과 시민 적인 자유를 준다는 민주주의적인 바로 그 약속 때문에 마르크스주의에 이끌 렸다. 그와는 대조적으로, 레닌은 사회주의자들이 사회변혁이라는 대의를 추진 해나갈 때의 이용 가능성 말고는 민주주의가 본래적인 가치를 전혀 가지고 있 지 않다고 주장하던 사람들에 속했다. 그는 볼셰비키가 민주주의에 대한 "집착 (fetish)"을 전혀 가지고 있지 않다고 말하기를 좋아했다. 처음에는 사실상 심지 어 볼셰비키 가운데서조차도 아무도 동의하지 않았지만, 레닌은 특유의 결단력과 임박한 세계적 범위의 자본주의 체제의 전복을 믿고서는, 1917년에 자신과 자신의 정당이 러시아에서 혁명을 성공시킬 수 있다는 결론에 도달했다. 10월 혁명을 통해서 볼셰비키가 권력을 장악한 이후에, 공산당으로 개명한 레닌의 볼셰비키 당은 당과 민주주의에 대한 이러한 생각에 의지해서 새로운 소비에트 국가를 건설해나갔다.

레닌의 혁명적 낙관론은 부분적으로 새로운 질서를 수립할 때 농민들이 담당할 역할에 대한 재검토로부터 유래되었다. 마르크스와 엥겔스 그리고 마르크스주의자들은 일반적으로 자신들의 가르침에서 농민들을 무시했고, 그들을 소자산가로서 부르주아 진영으로 격하시켜버렸다. 그러나 레닌은 프롤레타리아트와 당의 지도를 잘 받기만 한다면 빈농들도 혁명 세력이 될 수 있다는 결론에 도달했다. 실제로 나중에 레닌은 중간층 농민들조차도 사회주의 국가에 어느 정도 가치가 있다고 선언했다. 부르주아 혁명을 사회주의 혁명으로 변모시킬 것을 촉구했던 바로 그 "4월 테제"는 빈농이 새로운 혁명 물결의 일부가 될 수 있다고 언급했다.

그리고 레닌은 자본주의 아래에서 벌이는 계급투쟁을, 제국주의에 의하여 형성된 전 지구적 배경 속에서 살펴보는 것으로까지 마르크스주의를 확대시켰다. 1916년에 저술되어 1917년 봄에 출판된 자신의 저서인 『제국주의, 자본주의 최고의 단계(*Imperializm kak vysshaia stadia kapitalizma*)』에서, 레닌은 자본주의가 궁극적인 형태로는 제국주의가 되고, 독점 및 금융자본이 세계를 지배하게 된다고 결론을 내렸다. 카르텔이 자유경쟁을 대체할 것이고, 자본의 수출이 상품 수출보다 더 중요해질 것이다. 그 이후에는 경제적 팽창과 세력권과 식민지를 위한 끊임없는 투쟁의 형태로서 세계의 경제적 및 정치적 분할이 뒤따르게 되며, 국제적인 동맹과 그에 대항한 동맹이 생기게 된다. 가담국들의 생산력의 발전과 그들이 세계에서 차지하는 몫 사이에 존재하는 차이는 자본주의 국가들 사이에 벌어지는 전쟁에 의해서 해결된다. 그리하여 사회주의 혁명의 승리가 단순히 소수의 거대 자본가들의 소유물을 몰수하는 것이라고 본 마르크스주의의 원래 관점을 대신해서, 레닌은 자본주의의 소멸 단계를 거대한 갈등의 시기로 묘사했다. 훨씬 더 중요하게도, 자본주의의 위기의 이런 외화(外化, externalization)는 전반적으로 식민지와 미개발지역을 현저하게 부각시켰다. 자본가들은 그들 자신의 프롤레타리아트만이 아니라, 자신들이 착취하고 있던 식민지 민족들—그런 민족들의 사회질서 및 발전 단계와 거의 무관하게—의 반대에도 직면하게 되었다. 그러므로 프롤레타리아트와 식민지 민족들은 원래 동맹관계였다. 서구 마르크스주의자들의 경우보다도, 레닌이 아시아에 더욱 많은 관심을 기울였다는 점은 언급할 만한 가치가 있다. 이것은 궁극적으로 러시아에서 그랬던 것처럼 사회주의 혁명이 제국주의의 사슬에서 "가장 약한 고리"에서 끊어질 것이라는 이론으로 정교하게 제시되었다. 그런 고리란 주로 식민주의에 의해서 착취당하면서 자본주의가 아주 자가당착적이고 불안정해진 주변부 국가들을 말하는 것이었다.

레닌은 마르크스주의 이외에도, 러시아의 인민주의 전통에도 의지했다고 주장되어왔다. 1870년생인 레닌은 체르니셉스키를 존경하며 성장했다. 그리고 그의 형인 알렉산드르는 알렉산드르 3세를 암살하려는 인민주의자들의 음모에 가담했다는 이유로 1887년에 처형당했다. 비록 레닌은 나중에 인민주의 이데올로기를 격렬하게 비난하기는 했지만, 이것으로써 그가 인민주의에 지고 있던 어느 정도의 채무가 완전히 없어질 수는 없었다. 레닌은 인민주의자들의 도덕주의를 반대했으며—그는 마르크스주의자로서 혁명 이데올로기를 과학적 세계관이라는 토대 위에 세울 것을 주장했다—러시아에서 자본주의가 회피될 수 있고, 농민공동체라는 기반 위에 사회주의가 건설될 수 있다는 인민주의자들의 유토피아적 신념에 반대했다. 그러나 그는 개인들이 역사를 변화시킬 수 있는 창조적이고 영웅적인 능력을 가질 수 있다는 인민주의자들의 신념에 공감했다. 체르니셉스키는 그런 사람들을 "새로운 인민"이라고 불렀으며, 라브로프는 그들을 "비판적으로 사고하는 개인들"이라고 불렀다. 레닌은 그런 사람들을 "의식이 있고", "직업적인" 혁명가들이라고 불렀다. 부분적으로 인민주의자들인 "인민의 의지"의 테러에서 영감을 얻은 레닌과 볼셰비키는 자신들이 강인한 정신을 가지고 "굳센" 사람들이라고 생각하려고 했으며, 혁명적 폭력 행위를 낭만주의적으로 바라보려고 했다. 특히 레닌은 볼셰비키가 주먹, 연발 권총, "단두대" 같은 "평민들의 방법"을 사용하기를 두려워하지 않는다고 주장했다.

진리와 정의의 매력

마르크스-레닌주의는 이데올로기로서, 그것이 유일한 진리라는 확신에 기초를 두고 있었다. 왜냐하면 그것은 과학적 법칙 위에 세워졌기 때문이다. 적절하게도, 볼셰비키의 기관지였다가 나중에 공산당 기관지가 된 잡지의 이름은 단순히 『프라우다』—"정의"와 "법"을 의미하지만 특별히 "진리"를 뜻한다—라고만 알려졌다. 한편 마르크스-레닌주의는 관용적이지 못하고 배타적인 이데올로기로서 본래부터 폭력적 성향을 가지고 있다고 주장되어왔다. 공산주의자들은 세계가 적들에 대항한 투쟁을 통해서 발전되어왔다는 확신으로부터 영감을 얻었다. 적들은 물질적인 이해관계 때문에 필연적이고도 항구적으로 프롤레타리아트의 이해관계 및 사회주의와 맞지 않는다는 것이다. 진리의 길에서 벗어났다고 생각되는 내부의 적들에 대항한 투쟁이 필요한 경우도 아주 종종 있었다.

동시에, 마르크스주의와 레닌주의는 특히 마르크스와 레닌 자신이 아닌 다른 사람들에 의해서 이용될 때에는 종교와 유사한 성격을 가지게 되었다. 물론 소련 공산주의자들은 근대적 의식으로부터 종교를 제거하고, 성직자들과 신도들을 종종 박해했다. 그러나 학자들이 보여준 대로, 사회주의 혁명에서 구사되는 언어는 진리, 정의, 구원이라는 종교적 개념과 아주 잘 공명되었기 때문에 많은 평범한 러시아인들에게 호소력을 가질 수 있었다. 그리고 특히 초기에 당과 정부는 신성하고 메시아적인 용어로 사회주의적인 꿈을 표현하는 일이 종종 있었다. 1917년 혁명을 전공한 어떤 지도적인 러시아 역사학자가 쓴 것처럼, "혁명으로부터 기대된 것은 종종 구체적인 사회적이며 정치적인 변화만이 아니라, 기적이 일어나서 급속하고도 폭넓은 정화(淨化)와 '부활'이 이루어지는 것이었다." 베르댜예프 등의 논평자들은 마르크스주의가 특히 소련의 손에 있을 때에는 궁극적이고 총체적인 진리이자 선과 악의 기준과 같은 종교적인 용어로서 널리 기능했으며, 구원을 위한 보증을 제공했다는 것을 강조했다. 심지어 원래의 마르크스주의에도 계급투쟁처럼 역사의 초월성을 예견했을 때에 순수한 과학적 이성보다는 못한 무엇인가가 포함되어 있었을 것이다. 엥겔스는 이것을 "인간이 필연의 왕국으로부터 자유의 왕국으로 상승하는 것"이라는 유명한 말로 표현했다.

이런 점이 시사하고 있듯이, 공산주의는 지적인 엘리트들에게나 노동에 종사하는 일반인들에게나 쉽게 매력적인 이데올로기가 될 수 있었다. 20세기에 전세계적으로 마르크스-레닌주의와 공산주의 혁명이 확산되었다는 사실은 이 이데올로기가 자본주의와 식민주의의 불평등과 불의에 얼마나 효과적으로 저항할 수 있는 도구로 사용되었는지 잘 보여준다. 아마도 그 이데올로기의 아주 위대한 힘은 인간의 착취와 비참한 현실을 잘 설명해주고, 인간과 역사의 노력을 결합시킴으로써 필연적으로 그 두 가지 것을 종식시킬 수 있다고 약속한 데에 있을 것이다. 20세기에 근대 문명에 대해서 절망할 만한 수많은 이유에 직면해서도, 공산주의는 용감하다고 할 수 있을 정도로 낙관적인 입장을 취했다. 종종 소련에서 사용된 어구를 사용하면, 현실이 아무리 어둡든 공산주의는 "밝은 미래"를 약속해주었다. 이런 약속과 호소가 가진 이유와 감정이 어떤 역할을 했는지에 대해서는 여러 학자들이 다양한 강조점을 두면서 설명했다. 예를 들면, 벌린은 마르크스주의가 가진 대체로 합리적인 힘을 강조했다. 즉, 마르크스주의는 포괄성과 과학적인 권위가 있다고 주장했고, 원래부터 존재하는 지지층(가난한 자들과 억압받는 자들)에 호소력을 가지고 있었으며, 역사의 방향에 대해서 이유를 대면서 낙관론적인 입장을 취했다는 것이다. 다른 학자들은 좀더 심리적이고 도덕적인 측면을 강조했다. 즉, 공산주의는 개인들에 대한 애정과 배려를 부정하고 다른 사람들보다 일부 개인들에게 부당한 이익을 부여한다는 이유로 자본주의 체제를 비난했고, 기대감을 불러일으키며 상상력의 불을 지필 수 있는 능력을 가지고 있었으며, 과학이 가진 권위와 결합됨으로써 심리적인 이익을 얻었으며, 미래에 초점을 맞춤으로써 현재에 대한 실망감으로부터 마르크스주의를 구분하는 데에 도움을 주었다는 것이다. 물론 시간에 지남에 따라 마르크스주의자가 했던 많은 약속은 사실에 의해서 옳지 않음이 입증된 것 같았다. 특히 자본주의 사회가 소수의 부유한 자본가들과 빈곤에 빠진 방대한 다수로 점차 양극화되어갈 것이라는 전망은 옳지 않았다. 그러므로 "마르크스주의는 천하무적의 논리도, 과학적 확실성도 전혀 가지고 있지 않다. 그것은 교육에 응한 사람들에게 전혀 지적이지 못한 이유를 가지고 정교한 지적 합리화와 현란한 지적 겉모습만을 제공한다"라고 주장되어왔다. 이유가 무엇이든지간에, 낙관론적이며, 정교하며, 전체주의적인 성향을 가졌으며, 탄력성 있는 이 철학은 소련 생활의 모든 측면에서 그것 자체의 무게가 느껴지도록 만들었다.

제36장

전시 공산주의(1917-1921), 신경제정책(1921-1928)

다시는 살아날 수 없으리,

다시는 눈 속에서 일어날 수 없으리,

스물여덟 해의 총검,

다섯 군데의 화상,

괴로움의 새 옷을

나는 친구를 위해서 기웠다.

피를 사랑하는, 피를 사랑하는—

러시아의 대지여.　　　　　　　　　　　　　　　　—아흐마토바

그렇다. 우리는 어두운 열정의 폭풍 속에서 살아가고 있다.……지구상에서 불쾌하고 비열한 모든 것들이 우리들에 의해서 행해졌고, 행해지고 있다. 그리고 우리가 얻으려고 노력하고 있는 바로 그 아름답고 지적인 모든 것들이 우리 안에서 살아가고 있다.……반란, 유혈, 적대감의 이 시기에, 많은 사람들에게 끔찍스러운 이 시기에, 우리는 커다란 고통과 참을 수 없는 시련을 통해서 인간의 재탄생을 향해서 움직여가고 있다는 점을 잊어서는 안 된다……그렇다. 이제 평등과 형제애에 대한 설교에 대해서 귀를 막은 사람들이 거리에서 자신의 이웃 사람에게 강도짓을 하고 그의 옷을 다 벗기고 있는 바로 이 순간에,……가공할 만한 모순의 이 시기에, 새로운 러시아가 탄생되고 있는 것이다.　　　　　　　　　　　—고리키

볼세비키는 1917년 11월에 러시아에서 권력을 쉽게 잡기는 했지만, 수년 동안의 격렬한 투쟁을 벌인 이후에야 자신들의 새로운 지위를 공고히 할 수 있었다. 생존을 위한 필사적인 노력을 벌일 때에 볼세비키는 자신들이 장악하고 있던 지역의 주민들과 자원을 동원했고, "전시 공산주의(Voennyi kommunizm)"라고 알려지는 극단적인 제도를 도입했다. 막대한 값을 지불하기는 했지만 공산주의 통치는 존속되었다. 완전히 기진맥진하고 황폐화되고 기아선상에서 헤매는 국가를 회복시키기 위해서, 소위 신경제정책이 전시 공산주의를 대체하여 1921년부터 1928년까지, 즉 스탈린의 제1차 5개년 계획이 시작될 때까지 지속되었다. 전시 공산주의 시기와 비교하면 신경제정책 시기는 긴장 완화와 화해의 기간이라고 이야기되는데, 이것은 올바른 지적이다. 그러나 전체적으로 소비에트 정부는 정책 면에서 변화보다는 연속성을 더 보여주었고, 설정된 목표를 지능적이고도 결단성 있게 추진했다. 이 점은 공산주의 통치의 첫 10년을 간단하게 살펴보더라도 알 수 있다.

새로운 정부와 레닌

10월 혁명이 일어난 지 이틀 후인 1917년 10월 27일에, 인민위원회(Sovet narodnykh komissarov)라는 이름으로 소비에트 정부가 조직되었다. 의장인 레닌이 이끈 인민위원회에는 외무 인민위원이 된 트로츠키, 내무 인민위원이 된 리코프, 소수민족문제를 책임지게 되었으며 스탈린으로 더 잘 알려진 주가시빌리 같은 볼세비키 당의 저명한 인물들이 포함되어 있었다. 그리하여 레닌은 당뿐만 아니라 정부도 이끌게 되었고, 러시아의 새로운 체제에서 단연코 가장 중요한 인물로 인정받게 되었다.

레닌은 나중에 울리야놉스크라고 개명된 심비르스크라는 볼가 강변 도시의 지적인 가정—그의 부친은 장학사였다—에서 1870년에 태어났다. 블라디미르 울리야노프는 중등학교에서, 그리고 법학을 공부한 카잔 대학교에서 총명한 학생으로 밝혀졌다. 그는 일찍이 급진주의자가 되었고—그의 형이 알렉산드르 3세 암살 음모 사건에 가담한 혐의로 1887년에 처형된 일은 그의 인생에서 전환점이 되었다고 때때로 주장되어왔다—나중에는 마르크스주의자가 되어, 1896

년에 체포되어 그 이후의 3년 동안 시베리아 유형 생활을 했다. 그는 종종 레닌이라는 가명으로, 1900년부터 해외에서 인쇄되기 시작한 사회민주당 기관지인 『이스크라(*Iskra*)』의 출판 및 다른 혁명 활동에 가담했다. 레닌은 초기에 "러시아 마르크스주의의 아버지"인 플레하노프에 대해서 경외심을 가지고 있었으나, 얼마 지나지 않아 스스로 독립하여 1903년에 사회민주당의 한 분파인 볼셰비키 집단을 이끌게 되었다. 우리는 이미 중요한 마르크스주의 이론가로서의 레닌을 만나본 적이 있다. 그러나 볼셰비키 지도자인 그에게는 이론보다는 실제가 더 많은 의미를 가지고 있었다. 사실 대부분의 그의 글은 논쟁적이고, 간결하며, 핵심을 찌르는 것들이었다. 그의 글은 이데올로기적인 반대자들이나 이탈자들을 비난했고, 자신을 충실히 따르는 자들에게는 올바른 길을 명확히 제시해주었다. 레닌이 1917년의 사건들로 인해서 자신의 저서인 『국가와 혁명(*Gosudarstvo i revoliutsiia*)』의 집필을 방해받았을 때 쓴 것에 따르면, "혁명에 대해서 쓰는 것보다, 혁명을 경험하면서 살아가는 것이 더 즐겁고 더 유익하다."

레닌은 자신이 지휘한 10월 혁명으로 인하여 얻은 권력을, 1922년 5월에 뇌졸중으로 인해서 활동을 거의 못하게 될 때까지 계속 충분히 행사했다. 그 이후에도 그는 1924년 1월 21일에 사망할 때까지 어느 정도의 통제력을 보유했다. 게다가 나중의 스탈린에 의한 공포정치와는 대조적으로, 레닌은 비밀경찰이 아닌 자신의 인격, 능력, 업적에 의지해서 당을 지도했다. 아마도 적절한 일이겠지만, 스탈린 숭배가 그의 사망 직후에 놀라울 정도의 운명의 반전을 경험했던 반면에, 레닌 숭배는 1980년대 후반에 공산주의 세계가 몰락할 때까지 공산주의 세계 전체에서 계속해서 인기를 유지하고 있었다.

레닌에 대해서 공산주의자들이 만든 신화는 많은 측면에서 사실과 완전히 동떨어진 것은 아니다. 왜냐하면 레닌은 헌신적인 볼셰비크로서 혁명과 공산주의를 생활화하고 호흡하면서 살았기 때문이다. 그는 높은 지적 능력, 예리한 이론적 사고력, 실천적인 감각을 결합하여 위대한 마르크스주의적 "현실주의자"가 되었다. 이런 그의 자질이 결합된 결과는 공산주의적 목표를 위해서는 이상적인 것으로 판명되었다. 레닌은 자신의 마르크스주의적 신념에 대해서 결코 흔들린 적이 없었다. 그러나 그는 필요할 경우에는 그 신념을 과감하게 상황에 적용시킬 수 있는 방법을 알고 있었다. 그 볼셰비키 지도자의 다른 탁월한 자질

"하나의 유령—공산주의라는 유령이 유럽에 떠돌고 있다." 1920년, 그 자신의 특유한 포즈를 취하고 있는 레닌이 그려져 있다. 아래 글귀는 마르크스와 엥겔스의 『공산당 선언』에서 인용한 것이다. (*Victoria Bonnell*)

로는 특출한 의지력, 인내심, 용기 그리고 극도의 근면성 등이 있었다. 심지어 레닌의 소박한 취향과 거의 금욕적이라고 할 수 있는 검소한 생활방식은 그를 실제 인물로부터 신화적인 이미지로 쉽고도 적절하게 바꾸어놓을 수 있었다. 그와 함께, 그는 배타적인 신조에 몰두함으로써 편협한 시야를 가지게 되었다. 따라서 레닌은 그 자신 그리고 때때로 그 혼자만이 올바른 답을 알고 있다고 확신했기 때문에 무자비한 성품을 가지고 있었다.

동시에, 레닌과 볼셰비키는 국가를 통치하고 사회주의를 건설하기 위한 명확한 청사진도 없이, 혹은 심지어 명확한 통치전략도 없이 권력을 장악했다. 한편으로, 레닌은 "기적"을 일으킬 수 있는 인민의 "에너지, 주도력, 단호함"을 발휘함으로써 "공산 국가"를 건설하는 것이 혁명이라고 말했다. 예를 들면, 1917년 11월에 행한 연설에서 그는 "모든 노동하는 인민들"이 "당신들 스스로 이제 국가를 경영하고 있다는 것을 기억하고", "어느 누구도 기다리지 말고 당신이 직접 일을 독자적으로 해나가도록" 요청했다. 동시에 레닌은 "혁명이란 상상할 수 있는 가장 권위주의적인 일"이라는 점을 사람들에게 부단히 상기시켰으며, 10월 이후에는 엄격한 통제, 무자비한 억압, 강철 같은 규율, 심지어 독재에 대해서도 종종 그리고 아주 명백하게 말했다. 일부 역사학자들은 인민의 참여에 대한 레닌의 이야기가 그의 권위주의적이고 심지어 폭압적인 성격을 가리는 기만적인 무화과 나뭇잎이었다고 주장해왔다. 다른 사람들의 주장에 따르면, 이런 모순되는 언어는 적어도 정권 초기에 인민의 주도권과 창의력에 대한 진지한 이상을, 지도력과 규율 그리고 중앙 통제에 대한 강력한 신념과 결합시켰던 모순된 정치 이데올로기를 반영하는 것이었다. 레닌의 실제 견해가 무엇이었든지 간에, 소비에트 통치의 첫 10년 중에서 많은 부분은 이 두 가지 원칙을 어떻게 균형 잡느냐에 대한 논쟁과 갈등의 역사였다.

초기 몇 개월

볼셰비키 권력은 지방의 소비에트에 의지하여, 10월 혁명 이후의 몇 주와 몇 개월 내에 전국적으로 급속히 확산되었다. 볼셰비키 정부에 대한 최초의 심각한 도전은 마침내 제헌의회가 소집된 1918년 1월에 제기되었다. 제헌의회는 러시아의 거의 모든 정치집단들이 국가에서 진정으로 합법적이며 최고의 권위를 가진 기구로서 수개월 동안 기다려온 것이라는 사실을 기억해야 한다. 레닌 자신도 제헌의회를 즉각 소집하지 않는다고 임시정부를 비난한 적이 있었다. 11월 중순, 볼셰비키의 지원을 받아서 제헌의회 선거가 전국적으로 실시되었다(그러나 독일의 점령하에 있던 폴란드 등에서는 실시되지 않았고, 일부 지역에서는 투표가 완료되지 않았거나 결과가 집계되지 않았다). 투표 결과가 서서히 밝혀짐에 따라 볼셰비키가 다수를 차지하지 못했다는 것이 점차 분명해졌다. 한편으로, 사회주의 사상은 큰 승리를 거두었다. 4,000만 명 이상이 투표에 참가한 가운데, 사회혁명당원들(산재해 있고 반체제적인 사회혁명당 좌파에 속한 인물들은 포함하지 않았다)은 투표수의 38퍼센트(우크라이나 사회혁명당원들은 또다른 8퍼센트를 획득했다), 볼셰비키가 24퍼센트, 멘셰비키가 3퍼센트, 다른 사회주의 정당들이 또다른 3퍼센트를 득표하여 전체 투표 중에 거의 4분의 3을 사회주의자들이 차지했다. 민족주의 정당들(이슬람 교도, 아르메니아인, 독일인, 유대인 등으로, 그중의 일부는 사회주의적 성향을 가지고 있었다)은 총 투표수의 약 8퍼센트를 얻었다. 자유주의적인 카데트가 얻은 득표율은 5퍼센트 미만이었다. 다른 비사회주의자들도 또다른 3퍼센트를 얻었을 따름이었다. 폭넓게 이해하면, 이것은 사회주의의 승리였다. 그뿐만 아니라, 볼셰비키는 특히 대도시(그리고 자신들의 지지 기반인 노동계급뿐만 아니라), 북부의 산업지역과 군대에서 인상적인 성공을 거두었다. 그렇지만 선거 결과 볼셰비키는 소수 정당으로 남게 되었다. 이것은 그들이 선거에 기반을 두고는 정부에 대한 독점적인 통제권을 정당화할 수 없다는 것을 의미했다. 볼셰비키는 혁명이 위험에 처했다고 경고하면서 제헌의회의 개회를 연기시키려고 했고, 일부 자유주의자들과 보수주의자들을 체포했다. 그리고 그들은 (사회혁명당 내의 분열처럼) 상황이 변했으므로 선거는 더 이상 진정한 현실의 반영이 아니라고 주장했다. 그러나 볼셰비키는 1918년 1월 5일 아침에 제헌의회를 개회했고, 그다음 날에 군대의 힘으로 그것을 해산시켜버렸다. 시위 금지 조치에도 불구하고, 수천 명의 사람들이 제헌의회를 지지하는 시위를 벌였다. 그러나 이런 모임은 무력으로 쉽게 해산되었고, 더 이상 대규모의 항의 움직임은 일어나지 않았다. 의회 해산에 대한 반응이 없었던 이유는 부분적으로는 의회가 배후에 조직적인 힘을 전혀 가지고 있지 않았다는 사실 때문이기도 했고, 다른 부분적으로는 혁명 바로 다음 날에 소비에트 정부가 전쟁을 끝내겠다는 의향을 선포했으며 사실상 농민들에게 지주들의 토지를 분배함으로써 국민들의 두 가지 주요 요구 사항을 충족시키는 조치를 취했다는 사실 때문이기도 했다. 볼셰비키는 농업인민위원직을 포함하여 세 개의 각료 자리를 받은 사회혁명당 좌파의 협력을 얻기도 했다.

그러나 소비에트 국가의 존속 자체가 극히 불안정한 상태에서, 평화를 이루는 것은 어렵기도 했고 매우 많은 비용이 드는 일이기도 했다. 연합국들은 평화에 대한 소비에트 정부의 요청에 응답하지 않았고, 사실상 소비에트 정부가 존속되리라고 예상하지 않았기 때문에 그 정부를 무시하고 있었다. 사병들이 장교들을 때때로 학살할 정도로 러시아 군대의 규율은 완전히 붕괴되었다. 1917년 12월에 독일과 휴전이 성사된 이후에 전선은 그야말로 해체되어 혼돈 상태가 되었고, 대부분의 사병들은 온갖 가능한 수단을 사용하여 집으로 돌아가려고 했다. 독일인들은 기꺼이 협상하려고 했으나, 가혹한 강화 조건을 제시했다. 외무인민위원으로서 소비에트 정부를 대표했던 트로츠키는 그 조건을 거부할 수밖에 없다고 느끼면서, "전쟁도 아니고, 평화도 아니다!"라는 새로운 정책을 선언했다. 그러자 독일인들은 계속 진격해들어와서 많은 영토를 점령하고 엄청난 양의 군수물자를 포획했다. 페트로그라드에서는 사회혁명당 좌파만이 아니라 많은 볼세비키 지도자들도 독일의 요구를 수용할 수 없다는 트로츠키의 입장에 동조했다. 오직 레닌의 권위와 결단만이 굴욕적인 평화 쪽으로 국면을 전환시킬 수 있었다. 신생 소비에트 정부는 독일과 싸울 입장이 전혀 아니었기 때문에, 레닌은 러시아에서 공산주의 정권을 구하기 위해서라면 더 많은 것이라도 희생했을 개연성이 아주 높았다.

브레스트-리토프스크 독소(獨蘇) 조약은 1918년 3월 3일에 조인되었다. 베르나츠키는 그 결과를 다음과 같이 요약했다.

강화 조건은 러시아에 재앙과도 같았다. 우크라이나, 폴란드, 핀란드, 리투아니아, 에스토니아, 라트비아가 독립되었다. 캅카스 산맥 남부의 일부 지역은 터키에 양도되었다. 러시아는 전체 인구의 26퍼센트를 상실했다. 그리고 경작지의 27퍼센트, 평균 수확량의 32퍼센트, 철도망의 26퍼센트, 제조업체의 33퍼센트, 철강업체의 73퍼센트, 탄광의 75퍼센트를 잃었다. 그 외에도 러시아는 상당액의 전쟁 배상금을 지불해야 했다.

혹은 이것을 다른 말로 표현하면, 러시아는 6,000만 명 이상의 국민, 5,000개 이상의 공장, 제분소, 양조장, 제련소를 상실했다. 분리되어나간 국경지역에는 독일에 의존하는 괴뢰 국가들이 세워졌다. 단지 독일이 결국 제1차 세계대전에서 패배했기 때문에, 브레스트-리토프스크 조약은 발효되지 않았고, 소비에트 정부는 특히 우크라이나를 되찾을 수 있었다.

제헌의회를 해산하고 독일인들에게 굴복하라고 한 레닌의 확고한 방향 때문에, 소비에트 정부는 존속될 수 있었다. 그리하여 소비에트 정부 지도자인 레닌과 그의 동료들은 정치적, 사회적, 경제적으로 러시아를 재빨리 재정비하고 심지어 변화시킬 수 있게 되었는데, 이런 과정은 볼세비키 권력 초기에 시작되었다. 정부가 초기에 제정한 많은 법은 인민의 지지를 확보할 필요성 그리고 볼세비키 이데올로기의 해방적 측면과 심지어 자유방임적 측면을 실천에 옮긴 사실을 반영해주었다고 주장된다. 농민들은 공동체와 지방 소비에트를 통해서 지역별로 완전한 토지 이용권을 부여받았고, 노동자 위원회는 경영자들을 감독할 수 있는 권한을 부여받았다(그러나 이러한 사태의 진전은 볼셰비키의 정책이라기보다는 볼셰비키 자신들도 통제할 수 없었던 사회혁명의 결과였다). 기존의 사법제도는 폐지되고 선출된 혁명재판소와 인민법정으로 대체되었다. 지방정부를 민주화하기 위해서 소비에트는 광범한 권한을 부여받았고, 노동자들과 군인들은 수천 명씩 지방관리로 채용되었다. 소수민족은 완전한 자결권을 가지게 된다는 이야기를 들었는데, 이것은 이데올로기적인 원칙의 문제였던 것만큼이나 혁명적 현실을 인정한 데에서 나온 정책적 결정이었다. 초기의 많은 정책들은 이전에 러시아에서 권력과 높은 지위를 가졌던 사람들의 입지를 훼손하는 것을 겨냥했다. 칭호와 관등은 폐지되었다. 부족했던 주택과 생활의 다른 물질적인 부문에 대한 통제권을 국가가 점차로 장악해감에 따라, 상층 및 중간 계급에 속했던 사람들은 종종 자신들의 재산을 잃었고, 차별 대우를 받았으며, 새로운 체제에 의해서 말 그대로 혐의자로 간주되었다. 교회 재산은 몰수되었고, 학교에서 종교 교육은 금지되었다. 심지어 날짜도 변경되었다. 1918년 1월 31일에는 그레고리우스력 혹은 서력(西曆)—새로운 역법—이 채택되었다. 동시에, 제헌의회를 해산하기 전이라고 할지라도, 소비에트 초기의 많은 정책은 러시아를 변모시키려는 볼셰비키의 중앙집중적이고 권위주의적인 접근 태도를 보여주었다. 1917년 11월에는 언론이 국가의 통제하에 들어갔고, 많은 "부르주아" 신문과 심지어 온건한 사회주의 신문들이 폐간되었다. 경제를 중앙에서 통제하기 위해서 은행과 대규모 공장은 즉각 국유화되었고, 대외무역은 국가가 독점하게 되었으며, 12월에는 국가의 경제계획을 발전시키기 위한 위원회가 구성되었다. 그뿐만 아니라 1917년 12월에 정부는 제르진스키를 수장으로 하는 "반혁명, 사보타주, 투기와의 투쟁을 위한 특별 위원회(Chrezvychainaia komissiia po bor'be s kontrrevoliutsiei i sabotazhem)", 즉 무시무시한 "체카(Cheka)"를 설치했는데, 이것은 10월 이후에 흔히 발생되던 일상적인 폭력과 약탈, 그리고 반체제 활동 혐의에 대항해서 싸웠다. 그때부터 정치경찰은 소비에트의 생활에서 기본적인 현실이 되었다. 제헌의회가 해산된 이후에 정부는 불길하게도 자유주의적인 입헌민주당을 "인민의 적들의 정당"이라고 선포했으며, 심지어 많은 멘셰비키와 사회혁명당원들—1918년 3월에 볼셰비키와 결별할 때까지 사회혁명당 좌파는 제외하고—도 새로운 질서에 대한 위험한 반대세력이라고 간주했다.

전시 공산주의와 새로운 문제들

볼세비키에 대한 무력을 사용한 반대운동이 이미 진행되고 경제가 대혼란에 빠지게 된 1918년 여름 무렵이 되면, 일부 사람들이 전시 공산주의(Voennyi kommunizm)라고 부르는 급진적인 동원정책이 모습을 갖추기 시작했다. 혁명 직후에 시작된 산업의 국유화는 1918년 6월 28일의 법에 의해서 확대되었다. E. H. 카의 목록을 인용하면, 국가는 "광물, 야금, 직물, 전기, 목재, 담배, 수지(樹脂), 유리, 도자기, 피혁, 시멘트 등의 산업, 증기를 사용하는 모든 제분소, 지방의 공공산업, 사설 철도와 몇몇 소규모 산업체"를 점유했다. 결국 거의 모든 사기업이 사라지고, 강제노동이 도입되었다. 사적 교역은 점차 억압되었고, 배급제 및 정부에 의한 식량과 다른 생필품의 분배로 대체되었다. 1918년 2월 19일에는 토지 국유화가 발표되었다. 모든 토지는 국가의 소유가 되었고, 토지를 경작하는 사람들에 의해서만 이용될 수 있었다. 그러나 농민들은 정부에 식량을 공급하는 데에는 별로 관심을 가지고 있지 않았다. 왜냐하면 국가의 선취권과 경제의 붕괴로 인해서 그들은 곡물에 대한 가격을 많이 받을 수 없었기 때문이다. 그러므로 적군(赤軍)과 도시 주민들을 위해서 식량을 확보해야 하는 절박한 필요성과 내전의 압력을 받은 당국은 마침내 식량 징발령을 발표함으로써, 사실상 농민들에게 그들 자신의 생존과 파종을 위한 최소량만을 남겨두고 나머지 수확물 전체를 넘기도록 명령했다. 농민들이 이에 저항하자, 징발과 억압이 일상화되었다.

국내 전선에서 전시 공산주의는 대체로 소비에트 체제가 외부의 적들과 벌이고 있던 격렬한 싸움의 결과로서 엄격하게 실시되었으며, 또 그런 싸움과 병행하여 실시되었다. 국가는 1918년 여름부터 대규모의 잔혹한 전면 내전에 돌입했다. 그때 소위 백군(白軍)—처음에는 독일인들에 대항한 전쟁을 계속하기 위해서 결집했다—이 들고 일어나서 적군에 의한 러시아 통치에 도전했던 것이다. 나아가, 나중에 토의되겠지만, 수많은 민족들은 러시아 당국으로부터 자신들의 독립을 주장했다. 그리고 많은 외국들은 러시아에 무장 병력을 파견하거나 지방의 반정부 운동과 정부들을 지원했을 뿐만 아니라, 1919년 10월부터 1920년 1월까지 소비에트 러시아를 봉쇄함으로써 개입했다. 볼세비키가 보기에, 분명히 소비에트 러시아는 세계에서 고립되었으며 만만치 않은 국내의 적과 마주쳤다.

그런데 이것은 볼셰비키가 더 큰 결단력과 경계심을 가지도록 자극을 주었을 따름이었다.

동시에, 역설적이게도 전시 공산주의는 무절제한 유토피아주의의 시기였다. 이때 급진주의자들은 계급 없는 자유로운 사회라고 오랫동안 꿈꾸어오던 진정한 "공산주의"로 갑작스럽게 도약할 수 있다고 상상했다. 여기에서 우리는 또다시 볼셰비즘 안에서 급진적인 해방과 지독한 권위주의가 이상하지만 지속적으로 뒤엉키는 모습을 볼 수 있다. 그리하여 독재체제가 점차 강화되고(따라서 소비에트, 공장 위원회, 적위대 소속 부대처럼 인기가 있거나 반자치적인 기구의 권한은 축소되었다), 모든 적들에 대해서 "적색 테러"(이것은 고결한 폭력이라고 이상화되었다)가 실시되는 것과 발맞추어, 내전은 유토피아적 실험주의의 시대였다. 우리는 이것에 대해서 다음 장에서 좀더 자세히 설명할 것이다. 그러나 거기에는 예를 들면, 여성들을 모든 제약으로부터 해방시키고, "새로운 인민"을 창조하고, 계급이 없고 화폐가 필요 없는 경제를 도입하며, 교육과 법에 이르기까지 사회와 문화의 전 부분을 근본적으로 다시 설계하며, 새로운 형태의 미술과 음악을 창안하려는 노력이 포함되어 있었다.

내전

모호하기도 하고 다소 오해의 소지가 있는 백군 운동(beloe dvizhenie)이라는 명칭으로 종종 불리는 반혁명 무장 세력은 소비에트 통치에 아주 큰 위협이 되었다. 왜냐하면 특정 지역에 한정된 목표만을 가지고 있던 다양한 국경의 소수민족이나, 명확한 목표를 전혀 가지고 있지 않은 채 개입했던 연합국 열강과는 대조적으로, 백군은 적군을 분쇄하려는 의도를 가지고 있었기 때문이다. 반혁명주의자들은 군장교들, 카자크들, 다수의 중등학교 학생들과 다른 교육받은 청년들을 포함한 "부르주아" 그리고 극우파로부터 사회혁명당원들에 이르는 다양한 정치집단들로부터 세력을 규합했다. 사빈코프 같은 이전의 저명한 테러리스트들도 소비에트 정부에 대항해서 싸웠고, 백군의 정예 부대 중에는 몇몇 노동자 분견대도 포함되어 있었다. 대부분의 지식인들은 백군 진영에 합류하거나 동조했다.

소비에트 정부가 권력을 장악한 이후에, 공무원들은 정부에 대항하여 파업을 일으켰으나 성공하지 못했다. 사회혁명당 좌파는 과도한 권위주의 및 농촌에서 계급투쟁을 촉진하려는 볼세비키의 결정에 반발해서 1918년 3월에 볼세비키와 결별한 이후에, 7월에 모스크바에서 봉기를 일으키려고 했으나 불발로 끝났다. 그 시점에, 부분적으로는 사회혁명당 좌파의 행동에 호응하여, 지방의 군 지휘관이 이끌었던 반혁명주의자들이 심비르스크를 장악했고, 사빈코프는 유럽 러시아의 중심부에서 반란을 일으켜 볼가 유역의 야로슬라블 시를 2주일 동안 점령하고 장악했다. 그러나 소비에트 정부가 반혁명주의자들에 대항하여 군사력을 집중할 수 있게 되자 충분한 힘을 가지지 못했던 반혁명주의자들의 시도는 좌절되고 말았다. 사실, 공산주의 당국 특히 체카는 중부의 주들을 확고히 장악하고 있었고, 모든 반대 세력과 반대 세력으로 의심되던 사람들을 무자비하게 진압하고 있었다는 것이 점차로 분명해졌다. 사회혁명당원들은 자신들의 전통에 충실하게 테러를 시도하여 페트로그라드 체카의 수장 같은 몇 명의 저명한 볼세비키를 암살했고, 1918년 8월에는 레닌에게 직접 중상을 입혔다. 그보다 앞선 7월에는 사회혁명당 좌파에 소속된 어떤 당원이 독일 대사를 암살하여 외교적 위기가 발생되기도 했다. 그러나 테러리스트들의 활동조차도 모스크바,—1918년 3월에 또다시 수도가 되었다—페트로그라드, 유럽 러시아 중부에 대한 소비에트의 통제력을 뒤흔들 수 없었다. 그리고 그것은 진정한 테러 지배라고 할 수 있는 끔찍한 보복을 불러일으킴으로써, 그동안에 엄청난 수의 "계급의 적들" 및 다른 반체제 혐의자들이 살해당했다.

반면에, 국경지역은 반혁명주의자들에게 수많은 기회를 제공했다. 남부와 남동부에 있는 돈 강, 쿠반 강, 테렉 강 유역에서는 반볼세비키적 성향의 지방 카자크 정부들이 들어섰다. 게다가 남부 러시아에서는 백계 의용군(Belaia dobrovol'cheskaia armiia)이 생겨나서, 처음에는 알렉세예프, 그다음에는 코르닐로프, 그리고 코르닐로프가 전사한 다음에는 마찬가지로 유명한 장군이었던 데니킨에 의해서 지휘되었다. 공산주의자들에 대한 또다른 반대세력의 중심은 동부에서 등장했다. 볼가 유역의 사마라에서는 체르노프가 제헌의회 의원들로 구성된 정부를 이끌었다. 우랄과 오렌부르크의 카자크들은 함께 모스크바의 적군에 등을 돌렸다. 반볼세비키 정당들과 동부 러시아의 지방정부들이 참석한

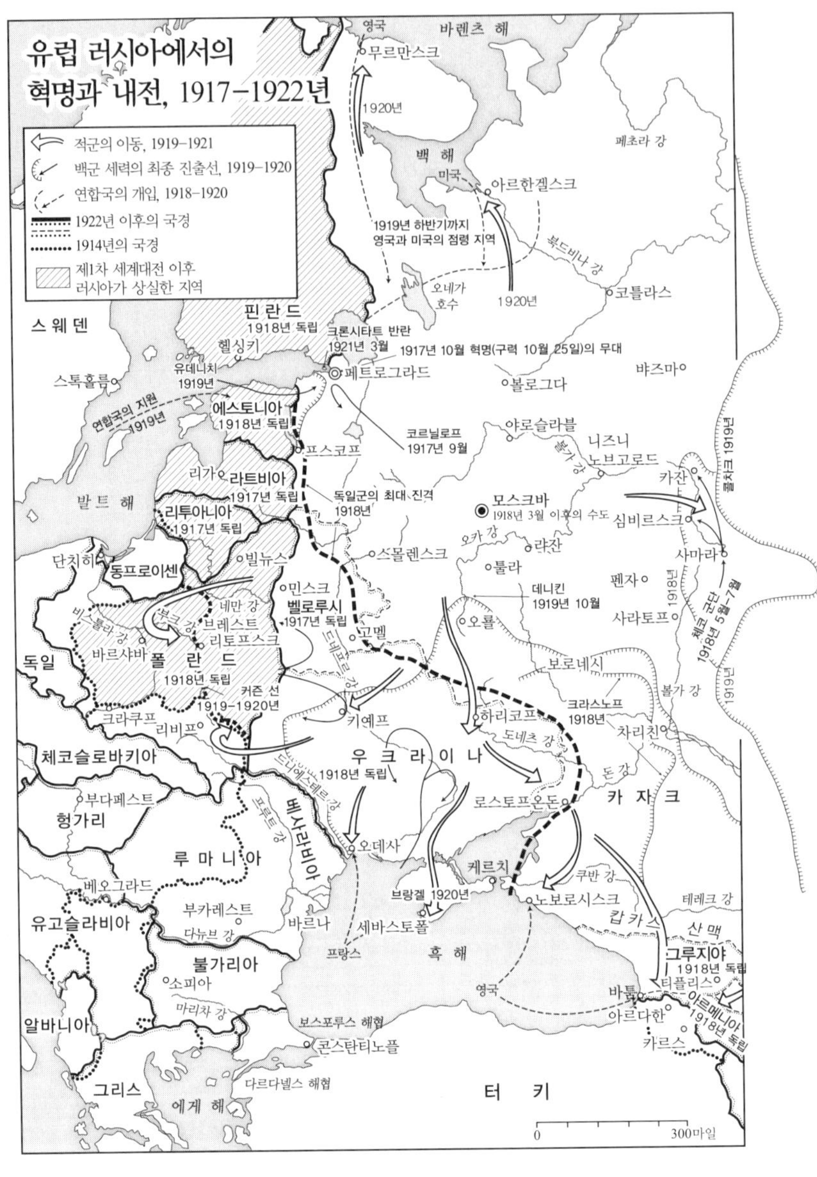

유럽 러시아에서의 혁명과 내전, 1917–1922년

적군의 이동, 1919–1921
백군 세력의 최종 진출선, 1919–1920
연합국의 개입, 1918–1920
1922년 이후의 국경
1914년의 국경
제1차 세계대전 이후 러시아가 상실한 지역

영국
바렌츠 해
무르만스크
1920년
백 해
미국
아르한겔스크
페초라 강
1919년 하반기까지 영국과 미국의 점령 지역
북드비나 강
오네가 호수
1920년
코틀라스

스웨덴
핀란드
1918년 독립
헬싱키
크론시타트 반란
1921년 3월
1917년 10월 혁명(구력 10월 25일)의 무대
볼로그다
뱌즈마

스톡홀름
유데니치
1919년
페트로그라드
코르닐로프
1917년 9월
야로슬라블
니즈니 노브고로드
카잔
콜차크 1919년

연합국의 지원
1919년
에스토니아
1918년 독립
프스코프
리가
라트비아
1917년 독립
독일군의 최대 진격
1918년
모스크바
1918년 3월 이후의 수도
심비르스크
사마라

발트 해
리투아니아
1917년 독립
스몰렌스크
오카 강
랴잔
펜자
체코 군단
1918년 5월~7월
1919년

단치히
동프로이센
빌뉴스
민스크
벨로루시
1917년 독립
툴라
데니킨
1919년 10월
사라토프

네만 강
부크 강
브레스트 리토프스크
고멜
오룔
보로네시
1918년

독일
바르샤바
폴란드
1918년 독립
커즌 선
1919–1920년
키예프
하리코프
도네츠 강
크라스노프
1918년
차리친
볼가 강
돈 강

크라쿠프
리비프
우크라이나
1918년 독립
드네스테르 강
로스토프온돈
카자크

체코슬로바키아
부다페스트
헝가리
드네프르 강
오데사
케르치
쿠반 강
노보로시스크
테레크 강

루마니아
베사라비아
브랑겔 1920년
칸카스 산맥

베오그라드
부카레스트
다뉴브 강
프루트 강
세바스토폴
흑 해
그루지야
1918년 독립
티플리스
바툼

유고슬라비아
불가리아
소피아
마리차 강
바르나
프랑스
영국
아르다한
아르메니아
1918년 독립
카르스

알바니아
보스포루스 해협
콘스탄티노플
터 키

그리스
다르다넬스 해협
에게 해

0   300마일

회의의 결과, 1918년 9월에는 서부 시베리아의 옴스크에서는 5명으로 구성된 전 러시아 집정부(Vremennoe Vserossiiskoe pravitel'stvo)가 설치되었다. 군사 쿠데타 가 발생된 이후에 집정부는 적군에 반대하는 또다른 정부, 즉 콜차크의 정부에 의해서 대체되었다. 트란스바이칼 지역 카자크들의 지휘관이었던 그리고리 세묘 노프는 일본인들의 지원을 받아서 동부 시베리아의 일부를 지배했다. 그뿐만 아니라 블라디보스토크와 다른 지역에서도 새로운 정부들이 등장했다. 동부의 반볼셰비키 세력에는 대체로 협상국들(Entente) 편에 서서 싸우려고 하던 체코의 전쟁 포로들로 구성된 약 4만 명의 소위 체코 군단(Czech Legion)이 가세했다. 이 군인들은 일련의 사건으로 소비에트 당국과 결별하게 되었고, 백군 운동을 지지하게 되었을 때에는 시베리아 횡단철도를 경유하여 블라디보스토크로 이동 하던 중이었다. 북부에서는 아르한겔스크에서 유명한 반소비에트 중심 세력이 대두되었다. 그곳에서는 과거에 인민주의자였던 니콜라이 차이콥스키가 내전에 개입하고 있던 영국군과 프랑스군의 지원을 받아 정부를 수립했다. 그리고 비러 시아인 국경지대에서 소비에트 정부에 반대하는 수많은 민족주의 운동이 생겨 났던 서부에서는, 유데니치가 에스토니아에 백군 근거지를 구축하고는 페트로 그라드를 위협하고 있었다.

1918년 여름에 발발한 내전은 처음에는 백군에게 유리하게 전개되었다. 6월 말과 7월 초에 사마라 정부의 부대는 심비르스크, 카잔, 우파를 장악했다. 적군 은 그 위협을 제거하려고 시도했으나, 곧 더 큰 위협, 즉 체코인들의 지원을 받 은 콜차크의 군대 및 카자크들의 도움을 받은 데니킨의 군대와 맞닥뜨려야 했 다. 시베리아로부터 진격해오던 콜차크 부대는 우랄 지역의 페름을 차지하고, 볼가 강에 거의 도달했다. 이 무렵인 7월 16일에 니콜라이 2세, 황후, 그들의 아 들과 네 명의 딸들이 가정의(家庭醫) 및 세 명의 충성스런 하인들과 함께 예카 테린부르크의 지방 볼셰비키에게 살해당했다. 이것은 아마도 레닌의 비밀 명령 에 따른 조치였을 것인데, 그때는 그들이 감금생활을 하고 있던 예카테린부르 크로 체코 군단과 백군이 접근해오고 있던 상황이었다. 데니킨 군대는 몇 차례 의 반전을 겪은 후에 공격을 재개했고, 1919년 봄에는 데니킨 부대의 우익이 콜 차크 군대와 합류할 조짐을 보이게 되었다. 콜차크 군대가 어쩔 수 없이 후퇴함 으로써 이런 가능성은 제거되었지만, 데니킨은 사실상 계속해서 우크라이나 전역을 점령했고, 모스크바로 진격해 들어왔다. 그의 부대는 10월 중순에 오룔을 점령하고 모스크바 남부의 마지막 주요 중심지인 툴라에 접근했다. 동시에 유데니치는 에스토니아로부터 페트로그라드로 진격해오면서, 10월 16일에는 페트로그라드로부터 약 48킬로미터밖에 떨어져 있지 않은 가치나를 장악하고 그 도시 외곽에 있는 풀코보를 포위했다. 이런 사건들을 연구한 한 역사학자는 "10월 중순에는 페트로그라드와 모스크바가 동시에 백군 수중에 떨어질 것 같았다"라고 논평했다.

그러나 흐름이 뒤바뀌었다. 유데니치의 공세는 이전의 수도를 목전에 두고 실패로 돌아갔다. 적군은 아무런 준비 없이 창군할 수밖에 없었으나, 전쟁인민위원인 트로츠키 아래에서 조직력, 군기, 지도력을 꾸준히 발전시킨 결과 마침내 콜차크와 데니킨 두 사람에 맞서서 전세를 역전시킬 수 있었다. "러시아의 최고 통치자"라는 칭호를 받았으며 일부 다른 백군 지도자들로부터도 인정을 받았던 콜차크 제독은 1919년 말에 치명적인 패배를 당한 다음, 1920년 2월 7일에 볼셰비키에 의해서 처형당했다. 데니킨 장군은 1920년 3월 말 무렵에는 아조프 해와 크림 반도 지역으로 내몰렸다. 그 시점에 소련과 폴란드 사이에 전쟁이 발발해서 남부의 백군은 휴식을 취할 수 있었고, 데니킨의 후계자로서 남작이었던 브랑겔 장군은 심지어 남부 러시아의 많은 부분을 재탈환할 수도 있었다. 그러나 적군은 가을에 폴란드와의 전쟁을 끝내고 또다시 남부 전선에 집중했다. 아주 격렬한 전투가 벌어진 다음에, 브랑겔과 그의 나머지 군대, 그리고 도합 약 10만 명에 이를 정도로 많은 수의 민간인들이 11월 중순에 연합군의 배를 타고 콘스탄티노플로 철수했다. 아르한겔스크 등 다른 좀더 미약한 반혁명주의자들의 근거지는 그 이전에 이미 함락당했다. 1920년 말, 백군 운동은 사실상 실패로 끝났다.

연합국의 개입

러시아의 대규모 내전이 복잡해졌던 이유는 연합국들의 개입, 소비에트 정부와 폴란드 사이의 전쟁, 대러시아인이 아니면서 이전의 로마노프 가문의 제국에 살던 수많은 민족들 중 일부의 독립에 대한 노력 때문이었다. 연합국의 개입은

1918년에 시작되었으며, 14개국이 개입했다. 특히 일본은 6만 명 이상이나 되는 대규모의 군대를 파견했다. 영국은 도합 약 4만 명, 프랑스와 그리스는 각각 2개 사단을, 미국은 약 1만 명, 이탈리아와 다른 국가들—체코의 특수한 경우를 제외한다면—은 소규모의, 종종 단지 상징적인 군대만 파병했다. 연합국은 원래는 사태의 추이를 지켜볼 뿐만 아니라, 독일인들이 아르한겔스크와 무르만스크 같은 항구에서 전쟁 물자를 차지하는 것을 방지하기를 원했던 반면에, 일본인들은 러시아 세력의 붕괴로 인해서 극동에서 생긴 기회를 이용하기를 원했다. 일본군은 사할린 섬의 러시아 측 부분과 바이칼 호수 동쪽의 시베리아의 상당 부분을 점령했다. 미국, 영국, 프랑스, 이탈리아의 파견부대는 일본을 뒤따라 시베리아로 진입했고, 이미 언급된 대로 다른 연합국 군대는 유럽 러시아 북부뿐만 아니라 프랑스에 의해서 점령된 오데사, 영국에 의하여 점령된 바툼 같은 남부 항구에 상륙했다. 연합국 군대는 소비에트 정부에 적대적인 태도를 취했으며, 1919년 10월부터 1920년 1월까지 소비에트 해안을 봉쇄했고, 군수 물자를 제공—영국의 탱크 몇 대가 데니킨 군대에 제공되었다—한다거나 그들 자체의 존재와 방어를 통해서 백군 운동을 종종 도와주었다. 그러나 그들은 실제 전투는 종종 피했다. 이런 소득 없는 개입은 1920년에 연합국 군대가 떠나감으로써 종결되었으나, 일본인들만은 1922년까지 러시아령 극동의 연해주에, 1925년까지 사할린의 러시아 영토에 남아 있었다.

폴란드와의 전쟁

1919년 2월부터 1921년 3월까지 벌어진 소련-폴란드 전쟁은 양측이 가진 희망과 오해에 의해서 모습이 정해졌다. 폴란드의 정치적 및 군사적 지도자였던 피우수트스키는 발트 지역으로부터 벨라루스를 거쳐서 우크라이나에 이르는 독립국가들을 폴란드와 연합시켜 연방국가를 창설하려는 "프로메테우스와도 같은" 자신의 계획의 일부로서 전쟁을 시작했다. 일부 역사학자들은 그의 목표가 러시아로부터 폴란드를 보호하는 것이었다고 주장한다. 다른 역사학자들은 그 전쟁이 역사적인 영토를 다시 주장하고, 분할 이전의 폴란드-리투아니아 연합과 같은 국가를 다시 만들려는 시도였다고 본다. 소련 측에서는, 러시아 혁명에 동조적인 혁명이 서구, 특히 독일에서 분출되리라는 필사적인 희망이라는 맥락에서 이 전쟁을 바라보았다. 1920년 무렵, 백군에 대한 적군의 승리에 의해서 대담해진 공산당 지도부는 낙관적인 느낌을 가지게 되었고, 폴란드가 마치 서구를 향한 문 같다고 생각했다. 그리하여 소련-폴란드 전쟁은 동쪽을 향한 폴란드의 진격을 뒤로 되돌리기 위한 방어적인 전쟁으로 시작되었지만, 우선 폴란드의 노동자들에게 대의에 합류하도록 영감을 주고 난 다음에, 독일 쪽으로 계속해서 진행함으로써 유럽 속으로 혁명을 확산시킬 수 있는 완벽한 기회인 것 같았다. 투하첩스키 등이 지휘한 적군은 8월에 바르샤바 외곽에 도착하여 폴란드의 수도를 점령할 준비를 갖추었다. 그러나 프랑스의 차관과 연합국의 물자 지원으로 도움을 받은 폴란드인들은 돌진해 들어오던 소련군을 패배시켰다. 이때 벌어진 바르샤바 전투는 폴란드에서 "비스툴라의 기적"이라고 알려졌다. 물론, 폴란드의 노동자들이 들고 일어나 지원할 것이라는 소련의 희망은 환상이라는 것이 드러났다. 그들은 침략자들을 혁명적인 해방자들이 아닌 러시아 제국주의자들이라고 보았다. 러시아는 강화를 요청했고, 복잡한 강화협상이 그 뒤에 진행되었다. 이 논쟁을 둘러싼 많은 논쟁거리로는, 잔학한 행위에 대한 상호 비난 문제, 유대인을 대상으로 한 포그롬에 대한 책임 문제, 1921년 3월 18일에 체결된 리가 조약(Treaty of Riga)으로 확정된 새로운 국경선과 폴란드의 민족적 경계선의 관계 문제 등이 있다. 어떤 사람들은 폴란드가 비폴란드인들을 다수 획득했다는 점을 강조하고, 또다른 사람들은 많은 폴란드인들이 소련의 국경선 안쪽에 남게 되었다는 점을 강조한다. 분명한 사실은 피우수트스키가 그리던 새로운 국가들의 경계선과 레닌이 그리던 혁명의 확산이 모두 좌절되었다는 점이다.

민족 독립운동

제1차 세계대전 동안에 육지에 기반을 둔 3개의 대제국들, 즉 러시아, 오스트리아-헝가리, 오스만 제국은 정치적으로 분할되었고, 국민들은 급진세력화되었으며, 연합국들로부터 국민국가를 형성하라는 격려를 받았다. 그럼으로써 이 지역의 민족주의 운동은 자치권을 요구하는 것에서 독립을 요구하는 쪽으로 이동하도록 고무되었다. 이런 운동들 및 다른 민족들에 대한 소련의 정책 변화의 역사는 최근 들어서 진행된 수많은 탁월한 연구의 주제였다. 소련이 많은 새로운 국가들로 해체됨에 따라, 재건된 "제국"으로서의 소련(Soiuz Sovetskikh Sotsialisticheskikh Respublik)의 기원은 학술적으로 많은 관심을 끌었다. 이것은 복잡한 역사이다. 우리는 여기서 단지 핵심적인 발전 과정만 부각시키려고 한다. 전제정치가 붕괴된 직후에 러시아 제국으로부터의 이탈이 시작되었다. 1917년에 핀란드, 라트비아, 리투아니아, 벨라루스가 독립을 선언했고, 1918년에는 에스토니아, 우크라이나, 폴란드, 자캅카스 연방(이것은 그 이후에 그루지야, 아르메니아, 아제르바이잔이라는 별개의 국가로 해체되었다)이 그 뒤를 따랐다. 1917년 12월에 개최된 제4차 중앙 아시아 이슬람 교도 대회는 투르키스탄에 대한 자치를 선언했고, 중앙 아시아에는 수많은 다양한 공화국이 등장했다. 폴란드 및 리투아니아와는 달리, 이런 국가들은 역사상 처음부터 독립국가들이었다. 자유주의적인 임시정부는 제국이 분열됨으로써 국가가 약화될 것을 우려했던 반면에, 볼셰비키는 권력을 얻기 위해서 투쟁하면서도 모든 민족이 "자결권"을 가진다는 원칙을 고수했다. 새로운 소비에트 정부는 일단 권력을 잡자마자 똑같은 말을 했다. 예를 들면, "평화 법령(Dekret o mire)"에서는 스스로 억압받는다고 느끼던 모든 민족은 원하는 경우에 민주주의적인 선거를 통해서 독립 민족국가를 건설할 수 있는 권리를 가져야 한다고 명시되었다. 그러나 볼셰비키 지도자들도 이론적으로는 프롤레타리아트의 연대 정신에 따라서 제국의 영토를 한데 묶어놓기를 희망했다. 그러므로 민족의 독립을 주창하던 사람들은 인민과 사회주의의 이익에 반대하는 부르주아 민족주의자들이라고 책망받았다. 자신들의 독립을 성공적으로 주장했던 민족들, 즉 핀란드인들, 에스토니아인들, 라트비아인들, 리투아니아인들과 폴란드인들은 소비에트 정부와 지방 소비에트들에 굴하지 않고 독립을 이루어냈다. 핀란드의 경우처럼, 종종 민족주의자들은 본격적인 내전을 거친 후에 때때로 자국 내의 공산주의자들을 억압해야 했다. 많은 지역에서 적군과 지방 공산주의자들은 독립을 방지하거나 파괴시키기 위해서 협력했다. 전반적으로, 일단 공산주의자들이 권력을 장악했다면, 공산주의자들의 민족정책은 "자결권" 이론에서 시사된 것보다 민족주의에 대해서 훨씬 덜 관용적인 태도를 취하게 되었다. 개별 지역의 특수한 역사에는 그 나름

"검은 세력에 대항해서 싸우는 붉은 기사", 1919년. 내전기의 이미지와 텍스트는 혁명적 투쟁을 선과 악으로 묘사했다. "검은 세력"은 러시아어로 악마라든지 다른 악한 영들을 말할 때 사용되는 용어이다. (*Gosizdat*)

대로의 독특한 복잡한 사정이 있었다.

우크라이나에서는 지방정부인 라다(Rada) 혹은 중앙 협의회가 페트로그라드에서 임시정부가 붕괴된 이후에 우크라이나 공화국의 독립을 선포했다. 소련 당국은 새로운 공화국을 인정했으나, 1918년 2월에 적군은 라다를 전복시켰다. 1918년 봄에 성립된 소비에트의 통치는 이번에는 진군해 들어오던 독일군에 의해서 전복되었다. 독일인들은 처음에는 라다를 인정했으나, 얼마 지나지 않아 스코로팟스키가 주도하는 우익 정부로 그것을 대체시켜버렸다. 독일인들이 떠난 후에 라다 집정부(Direktoriia Ukrainskoi Narodnoi Respubliki)는 1918년 12월에 스코로팟스키를 퇴임시켰으나, 이 집정부도 데니킨의 백군이 내린 간단한 명령으로 축출당하고 말았다. 1919년 가을에 데니킨이 후퇴하자, 적군은 우크라이나에서 소비에트의 권력을 회복시켰다. 그다음에 라다 집정부는 폴란드인들과 협정을 체결했으나, 이것은 소비에트 러시아와 폴란드 사이에 우크라이나를 간단히 분리시키기로 한 소련-폴란드 전쟁의 강화조약에서도 배제되고 말았다. 우크라이나인들은 다양한 운동을 지지했으며, 급진적인 농민운동만이 아니라 여러 군대에서도 싸웠다. 우크라이나의 독립 노력이 좌절된 이후에도 정치적인 분열은 계속되었고, 나중에 우크라이나의 망명자들도 분열되었다. 그러나 특히 우크라이나의 지식인들과 전문 직업인들 가운데 성장했던 우크라이나의 새로운 민족주의가 물질적인 생존 문제와 토지 소유에 주로 관심을 가지고 있던 농민 대다수에게 어느 정도로 침투했는지의 질문은 아직 답변을 얻지 못하고 있다.

유럽 러시아의 남부와 남동부에 살고 있던 민족들 중에서 많은 경우는 19세기에 들어와서야 러시아 제국에 편입되었기 때문에, 그들 사이에서 수많은 독립운동이 일어났고, 독립국가가 선포되었다. 새로운 국가로는 크림 타타르 공화국, 캅카스 산맥 남부의 그루지야, 아르메니아, 아제르바이잔 등의 공화국들, 바슈키르, 키르기스, 코칸트 등의 공화국들, 부하라와 히바 에미리트국들 등이 있었다. 또다시 지역적 이해관계가 상충되었고, 격렬한 지역 단위의 내전이 벌어졌다. 어떤 경우에는 터키, 독일, 영국 같은 외부 세력들이 중요한 역할을 담당하기도 했다.

이 시기 소련의 민족정책에 대한 전통적인 해석에서는, 독립에 대한 시도를 억압하고 지방 공산주의자들에 의한 권력 장악을 지지하기 위해서 군사력이 사용되었다는 점이 강조되었다. 인기 있고 효율적이던 멘셰비키 정부가 1921년에 적군에 의해서 축출된 그루지야의 경우에 이 말이 아주 정확하며, 이런 설명은 거의 모든 지역에 대해서도 부분적으로 적용될 수 있다. 그런데 이런 기본적인 시나리오는 민족주의자들의 힘을 약화시킨 다양한 요인들에 의해서 곳곳에서 복잡해졌다. 이런 많은 지역에서는, 민족으로 러시아인인 사람들은 그곳에 생활하면서, 러시아로부터의 분리에 반대했다. 많은 비러시아인들, 특히 농민들과 노동자들에게는 토지 개혁과 급진적인 사회변화에 대한 볼셰비키의 약속이 매력적으로 생각되었다. 특히 그 약속이 지방의 민족문화를 존중해준다는 약속과 결합되었을 때는 더욱 매력적이었다. 마지막으로, 일부의 비러시아인들은 제국 내에 남아 있음으로써 전략적인 이점을 얻을 수 있다고 보았다. 특히 아르메니아에서는 민족주의적인 다쉬낙 당원(Dashnak)들은 소비에트의 통치가 터키의 침입을 막아주는 울타리가 된다고 보았다. 그러나 다쉬낙 당이 주도한 반란으로 몇 개월 후에 새로운 소비에트 정부가 전복되자, 적군은 소비에트 권력을 회복시켰다.

1922년 12월 30일에 소련은 러시아, 우크라이나, 벨라루스, 자캅카스 연방으로 성립되었다. 그 이후인 1920년대에 세 개의 중앙 아시아 공화국들이 "연방 공화국"의 지위를 부여받았다. 로마노프 가문의 제국과 비교하여 신생 소련은 핀란드, 에스토니아, 라트비아, 리투아니아와 폴란드 영토를 잃었는데, 이 지역들은 전부 독립국가가 되었다. 그리고 소련은 우크라이나 서부와 벨라루스의 서부를 폴란드에, 베사라비아를 루마니아에, 자캅카스에 있는 카르스–아르다칸을 터키에 넘겨주었다. 그리고 이미 언급되었듯이, 일본은 1922년이 되어서야 러시아의 시베리아 본토 전체에서 철수했고, 1925년에는 사할린의 절반인 러시아령에서 물러났다. 이렇게 영토가 축소되었음에도 불구하고, 소련은 크고 잠재력을 가진 국가로 등장했다.

최근에 역사학자들은 때때로 새로운 "소련 제국"에 대해서 말했다. 그러나 볼셰비키 자신들은 주변 지역에 대한 차르 제국의 식민지적 지배를 반복하지 않으려고 신경을 썼다. 그들은 소련의 사회주의가 전 세계의 피식민 민족들에게 하나의 모델이 되기를 희망했다. 그러므로 어떻게 통치하느냐의 문제는 즉각적으로 아주 중요한 사항이 되었다. 민족정책을 책임진 인민위원인 스탈린은 러시아와 긴밀하게 통합하고, 사회주의적인 사회경제를 발전시키는 적극적인 정책을 선호했다. 레닌은 이것이 지방의 민족들을 소외시키지 않을까 우려하면서 망설였다. 이론상으로는 동등한 입장에 있는 연방으로서의 소련의 법적인 형태는 이러한 접근 태도를 반영했다. 통치국가가 민족적 및 종족적 정체성을 육성하려는 노력을 기울이고 지방 엘리트들을 의지하는 것은 훨씬 더 중요했다. 이런 코레니자치야(korenizatsiia) 정책—이 용어는 지방적인 "뿌리"(코렌[koren]은 뿌리를 의미한다)를 심는 것을 부각시켰는데, 대충 현지 우선(indigenization)이라고 번역될 수 있다—에는 채용, 교육, 그리고 당에서 토착민들을 우대하고(마틴은 이것이 일종의 소련식 "차별 철폐 조치"라고 주장했다), 민족의 언어와 문화를 장려하는 것이 포함되었다. 일부 역사학자들은 이러한 조치가 볼셰비키의 약화에서 초래된 양보라고 주장했다. 반면에 다른 역사학자들은 부르주아 민족주

의로부터 새로운 소비에트적 행태로 민족적 정체성을 이동시키려는 좀더 예지력
있는 정책이라고 보았다.

적군의 승리 이유

볼셰비키가 내전, 민족들의 독립운동, 폴란드와의 전쟁, 연합국의 간섭 등의 시
련을 견뎌낼 것이라고 믿었던 사람은 거의 없었다. 레닌 자신도 특히 국제적
인 혁명이 발생하여 소비에트 러시아에 지원과 도움을 주지 않는다면 볼셰비키
가 생존할 수 있을지에 대해서 심각한 회의를 품고 있었던 듯하다. 사실, 레닌
은 1918년 3월에 개최된 공산당 대회에서 "독일 혁명이 일어나지 않는다면 우리
의 운명은 정해져 있다는 것이 절대 진리이다"라고 말했다. 그러나 그는 소비
에트 권력의 생존을 위해서 싸우는 것 이외에는 다른 선택의 여지가 없다는 점
을 이해했고, 때때로 자포자기 상태에 빠진 동지들에게 그 점을 계속해서 상기
시켰다. 그러므로 내전에서의 승리는 혁명 자체만큼이나 중요한 공산주의의 전
설적인 서사시가 되었다. 그러나 좀더 자세히 살펴본다면, 우리는 마르크스주의
의 필연성 이론이나 적군 전사들의 초인간적인 자질을 거론하지 않고도 볼셰비
키의 승리를 설명할 수 있다. 소련 시기에는 정반대되는 입장이 강조되기는 했지
만, 우선 내전에 개입한 연합국들은 새로운 공산주의 체제를 질식시키기 위한
단호한 협동의 노력을 전혀 기울이지 않았다. 케넌, 울만 등의 학자들은 러시아
에 대한 연합국의 정책이 많은 오해와 혼란에 빠져 있었으며, 백군 운동에 대해
서 결코 마지못한 태도로 지원해줄 수밖에 없었다는 것을 보여주었다. 덧붙여
말하면, 연합국의 사병들과 수병들은 개입의 이유를 자신들의 지휘관들보다 훨
씬 더 알지 못했다. 프랑스 해군은 흑해에서 폭동을 일으켰으며, 미군 부대는
집으로 돌아가려는 열렬한 희망만이 아니라 동요로 인해서 효율성이 떨어졌다.
영국의 노동당 및 온갖 다양한 집단들은 가능한 모든 압력을 통해서 개입정책
에 반대했다. 잘못 계획되고 형편없이 시행된 연합국의 개입은 결국 거의 아무런
결과를 가져오지 못했다. 그와는 대조적으로, 폴란드인들은 자신들이 원하는
것을 알고 있었고, 성공적인 전쟁을 통해서 그것을 획득했다. 그러나 그들의 목
표 속에 러시아 영토 자체에서 소비에트 체제를 파멸시키는 것은 포함되어 있지

않았다. 그리고 민족 독립운동은 자신의 지역에 국한된 목표를 가지고 있었을 뿐만 아니라, 대개는 세력이 아주 미약했다. 그러므로 소비에트 정부는 그 많은 민족운동을 자신들이 선택한 시기에 하나하나씩 물리칠 수 있었고, 우크라이나와 캅카스 산맥 남부의 공화국들의 경우처럼 틈을 봐서 이전에 한 약속을 파기해버리기도 했다.

백군 운동은 적군에게 치명적인 위협을 가했다. 궁극적으로 양측 사이에는 어떤 타협도 있을 수 없었다. 백군은 수가 많았고, 장교들의 비율이 매우 높았으며, 종종 용감하게 싸웠다. 그러나 적군은 결국 결정적인 것이라고 입증된 이점들을 가지고 있었다. 소비에트 정부는 모스크바와 페트로그라드를 포함한 러시아의 심장부, 인구의 대부분, 많은 산업체, 제1차 세계대전을 목표로 한 엄청난 양의 군수품을 장악하고 있었다. 백군은 계속해서 수적으로 열세에 놓여 있었으며, 연합국의 도움에도 불구하고 훨씬 더 빈약한 장비를 갖추고 있었다. 적군은 내부의 통신선을 확보할 수 있었던 것에 비해서, 백군은 주변부에서 이리저리 이동해야 했다. 훨씬 더 중요한 것은, 적군은 엄격히 통일된 지휘체계를 가지고 있었던 것에 비해서, 백군은 사실상 분리되고 조직화되지 못한 채로 전쟁을 벌이고 있었다는 것이다.

그러나 궁극적으로 적군의 승리를 보장해준 것은 백군 운동이 정치적으로 실패했기 때문일 것이다. 백군은 지리적으로 갈라져 있었던 것만큼이나 정치적으로도 분열되어 있었다. 군주주의자들로부터 사회혁명당원들에게 이르기까지 이 진영의 모든 사람들이 일반적으로 받아들이고 있던 공통 신조는 반볼셰비즘뿐이었다. 그러나 그들의 지지 기반을 제한했던 정책적 선택도 있었다. 그중 하나는 비러시아 민족들의 희망에 대한 공공연한 적대감이었다. 대부분의 백군 지도자들은 "하나이자 분리될 수 없는 러시아"—이 원칙은 온건한 자유주의 좌파로부터 반동적인 우파에 이르기까지 공유되었다—를 강력하게 믿었고, 분리주의를 배척했을 뿐만 아니라 그에 대항해서 싸우기도 했다. 그리하여, 예를 들면 데니킨은 우크라이나어와 우크라이나 학교를 억압하는 조치를 통해서 우크라이나인들의 적대감을 불러일으켰고, 유데니치는 에스토니아인들에게 독립을 약속해주지 않음으로써 에스토니아에 있던 자신의 기반을 약화시켰다.

백군은 러시아인들을 설득하여 자기편으로 끌어오는 데에는 더욱더 실패했다. 백군 지도자들은 권력을 되찾게 되면, 농민들이 영지를 장악함으로써 스스로 법으로 만들었고 볼셰비키가 약삭빠르게 보증해준 급진적인 토지 개혁을, 법과 사유재산 원칙의 이름으로 되돌릴 것이라는 점을 종종 아주 분명히 밝혔다. 그러므로 상층과 중간계급은 백군을 선호했고 대다수의 노동자들은 적군을 선호했던 반면에, 인구의 절대다수를 차지했던 농민들은 어느 편도 열정적으로 지지하지 않았지만 백군에게 좀더 적대적인 것 같았다. 농민들이 적대감을 가지고 양측을 바라본 것에는 많은 이유가 있었다. 적군과 백군은 둘 다 농민들을 자기편의 군대로 강제로 끌어들였고, 곡물과 말을 징발했으며, 반대 세력으로 의심받는 사람들에게 테러를 가했다. 그러나 농민들에게 가장 중요한 것은 토지였다. 그들의 마음속에서 백군은 지주들의 귀환과 구질서의 회복을 연상—여기에는 정당한 이유가 있었다—시켰는데, 이것은 러시아 농촌에 적개심과 두려움을 불러일으킬 수 있었다. 그러나 양 진영에 대해서 농민들이 가진 적대감은 내전기의 "녹군(綠軍)" 운동을 통해서 상징적으로 드러났다. 많은 농촌 지역에서는 녹군은 양쪽 군대를 적극적으로 공격했고, 징병과 강제적인 징발로부터 농민들을 보호했다. 많은 녹군 지도자들은 지방민들의 삶에 대한 어떤 형태의 중앙국가의 통제도 배격하는 아나키스트들과 연관되어 있었다. 이것은 농민들이 천성적으로 마음이 통하던 견해였다.

위기

내전이 끝났을 때, 소비에트 러시아는 기진맥진한 상태로 폐허가 되어 있었다. 1920년과 1921년의 가뭄 및 1921년 동안의 끔찍한 기근은 내전이라는 재앙에 소름 끼치는 마지막 장면을 더했다. 원래는 "피를 흘리지 않았던" 10월 혁명 이후의 수년 동안에, 전염병, 기아, 전투, 처형 그리고 경제와 사회의 전면적인 붕괴로 인해서 약 2,000만 명의 인명이 희생되었다. 또다른 200만 명은 공산주의의 통치를 받아들이지 않고—브랑겔과 함께, 극동을 통해서, 혹은 수많은 다른 방법으로—러시아를 떠났는데, 이 망명자들 중에는 교육받은 사람들과 기술자들의 비율이 높았다. 전시 공산주의는 내전이 진행되는 동안에 소비에트 정부를 구원했을지는 모르지만, 국가경제를 파탄 내는 데에도 큰 역할을 했다. 사기

업과 사적 교역이 금지된 상태에서 국가가 이런 기능을 충분한 정도로 수행할
수 없게 되자, 러시아 경제의 많은 부분은 마비 상태에 이르렀다. 1921년에 광산
과 공장의 총생산량은 제1차 세계대전 이전의 20퍼센트 수준으로 감소되었다
고 평가된다. 많은 주요 품목은 훨씬 더 급격한 감소를 경험했는데, 예를 들면
전쟁 전에 비해서 면화는 5퍼센트, 철은 2퍼센트의 수준으로 떨어졌던 것이다.
농민들은 징발에 대항하여 경작을 거부하고 나섰다. 1921년 무렵이면 경작지
는 전쟁 전의 면적 중 약 62퍼센트로 축소되었고, 수확량은 정상 수치의 약 37
퍼센트에 불과했다. 말의 수는 1916년의 3,500만 두에서 1920년에는 2,400만 두
로 줄어들었고, 같은 기간 동안 소는 5,800만 두에서 3,700만 두로 감소되었다.
1914년에 미국의 1달러는 2루블에 교환되었으나, 1920년에는 1,200루블로까지
가치가 치솟았다.

　이런 참기 어려운 물질적인 상황은 내전이 진행되는 동안 강화되었던 공산주
의자들의 권위주의 및 잔인성에 대해서 점차 분개하는 분위기와 결합되어서 농
촌에서는 봉기를 촉발시켰고, 공장에서는 소요사태와 파업을 불러일으켰다. 이
미 내전 기간에 농민들은 곡물을 징발하러 오던 공산주의자들과 노동자들의
파견대를 때때로 공격한 적이 있었다. 그러나 지주들의 귀환이라고 보았던 백군
이 승리할 위험이 더 이상 존재하지 않게 되자, 농민들은 볼셰비키가 자신들의
경제생활에 간섭하는 데에 반대하게 되었나. 곡물 징발 팀은 매복 공격을 당했
고, 농촌에 있던 정부당국의 다른 대표들도 공격을 받았다. 일부 지역, 특히 서
부 시베리아, 볼가 중류지역, 탐보프 주, 우크라이나에서는 1920년 후반부터 대
규모 봉기가 일어나기 시작했다. 이런 운동의 목적은 다양했다. 사회적 반란은
종종 강탈 행위와 결합되었으나, 기본적인 메시지는 분명했다. 즉, 더 이상 곡
물을 징발하지 말고, 자유로운 교역을 회복시키며, 자신들이 일하고 있는 땅에
대한 완전한 통제권을 농민들에게 보장해달라는 것이었다. 일부 농민들은 제
헌의회의 재소집을 요구하기도 했다. 농촌의 소요사태도 공산주의 권력에 아
주 커다란 위협이었지만, 1921년 초에 분출된 도시 노동자들 사이의 소요사태
는 정치적으로 더 큰 불안감을 불러일으켰다. 집회, 시위, 심지어 파업은 프롤레
타리아트로 남아 있던 사람들(내전 기간의 경제적인 파괴로 말미암아 공장 노
동자들의 수는 절반으로 줄어들었다) 사이에 불만이 널리 확산되어 있다는 것

을 명확히 보여주었다. 노동자들의 불만은 식량 배급량을 늘려달라는 것, 신발과 두꺼운 옷을 배급해달라는 것, 노동자들이 식량을 얻기 위해서 농민들과 물물교환을 할 수 있게 허용해달라는 것(농민들은 자신들이 생산한 농산물을 자유롭게 판매할 수 있어야 한다는 것) 등 주로 단순한 물리적인 생존의 문제와 관련되어 있었다. 그러나 경제적인 불만 사항은 정치적인 불만을 표면으로 부각시켰다. 노동자들은 종종 시민권 회복, 공장에서의 강압적인 경영관행의 종식(엄격한 1인 경영이 1918년에 도입되어 사실상 노동자 관리를 종식시켰다), 심지어 제헌의회의 소집을 요구하기도 했다. 마침내 1921년 3월에는 공산주의자들이 10월 혁명의 근원지 중의 하나라고 기념하던 크론시타트 해군기지에서 공산주의 지배에 대항한 반란이 일어났다. 수병들과 크론시타트의 다른 반란 세력은 자유로운 소비에트, 1당 지배 종식, 언론과 출판의 자유, 제헌의회의 소집, 강제적인 곡물 징발의 종식뿐만 아니라 경제에 대한 모든 국가통제의 종식 등을 요구했다. "인민위원회 독재(Commissarocracy) 타도"는 종종 들을 수 있던 슬로건이었다. 적군 부대가 봉기를 무자비하게 진압하기는 했지만, 볼셰비키 지배에 대한 거의 일반화된 불만은 그보다 더 강력하게 표현될 수 없었을 것이다. 그리고 이런 위기를 한층 더 복잡하게 만든 것은 혁명의 이상주의적인 목적이 시야에서 사라지고 있다고 느끼던 공산주의자들이 당시의 몇 달 동안 점차 자신의 의견을 노골적으로 표명하게 된 사실이다. 당내에서 다른 견해를 가진 분파가 생겨난 것은 이때가 처음이 아니었다. 1918년에, "공산주의 좌파(Levye kommunisty)"는 세계혁명을 배신한 것이라고 하여 브레스트-리토프스크 조약을 반대했고, 경제를 부흥시키기 위해서 기업에 엄격한 노동규율을 도입하려던 레닌의 제안을 비판했다. 1919년에는 마찬가지로 단기간 존재했던 "군인 반대파(Voennaia oppozitsiia)"는 적군에 전통적인 규율을 채택하고, 이전에 차르 시대의 장교였던 사람들을 활용하려는 트로츠키의 계획에 반대했다. 일단 내전이 종식되자, 당 정책에 대한 비판은 더욱 공개적이고 격렬해졌다. "민주 집중파(Demokraticheskie tsentralisty)"는 강화되고 있던 중앙집중화와 관료화를 비판하면서, 당내에서 보다 자유로운 토론을 벌일 것과 지방의 당 관료들을 선출할 것을 요구했다. "노동자 반대파(Rabochaia oppozitsiia)"는 기업 내에서 전통적인 규율을 부과하는 것, "부르주아 전문가들"을 경영에서 활용하는 것, 1920년에 노동조합을 국가에 완전히 예속시키려던 노력 등을 반대했다.

완전한 파괴와 불만이라는 이러한 배경만이 아니라, 더구나 세계혁명이 임박하지 않다는 점을 마침내 인정해야 했던 레닌은 1921년 봄에 전시 공산주의를 대신하여 신경제정책(NEP, Novaia Ekonomicheskaia Politika)의 개시를 선언하게 되었다. 레닌은 다시 한번 현실주의자로서의 면모를 보여주면서, 상당한 이론적 반대를 극복하고 자신의 견해가 당내 그리고 국가 전체에서 우세를 점하도록 만들었다.

신경제정책

신경제정책은 국가에 회복의 기회를 주기 위한 것으로서, 사회주의로 가는 길에서 일시적인 후퇴이자 타협이었다. 레닌의 말에 의하면 그것은 "농민에 대한 브레스트-리토프스크"였다. 물론 공산당은 충분한 정치적 통제력을 보유했고, 타협과 완화책이 결코 정치로까지 확대되지는 않았다. 사실, 농민반란과 크론시타트 봉기는 끔찍하게 분쇄되었고, 저항하는 노동자들은 직장 폐쇄와 대규모 체포를 당했다. 그리고 당내의 비판자들은 1921년 3월에 분파 행위 금지 조치를 통해서 침묵을 강요당했다. 레닌은 군대가 후퇴하고 있는 동안에는 규율이 필수적이라고 주장했다. 그리고 네프는 필요한 후퇴였다. 그러나 이것은 완전한 후퇴는 아니었다. 국가는 경제의 "최고 지휘부", 즉 재정, 대규모 산업과 중간 규모의 산업, 근대적 교통 산업, 대외교역, 모든 도매업에 대한 독점적인 통제권을 보유하고 있었다. 그러나 20명 미만의 노동자를 고용하는 사업장을 의미했던 소규모 산업과 소매업에서는 민간기업 활동이 허용되었다. 정부가 농민들에 대한 정책을 변화한 것은 아마도 훨씬 더 중요했을 것이다. 전시 공산주의 시기에 행해졌던 것처럼 농산물을 징발하는 대신에, 정부는 생산물, 특히 곡물로 바치는 세금을 설정했는데 이것은 나중에 화폐세로 대체되었다. 농민들은 세금을 내고 난 이후에 남는 것을 보유하거나 자유 시장에서 팔 수 있었으므로, 더 많이 생산하는 것에 대한 분명한 인센티브를 부여받았다. 결국 당국은 농업 부문에서 제한적인 고용 노동 활용과 일정 규모의 토지 임대를 허용해주기까지 했다. 정부는 새로운 화폐단위인 체르보네츠(chervonets)를 도입함으로써 재정 체제를 개편하고 안정시켰으며, 파괴된 사회를 안정시키기 위해서 새로운 법 규정을 적용하였다.

신경제정책은 경제적으로 대성공이라는 것이 입증되었다. 1921년과 1922년의 끔찍한 기아 사태—그런데 후버가 이끌던 미국구호청과 퀘이커 교도들 및 몇몇 다른 단체들로부터 받은 도움이 없었더라면, 훨씬 더 많은 러시아인들이 이 기간에 사망했을 것이다—이후에, 러시아 경제는 놀라울 정도로 회복되었다. 1928년에 경작지의 면적은 제1차 세계대전 이전의 수준을 이미 약간 상회했다. 산업 역시 대체로 전쟁 전의 수준에 도달했다. 덧붙여 말할 필요가 있는 것은, 전시 공산주의와는 대조적으로 네프 시기에 정부는 국영기업이 비용을 계산하고 임금을 스스로 지급하도록 요구했다는 사실이다. 소매업의 75퍼센트가 개인들의 손으로 넘어갔다는 점은 네프의 두드러진 특징이었다. 일반적으로 새로운 정책에 의해서 활동을 허락받은 소기업인들인 소위 네프맨들(Nepmen)은 도시에서 증가되었던 반면에, 쿨라크들(kulaki 혹은 영어로는 kulaks)은 농촌에서 수가 늘어났다. "주먹"을 의미하는 쿨라크는 자신의 소유물을 꽉 움켜쥐고 있는 부농을 지칭하게 되었다. 혁명 전부터 사용되던 이 용어는 소련의 자료에서는 착취와 탐욕이라는 의미를 내포하고 있기도 하다.

신경제정책의 이런 사회적 결과는 당연히 많은 공산주의자들을 불안하게 만들었다. 일찍이 1922년에 개최된 제11차 당 대회에서는 더 이상의 "후퇴"가 용납될 수 없다고 선포되었다. 정부는 1924년과 1925년에 네프맨들을 통제하기 위한, 그리고 1927년에는 쿨라크들을 제한하기 위한 몇몇 조치들을 도입했다. 동시에, 학자들의 주장에 따르면, 레닌 자신을 포함한 많은 볼셰비키는 네프를 일시적인 후퇴라기보다는 러시아처럼 후진적인 농업국가에서 사회주의로 가는 독특한 길이라고 보기 시작했다. 국민들의 문화적 및 경제적 수준을 점차적으로 높이고 사회주의적인 협동의 이점을 가르치는 데에 기반을 두면서 수십 년에 걸쳐 사회주의로 발전해간다는 개념은 국가를 사회주의로 강제로 끌고 가려는 내전기의 전략으로 돌아가자는 개념과 경쟁하기 시작했다. 이런 논쟁은 1924년에 레닌이 사망한 이후에 세력을 얻은 권력투쟁 및 투쟁에 연루된 인물들과 밀접한 관련을 가지게 되었다.

레닌 사후의 권력투쟁

소비에트의 1920년대에 공산주의자들 사이에는 두 가지 주요 관점이 경쟁하고 있었다. 트로츠키에 의하여 가장 잘 발전된 소위 좌파적 입장은 당과 국가의 적극적인 리더십을 통해서 러시아의 후진성(경제와 국민들의 문화적 수준 모두에서의 후진성)을 빠른 시일 내에 극복할 필요성이 있다는 점을 강조했다. 이런 원칙을 지지하는 사람들은 경제 및 당 내부의 행정 면에서 그 당시 당의 정책을 격렬하게 비판했다. 좌파는 소비에트 러시아의 사회주의적 이상(理想)이 국가 내의 거대한 소부르주아적 농민 대중 속에서 압도당하지 않으려면 급속한 산업화가 절실하다고 주장했다. 이를 위해서는 국가에 의한 적극적인 경제계획 입안과 투자를 위한 자본축적이 요구되었는데, 자본축적은 고율의 세금과 공산품의 가격 인상을 통해서 농민들과 민간 부문을 압박할 뿐만 아니라, 임금을 통제하고 소비품에 대한 투자를 낮춤으로써 달성될 수 있다는 것이다. 그들에 따르면, 동시에 이런 노력을 주도하게 될 "전위(avangard)" 공산주의자들은 당과 국가에서 "관료주의"에 대항해서 싸움으로써 질적으로 개선되어야 했다. 좌파는 지방의 당 비서를 임명하던 널리 퍼진 관행을 비난했고, 당이 "절대 복종"과 "출세주의"라는 정치문화를 배양했다고 비판했으며, 토론의 자유를 확대할 것과 당 업무에 보다 많은 사람들을 참여시킬 것을 촉구했다. 스탈린은 당의 서기장으로서 인사 업무를 책임지고 있었기 때문에, 특별한 비판의 대상이 되었다. 본명이 라도미슬스키인 지노비예프와 본명이 로젠펠트인 카메네프 같은 저명한 공산주의 지도자들은 기본적으로 트로츠키와 견해를 같이했다.

　좌파의 주요 반대자였던 부하린은 1920년대 후반까지 스탈린을 포함하여 당의 다수파의 입장을 대변하고 있었다. 부하린과 우파—이것은 스탈린이 나중에 그들에게 등을 돌릴 때 그들이 불리게 된 명칭이었다—는 러시아에서 사회주의를 건설할 때 가장 심각한 장애물이 러시아의 후진성이라는 데에는 좌파의 견해에 동의했다. 그러나 그들은 그것에서 아주 다른 결론을 이끌어냈다. 부하린은 "칭기즈칸 계획"을 만들어내려고 시도한다는 이유로 좌파를 조롱했다. 그것은 거대한 기구와 강압을 사용할 수밖에 없는데, 그렇게 되면 경제성장은 지연될 것이라고 보았다. 그는 산업화가 아주 중요하다는 점에는 동의했으나, 그것이 민간 부분을 압박하는 생산 모델이 아니라 시장의 작동을 활용하는 소비

1917년 무렵의 니콜라이 부하린. 내전 동안과 그 이후의 다른 많은 볼셰비키 지도자들과 달리, 부하린은 군복 입는 것을 꺼렸다. 1922년 12월의 당 대회에 보내는 편지("레닌의 유언")에서, 레닌은 부하린을 "당 전체의 총아"라고 불렀다. (*Stephen Cohen*)

모델에 토대를 두어야 한다고 주장했다. 그러나 좌파의 계획에 대한 그의 반대는 경제적인 것만큼이나 정치적이기도 했다. 농민들에게 사회주의를 사랑하도록 가르쳐야 하기는 하지만, 그들에게 사회주의의 길을 따르도록 강요해서는 안 되었다. 그렇게 되면 그것은 소외감과 분개 그리고 아마도 반란을 초래할 따름이라는 것이다. 부하린의 말에 따르면, 사회주의로 가는 길은 "금속 무기가 쨍그랑거리는 소리"라는 특징을 가지는 것이 아니라, "평화롭고", "피를 흘리지 말아야" 했다. 이러한 주장에 대해서 스탈린이 결코 아주 편안한 느낌을 가지지는 않았다는 점은 분명하다. 그리고 보다 전투적인 많은 공산주의자들도 스탈린과 마찬가지였다. 그러나 스탈린은 오직 좌파를 패배시키고 난 이후에, 부분적으로 좌파의 경제 프로그램을 자신의 것으로 삼음으로써 "우편향(pravyi uklon)"에 등을 돌렸다고 주장된다.

종종 그렇게 설명되고 분석되고 있듯이, 레닌 사후의 권력투쟁은 당원 자격을 통제할 수 있는 스탈린의 우월한 위치에 의해서 결정되었다. 스탈린은 막후에서 활동하면서, 트로츠키의 훌륭한 미사여구와 커다란 명성, 모스크바에서

레프 트로츠키. 레닌은 1922년의 "유언"에서 트로츠키를 당 중앙위원회에서 "개인적으로 아마도 가장 유능한 인물"이라고 불렀다. (*New York Public Library*)

의 카메네프의 당 조직, (레닌 사후 레닌그라드로 명명된) 페트로그라드의 지노비예프의 당 조직을 극복할 수 있을 정도로 충분히 강력한 주종 세력을 키워갈 수 있었다. 스탈린은 교묘한 음모를 꾸미면서 처음에는 트로츠키에 대항하여 카메네프 및 지노비예프와 연합했는데, 그 두 사람은 트로츠키를 당 주도권 문제에서 자신들의 경쟁자로 생각하며 시기하고 있었던 것이다. 그런 다음에 스탈린은 좌파에 대항하여 우파 집단과 연합했고, 궁극적으로 충분한 힘을 가졌을 때에 우파도 마찬가지로 제압했다. 그는 자신의 반대자들이 분파주의에 빠졌다거나, 당의 확정된 노선에 따르지 않고 당을 분열시키고 있다고 계속해서 비난했다. 최종적인 승리는 1927년 12월 27일에 개최된 제15차 전 소련 공산당대회 (Piatnadtsatyi S'yezd Vsesoiuznoi Kommunisticheskoi Partii)에서 이루어졌는데, 여기에서 스탈린의 해석대로 모든 "당의 전반적인 노선으로부터의 편향"이 비난되었던 것이다. 서기장의 경쟁자들과 반대자들은 입장을 철회하거나 추방당했다. 어떤 경우든지, 그들은 자신들이 이전에 가졌던 중요성을 상실했다. 트로츠키는

이오시프 스탈린. 1922년에 쓴 편지에서
스탈린에 대한 레닌의 견해는 그가 "서기
장이 된 이후에 무한한 권력을 자기 손안
에 집중시키고 있으며, 나는 그가 언제나
충분한 주의력을 가지고 그런 권력을 사
용할 수 있을지를 확신하지 못한다"는
것이었다. (*Sovfoto*)

1929년 1월에 소련으로부터 축출되어, 1940년에 멕시코에서 망명생활 중에 결국 피살되었는데 이 일은 스탈린의 명령에 따라서 이루어진 것이 거의 확실하다.

스탈린이 최고 권력자로 부상한 과정은 권력정치 측면에서 끔찍하면서도 흥미진진한 연구 주제라고 간주될 수 있지만, 그것의 이데올로기적인 측면도 무시되어서는 안 된다. 스탈린은 많은 공산주의자들의 출세 지향적 열망만이 아니라 소련이 좀더 이상주의적이고 행동주의적인 노선을 따르라는 널리 확산된 희망에 호소함으로써 추종 세력을 형성할 수 있었다. 스탈린이 자신의 연합 세력 및 숭배 세력을 만들 수 있었던 것은 그의 정치적 접근법이 가진 상호 연관된 두 가지 특징 덕분이었다. 첫째로, 그는 보통의 공산주의자 대중을 위하여 이데올로기를 단순화했고, 심지어 신성하게 만들었다. 그가 1924년에 쓴 대중적인 책인 『레닌주의의 기초(*Ob osnovakh leninizma*)』는 공산주의 이데올로기를 아주 간단한 용어로 환원시켰다. 그리고 레닌이 죽은 후에, 스탈린은 레닌의 저서를 도그마로, 반대 의견을 이단으로 간주하는 데에 주도적인 역할을 담당했다. 둘째로, 스탈린은 일관되게 낙관론, 희망, 심지어 신념을 강조했다. 예를 들면 트로츠키가 (레닌이 그랬던 것처럼) 장기적인 관점에서 러시아에서의 사회주의의 성공은 서구의 선진국들에서 혁명이 발발하여 사회주의자들이 권력을 잡게 되는 것에 달려 있다고 주장했을 때, 스탈린은 "영구혁명론(permanentnaia revoliutsiia)"이라는 이 이론이 러시아 프롤레타리아트에 대한 "신뢰감"을 조금도 보여주지 못하는 "영구절망론"이라고 조롱했다. 스탈린은 그 대안으로서 "일국 사회주의론(sotsializm v odnoi strane)"을 제시하면서, 러시아는 영웅적인 목표를 달성하기 위해서 다른 누구에게도 의지하지 않는다고 주장했다. 사실, 그는 레닌주의란 "장애물을 알지도 못하고 인정하지도 않는 것"이라고 하면서 그것을 매력적일 정도로 주의주의(主意主義)적으로 해석했다. 오직 스탈린만이 소비에트의 노력만으로 성취할 수 있는 철저한 프로그램과 위풍당당한 목표를 제시할 수 있었다. 그가 경제적 및 사회적으로 "위로부터의 혁명"에 착수했을 때, 이런 영웅 정신은 많은 사람들을 그의 편으로 끌어들였다. 스탈린의 노선에서 벗어난 모든 편향을 비난했던 제15차 당 대회는 열광적인 분위기 속에서 신경제정책의 종식과 제1차 5개년 계획의 시작을 의미하는 조치를 채택했다.

제37장

스탈린 시대

그것[제1차 5개년 계획]은 다름 아닌 농업의 후진적인 개인주의로부터 기계화된 집
산주의로, 보조금을 받는 온실 속의 산업으로부터 대규모이자 아주 근대화된 규모
를 가진 자족적인 산업으로, 서구의 산업 시대보다 훨씬 더 뒤떨어진 봉건주의적인
심적 태도로부터 그것보다 훨씬 더 앞에 있는 사회주의로 완전히 변모할 것을 요구
했다.　　　　　　　　　　　　　　　　　　　　　　　　　　　　　　　　　　—두런티

인생은 보다 좋은 동지가 되었고, 인생은 보다 즐거운 것이 되었다. 그리고 당신이
즐겁게 살아갈 때, 일이 잘 풀리게 된다.　　　　　　　　　　　　　—스탈린(1935)

재판을 통해서 밝혀진 사실에 따르면, 자신의 주인들의 바람—부르주아 국가들
의 첩자 행위—에 복종하는 트로츠키와 부하린의 친구들은 당과 소비에트 국가를
파멸시키고, 국가의 방어력을 약화시키고, 외국의 군사적 개입을 돕고, 적군(赤軍)의
패배를 위한 길을 준비하고, 소련의 해체를 초래하며, 소련의 연해주 지역을 일본인
들에게 넘겨주고, 소비에트 벨라루스를 폴란드인들에게 넘겨주고, 소비에트 우크라
이나를 독일인들에게 넘겨주고, 노동자들과 집단농장의 농민들의 이익을 파괴하며,
소련에 자본주의자들의 노예제도를 회복시키기 위한 일에 나섰다.……이들 백군 근
위대 벌레들은 소비에트 국가의 진정한 주인이 소련 인민이라는 사실, 그리고 리코
프 추종자들, 부하린 추종자들, 지노비예프 추종자들, 카메네프 추종자들은 국가
의 임시적인 피고용인일 뿐이며 국가가 아무 때라도 아주 쓸모없는 쓰레기와 마찬
가지로 그들을 자신들의 자리에서 쓸어버릴 수 있다는 사실을 잊어버렸다. 경멸받
을 만한 파시스트들의 이런 하인들은 소련 인민이 손가락 하나만 까닥하면 자신

들이 흔적도 없이 사라지리라는 점을 잊어버렸다.

—『소련 공산당사(볼셰비키) : 간략 코스』(1938)

"숲에서 나무가 잘려나갈 때, 잔가지가 날리는 법이다."* 물론 나무 파편이 되는 것
은 불행한 일이다.

—어떤 소련 시민이 니콜라스 랴자놉스키에게 한 발언, 1958년 여름

스탈린의 통치는 1927년에 개최된 제15차 당 대회에서 압도적인 승리를 거둔 것
으로 시작되어, 4반세기 동안 지속되었다. 스탈린 시대—어떤 사람들은 스탈린
주의 혁명이라고까지 말한—는 엄청난 변화와 고통의 시기였을 뿐만 아니라,
위대한 성취의 시기이기도 했다. 이 시기에는 대규모의 강제적인 산업화가 있었
는데, 이것은 사람들의 축출, 곤경, 경제적 성장을 가져왔다. 이 시기에는 모든
농업의 갑작스런 집단화가 이루어져서 기근, 사망, 분노만이 아니라 근대화로
귀결되었다. 그리고 특히 1930년대 후반의 스탈린 시대는 "대공포"라고 규정될
수 있는데, 이때 온갖 종류의 "적들"이 숙청되고 처형당했다. 앞으로 살펴보게
되듯이, 역사학자들은 이 시기에 대해서 격렬한 논쟁을 벌였다. 일부 역사학자들
은 독재적인 통치와 잔혹성이라는 면에서 스탈린을 히틀러에 비유한 반면에, 다
른 역사학자들은 스탈린이 강압과 공포만으로 통치할 수는 없었고 그렇게 하
지도 않았다고 주장했다. 학자들은 이 체제를 어떻게 가장 잘 정의 내리고, 그
결과를 어떻게 측정하며, 그 안에 참여하며 살아간 사람들에게 그 체제가 무슨
의미를 가졌는지를 어떻게 이해할 것인지에 대해서 계속 연구하면서 논쟁을 벌
이고 있다.

스탈린

스탈린의 인생과 경력은 아주 초라하게 시작되었다. 사실, 그는 볼셰비키 지도

---

* 이 말은 스탈린 시대에 사용된 공식적인 선전문구로서, 중요한 일을 이루기 위해서는 사소
한 문제들이 뒤따르기 마련이라는 뜻이다/역주

자들 중에서 몇 명 되지 않는 프롤레타리아트 출신에 근접한 인물이라고 종종 언급되어왔다. 1879년에 그루지야의 수도인 티플리스—혹은 트빌리시—근처의 작은 도시인 고리에서 신발 제조공의 아들로 태어난 이오시프 주가시빌리*는 1894년까지 고리에 있는 교회학교에 다녔고, 그다음에는 티플리스에 있는 신학교에 입학했다. 그러나 그는 1899년에 불명확한 이유로 신학교에서 퇴학당했다. 그 무렵에 스탈린은 몇몇 급진주의자들, 특히 마르크스와 레닌의 글을 접한 적이 있었던 것 같다. 그는 사회민주당에 입당했고, 1903년에 당이 분열될 때 단호하게 볼셰비키 편에 섰다. 1902년부터 1913년 사이에 스탈린으로 알려진 주가시빌리는 다양한 음모적 및 혁명적 활동에 가담했고, 수차례에 걸쳐서 체포와 유형을 당했다. 그는 유형지로부터 반복해서 탈출에 성공했는데, 몇몇 전문가들이 보기에 이것은 그가 경찰과 결탁했음을 시사해주는 것이었다. 그러나 스탈린의 마지막 유형생활은 1913년부터 2월 혁명에 이르기까지 계속되었다. 그루지야의 한 볼셰비크**가 레닌의 관심을 처음 끌게 된 것은 그가 당의 자금을 마련하기 위해서 대담한 약탈 사건을 조직했을 때인 것 같다. 스탈린의 혁명 활동은 상트페테르부르크만이 아니라, 티플리스, 바툼, 바쿠 같은 캅카스 산맥 남부의 중심지들에서도 전개되었다. 다른 많은 볼셰비키 지도자들과는 대조적으로, 스탈린은 몇 차례의 회의에 참석하기 위해서 러시아 제국을 떠났을 뿐 결코 해외에 살지는 않았다. 스탈린이 정통 볼셰비크이며 그루지야 출신이었기 때문에, 당은 그가 몇몇 초기 저술에서 다루었던 주제인 민족 문제 전문가로 그를 맞이했다.

페트로그라드에 도착한 최초의 저명한 볼셰비키 중의 한 사람인 스탈린은 1917년의 역사적 사건들에 참여했으며, 10월 혁명 이후에는 초대 소수민족 인민 위원이 되었다. 그는 남부 전선의 혁명 군사 위원회의 위원으로서 내전에서, 예를 들면 백군에 대항한 차리친 방어에서 활약했다. 덧붙여 말하면 차리친은 1926년에 스탈린그라드로 개칭되었다가 1961년에는 볼고그라드가 되었다. 그가 자신의 임무를 수행하는 과정에서 거듭 트로츠키와 반목했다는 점은 언급될 필요가 있다. 그러나 스탈린은 당의 서기장으로 임명됨으로써 인사 문제에서 포괄적인

---

* 주가시빌리는 1910년대 초반부터 "강철의 사나이"라는 뜻의 "스탈린"이라는 필명을 사용했다/역주

** 스탈린을 일컫는다/역주

권한을 가지게 된 1922년에, 권력을 장악하기 위한 실질적인 노력을 시작했다. 스탈린이 레닌으로부터 기름 부음 받은 후계자라는 소련의 오랜 공식적 견해는 사실을 왜곡한 것이다. 왜냐하면 실제로 병든 볼세비키 지도자(레닌)는 서기장의 엄격함과 무례함에 분개하게 되었으며, 소위 유언에서 당 지도부에게 스탈린을 조심하도록 경고했다. 그러나 스탈린의 경쟁자들은 레닌의 마지막 예감에 주의를 기울이지 않았고, 얼마 지나지 않아 스탈린의 당 기구는 모든 반대자들을 가볍게 제압해버렸다. 1928년에 시작된 철저한 개인독재는 1953년에 독재자가 사망할 때까지 계속되었다.

오랫동안 스탈린과 스탈린주의에 대한 해석은 때때로 격렬하기까지 한 학술 논쟁의 주제가 되어왔다. 논쟁이 가열된 것은 부분적으로는 냉전(그리고 그것의 여파)에 의해서 설명될 수 있다. 왜냐하면 냉전은 소련의 역사에 대한 해석을 이데올로기 그리고 심지어 도덕성의 문제로 만들었기 때문이다. 그러나 논쟁의 핵심에는 진지한 분석적 질문들도 있다. 즉, 스탈린주의적 질서와 그것의 통치 모델을 규정하는 특징은 무엇이었는가? 스탈린은 어떻게 그 기간 내내 권력을 유지할 수 있었는가? 이 질문에 대한 하나의 대답은 스탈린 체제를 "전체주의적인 것"으로 보는 것—이것은 오랫동안 소련 바깥에서, 그리고 지금은 소련 이후의 러시아에서 우세한 대답이다—이다. 여기에서 초점은 스탈린 자신(비록 학자들은 그가 합리적인 행위자였는지, 아니면 불합리한 편집증 그리고 역사 속에서 자신의 영웅적인 역할에 대한 강박관념 혹은 심지어 병적인 인품에 의해서 영감을 받았는지에 대해서 논쟁을 벌여오기는 했지만) 그리고 당 중심의 국가 통치 체제에 놓여 있다. 그런 관점에 따르면, 그런 체제에서는 세뇌, 억압, 테러로 인해서 소련의 정치적, 사회적, 문화적 생활은 철권 통치 아래에 붙잡혀 있었고, 사회 집단과 개인들은 수동적인 희생자였다. 이런 접근법과 관련하여, 페인소드, 콘퀘스트, 울람, 터커 같은 학자들은 많은 자료에 기반을 두고 종종 뉘앙스를 가진 탁월한 사례를 제공했다. 1970년대에 시작된 "수정주의" 역사학자들, 특히 피츠패트릭은 전체주의적 패러다임의 일방성에 대해서 의문을 제기했다. 이 학자들은 그 체제의 억압성과 폭력성을 부정하지는 않으면서도, (비록 일부 학자들은 그 정도와 중요성을 경시하기는 하지만) 스탈린 체제가 강압과 테러를 통해서만 통치될 수는 없었고, 그렇게 통치되지는 않았다고 주장해왔다. 이 학자들은 국가와 사회 사이의 관계를 재조사한 다음에,—이것은 소련에서의 연구 기회가 확대됨으로써 가능한 일이었다—국민들 사이에서 스탈린의 많은 정책에 대한 지지가 있었음을 지적하면서, 당과 국가는 종종 국민의 희망과 가치관에 따라서 대응했다고 주장한다. 공산주의 통치가 종식된 이후에 기록관이 개방되었을 때에도, 비록 일부 수정주의자들은 잔혹한 행위가 아주 광범하고도 종종 임의로 자행되었다는 사실에 놀라기는 했지만 이 논쟁은 해결되지 않았다. 그러나 대체로 증거는 스탈린 시대의 모순성을 강조한다. 즉, 짐작하건대 오류가 없는 이데올로기에 대한 신념, 아주 많은 강압과 폭력, 테러(때때로 우리가 알고 있는 것보다 더욱 잔혹하고 체계적이었다), 교묘한 형태의 문화적 및 심리적 통제, 스탈린과 소비에트 체제에 대한 지지와 열정 등이 바로 그런 모순된 증거인 것이다.

제1차 5개년 계획

제1차 5개년 계획과 후속 계획들은 소련에 엄청난 충격을 주었다. 소련은 거대한 공업국가가 되었다. 계획이 시작되었을 때에는 생산량이 세계 제5위였지만, 끝났을 무렵에는 미국 다음으로 제2위를 차지했다. 농업에서의 개별 경작 형태는 새로운 집단농업 체제로 전환되었다. 실제로 1928년과 1929년은 러시아에서 진정한 혁명의 해로 기술되어왔다. 5개년 계획 이전까지는 많은 면에서 그전의 수 세기 동안과 같은 방식의 삶이 지속되었지만, 농민들과 대부분의 국민들의 생활방식이 근본적인 변화를 겪었던 것은 바로 그때였다. 경제적 변모에 뒤이어 방대한 사회적 변화가 뒤따랐고, 우리가 알고 있는 모습대로의 소비에트 체제의 전모는 1930년대의 어려운 10년 동안에 확정된 모습을 얻게 되었다.

체제가 급격한 산업화를 강제하려고 결정한 것은 많은 사항들로 설명될 수 있다. 이데올로기적으로 보면, 마르크스주의는 농업국가의 산업화에 대한 계획을 제공하지 않았다. 왜냐하면 산업화는 사회주의 혁명의 전제 조건이지 그 결과는 아니라고 추정되었기 때문이다. 말하자면, 이 전제 조건은 사후에 창출되어야 했다. 혁명이 이런 생경한 환경 속에서 압도당하지 않으려면, 다수의 농민들에 대한 "프롤레타리아트의 독재"는 재빨리 교정될 필요가 있었다. 산업과 노동자들은 창조될 필요가 있었다. 마찬가지로, 농업의 집단화는 개별적인, 즉 부르주아적인 소유 및 생산 체제로부터 집산경제, 즉 사회주의로 넘어가는 아주 중요한 단계를 의미했다. 이미 언급되었듯이 10월 혁명 이후에 소비에트 정부는 계속해서 러시아 산업을 국유화했다. 레닌은 전력 보급에 각별한 관심을 보이면서, "전력 보급＋소비에트의 힘＝공산주의"라는 유명한 슬로건을 널리 보급했다. 1921년에 고스플랜(Gosplan)이라고 알려진 국가계획 위원회가 국가 전체의 경제계획을 입안하기 위해서 조직되었다. 이 위원회는 자원을 조사하고, 생산 수치를 제시했으며, 결국에는 5개년 계획을 작성했다.

부하린과 후대의 몇몇 역사학자들이 스탈린주의에 대한 실현성 있는 대안이라고 생각했던 신경제정책은 무슨 이유로 폐기되었는가? 첫째로, 네프는 심각한 경제적 문제들을 야기했다. 1928년 무렵에 러시아의 산업은 전쟁 전의 수준을 회복했지만, 더 이상의 빠른 발전은 아주 불확실해보였다. 산업시설이 복구되고 가동되자—이것은 비교적 쉬운 일이었다—소련은 생산재 산업에 대한 투자와 새로운 생산력의 급성장을 필요로 했다. 그러나 경제의 "사회주의 부문"은 자금이 부족했던 반면에, "자유 부문" 특히 농민들은 정부의 기대치까지 성장하지 못했다. 1920년대에 소련 경제는 물가 문제로 계속해서 어려움을 겪었다. 문제는 농산품의 낮은 가격과 공산품 소비재 물품의 높은 가격 사이의 격차로 시작하여, 농민들이 곡물과 다른 농산물을 정부와 도시에 공급하지 않으려는 결과를 초래했는데, 이런 상황은 "협상가격차의 위기(scissors crisis)"라고 잘 설명되었다. 거셴크론 등의 전문가들은 네프가 계속 지속된다면 농촌 사회가 좀더 많은 소비품을 구입하는 데에 관심을 가질 정도까지 안정될 것이지만, 대규모 산업화를 지지하려고 하지도 않을 것이고 지지할 수도 없을 것이라고 볼세비키가 우려할 만한 충분한 이유가 있었다고 주장했다.

노선을 바꾸기 위한 이런 경제적 압력 이외에 정치적인 압력도 있었다. 많은 일반 공산주의자들, 젊은이들, 노동자들은 네프의 사회적 결과에 대해 아주 적대적인 태도를 가지고 있었다. 자본주의의 지속, 계속된 빈곤, 사회적으로 눈에 띌 정도로 도시의 소자본가("네프맨")들과 농촌의 부농(쿨라크)들의 존재, 그리고 사회주의로 가는 길이라고 네프를 옹호했던 사람들조차 비겁하게도 점진주의를 제안했던 점 등은 많은 사람들에게 좌절감을 주었고, 그들을 분노하게 만

들었다. 1925년에 나온 글랏코프의 소설인 『시멘트(*Tsement*)』에 나오는 한 등장
인물은 다음과 같이, 당시의 사회를 잔혹했지만 영웅적이던 내전 때와 비교함
으로써 이런 감정을 정확히 포착해냈다. "나는 피를 흘리고 굶주리며 희생을 하
던 그때와, 풍요로운 가게의 진열창이 보이고 카페의 흥청거리는 술잔치가 벌어
지고 있는 지금 중에서 어느 때가 악몽인지 모르겠다! 시체가 산더미를 이룰 때
의 이점이 무엇이었는가?……악당들과 흡혈귀 같은 자들이 또다시 생활에서
모든 좋은 것을 즐기고 강도 짓거리로 살을 찌워야 하는가?" 많은 사람들은
원래 "후퇴"라고 불리던 네프를 끝내려고 했고, 새롭게 영웅적인 전진을 해나갈
것을 갈망했다. 스탈린의 "위로부터의 혁명"은 바로 그러한 것을 제공하는 것
같았다. 그뿐만 아니라 스탈린의 5개년 계획은 매력적인 것으로 입증되었다. 왜
냐하면 그것은 소련이 세계혁명을 기다리지 않고도 참된 사회주의 국가가 될
수 있다고 약속해주었기 때문이다. "일국 사회주의"는 많은 상상을 낳았고, 볼
셰비키의 새로운 전투 구호가 되었다.

계획이 일단 시행되자 그것의 실시와 관련된 경제적인 요인들은 커다란 의미
를 획득했다. 계획 입안자들이 기본적으로 미지의 바다로 항해를 시작하면서 자
신들의 행동의 결과를 종종 예측할 수는 없었기 때문에, 경제적 요인들은 더더
욱 중요했다. 특히 거셴크론, 얼리히와 다른 몇몇 학자들에 따르면, 다음과 같
이 엄청나게 빠른 속도로 농업 집단화가 이루어졌다. 계획은 14퍼센트로 엄격
하게 제한된 집단화를 요청했지만, 농민들의 예기치 못한 강한 저항으로 인해
서 개별 농민에 대한 전면적인 공격이 개시되는 결과가 초래되었다. 게다가 정부
는 마침내 농민들의 노동과 농산물을 통제하게 된 집단농장을 통해서 산업 투
자에 필요한 자금을 농민들로부터 쥐어짜낼 수 있다는 것을 알게 되었다. 소비
에트 정부는 소비자들에게 요구된 곡물가격보다 현저히 적은 금액만을 집단농
장(Kollektivnoe khozaistvo)에 곡물가로 지불했다고 추산되었다. 나머지의 많은
차액은 사실상 세금인 셈이었다. 그런 세금에 소비에트 정부가 모든 소비자들
에게 청구한 판매세 혹은 거래세, 그리고 생산력이 향상되었음에도 불구하고 실
질임금을 인하한 정부의 통제력이 합해져서, 소련의 지속적인 산업화를 위한 자
금 조달 공식이 만들어졌다.

이데올로기 및 경제뿐만 아니라, 5개년 계획의 실시에는 다른 요인들도 관계

되었다. 많은 학자들은 외교정책 및 내부적인 안보와 통제에 대한 고려에 커다란 중요성을 부여한다. 5개년 계획의 모든 중요한 측면에 영향을 준 전쟁에 대한 준비는 히틀러가 1933년에 독일에서 권력을 장악한 이후 그리고 일본이 극동에서 공격적인 정책을 계속해서 전개해나갈 때에 본격적으로 시작되었다. 5개년 계획에서 내부적인 안보와 통제에 대한 강조점을 문서로 입증하기는 아주 어렵다. 그러나 스탈린과 그의 측근들의 머릿속에는 치안상의 고려가 일관되게 아주 중요한 자리를 차지하고 있었다고 말할 수 있다. 그런 관점에서 보면, 농업 집단화는 소련 국민들에게 공산주의의 통치가 엄청나게 확대된 것을 의미했다. 그것은 나중에 언급될 기계-트랙터 배급소(Mashinno-Traktornaia Stantsiia)가 맡은 새로운 핵심적인 역할과 같은 추가적인 조치—이것은 또다시 경제와 통제력이 결합된 것이다—에 의해서 뒷받침되었다.

　제1차 5개년 계획은 1928년 10월 1일부터 1932년 12월 31일까지, 즉 4년 3개월 동안 지속되었다. 소련 당국이 5개년 계획을 4년 만에 완성하려고 노력했다는 사실은 새로운 사회주의적 운동의 전형인 엄청난 속도 증대에 중대한 의미가 부여되었음을 의미했다. 아주 높은 목표가 설정되었고, 그 목표는 그 다음에 실행 불가능한 수준까지 상향 조정되었다. 한 경제사가가 말했듯이, "신의 개입이 없이" 이런 목표를 달성할 수 있는 방법을 "상상해내기는 어렵다." 그러므로 이런 목표가 가진 의도는 합리적인 목표를 제시하는 것이라기보다는 과감하게 행동하도록 용기를 불어넣는 것이었다고 주장되어왔다. 계획의 주요 목표는 기계 제작을 포함하여 중공업을 발전시키는 것이었고, 이 강조 사항은 그때부터 소련 산업화의 특징으로 남게 되었다. 바이코프의 계산에 따르면, 제1차 5개년 계획 동안에 산업에 대한 총투자액 중 86퍼센트가 중공업으로 흘러들어갔다. 화학, 자동차, 농기계, 항공, 공작 기계, 전기 같은 새로운 공업 분야 전체는 걸음마 상태이거나 심지어 완전한 무로부터 발전되기 시작했다. 1,500개 이상의 새로운 공장이 건설되었다. 우랄 산맥의 마그니토스트로이와 서부 시베리아의 쿠즈네츠스트로이 같은 거대한 공업단지가 조성되기 시작했다. 황무지에서 온전한 도시가 생겨나기도 했다. 예를 들면, 마그니토고르스크는 몇 년도 안 되어 인구 25만 명의 도시가 되었다.

　제1차 5개년 계획은 커다란 성공이라고 발표되었다. 공식적으로는, 공업 부문

"돌격적인 템포로 전속력으로 : 5개년 계획을 4년 만에", 1930년. (*Lenizogiz*)

의 목표는 4년 3개월 동안에 93.7퍼센트가 달성되었다. 나아가 생산수단과 관련된 중공업은 할당량을 초과하여 103.4퍼센트를 기록했고, 경공업 혹은 소비재 산업은 정해진 전체 목표량의 84.9퍼센트를 생산해냈다. 물론 소련이 주장한 생산량은 크게 과장된 것이고, 그 당시 소련 통계학의 한계 및 종종 빚어지는 오류 때문에 정확한 수치를 내기도 어렵다. 줄잡아, 그리고 백분율을 사용하지 않고 말하면, "제1차 5개년 계획 동안에 공업 생산이 증가했고, 그것도 아주 상당히 많이 증가했다는 것은 논쟁의 여지가 없는 사실로 남아 있다." 그러나 종종 양 때문에 질이 희생되었고, 달성된 생산의 결과도 품목마다 큰 차이를 보여서, 어떤 경우에는 계획을 현저하게 초과 달성하기도 하고 다른 경우에는 목표에 미달되기도 했다. 그 외에도 공업에 크게 힘을 쏟은 결과, 모든 국민들이 소비재의 부족, 배급제, 그 외의 다양한 궁핍 현상과 어려움을 겪게 되었고, 동시에 이전보다 더 열심히 일하도록 강요받았다. 국가 전체는 전시 공산주의를 연상시키는 준군사적 동원체제를 경험하게 되었다. 사실, 전쟁 용어가 곳곳에 스며들었다. 인쇄된 연설과 논문에서는 산업이 "전선", "작전", "돌파" 등 전장으로 묘사되었고, 노동자들은 "돌격대"로 조직되었고, 자신이 맡은 임무에 이의를 제기하거나 실패한 사람들은 전시의 반역자처럼 대우받았다. 그리고 제1차 5개년 계획의 경제적 유토피아주의는 스탈린이 특히 좋아했던 다음과 같은 인기 있는 군사적 은유에 반영되었다. "볼세비키가 강습해서 빼앗을 수 없는 요새는 하나도 없다."

제1차 5개년 계획은 분명히 경제에 대한 것 이상이었다. "위대한 전환"이라고 불린 그것은 사회의 모든 측면을 변모시키려던 혁명이었다. 1928년에 샤흐티 석탄광산의 기술자들이 사보타주를 벌였다는 이유로 재판을 받은 사건은 제국주의자들과 음모를 꾸몄다는 "부르주아 전문가들"에 대한 공개적인 재판의 시발점이었고, 계급투쟁이 재개되었음을 가장 명확히 보여주는 선동 조치였다. 사회 전반에 걸쳐서 공산주의자들은 기존 전문가들에게, 특히 그들이 "이질적인" 계급 배경 출신이라면 그들의 권위에 도전하도록 격려받았다. 비공산주의 및 비노동자 출신의 기술자, 현장감독, 교사, 언론인, 국가 공무원, 작가 등에 대한 숙청의 폭풍이 몰아쳤다. "문화혁명(cultural revolution)"이라고 불렸던 이것은 국가와 당이 착수했으나, 소비에트 사회 전반에 걸쳐서 그 혁명에 대한 열렬한 지지자들이 있었다. "부르주아" 전문가들에 대한 계급적 적대감은 노동계급 공산주의자들 사이에 널리 퍼져 있었다. 그리고 프롤레타리아트를 교육시키고 승진시키려는 각별한 노력만이 아니라 사회적으로 벌어진 숙청으로 인하여, 노동자들과 공산주의자들에게 엄청난 신분 상승의 기회가 생겼다. 그뿐만 아니라 이런 문화혁명은 사회변혁에 대한 급진 사상을 전면으로 부각시켰다. 예를 들면, 교육자들은 노동과 학업이 결합된 학교 공동체 시스템을 구상했다. 그리고 도시 설계자들은 초현대적인 것("생물 기하학"에 의하여 계획된 전기 도시)과 자연 친화적인 것(직선 모양의 "녹색 도시")을 모두 갖춘 도시를 상상했다.

아마도 가장 커다란 변화를 겪은 곳은 농촌이었을 것이다. 이미 언급되었듯이, 원래는 점진적인 발전으로 계획된 농업 집단화는 홍수처럼 밀어닥쳤다. 신임을 얻은 수만 명의 공산주의자들과 프롤레타리아트—한 사례로 "2만5,000명"이라고 알려져 있었는데, 실제로는 2만7,000명이었다—는 집단농장을 조직하고 사회주의를 건설하도록 도시에서 농촌으로 파견되었다. 지방당국과 당 조직은 필요한 경우에는 경찰과 군대와 함께 농민들을 집단농장으로 몰아넣었다. 이 과정에서 "쿨라크"들은 공식적으로 "계급으로서 제거될" 수 있었다. 그러나 지금 대부분의 학자들은 집단화가 전통적인 사회집단으로서의 전체 농민층에 대한 전쟁이라고 본다. 농민들로서는 일반적으로 체제에 대항하여 단결하고 대규모 저항에 나섰다. 그들은 국가를 대리하는 사람들에게 직접 폭력을 행사하기도 하고, 자신들의 가축과 말을 집단농장에 넘겨주기보다는 대량 도살하기도 했다. 집단화에 저항하는 사람은 누구든지 쿨라크로 낙인찍혔다. 쿨라크는 재산을 빼앗기고 그들의 가족과 함께 체포된 다음, 멀리 떨어진 시베리아나 중앙 아시아에 있는 강제노동 수용소로 보내졌다. 이런 반쿨라크 캠페인의 희생자들은 수백만 명에 달했다. 1932년에 끔찍스런 기근이 우크라이나, 캅카스 북부, 몇몇 중앙 러시아 지역을 덮쳤는데, 이것은 집단화로 인한 혼란, 과도한 조달 할당량, 흉작 때문에 발생되었다. 일부 역사학자들, 특히 우크라이나인들은 이 기근이 우크라이나 민족들에 대한 고의적인 집단학살정책이라고 본다. 1933년 하순에 기근이 완화될 무렵까지는 500만 명 이상의 사람들이 굶주림 때문에 사망했다.

스탈린은 최초의 15개월이 지난 후에 자신의 정책에 스스로 제동을 걸었다. 1930년 3월에 출판된 그의 주목할 만한 논문인 「성공에 눈이 부시다(Golovokruzhenie ot uspekhov)」에서, 스탈린은 집단농장을 추진하던 사람들의 과도한 열정을 비판하고, 집단화는 강제가 아니라 자발적인 원칙에 따라서 이루어져야 한다는 점을 다시 강조했다. 동시에 그는 집단농장 농민들에게, 특히 작은 사유지 뙈기밭과 제한된 규모의 가축 및 가금류를 보유할 수 있는 권한을 부여하는 등 어느 정도의 양보 조치를 선언했다. 자발성 원칙이 새롭게 강조되자 놀라운 결과가 생겼다. 1930년 3월까지는 1,400만 농가가 집단농장에 가입되어 있었던 데에 비해서, 5월에는 단지 500만 가구만 남아 있었다. 그러나 일시적인 면세 조치와 희소한 공산품 획득의 우선권 등의 간접적인 조치를 사용하게 되자, 그 수는 얼마 되지 않아서 다시 증가하기 시작했다. 제1차 5개년 계획이 끝날 무렵에는 1,400만 이상의 농가가 콜호스(kolkhoz) 제도에 합류했다. 어떤 계산에 따르면, 그 당시에 소련의 전체 경작지의 68퍼센트가 콜호스 농업 아래에 있었고, 10퍼센트는 소프호스(sovkhoz) 농업 아래에 들어 있었던 반면에, 22퍼센트만이 독립적인 농민들의 경작지로 남아 있었다. 계획은 목표를 초과 달성했다고 간주될 수도 있었다.

소프호스는 기본적으로 국가의 소유인 농업공장으로서, 농민들이 고용 노동을 제공하는 곳이었다. 실험적인 기지였던 소프호스는 새로 개발된 지역에서 거대한 곡물 생산지이자 다른 많은 과제를 맡은 곳으로서 그 숫자가 가리키는 것보다 소련 경제를 위해서 더 큰 중요성을 가지기는 했지만, 공산 당국은 소련에서 그것을 농업조직의 기본 형태로 삼는 것을 자제했다. 그 대신에 당국은 소련의 농촌에서 콜호스를 표준으로 삼았다. 콜호스―집단농장―는 국가에 정해진 생산물을 전달하고 국가에 의해서 통제되기는 했지만, 구성원 모두의 소유였다. 의미심장하게도, 집단농장의 생산물은 일반적으로 다음과 같이 할당되었다. 첫째로, 세금이나 정해진 가격의 특산물 등 국가에 의해서 요구된 부분이 있었다. 그다음으로 파종용 씨앗 및 콜호스를 돕는 기계-트랙터 배급소에 지불해야 하는 부분이 있었고, 그 이후에는 집단농장의 구성원들이 콜호스를 위해서 일한 "노동일(trudoden)"―실제 날수와 구분되는 노동 단위―에 근거해서 계산된 자신들의 몫을 받았다. 마지막으로, 나머지 부분은 사회적, 문화적, 기타의 필요를 위해서 집단농장의 공동 기금으로 배정되었다. 그리고 집단농장 구성원들은 자신들의 작은 뙈기밭을 경작했는데, 여기에 놀라울 정도의 노력을 기울여서 성공을 거두었다. 기계-트랙터 배급소는 특히 수확기에 집단농장에 필수적인 기계로 도움을 제공했고, 집단농장들 사이의 작업을 조정해주었으며, 집단농장에 또다른 통제력을 행사했는데, 마침내 1958년에 폐지되었다. 우크라이나처럼 개별 지주가 많던 곳보다는 공동체 농업이 우세하던 지역에서 집단농장을 도입하는 것이 더 용이하다는 사실을 소련 정부가 깨달았다는 점이 지적될 수 있겠지만, 콜호스는 공동체와 유사점이 거의 없었다. 공동체 구성원들은 땅을 공동으로 소유했으나 할당된 구역에서 방해받지 않고 전통적인 방식대로 독자적으로 농사를 지었으나, 콜호스의 핵심은 엄격한 통제와 조직이었다.

제2차 및 제3차 5개년 계획

1933년부터 1937년까지 지속된 제2차 5개년 계획, 1938년에 시작되었다가 1941년 6월에 독일이 침입함으로써 중단된 제3차 5개년 계획은 대체로 제1차 계획의 목표와 방법을 이어받았다. 이 두 계획은 중공업의 발전을 강조했고, 농업 집단화를 완성했으며, 목표를 달성하기 위해서 국가의 인력과 그 외 자원을 최대한으로 동원했다. 소련 국민들은 8년 반 이상의 기간을 전시나 다름없는 생활을 하면서 보냈다. 그러나 이 두 계획은 여러 가지 점에서 제1차 계획과 달랐고, 서로 다르기도 했다. 제1차 계획보다 더 전문적으로 획득된 지식에 기반을 두고 세운 제2차 5개년 계획은 극단적인 과잉 달성이나 미달을 피하기 위해서 생산의 균형을 잡으려고 노력했다. 그것은 특별히 복잡한 공작기계 및 정밀기계 등의 제작을 포함하여, "기술을 숙달하는 것"을 강조했다. 그리고 제1차 계획보다는 소비재에 약간 많은 여지를 허용했다. 그러나 제2차 5개년 계획 동안 그리고 특히 제3차 5개년 계획 동안에 군사적인 고려 사항이 무엇보다 중요해졌다. 물론 이데올로기와 관련하여 군사적인 고려 사항은 소련 지도자들의 머릿속에 항상 있었다. 산업화 초기부터 스탈린과 그의 측근들은 빠른 시일 내에, 아마도 10년 안에 강력한 사회주의 국가를 건설하지 않는다면 자본주의자들에 의하여 자신들이 분쇄될 것이라고 주장했다. 1930년대에 그런 위협은 점차 현실적이 되었고, 강력해졌다. 소련 지도자들은 적군(赤軍)이 무장하고 장비를 갖추도록 하기 위해서 가능한 모든 일을 했다. 그리고 그들은 적에게 노출된 국경에서 멀리 떨어져 있는 볼가 강 동쪽 내륙의 산업 발전에 박차를 가했다.

제2차 5개년 계획 및 제3차 5개년 계획도 그것이 진행된 기간까지는 성공이라고 발표되었다. 과장이 있기는 하지만, 공식적인 주장은 사실상 어느 정도의 타당한 근거를 가지고 있었다. 공업, 특히 중공업은 계속해서 성장했다. 공식적인—그리고 미심쩍은—수치에 근거하면, 소련이 전 세계 생산량에서 차지하는 몫은 1913년 러시아 제국 시기에 2.6퍼센트, 1929년에 3.7퍼센트였던 데에 비해서, 1937년에는 13.7퍼센트에 달했다. 예를 들면, 소련은 전력 생산에서 세계국가들 중 제15위에서 제3위로 뛰어올랐고, 기계제조와 트랙터, 트럭, 그 외에 몇몇 다른 생산 라인에서는 미국에 이어 제2위가 되었다. 게다가, 나머지 세계가 끔찍한 경제 대공황과 대량 실업을 겪고 있을 때 소련은 놀라운 성장을 이룩했다.

농업 집단화는 사실상 완료되었다. 황무지를 제외하고는 소련의 농촌은 콜호스와 소프호스의 땅이 되었다. 25만 곳에 약간 못 미치는 콜호스가 2,500만 곳 이상의 개별 농가를 대체했다. 제1차 5개년 계획 동안에 발생된 기근과 다른

"우리의 행복한 사회주의 조국 만세. 우리의 경애하는 위대한 스탈린 만세", 1935년. 스탈린과 보로실로프(국방 인민위원)가 붉은 광장의 레닌 묘 위에 서 있다. 사람들 머리 위로 날고 있는 비행기에는 레닌, 스탈린, 고리키, 칼리닌, 몰로토프, 그리고 다른 소련 지도자들의 이름이 적혀 있다. 멀리 보이는 비행기 대형은 "스탈린"이라는 글자 형태를 띠고 있다. (*Victoria Bonnell*)

끔찍한 일들은 반복되지 않았다. 사실 농업 생산량은 다소 늘어났으며, 식량 배급제는 1935년에 폐지되었다. 그러나 소련의 농업정책의 경제적인 성공은 소련의 공업이 이루어낸 것보다는 훨씬 더 미심쩍은 상태로 남아 있었다. 농민들이 생산 할당량을 채우지 못하는 일은 자주 발생되었다. 그들은 방대한 콜호스 소유지보다는 자기 소유의 작은 뙈기밭에 훨씬 더 많은 열정을 쏟아부었다. 그들은 다른 방식으로도 공산 당국의 요구 사항에 대해서는 특히 아무런 반응을 보이지 않았다. 소련의 사회공학(social engineering)을 제대로 평가하기 위해서는 비용 문제도 고려해야 한다.

경제계획에 대한 평가

세 차례에 걸친 5개년 계획에 대한 전반적인 평가는 필연적으로 복잡하고 논쟁을 불러일으키는 문제이다. 공업, 특히 중공업과 농업 집단화 분야에서 계획은 성공—아주 놀라운 성공—을 거두었다. 계획의 실행 가능성에 관해서 특히 소련 바깥에서 널리 확산된 회의적인 시각은 놀라움으로 바뀌었고, 때때로 경탄을 자아냈다. 반복해서 말하면, 생산량이 크게 증대되었을 뿐만 아니라 전혀 새로운 산업이 등장했으며, 먼 북쪽에 있는, 사람이 살기 어려운 방대한 처녀지가 국가의 경제권 속으로 들어오기 시작했다. 일부 비평가들의 견해에 따르면, 적군은 차르 군대에 비해서 고도로 발달된 산업 및 군수 기반을 획득했으며, 이 하나의 사실만으로도 5개년 계획들은 정당화될 수 있었다. 더구나 거대한 사업 전체는 거의 전적으로 소련 내부의 인력과 재정에 의해서 시행되었다. 단지 예외가 있다면, 전 분야에 걸쳐서 도움을 주도록 초청된 수천 명의 서구 전문가들이 아주 중요한 기여를 했다는 점, 산업화 초기 동안에 독일 및 다른 자본 보유국들이 소련 정부에 단기 신용거래를 제공했다는 점 정도였다. 많은 사람들이 스탈린의 불가능한 희망이라고 간주했던 5개년 계획들은 비교적 후진국을 산업화시킬 수 있는 효율적인 방법—반드시 유일하다거나 최상의 방법은 아닐지라도—으로 입증되었다.

그러나 그 대가는 엄청났다. 소련 당국은 국민들에게 커다란 곤경을 안겨줌으로써만, 그리고 최상의 노력을 끌어내기 위해서 준군사적인 방식으로 국가를 동원함으로써만 자신들의 목표를 달성할 수 있었다. 도급 노동이 일상화되었고, 임금 격차는 급속히 확대되었다. "사회주의적 경쟁"에 대한 새로운 강조는 스타하노프 운동(Stakhanovskoe dvizhenie)에서 절정에 다다랐다. 도네츠 분지의 석탄 광부였던 스타하노프는 1935년, 교대 시간 내에 자신의 일일 채탄 할당량을 1,400퍼센트나 초과 달성했다고 보고되었다. 곧 수많은 다른 산업 분야에서도 "스타하노프식" 결과가 성취되었다. 스타하노프 노동자들의 성과는 기술 개선, 엄청난 노력, 다른 동료 노동자들의 협동을 통해서 가능했다. 정부는 그들에게 포상하면서, 일정 기간에 총 생산 기준량을 올리기 위해서 그들의 성공을 이용했다. 대부분의 노동자들은 이런 속도 증진 운동을 개탄스럽게 생각했던 것이 틀림없으나—몇몇 스타하노프 노동자들은 실제로 피살되었다—그것을 되돌릴 수는 없었다. 10월 혁명 이후에, 특히 1930년대에는, 거의 모든 노동자들이 속해 있던 노동조합은 노동자들의 이익과 관점을 대변하는 것이 아니라 국가기관으로서 국가의 정책을 촉진하고 정책을 위해서 사람들을 규합하는 역할을 했다. 소련 생활의 어려움 중에는 절망적인 정도의 소비재 부족, 엄격한 우선순위 제도와 결합되었으며 심각하게 부족했던 주택 문제 등이 있었다. 그 결과 암시장이 성행하여 사실상 소련 경제체제의 핵심적인 부분으로 남게 되었다. 그리고 세 차례의 5개년 계획—사실 그 후속 계획도 마찬가지이다—에 대한 비판자들은 무겁게 짓누르는 관료주의, 과도한 요식 행위, 노동자 1인당 비교적 낮은 생산성과 인구 1인당 낮은 생산력, 생산된 품목의 낮은 질, 농업 부문의 수많은 취약점 및 완전할 정도의 실패 등을 지적해왔다. 보다 적은 고통을 주면서 국가를 더 잘 산업화시킬 수 있는 다른 체제가 있었는지에 대한 질문은 정당하게 제기될 수 있다.

극도의 고통은 처음의 세 차례의 5개년 계획의 기본적인 측면으로 부각되었다. 모든 사람들이 어느 정도의 고통을 당했지만, 국민들 중에서 일부 집단은 측량할 수 없을 정도의 고통을 겪었다. 이미 언급되었듯이, 그런 집단 중 하나는 쿨라크들과 그들의 가족들이었다. 한편 쿨라크들과 중첩되기는 하지만 결코 동일하지 않았던 다른 집단은 강제노동 수용소에서 살던 수용자들이었다. 수용소 내의 극히 높은 사망률에도 불구하고, 1930년대 초에 시작된 이 제도로 인해서 제2차 세계대전 직전에 수백만 명의 사람들이 수용소에 갇혀 있었다. 강제노동은 특히 발트-백해 운하 등의 운하 건설 같은 대규모 건설 프로젝트에서, 그리고 벌목과 금 채굴 산업의 경우처럼 오지에서 원시적인 조건하에서 행해지는 중노동의 경우에 사용되었다. 강제노동을 감시하고 통제했던 정치경찰—1922년부터 1934년까지는 체카가 아니라 국가보안부(GPU)와 합동국가보안부(OGPU)로 알려졌으며, 1934년 이후에는 내무 인민위원회(NKVD) 그리고 그 이후에는 내무부(MVD)와 국가보안부(MGB)로 알려졌으며 1954년에는 국가보안 위원회(KGB)로 알려졌다—은 유럽러시아와 시베리아의 최북단, 극동, 그리고 소련의 몇몇 다른 지역에서 거대한 강제수용소 제국을 발전시켰다.

대숙청

1930년대의 대숙청은 강제노동 수용소를 채우는 데에 도움을 주었으며, 5개년 계획들의 또다른 중요한—아마도 필요 없었을 수도 있겠지만—측면이 되었다. 그리고 그것은 모든 반대파나 반대파로 의심되는 자들을 스탈린이 완전히 근절시켰으며, 독재 권력을 완전히 장악했다는 것을 의미했다. 앞서서 외국인들을 포함한 몇몇 기술자들과 다른 전문가들이 사보타주 혹은 국가의 산업화를 방해한다는 죄목으로 기소되기는 했지만, 본격적인 숙청은 레닌그라드의 당 지도자 중의 한 사람으로서 레닌그라드 당 조직의 우두머리였던 키로프가 암살된 1934년 12월에 시작되어, 1936년부터 1938년까지 절정에 달했다. 결국 숙청의 범위는 엄청나게 넓어졌다. 그것은 이전의 억압 대상이었던 백군이나 구체제의 다른 잔재에 대한 것이 아니라, 주로 당원들을 겨냥했다.

좌익 반대파(Levaia oppozitsiia)의 일원이라고 발표된 키로프의 암살자는 공범으로 주장된 약 100명의 사람들과 함께 총살당했다(제22차 당 대회에서 폭로된 내용은 키로프의 암살에 스탈린 자신이 책임이 있는 것 같다는 일부 전문가들의 의구심을 강화시켰다). 당내 숙청이 뒤따랐다. 무수한 사람들이 사라지는 동안 세 차례에 걸친 대규모 공개재판이 벌어졌는데, 재판 대상자로서 1936년에는 16명의 볼셰비키 지도자들, 특히 지노비예프와 카메네프가, 1937년에는 또다른 17명이, 1938년에는 부하린과 리코프를 포함한 21명 가량이 특별히 포함되었다. 피고들은 제국주의자들, 파시스트들, 트로츠키를 위한 간첩 행위와 "파괴 행위"를 자행했다는 것, 특히 스탈린을 암살하고, 소련을 전복시키고, 자본주의를 복구시키고, 독일과 일본의 도움을 받아 소련을 해체하려는 음모를 꾸몄다는 것 등 다양한 죄목으로 기소되었다. 그들은 근거도 없는 이런 기소 내용을 한결같이 인정했고, 네 건의 기소 사건 이외에는 모두 사형이 언도되었다. 그때 이후로 관찰자들과 학자들은 그들이 믿을 수 없을 정도로 순순히 혐의를 인정한 원인을 찾기 위해서, 고문으로부터 소비에트 공산주의에 대한 영웅적인 충성심에 이르기까지 온갖 설명을 시도해왔다.

숙청은 확대되고 확대되어 사실상 모든 정당조직과 정부 부서, 군대 그리고 정치경찰 자체를 포함하여 거의 모든 다른 유명한 기관들에 영향을 미쳤다. 그 중 군대에서는 투하쳅스키 원수와 7명의 다른 고위 지휘관들이 동시에 사라졌

1934년의 신문 만화. 부하린, 카메네프, 지노비예프를 태우고 "편향주의자들"이라는 글자가 적힌 낡은 농민 수레가 공산당을 의미하는 거대한 탱크 쪽으로 향하는 모습을 보여주고 있다. (*Mark Steinberg*)

다. 당원들은 어디에서나 자신들의 일터에서 체제의 적을 고발하도록 기대되었다. 적을 찾아내려는 이 운동은 머지않아 당의 범위를 넘어섰다. 많은 수의 관료, 군 장교, 기술자, 과학자, 지식인, 예술가, 작가들이 테러 속에서 제거되었다. 어린이들은 부모가 체제를 비난하면 고발하도록 장려되었다. 특히 외국 공산주의자들(이들은 종종 독일과 이탈리아의 파시즘을 피해서 소련으로 도망쳐온 사람들이었다), 민족주의자로 의심받은 비러시아계 민족들, 종교를 믿는 신자들은 전체 집단이 특별히 표적이 되었다. 내무 인민위원회는 전쟁이 예견된다는 것으로 정당성을 부여받았으므로, "반정부 및 간첩 집단"으로 생각되는 사람들을 근절시키기 위해서 독일인들과 폴란드인들 등의 집단들 가운데에서 민족별로 특별한 작전을 시작했다. 숙청이 마지막 지점에 가기 전에는, 예조프 자신과 그의 많은 심복들이 숙청에 희생되었다. 점점 확대되던 기소 범위에 포함되어 고발된 사람들은 당에서 축출되고, 일터에서 해고되었으며, 투옥되고, 고문당할 수도 있었고(고문은 1937년 중반에 시작되었다), 노동 수용소로 보내지거나, 총살 당하기도 했다. 대숙청은 예조프—따라서 "예좁시치나(Ezhovshchina)"라는 말이 생겼다—가 1936년 9월 하순부터 1938년 7월 말까지 내무 인민위원회를 지휘할 때에 절정에 다다랐다.

신뢰할 만한 통계가 없음을 감안하면, "대공포"의 전체적인 규모는 측정하기 어렵다. 그러나 우리는 그 규모를 어느 정도 추정할 수는 있다. 혁명 이전의 볼셰비키 지도자들은 1936년과 1938년 사이에 거의 몰살당했다. 분명히 당 내에서 많은 반대 집단 중의 한곳에 참여한 적이 있거나 단지 스탈린을 비판한 적이 있는 모든 사람은 죽었다. 그러나 심지어 스탈린 자신의 엘리트들도 대규모로 죽었다. 1934년의 중앙 위원회의 구성원 중 80퍼센트는 처형당하거나 자살하도록 내몰렸다. 하급 당원들의 사정은 조금 더 나았을 따름이었다. 1934년에 280만 명의 당원들 중에 100만 명이나 되는 당원들이 체포당했다. 물론 고통을 당한 사람들의 총 숫자는 알려져 있지 않으나, 대부분의 사람들은 적어도 150만 명이 체포되었다는 데에 동의한다. 많은 사람들은 약식 재판을 받은 후 처형되거나, 교정노동수용소 본부(Glavnoe upravlenie ispravitel'no-trudovykh lagerei)의 첫 글자를 딴 "굴라크(Gulag)"라고 알려져 있으며 점차 수가 많아지고 있던 내무 인민위원회의 강제 수용소로 보내졌다. 공포기 동안에 사망한 사람들의 수에 대한 학술적인 평가는 아주 다양하다. 러시아 단체인 메모리알(Memorial)이 비밀에서 해제된 기록물을 이용해서 최근에 조사한 자료에 따르면 1936년 10월부터 1938년 11월 사이의 절정기에 72만4,000명이 사형선고를 받은 것으로 확인된다. 많은 학자들은 훨씬 더 많은 사람들이 기록이 남지 않은 채 총살당했거나 정식으로 사형선고를 받지 않고서 수용소에서 사망했다고 주장한다. 예를 들면, 휘트크로프트와 데이비스는 인구 자료와 내무 인민위원회 자료를 활용하여 1937-1938년기에 탄압으로 숨진 사람이 약 100만-150만 명이었다고 결론 내린 반면에, 콘퀘스트는 살해당한 사람의 실질적인 숫자가 200만-300만 명이었다고 주장했다. 물론, 직접적인 희생자만이 아니라 친구들 그리고 특히 가족들도 테러의 영향을 받았다. 그리고 페인소드가 주장했듯이, 우리는 대부분의 사람들이 그랬던 것처럼 거짓으로 기소당한 사람들이 받았을 끔찍한 충격을 과소평가해서는 안 된다.

대부분의 수감자들은 자신들에게 닥친 운명에 의해서 엄청난 혼란에 빠졌다. 내무 인민위원회의 방대한 자료는 하나의 목적, 즉 소련 권력을 약화시키려는 거대한 음모의 존재를 밝히는 것에 집중되어 있었다. 상상으로 꾸민 범죄에 이르기까지 사실상의 자백을 이끌어내는 것은 거대한 산업이 되었다. 내무 인민위원회 조사관들의 열성적이고도 무자비한 직무 수행으로 인해서, 수백 만 명의 죄 없는 사람들이 음모자, 테러리스트, 인민의 적으로 변모되었다.

소련의 많은 지역과 많은 집단들 가운데에 할당량에 따라서 체포와 처형이 시행되었다는 사실은 숙청이 제멋대로 이루어졌다는 것을 시사한다. 국민 중에서 어느 정도의 비율이 인민의 적이라는 것은 선험적으로 결정되었다. 기록관 자료를 보면, 스탈린은 이 할당 목록을 받아들고는 때때로 목표치를 올리기도 했다는 것을 알 수 있다.

스탈린 체제

대숙청은 당과 정부 그리고 국가에 대한 스탈린의 독재적 권력을 확실히 보장해주었다. 종종 지적되고 있듯이, 1917년 이전에 당원이었으므로 서기장(스탈린)의 사람들이 아닌 구(舊) 볼셰비키는 엄청난 피해를 당했다. 본명이 스크랴빈이었던 몰로토프 같은 스탈린의 직속 부하 몇 명을 제외하면, 명성을 가진 지도자들은 거의 살아남지 못했다. 예를 들면, 레닌의 정치국원 중에서 살아남은 자는 스탈린 자신과 1940년에 피살된 트로츠키뿐이었다. 절대적인 개인 독재가 시작되었다. 정치국(Politburo)은 14명 정도 되는 위원과 후보위원이 서기장의 측근 보좌관들이었기 때문에, 단연코 국가에서 가장 중요한 기구로 남아 있었지만, 그들 역시 자신들의 주인에게 무조건적으로 복종했다는 것을 보여주는 많은 증거가 있다. 다른 당 조직들은 자신들이 받은 지시 사항을 정확히 그대로 최선을 다해서 따랐다. 의미심장하게도, 1939년부터 1952년 사이에 당 대회는 한 번도 소집되지 않았다. 소위 당내에서 민주적 중앙집중제(democratic centralism), 즉 하부로부터 문제를 토의하고 논의하지만 일단 당 노선이 정해지면 상부로부터 발령되는 명령을 시행한다는 관행은 완전히 폐기되었다. 소련에서는 공산당의 틀 내에서조차 자유로운 토론을 벌일 수 없었고, 거의 모든 사적 의견은 위험시되었다.

스탈린은 공산당 기구와 수백만 명의 당원들 그리고 정치경찰을 통해서 정부 기구를 감독하고, 소련 국민을 통제했다. 당이 국가 정책을 시행하는 추진력일 뿐만 아니라 주도적인 파트너 역할을 하는 소련에서 당과 정부의 특별한 관계는 많은 연구를 통해서 설명되었다. 1936년의 소련 헌법 제126조에서 선포된 다음의 내용은 빈말이 아니었다.

> ……노동계급 및 다른 분야의 노동인민의 대열 속에서 가장 적극적이며 정치적으로 가장 의식화된 시민들은 사회주의 체제를 강화하고 발전시키는 투쟁에서 노동인민들의 전위이자, 노동인민의 사회적이며 국가적인 모든 조직의 주도적인 핵심인 소련 공산당(볼셰비키) 안에서 통합되어 있다.

이후의 장에서 살펴보겠지만, 당은 사실 소련의 정치 및 경제 생활만이 아니라, 사회와 문화 생활도 지배하고 있었다.

동시에, 최근의 학자들의 주장에 따르면 스탈린 체제는 단지 철권 같은 통제, 억압, 공포에만 의지할 수는 없었다. 우리가 살펴봤듯이, 사회주의적 건설을 위한 열정, "부르주아" 전문가들에 대한 계급적 적대감, 이데올로기적이거나 사회적으로 이질적인 사람들을 희생시켜서 위계질서에서 상승하려는 개인적인 야망 등은 체제의 동맹 세력과 지지 세력을 만들어낼 수 있었다. 그리고 구체적인 보상도 있었다. 특히 제1차 5개년 계획이 종료된 이후에, 동원 자체를 위한 동원은 물질적인 혜택도 아울러 약속하는 경향으로 대체되었다. 예를 들면, 스타하노프 노동자들은 새로운 의복, 자전거, 축음기, 라디오, 자기, 리넨 제품, 피아노 등으로 보상받는 모습이나, 그들이 당 집회나 생산 모임에서만이 아니라 파티와 무도회에서 여가를 보내는 모습으로 사람들에게 제시되었다. 실제로, 공공생활에서 행복은 널리 확산된 주제가 되었다. 1936년에 스탈린은 매일의 삶을 위해서 "인생은 더 나아졌고, 인생은 더 즐거워졌다"라는 새로운 슬로건을 도입했다. 행복한 생활은 아주 많은 사람들에게는 암시적인 것으로만 남아 있었고 당대의 잔혹한 일들에 의해서 모순을 드러내기는 했지만, 모든 영화, 대중오락, 음

행복한 농민 가족을 묘사하고 있는 1934년의 포스터. 일을 잘한 결과로 받은 상장이 벽에 걸려 있다. 서가에는 고리키, 레닌, 스탈린의 저작들, 트랙터, 농업 기술에 관한 책들이 꽂혀 있는데, 농가의 서재를 갖춘 모습이다. 포스터의 가운데에 전등과 축음기가 있는 것을 주목하라. 아래 작은 글씨로 다음과 같은 스탈린의 말이 인용되어 있다. "어떤 농민, 집단농장원, 혹은 개별 농부라도 만약 빈둥거리지 않고, 시골 여기저기를 방황하지 않고, 집단농장의 재산을 훔치지 않고, 정직하게 일하고자 하는 한, 이제 인간처럼 살아갈 수 있다." (*Victoria Bonnell*)

악, 미술, 문학은 이런 생활에 대한 약속을 제시했다. 신문은 적들과 숙청에 대한 이야기만이 아니라, 매력적인 새 모자와 신발 그리고 공원에서의 무도회와 축제를 위한 광고로 가득 차 있었다. 이것 역시 스탈린 체제의 한 부분이었다.

1936년 헌법

1924년 헌법을 대체했으며 소비에트 사회주의 공화국 연방(Soiuz Sovetskikh Sotsialisticheskikh Respublik)의 발전에서 중대한 전진을 이루었다고 공식적으로 묘사되는 1936년의 스탈린 헌법은 공산당과 그 지도부, 특히 스탈린에 의해서 행사되는 "프롤레타리아트 독재"를 사실상 유지했다. 동시에 그것은 생산수단의 집단적 소유에 기반을 두고 소련에서 성취된 새로운 "사회주의" 단계를 반영하려는 의도를 가지고 있었는데, "각자의 능력에 따라서 일하고, 각자의 노동에 따라서 분배한다.(From each according to his ability, to each according to his work)"라는 공식으로 요약되었다. 그 헌법은 모든 소련 시민들에게 투표권을 부여했으며—왜냐하면 국가에는 "착취자"는 하나도 남아 있지 않았기 때문이다—평등, 직접, 비밀선거를 규정했다. 사실상 그것은 민주주의를 강조했으며, 제10장에서는 시민의 의무만이 아니라 권리를 길게 열거했다. 그러나 종종 입증되고 있듯이, 새로운 헌법의 관대함이 공산주의의 틀을 넘어서까지 확대된 것은 결코 아니었다. 그래서 제1장은 소련 사회의 기본 구조는 도전받을 수 없다고 단언했다. 시민의 자유 항목은 "노동인민의 이해관계에 따라서, 그리고 사회주의 체제를 강화하기 위해서……"라고 시작했는데, 시민의 자유는 이런 조건에 달려 있다고 해석될 수 있었다. 헌법에 의해서 특별하게 인정된 공산당은 소련에서 허용된 유일한 정치단체였다. 훨씬 더 중요한 것은 절대적인 독재자와 그의 정당 그리고 그의 경찰에 의해서 통치되던 나라에서는 1936년 헌법의 세부사항들이 별 의미가 없었다는 점이다. 아이러니하게도, 헌법이 제정된 이후에 대숙청의 절정기가 도래했다.

소련은 연방국가로 남아 있었으며, 그 구성 단위의 수는 11개로 늘어났다. 러시아 소비에트 연방 사회주의 공화국과 10개의 소비에트 사회주의 공화국, 즉 우크라이나, 벨라루스 혹은 백러시아, 캅카스 산맥 남쪽의 아르메니아, 그루지야, 아제르바이잔 그리고 중앙 아시아의 카자흐스탄, 키르기스스탄, 타지키스탄, 투르크메니스탄, 우즈베키스탄 공화국이 바로 그곳들이다. 대민족들은 자신들의 연방 구성 공화국을 얻었던 반면에, 소규모 민족들은 큰 단위 순으로 자치 공화국, 자치주, 민족관구를 가지게 되었다. 모두 합해서 51개의 민족들이 어떤 형태로든지 제한된 의미의 국가 형태를 부여받았다. 그러나 헌법에 있는 다른 많은 내용처럼, 이런 합의는 대체로 속임수였다. 그것은 행정적인 면에서뿐만 아니라 문화적 자치—이 주제는 나중의 장에서 논의될 것이다—라는 점에서 중요하기는 했지만, 사실상 지역 단위에 정치적인 독립과 경제적인 독립을 전혀 부여하지 않았다. 소련은 근대에 아주 고도로 중앙집권화된 국가들 중의 하나였던 것이다.

양원제의 최고 소비에트는 국가의 최고 입법기구로서 소비에트 대회(S'yezd Sovetov)를 대체했다. 양원 중의 하나인 연방 소비에트는 전체 소비에트 인민을 대표했고, 30만 명의 주민에서 1명의 의원을 뽑는 방식으로 선출되었다. 또다른 하나인 민족 소비에트는 소련을 구성하는 민족 집단을 대표했으며, 다음과 같이 선출되었다. 즉, 각 연방 공화국에서 25명, 각 자치 공화국에서 11명, 각 자치주에서 5명, 각 민족관구에서 1명의 의원이 각각 선출되었다. 이 양원은 동등한 권리와 유사한 기능을 가지고 있었으며, 그런 것들 중 일부는 공동으로, 다른 일부는 각자 행사했다. 4년마다 선출─비록 제2차 세계대전으로 제2대 최고 소비에트는 1946년까지 선출되지 못하기는 했지만─되던 최고 소비에트는 1년에 두 차례, 그리고 1회에 보통 일주일 미만의 회의기간을 가졌다. 회기 사이의 기간에는, 소비에트에 의해서 선출된 간부회의(Presidium)가 전권을 가지고 있었다. 최고 소비에트는 간부회의에 의해서 내려진 모든 조치를 거의 항상 만장일치로 승인했다. 한 논평가의 말에 따르면, "이미 언급된 것처럼 짧은 회기, 기구의 규모, 복잡한 의사일정은 최고 소비에트의 실질적인 권한과 위상에 대해서 흥미로운 사실을 보여준다." 훨씬 더 흥미로운 점은 소련 통치자들을 대할 때 소련 입법부는 묵인과 아첨의 태도를 보였다는 것이다.

1936년 헌법에서 집행권은 인민위원회(Sovet narodnykh komissarov)에 귀속되었으며, 그것은 최고 소비에트에 의해서 승인받아야 했다. 인민위원회는 세 종류가 있었다. 연방, 즉 중앙 인민위원회와 공화국 인민위원회, 그리고 이 둘이 통합된 인민위원회가 있었다. 소련 경제의 많은 부분이 개별 인민위원회에 의해서 관리되었기 때문에, 인민위원회의 수는 다른 국가들의 장관부서 혹은 그와 비슷한 기관의 수보다 많았다. 일반적으로, 중공업은 중앙의 관할권 아래에 있었던 반면에, 경공업은 연방─공화국 인민위원회에 의해서 지도되었다.

방대하고 복잡한 소련 법체계는 명시적으로나 암묵적으로 당과 국가의 필요에 봉사했으며, 소련 사회에서 극히 제한적인 범위 내에서만 독자적인 역할을 수행할 수 있었다. 그 외에도 일반적으로 정치경찰은 심지어 소련의 법 바깥에서 활동했다. 덧붙여 말하면, 비록 연방 공화국들의 정부에는 민족회의가 없고 양원제가 아니라 단원 입법부만을 가지고 있기는 했지만, 소련의 중앙정부는 연방 공화국들의 정부를 위한 모델로 기능하고 있었다. 1930년대에 명확한 형태를 갖춘 스탈린의 소비에트 체제는 얼마 지나지 않아 제2차 세계대전이라는 끔찍한 시험을 치러야 했다. 비록 전쟁은 그 체제가 해결한 것보다 더 많은 체제상의 문제를 제기했다고 주장하는 것이 옳지만, 어떤 의미에서 그 체제는 시험에 합격했다. 그러나 제2차 세계대전으로 주의를 돌리기 전에, 우리는 브레스트-리토프스크와 연합국의 개입의 시대로부터 1941년 여름에 이르는 동안의 소련 외교정책을 먼저 요약할 필요가 있다.

제38장

소비에트의 외교정책(1921-1941), 제2차 세계대전(1941-1945)

위대한 모스크바로부터 멀고 먼 국경까지,

남쪽 산악지대로부터 북쪽의 바다까지,

한 인간은 느낄 수 있다.

그가 자신의 끝없는 조국의 주인임을.　　—대중가요 「나의 고국은 얼마나 넓은가」

러시아인은 천성적으로 부드럽고, 정이 많고, 쉽게 화를 풀며, 기꺼이 이해하고 용서한다.……러시아인들의 특성 속에 증오심은 전혀 없었다. 증오심은 느닷없이 나타나지는 않았다. 아니다. 우리 민족이 지금 분명히 보여주고 있는 이런 증오심은 고통에서 생겼다. 처음에 우리들 중 많은 사람들은 이것은 다른 전쟁에서와 마찬가지로, 우리가 단지 다른 군복을 입고 있는 다른 인간들과 겨루고 있는 하나의 전쟁이라고 생각했다.……이제 우리나라의 모든 사람들은 이 전쟁이 그 이전의 전쟁들과 닮은 점이 전혀 없다는 것을 알고 있다. 우리 민족은 처음으로 인간이 아니라, 불쾌하고 악한 괴물들, 근대 과학이 줄 수 있는 모든 것으로 무장한 야만인들과 겨루고 있다는 것을 알았다.……이제 우리의 증오심은 무르익었다. 그것은 덜 숙성된 포도주처럼 더 이상 머리 쪽으로 올라가지 않는다. 그것은 냉정하며, 사려 깊어졌다. 우리는 우리들과 파시스트들을 전부 살도록 해주기에는 세계가 너무 좁다는 것을 깨달았다.……당면 문제는 명백하며 간단하다. 우리의 생존권의 문제인 것이다.

—예렌부르크(1942)

우리 정부는 적지 않은 실수를 범했다. 1941-1942년처럼 때때로 우리의 입장은 절망적이었다. 그때 우리 군대는 다른 대안이 없었기 때문에, 우크라이나, 벨라루스, 몰다비아, 레닌그라드 지역, 발트 지역 그리고 카렐로-핀 공화국에 있는 조국의 마을과 도시를 버리면서 후퇴하고 있었다. 혹자는 정부에 대해서 다음과 같은 말을 할 수도 있다. 당신들은 우리의 기대에 미치지 못했다. 꺼져라. 우리는 다른 정부를 임명하여 독일과 평화조약을 체결하고 평온을 보장하겠다고. 그러나 러시아 인민은 그렇게 하지 않았다. 왜냐하면 그들은 자신들의 정부가 추구하고 있던 정책이 옳다고 확신했기 때문이다. 그들은 독일의 패배를 담보하기 위해서 스스로를 희생했다. 그리고 러시아 인민이 소비에트 정부에 대해서 보여준 이 신뢰감은 인류의 적인 파시즘에 대한 역사적인 승리를 보장해준 결정적인 요인으로 밝혀졌다.

나는 이러한 신뢰감을 보여준 러시아 인민들에게 감사드린다!

러시아 인민 만세!

—스탈린

소비에트의 외교정책이 마르크스주의 이데올로기로부터 받은 영향은 오직 부분적인 정도에 그쳤다. 마르크스주의는 공산주의자들이 농촌사회를 어떻게 통치하고 발전시킬 수 있는지에 대해서 아무런 지시를 내리지 않은 것처럼, 자본주의 세계 속에 있는 공산국가의 대외관계에 대한 명확한 지침도 제공하지 않았다. 볼세비키가 주로 적대적인 세계 속에서 국제관계를 맺어나가야 했던 것은 그들이 처한 여러 중요한 역설적 상황 중의 하나였다. 그들이 기대하던 해결책은 국제 사회주의 혁명이었다. 특히 1917년 이후의 초기 몇 년 동안에, 레닌과 그의 동료들은 서구에서 혁명이 일어나 자본주의를 파멸시킬 것이라고 자주 예견했고, 혁명이 일어나지 않는다면 러시아 사회주의의 운명은 끝날 것이라는 우려를 자주 표명했다. 그러나 혁명이 서구에서 일어나지 못했을 때, 레닌은 혁명이 언젠가는 분명히 일어날 것이기 때문에 자신들이 그동안 현실적으로 상황에 적응해야 한다고 주장했다. 세계적인 제국주의에 대한 레닌의 사상은 서구에서 혁명이 실패한 원인을 설명하는 데에 도움을 주었다. 서구 부르주아는 식민지를 착취함으로써 물질적인 이익을 가지고 프롤레타리아트를 매수할 수 있도록 해주었다는 것이다. 그리고 레닌은 제국주의 사상을 통해서, 식민화된 동양과 남반부에서 혁명의 잠재력이 있다는 것을 주목할 수 있었다. 그러나 주요 과제는 소련의 권력을 유지하는 것이었다.

볼세비키 정부는 자신들의 이데올로기적 희망 및 가치와는 거의 공통점이 없는 국제적 지위와 국가적 이해관계를 물려받았다. 그들은 차르 시대에 체결된 조약과 채무를 거부하고 비밀 외교 문서를 출판하는 등, 과거와 단절하기 위해서 최선을 다했다. 그러나 과거 및 국가적인 관심사를 완전히 떨쳐버릴 수는 없었다. 사실 소비에트 체제가 발전하고, 소비에트 러시아가 스스로 국제 공산주의의 중심이라고 선언한 이후에, 많은 학자들의 견해에 따르면, 소련의 외교정책은 전통주의, 민족주의, 제국적 팽창주의라는 방향으로 발전되었다. 그것은 사실상 확연히 "러시아적" 성격을 띠게 되었다. 마찬가지로 소련은 모스크바로부터 통치되는 다민족 국가로서 제국의 한 형태이기도 했다고 주장되어왔다. 그러나 소련의 외교정책은 해석상 다른 맥락에서 볼 수도 있다. 소련은 세계 속에서 합리적인 이해관계를 가진 거대한 근대국가로 분석될 수 있고, 그러므로 그것의 외교정책은 마르크스주의 이데올로기라든지 민족적 전통에 대한 고려라기보다는, 안보와 같은 현실 정치에 대한 고려 사항의 산물로 이해될 수 있다는 것이다.

1920년대의 소비에트 외교정책

1918년에 트로츠키가 전쟁인민위원이 되었을 때, 그의 보좌관인 치체린은 그를 대신해서 외무 인민위원이 되었다. 치체린은 그 직책을 1930년까지 지켰으나, 건강이 나빠졌기 때문에 1928년부터는 결국 그의 후계자가 되는 리트비노프가 외무 인민위원회를 지휘했다. 치체린은 귀족 출신으로서, 볼세비키가 아니라 오랫동안 멘셰비키 소속이었다. 사실상 그는 공산주의 지도자들의 핵심부 내에 들어온 적이 결코 없었다. 그럼에도 불구하고, 그의 능력과 그 직책을 수행할 만한 특별한 자질 때문에—치체린은 원래 차르시대의 외무공무원으로 자신의 경력을 시작했고, 언어에 능통하며 국제정세에 대한 탁월한 지식을 가지고 있었다—그는 10년 이상이나 소비에트의 외교정책 업무를 담당했다. 그러나 물론 그도 레닌, 스탈린, 정치국의 엄격한 감시를 받아가면서 일을 했다. 앞에서 언급되었듯이, 소비에트 체제에서 실질적인 권한이 있는 지위는 어떤 부서의 인민위원이 아니라, 당 서열이 높은 사람이 맡았다.

치체린의 주된 임무 중의 하나는 소련이 승인받게 하고, 세계에서 소련의 지위를 안정시키는 것이었다. 공산주의 혁명은 헝가리와 바이에른에서 일시적으로 승리한 것 외에 소련 외부에서는 실패했다. 다른 한편으로, 백군운동이 패배하고 연합국의 개입이 종결되자 볼셰비키 체제는 러시아에서 확고히 자리잡은 것처럼 보였다. "공존"은 현실이 되었고, 양측은 적절한 타협책을 찾으려고 했다. 그러나 소련은 1919년에 지노비예프를 의장으로 하여 창립된—코민테른(Comintern)이라고 불리는—제3인터내셔널 혹은 공산주의 인터내셔널을 지원했고, 차르 시대의 채무 변제라든지, 몰수된 외국인들의 재산에 대한 배상을 거부했다. 그러면서도 소련은 내전기의 연합국의 개입에 대해서는 거액의 배상금을 요구했다. 특히 전 세계에 흩어져 있는 공산당으로 구성되었고, 체제 전복과 혁명을 위해서 힘을 쏟으며, 명백히 소련의 이익을 위해서 소련으로부터 지시받고 있던 코민테른은 정상적인 외교관계를 계속해서 방해했다. 대부분의 국가들은 노골적인 적대감과 불신감을 가지고 소비에트 러시아를 바라보고 있었다.

내전이 종식되고 신경제정책이 시작된 이후, 소련은 점차 고립 상태에서 탈피했다. 소련과 영국은 1921년 3월에 경제협정을 체결했다. 1922년에 소련 대표단은 제노아에서 개최된 국제경제회의에 참석했다. 앞에서 언급된 채무와 배상 문제에 발목을 붙잡혀 있었기 때문에 이 회의 자체는 중요한 결과를 하나도 내지 못했지만, 소련 대표들은 이 기회를 이용해서 무엇보다도 독일과 협정을 체결할 수 있었다. 1922년 4월 16일의 라팔로 조약(Treaty of Rapallo)은 나중에 상업협정으로 보완되어 소련과 독일 사이의 경제 협력을 수립하도록 했으며, 심지어 어느 정도의 정치적 및 군사적 유대관계로 이어지기까지 했다. 이 조약은 히틀러가 권력을 장악한 이후까지 지속되었다. 라팔로 조약은 많은 점에서 놀라움과 분노를 자아냈지만 성립의 근거는 아주 명확했다. 소련이 체결한 대부분의 다른 협정과 마찬가지로, 그것은 조인국들 사이의 상호 공감이나 적대감과는 아무 관계가 없었다. 소비에트 러시아와 독일은 베르사유 이후의 세계에서 따돌림을 받던 나라였으므로, 상호 이익을 위해서 자연스럽게 손을 맞잡았던 것이다.

1924년 초에 영국은 소련을 공식적으로 인정했다. 그해가 다 가기 전에, 프랑스, 이탈리아, 오스트리아, 스웨덴, 노르웨이, 덴마크, 그리스, 멕시코, 중국이 그 뒤를 따랐다. 1925년에는 일본이 소련과 정식으로 관계를 수립했다. 일본은 비록 어느 정도의 석유, 석탄, 목재에 대한 이권은 보유했지만, 사할린 섬의 러시아 측 영토에서 마침내 철수했다. 많은 국가들이 소비에트 러시아를 인정한 것은 볼셰비키 체제의 존재를 수용했음을 의미했을 따름이었고, 교역관계를 개선하려는 희망이 때때로 그에 수반되었을 따름이지, 소련에 대한 태도에서 어떤 실질적인 변화가 있었던 것은 아니었다. 심지어 식인종과의 교역이라는 로이드 조지의 말이 종종 인용되곤 했다. 게다가, 다른 국가들, 특히 미국과 동유럽에 있는 대부분의 슬라브족 국가들은 계속해서 소련을 무시했으며, 그것을 인정하기를 거부하고 있었다. 그렇지만 대체로 볼 때 치체린은 소비에트 러시아를 국제 외교 무대에 올려놓는 데에 성공했다.

소련의 외교정책 노선이 우여곡절을 겪었고 심지어 모순적이기까지 했던 사실은 중국과의 관계에서 명확하게 드러났다. 그곳에서 스탈린은 국민당과 쑨원의 민족주의 운동 그리고 쑨원의 후계자인 장제스를 지지하기로 하고는, 민족주의자들을 돕도록 수백 명의 군사 전문가들을 파견했고 중국 공산주의자들에게는 "통일전선" 전술을 따르도록 지시했다. 한동안 공산주의자의 침투는 성공적인 것처럼 보였고, 소련의 위상과 명망은 중국에서 높았다. 그러나 1927년에 장제스는 권력 투쟁에서 승리할 것이라고 확신하게 되었을 때, 곧장 공산주의자들에게 등을 돌리고 그들을 상하이에서 대량 학살하고는 소련 고문단을 추방했다. 중국 공산주의자들은 모스크바로부터의 지령에 따라서 광둥에서 반란을 일으켜 응수했지만, 유혈 진압을 당하고 말았다. 그러나 소련은 중국에서는 실패했지만, 외몽골에서는 여러 차례의 운명의 반전 끝에 지배권을 확립할 수 있었다. 그리고 1920년대 중반에 소련은 터키, 페르시아, 아프가니스탄과 유용한 중립 및 우호조약을 체결했다. 볼셰비키 정부는 차르 정부가 중국과 페르시아와 같은 아시아 국가들에서 획득한 이권 및 특수 권리를 포기했다는 점도 덧붙여 말할 필요가 있다. 그러나 소련은 1929년에 중국인들과 충돌하면서까지 동청철도(東淸鐵道)를 계속 보유했다.

1930년대의 소련 외교정책
소련의 국제적인 승인과 외교관계의 안정을 위해서 1920년대에 치체린이 기울인 노력은 1930년대에 좀더 야심찬 정책으로 발전되었다. 스탈린과 정치국에 의해서 만들어진 듯한 새로운 접근은 1930년부터 1939년까지 외무 인민위원으로 일했던 리트비노프에 의해서 시행되었다. 그는 전후 질서에 대한 도전이 증가되고 침략의 위협이 높아져가고 있던 상황을 제지하려는 노력의 일환으로서, 현상유지를 원하던 열강들과 좀더 긴밀한 협력관계를 맺는 것을 목표로 삼았다. 그런 접근은 소련이 국제연맹에 가입하고, 리트비노프가 군축과 집단 안보를 강조했을 때 절정에 달했다. 소련의 전술 변화를 제대로 평가하기 위해서는, 볼셰비키 지도부가 오랫동안 사회주의 세계와 자본주의 세계 사이에 커다란 대립이 있을 것이라고 예견하면서, 영국과 프랑스는 자신들의 주적(主敵)이고 국제연맹은 전투적인 제국주의의 주요 국제기구라고 보았다는 사실을 깨달아야 한다. 사실, 정치국은 주도적인 자본주의 열강들 사이에서 예상되던 분쟁, 특히 영국과 미국 사이의 전쟁을 기대했던 것 같다! 이런 상황 속에서 1931년에 일본인들이 개시한 중국 본토 침략, 그리고 특히 1933년 1월에 히틀러가 독일에서 권력을 장악하고 취한 후속 정책은 예상치 못한 충격으로 다가왔다. 파시즘에 의해서 제기된 위협에 대한 불안감은 1930년대에 증가되었으며, 당 지도자들의 연설, 언론, 그리고 우리가 살펴봤듯이 숙청 때의 재판에서 주요 테마가 되었다. 그리하여 1934년에 소련 외교는 극적으로 방향을 전환하여 집단 안보를 추구했다. 그것은 독일의 팽창을 저지하기 위해서 소련과 연합하도록 영국, 프랑스, 미국을 설득하는 데에 초점이 맞추어져 있었다. 전 세계의 공산당은 이런 새로운 "노선"을 지지하라는 지령을 받았다. 1930년대의 유명한 "인민전선(popular front)", 소련과 서구 민주주의국들 사이의 이상한 화해, 소련과 장제스 사이의 새로운 연대는 그 결과였다. 서구와의 화해는 이해나 신뢰보다는 끔찍할 정도의 편의에 기반을 두고 있었고, 서구 열강들이 봉쇄보다는 유화정책을 선호한 것을 포함해서 각 측에서 범한 판단 착오에 의해서 그 효력이 훼손되었다. 그리하여 그것은 1938년과 1939년에 파국적인 방법으로 붕괴되어, 제2차 세계대전을 위한 무대를 열어주었다.

소련은 전쟁을 불법화한 켈로그-브리앙 조약(Kellogg-Briand Pact)이 체결된 기회를 이용해서, 일찍이 1929년에 리트비노프 의정서(Litvinov Protocol)를 만들어내고는 인근 지역에 켈로그-브리앙 조약을 적용했다. 폴란드, 루마니아, 라트비아, 에스토니아, 리투아니아, 터키, 페르시아 그리고 단치히 자유시는 소련과의 의정서에 기꺼이 서명했다. 소련은 1932년에 폴란드, 에스토니아, 라트비아, 핀란드, 프랑스와 불가침조약을 체결했다. 1933년에 미국은 마침내 소련을 인정했고, 미국 내에서 공산주의 선전을 중단한다는 통상적으로 믿을 수 없는 약속을 소련으로부터 얻어냈다. 1934년 봄에 폴란드 및 발트 국가들과의 불가침 조약의 효력은 10년 연장되었다. 그해 여름에 소련 정부는 체코슬로바키아 및 루마니아와 조약을 체결했다. 그중 루마니아와 외교관계를 수립한 것은 오랫동안 미해결 상태로 남아 있던 베사라비아의 상실을 소련이 일시적으로 수용했음을 의미했다. 그리고 소련은 1934년 가을에 국제연맹에 가입했다.

그다음 해에는 소련과 프랑스, 소련과 체코 사이에 동맹이 체결되었다. 이 두 경우는 어떤 유럽 국가에 의해서 정당한 이유 없이 공격받을 경우에는 동맹을 체결한 상대국에 군사적인 도움을 제공하도록 했다. 그러나 소련과 체코 사이에 체결된 조약에서는, 체코인들과 상호 원조조약을 체결했던 프랑스가 소련과 체코슬로바키아를 도와주는 경우에만 소련이 체코슬로바키아를 도울 의무를 가진다는 단서가 달려 있었다. 폴란드나 루마니아는 필요한 경우에 체코인들을 도우러가는 적군(赤軍)의 통과를 허용하기를 원하지 않았던 반면에, 프랑스는 상세한 군사적 협약을 체결하자는 소련의 압력에 긍정적인 반응을 보일 수 없었다는 점도 말할 필요가 있다.

그리고 앞선 몇 년 동안 혁명의 동력으로서 다소 활동력이 떨어졌던 제3인터내셔널은 1935년에 개최된 제7차 대회에서 인민전선이라는 새로운 정책을 선언했다. 각국의 공산당은 기존의 입장을 바꾸어 자국에서 파시스트의 침략을 저지하는 데에 관심이 있는 다른 정치단체와 협력하고, 재무장을 지지하게 되었다. 소련 정부는 공격국에는 엄격한 제재가 가해져야 하며, 그들을 저지시키기 위해서 평화 세력이 신속히 동원되어야 한다고 국제연맹 등에서 주장했다. 그러나 국제연맹과 열강은 개별적으로 거의 아무런 조치도 취하지 않았다. 이탈리아는 에티오피아 정복을 완료했고, 일본은 아시아 대륙에 대한 공세를 강화했다. 1936년 여름에는 에스파냐에서 대규모 내전이 발발하여 프랑코의 파시스트 반란군 및 그들의 동맹 세력이 민주주의적인 좌익 공화정 정부와 겨루게 되었다. 다시 한번 소련은 파시즘을 제지하기를 간절히 원했으나, 프랑스와 영국은 망설였고, 타협했으며, 불개입 입장을 강조했고, 에스파냐의 공화정이 붕괴되도록 내버려두었다. 이탈리아의 사단과 독일의 조종사 및 탱크병들은 프랑코를 도왔던 반면에, 에스파냐 정부 측을 도우려고 파견된 사람들은 소련 장교들과 기술자들뿐이었다. 다른 한편으로, 국제 공산주의 운동은 지원자들을 얻고 수송하기 위해서 자원을 동원했고, 그 유명한 "국제여단(international brigade)"에서 싸우게 했다. 에스파냐에 대한 소련의 개입은 오랫동안 논란의 주제가 되었는데, 기밀 문서에서 해제된 자료들은 이런 논쟁에 기름을 부은 격이 되었다. 그 자료들을 보면, 프랑코를 도우려던 소련의 노력은 진지하고도 단호했다는 주장, 그리고 동맹관계였던 공화주의자들과 반파시스트 노력에 합류한 국제적인 좌파들을 공격하는 의미가 담겨 있었을지라도, 소련 정부는 에스파냐에서 소련의 영향력을 확대하고 사실상 에스파냐를 "소비에트화하기" 위해서 자기 이익만 생각하며 이중적으로 행동했다는 주장 모두 힘을 얻고 있다.

소련의 위상과 전망은 1930년대에 점점 심각해져갔다. 1936년 11월에 독일과 일본은 특히 소련을 겨냥하여 소위 반코민테른 협정(Anti-Comintern Pact)을 체결했다. 이탈리아는 1937년에, 에스파냐는 1939년에 그 조약에 합류했다. 극동에서 1935년에 소련은 일본의 괴뢰국가인 만주국에 동청 철도에 대한 지배권을 판매함으로써 분쟁의 중요한 근원 한 가지를 제거했다. 그렇지만 일본의 팽창과 야망이 커져감에 따라서 일본과 소련은 여전히 긴장관계에 있었다. 소련 지도자들은 계속해서 장제스에게 물자를 보냈을 뿐만 아니라, 아시아의 공산주의 운동을 지도하고 지원했다. 사실 1938년 그리고 1939년에 일본군과 소련군은 만주와 몽골 국경에서 실전을 벌였는데, 적군(赤軍)이 선전하자 적대 행위는 시작되었을 때처럼 갑자기 종식되었다. 히틀러의 독일은 일본보다 소련에 훨씬 더 큰 위협이 되었다. 총통(Führer, 히틀러)은 공산주의의 파멸을 설교했고, 정당한 생활공간(Lebensraum), 즉 독일이 당연히 팽창해나가야 하는 지역으로서 동쪽에 있는 땅을 지목했다. 일본과 이탈리아의 경우와 마찬가지로, 서구 열강은 또다시 침략국을 제지하지 못했다. 1936년의 라인란트 재무장에 뒤이어, 히틀러는 1938년 3월에 오스트리아를 제3제국에 편입시킴으로써 베르사유 조약을 커다란 혼란 상태로 밀어넣었다.

1938년 9월부터 1941년 6월까지의 소련 외교정책

유화정책은 1938년 9월에 뮌헨에서 절정에 달했다. 영국과 프랑스는 체코슬로바키아에서 주로 독일 민족이 거주하던 지역인 수데텐란트에 대한 독일의 합병을 요구하던 히틀러에게 굴복했다. 체임벌린과 달라디에는 뮌헨으로 날아가서 히틀러 및 무솔리니와의 합의에 서명했다. 뮌헨의 굴복은 소련에 대항해서 서구가 히틀러와 공모를 했기 때문이라기보다는, 서구 민주주의 국가들이 전쟁을 벌일 준비가 되어 있지 않았으며 그럴 의지도 가지고 있지 않았기 때문이었다. 그러나 서구의 처리 방식에 대해서 소련이 극도의 의구심을 가진 것은 충분히 이해될 수 있다. 왜냐하면 특히 소련 정부는 회담에 참석하라는 초청도 받지 못했기 때문이다. 소련은 체코슬로바키아를 기꺼이 방어하려는 의사를 표명했지만, 프랑스가 체코인들을 도우러 오지 못하고 프라하 측이 열강의 배신을 받아들여야 했을 때에는 속수무책 상태의 방관자로 남아 있을 수밖에 없었다. 더구나 뮌헨 회담 이후에 프랑스와 러시아의 동맹은 별 의미가 없는 것처럼 보였다. 소련은 집단 안보를 증진시키려는 온갖 노력을 기울였음에도 불구하고, 자국이 극히 위험한 고립 상태에 빠졌다는 것을 깨닫게 되었다.

유화정책으로 입맛을 돋운 히틀러는 그사이에 동유럽에 대한 또다른 침략 계획을 세웠다. 그는 1939년 3월에 체코슬로바키아의 나머지 지역을 다 차지하고는, 점령지역에 보헤미아와 모라비아 독일 보호령을 설치하고 슬로바키아에는 괴뢰국가를 세웠다. 이런 조치는 뮌헨 협정을 파기한 것이었을 뿐만 아니라, 세력을 독일의 민족 경계 너머로까지 확대하겠다는 나치의 결심을 명백히 보여주는 것이었다. 다음으로 히틀러는 폴란드로 눈길을 돌리고는, 단치히를 독일에게 양도할 것과 동프로이센으로 가는 폴란드 "회랑"을 가로질러 독일인들이 통과할 때의 치외법권을 요구했다. 그것에 대한 거부는 전쟁을 의미했다.

그러나 폴란드는 1939년 여름, 독일에 홀로 맞서지는 않았다. 프랑스와 영국은 독일이 체코슬로바키아의 나머지 영토를 장악한 이후에서야 유화정책의 어리석음을 마침내 깨달았다. 이 두 국가는 만약 폴란드가 공격받는다면 싸우겠다는 결의를 3월 말에 명확히 표명했다. 전쟁의 먹구름이 몰려오자 소련의 입장은 더욱더 중요해졌다. 5월에 몰로토프는 수상에 해당되는 인민위원회 의장 자리와 정치국원 자리를 그대로 보유한 채, 리트비노프를 대신해서 외무 인민위원이 되었다. 그리하여 1918년에 트로츠키 이래로 처음으로 일급 공산당 지도자가 소련 외교정책을 책임지게 되었다. 게다가 전임자인 리트비노프와는 대조적으로, 몰로토프는 개인적으로 집단 안보에 대한 열의를 가지고 있지 않았으므로 좀더 용이하게 새로운 출발을 할 수 있었다. 돌이켜 생각해보면, 논평가들은 또다시 리트비노프와는 대조적으로 몰로토프가 유대인이 아니라는 점에도 주목했다. 영국과 프랑스는 1939년 봄에 각서를 교환한 이후에, 공격에 대항한 공동전선의 구축에 관해서 여름에 소련과 협상을 시작했다. 그러나 서구 열강은 소련과 합의에 이르지 못했고, 심지어 모스크바에 실권이 없는 하급 대표단을 파견함으로써 협상에 대한 압력을 넣을 수도 없었다. 소련 정부로서는 특히 뮌헨 협정 이후에 서구에 대해서 극도의 불신감을 가지고 있었고, 임박한 전쟁이 자국 국경에서 벌어지지 않게끔 만드는 방법을 열심히 찾고 있었다. 8월 23일에 독소 불가침조약(나치-소비에트 협정, 히틀러-스탈린 협정, 몰로토프-리벤트로프 협정 등 다양한 이름으로 알려져 있다)은 모스크바에서 조인되었는데, 비밀 회담은 일찍이 5월에 시작되었다. 이 사건은 전 세계에 놀라움과 충격을 안겨주었다. 히틀러는 이 조약으로부터 용기를 얻어, 1939년 9월 1일에 폴란드를 공격했다. 9월 3일에는 영국과 프랑스가 독일에 선전포고했다. 제2차 세계대전이 시작된 것이다.

볼셰비키와 나치는 서로를 증오했으며, 상대방을 불구대천의 적으로 생각하고 있었다. 그 두 나라의 협정에서 어떤 환상도 수반되지 않았다는 사실은, 다른 무엇보다도 소련 측에서 그 조약에 서명했고 그에 따라서 "친독일적 성향"을 대변했던 몰로토프가 소련에 대한 히틀러의 공격 이후에도 자신의 자리를 유지했으며 스탈린의 신임을 받았다는 점에서도 잘 드러나 있다. 그러나 조약의 양 당사국은 그것을 통해서 커다란 이익을 얻기를 기대했다. 독일은 마음 놓고 서쪽의 열강과 싸울 수 있게 되었고, 소련은 적어도 당분간 전쟁을 피하려고 했다. 그에 못지않게 중요한 사실은 이 조약으로 인해서, 소련이 동유럽에서 인정받고 있던 이해관계를 밀고 나갈 수 있었다는 점이었다. 협정에는 비밀 의정서가 첨부되었는데, 그에 따라서 폴란드와 발트 국가들은 양 국가의 "영향권"으로 분리되었다. 그 목표는 차후에 독일이 공격할 경우에 소련을 보호할 수 있는 "완충지대"를 만드는 것이었는지, 아니면 소련의 지배력을 해당 지역까지 확대하는 것이었는지는 여전히 학자들 사이에서 논의되는 주제이다. 다만 소련이 그 기회를 아주 재빨리 이용했다는 것은 의심의 여지가 없는 사실이다.

적군은 폴란드 동부를 점령한 다음, 그곳의 일부 지역을 각각 벨라루스와 우크라이나 소비에트 공화국에 통합시켰다. 다음으로 소비에트 정부는 에스토니아, 라트비아, 리투아니아와 상호 원조조약을 체결하고, 발트 기지에 대한 조차권을 획득했다. 그러나 이 국가들은 1940년 7월에 소련 군대에 의해서 점령당했고, 포위된 상태에서 실시된 의회 투표에 뒤이어 소련을 구성하는 공화국 속으로 편입되었다. 그러나 서구 민주주의 국가들은 그런 절차를 인정하기를 거부했다. 핀란드는 더 큰 골칫거리였다. 핀란드 정부는 카렐리아 지방의 좁고 긴 지역을 받는 대신에 핀란드 방어선을 포기하고 레닌그라드로부터 약 32킬로미터 정도 떨어진 곳으로 핀란드 국경을 뒤로 물려달라는 소련의 요구를 거절했다. 그 결과 양국 사이에 전쟁이 발발해서 1939년 11월부터 1940년 3월 중순까지 계속되었다. 핀란드의 영웅적인 방어와 적군의 놀라운 초반 패배에도 불구하고, 소련은 결국 핀란드에 대한 자신의 의지를 관철시켰다. 마지막으로 소련은 1940년 여름에 독일과의 조약을 이용해서, 논란이 된 베사라비아 지역과 부코비나 북부에 최후통첩을 하면서 그곳들을 루마니아로부터 획득했다. 루마니아로부터 얻어낸 영토로부터 새로운 몰다비아 소비에트 사회주의 공화국이 생겼다. "안보"라는 이유 때문에, 수많은 토착 엘리트와 지식인들이 합병된 지역으로부터 동쪽으로 조직적으로 추방되었다. 소련은 1941년 4월에 시베리아 쪽보다는 남방으로 팽창해나가기로 결정한 일본과 5년 기한의 불가침조약을 체결했다.

그러나 소련 정부가 그것을 몰랐을지라도, 소련이 유럽 대륙과 아시아 대륙에서 자신의 입지를 강화하기 위한 노력을 기울일 수 있는 시간은 점점 끝나가고 있었다. 히틀러는 1940년 여름에 서부에서 놀라운 승리를 거둔 다음에 소련을 침공하기로 결정했다. 12월에 그는 1941년 5월에 공격하라는 정확한 명령을 내렸다. 독일이 가을에 영국과의 공중전에서 당한 패배는 나치 독재자로 하여금 다음의 주요 타격을 동쪽에서 해야 한다는 결심을 하는 데에 도움을 주었을 따름이었다. 그러나 계획된 시간을 정확히 지킬 수는 없었다. 유고슬라비아에서 정변이 일어나서 독일인들은 유고슬라비아를 침공했고, 이탈리아의 초기 공세를 저지시킨 그리스를 침공했다. 발칸 반도에서의 독일의 작전은 눈부실 정도로 성공적이었지만, 독일 공격 부대에 탱크와 다른 차량이 약간 늦게 공급되었으므로 소비에트 러시아에 대한 침공은 약 3주 정도 지연되었다. 새로운 날짜는 6월 22일이었다. 그날 독일군은 핀란드, 루마니아, 다른 부대의 도움을 받아서 발트 해로부터 흑해에 이르기까지 거대한 전선을 따라서 소련을 공격했다.

소련과 제2차 세계대전

타격은 실로 충격적이었다. 히틀러는 수많은 기갑 부대를 포함하여 약 175개 사단을 이 공격에 투입했다. 대규모의 강력한 공군은 공격을 근접 지원했다. 게다가 놀랍게도 독일의 타격은 소련군의 방심을 틈타서 이루어졌다. 스탈린과 정치국은 전쟁을 준비하기는 했지만, 자신들의 정보기관만이 아니라 서구의 경고를 무시했고, 그토록 이른 시기에 갑작스럽고 강력한 공격을 당할 줄 예상하지 못했던 것 같다. 스탈린은 1주일 이상 공개석상에서 사라졌고, 이것은 그가 정신적인 충격을 받았기 때문이라는 소문을 낳았다. 그는 7월 3일이 되어서야 행한 라디오 연설에서, 소비에트 인민을 "노예"로 만들며 소비에트의 "민족 문화"를 파멸시키려는 것이 독일의 의도라고 설명하면서, 그에 대항해서 영웅적으로 싸울 필요성이 있다고 엄숙하지만 확신에 찬 어조로 말했다. 독일인들은 또 다른 전격전을 목표로 하여, 두세 달 혹은 어쨌든 겨울 이전에는 러시아인들을 패배시키려는 의도를 가지고 있었다. 독일군은 상당히 완강한 저항을 만나기는 했지만, 독일군의 탱크는 모든 전선을 따라서, 특히 북부에서는 레닌그라드를 향하여, 중부에서는 모스크바를 향하여, 남부에서는 키예프와 로스토프온돈을 향하여 전진하고 있었다. 소련군은 전체적으로 격파당했고, 비알리스토크, 민스크 그리고 9월에 함락된 키예프에서는 상당수가 포로로 잡혔다. 침략군의 남쪽 진영은 우크라이나를 휩쓸었다. 북부에서는 핀란드군이 무르만스크 철로까지 밀고 들어왔고, 독일군 부대는 레닌그라드 근처까지 진격했으나 그곳을 점령할 수는 없었다. 레닌그라드는 소련의 나머지 지역으로부터 사실상 단절된 채 2년 반 동안의 포위 공격을 견뎌냈다. 기아, 질병, 전투로 인해서 그 도시의 인구는 400만 명에서 250만 명으로 급감했다. 그러나 레닌그라드는 항복하지 않았으며, 독일이 그보다 북쪽으로 진격하는 것을 막아냈다.

중부 전선은 결정적으로 중요했다. 그곳에서 독일인들은 자신들의 주요 타격 방향을 모스크바로 잡았다. 그러나 그들은 스몰렌스크 근처의 격렬한 싸움에서 지체되었다. 여름에 하려고 계획했던 전격전이 가을의 군사 작전이 되었다. 히틀러는 러시아를 공격하는 독일 및 독일 동맹국들의 사단의 수를 240개로 늘렸고, 소련의 수도를 점령하기 위해서 전력을 다했다. 10월 중순에 독일군 탱크는 모스크바로부터 약 97킬로미터 떨어진 모자이스크 근처의 러시아 방어선을 돌파했다. 스탈린과 정부는 이전 이름이 사마라였던, 볼가 강 유역의 쿠이비셰프를 향하여 모스크바를 떠났다. 그러나 주코프 원수는 1812년처럼 모스크바를 포기하지 않고, 자신의 군대가 수도 쪽으로 서서히 후퇴하도록 하면서, 독일군의 전진 속도를 아주 느리게 만들었다. 독일인들은 모스크바를 세 방면에서 포위해나갔고, 약 32킬로미터 안까지 다가갔으나 그 이상은 갈 수 없었다. 11월 하순에 소련군은 남부에서 극히 확대된 독일 전선에 대한 반격을 시작해서, 그 달 말에는 로스토프온돈을 탈환했다. 소련군은 12월 초에 중부전선에서 반격을 시작해서 모스크바의 북쪽과 남쪽만이 아니라 모스크바 지역 자체를 공격했다. 독일군은 엄청난 손실을 기록하고는 퇴각할 수밖에 없었다. 겨울은 준비되지 않은 독일군에게 커다란 피해를 안겨주고 러시아인들을 도왔다. 1월 20일에 소련군은 모자이스크를 탈환함으로써 모스크바에 대한 직접적인 위협을 제거하게 되었다. 그러나 독일군은 전선을 정비하기 위해서 훨씬 더 서쪽으로 후퇴할 수밖에 없었다. 사실, 독일군의 전선은 지나치게 확대되었고, 그들은 추운 날씨에 대한 대비가 되어 있지 않았으며 지쳐 있었기 때문에, 1941년과 1942년에 걸친 겨울에 거의 완전히 붕괴 직전까지 갔던 듯하다. 일부 전문가들은 전선을 사수하려는 히틀러의 대단한 결심만이 파국적인 후퇴를 막았다고 믿고 있다. 이와 같이 독일군은 소련 영토의 약 10만 제곱마일을 포기해야 했지만, 전투가 마침내 소강상태가 되었을 때에도 아직 50만 제곱마일을 보유하고 있었다.

되돌아보면, 1941년에 러시아에서 전개된 독일군의 대규모 작전은 많은 승리에도 불구하고 실패했던 것이 분명하다. 소련군은 아직 상당수가 전장에 남아 있었으며, 전격전은 엄청난 전선에서 벌어진 장기전으로 바뀌었다. 분명히 히틀러는 1941년에 소련을 패망시키기 직전까지 몰고갔지만, 그런 기회는 또다시 오지 않았다. 소련의 자원과 확고한 저항의 의지를 감안한다면, 나치는 빠른 기간

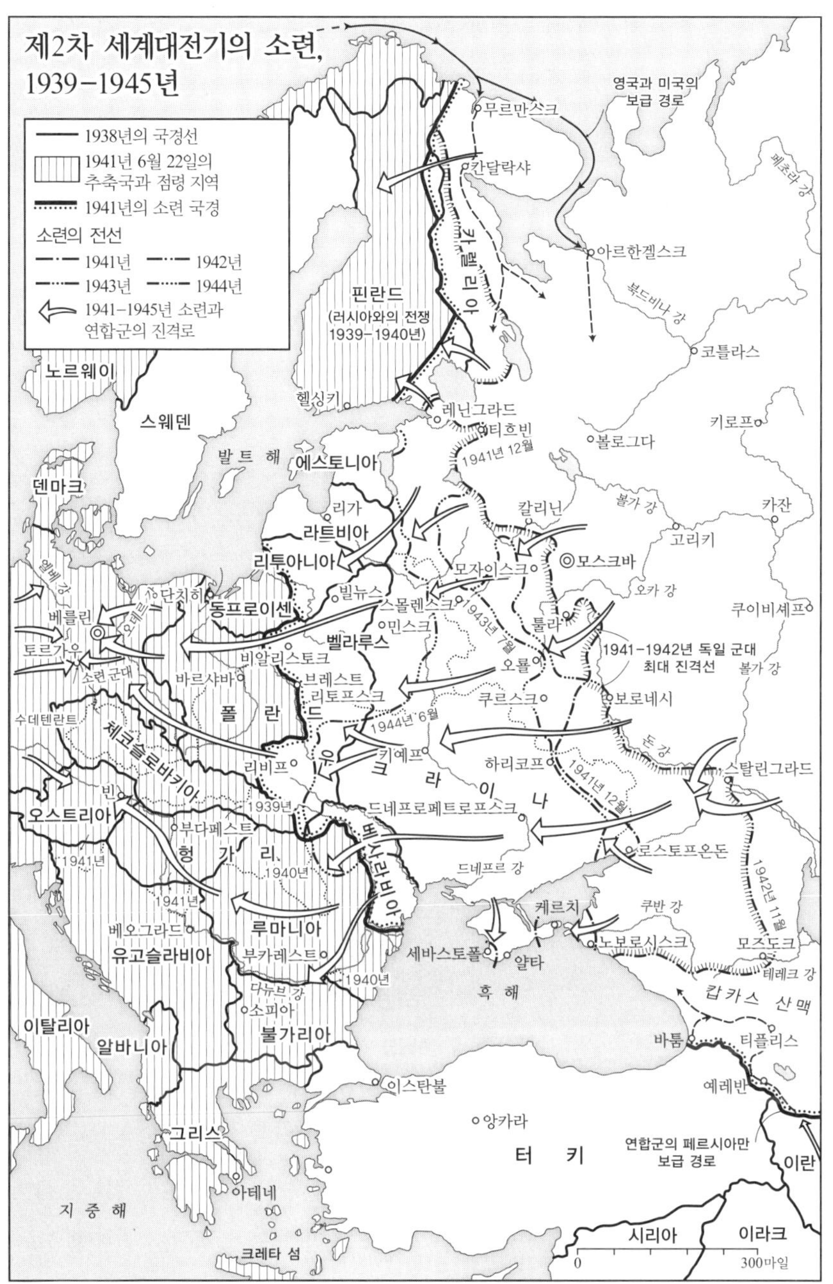

제2차 세계대전기의 소련,
1939-1945년

1938년의 국경선
1941년 6월 22일의
추축국과 점령 지역
1941년의 소련 국경
소련의 전선
1941년
1942년
1943년
1944년
1941-1945년 소련과
연합군의 진격로

영국과 미국의
보급 경로
무르만스크
칸달락샤
페초라 강
아르한겔스크
부드비나 강
코틀라스
핀란드
(러시아와의 전쟁
1939-1940년)
카렐리아
노르웨이
스웨덴
헬싱키
레닌그라드
티흐빈
1941년 12월
볼로그다
키로프
발트 해
에스토니아
칼리닌
볼가 강
카잔
덴마크
리가
라트비아
리투아니아
모스크바
고리키
엘베 강
단치히
동프로이센
빌뉴스
스몰렌스크
모자이스크
오카 강
쿠이비셰프
베를린
오데르 강
민스크
1943년 7월
툴라
벨라루스
소련 군대
토르가우
비알리스토크
브레스트
리토프스크
오룔
1941-1942년 독일 군대
최대 진격선
볼가 강
바르샤바
쿠르스크
보로네시
수데텐란트
폴 란 드
돈 강
스탈린그라드
체코슬로바키아
우 크
리비프
라
이
나
1944년 6월
키예프
하리코프
1941년 12월
빈
1939년
드네프로페트로프스크
오스트리아
부다페스트
1941년
몰다비아
헝 가 리
1940년
드네프르 강
케르치
쿠반 강
1942년 11월
모즈도크
루마니아
베오그라드
부카레스트
노보로시스크
테레크 강
유고슬라비아
세바스토폴
얄타
흑 해
캅카스 산맥
1940년
다뉴브 강
소피아
이탈리아
알바니아
불가리아
바툼
티플리스
예레반
이스탄불
앙카라
연합군의 페르시아만
보급 경로
이란
그리스
터 키
아테네
지 중 해
시리아
이라크
크레타 섬
0
300마일

내에 승리를 거두지 못하면 전혀 승산이 없었다. 전쟁 초기에 동부 작전에서 당한 독일군의 손실은 양적으로도 막대했지만, 질적으로는 훨씬 더 심각했다. 왜냐하면 독일 청년들 중 정예 부대가 모스크바 진격작전에 투입되었기 때문이다.

더 나아가, 소련이 1941년 여름부터 제2차 세계대전 말까지 유럽에서 나치의 군사력에 정면으로 맞섰다고 하지만, 확실히 홀로 싸운 것은 아니었다. 처칠은 얼마 전까지만 해도 핀란드 방어를 위해서 소련과 전쟁을 치르려고 했으나, 독일이 소련을 공격하는 날에 소비에트 러시아를 동맹으로 맞이했다. 영국과 미국은 절실히 필요한 보급품을 소련에 보내도록 조치했고, 1941년 12월 7일에 일본이 진주만을 기습한 이후에는, 미국도 전면적으로 참전했다. 영국 수송대는 독일의 잠수함과 항공기 그리고 그로 인한 막대한 피해에도 불구하고, 1941년 가을에 무르만스크와 아르한겔스크에 도착하기 시작했고, 미국도 1942년 봄에 페르시아를 통해서 대규모 원조를 시작했다. 더욱 중요한 것은, 추축국들이 아프리카에서도, 그리고 궁극적으로 동부만이 아니라 남부와 서부 유럽에서도 강한 적을 만나 싸워야 했다는 점이었다.

1941년의 최초의 공격보다는 범위와 물량 면에서 제한적이기는 했지만, 1942년 여름에 시작된 독일의 제2차 러시아 대공세는 방대한 범위에 대규모 전력이 투입된 작전이었다. 독일과 그 동맹국들은 1942년에 보로네시로부터 흑해에 이르는 전선의 남쪽 절반을 따라서 펼쳐진 공격에 약 100개 사단의 약 100만 명의 병력을 동원했다. 독일군은 케르치 지역을 점령하고 한 달간의 격렬한 전투 끝에 세바스토폴을 함락시켰고, 7월 초에는 본격적인 공격을 시작했다. 그들은 두 방향, 즉 동쪽으로는 볼가 유역, 남쪽으로는 캅카스 쪽으로 공격했다. 보로네시로의 진격이 막히자 독일 지휘관인 폰 보크 원수는 30만 명 이상의 주력군을 훨씬 더 남쪽에 있는 돈 강을 건너서 볼가 유역으로 돌진하도록 했다. 나치와 동맹국들은 8월 말에 스탈린그라드에 도달했다.

볼가 강 좌안을 따라서 길게 이어진 인구 50만 명의 이 공업도시에는 요새도 없었고, 다른 방어상의 이점도 없었다. 그러나 추이코프의 62군은 다른 편 강둑에 집결된 포병대의 지원을 받아서 집 한 채와 한 뼘의 땅이라도 차지하려고 싸웠다. 폐허로 변해버린 도시는 온갖 무기와 항공기의 공격에도 불구하고, 침략군이 넘어갈 수 없는 곳이 되어버렸다. 양측은 막대한 손실을 입었다. 1941년 12

월에 독일군의 지휘권을 직접 장악하고 1941년과 1942년 사이의 겨울에 자신의 군대를 파멸로부터 건져낸 히틀러는 결정적인 전략적 실수를 저지르기 시작했다. 그는 아무런 결실도 없이 수 주일간, 심지어 몇 달간 스탈린그라드를 계속해서 맹공격했고, 소련의 반격으로 독일군이 포위되기 시작했을 때에도 전문가들의 의견을 무시하면서 자신의 군대를 후퇴시키려고 하지 않았다. 결국 1943년 1월 말에, 파울루스 원수와 약 12만 명의 독일군 및 루마니아군은 소련군에게 항복했고, 볼가 유역을 돌파하려던 그들의 시도는 완전한 대실패로 끝이 났다. 남쪽에 대한 공격을 통해서 독일은 다시 한번 로스토프온돈을 점령했고, 캅카스 북부를 휩쓸었다. 또 공격군은 노보로시스크 항구와 모즈도크의 유전지대와 같은 중요한 지점을 장악했다. 그러나 또다시 독일의 확대된 전선은 12월에 주코프의 반격으로 무너졌다. 침략군은 서둘러서 남부 우크라이나와 크림 지역으로 후퇴해야 했는데, 운 좋게도 탈출에 성공했다.

　1942년과 1943년의 겨울에 후퇴와 반격이 좀더 이루어진 이후에, 독일군은 1943년 여름에 러시아에 대한 또 한 차례의 중요한 공격을 시도했다. 그들은 그 중 절반이 기갑 부대이거나 기계화 부대로서 대략 50만 명으로 이루어진 약 40개 사단을 동원하여 쿠르스크, 오룔, 보로네시의 전략적 분수령 지역에 대한 공격을 7월 초에 단행했다. 그러나 초반에 승리를 거두면서 엄청난 수의 기갑 부대와 포병 부대가 일주일 혹은 열흘 동안 전투를 벌인 뒤에 독일군의 공격력은 소진되었고, 소련군 측의 반격이 개시되었다. 그 직후에 소련군은 충분할 정도의 세력을 규합해서 침입자들을 소련 영토로부터 몰아내고, 궁극적으로 부다페스트, 빈, 프라하, 베를린까지 점령하고 전쟁이 끝날 때까지 공격을 멈추지 않았다. 소련의 압도적인 승리는 독일군의 전력이 소진되었다는 사실 때문에 가능했다. 군대의 전력은 아마도 1941년 말경부터 낮아지기 시작했다. 위성국가들, 특히 루마니아인들이 점차 군대에 많이 복무하게 되었는데, 그들은 독일군의 기준에 전혀 부합되지 못했다. 히틀러는 계속해서 실수를 저질렀다. 그는 스탈린그라드의 경우처럼 또다시, 자신의 군대가 너무 늦은 시점이 될 때까지 후퇴를 허락하지 않았다. 반면에 소련군은 막대한 손실에도 불구하고 질적으로나 효율성 면에서 개선되고 있었다. 실전 경험을 쌓은 지휘관들은 지도력과 능력을 보여주었다. 독일군이 온갖 물품의 부족 사태로 고통을 겪었던 반면에, 동쪽으로 옮겨가서 그곳에서 재조립된 소련 공장으로부터, 그리고 연합군의 원조를 통해서 무기와 장비가 대량 공급되었다. 독일군은 소련 땅에서 싸우는 동안에, 소련군뿐만 아니라 배후에서 용감하게 싸우던 수많은 유격대 운동과도 맞서야 했다. 그리고 독일군은 미국과 영국이 독일의 도시와 산업시설에 어마어마한 공격을 취하던 공중전에서만이 아니라 다른 전선에서도 점차 수세에 몰리고 패배를 당하기 시작했다. 스탈린그라드 전투는 몽고메리가 이집트에서 롬멜에게 승리하고, 연합군이 모로코와 알제리에 상륙하던 것과 같은 시기에 벌어졌다. 연합군은 1943년 여름에 시칠리아에, 그해 가을에는 이탈리아 본토에 침입했다. 마침내 1944년 6월 6일에는 미국군, 영국군, 캐나다군이 노르망디에 상륙함으로써, 오랫동안 기다려왔고 약속되었으며 지연된 "제2전선(second front)"이 성립되었다. 러시아인들이 동쪽으로부터 제3제국을 침입해 들어오기 시작했을 때, 연합군은 서쪽으로부터 그곳으로 밀고 들어오고 있었다.

1943년 가을과 1943-1944년의 겨울에, 소련군은 점령당한 소련 영토 중 상당 부분을 수복했다. 1944년 4월 8일에 코네프 원수는 프루트 강을 건너서 루마니아로 들어갔다. 그다음 몇 달 동안 소련군은 동유럽과 중부 유럽으로 급속히 진격해갔으며, 나머지 병력은 소련 땅에 군데군데 남아 있던 독일군 점령지역을 계속해서 소탕했다. 루마니아와 불가리아는 재빨리 편을 바꾸어서 반(反)독일 진영에 합류했다. 소련군은 유고슬라비아에서 티토의 유격대와 합류하여 1944년 9월에 베오그라드에 입성했다. 적군은 몇 차례의 치열한 전투를 치른 끝에 1945년 2월에는 부다페스트에, 4월 중순에는 빈을 차지했다. 북부에서 핀란드는 1944년 9월에 휴전을 받아들여야 했다. 독일 본토에 대한 대규모 공격은 1944년 가을에 시작되었다. 그때 적군은 빌뉴스를 점령한 이후에 동프로이센으로 침투해 들어갔다. 남부에서는 코네프, 중부에서는 주코프, 북부에서는 로코솝스키 원수에 의해서 각각 지휘되던 대군이 폭넓은 전선에서 독일을 침공한 1945년 1월에, 적군은 탄력을 얻었다. 1945년 4월 25일에 러시아의 선봉 부대는 라이프치히 근처에 있는 엘베 강 유역의 토르가우에서 미국 부대와 상봉했다. 5월 2일에 베를린은 치열한 전투 끝에 주코프의 부대에 의해서 함락되었다. 히틀러는 그전에 이미 자살했다. 적군은 5월 8일에 드레스덴에, 9일에는 프라하에 입성했다. 바로 그날, 즉 1945년 5월 9일에 전투가 종식되었다. 마침내 제3제국은 처음에는 5월 7일에 랭스에서, 그다음으로는 8일에 베를린에서 정식으로 연합군에 무조건 항복했다.

소련은 동맹국들의 강한 요청을 받기도 했고, 아마도 스스로도 참전하려는 열의를 가졌을 것이기 때문에, 독일이 항복한 지 3개월 후인 1945년 8월 8일에 일본과의 전쟁에 돌입했다. 그 무렵에 일본은 이미 미국과 다른 열강에 의해서 사실상 패배당한 것이나 다름없었다. 미국은 8월 6일에 히로시마, 9일에 나가사키에 원자폭탄을 떨어뜨림으로써 순식간에 수만 명의 사람들을 사망하게 했고, 일본 정부가 항복할 수밖에 없도록 만들었다. 그러나 학자들은 이러한 목적을 위해서 원자폭탄이 필요했는지에 대해서는 계속 논쟁을 벌이고 있다. 그러므로 소련 역사학자들과 선전가들이 그 이후에 전개한 주장에도 불구하고, 극동과 태평양 지역에서 벌어진 전투에서 소련이 맡은 역할은 일시적이었고, 기껏해야 부차적인 것이었다. 그러나 그로 인해서 적군은 상당한 희생을 당하면서, 만주와 사할린 섬의 일본 측 영토 그리고 쿠릴 열도를 차지하고, 많은 포로들을 사로잡을 수 있었다.

전시 외교

군사 작전에는 외교가 수반되었다. 전쟁이 진행되는 동안 소련은 연합국, 특히 영국 및 미국과 긴밀한 관계를 수립했다. 소련은 루스벨트와 처칠이 1941년 8월에 작성했으며 모든 나라에 자유, 자결권, 경제적 권리의 평등을 약속했던 대서양 헌장을 받아들였고, 국제연합의 결성 준비 및 궁극적인 창설에 적극 참여했다. 소련은 "승리와 항구적인 평화 정착을 공동으로 달성하기 위해서" 20년 기한의 협정을 영국과 체결했고, 나중에는 프랑스와도 조약을 맺었다.

전쟁 중에 개최된 연합국들의 다양한 고위급 모임 중에서는 세 차례의 수뇌 회담이 아주 중요했다. 1943년 12월에 테헤란에서, 1945년 2월에는 크림 반도의 알타에서, 1945년 7월과 8월에는 베를린 근처의 포츠담에서 회담이 각각 개최되었다. 스탈린은 당의 서기장직을 유지하면서 수상과 대원수, 즉 총사령관의 자격으로 이 세 차례의 회담 모두에서 소련을 대표했다. 루스벨트는 테헤란과 알타에서 미국 대표단을 이끌었으며, 루스벨트가 사망한 이후에 포츠담에서는 트루먼이 그를 대신했다. 영국을 대변한 사람은 처칠이었고, 나중에는 애틀리였다. 세 강국의 수뇌들은 "제2전선"의 구축이나 소련의 궁극적인 대일 참전과 같은 제2차 세계대전의 주요 이슈를 논의하는 데에 회담의 상당 부분을 사용했다. 그러나 특히 승리가 임박했을 때, 그들은 평화가 성립되었을 때를 위한 중요한 규정도 만들었다. 여기에는 독일을 점령 구역에 따라서 분할하고 베를린에는 특별한 지위를 부여한다는 것, 동프로이센의 쾨니히스베르크 지구를 소련에 통합하는 일을 수용한다는 것, 폴란드는 동쪽에서는 대략 커즌라인(the Curzon Line, 이것은 1920년에 민족적 거주지역에 가장 근접하다고 주장되던 폴란드-소련 경계선으로서, 1920년에 영국 외무장관 커즌 경이 제안했으나 거부당했던 경계선이다)을 따라서 국경을 결정하고 서쪽에서 보상을 받는다는 것, 수복된 모든 유럽 국가에서 자유선거에 기초한 민주정부의 수립을 촉진한다고 결정한다는 것, 국제연합을 결성한다는 것 등이 포함되어 있었다. 동유럽의 많은 역사학자들은 얄타 회담이 각별한 관심―그리고 맹비난―을 받을 만하다고 주장한다. 왜냐하면 이 해석이 비록 많은 논란거리이기는 하지만, 얄타 회담에서 서구 열강은 스탈린에게 해당 지역에 대한 자유재량권을 부여하는 데에 암묵적으로 동의했기 때문이었다. 적어도 서구 열강은 스탈린의 의도를 잘못 판단했다. 루스벨트는 낙관론의 분위기를 풍기고 있었다. 일반적으로 루스벨트보다는 의심이 많았다는 처칠조차도 얄타 회담 이후에 다음과 같은 유명한 말을 했다. "불쌍한 네빌 체임벌린은 자신이 히틀러를 신뢰할 수 있다고 믿었다. 그는 틀렸다. 그러나 나는 스탈린에 대한 나의 생각이 틀렸다고 생각하지 않는다." 이 회담은 대체로 기만적이기는 했지만 상당한 합의를 이끌어냈다.

그러나 전쟁이 진행되는 동안에도, 연합국들 사이에 중요한 문제를 두고 의견 차이가 커져갔다. 소련은 서구 열강이 1942년과 1943년에 프랑스를 침공하지 않은 것에 대해서 매우 실망했다. 소련 당국은 서구와의 접촉의 중요성 그리고 서구 국가들로부터 받는 엄청난 원조의 중요성에도 불구하고, 계속해서 외부 세계와의 모든 관계를 면밀하게 감시했으며, 소련 내에서의 외국인들의 움직임과 활동을 제한했다. 아마도 더욱 중요한 것은 전후 유럽의 성격에 관한 초기의 어려움과 이견이 분명하게 드러나게 되었다는 사실이었을 것이다. 눈에 띌 정도로 딱 들어맞는 사례는 폴란드가 제공했다. 독일이 소련을 공격한 이후에,

소련 당국은 런던에 있던 폴란드 망명정부와 관계를 수립했다. 그러나 양측의 협조관계는 얼마 지나지 않아 깨지고 말았다. 소련에서 결성된 폴란드군은 이란으로 옮겨가서 영국의 도움을 받게 되었던 반면에, 소련 지도부는 수적으로 더 적은 폴란드 좌익에 의지하게 되었다. 이들 좌익 폴란드인들은 해방된 폴란드에서 궁극적으로 소위 루블린 정부를 조직했다. 독소 조약과 제2차 세계대전의 진행 과정으로 인해서 폴란드에서는 자국에 대한 러시아인들의 태도에 대해서 오래 전부터 있어오던 개탄의 소리가 더욱 높아졌다. 폴란드인들에 대한 러시아의 정책에는 그들 자신의 뿌리 깊은 의구심과 불안감이 반영되었다. 역사적인 기억을 통해서 살펴보면, 특히 이 시기에 발생된 두 가지 암울한 사건이 눈에 띈다. 첫 번째는 스몰렌스크 근처의 카틴 숲에서 수천 명의 폴란드 장교들이 대량 학살당한 사건이었는데, 진격 중이던 독일군은 이 지역을 장악한 이후인 1943년 4월에 독일의 라디오를 통해서 이것을 세계에 발표했다. 런던에 있던 폴란드 정부와 모스크바 사이의 관계를 단절시킨 이 사건의 책임을, 소련 정부는 오랫동안 부인한 이후에야 인정했다. 두 번째로, 적군은 1944년 8월에 비스툴라에 도착했는데도, 강을 건너지 않고 바르샤바에서 독일인들에 대항하여 일어난 봉기를 도와주지 않았다. 그 봉기는 마침내 10월에 진압되었다. 이런 식으로, 소련은 반독일적이기도 하지만 동시에 반소련적이기도 했던 폴란드의 지하운동 세력이 전멸당하는 광경을 바라보기만 했다(비판자들은 이것이 고의라고 주장한다). 일부의 증거 자료는 적군이 물자가 고갈되고 휴식과 재편성이 필요했기 때문에 진격할 수 없었다는 공식적인 설명을 뒷받침해준다. 그러나 소련 당국은 폴란드인들을 돕기 위해서 연합국 비행기가 착륙할 수 있는 활주로마저도 제공하지 않으려고 했다. 이런 배경을 두고서 보면, 얄타 회담은 최종적인 배신행위인 것처럼 보였다. 연합국은 런던의 망명정부의 폴란드인들 중에서 몇몇 대표를 참가시킨 루블린 정부를 인정하는 것에 대해서 얄타에서 합의해주었다. 그뿐만 아니라 그들은 폴란드에서 민주주의적인 정부가 구성되도록 자유선거가 실시되는 데에 동의했다. 그렇지만 이 일을 보장해줄 수 있는 어떤 메커니즘도 존재하지 않았다. 본질적으로, 많은 역사학자들은 얄타에서의 합의가 소련의 희망사항에 대한 서구 측의 항복이라고 주장한다.

소련과 제2차 세계대전 : 평가

소련의 제2차 세계대전 수행 과정은 대비되는 측면을 가지는 아주 흥미로운 그림을 제시한다. 어떤 국가나 체제가 하나의 전쟁에서 그토록 졸렬함과 훌륭함을 동시에 보여준 적은 거의 없었다. 소련군은 독일군을 의도적으로 소련 내부로 유인한다든지 다른 전략적인 계획을 성공적으로 이행하기는커녕, 전쟁이 발발한 초기 몇 달 동안 파국적인 패배를 겪었다. 사실, 러시아인들은 후퇴할 수 있는 영토를 가지고 있었고 더 많은 예비 병력을 가지고 있었다는 점 이외에는, 1년 전에 프랑스인들이 당했던 것만큼 치명적인 타격을 입었다. 게다가 당시에 독일군이 세계 최강이었던 데에 비해서, 소련군은 난국이라고 인정되던 상황을 전혀 최대한 활용하지 못했다. 내전기에 기병 영웅이었던 부데니 원수처럼 몇몇 최고 지휘관들은 차르 시대의 최악의 장군들만큼이나 무능했다. 소련군의 사기도 천차만별이었다. 어떤 부대는 영웅적으로 싸웠으나, 어떤 부대는 항복하기에 급급했다. 독일인들이 사로잡았던 엄청난 수의 포로들은 독일군이 군사적으로 큰 승리를 거두었다는 것뿐만 아니라, 부분적으로는 소련군이 싸울 의지를 가지고 있지 않았다는 것을 입증했다. 훨씬 더 의미심장한 사실은 소련 국민들이 종종 독일인들을 환영했다는 것이다. 이런 일은 최근에 획득되었던 발트 국가들 그리고 우크라이나와 벨라루스의 많은 지역에서 눈에 띄게 두드러졌으나, 스몰렌스크 등지처럼 대러시아인들의 거주지역에서도 발생되었다. 4반세기의 공산주의 통치를 겪은 후에, 많은 소련 국민들은 어떠한 침략자이든지 해방자로 환영했다. 소련군 측의 유격대 이외에도, 반독일 성향을 동시에 가지고 있었던 반소(反蘇) 유격대 운동도 전개되었다. 우크라이나에서 일단의 민족주의자들은 심지어 제2차 세계대전이 종전된 이후 오랫동안 계속해서 공산 통치에 저항했다. 서구의 민주주의 국가들에게는 아주 놀랍게도, 유럽에서 연합국 군대에 의해서 풀려난 수만 명의 소련 시민들은 본국으로 돌아가지 않기 위해서 최선을 다했다.

그러나 소비에트 체제는 살아남았다. 사실 많은 점에서, 특히 포위 상태에 있는 국민으로서의 동질감이 생기게 했고 정부에는 조국의 방어자로서의 정통성의 근원을 제공함으로써, 전쟁은 공산주의 통치를 강화시켰다. 소련군은 엄청난 피해를 입었음에도 불구하고 마침내 독일군을 저지하고 점차로 그들을 밀어낸 결과 독일군을 궤멸시킬 수 있었다. 소련군의 보병, 포병, 기병, 탱크 부대는 제2차 세계대전 중에 거듭 명성을 떨쳤다. 수많은 군인들은 매우 영웅적으로 행동했다. 주코프와 로코솝스키 같은 지휘관들의 이름은 승리와 동의어가 되었다. 정규군 이외에도, 과감하고 결단력 있는 유격대도 침략자들과 사투를 벌였다. 정부는 극히 어려운 조건 속에서도 군대에 보급물자를 보내는 데에 성공했다. 여기서 강조되어야 할 것은 소련의 군수물자는 주로 무기 대여법(Lend-Lease)에 따라서 제공된 차량에 크게 의지했지만, 소련군의 무기는 소련제였다는 점이다. 소련 경제는 중앙집중화된 구조였기 때문에, 재빨리 자원을 동원하고 생산을 전쟁의 필요에 맞출 수 있었다. 공장과 노동자들을 대규모로 동쪽으로 소개(疏開)시킨 일—이것은 조직 측면에서 인상적인 위업이었다—은 소련의 군수 산업을 독일의 수중에서 건져내는 데에 아주 중요했다. 레닌그라드 등지에서 많은 사람들이 기아로 죽기는 했지만, 정부의 통제는 효과적이었고, 국내 전선에서 사기는 꺾이지 않았다. 엄청난 대가를 치르기는 했지만 소련은 결국 사실상 완전한 승리를 거두었다.

이 승리의 원인에 대해서는 많은 설명이 있어왔다. 확실히, 개선된 군 지휘력과 경제 자원의 동원이 중요했다. 그러나 인적 자원의 동원 문제가 훨씬 더 설득력 있는 설명일 것이다. 이 점에서는 나치 자신이 기여했다. 나치가 전쟁에 승리하기 위해서는, 단지 소련 시민들에게 무기를 주고 자신들의 정부와 싸우도록 하면 충분했다는 주장도 있어왔다. 그런데 달린 등의 연구가 기록하고 있는 대로, 나치는 소련 국민들을 경멸적이고도 잔혹한 방식으로 대했다. 나치는 집단농장에서 농민들을 해방시키는 대신에, 콜호스를 자신들의 목적을 위해서 사용할 수 있는 편리한 도구로 보았다. 그들은 300만 명이나 되는 민간인들—러시아인들, 벨라루스인들, 폴란드인들 그리고 특히 우크라이나인들—을 독일에 있는 강제노동 수용소로 보내버렸다. 수백만 명의 유대인들, 집시들, 공산주의자들은 현장에서 처형당하거나, 독일의 집단 처형장으로 보내졌다. 빨치산은 고문을 당했고, 빨치산을 도와주었다는 혐의를 받게 되면 마을 주민 전체가 살해되었다. 전쟁 포로들은 굶주려 죽고, 얼어 죽고, 실험 대상이 되었다. 이런 정책은 단지 실수였던 것은 아니다. 이것은 슬라브계 민족들에 대한 나치의 공식적인 사고방식을 반영했다. 나치가 보기에 그들은 해방되어야 할 인간

"우리의 원수를 갚아주시오!", 1942년. (*Sovetskoe iskusstvo*)

들이 아니라, 더욱 위대한 독일의 이익을 위해서 활용되어야 하는 열등 인간들 (Untermenschen)이었다. 나치 친위대의 지도자인 힘러는 1941년에 행한 다음의 연설에서 이런 관점을 잘 보여주었다. "1만 명의 러시아 여성들이 대전차용 참호를 건설하는 동안에 탈진해서 쓰러진다고 해도, 나의 관심은 오직 대전차용 참호가 독일을 위해서 완공되었느냐 하는 것뿐이다." 그런데 이것은 시작에 불과했다. 나치는 동쪽에서의 전쟁의 목적이 동유럽과 러시아를 식민화하는 것이라고 공언하면서, 그 지역을 조국 독일의 이익에 경제적이며 정치적으로 완전히 예속시킬 뿐만 아니라, "쓸모없는 인종", 특히 유대인들과 집시들을 완전히 전멸시키는 것을 포함하여 수백만 명의 사람들을 박멸할 것이라고 예견했다. 그들의 목표는 소련 사람들을 폭정에서 해방시키는 것은 분명 아니었고, 그들이 스스로를 해방하도록 장려하는 것은 더더욱 아니었다. 역사학자인 신더가 적었듯이, "아우슈비츠는 홀로코스트로 가는 도입부에 불과하고, 홀로코스트는 히틀러의 최종 목적에 대한 하나의 암시일 따름이다." 나치의 행동에서 드러난 이런 계획의 유혈 징후들은 러시아인들이 전쟁 동안 열의를 가지고 싸우는 데에 크게 기여했다.

궁극적으로, 소련의 승리에 결정적인 역할을 한 것은 나치의 공격과 잔혹성에 저항하려는 인민들의 이런 결단이었다고 말할 수 있다. 정부는 약삭빠르게 이 것에 편승하고, 그것을 장려했다. 전쟁 동안의 공식적인 선전은 영웅적 행위, 용기, 희생에 대한 실제 이야기로 가득 채워졌다. 나치의 맹공격이 심해질수록 소련은 이전보다 더욱더 단결하게 되었다고 말할 수 있다. 그러나 전쟁을 위한 노력을 기울인 이후에 소비에트 국민들을 통합시킨 것은 계급투쟁이나 세계혁명이 아니라, 민족, 가정, 가족이었다. 공산주의 정부는 과거 러시아의 민족적 영웅들의 명성과 민족주의의 다양한 매력을 의도적으로 활용했다. 전시의 연설, 언론, 정치 포스터, 문학은 적의 비인간적인 잔혹 행위와 민족(소비에트 인민과 러시아인 모두라고 애매하게 규정되었다) 및 자신의 아내와 아이들의 생명을 방어할 필요성을 매우 강조했다. 그리고 정부는 종교행사에 대해서 양보를 한다거나 집단농장 농민들에게 자신들의 뙈기밭에서 기른 생산물을 시장에 팔 수 있는 자유를 좀더 부여하는 등, 전쟁 노력에 대한 인민들의 지지를 강화하기 위한 실질적인 조치를 취하기도 했다. 그리고 정치 및 사회 분야에서 더 많은 변화가 있을 것이라는 점이 넌지시 약속되기도 했다. 정부는 전쟁이 끝난 후에 생활이 새로워지고 더 나아질 것이라고 말했다. 달리 말하면, 전쟁은 소련 체제가 새로운 애국적 정치 문화를 창출하는 데에 도움을 주었다. 그 의미는 전쟁의 범위를 넘어서는 것이었다. 고통과 투쟁에서 생긴 이런 새로운 연대감은 소련사의 어떤 다른 사건보다도 소련 체제의 정통성 및 심지어 인기를 북돋우는 데에 도움을 주게 되었다. 그러므로 "대조국 전쟁"에 대한 추억은 소련 문화의 항구적인 일부로 남게 되었고, 과거 소련에 대한 향수의 핵심 요소가 되었다는 것은 놀라운 일이 아니다. 그러나 나치의 위협으로부터 소련을 해방하기 위해서 대중의 지원을 동원한 것은 정치적인 위험도 수반했다. 살펴보겠지만, 체제가 전쟁 동안 변했다는 기대 그리고 사람들이 자신들의 희생에 대해서 보상받을 것이라는 것에 대한 실망감은 새로운 불만을 키우게 되었다.

제39장

스탈린의 마지막 10년(1945-1953)

스탈린! 공산주의를 건설한 수백만 명의 사람들에게 이보다 더 가깝고, 더 소중한 이름은 결코 없다.

스탈린! 용맹스러운 소비에트 군대에 의해서 파시스트의 족쇄로부터 해방되어 지금은 행복하게 사회주의의 기초를 놓고 있는, 인민 민주주의 체제에 속한 수백만 명의 노동자들에게 이보다 더 존경받고 존중받는 이름은 결코 없다.

스탈린! 전 세계의 모든 평범한 남녀들, 자유와 진정한 민주주의를 마음속에 품고 있는 모든 사람들, 전쟁을 혐오하고 지속적이고도 항구적인 평화를 꿈꾸는 모든 사람들은 이제 희망을 가지고 그에게로 눈을 돌리고 있다.　　　　—폴레보이(1950)

우리는 문학 업무의 지도자이자 작가인 우리의 동무들이 소비에트의 질서와 정치의 활력에 의해서 지도될 것을 요구한다. 그렇게 함으로써만 우리의 젊은이들은 무사태평한 태도나 이데올로기적인 무관심의 정신 속에서가 아니라, 강력하고 활기찬 정신 속에서 양육될 수 있다.　　　　—즈다노프

성냥은 그것을 생산한 공장 때문에 수치심에 겨워서 불타버릴 준비가 되어 있었으나, 불이 붙지 않았다.　　　　—풍자잡지 크로코딜(*Krokodil*)」

소련은 제2차 세계대전으로 인해서 엄청난 인명 손실과 물질적인 피해를 입었다. 군인들 수백만 명이 사망했을 뿐만 아니라, 수백만 명의 민간인들이 이리저리 바뀌던 전투지역과 독일 점령 영토에서 목숨을 잃었다. 학자들은 전쟁 때문

에 사망한 사람들의 수에 대해서 계속 논쟁을 벌이고 있다. 새롭게 이용 가능한 기록관 자료와 인구 통계학적인 조사에 기반을 두고 산출된 가장 최근의 수치는 대략 2,500만 명으로 추산되는데, 그중에는 군인 사망자보다 민간인 사망자가 더 많다. 소련 시민들은 종종 끔찍스러운 환경 속에서, 독일에서는 노예 같은 노동자로서, 전쟁 포로로서, 그리고 나치의 강제 수용소에서 죽어갔다. 유격대 활동은 주민들을 대상으로 한 무시무시한 보복을 가져왔다. 제1차 세계대전과는 대조적으로, 제2차 세계대전 시기에 자행된 잔혹 행위에 대한 이야기는 대부분 사실이었다. 히틀러가 동부에서 벌인 전쟁은 합병과 전멸—대부분 악명 높은 특무 부대(Einsatzgruppen)에 의해서 자행되었다—전쟁이었기 때문에, 대량 총살과 집단 처형장으로 대규모로 보내버리는 일은 흔하게 일어났다. 우크라이나와 러시아의 인구를 줄이려는 나치의 전체적인 목표로 살인과 같은 잔인한 일들이 장려되기는 했지만, 특히 유대인들, 집시들, 공산주의자들 같은 특수한 집단은 전멸의 대상이었다. 사망자 수에는 1940년대에 태어나지 못한 어린이들 몫인 또다른 2,000만 명이 추가될 수도 있을 것이다. 강제노동 수용소에서의 대부분의 사망자는 전쟁으로부터 야기된 조건에 기인했다고 주장될 수도 있다. 그러나 학자들은 전쟁 사망자 수를 계산하는 복잡한 노력을 기울이면서, 스탈린의 강제노동 수용소의 상황도 정상적인 경우보다 높은 사망률을 기록하는데에 기여했다는 점을 지적했다. 전쟁 초에 살아 있던 사람들 중에서, 전쟁 말에는 거의 다섯 명의 한 명 꼴로 사망한 셈이었다. 많은 생존자들은 신체적으로 불구가 되거나 정신적으로 상처를 입었다. 모든 것을 종합해보면, 전쟁은 비극적인 인적 손실의 시기였다.

물질적인 손실도 마찬가지로 엄청났다. 전투로 인한 파괴 이외에도, 국토의 많은 지역이 후퇴하는 적군 혹은 철수하는 독일인들의 손에—종종 한 번 이상—폐허로 변했다. 적군은 적에게 군사적으로 가치가 있을 수 있는 모든 것을 파괴하는 초토화 정책을 따랐다. 나치는 소련 영토를 어쩔 수 없이 떠나야 하는 경우에는 모든 것을 파괴하려고 했고, 종종 그런 일을 놀랍도록 철저하게 수행했다. 예를 들면 그들은 탄광을 물에 잠기게 했고 파괴했으며, 철로를 폭파하는 특별한 도구를 개발했다. 소련의 많은 지역은 완전히 버려진 땅이 되었다. 학자들은 파괴의 정도를 측정하는 방법에 대해서 논쟁을 벌이고 있지만, 전체적인 그림은 분명하다. 수천 개의 소도시와 마을이 사라졌다. 수천 개의 공장, 학교, 도서관을 비롯하여 수백만 동의 건물이 파괴되었다. 소련 경제는 수천 대의 트랙터와 콤바인을 잃었고, 수백만 두의 말, 소, 돼지, 양, 염소를 잃었다. 소련은 점령당한 지역에서는 재생산 가능한 자산의 약 3분의 2를, 소련 전체로 볼 때는 재생산 가능한 자산의 4분의 1을 잃어버린 것으로 보인다.

전쟁은 다른 측면에서도 소비에트 러시아에 영향을 미쳤다. 그것은 애국심과 민족주의를 크게 강화했다. 공산주의 정부 자체는 국민들로부터 최대의 노력과 희생을 동원하기 위해서 모든 방법을 다 사용하여 그런 분위기를 고취했다. 내전기 이후에 소련의 뒤쪽으로 물러나 있던 군대는 새로운 명성과 위신을 획득했다. 이미 언급된 대로, 종교는 당국이 보여준 좀더 관용적인 태도로부터 이득을 얻었다. 그뿐만 아니라 독일 점령지역에서는 놀라울 정도의 종교적 부흥이 일어났다. 소비에트 정부는 국민들에 대한 통제를 유지했지만, 어떤 측면에서는 철권 통치를 다소 완화했다. 많은 소련 시민들은 전쟁 전보다 자유롭다고 느끼고 있었던 것 같다. 특히 일부 집단농장은 간단히 해체되었고, 농민들은 토지를 분할해서 개별적으로 경작했다. 전반적으로 전쟁 동안에 통제가 약화되고 식량 수요는 크게 늘었기 때문에, 농민들의 지위는 향상되었다. 독일의 점령지역에 있던 사람들은 집단농장을 즉각 해체했다. 그러나 나치는 농민들을 통제하고 농산물을 얻기에 유용한 도구로서 집단농장을 나중에 부분적으로 복구시켰다. 그리고 전쟁은 서구 동맹국들과 긴밀하고도 우호적인 관계를 맺도록 했고, 소련 및 비소련 세계 사이의 광범한 접촉이 불가피하도록 만들었다. 게다가 수백만 명의 소련 시민들, 전쟁 포로들, 추방자들, 도망자들, 승리한 적군 군인들은 소련 국경 바깥의 생활을 처음으로 보게 되었다. 발트 국가들, 폴란드 동부, 베사라비아, 부코비나 북부에 살면서 비공산주의 체제와 다른 상황하에서 자란 또다른 수백만 명의 주민들은 소련에 통합되었다.

제2차 세계대전의 또다른 명확한 결과는 세계에서 소련의 지위와 중요성이 크게 신장되었다는 점이다. 소련은 그리스를 제외한 동유럽과 중유럽의 많은 부분을 장악했다. 소련은 연합국의 원정 부대를 차단함으로써, 대륙 전체에서 소련의 군사적인 경쟁자는 하나도 없게 되었다. 독소 조약과 서구에서의 히틀러의 승리로 최저점에 다다랐던 국제 공산주의 운동은 진정한 르네상스를 경험하고 있었다. 독일이 소련을 공격한 이후에, 공산주의자들은 수많은 레지스탕스 운동에서 중요한 역할을 맡았고, 프랑스와 이탈리아와 같은 중요한 서구 국가를 포함한 많은 유럽 국가에서 커다란 정치 세력으로 부상했다. 독일과 일본이 완전히 패배해서 무조건 항복을 했고, 이탈리아는 그보다 앞서 패배했으며, 프랑스는 붕괴된 상태에서 세계에서 소련의 야망을 저지할 수 있는 주요 세력은 기진맥진한 상태였던 영국과 미국뿐이었다.

어떤 의미에서, 스탈린과 정치국은 아주 힘겨운 전후 정책을 수립해야 했다. 그들은 소련을 재건해야 했고, 산업 및 전반적인 경제적 발전을 지속해야 했다. 그들은 다루기 힘든 농민들에게 충분한 정도의 사회주의 정책을 다시 부과해야 했으며, 종교와 민족주의와 같은 비마르크스주의적인 영감과 믿음의 원천을 면밀히 감시하고 통제해야 했다. 그들은 비소련 세계로부터 자신들에게 전해진 "오염"과 싸워야 했으며, 새롭게 획득한 영토의 주민들을 포함한 모든 국민들을 훌륭한 소비에트 시민으로 만들어야 했다. 그들은 군대에 대해서도 완전한 통제력을 유지해야 했다. 그들은 소련의 새로운 입지 및 전후 세계에서 소련과 국제 공산주의에 열린 새롭고도 광범한 기회를 활용해야 했다. 1945년부터 1953년 봄에 스탈린이 사망할 때까지 국내와 국외에서 이루어진 소련 정치의 발전 과정에 대해서 놀랐던 수많은 관찰자들은 대부분 스탈린과 소비에트 체제의 성격을 이해하지 못했거나, 제2차 세계대전 동안에 스탈린과 소련 체제가 근본적인 변화를 겪었다고 믿었던 사람들이다.

재건과 경제 발전

전쟁의 피해를 복구하고 경제 발전을 다시 시작하기 위해서 스탈린과 정치국은 특유의 5개년 계획과 사실상 그것의 후속 계획에 의지했다. 1946년부터 1950년까지 지속되었으며 4년 3개월 만에 초과 달성되었다고 발표된 제4차 5개년 계획은 앞선 계획들과 같은 골격으로 짜였다. 그것은 총투자의 약 85퍼센트를 중공업에 투자해서, 특히 석탄, 전력, 철, 강철, 목재, 시멘트, 농업 기계, 트럭 등의 생산에 역점을 두었다. 노동자와 피고용인의 총수는 1940년에 3,100만 명에서 1943년에 1,900만 명으로 줄어들었으므로, 1,000만 명 이상의 인력이 동원 해제되어 추가적으로 필요한 인력을 제공했다. 독일인들이 떠나자마자 황폐한 도시와 농촌에 대한 재건축 사업은 계획이 개시됨으로써 탄력을 얻었다. 그러나 제4차 5개년 계획은 복구하는 것 이상을 목표로 했다. 러시아의 산업, 특히 중공업은 새로운 단계의 생산을 해내도록 계획되었고, 노동자 1인당 투입자본이 약 50퍼센트 증가된 데에 기반을 두고 노동생산성은 36퍼센트 증가되어야 했다. 항상 그랬듯이, 소련 국민들이 열심히 일하도록 강제하기 위해서 온갖 노력이 경주되었다. 1947년 12월에 실시된 재정 개혁에 의해서 소련 시민들이 새로운 화폐를 10대 1의 비율로 교환하도록 함으로써, 전시의 저축액은 사실상 완전히 없어지게 되었다. 도급제와 상여금 제도가 더욱 중요해졌다. 비록 배급제와 다른 몇몇 배급 형태가 동시에 철폐됨으로써 소비자의 어려움이 약간 완화되기는 했지만, 공식적인 소매가는 인상되었다. 외국의 경제학자들은 주로 아주 빈곤한 집단을 희생하여 도시민들 내에서 실질수입이 재분배되었던 점만이 아니라, 도시의 생활수준이 어느 정도 개선되었던 점을 주목했다.

제4차 5개년 계획은 패전한 독일과 독일의 동맹국들로부터 거두어들인 배상금과 그 외의 지불금으로부터 큰 힘을 얻었다. 예를 들면, 1947년에 소련 수입품의 4분의 3은 동유럽과 독일의 소련 관할 구역, 즉 적군의 지배하에 있던 지역에서 들여왔다. 배상금, 특히 특혜국 교역 규정 및 해당 국가에 주둔하고 있는 적군 부대의 지원을 위해서 여러 나라가 지불한 자원뿐만 아니라, 다른 경제적 합의를 포함하여 소련의 "정치적" 수입의 총액은 200억 달러 이상이나 되는 엄청난 수치라고 추정되어왔다. 배상의 일부는 공장 전체가 해체되어, 소련으로 운송되어 그곳에서 다시 조립되는 형태로 이루어졌다.

종종 낮은 질의 생산품, 목표 미달과 과잉생산(사용될 수 없는 재료들), 수치상의 목표만 충족시켰을 따름이고 소용은 없었던 생산물 등 불균등한 결과를 보여주기는 했지만, 궁극적으로 제4차 계획은 이전의 5개년 계획들과 마찬가지로 공업 부문에서 성공이라고 간주될 수 있었다. 우크라이나와 다른 서쪽 지역에 공장이 재건설되고 심지어 확대되기는 했지만, 제4차 계획에 의해서 산업이 동쪽으로 이동됨으로써, 동쪽 지역은 전쟁 전과 비교해서 상대적으로 경제적인 중요성이 커졌다. 소련은 자원을 동원함으로써 앞선 세 차례의 5개년 계획의 특징인 고도의 연평균 공업 성장률을 제4차 5개년 계획과 제5차 5개년 계획 동안 유지해나갈 수 있었는데, 서구의 경제학자들은 연평균 성장률을 약 12퍼센트에서 14퍼센트로 추산한다. 이 수치는 1940년대 후반에는 좀더 높았고, 1950년대 초반에는 좀 낮은 것이었다. 제5차 5개년 계획은 1951년부터 1955년까지 지속되었고, 그리하여 스탈린 통치 이후까지 계속되었다. 그 계획은 성격과 성과 면에서 모든 다른 계획들과 유사했으며, 항공, 군수 산업 그리고 원자력 에너지처럼 복합 산업 분야에서 커다란 진전을 이루어낸 것 같다. 그 계획에서 완성된 프로젝트에는 볼가-돈 강 운하가 포함되어 있었다.

보통 그랬던 것처럼 농업은 5개년 계획의 핵심적인 부분이었고, 이 분야에서 계획을 성공적으로 이루어내기가 특별히 어려웠다는 점도 보통 때와 마찬가지였다. 반복하면, 전쟁은 광범위한 파괴를 가져왔고, 그로 인해서 이미 공급량이 부족했던 가축의 수는 더욱 급격하게 감소되었다. 동시에 많은 콜호스에서는 규율이 무너져서, 농장원들이 토지를 분할하고 개별적으로 경작거나, 적어도 집단농장 소유지를 희생하여 자신의 사유지를 확대하기도 했다. 그렇지만 규율은 곧 회복되었다. 1947년 9월 1일까지는, 허용된 기준을 초과한 약 1,400만 에이커의 땅이 집단농장원들의 사유지에서 환수되었다. 게다가 정치국과 정부는 궁극적으로 농민들을 훌륭한 사회주의자로 변모시킨다는 목표를 가지고 공세를 새롭게 강화해나갔다. 이 일은 집단농장의 규모를 크게 확대함으로써—그럼으로써 집단농장의 수를 줄이게 되었다—그리고 동시에 더 이상의 기계화와 분업에 유리하도록 집단농장 내의 작업반의 규모를 늘림으로써 시행될 예정이었다. 전후 소련 농업의 지도자 중의 한 사람으로 부각된 흐루쇼프는 진정한 농업도시인 아그로고로다(agrogoroda)에 농민들을 집단 거주하도록 하는 것에 대해서까지 말하면서, 그런 농업도시가 농촌의 특징인 노동 분산, 고립, 후진성을 단번에 제거해줄 것이라고 했다. 그러나 아그로고로다는 비현실적이거나, 적어도 시기상조라는 것이 밝혀졌다. 그러나 당국은 약 25만 개소의 콜호스를 규모가 보다 큰 10만 개소 이하의 단위로 통합하는 조치를 행했다. 이런 온갖 노력에도 불구하고—일부 적대적인 비평가들은 소련 농업의 실패가 주로 이런 노력 때문이라고 믿고 있다—농민들은 소련 지도자들의 요구 사항을 충족시키지 못했고, 불충분한 농업 생산은 스탈린 사후에 흐루쇼프가 사실상 인정했듯이 소련 경제의 주요 취약점으로 남게 되었다.

행정, 정치, 통제

이미 언급되었듯이, 소련은 독소 불가침조약이 유효한 기간에 다섯 개의 새로운 공화국을 획득했다. 독일이 소련을 침공했을 때 그런 공화국들은 다른 많은 영토와 함께 빼앗겼다가, 적군이 서쪽으로 진격하면서 되찾았다. 5개의 소비에트 사회주의 공화국, 즉 에스토니아, 라트비아, 리투아니아, 카렐로-핀, 몰다비아가 편입됨으로써, 소련을 구성하는 공화국의 수는 총 16개가 되었다. 그러나 1956년 7월에 카렐로-핀 소비에트 사회주의 공화국은 전쟁 이전처럼 러시아 소비에트 연방 사회주의 공화국(RSFSR) 내의 자치 공화국으로 격하됨으로써, 소련의 공화국 수는 15개로 줄어들었다. 카렐로-핀 공화국은 일부의 오래된 소련 땅과 1940년과 1944년에 핀란드로부터 획득한 영토로 구성되어 있었는데, 핀란드 문화와 민족성의 표현 때문에 연방을 구성하는 공화국에서 탈락했다. 특히 주민들이 핀란드로 이주하느냐 머물러 있느냐의 선택권을 가졌을 때, 소련이 핀란드로부터 합병한 지역에 머물려고 한 사람은 사실상 아무도 없었다. 그러므로 그곳을 격하한다는 결정은 그 지역을 훨씬 더 효과적으로 러시아화하려는 바람과 결합되었을 수는 있겠지만, 논리적인 것 같았다. 제2차 세계대전의 결과로 연방 공화국의 수는 늘어난 반면에, 자치 공화국의 수는 줄어들었다. 자치 공화국 중 5개, 즉 볼가-독일 자치 공화국과 크림 반도와 캅카스 북부와 그 인접지역에 있던 4개의 자치 공화국은 독일인들에게 동조하거나 그들을 도와주었다는 이유로 해체되었고, 그곳의 주민들은 먼 지역으로 강제 이주를 당했다.

이런 일이 시사하고 있듯이, 소련은 폭넓은 다양성 가운데서도 순응과 통제를 추구했기 때문에—이것은 오래 전부터의 편견 그리고 심지어 민족적 및 종족적 차이에 대한 편집증과 결합되었다—전쟁 동안이나 전쟁 이후에 몇몇 소련 소수민족들에 대해서 특히 잔인할 정도의 정책을 폈다. 이미 1930년대에 "민족 작전"을 통해서 민족주의라고 주장하는 것을 뿌리 뽑기 위해서, 폴란드인들, 독일인들, 핀란드인들, 카자크들, 한인(韓人)들이 박해받았다. 전쟁 동안에 나치에 동조하거나 협력한 혐의를 받은 많은 집단은 내무 인민위원회에 의해서 시베리아나 중앙 아시아로 갑작스럽게 대규모로 추방당했다. 여기에는 볼가 유역에 살던 독일계 소련인들, 캅카스 북부에 살던 체첸인들과 인구시인들, 크림 반도의 타타르인들, 칼미크인들, 그루지야 등에 살던 메스케티안 투르크인들 등이 포함되었다. 이렇게 강제 이동되는 중에 많은 사람들이 사망했다. 비록 추방된 민족들은 스탈린 사후에 보통 자신의 고향 땅으로 귀환하도록 허락받았지만, 억울한 감정과 혼란은 오랫동안 사라지지 않았다. 새롭게 통합된 이런 지역들을 소련 체제에 빠르게 동화시키는 것이 목표였기 때문에, 이런 곳에서는 특수한 폭력 사태가 발생되었다. 1940년에 이 지역들은 점령당했다가 적군이 진격하여 다시 탈환되자, 그 이후에는 추방, 체포, 처형이 뒤따랐다. 지식인들, 장교들, 정부 관리들, 지주들, 성직자들이 특별히 목표가 되었다. 스탈린 말기에는 소련의 강제노동 수용소는 초만원을 이루었다. 동시에, 전쟁 중에는 혐의가 없다고 판정된 민족들은 종종 회유의 대상이 되었다. 민족 단위의 행정조직이 설치되었고, 소련의 모든 민족들의 통합이 강조되었으며, 민족 종교와 토착 종교가 더 많은 자유를 허락받았다. 반면에 전쟁 도중과 특히 전쟁 이후에, 러시아 민족의 지도력과 기여는 집요할 정도로 강조되었다.

이 기간에 정치제도는 거의 바뀌지 않았다. 연방 차원의 선거는 1937년 이래로 1946년에 처음으로, 그리고 1950년에 다시 실시되었다. 물론 새로 구성된 최고 소비에트는 스탈린과 정부의 거수기 이상의 역할을 하지 못했다. 공화국 및 다른 지방 단위의 선거도 실시되었다. 공무원을 위한 최소 연령은 18세에서 23세로 상향 조정되었다. 1946년에 인민위원회는 장관부서(ministerstvo)가 되었다. 보다 중요한 점은 장관부서의 수가 전후에 줄어들었고, 모스크바에 더욱 강력하게 집중되었다는 사실이다. 스탈린은 사망 직전에 당 최고행정 분야에서 중요한 의미를 내포하고 있는 변화를 도입했다. 즉, 조직국뿐만 아니라 정치국이 폐지되고 간부회의로 대체되었다. 간부회의는 11번째의 정치국원은 탈락시킨 채 10명의 정치국원과 또다른 15명의 고위 소비에트 지도자들로 구성되었다. 그러나 스탈린은 간부회의를 소집하지도 않은 채 사망했다. 그 이후에 간부회의의 구성원은 10명으로 줄어들었으며, 기구의 명칭만 정치국과 달랐을 따름이었고 심지어 흐루쇼프가 실각한 이후에는 명칭조차도 정치국으로 되돌아갔다.

그리고 전후 시기에는 이데올로기와 문화 분야에서 공산주의의 정통 이론은 공격적으로 다시 강조되었다. 이 주제에 대해서는 나중의 장에 좀더 자세히 설명되겠지만, 여기에서는 학문, 문학, 예술이 전부 당의 엄격한 통제로 고통을 겪었다는 점이 언급될 수 있다. 게다가 정치국원으로서, 끔찍한 포위 시기에 레닌그라드 당 수장으로 있으면서 정통 이론을 회복하기 위한 캠페인을 주도했던 즈다노프는 1946년부터 1948년 8월에 급사할 때까지 스탈린의 가장 유망한 대리자로 부상했다. 그의 죽음—일부 전문가들의 견해에 따르면, 스탈린이 기획한 것이다—은 후계 문제를 또다시 미해결 상태로 남겨놓았다. 연로한 독재자는 말년에 몰로토프, 보로실로프 원수, 카가노비치, 미코얀 등 자신의 오랜 동료들이자 생존한 몇몇 나이 많은 지도자들, 그리고 대숙청 이후에 두각을 나타낸 몇 사람의 젊은 사람들, 특히 베리야, 흐루쇼프, 말렌코프 등에 둘러싸여 있었다. 특히 말렌코프는 꾸준히 위상을 높여가면서 스탈린의 가장 유력한 후계자로 떠오르고 있는 것 같았다.

대외정책

스탈린 통치의 마지막 10년 동안에는 소련의 외교정책에서 매우 중요한 발전이 이루어졌다. 전후의 중요한 사건들로는 동유럽에서 소련의 영향력이 확대된 일, 소련과 서구 동맹국들 사이에 전시에 맺었던 협력관계가 붕괴된 일, 소련과 미국에 의해서 각각 주도되던 공산주의 블록과 반공산주의 블록으로 세계가 양극화된 일 등이 있었다. 학자들은 "냉전"의 원인에 대해서 많은 논쟁을 벌여왔다. 많은 학자들은 주로 소련 측에 책임을 물어왔다. 소련이 서구와의 교섭에서 까다로운 태도를 가졌다는 점, 자국의 블록을 확대하기 위해서 할 수 있는 모든 일을 했다는 점(여기에는 서구에서 본 대로, 동유럽에서 자유와 민주주의적인 선거를 하게 한다는 약속을 지키지 않은 점도 포함되어 있다), 전 세계의 공산주의 운동으로부터 지지를 받았다는 점 등은 소련 공산주의의 본질 및 새로운 기회로부터 필연적으로 뒤따라온 결과였다. 다른 학자들은 서구, 특히 미국에서 뿌리 깊은 반공주의의 전통이 있었음을 지적하면서, 전후 세계에서 미국 자신이 주도적인 역할을 하려는 야망을 가지고 있었다는 것을 지적해왔다. 이와 관련된 주장에서는 소련이 서구, 특히 미국이 전후에 가지고 있던 의도에 대해서 불안감을 가지고 있었다는 것이 강조된다. 소련은 특히 자본주의적인 서구(서구는 당연히 공산주의에 적대적이었고, 미국이 손에 넣은 원자무기를 가지고 전쟁 이후에 유리한 입지를 확보했다)가 전쟁 이후에 소련의 경제적 취약점을 이용할 것이라고 우려했다. 스탈린은 러시아가 대규모의 새로운 공격을 견뎌낼 준비가 아직 되지 않았다는 것을 이해하고 있었다. 자본주의적인 서구에 대항하여 소련의 권력을 방어하기 위해서, 소련은 서구 국경에 있는 공산주의 동맹국들을 필요로 했으며, 강하다는 이미지(적군이 동유럽에서 가능한 모든 것을 보여주었을 뿐만 아니라, 러시아의 실제 상황에 대한 정보를 가능한 한 숨기기 위해서 장벽을 세우는 것도 요구되었다)를 보여줄 필요가 있었다고 주장된다. 러시아와 서구 사이의 전후의 단절은 단기적인 고려사항으로부터도 설명될 수 있다. 소련 지도자들 역시 전후 시기에 대한 준비를 거의 하지 않고 있었다. 그들은 준비라고 해봐야 독일이 항구적으로 해를 끼치지 못하도록 만든다는 목표에만 집중했다. 동유럽에 대한 소련의 전면적인 확대는 적어도 부분적으로는 특별한 상황 때문에 발생되었다. 즉, 서구 측 군대의 급속한 철수와 동원 해제, 동유럽 국가들에서 자유선거가 실시되면 반소비에트적인 정부가 들어설 가능성이 농후하다는 사실, 소련 지도부 내의 좀더 활동주의적인 집단의 강한 요구뿐만 아니라 지역 공산주의자들로부터 오는 압력 등이 바로 그런 특별한 상황이라고 할 수 있다.

소련과 연합국들은 독일을 분할 통치한다는 합의를 실행에 옮기고, 1946년에 나치의 고위 지도자들을 뉘른베르크에서 열린 국제 재판소에 세우는 일까지 충분히 오랫동안 협조했다. 그리고 1947년 2월에 전승국들은 이탈리아, 루마니아, 불가리아, 헝가리, 핀란드와의 강화조약에 서명했다. 소련은 핀란드의 포르칼라 기지의 조차를 포함해서 루마니아와 핀란드로부터 획득한 영토를 확인받았고, 거액의 배상금도 받았다. 소련은 획득된 영토의 아귀를 맞추기 위해서 1945년에는 우호적인 체코슬로바키아로부터 소위 카르파토-루테니아 지역을 얻어냈다. 그 지역의 대부분의 주민들은 우크라이나어를 말했지만, 키예프 루시 시대 이래로 어떤 러시아 국가와도 관계를 맺고 있지 않았었다.

그러나 대체로 소련과 서구 열강 사이의 협조관계는 급속히 그리고 결정적으로 붕괴되었다. 원자력 에너지에 대한 국제적인 통제에 대한 합의는 전혀 이루어질 수 없었고, 소련은 1946년에 국제연합에 의해서 창설된 원자력 에너지 위원회(the Atomic Energy Commission)에 참가하기를 거절했다. 같은 해에 소련 정부가 영국과 미국의 사례를 따르지 않고 종전 이후에도 페르시아 혹은 이란으로

"위대한 스탈린의 지도 아래—공산주의를 향하여", 1951년. "인민들의 아버지"인 스탈린은 다양한 소련 구성 민족들의 대표들과 함께, 거대한 운하 건설 계획과 수력발전소 프로젝트를 보여주는 지도 앞에 서 있다. (*Victoria Bonnell*)

부터 군대를 철수하기를 거부하면서, 그 나라로부터 중대한 이권을 얻어내려고 함으로써 심각한 위기가 초래되었다. 서구로부터 압력이 가해지고 국제연합에서 그 문제에 대한 토의가 이루어진 결과로 소련 군대는 마침내 이란을 떠났지만, 이전의 연합국들 사이의 적개심은 점차 분명하게 드러났다.

공산주의자들이 동유럽을 장악한 것은 세계가 대립적인 양대 진영으로 분할하는 데에 아주 크게 기여했다. 그 과정에서 발생된 세부 사항은 국가마다 상이했지만, 모든 경우의 마지막 결과는 소련에 협조적이고 소련에 의해서 지배되는 공산주의 체제가 확고히 자리잡았다는 사실이다. 같은 일은 동독에서도 일어났다. 오직 그리스와 핀란드만 공산주의의 통치를 피할 수 있었다. 해방된 그리스는 소련이 아니라 영국의 영향권 아래에 들어갔으며, 영국과 미국의 지원을 받은 정부는 공산주의자들이 이끄는 좌파와 벌인 격렬한 내전에서 승리할 수 있었다. 핀란드가 독립국가로 살아남았던 사실은 수수께끼로 남아 있다. 모스크바 측은 처음에 종전 직후에 핀란드 정부에서 현저한 역할을 담당했던 핀란드 공산주의자들의 힘을 과대평가했을 가능성이 있다. 그런데 핀란드의 공산주의자들이 권력 장악에 실패한 이후에, 소련은 급변하던 국제정세 속에서 무리한 처리를 하지 않기로 결정했을 수 있다. 특히 소련은 아마도 스웨덴을 소련의 적대 진영으로 내몰고 싶지 않았을 것이다. 마찬가지로, 전쟁 이후의 몇 년 동안 아주 부각된—소련으로부터 아주 멀리 떨어져 있는—프랑스와 이탈리아의 거대하고 강력한 공산주의 및 그와 연합된 정당들은 연립정부에서 축출되어, 주로 방해 활동에만 주력하는 반대파의 역할에만 스스로를 한정해야 했다.

유럽에서는 적군이 점령한 국가에서만 공산주의가 승리했다고 종종 언급되어 왔는데, 이 점은 유념할 만한 가치가 있다. 그러나 모든 경우가 다 그랬다고 말할 수는 없다. 예를 들면, 폴란드에서는 토착 공산주의자들이 아주 약했던 반면에, 유고슬라비아와 알바니아에서는 공산주의자들이 추축국에 대항해서 레지스탕스 운동을 주도했으며, 전쟁 막바지 무렵에는 주도권을 장악했다(강력한 토착 공산주의 운동으로 인해서 이런 나라들, 특히 유고슬라비아를 통제하는 것은 아주 어려워지기도 했다). 아마도 더 중요한 점은 소련이 항상 해당 지역의 당원들에게 의지했던 반면에, 적군은 최종적인 분쟁을 대비해서 남겨두었다는 점일 것이다. 보통 파시스트들뿐만 아니라 군주제하의 군주들과 일반적으로 상층계급을 포함한 "반동" 분자들은 정치생활로부터 축출당했고, "진보적인" 인사들이 "통일전선(united front)"을 이루어 국가를 통치하게 되었다. 단순히 "공산당"이 아니라 "노동당" 혹은 "사회주의 통합당"으로 알려질 수도 있었지만, 그다음으로 공산주의자들은 사실상—형태적으로 항상 그렇지는 않았지만—일당독재를 구축하기 위해서, 통일전선 내에 있는 우호 정당들을 파괴하거나 적어도 약화시키고 무력화시켰다. 볼셰비키가 사회혁명당이라는 가장 위협적인 라이벌을 만났던 것처럼, 동유럽의 공산주의자들은 농민 정당과의 관계에서 가장 많은 어려움을 겪었다는 점을 언급할 필요가 있다. 폴란드와 헝가리 같은 가톨릭 국가들에서 공산주의자들은 교회로부터도 강하고 끈질긴 반대를 경험했다. 체코슬로바키아에서는 공산주의자들의 권력 장악이 1948년이라는 늦은 시점에 이루어졌고, 대중적인 지지를 받았으며 소련과 우호적인 관계를 유지했던 베네시 대통령이 이끌던 체제를 제거했다는 점에서, 비공산 세계에 특히 충격적이었다. 동유럽의 새로운 공산당 정부는 스스로를 "인민 민주주의"라고 선포했다. 이 정부들은 소련의 지도를 따라서 경제 계획을 도입하고, 산업화와 농업 집단화를 실시했고,—그러나 때때로 점진적으로—문화를 포함한 생활의 모든 부문을 세세하게 규제했다. 그리고 소련에서와 마찬가지로, 정치경찰이 사회 변혁과 통제에서 핵심적인 역할을 맡았다. 이 국가들의 학자들은 폴란드라는 현저한 예외가 있기는 하지만, 공산주의하의 동유럽 대부분 국가들에 대해서는 나치 독일에 의한 점령보다 모스크바의 점령이 더 가혹했다고 강력하게 주장한다.

처칠은 현직에서 물러났을 때, 서구 정치인으로는 최초로 동유럽에서의 공산주의의 영향력이 가진 위험에 대해서 공개적으로 거론했다. 그는 1946년 3월에 미주리 주의 풀턴에 있는 웨스트민스터 대학에서 행한 연설에서 "소련의 영향권"과 유럽의 나머지 지역이 "철의 장막"으로 분리되고 있다고 말했다. 미국의 대외정책은 전 지구의 분할과 "냉전(cold war)"—이 용어는 이 무렵에 미국에서 사용되기 시작했다—이라는 견해를 반영했다. 트루먼 대통령은 다음 해에도 소련과의 교섭이 아무런 결과를 가져오지 못하자, 공산주의 국가로부터 직간접적으로 독립이 위협당하고 있던 그리스와 터키에 대한 군사적 및 경제적 원조를 제공하기 위한 기금을 마련할 것을 의회에 호소했다. 이런 정책은 트루먼 독트린으로 알려졌다. 1947년 6월에는 전쟁으로 폐허가 된 유럽 국가들의 경제 재건에 도움을 주기 위해서 마셜 플랜이 도입되었다. 소련과 그 위성국들이 참여하지 않으려고 했기 때문에, 그 계획은 서구 진영을 묶는 강력한 끈이 되었다. 그다음으로, 1949년에는 미국, 영국, 캐나다, 프랑스, 벨기에, 네덜란드, 룩셈부르크, 노르웨이, 덴마크, 아이슬란드, 이탈리아, 포르투갈 등 12개 서구 국가들이 침략에 대항한 상호원조를 목적으로 한 대서양방어조약(Atlantic Defense Pact)에 서명했다. 그 결과, 상설기구인 북대서양 조약기구(NATO, North Atlantic Treaty Organization)와 예하 군대가 아이젠하워 장군 휘하에 창설되었다. 1949년에는 전 세계의 미국 우방국들을 돕기 위해서 미국 의회는 포괄적인 상호방어원조 프로그램(Mutual Defense Assistance Program)을 통과시켰다. 미국과 여타 국가들은 이런 협정과 소련을 둘러싼 수많은 군사 기지를 가지고, 소련의 위협에 대처하기 위해서 준비했다.

공산 진영도 조직되었다. 1947년에 코민포름(Cominform)이라고 알려진 공산당정보국(Communist Information Bureau)은 1943년에 해체된 코민테른을 대체했다. 코민포름은 소련, 동유럽, 프랑스, 이탈리아의 공산주의 정당들을 결속시킴으로써, 유럽에 있는 공산주의자들의 노력을 더욱 효율적으로 조정하는 것을 목표로 했다. 소련의 정당을 대표했던 즈다노프는 그 조직에 명백히 전투적인 분위기를 만들어놓았다. 그러나 1948년 여름에 위성국들의 지지를 받던 소련과 유고슬라비아 사이에 균열이 발생함으로써 공산주의자들 사이의 협력은 커다란 타격을 입었다. 티토는 자국에 대해서 완전한 통제권을 보유하려고 했고, 소비에트 진영의 경제 계획과 여타 계획에 따라 유고슬라비아에 부과되는 역할에 대해서 분개하고 있었기 때문에 스탈린에게 도전하는 길을 선택했다. 그는 자신의 대담한 모험에서 성공을 거두었다. 왜냐하면 그는 단순히 소련의 괴뢰정권에 불과했던 다른 많은 동유럽 공산주의 지도자들과는 대조적으로 국내에서 강한 조직을 가지고서 큰 지지를 받고 있었기 때문이기도 했고, 소련이 국제 분규의 발발 가능성을 두려워해서 유고슬라비아를 감히 침공하지 않았기 때문이기도 했다. 티토의 전례 없는 이탈로 말미암아 소비에트 진영과는 독립된 "민족적" 공산주의라는 새로운 현상이 생겨났다. 그것은 다른 동유럽 공산당들에서 이단의 가능성을 가진 사람들에 대한 대규모 숙청을 초래했다. 그리하여 동유럽의 아주 중요한 일부 공산주의자들이 목숨을 잃게 되었는데, 그것은 1930년대의 소련의 대숙청과 많은 점에서 유사했다.

　서구 세계는 많은 장소에서, 많은 문제를 놓고 소련과 대립했다. 국제연합에서 계속해서 대치한 것은 소련이 안전보장이사회에서 거듭 거부권을 행사하는 결과를 낳았다. 그리하여 1945년부터 1955년 사이의 10년 동안 그 기구에서 행사된 80회의 거부권 중에 77회가 소련의 것이었다. 양 진영은 독일에서도 서로 대치했다. 전시의 연합국 사이에 새로운 적대관계가 조성됨에 따라서 독일에서의 연합국 통제 위원회(Allied Control Council)는 처음부터 거의 기능하지 못했고, 독일 통일이나 독일과의 강화조약에 관한 어떤 합의도 도출될 수 없었다. 결국, 1949년 5월에 서구 측 점령지역에서 본 시에 정부를 둔 독일 연방 공화국이 수립되었던 반면에, 같은 해 10월에는 소련이 장악한 지역에서 독일 인민 공화국이 생겨났다. 전자는 당연히 서구 편에 섰고, 궁극적으로 나토에 가입했다. 후자는 소련 진영의 핵심적인 부분이 되었다. 독일에서의 냉전은 소련 당국이 미국, 영국, 프랑스가 관할하던 베를린 지역에 대한 육로 물자 공급을 중단시켰던 1948년 여름에 절정에 달했다. 소련 관할지역 내의 약 177킬로미터 지점에 위치한 베를린은 4개의 강국의 관할하에 놓여 있었기 때문에, 서구 측의 세 부분, 혹은 서베를린은 급속히 스탈린주의화되어가던 동독과 동유럽 속에서 아주 도발적이고 눈에 거슬리는 "자유의 창문"으로 남아 있게 되었다. 그렇지만 서구 국가들이 관할하던 베를린 지역을 포기하도록 만들려던 소련의 희망은 실패로 돌아갔다. 미국과 영국 항공기들이 수 개월 동안이나 공중으로 대규모 물자 공급을 지속해나가자, 소련은 봉쇄를 풀었다.

전후에 아시아에서 발생된 사건은 유럽의 사건 전개만큼이나 중요했다. 공산주의자들은 인도네시아, 말레이시아, 버마처럼 여러 지역에서 권력을 차지하기 위해서 노력했다. 그들은 중국에서는 성공을 거두었다. 장제스가 타이완으로 도피하고, 마오쩌둥을 수반으로 하는 공산주의 중국 인민 공화국(Communist Chinese People's Republic)이 본토에서 선포됨에 따라서 1949년에 중국의 대내전이 종식되었다. 소련은 중국의 내전에 직접 참가하지 않았고 초기에는 심지어 마오쩌둥을 제지하려고 노력하는 것 같았으나, 중국 공산주의자들에게 보급품을 보내줌으로써 도와주었고, 마오쩌둥의 새로운 정권을 적극적으로 지지했다. 실로 약 5억 명이라는 거대한 인구를 가진 국가에서 공산주의가 승리했다는 것은 소비에트 진영에 엄청난 힘이 보태진 것을 의미했다. 그렇지만 중국이 불가리아나 체코슬로바키아와 같은 위성국의 역할을 맡도록 기대될 수는 없었고, 사실상 공산주의 세계 지도부의 두 번째 중심이 생겼다는 점에서 중국의 공산화는 중대한 문제를 낳기도 했다. 소련은 뤼순 항구에 있는 해군기지를 잠시 보유하기는 했지만, 1950년에 체결된 협정을 통하여 공산주의 중국에 만주의 철도 소유권을 양도했다.

한국에서는 냉전이 실질적인 전쟁으로 바뀌었다. 독일에서와 마찬가지로, 한반도에서도 전승 열강 사이에는 어떤 합의도 이루어질 수 없었다. 결국 두 개의 정부가 성립되었는데, 38선을 경계로 하나는 미국이 점령하고 있던 남한에, 다른 하나는 소련이 점령하고 있던 북한에 들어섰다. 1950년 6월 말에는 북한이 남한을 공격했다. 그 이후의 수년 동안의 전쟁에서, 미군과 다른 국가들이 파견한 군대가 국제연합의 명령을 이행하기 위해서 남한을 도우러 왔던 한편, 수만 명 혹은 심지어 수십 만 명의 중국 "의용군"은 북한 편을 들어서 개입했다. 결과적으로, 전투 행위가 중단되었을 때 양측은 시작되었을 때와 거의 비슷한 영토를 차지하게 되었다. 비록 북한과 중국인들이 소련제 비행기와 무기를 사용했고, 소련 조종사와 다른 기술자들 그리고 소련의 자문관들이 북한에 있기는 했지만, 소련군은 이 전쟁에 직접 참전하지는 않았다. 전선은 1951년 여름에 소강상태에 접어들었지만, 휴전은 1953년 여름, 즉 스탈린이 사망한 이후에야 체결될 수 있었다.

스탈린의 최후

흐루쇼프가 낙인찍었듯이, 스탈린의 마지막 몇 년도 "개인숭배"의 강화라는 특징을 가지고 있었다. "위대한 지도자"의 조각상과 초상화는 급증했고, 그에게 경의를 표하는 노래와 시가 쓰였으며, 그를 칭송하기 위한 공식적인 의식이 행해졌고, 그의 모든 말은 신성한 진리로 간주되었다. 그리고 그의 찬미자들은 모든 품위 있는 소비에트인에게 오직 기쁨만을 안겨주고, 사회주의적 행복의 모든 적들의 간담을 서늘하게 했던 "인류의 가장 위대한 천재"를 묘사할 수 있는 또 다른 최상의 표현을 찾기 위해서 서로 경쟁했다. 동시에, 스탈린은 자신을 둘러싼 모든 사람들에 대한 불신을 점차 키워갔다. 특히 스탈린의 마지막 몇 달은 주변 사람들에게 어느 정도 기이한 느낌을 주었다. 그의 통치방법을 통하여 끊임없이 엿보이던 광기가 새로운 활기를 가지고 나타났을 수도 있다. 국제적인 긴장과 더불어 먹구름이 국내에 몰려들었다. 즈다노프 등 많은 소련 지도자들을 암살했으며 다른 사람들을 암살하려 했다는 혐의로, 1953년 1월에 9명의 의사가 기소되었다. 체포된 의사들 중 7명은 유대인이었다. 전후 시기, 특히 1948년에 이스라엘의 건국 이후에 (몇몇 기관에서 반유대인적인 숙청도 포함하여) 뚜렷이 부각되던 반유대주의는 "의사들의 음모(Delo vrachei)"에 대한 보고에서 아주 명확해졌다. 그러나 유대인들은 목표된 대상 중의 하나에 불과했다. 베리야가 이끌던 경찰은 경계심이 미흡했다는 이유로 비난받았다. 언론은 반역자들에 대한 캠페인을 벌일 것을 선동했다. 모든 점이 또다른 대숙청이 있을 것을 가리키고 있었다. 그런 때인 3월 4일에 스탈린이 3일 전에 뇌졸중을 일으켰다고 발표되었고, 6일 아침에는 그가 그 전날 밤에 사망했다는 소식이 전해졌다. 특별히 가까이에서 독재자를 수행하고 있던 몇 명의 측근도 동시에 사라졌다.

제40장

스탈린 이후의 소련(1953~1985)

우리는 스탈린 시대에 발생했던 일이 어떤 형태로든 반복될 어떤 가능성도 방지하기 위해서, 이 문제를 진지하게 고려하고 정확하게 분석해야 합니다. 스탈린은 집단적인 지도력과 업무를 전혀 용납하지 않았고, 자신을 반대하는 모든 사람뿐만 아니라, 그의 변덕스럽고 횡포한 성격을 고려해보면, 자신의 사고방식에 반대하는 것처럼 보였던 어느 누구에게도 잔인한 무력을 행사했습니다.……동무들이여, 우리는 개인숭배를 단호하고도 완전하게 폐기시켜야 합니다.……이런 목적을 위해서 다음과 같은 일들을 할 필요가 있습니다. 첫째, 마르크스-레닌주의와는 상관없으며 당 지도의 원칙과 당 생활의 기준에 맞지 않는 개인숭배를 볼셰비키의 방식대로 비난하고 근절해야 합니다.……둘째, 무엇보다도 집단적인 지도력이라는 고귀한 원칙, 우리 당의 규정에 확고히 자리잡은 당 생활 기준의 준수, 비판과 자아비판의 실천의 확대라는 특징을 가진 당의 지도력에 관한 레닌주의의 원칙을 위로부터 아래에 이르기까지 당의 모든 조직이 엄격하게 따를 수 있도록 보장하기 위해서, 최근에 당 중앙 위원회가 행한 일을 체계적이고도 지속적으로 계속해야 합니다. 셋째, 소련 헌법에서 표현된 소비에트의 사회주의적 민주주의의 레닌주의적 원칙들을 완전히 회복해야 하고, 자신들의 권한을 남용하는 개인들의 제멋대로 식의 독단과 싸워나가야 합니다. —흐루쇼프(1956년 제20차 당 대회에서 행한 연설)

지나가는 매년 그리고 매달과 매일, 소련과 다른 사회주의 국가들의 적극적인 평화 애호 정책은 사회주의 개념과 평화 개념이 분리될 수 없다는 확실한 새로운 증거를 지구의 제 민족들에게 제시해주고 있다고 우리는 말할 수 있습니다.……우리 인민은 평화의 기치 아래에서 일하고 있으며, 노동해방의 대의 안에서 평화를 위한 투쟁

을 벌이고 있습니다. 평화와 노동의 붉은 기치 아래에서 우리는 모든 정직한 세계인
민이 흠모하는 놀라운 성공을 거두어왔습니다. 이 기치 아래에서 우리는 위대하고
도 새로운 승리를 기록할 것입니다.……나는 우리 위대한 나라의 모든 시민들, 공
산주의의 모든 건설자들, 모든 소비에트 가족들, 모든 소비에트 사람들이 자신들
의 고귀한 업무에서 가장 위대한 승리를 거두고, 가장 큰 행복을 얻기를 충심으로
바라마지 않습니다.　　　　　　　　　　　　　　　—브레즈네프(1973년 노동절)

스탈린의 뇌졸중 이후에—공식적인 날짜를 믿을 수 있다면—크렘린은 3일 동
안 침묵을 지켰으며, 아마도 소련의 최고 지도자들 사이에 힘든 거래가 있었을
개연성이 아주 높다. 독재자의 서거가 발표되었을 때 새로운 지도부는 인민들
과의 통합만이 아니라 지도부 구성원들의 단결을 강조하면서, 국가를 통치할
준비가 되어 있다고 선언했다. 그러나 이 두 가지 주장을 날카로운 어조로 계속
해서 반복한 것은 많은 의혹과 두려움을 감추기 위한 것이었음이 틀림없다. 말
렌코프는 분명히 주요 역할을 맡도록 부각되었다. 왜냐하면 추측하건대 그는
스탈린의 가장 중요한 직책이었던 당 서기장직과 수상 자리를 겸임하게 되었기
때문이다. 베리야와 몰로토프는 말렌코프의 다음 순서를 차지해서, 독재자를
계승한 삼두체제를 구성했다. 3월 9일에 붉은 광장의 레닌 묘에서 거행된 장례
식 동안에 이 세 사람은 그 순서대로 핵심적인 생존 인물들로서 그 경우에 어울
리는 연설을 했다.

흐루쇼프의 등장, 통치 그리고 몰락

그러나 일찍이 3월 중순에, 말렌코프가 수상직에는 그대로 있고 계속해서 소련
의 최고위층으로는 대접받지만, 당 서기장직을 사임한다고 발표되었다. 당의 새
로운 간부회의 구성원은 10명으로 축소되었다. 나중에는 흐루쇼프가 스탈린을
연상시키는 서기장이라는 명칭 대신에 당의 제1서기(Pervyi sekretar' ThK KPSS)
의 직위로 승진되었다고 발표되었다. 1953년 여름에 베리야는 반역과 음모 혐의
로 많은 추종자들과 함께 체포되어 비밀리에 처형되었다. 그렇지 않았다면, 흐

스탈린의 장례식. 우측으로부터 흐루쇼프, 베리야, 저우언라이, 말렌코프, 보로실로프, 카가노비치, 불가닌, 몰로토프. (*Sovfoto*)

루쇼프가 일부 방문자들에게 말했듯이, 베리야는 자신이 완전한 권력을 장악할 것이라고 기대했던 그 간부회의에서 살해되었다. 어쨌든, 서로를 제거하는 경주에서 베리야는 가까스로 패배했던 것 같다. 베리야의 몰락은 정치경찰의 권력이 어느 정도 약화된 것을 의미했다. 1955년 2월에, 말렌코프는 소련의 농업 관리에서 잘못을 저질렀고 중공업을 희생했으며 소비재 생산을 부당하게 강조한 데에 대한 책임이 있다고 말하면서, 수상직에서 사임했다. 1948년 이래로 정치국원이었으며 유명한 공산주의 지도자였던 불가닌은 말렌코프를 대신해서 정부 수반에 올랐다. 각각 정부와 당의 수장이 된 불가닌과 흐루쇼프는 소비에트 정치 무대의 중심을 차지했으며 국제 문제에서도 각광을 받게 되어, 소련에서 양두체제와 비슷한 것이 존재한다는 점을 일부 관찰자들에게 시사해주었다. 제2차 세계대전의 위대한 영웅으로서 스탈린에 의해서 지방 사령관으로 좌천되었다가 스탈린 사후에 중요한 위치로 복귀한 주코프 원수는 불가닌이 전에 맡았던 국방부 장관직을 맡았다. 주코프의 부상은 소비에트 러시아에서 고위 지배 서클에서 당이 아닌 군부 출신의 인사가 등장한 첫 번째 사례였다.

크렘린 내부의 투쟁은 계속되었다. 아마도 가장 놀라운 사건—비록 그 의미는 권력투쟁의 범위를 훨씬 넘어선 것이기는 했지만—은 1956년 2월에 제

20차 당 대회의 비공개회의에서 흐루쇼프가 행한 연설일 것이다. 거기서 새로운 제1서기는 자신의 전임자인 스탈린을 잔인하고 비이성적이며 피에 굶주린 폭군이라고 비난했다. 스탈린은 자신의 주변에서 "개인숭배"를 만들어냈고, 자기 멋대로 폭압적인 방식으로 통치했으며, 마르크스주의-레닌주의의 원칙들을 위반했고, 집단지도의 기준을 위반했으며, 상상을 통해서 적들을 만들어내고는 그들을 전멸시켰고, 많은 당 활동가들과 지도자들을 죽였으며, 군 지휘부를 멸절시켰고, 전쟁 준비를 제대로 하지 못했으며, 정당성도 없이 민족 집단들을 대규모로 추방한 것 등으로 인해서 비난받았다. 동시에, 이 엄청난 범죄들은 원칙적으로 올바른 마르크스주의-레닌주의의 기준과 정책으로부터의 일탈 행위라고 간주되었고, 그 폭군을 대체한 집단지도부에 의해서 교정되었다는 것이다. 흐루쇼프의 폭탄 연설—"비밀 연설"이라고 알려지기는 했으나, 수백만 명의 당원들에게 읽혀지거나 요약하여 소개되었고, 대부분의 연설 내용이 곧 서구의 언론에 전해졌다—은 설명하기가 쉽지 않다. 무엇보다도, 수년 동안 스탈린을 끊임없이 과찬하고 대중에게 거짓말을 한 이후이기 때문에, 이런 숨 막힐 듯한 폭로 내용은 분명히 공산주의자들에게 충격을 안겨주었으며, 아마도 공산주의의 국제적인 대의에 해를 입혔을 것이다. 그 외에도, 흐루쇼프는 지도부 내의 다른 공산주의자들과 마찬가지로 자신을 스탈린의 범죄와 오류에 적어도 간접적으로는 연루시키지 않을 수 없었다. 연설의 수수께끼에 대한 하나의 답변은 소련 지도자들 사이에서 권력 투쟁이라는 긴급사태가 발생했다는 것이다. 그에 따르면, 스탈린에 대한 흐루쇼프의 비난은 자신의 주요 경쟁자들인 몇몇 "구 스탈린주의자들"에게 타격을 주었다. 그에 못지않게 중요한 것은 흐루쇼프와 그의 동지들이 과거 소련의 최악의 측면들을 체제 자체라든지, 제도로서의 당, 혹은 지도적인 이데올로기가 아니라 한 개인에게 돌려 비난함으로써 스탈린주의로부터 공산주의를 구하려고 시도했을 수도 있다는 것이다. 그런데 실제로는, 그 이후의 몇 년 동안 굴곡을 가지고 계속된 스탈린의 범죄에 대한 폭로는 스탈린을 배출한 체제에 대한 일부 사람들의 신뢰감을 약화시켰다.

1956년 가을에 헝가리에서 일어난 반란과 국내외에서 발생된 몇몇 다른 사건은 소련의 새로운 행정부에 관해서, 그리고 실로 소련 체제 전체의 안정에 관해서 심각한 문제를 야기했다. 그리하여 수뇌부에서의 갈등은 1957년 봄과 초여름에 최고조에 달했다. 흐루쇼프는 당 간부회의에서 패배한 다음, 자신의 문제를 중앙 위원회 전원회의로 가져갔다. 여기서 그는 불리한 결정을 역전시키는 데에 성공한 다음에, 말렌코프, 몰로토프, 카가노비치 그리고 소비에트의 지도부에 최근에 가세한 셰필로프로 구성된 "반당 집단(Antipartiinaia gruppa)"을 간부회의 및 다른 권력자의 자리로부터 추방하는 데에 성공했다. 흐루쇼프의 적들이 간부회의로부터 탈락한 한편, 간부회의의 구성원 숫자는 15명으로 늘어났고, 제1서기는 자신의 지지자들을 이 매우 중요한 기구 안에 심을 수 있는 더 많은 기회를 부여받게 되었다. 마침내 1958년 3월에, 그 전해에 흐루쇼프에게 복종하지 않았던 불가닌은 정부 수반을 사임했다. 흐루쇼프 자신은 불가닌의 자리를 차지했으며, 그로써 당과 국가의 실질적인 최고 권위를 결합하게 되었다.

흐루쇼프의 성장 배경과 성격은 그의 행동과 정책의 모양을 정해주었다. 그는 남부 러시아 농촌의 가난한 농민 가정에서 1894년에 태어났다. 그의 부친은 이주 노동자가 되었다. 흐루쇼프는 1908년부터 시작하여, 우크라이나의 돈바스(도네츠크 분지)에서 살았는데, 그곳에서 그는 기술자가 되려는 야망을 가지고 숙련된 금속노동자가 되었다. 그는 초등학교 4년 동안만 교육을 받았으나, 혁명 이후에 짧은 시기 동안 노동자들을 위한 특수학교를 다니고 몇 가지 추가적인 기술 훈련을 받았다. 그는 혁명과 내전기에 볼셰비키의 정치에 흥미를 가지게 되었고, 처음에는 우크라이나에서, 그다음에는 모스크바에서 국가업무와 공산당 경력을 쌓기 시작했다. 그는 모스크바시 당의 수장이 되었고, 1938년에는 당 지도자로서 우크라이나로 되돌아갔다가, 1949년에 스탈린이 그를 당 지도부에 합류하도록 다시 불렀을 때 또다시 모스크바로 왔다. 1930년대와 1940년대 동안, 흐루쇼프는 실천적인 성향의 헌신적인 스탈린주의자였다. 그는 모스크바 지하철 건설을 감독했고, 우크라이나의 산업과 농업을 발전시키는 데에 많은 에너지를 쏟아 부었으며, 숙청에 적극적으로 참여했다. 그는 사회주의 건설에 도움을 주고 있다는 데에 커다란 자부심을 가졌다. 그러나 그는 나중에 자신의 양팔이 "피 흘리는 일에 몹시 분주했다"고 인정하기도 했다. 이런 관점에서 보면, "비밀 연설"은 헌신된 공산주의자이자 실용주의자의 행동이자 일종의 참회였다고 볼 수 있다. 흐루쇼프는 복잡한 인물이었다. 헌신된 스탈린주의자였다가 탈스탈린주의자로 내몰리게 되었으며, 개혁가이자 실천적인 건설자였으나,

제한된 능력만을 가지고 비합리적인 방법을 사용한 인물이기도 했다. 흐루쇼프에 대한 최고의 전기를 집필한 타우브먼은 다음과 같은 결론을 내렸다. "기적과 같은 출세에도 불구하고, 그에게는 자신의 능력과 자신이 범한 죄에 대한 의구심이 남아 있었다. 그런 의구심은 그에게 마구 밀려왔던 국내적 및 대외정책적 어려움에 의해서 악화되었고, 그는 점점 필사적이고도 신중하지 못한 행동으로 그런 어려움에 대응함으로써 자신의 성과를 강화하고 확대하기보다는 결국 자신의 패배를 확실히 하고 말았다." 다른 한편으로, 우리는 "흐루쇼프 시대의 개혁이 비록 어색하고 변덕스럽기는 했지만, 스탈린주의로 인해서 사막이 된 곳에서 초기 시민사회가 형성되도록 만들어주었다"는 점을 기억해야 한다.

흐루쇼프의 개혁 조치는 비록 많은 경우에 뜻하지 않은 결과가 생기거나 단지 실패에 그치기는 했지만, 많은 분야에서 의미심장한 계획을 담고 있었다. 그의 최우선 순위는 농업이었다. 농업 분야에서 그는 당이 생산에 좀더 적극 관여하도록 독려함으로써 행정을 재조직하고 "처녀지" 캠페인, 육류와 우유 캠페인, 옥수수 캠페인 등 다양한 영웅적인 "캠페인"을 통하여 생산에 자극을 주려고 시도했다. 그는 또다시 행정적인 재조직과 캠페인을 통해서 소비재의 더 많은 생산과 좀더 나은 산업 경영을 장려하려고 시도했다. 대규모 주택건설 붐도 시작되었다. 나중에 논의되겠지만, 이런 정책은 경제를 발전시키고, 인민들의 일상적인 물질생활을 상당한 정도로 개선시키는 결과를 가져왔다. 아마도 가장 중대한 개혁은 문화의 탈스탈린주의화였을 것이다. (모든 예술 분야에서 "사회주의 리얼리즘(socialist realism)"의 제약을 따를 것이 요구되었던) 기나긴 겨울과도 같았던 스탈린주의적 문화정책 이후에, "해방"이 시작되었다. 작가들과 예술가들만이 아니라 학자들과 저널리스트들도 과거의 범죄에 대해서 좀더 공개적으로 발언하고, 소련 생활 내의 부적절한 문제점을 비판하고, 특히 집단, 당, 사회주의 건설보다는 개인의 경험과 필요에 대해서 더 많은 관심을 기울일 수 있게 되었다.

1961년 10월 하순에 개최된 주목할 만한 제22차 당 대회는 새로운 지도자의 20년에 걸친 "공산주의 건설" 프로그램을 기꺼이 승인했으며, 국내외에 있는 그의 적들을 비난했다. 또다른 원로 지도자인 보로실로프는 "반당 집단"과 연결되었다. 그러나 훨씬 더 예기치 못하게 전개된 사태를 통해서, 흐루쇼프와 당 대

니키타 흐루쇼프. (*Sovfoto*)

회는 스탈린주의라는 이슈로 되돌아가서 많은 잔학 행위를 세세하게 문서로 기록했다. 붉은 광장의 묘에서 스탈린의 시신을 제거한 것, 스탈린을 따라서 이름이 붙여진 도시들을 개명하면서 스탈린그라드가 볼고그라드가 된 것, 대숙청에 관한 일부 사실들이 처음으로 공개된 것 등은 많은 소련 사람들의 마음에 커다란 충격을 주었던 것이 틀림없다.

돌이켜보건대, 흐루쇼프는 1961년의 당 대회에서 대승리를 거둔 것 같았지만, 그의 운명은 기울고 있었다. 1958년이 아마도 그의 최전성기였을 것이다. 그 전해에 흐루쇼프는 "반당 집단" 내에 있던 경쟁자들을 결정적으로 패배시켰고, 최초의 스푸트니크를 발사함으로써 소련이 우주 시대를 개막한 놀랄 만한 사건이 일어났다. 그뿐만 아니라 풍년이 들었고, 산업 생산은 고도성장을 지속했다. 사기가 충천한 흐루쇼프는 소련이 곧 미국을 "따라잡고 추월할 것"이며, 모든 시민이 사회주의가 항상 약속해온 훌륭한 삶을 마침내 향유할 것이고, 심지어 공산주의 유토피아가 오직 20년 정도로 가시권에 있다는 그 자신의 선언을 기꺼이 믿을 수 있었다. 그리고 모든 증거는 그가 실제로 이렇게 믿고 있었음을 보여준다.

그렇지만 여러 가지 문제점과 환멸감이 급속히 뒤따라 몰려왔다. 경제 발전은 제대로 되지 않았다. 흐루쇼프의 독려, 그의 경제와 행정 그리고 당 조직의 재편성, 그와 함께 특정한 비효율성을 개선하기 위한 분주한 운동—이것에 대해서는 이 장에서 나중에 논의될 것이다—등은 위기를 해결하는 데에 점차 비효율성을 드러내고 있었다. 흐루쇼프는 공직생활 마지막 몇 년과 몇 달 동안 산업 성장률이 급격히 하락하는 것을 목격했다. 그래서 그는 국내의 기아 사태를 예방하기 위해서 전례 없이 캐나다산 밀을 구입하지 않을 수 없었다. 탈스탈린화 (De-Stalinization) 혹은 좀더 포괄적으로 말하면 소련 생활의 어느 정도의 "자유화"는 그것이 해결한 만큼의 문제들을 야기한 것 같았다. 그것은 창의적인 공산주의의 에너지를 분출시켰다기보다는, 사실상 스스로에 대한 반성으로 이어지고, 불안정을 초래했다. 세계정세—역시 이 점에 대해서는 나중에 논의될 것이다—는 소련의 관점에서 보면 훨씬 더 악화되고 있었다. 원래는 적어도 1956년에 시도된 흐루쇼프의 탈스탈린주의로부터 시작된 중국과의 갈등은 1960년에 공개적으로 폭발했고, 양 동맹국 사이의 분열은 1963년경부터는 회복될 수 없는 것처럼 보였다. 서구와의 관계를 살펴보면, 소련의 우주 기술의 성공에 자극받은 흐루쇼프의 열정적인 공세는 독일 문제에서 거듭 제지당했고, 마침내 쿠바에 소련 미사일을 배치하는 문제를 두고 1962년 10월에 미국과의 중대한 대결에서 치명적인 패배를 당했다. 흐루쇼프가 주로 개인적인 외교정책에서 대참사를 당하고도 살아남은 것은 소련의 권위주의 체제의 유일한 지도자로서 권력을 계속 유지하는 하나의 징표라고 볼 수도 있었다. 그러나 이런 체제 또한 약화되고 있었다. 당의 엘리트들은 새로운 독재자가 등장할까봐 극히 경계하고 있었다. 그리고 지도자 측에서는 스탈린이 가지고 있던 권력 메커니즘을 더 이상 자신의 통제하에 두지 못했다. 관찰자들은 비록 제22차 당 대회가 "반당 집단"에 대한 흐루쇼프의 승리를 확인해주고 그 연장선상에 있기는 했지만, 지도자의 이러한 적들이 당에서 축출되지도 않았다는 점에 주목했다. 이 시기 동안에 흐루쇼프의 권력이 스탈린의 경우만큼 크지 않았음에도 불구하고, 그는 점차로 독재적이고 독단적인 방식으로 행동하는 실책을 저지른 것 같다.

1964년 10월 15일에 모스크바에서는 흐루쇼프가 "고령과 건강 악화" 때문에 당과 정부 직책으로부터 "풀려났다"고 발표되었다.

브레즈네프 시대

많은 면에서 상대적으로 짧았던 흐루쇼프의 통치기는 오랜 혁명 정치사의 정점이었다. 흐루쇼프는 국내적으로나 국제적으로나 자신의 정부와 당의 방향을 "사회주의 건설" 쪽으로 돌렸고, 극적인(그리고 변덕스러운) 캠페인과 개혁 조치로 이런 목표를 추구했다. 그의 후계자들은 아주 다른 정신과 목적을 가지고서 통치했다. 지도 원칙은 변화가 아니라 안정이었으며, 혁명이 아니라 질서였다. 1964년에 권력에 오른 새로운 집단지도부—당 지도자로 선출된 브레즈네프는 재빨리 주도적인 인물로 부상했다—는 1917년 이후에 성년이 된 사람들로서는 첫 번째 통치자 세대였다. 그들은 혁명이 일어나던 때에 어린이였고, 대부분 기술 교육을 받았다. 모든 지도자들은 제1차 5개년 계획 동안에 당과 국가를 통해서 재빨리 승진했다. 모든 사람들은 고위직으로 들어갈 수 있는 기회를 열어준 대숙청으로부터 이익을 얻었다. 대체적으로, 그들은 안정된 권력과 효율적인 경제 발전 정책에 관심을 가지고 있던 실용적인 인물들이었다. 이 체제를 연구했던 정치학자들의 설명에 따르면, 점차로 나이를 먹어가고 점점 더 보수화되어가던 이 세대가 권력을 잡고 있던 이때는 "과두정치적인 석화(石化)"의 시기였을 뿐만 아니라, 그에 못지않게 중요하게도 정부의 "근대화" 시기이기도 했다. 흐루쇼프 이후의 소련 정치학에 대한 자세한 연구는 이데올로기의 형식적인 주장에는 별로 주의를 기울이지 않고, 소련의 기구가 실제로 작동되는 방법에 많은 관심을 쏟고 있다. 이것은 합리적인 행정, 복수의 기구, 정치적인 이익단체 등 "정상 상태로의 복귀"라는 허프의 개념과 같은 해석을 낳게 되었다. 학자들이 보지 못한 것은 진정한 혁명적 목적이었다. 혹은 적어도, 핸슨이 주장했듯이 이 시기에는 "소련의 혁명적 근대성이 관례화되었다."

새로운 지도자들—특히 당수 브레즈네프, 수상 코시긴, 당 이론전문가 수슬로프, 최고 소비에트 의장인 포드고르니 등의 인물들—은 흐루쇼프의 대부분의 개혁 조치를 되돌리기 위해서 재빨리 움직였다. 그의 행정 재편은 취소되었다. 직책의 임기를 제한하고 관료제에 대한 공개적인 비판을 장려하려는 급진 사상은 관료에 대한 직업적 안정성을 보장해주는 보수적인 정책으로 대체되었다. 합리적이고 질서 있는 정부라는 이상(理想)은 흐루쇼프의 "무모한 계획", "정신 나간 즉흥 행동", "주의주의(主意主義)", "주관주의"에 대한 비판에서 표현되었다. (비록 기업의 관리를 분권화하고, 소비재 상품 생산을 강조하고, 소비자들의 요구에 좀더 의존하려는 계획이 브레즈네프 초기에 고려되기는 했지만) 지방의 주도권에 박차를 가하려던 경제적 실험은 모스크바의 중앙 통제로 대체되었다. 약 5,000명의 대표들이 참석한 대규모 행사로서 1966년 봄에 개최된 제23차 당 대회는 이런 조치 중 많은 것을 승인했다. 그리고 이 당 대회는 간부회의가 스탈린 시대와 마찬가지로 정치국으로 불리도록 하고, 당의 제1서기가 또다시 서기장으로 불리도록 허락하는 데에 동의했다. 그리고 그 이후의 시기에, 브레즈네프와 그의 동료들은 문화적 "해방"을 종식시켰다. 과거의 범죄는 무시되어야 했고, 비판적인 작가들은 침묵을 강요당했다. 비록 체제에 위험한 것으로 보이던 대중 테러는 반복되지 않았지만, 국가보안 위원회의 권한과 역할은 빠르게 커져 갔다. 이데올로기인 어구는 "공산주의"의 도래에 대한 이야기로부터 현재의 "발달된 사회주의" 사회를 창조했던 과거의 업적에 초점을 맞추는 것으로 방향이 바뀌었다. 물론 사회주의적 미사여구는 특히 서구 자본주의와 제국주의를 비판할 때에는 사라지지 않았다. 그러나 핸슨의 주장에 따르면, 특히 1970년대 무렵에 "브레즈네프 시기의 안정은 '신전통적인(neo-traditional)' 통치 형태로 퇴화되어, 그 속에서 마르크스주의-레닌주의는 일종의 유사종교적인 의식이 되었다."

브레즈네프의 통치 후기는 고르바초프가 "정체의 시대(epokha zastoia)"라는 유명한 말로 표현했다. 이것의 아주 현저한 특징은 지도부의 극적인 노화였다. 1970년대 말, 사실상 모든 기구를 장악하고 있던 소련의 지도자 대부분은 60, 70대의 남성들(여성은 드물었다)이었다. 브레즈네프 자신처럼 많은 사람들은 건강이 좋지 못했다. 마찬가지로 경제 성장은 속도가 느렸고, 살펴보게 되겠지만 사회는 점차로 정부 및 사회주의 전체 프로젝트로부터 멀어져가고 있었다. 그럼에도 불구하고, 소련 지도부는 이 시기에 중요한 계획에 착수했다. 예를 들면, 소련의 군사력을 강화하고, 농업 및 에너지와 같은 핵심 분야에서의 발전을 강조하는 경제정책을 추진하고, 국제적인 "데탕트(détente)" 정책을 채택했다. 그들은 데탕트 정책을 통해서 정치적인 위험을 줄이고 경제적인 비용을 적게 들이면서 초강대국으로서의 소련의 지위를 유지하려고 노력했다.

브레즈네프 시기에 국내 정치의 핵심과 체제 안정의 열쇠는 엘리트의 이익에 영합하는 관대한 정책이 대체로 국민들에 대한 복지정책의 확대와 결합된 데에 있

1967년 11월 4일에 크렘린에서 개최된 볼셰비키 혁명 50주년 기념 최고 소비에트 회의에 참석한 소련 지도자들. 좌측으로부터 브레즈네프, 코시긴, 포드고르니, 수슬로프. (*World Wide Photos*)

었다고 주장되어왔다. 브레즈네프 지도부는 1965년에 "간부들에 대한 신뢰"라는 문구를 모토로 삼았다. 예를 들면, 이것은 실제로 직위에 대한 안정성이 이전보다 훨씬 더 보장되었다는 것을 의미했다. 물질적인 이해관계도 고려되었다. 제도적인 이해관계는 간부들이 소속된 부서에 넉넉한 예산을 제공함으로써 존중되었다. 보다 중요한 점은, 정부가 소비재, 주택, 의료 서비스, 해외여행과 같은 분야에서의 광범한 특권을 통하여, 개인적인 이해관계와 욕구에 영합했다는 것이다. 학자들의 주장에 따르면, 그 결과는 체제의 안정성의 열쇠 중의 하나인 충성스러운 관리계급이 생겨나게 된 것이다.

동시에, 이처럼 점차로 서열화되어가는 사회에 대해서 부분적으로 인민들의 관용을 보장하기 위한 수단으로서 소련의 복지 상태도 개선되었다. 개인들은 많은 노력과 정치적인 충성심을 통해서 사회적 상승을 위한 기회를—심지어 특권 엘리트에 합류하는 기회까지도—제공받았다. 그렇지만 보다 폭넓은 혜택을 확보하려는 노력도 이루어졌다. 정치학자들은 정부와 국민 사이에 암묵적인 "사회계약"이 있었다고 이야기해왔다. (공개적으로 정책을 비판할 때, 허가받지 않고 외국인들과 시간을 보낼 때, 사회주의의 자산에 해를 끼치거나 훔칠 때, 불법적으로 상거래를 할 때) 억압은 남아 있었으나, 그것은 무작위적이지도 않았고 설명이 불가능하지도 않았다. 보다 중요하게도, 물질적인 약속이 있었으며 그것은 부분적으로 이행되기도 했다. (질은 종종 낮기는 했지만) 모든 시민들에 대한 무료 의료 서비스, 완전 고용, 은퇴 후의 연금 보장, 가족들이 자신들의 아파트에 살 수 있도록 하는 좀더 많은 주택의 제공, 보조금이 포함된 기본적인 식료품 가격, 소비경제의 성장 등이 바로 그런 것들이었다. 사실, 생활수준은 어느 정도 향상되었고, 일부 논평가들은 소련식의 소비자 태도와 소비 사회에 대해서 글을 쓰기 시작했다. 그렇다고 해서 소련 시민들이 엘리트의 특권이 커져가던 것을 주목하지 않았다거나 그것을 개탄하지 않았다고 말하는 것은 아니다. 체제에 대해서 미묘한 일상적 비판으로서 널리 확산된 형식인 일화(逸話)에는 이런 불평등이 종종 언급되었다. 그런 일화 중 하나에서, 브레즈네프의 교육받지 못한 어머니는 자기 아들의 대단한 자동차 수집품을 보고는, "애야, 그것은 좋지만, 볼셰비키가 되돌아오면 어떻게 하느냐?"라고 걱정했다. 1970년대 후반과 1980년대 초반에 소련의 경제 상황이 더욱 어려워졌을 때, 보상과 복지라는 시스템은 유지하기가 더욱 어려워졌다. 그렇지만 브레즈네프 정부는 근본적인 개혁보다는 본질상 임시적인 처방을 시도했다. 어떤 서구 전문가의 표현에 의하면, "단기적인 해결책으로 장기적인 문제들을 풀려는" 결정이 내려졌다.

결국 브레즈네프는 1982년 11월 10일에 75세의 나이로 사망했다. 그와 거의 동년배였던 코시긴은 그보다 약 2년 전에, 당의 주요 이론가였던 수슬로프는 그보다 약 10개월 전에 사망했다. 포드고르니는 1977년에 지도부에서 축출되었다. 브레즈네프의 오랜 측근으로서 그보다 나이가 약간 많았던 키릴렌코는 정치적인 이유 혹은 건강상의 이유로 1982년에 정치국원 직위를 잃었다. 그러나 나머지 지도자들은 여전히 동일하게 확고한 자리를 차지하고 있었고 나이가 비슷했으며, 그렇게 말할 수 있다면, 성향도 비슷했다. 코시긴을 대신해서 수상 자리에 올랐던 티호노프는 브레즈네프처럼 1906년에 태어났다. 브레즈네프가 사망할 때 아마도 그의 최측근이었던 체르넨코는 그보다 겨우 다섯 살 적었다. 소련의 군수 복합 산업이라고 할 수 있는 분야를 책임졌던 우스티노프는 1908년생이었다. 68세였던 안드로포프가 서기장직을 맡게 되었는데, 일부 관찰자들은 그런 진행의 신속함과 무난함에 대해서 놀라기는 했지만, 그것이 전혀 예상 밖의

설상차를 타고 있는 브레즈네프. 아마도 그의 별장 근처의 모습일 것이다. 브레즈네프는 권력 으로부터 얻은 많은 물질적 혜택 가운데에서 온갖 종류의 자동차를 각별히 좋아했다. 특히 그 는 사치품과 수입 자동차를 많이 수집했다.   (*V. Musaelyan*)

일은 아니었다. 안드로포프는 어느 정도의 세련미만이 아니라 비범한 지성과 전 반적인 능력을 갖춘 사람으로서, 1982년 5월에 당 서기국에서 일하기 위해서 교 체될 때까지 15년 동안 정치경찰인 국가보안 위원회의 수장으로 잘 알려져 있 었다. 안드로포프의 초기 경력에는 1954–1957년 사이에 지낸 주헝가리 대사직 도 포함되어 있었다. 그때 그는 헝가리 반란을 잔인하게 진압하고, 그 이후에는 헝가리에 자유주의적인 경제정책을 도입하는 일에 관여했다. 브레즈네프 치하의 정체(停滯)와 부패를 날카롭게 비판했던 안드로포프는 고심 끝에 즉각 행정기 구를 숙청하고, 결근 노동자들을 찾기 위해서 공공장소를 경찰이 조사하도록 하는 획기적인 조치 등으로 노동규율을 강화하려고 했다. 그러나 그의 활동은 신장병으로 갑자기 중단되었고, 그는 지도자 지위에 있은 지 불과 1년 3개월 만 에 사망했다. 안드로포프를 대체한 인물은 브레즈네프가 후계자로 생각했으나 이미 건강이 좋지 못했던 체르넨코였다. 그는 소련 지도자가 된 이후에 거의 1년 도 생존하지 못했다. 그런 다음 1985년 3월 11일에, 안드로포프의 후견을 받았 으며 54세였던 고르바초프가 정치국에서 당 서기장으로 선출되었다.

경제 발전과 정체

소련의 경제생활에는 1957년에 중대한 변화가 발생되었다. 그때 흐루쇼프는 권력의 지리적인 분산 혹은 탈중앙화―비록 조직상의 지방분권화는 아니지만―를 목표로 한 움직임의 일환으로서, 상당 부분의 산업의 감독권을 모스크바의 장관부서들로부터 지역의 경제 협의회(Sovet Narodnogo Khozaiistva)로 이관시켰다. 이 개혁은 소련이 가장 효율적이고 효과적인 경제조직을 위해서 계속 노력하고 있음을 반영하기는 했지만, 많은 관찰자들은 그 동기가 주로 정치적인 것이라고 간주했다. 그 조치로, 크렘린 내의 권력 투쟁에서 말렌코프를 지지했던 것으로 보이는 모스크바의 많은 경제 관료들이 제거되었던 것으로 보인다. 그 개혁의 또다른 목적은 경제 문제에서 지방의 당 지도자들에게 좀더 많은 권한을 부여하고, 그리하여 지방이 주도권을 가지도록 자극을 주기 위한 것이었을 것이다.

1956년부터 1960년으로 예정된 제6차 5개년 계획은 1958년에 갑자기 중단되었고, 1959년부터 1965년까지 지속되는 7개년 계획으로 대체되었다. 공식적인 설명에 따르면, 이런 변경의 이유는 소련의 경제적 전망을 바꿔놓은 방대한 새로운 천연자원의 발견 때문이었다. 그러나 제6차 5개년 계획의 성과가 할당된 생산 기준보다 현저히 뒤떨어졌으며, 소련 지도부가 새로운 출발을 하기로 결정했다는 것이 사실에 보다 가까운 이유였다. 캠벨과 재스니 같은 서구의 경제학자들은 7개년 계획에 따른 산업 목표가 훨씬 더 현실적이라고 판단했다. 그 계획은 언제나처럼 가령 전화(電化) 사업의 지속과 화학공업의 발전에 각별한 주의를 기울이면서 중공업에 집중하면서도, 제5차 5개년 계획 동안에 달성된 것보다 약 20퍼센트 낮은 산업 성장률을 목표로 하고 있었다. 이런 점에서 이것은 수포로 돌아간 제6차 5개년 계획보다 야심 차지 못한 계획이기도 했다. 결과로 보면, 전반적으로 1970년대와 1980년대에 미국과 서구 세계의 경기 후퇴 같은 사건 전개의 도움을 받아서 소련 경제는 상대적인 생산량 측면에서 미국 경제를 계속해서 따라잡고 있었다.

7개년 계획은 비록 자본재에 집중되기는 했지만, 일반적으로 이전의 소련의 산업화에 적용되던 것보다는 국민들의 일상생활의 필수품에 다소 많은 비중을 두었다. 특히 흥미로웠던 것은 그 계획 속에 담긴 야심 찬 주택 공급과 전반적인 건축 프로그램이었다. 그것은 소련의 건축 분야의 총투자액을 83퍼센트 증대시키는 것을 목표로 정했다. 이 계획이 완전히 시행되지는 않았고, 건축물의 질이 낮기는 했지만, 7개년 계획의 이런 측면은 소련의 생활수준을 향상시키는 데에 크게 기여했다. 그와 비교하여 더 나은 자원과 지칠 줄 모르는 관심은 원자력 에너지, 로켓, 미사일, 우주여행과 같은 발전된 기술 분야에 투입되었다. 1957년 10월에 최초의 인공위성인 스푸트니크 1호가 발사됨으로써, 소련은 로켓과 우주여행에서 선구적인 일련의 놀라운 성공을 성취했다.

흐루쇼프 시대에는 소련의 농업에서 중요한 발전이 이루어졌다. 사실, 소비자에 대한 어느 정도의 양보와 더불어, 농업 생산을 높이려는 엄청난 노력은 소련 경제정책에서 새로운 핵심적 특징을 이루었다. 공업 부문의 성취와는 대조적으로, 소련 농업 문제의 심각성은 1952년에 농업의 총 생산량이 1928년보다 약 6퍼센트 증가된 데에 불과하다는 사실에서 알 수 있다. 흐루쇼프는 1954년에 자신의 포괄적인 "처녀지" 프로젝트를 전면 실시했다. 궁극적으로 약 7,000만 에이커에 달하는 소비에트 러시아의 광대한 건조지대가 경작지로 변모될 계획이었다. 강력한 선전 공세만이 아니라 엄청난 노력의 지원을 받은 이 시도의 성과는 주로 기후 조건에 따라서 매년 현저한 차이를 보여주기는 했지만, 기대치에 이르지는 못했다. 그뿐만 아니라 신임 제1서기는 거대한 옥수수 재배 프로그램을 시작했다. 그는 나아가 육류, 우유, 버터와 같은 식품의 생산을 대폭적으로 증가시키기로 결정했다. 이런 품목들은 소련의 선전 활동에서 전력과 철강만큼이나 중시되었고, "미국을 능가하는 문제에서" 중요한 척도가 되었다.

그러나 소련의 농업 조건은 열악한 상태로 남아 있었다. 공식적인 주장과 약속, 그중에서 특히 약속은 현실로부터 상당히 떨어져 있었다. 실제로, 종종 부적합한 조건에서 시도된 옥수수 재배와 경작하기 어려운 처녀지에서의 거대한 모험은 현명한 일이 아니었을 것이다. 소련 당국은 생산을 증대시키기 위해서 사회화를 더욱 확대하는 과거의 방법에 의존했다. 1953년과 1957년 사이에 소프호스의 수는 증가되었다. 반면에 콜호스의 수는 감소하여 경작지에서 콜호스가 차지하는 비중이 84퍼센트에서 72퍼센트로 떨어졌다. 가장 늦은 시점으로 보면 1958년 9월까지도, 흐루쇼프와 다른 지도자들 그리고 선전기구는 여전히 콜호스보다는 소프호스 농업제도가 기술적으로 우월할 뿐만 아니라, 좀더 진정한 사회주의의 성격에 부합된다고 말했다. 그러나 분명히 강력한 농민들의 저항 그리고 특히 수동적인 성격의 저항 때문에, 제1서기는 1959년 초의 제21차 당 대회에서 콜호스에 대한 공격을 중단했다.

집단농장에 대한 공식적인 정책은 계속해서 양면성을 가지고 있었다. 전문가들의 일치된 견해에 따르면, 스탈린 사망 때 극히 낮았던 콜호스 구성원들의 수입은 그 이후의 몇 년 동안 현저하게 증대되었다. 집단농장 그 자체의 힘도 커지게 되었다. 1958년에 이전의 정책이 갑자기 전환되어 정부는 기계—트랙터 배급소를 해산하는 조치를 취함으로써, 콜호스는 자신들이 필요로 하는 모든 농업장비를 소유할 수 있게 되었다.

반면에 콜호스에 대한 국가와 당의 압력은 계속되었고, 어떤 점에서는 심지어 더욱 강화되기까지 했다. 이 기간에는 집단농장의 "분리될 수 없는 기금", 즉 콜호스 전체에 속해 있고 구성원 개인들이 나누어서 가지지 않는 수입 부분을 늘리고, 지역에 학교와 도로를 건설하는 등의 "사회적으로 가치 있는" 일을 위해서 이 기금을 사용하도록 강조되었다. 그리고 흐루쇼프 등의 지도자들은 콜호스 구성원들의 개인 뙈기밭은 시장을 위한 생산보다는 가족의 식품 공급을 증가시키는 것을 위해서만 의미가 있으며, 그것이 사회주의적 농업의 지속적인 성공에는 전혀 불필요하다는 입장으로 되돌아갔다.

게다가, 농업 생산량을 70퍼센트, 콜호스의 노동생산성을 100퍼센트, 소프호스의 노동생산성을 60퍼센트 내지 65퍼센트 올린다는 7개년 계획의 목표는 달성이 불가능하다는 것이 밝혀졌다. 아마도 그런 목표는 소련의 농업을 계속해서 급격히 사회화하고, 특히 2,000만 곳에 달하던 집단농장원들의 소규모 개인 뙈기밭을 환수하거나 거의 환수한다는 전제에 입각했을 것이다. 그렇지만 지도부는 그런 일을 감히 실행에 옮기지 못했다.

베르그송 등의 서구 학자들의 견해에 따르면, 1980년까지 공산주의를 위한 "물질적 기반"을 만들어놓는다는 프로그램의 일환으로서 제22차 당 대회에서 채택된 농업 목표는 극히 낙관적이며, 아주 비현실적인 것으로 보였다. 그것은 공업 목표에는 거의 같은 정도로 적용될 수 없는 추정치였다. 당 대회 이후에 농업 생산을 장려하기 위한 흐루쇼프의 대단한 노력은—이번에는 사탕무, 옥수수, 완두콩, 강낭콩과 같은 사료작물을 재배하기 위해서 윤작제도를 폐기할 것이 요구되었다—소련의 농업 위기를 더욱 부각시키는 역할을 했다. 흐루쇼프가 1962년에 자신에게 아주 낯선 방식의 조직 개편 조치, 즉 지금까지 단일조직이었던 공산당 조직을 공업 부문과 농업 부문으로 전면적으로 분리시키는 조치를 취한 것은 아마도 경제적 위기, 특히 농업 위기와 관련되었을 것이다.

우리가 언급했듯이, 흐루쇼프는 소비에트 사회의 발전의 최종 단계로서 사회주의를 대체하게 될 공산주의가 손에 잡힐 듯이 가까이 왔다고 열정적인 어투로 약속했다. 1961년 10월에 제22차 당 대회는 이 이슈에 많은 관심을 기울이면서, 공산주의를 위한 전제조건이 1980년까지는 소련에서 확립될 것이라고 선언했다. 공산주의 사회의 세부 사항이 다소 애매하기는 했지만, 그것은 일반적으로 국민의 모든 필요를 충족시키는 풍요로운 경제여야 했다. 흐루쇼프는 "물론 우리가 인민들의 필요를 충족시킨다고 말할 때, 우리는 유행하는 물건이나 사치품에 대한 요구가 아니라 문화적인 수준이 있는 사람들의 건전한 필요를 염두에 두고 있다"라고 덧붙였다. 아주 평등한 사회가 올 것이라고 약속되었다. 수입의 격차는 사라지고 인민들은 "각자의 능력에 따라서 일하고, 각자의 필요에 따라서 분배한다"라는 고전적인 공산주의적 이상에 따라서 살아갈 뿐만 아니라, 공산주의는 마침내 도시와 농촌, 공업과 농업, 정신노동과 육체노동의 불평등을 제거하게 될 것이었다. 새로운 사회의 구성원들은 "폭넓은 경력을 가진 노동자들", 즉 두 가지 혹은 세 가지의 관련된 기술훈련을 받은 사람들로서, 여가 시간에 무보수로 한 가지 혹은 그 이상의 사회적으로 유용한 직업에 참여하게 될 것이다. 이것은 "공산주의 사회"에 대해서 마르크스가 "아무도 배타적 영역을 가지지 않고 각자가 자신이 원하는 어떤 분야에서나 스스로를 도야시킬 수 있는 공산주의 사회에서는 사회가 전반적인 생산을 조절하기 때문에, 사냥꾼, 어부, 양치기 혹은 비판가가 되지 않고서도 내가 마음먹은 대로 오늘은 이것을, 내일은 저것을, 곧 아침에는 사냥을, 오후에는 낚시를, 저녁에는 목축을, 밤에는 비판을 할 수 있게 된다"라고 한 유명한 설명에 근접하는 것을 의미했다.

집산주의(collectivism)는 모든 것을 결정하는 이상(理想)이었다. 심지어 일부 풍부한 소비재까지도 냉장고, 세탁기 혹은 진공청소기의 "기기 공동이용제"의 형태로 사용할 수 있을 것이다. 분명히 흐루쇼프는 자동차의 개인 소유를 끝까지 반대했고, 그 대신에 자동차 공동이용제를 계획했다. 생활은 점점 더 넓은 범위로 사회화될 것이다. 예를 들면, 무료 공공의료 서비스와 무료 교통 이후에는 무료 공동식사가 시행될 것이고, 그렇게 되면 여성들은 힘들고 단조로운 부엌일로부터 사실상 해방될 수 있을 것이다. 학술원 회원인 스트루밀린 등의 사람들은 미래의 공동체 도시의 모델을 만들었는데, 그곳에서는 부모들이 전문 직원의 보호를 받으며 따로 살게 될 자녀들을 매일 방문하게 될 것이다. 실제로, 공산주의는 가족의 역할이 폐지될 정도는 아니지만 극히 축소되는 것을 의미하는 것으로 보였다. 그와는 대조적으로 학교의 역할은 확대될 것이고, 노동여단, 동지재판소 그리고 다른 공동조직의 역할도 커지게 될 것이었다.

우리가 언급했듯이, 흐루쇼프의 후계자들은 임박한 공산주의 건설에 대한 논의를 종식시켰고, 흐루쇼프의 많은 "계획"을 포기했다. 그러나 그들은 점점 더 비효율적이기는 했지만, 계속해서 경제 발전에 전념했다. 1960년대 중반과 후반에는 소련 농업을 개선하기 위한 근본적인 조치가 취해졌다. 집단농장원들은 마침내 보장된 임금을 받았다. 그리하여 이전에는 수익 분배에서 요구 순위가 마지막이었으므로 그들의 생존 자체가 종종 한계상황으로 내몰리게 되었던 반면에, 이제 그들의 지위는 소프호스 노동자들의 경우와 비슷해졌다. 그뿐만 아니라 콜호스 구성원들에게까지 연금과 사회적 후생이 확대되었다. 한동안 국가는 농업 부문에 투여되는 자원의 양을 크게 증가시킴으로써, 농업 투자는 국가 전체 투자액의 할당에서 3분의 1 이상을 구성하게 되었다. 국가 수입의 또다른 4.5퍼센트는 높은 농산품 비용에도 불구하고 식품의 가격을 낮게 유지하기 위해서 소매가격 보조금으로 할당되었다. 그리고 농업 연구에도 다른 많은 금액이 투입되었다. 만약 우리가 이런 막대한 비용에 단지 1975-1976년에만 해도 해외에서 곡물을 사들이기 위해서 소련이 지출한 약 50억 달러, 그리고 육류와 버터를 사기 위해서 들인 더 많은 돈만이 아니라 나중에 유사한 거액의 구매 액수를 더한다면, 우리는 소련 지도부가 농업 부문을 발전시키고 소련 대중에게 좀더 안정된 가격으로 점점 많은 양의 식품을 공급하기 위해서 얼마나 많은 노력을 기울였는지에 대해서 알 수 있을 뿐만 아니라, 소련 농업의 전반적인 열악한 상태에 대해서도 알 수 있다.

1966년 봄에 제23차 당 대회에서 코시긴에 의해서 제출된 1966년부터 1970년까지의 새로운 5개년 계획—결국 제8차 5개년 계획으로 지칭되었다—은 1965년부터 1970년까지의 기간에 대한 흐루쇼프의 경제 목표의 상당 부분을 재조정했다. 그 계획에 따르면, 경제는 중공업 생산에서 49–52퍼센트의 성장을, 소비재에서는 43–46퍼센트의 성장을 위해서 노력해야 했는데, 이것은 연 성장률로 보면 각각 8.5퍼센트와 7.7퍼센트였다. 이것은 그 문제에 대해서 실각 직전의 흐루쇼프가 가지고 있던 생각과 비슷하기는 했지만, 중공업에 비해서 소비재가 아주 높은 수치를 기록했다. 그 뒤에, 소련 정부는 소련의 자동차 산업을 발전시키기 위해서 이탈리아 및 프랑스 회사들과의 계약에 서명했다.

1966년부터 1980년에 이르는 제8차, 제9차, 제10차 5개년 계획은 소련 경제의 둔화를 입증했다. 경제 문제는 1972년, 특히 1975년에 재앙에 가까운 흉작으로 더욱 심화되었는데, 그로써 소련은 외국으로부터 대규모로 곡물을 수입할 수밖에 없었다. 서구의 경제학자들은 경제 계획의 목표치가 "소련이 노동 예비군의 감소와 다른 방해적인 요소들에 의해서 영향을 받음에 따라서 일반적으로—때때로 광범위하게—달성되지 못했다"라는 보고서를 냈고, 일련의 계획은 낮은 목표치를 설정하고도 종종 도달되지 못하는 경향을 보여주었다. 농업, 소비재, 민간 용품, 자본 형성, 노동생산성 등 거의 모든 분야가 기대치에 훨씬 못 미쳤다. 오직 소련의 중공업과 군수품 생산만 높은 성장률을 보여주는 듯했다. 이런 문제점에도 불구하고, 달린은 1977년에 다음과 같이 말했다. "어떤 자유화 개혁도 곧 실시될 것 같지 않았다. 오히려 기업을 아주 큰 단위와 자동화 방향으로 더욱 합병시킴으로써, 계획과 관리에서 중앙집중 성향이 강한 어조로 강조되었다. 그러나 분명히—군사력을 포함하여—소련 국력의 산업적 기반은 어떤 선진 산업 강국의 기준으로도 칭찬할 만한 속도로 계속 성장하게 될 것이다."

흐루쇼프의 실각 이후 그리고 일반적으로 스탈린의 사망 이후에 도시민들, 특히 빈곤에 찌든 농촌 주민들의 생활수준은 계속해서 개선되고 있었던 듯하다. 1960년대와 1970년대 동안에 임금과 봉급은 꾸준히 인상되고 있었고(그리고 물가 상승이 거의 없었다), 식품 공급이 개선되었으며, 소비재의 양이 증대되고 더욱 다양해졌으며, 새로운 주택이 계속해서 건설되고 있었다. 그 이상으로 필요한 것들은 성장하고 있던 "제2경제"("암시장" 혹은 "비공식 경제")에서 종종 충족될 수 있었다. 그곳에서 사람들은 외국 상품, 불법적으로(즉, 사적으로) 제조된 물건, 합법적으로 구입된 다음에 다시 팔린 소련의 희귀 상품, (예를 들면,

트럭 운전사나 가게 경영인들에 의해서) 불법적으로 획득된 물건 그리고 용역을 구입할 수 있었다. 그러나 1970년대와 1980년대 초에 경제가 불안정해지기 시작하자 이런 개선의 흐름도 둔화되었다. 동시에, 소련은 탄도 미사일 방어체계의 배치 및 해군의 엄청난 증강에서 그 사례를 찾을 수 있는 대로 아주 막중한 군사비를 부담하고 있었다. 소련 내에서의 경제활동은 확산되었고, 국가의 경제 지도는 계속된 변화를 겪고 있었다. 이런 변화의 실례로는 시베리아의 노보시비르스크가 과학 및 기술의 주요 중심지로 부각된 일, 브라츠크 댐, 바이칼–아무르 간선철도, 바이칼 호수의 산업체에 의한 오염이라는 새로운 문제, 그리고 제2차 세계대전 이후로 오랫동안 캅카스 지역에 있었던 석유 생산의 중심이 볼가 강 유역과 우랄 산맥 사이의 새로운 유전으로, 그리고 우랄 산맥을 넘어 유전 및 천연 가스 산지로 옮겨졌다는 점 등이 있었다.

　새로운 지도부가 의존하게 된 경제 개혁은 일반적으로 경제적 "자유화"로 일컬어지며, 하리코프의 경제학자인 리베르만의 이름과 연관되었다. 소련 정부는 자본 및 노동 자원의 비효율적 이용에서 초래된 대규모 손실뿐만 아니라, 국민 총생산량의 성장률 하락, 투자금 회수와 노동생산성 증가의 현저한 감소라는 특징으로 드러난 경제적 둔화에 직면하게 되었다. 그리하여 정부는 제1차 5개년 계획의 시작과 함께 중시되어오던 순 생산량으로부터, 판매와 이윤을 강조하고 그에 따라서 인센티브를 부여하는 쪽으로 방향을 바꾸기로 결정했다. 새로운 제도하에서는 경영상의 특별 상여금이 생산량 그 자체가 아니라 판매와 이윤에 따라 지급되게 되었고, 이윤이라는 요인에는 생산에서 비용이라는 요소가 마침내 진지하게 인정되도록 했다. 1966년 1월에 총 30만 명의 노동자가 일하는 17개 산업의 43개 기업은 새로운 체제로 전환되었다. 다른 기업들도 그 이후의 몇 달과 몇 년 안에 그 뒤를 따랐다. 공업, 운수, 소매업에서 몇몇 경제 개혁이 실현되었고, 소프호스와 건설 분야로까지 개혁이 확산되었다. 그러나 개혁은 처음부터 애매하기도 했고 준비가 불충분하기도 하여 실시 과정에서 흐지부지된 결과, 새로운 체제와 과거의 체제 사이에는 별다른 차이가 없었다. 더욱 눈에 띈 점은 물질적인 인센티브와 점점 더 차이가 벌어지는 보수에 대한 규정이 새롭게 강조되었다는 것이었다. 그러나 이런 인센티브가 널리 적용되기는 했지만, 실적 면에서 중요한 진전을 이끌어내지는 못했다.

실제로, 1976-1980년의 제10차 5개년 계획과 그것을 뒤이은 제11차 5개년 계획은 대체로 앞선 계획들보다 덜 야심차기는 했지만, 그 시기에는 소련 경제가 정해진 목표를 달성할 수 없다는 점, 노동생산성 증가율의 하락, 또다른 경기 침체의 징후들이 반복적으로 드러나게 되었다. 일부 전문가들은 전례가 없을 정도로 4년이나 연속된 흉작의 첫해인 1979년을 파국을 향한 전환점이라고 간주한다. 그때와 그 직후의 시기에는 교통의 병목현상과 에너지 공급 유지의 어려움으로부터, 점차 증가되고 있던 알코올 중독과 인플레이션에 이르기까지 모든 것이 결합되어, 소련의 경제 발전을 지체시키고 소련의 경제적 문제들의 심각성을 부각시키는 것처럼 보였다. 더 나아가 다른 학자들은 브레즈네프 체제의 성공적인 초기에는 소련의 군사력과 산업 능력이 생활수준의 급속한 상승과 나란히 성장했던 데에 비해서, 정체되고 실망을 안겨준 그의 체제의 후기에는 도처에서 식량과 소비재가 부족했다고 기술했다.

브레즈네프의 사망 무렵에 쓰인 것으로서, 그의 관리하에 있던 1964년부터 1982년 사이에 소련의 경제 발전에 대해서 미국과 비교하여 다음과 같은 경제적인 평가가 서술된 적이 있다. 한편으로는 다음과 같은 측면이 있었다.

연평균 4.9퍼센트의 공업 생산량을 포함하여, 18년 동안 연평균 3.8퍼센트에 달하는 총생산량의 지속적인 증가.

연평균 2.7퍼센트의 1인당 소비 증가를 포함하여, 소련 국민들의 생활수준의 지속적인 성장.

미국과 대비한 상대적인 측면에서만이 아니라, 절대적으로도 이루어진 소련 군사력의 중대한 성장.

소련과 미국 사이의 총 생산량과 1인당 생산량에서의 간격의 축소. 1965년에 소련의 국민 총생산량이 미국에 비해서 약 46퍼센트에 불과했던 반면에(1인당으로 계산하면 38퍼센트), 1982년에 그것은 55퍼센트였다(1인당으로 계산하면 47퍼센트).

소련과 미국 사이의 생산성의 간격의 축소. 1965년에 소련의 일반 노동자의 생산성은 미국에 비해서 30퍼센트에 불과했으나, 1982년 무렵이 되면 41퍼센트가 되었다.

1980년대 초에 소련의 많은 핵심적인 상품의 양적 생산량이 미국의 경우와 비슷하거나 그것을 능가할 정도로까지 이루어진, 주요 공산품 생산의 증가.

반면에 다음과 같은 측면도 있었다.

소련 경제성장률의 지속적인 속도 둔화. 국민총생산의 연평균 성장은 1966-1970년 동안의 5.2퍼센트라는 정점으로부터 1971-1975년의 3.7퍼센트, 1976-1980년의 2.7퍼센트, 1981-1982년에 추정치인 2.0퍼센트로 감소.

1인당 연평균 소비 증가율이 1966-1970년에 4.3퍼센트를 정점으로 하여 1971-1975년에 2.6퍼센트, 1976-1980년에 1.7퍼센트, 1981-1982년에 추정치인 1.2퍼센트로 감소될 정도로 이루어진, 생활수준 향상 속도의 지속적인 둔화.

소련 농업의 만족스런 성장을 달성하는 데에 실패. 18년 동안 농업에서 기인하는 국민총생산의 연평균 증가율은 1.7퍼센트에 불과했다.

절대적인 의미 및 미국과의 상대적인 의미 모두에서의 농업 생산성 증가의 부재. 1965년에 소련의 일반 농업노동자의 생산성은 미국의 경우에 비해서 14퍼센트에 불과했는데(소련에서는 1명의 농업노동자가 6명분의 식량을 공급했고, 미국에서는 1명이 43명분의 식량을 공급했다), 1981년에는 그 수치가 실제로 겨우 12퍼센트로 내려갔다(소련에서는 1명의 농업노동자가 8명분의 식량을 공급한 데에 비해서, 미국에서는 그 수치가 65명이었다).

소련의 식량 생산에서 "장기적인" 기후 주기의 중요한 영향이 배제될 수는 없다고 할지라도, 브레즈네프 시대의 아주 중요한 실패는 식량 수확량에 있는 것 같다. 그것은 1972년 이후에 반복적으로 기대치와 필요량에 크게 모자랐다. 브레즈네프 통치는 1964-1970년을 예외로 하면, 투자와 국방비의 증가에 최우선순위가 부여되었다는 특징을 가지고 있었다. 그 결과, 오늘날 평균적인 소련 시민의 1인당 소비는 미국의 경우에 비교해서 3분의 1에도 미치지 못하고 있다.

그러나 사실관계와 통계 수치가 상당히 신뢰할 만한 것 같음에도, 그런 것들에 대한 설명은 달랐다. 아마도 가장 중요한 쟁점은 소련의 경제적인 어려움이 어느 정도로 일시적이며 상대적으로 회복 가능한 성질의 것이었느냐, 그리고 그런 어려움의 원인이 어느 정도로 체제 내부에 있었느냐에 대한 것이었다.

"해방"

1956년에 제20차 당 대회에서 행한 흐루쇼프의 "비밀 연설"은 언급된 대로 당 지도부 내의 권력 투쟁의 일부이기도 했지만, 소련 생활의 탈스탈린주의화의 과정에서 가장 극적인 제스처였다. 스탈린의 후계자들에게 한 가지 점은 분명했다. 즉, 후계자들은 스탈린이 했던 대로 통치할 수는 없다는 것이었다. 그 이유는 후계자들이 스탈린의 카리스마(그리고 아마도 그의 무자비함)를 가지고 있지 못했기 때문만이 아니라, 소련 사람들이 훨씬 더 많은 것을 기대하고 있었기 때문이기도 했다. 체제가 존속되기 위해서는, 주민들의 필요와 바람에 훨씬 더 민감하게 반응을 보일 필요가 있었다. 우리가 살펴봤듯이, 이것은 물질적인 생활수준을 높이는 데에 과거보다 훨씬 더 많은 관심을 쏟았던 경제정책에서 특히 명확하게 드러났다. 테러를 포기한 것은 과거와의 또다른 본질적인 결별 조치였다. 스탈린의 사망과 특히 1953년 여름의 베리야의 몰락으로 인해서 정치경찰의 역할과 권한이 상당히 축소되는 결과가 초래되었다. 테러는 더 이상 소련 통치체제의 일부가 아니라는 점을 국민들과 특히 당에 확신시키려는 조치가 즉각 취해졌다. "의사들의 음모"는 날조된 것이라고 발표되었다. 새로운 규정과 감시 구조에 의해서 정치경찰의 자율권은 제한되었다. 새로운 형법 제정 작업이 즉각 시작된 결과, 1958년에 공표된 그것은 시민들에게 법적인 보호를 더욱 많이 제공했다. 그리고 물론 흐루쇼프가 1956년에 한 연설은 국가보안기구가 저지른 잘못과 범죄행위를 크게 책망했고, 아주 유명한 일부 희생자들의 사후 명예 회복(당시의 용어로는 "복권[復權]"으로 이어졌다. 생존하고 있던 희생자들도 마찬가지로 혜택을 입었다. 수천 명, 아마도 수백 만 명의 정치범들이 악명 높은 강제노동 수용소인 굴라크로부터 풀려났다. 그렇지만 체제 비판은 용납되지 않았다. 소련 시민들은 자신들이 스탈린 치하에서 가지게 되었던 정치경찰에 대한 직접적이고도 널리 만연된 두려움에서 점차 벗어나게 된 것 같다. 그러나 비교적 완화되기는 했지만, 소련은 여전히 경찰국가로 남아 있었다.

이후의 장에서 살펴보게 되겠지만, 스탈린의 사망 이후에는 문화 부문에 대한 당의 통제도 어느 정도 완화되었다. 사망한 독재자를 흐루쇼프가 비난했다는 사실 그 자체는 이전에 제기되었던 아주 많은 추정들과 주장들에 대한 철저한 재평가의 필요성을 제시해주었다. 한편 그것은 많은 혼란을 야기하기도 했다. 1956년의 몇 달 동안에 일부 소련 작가들은 소련의 현실에 대한 접근과 그에 대한 비판에서 상당한 자유를 누렸다. 그러나 그해 가을에 발생된 폴란드 위기와 헝가리 봉기 이후에는 제한 조치가 다시 등장했다. 흐루쇼프의 후계자들은 체제 비판에 대해서 훨씬 더 강경한 노선을 채택했다. 그것은 1965-1966년에 시납스키와 다니엘이 체포되어 재판을 받고 유죄 판결을 받은 일이라든지 문화적인 탄압의 다른 수많은 사례를 통해서 분명히 드러났다.

이런 통제정책과 소련의 체제가 일반적으로 생기게 만든 비공개된 반정부 운동의 정도와 강도는 추측에 의지할 수 있을 따름이다. 그러나 공산체제에 대한 봉기는 동독, 폴란드, 체코슬로바키아, 헝가리뿐만 아니라, 소련 자체에서도 발생되었다는 것을 언급할 필요가 있다. 그것은 비록 관료 및 소련 생활의 전반적인 상황에 대한 뿌리 깊은 분개심을 종종 드러내기도 했지만, 주로 식량 부족과 물가 인상, 생활 및 노동조건의 다른 변화에 항의하기 위해서였다. 1953년과 1954년에 보르쿠타와 켄기르의 강제노동 수용소에서 일어난 봉기, 1956년에 그루지야의 수도인 트빌리시에서 발생된 민족주의자들의 항의 사태, 1959년에 카자흐스탄의 테미르타우에서 발생된 러시아 건설노동자들의 항의 사태, 1962년에 노보체르카스크에서 일어난 노동자들의 봉기 등이 그런 일의 사례라고 할 수 있다. 그리고 그 이후에는 산발적인 폭동, 파업, 학생들의 시위도 발생되었다. 정부는 이런 항의 사태에 대해서 변함없이 엄격한 탄압 조치로 대응했다.

소련 사회에 해빙이 일어나고 반체제적 견해가 대두됨으로써, 특이하고도 다양한 사미즈다트(samizdat), 즉 자비를 들여서 비합법적으로 출판되고 복제되며 배포되는 문헌, 그리고 반체제 지식인들 및 심지어 공식적인 문화생활의 변두리에 위치하는 지식인 집단이 등장하게 되었다. 종교적인 연구-기도 집단(정교회, 개신교, 유대교, 불교 등), 개인 아파트에서 자신들의 작품을 전시하던 불복종 예술가들, 반체제 시인들과 작사자들, 여권주의자들, 자유주의자들, 사회주의자들, 아나키스트들 등 수많은 반체제 집단과 흐름들이 이 시기에 나타났다. 반체제 인사들은 때때로 끔찍한 정신병원에 감금되는 것을 포함하여 많은 방법으로 괴롭힘을 당하고 억압받았다. 그럼에도 불구하고, 그들은 일종의 보수주의적 민족주의와 신슬라브주의로부터 수소폭탄 물리학자인 사하로프의 진보적이고 전반적으로 서구화된 견해 및 아말리크의 개인적이고 비극적이며 거의 차다예프적인 비전으로부터, 로이 메드베데프의 반체제적 마르크스주의에 이르기까지 여러 가지 메시지를 계속해서 전달했다. 그리고 반체제운동은 솔제니친 현상을 낳았다. 푸시킨의 『예브게니 오네긴(*Yevgeny Onegin*)』과 투르게네프의 『귀족의 둥지』가 귀족 지주의 러시아와 연관되었던 것처럼, 우리가 문학적인 위상이나 이데올로기적인 감각 혹은 학문적인 엄밀성이라는 견지에서 솔제니친에 대해서 어떤 생각을 하든지 간에, 대부분의 그의 작품들, 특히 『수용소 군도(*Gulag*)』는 스탈린의 러시아에 대해서 우리가 기억하고 있는 방식과 불가분하게 연관되어 있는 것 같다. 고립되어 있고 연약하며 오직 개인적인 도덕적 갱신에 대한 믿음으로만 무장되어 있는 반체제 지식인들은 소련 사회에서 아주 골치 아픈 사람들일 뿐만 아니라, 소련 사회의 복잡성 및 변화의 근원의 징후로 남아 있었다.

유대인들의 자아 확인과 저항 그리고 이스라엘로의 대량 이주(1985년까지 소련의 유대인 총수의 약 10퍼센트에 달하는 약 23만5,000명이 이주했으며, 그보다 많은 사람들이 이주 신청을 해놓았다)—몇몇 비유대인들의 이주 허가와 함께—는 스탈린 이후의 소련 사회의 모습을 혼란에 빠뜨린 또다른 사태의 진전이었으며, 아주 별개이기는 하지만 지식인들의 반체제 운동과도 밀접한 관련을 가지고 있었다. 사람들은 불만을 가진 수많은 소련 시민들이 떠나가도록 한 결정이 세계의 여론과 타협하는 반응이었을 뿐만 아니라 그런 사람들을 다루는 즉각적인 문제 해결책이기는 했지만, 소련 체제에 대해서는 그것을 통해서 해결된 것보다 더 많은 문제를 잠재적으로 불러일으켰다는 의문을 제기한다. 소련의 유대인들 가운데 기존 질서로부터 완전히 이탈하는 사람들이 생긴 것은 유대인들의 정체성, 널리 확산된 반유대주의 혹은 시오니즘 등으로는 설명할 수 없다. 대부분의 소련 유대인들은 아주 잘 동화되었으며, 비교적 성공을 거두고 있었다. 그들이 소련 사회에서 소외된 것은 비유대인 동료 시민들의 경우와는 약간 달랐다. 중요한 차이점은 그들이 떠날 수 있는 기회를 가지고 있었다는 점이었다. 1980년대 초에 들을 수 있었던 소련의 유머는 이 점을 시사한다. 브레즈네프가 흑해에서 수영을 하다가 물에 빠지고 말았다. 어떤 힘센 여인이 그를 붙잡고 해안으로 끌고 왔다. "동무, 당신은 나의 목숨을 구해주었소. 나는 권력자요. 무슨 소원이든지 말하면 들어주겠소." 그녀는 다음과 같이 대답했다. "소련의 국경선을 개방하여 소련을 사랑하는 전 세계의 모든 평화 애호적인 진보적 인민들이 들어오게 하고, 모든 반소련 분자들이 떠날 수 있게 해주십시오." 브레즈네프는 가만있더니 큰 소리로 웃으며 말했다. "알았소. 그대여, 당신은 나와 단 둘이 남기를 원하고 있구려."

스탈린 이후에 실시된 제한의 완화 조치는 국내외 정책을 포괄하는 분야, 즉 해외여행과 국제교류 전반에서 특히 두드러졌다. 소련 당국은 소련 국민들과 외부 세계 사이에 사실상 건널 수 없는 "철의 장막"을 만들었던 이전의 가혹한 규제를 수정하고, 미국인들을 포함한 여행자들을 환영하고, 점차로 많은 수의 자국민들에게 해외여행을 허용하기 시작했다. 당국은 언제나 단체 단위를 고집하기는 했지만, 많은 학문 분야의 선진 연구로부터 영화와 아동 도서에 이르기까지 다양하고 수많은 "문화 교류"를 추진했다. 소련의 우주비행사들은 말할 것도 없고, 과학자들, 학자들, 운동선수들, 무용수들과 음악가들은 세계의 많은 나라에서 당연한 주목을 끌었다. 동시에, 소련 시민들은 서구의 유명한 방문자들을 환영했으며, 그들의 업적을 열렬히 칭송했다. 헬싱키 협정이 체결된 지 1년 후인 1976년에 해외여행과 문화 교류는 더 활기를 띠게 되어, 소련은 네프 시기에 교류가 중단된 이래로 어느 때보다도 더 많은 국제적인 접촉을 가지게 되었다. 소련 국민들은 서서히 서구와 세계를 더 잘 알아가고 있었다.

대외관계와 냉전

스탈린 사망 이후에, 소련의 대외정책은 훨씬 더 미묘하고 복잡해졌다. 세계가 적들로 가득 찼다고 보는 단순한 관점은, 호프의 말을 빌리면 "차이의 연속체 (a continuum of difference)"라는 개념으로 대체되었다. 그것은 국가들 사이에 이해관계와 입장이 폭넓게 다르다는 점을 인정했을 뿐만 아니라 일부의 차이점은 소련에게 해가 되지 않는다는 것을 인정하는 것이었다. 이것은—비록 일정한 정도까지였지만—소련 블록 내의 차이를 좀더 관용적으로 대하도록 만들었고, 자본주의 세계와 사회주의 세계가 공존할 수 있고 전쟁 없이 차이점을 해결할 수 있다는 새로운 도그마를 낳게 되었다. 물론 핵 시대에 데탕트는 아주 합리적인 정책이었다. 동시에, 이처럼 유연성이 커지고 관용적인 태도가 생겨나기는 했지만—아주 큰 자기 확신과 안보를 반영하기도 하면서—대외관계에서 집요할 정도로 스탈린주의적인 접근을 반영하는 중요한 관점도 남아 있었고, 이것은 새로운 갈등을 낳았다. 소련은 자국이 스스로의 영향권과 이해관계를 가진 "위대한 강국"이라고 보고 있었는데, 여기에는 타당한 근거가 있었다. 사실, 소련은 다른 국가들에서 사회주의 혁명을 부추김으로써 이런 영향권을 확대하고 새로운 동맹국들을 얻을 수 있기를 바라고 있었다. 확실히, 동유럽, 중국, 제3세계와 맺은 관계만이 아니라 모스크바가 소련 내의 민족 공화국들과 맺은 관계가 증거로 보여주고 있듯이, 이 동지 국가들은 평등한 관계에 있지 않았다. 소련은 이런 국제 운동의 정점에서 지휘하는 자리에 있으려고 했다. 그러나 스탈린 사후의 대부분의 기간에 이런 지배관계는 과거보다 더 세심하고 효과적으로 다루어졌다.

스탈린이 사망하고 말렌코프가 소련에서 지도적인 역할을 맡게 됨에 따라 즉각 소련 국내의 긴장은 약간 완화되었을 뿐만 아니라, 국제적인 긴장도 어느 정도 감소되었다. 신임 수상은 대외관계에서 논란이 되는 모든 문제가 평화적으로 해결될 수 있다고 주장하면서, 상호 이해에 도달할 수 있는 나라로서 미국을 지목했다. 한편 1953년 여름, 한국에서는 마침내 휴전이 합의되었다. 그리고 1954년 봄에는 국제회담이 개최되어, 인도차이나를 북쪽의 공산주의 베트민과 남쪽의 베트남 독립국으로 분할함으로써 그곳에서의 전쟁은 종식되었다. 소련은 비록 인도차이나 분쟁에 직접 참여하지는 않았지만, 더 큰 전화(戰火)로 확대될 위험이 있었던 그 국지 전쟁이 종식됨으로써 세계 평화의 가능성은 높아졌다. 1954년 1월에는 오랫동안 활동하지 않았던 4대 강국의 외무장관 회담이 베를린에서 소집되어 독일 및 오스트리아와의 조약 문제를 논의했으나, 아무런 결과를 얻지 못했다. 소련은 그해 4월에 국제연합 교육과학문화기구(UNESCO)와 국제노동기구(ILO)에 가입했다. 말렌코프는 그 이상의 국제관계의 개선과 정상회담에 대해서 언급했다.

그러나 심지어 온건한 완화정책조차도 소련 진영에는 위험하다는 점이 곧 명백해졌다. 1953년 6월 초에는 체코슬로바키아에서 시위와 파업 사태가 발발하여, 필젠에서는 심각한 양상을 띠었다. 그곳에서 봉기자들은 시청을 장악하고, 자유선거를 요구했다. 그달 중순에는 동베를린과 동독의 다른 중심지들에서 총파업을 선언한 노동자들이 선봉에 선 반란이 일어났다. 소련군은 약간 격렬한 전투를 벌인 후에 질서를 회복했다. 그해 여름에 베리야가 몰락한 것은 이렇게 사태가 진전된 것에서 영향을 받았을 가능성이 있다. 왜냐하면 경찰조직의 총수인 그는 스탈린의 사망 이후에 긴장 완화와 합법성을 강조했기 때문이다. 1955년 2월에 말렌코프가 수상직에서 사임함으로써, 이전에 스탈린의 총애를 받던 그가 세계무대에서 맡았던 역할은 끝이 났다.

정부 수반으로서 말렌코프를 대체했던 불가닌은 비록 통상적으로 당의 우두머리인 흐루쇼프를 수행하며 여행하기도 했고 그와 공동보조를 취하기는 했지만, 국제문제에서 가장 중요한 소련 인사가 되었다. 그 시기에 몰로토프는 외무부 장관직을 계속해서 맡고 있었다. 알려진 대로, "B와 K"*식 외교에는 유럽과 아시아를 대상으로 한 친선 사절단의 과시성 여행도 포함되어 있었다. 소련은 예전에는 제국주의의 종이라고 비난했던 인도 및 다른 중립국들을 각별히 예우했다. 동시에 두 소련 지도자들은 미국 및 서구와 논란거리가 되고 있던 문제를 해결할 준비가 되어 있다고 주장했다. 그리고 실제로 1955년 5월에 강대국들은 합의에 도달하여 오스트리아와 강화조약을 체결할 수 있었다. 그것에는 오스트리아의 영구중립만이 아니라, 오스트리아 내의 독일 자산을 소련이 오스트리아 정부에 돌려주는 대가로 오스트리아가 일정액을 소련에 지불하고 일정한 물품을 건네준다는 내용이 포함되어 있었다. 화해의 분위기는 1955년 7월에 제네

---

* 불가닌(Bulganin)과 흐루쇼프(Khrishchev)/역주

바에서 개최된 정상회담에서 절정에 달했다. 그 회담에서는 어떤 구체적인 문제도 해결되지 않았지만, 논의가 아주 화기애애한 분위기 속에서 이루어졌다. 불가닌과 아이젠하워 두 사람은 모두 자국이 공격적인 행동에 결코 참여하지 않을 것이라고 강력히 주장했다. 그다음 달에 소련 당국은 자국의 병력을 64만 명 정도까지 감축한다고 발표했다. 소련은 9월에는 포르칼라 기지를 핀란드에 반환했고, 핀란드인들과 20년 기한의 우호조약을 체결했다. 그러나 1955년 가을에 양국의 외무장관들이 그들의 수반이 표명한 합의와 이해의 입장을 구체적인 문제 해결을 위해서 적용하려고 했을 때, 회담은 즉각 교착상태에 빠지고 말았다. 몰로토프는 소련이 이전에 가졌던 입장과 요구로부터 한 발짝도 움직이려고 하지 않았던 것이다. "제네바 정신"은 현실이라기보다는 유혹적인 꿈으로 판명되고 말았다.

소련과 서구 사이의 화해가 지속되지 못했기 때문에, 세계의 양극체제는 계속되었다. 인도차이나 북부에서 공산주의가 승리한 이후에, 1954년 9월에 조인된 마닐라 조약으로 동남아시아 조약기구(SEATO, Southeast Asia Treaty Organization)가 창립되었다. 영국, 프랑스, 파키스탄, 태국은 이미 동맹을 맺고 있던 4개국, 즉 미국, 호주, 뉴질랜드, 필리핀에 합세해서 아시아에서의 공산주의의 팽창에 대한 새로운 방어벽을 구축했다. 유럽에서 서독은 미국의 동맹국이자 서구 연합의 일원으로서 그 중요성이 꾸준히 증대되고 있었다. 소련도 1955년 5월에 위성국들과 함께 소위 바르샤바 조약(Warsaw Treaty)을 체결하여 유럽 공산주의 국가들의 군사적 지휘권을 통합했다.

1956년은 특히 동유럽에서 놀랄 만한 해였다. 흐루쇼프와 불가닌을 포함한 대규모 방문단이 티토와 유고슬라비아의 노선을 용납하지 않았던 스탈린의 오류를 근본적으로 인정하기 위해서 베오그라드를 방문했을 때, 나머지 사회주의 세계에 대해서 새로운 정책을 펼칠 것이라는 최초의 징후가 나타났다. 베오그라드가 소련의 동생으로서의 지위를 수용하는 한—비록 이것이 긴장의 근원이 되기는 했지만—모스크바는 사회주의 건설에 대한 다른 입장을 용인해주었다. 1956년 4월에는 코민포름이 해산되었고, 이러한 부드러운 정책에 반대했던 몰로토프 외무부 장관은 셰필로프로 교체되었다. 흐루쇼프의 그다지 비밀스럽지 않은 1956년 2월의 연설은 동유럽에서 요약되어 소개되거나, 심지어 공산주의자들의 모임에서 낭독되기도 했는데, 이것은 논란을 불러일으킨 특별한 자극제 역할을 했다. 모스크바가 스탈린의 오류와 범죄를 인정했다는 것은 체제 개혁을 위한 요구를 인가하는 것처럼 보였다. 폴란드와 헝가리에서의 정치적인 폭발은 이처럼 급격히 변화되는 상황을 반영했다.

폴란드에서 1956년 6월 하순, 노동자들은 포즈난 시의 거리로 나왔다. 폴란드 군대가 그들에게 파견되었고, 수십 명의 사람들이 피살되었다. 동시에 폴란드 지식인들은 통제정책을 완화시켜줄 것을 촉구하고 나섰다. 폴란드 공산당은 분열되었고, 많은 공산주의자들은 폴란드가 사회주의로 가는 별도의 길이 있다는 주장에 동조했다. "반동" 혐의로 투옥된 고무우카는 10월에 당 서기로 복귀했고, 흐루쇼프 등의 소련 지도자들은 위기를 해결하기 위해서 바르샤바로 날아왔다. 극도의 긴장에도 불구하고—흐루쇼프는 폴란드인들을 반역자들이라고 불렀고, 고무우카는 자신을 투옥한 데에 대해서 흐루쇼프를 비난했다—합의가 이루어졌다. 소련은 고무우카와 폴란드의 공산주의 체제의 자유화를 수용했고, 폴란드에서 소련의 군사 고문관들을 철수시키는 데에 동의했다. 소련 지도자들이 떠난 다음 날, 수만 명의 시민들이 바르샤바 거리로 나와서 고무우카를 지지했다.

헝가리는 여기에서 더 나아갔다. 호프가 말했듯이, "폴란드는 허용될 수 있는 차이점의 경계선을 깨는 것을 깜빡했으나, 헝가리는 그렇지 않았다." 폴란드 사태로부터 부분적인 영향을 받은 혁명이 1956년 10월 하순에 폭발했다. 제20차 당 대회 이후에, 헝가리의 시위 참가자들은 개혁을 요구하면서 개혁파 총리인 임레 너지의 권력 복귀를 요구했다. 임레 너지는 1955년에 스탈린주의자인 당 지도자 라코시에 의해서 당과 정부에서 쫓겨난 상태였다. 모스크바는 7월에 라코시를 제거하기 위해서 흐루쇼프의 탈스탈린화를 지지하던 미코얀을 부다페스트로 파견했다. 폴란드 사태에서 영감을 받은 학생들이 대부분인 거리의 시위 참가자들은 10월 무렵에는 임레 너지의 권력 복귀, 소련군의 완전한 철수, 완전한 언론 자유, 민주주의적인 선거를 요구하게 되었다. 임레 너지는 복귀했으나, 학생들이 보안 부대 및 군대와 충돌하면서 시위는 계속되었고, 점차 격렬해졌다. 10월 말에 너지는 비공산주의자들을 포함한 연립정부를 구성하였고, 헝가리가 바르샤바 조약에서 탈퇴하는 협상을 시작했다. 회고록과 기록관 자료가 보여주고 있듯이, 소련 지도부는 그런 무질서와 불충성에 직면하여 "약한 모습"을 보여주는 것이 초래할 영향에 대해서 겁을 먹었다. 이것은 전 지역으로 확산될 수도 있으며—사실 이미 확산되고 있다는 징조가 있었다—서구 열강에 기회를 줄 수도 있었다. 미코얀은 질서를 회복하기 위한 일에 관해서는 헝가리 군대를 믿을 수 없다는 보고를 부다페스트로부터 보내왔다. 소련 지도자들은 반란을 분쇄하기 위해서 군대를 파견하기로 결정했다. 11월 4일에 소련의 탱크와 군대가 반란의 중심지인 부다페스트를 급습하기 시작했다. 목격자들은 군인들이 거리의 아무 사람이나 공격하고, 탱크가 건물을 향해서 불을 뿜는 광경이 아주 잔혹했다고 기록했다. 싸움 중에 2,500명의 헝가리인들과 722명의 소련 군인들이 사망했다고 집계되었다. 임레 너지는 체포되어 1958년에 처형당했다. 서구 열강은 개입하기를 주저했지만, 헝가리 개입에 대한 도덕적인 충격으로 인해서 소련에 대한 서구의 적개심은 더 큰 자극을 받았다. 그것은 서구의 공산주의자들에게도 위기를 초래했다. 1953년 이후에 폭로된 내용과 더불어 헝가리에서의 공산주의 개혁 운동을 폭력으로 탄압하는 모습을 보고, 많은 정당 내에서 변화를 위한 운동이 격려를 받았을 뿐만 아니라 많은 수의 개별 공산주의자들은 그 운동을 아예 떠나기도 했다.

국제무대에서의 흐루쇼프의 행동은 일정한 유형을 보여주었다. 그는 콩고 같은 신생 독립국들 내의 어려움이든지, 아니면 군비 확충과 우주 기술에서 소련이 이룩한 성과이든지 간에, 자신이 가지고 있던 온갖 유리한 점은 밀고 나가면서 본질적으로 비타협적인 입장을 고수했다. 그럼에도 불구하고 그는 공존 및 현안 문제의 해결을 위한 정상회담의 필요성을 끊임없이 말했다. 또한 그는 1959년에 미국을 포함하여 많은 국가를 친선 방문했다. 1960년 여름에 개최되기로 한 정상회담은 예정날짜 2주일 전에 미국의 U-2 첩보기가 소련 영토 깊숙한 장소에서 격추되었다고 흐루쇼프가 발표함으로써 개최되지 못했다. 그러나 흐루쇼프는 1961년에 미국의 새 대통령인 케네디를 빈에서 만났다. 1962년 여름에 소련 외교정책의 양 측면이 뚜렷하게 드러났다. 소련이 부추긴 베를린의 새로운 위기는 세계 평화를 계속해서 위협했다. 그러나 다른 한편으로, 흐루쇼프는 대외적인 공존과 대내적인 평화적 발전을 이전보다 더욱 강조하면서, 그 점을 제22차 당 대회에서 표명된 프로그램에 대한 자신의 귀중한 이론적 기여로 만들었다. 확실히, 소련에서 공식적으로 정의된 바에 따르면, 공존이란 자본주의가 최종적으로 몰락될 때까지 자본주의 세계와 벌이는 경제적, 정치적, 이데올로기적인 경쟁을 의미했다. 그러나 소련 당국은 그런 몰락은 세계대전 없이 일어날 것이라고 주장하게 되었다.

그러나 그해 가을에 흐루쇼프는 도를 넘어서 세계를 핵전쟁 직전까지 몰고 갔다. 소련 미사일을 쿠바에 배치하는 문제를 두고 1962년 10월에 미국과 소련 사이에서 벌어진 대결은 소련의 충격적인 패배로 종결되었다. 그 사건은 적어도 부분적으로는 흐루쇼프가 가진 열정, 미국과 자본주의가 전반적으로 쇠퇴하고 있으며 강하게 압박하면 물러설 것이라는 그의 확신에 의해서 설명될 수 있다. 그 결과는 의심할 것 없이 평화 공존을 위한 논거를 강화시켰고, 워싱턴과 모스크바 사이의 유명한 "핫라인"에 의해서 상징되는 것처럼 대외정책에서 신중함과 협의의 중요성을 부각시켰다.

소련은 1967년과 1973년의 이스라엘-아랍 전쟁과 베트남 전쟁처럼 아주 복잡하게 얽힌 위기에서조차 조심스런 반응을 보이면서 조심스럽게 개입해나갔다. 소련은 베트남 전쟁에서 "미국 제국주의"를 비난하고 북베트남에 매우 중요한 군수품을 제공했지만, 전쟁의 확대는 피했다. 그러나 1975년에 인도차이나에서 공산주의가 완전히 승리하고 베트남에서 이루어진 미국의 파국적인 정책이 미국의 대중에게 엄청난 충격을 안겨준 이후에, 소련은 앙골라 등지의 국제무대에서 좀더 많은 행동의 자유를 가졌다고 느꼈을 수 있다.

미국뿐만 아니라 소련도 반격 능력, 즉 핵 공격을 받은 후에 적에게 "감당할 수 없는 피해"를 입히는 보복을 가할 수 있는 능력을 가지게 되었기 때문에, 세계에는 진정한 공포의 균형이 성립되었다. 과학기술이 계속 발전해나감에 따라서 기존의 모든 전략 개념은 사실상 쓸모가 없게 되었다. 양대 핵강국 사이에 있을 수 있는 최후의 결전이라는 견지에서 보면, 수많은 군사 기지 그리고 사실상 지구의 모든 지역이 중요성을 상실했다.

서구의 권위 있는 추정에 따르면, 소련은 1970년대 중반부터 전반적인 핵전력에서 미국을 따라잡았고, 실제로 약간 앞서 있었을 수도 있다. 반면에 1991년 이래로 입수 가능한 증거에 따라서 일부 전문가들은 자신들이 가진 능력의 정도와 효율성을 과장하려는 소련의 성공적인 능력에 기반을 두고 위와 같은 추정이 나왔다는 결론을 내렸다. 그러나 무기 경쟁으로 인한 엄청난 경제적 부담, 공포, 불확실성으로 인해서 협상을 통해서는 제대로 된 해결책이 도출되지 못했다. 분명히 중요한 성과도 있었다. 일찍이 대기 중의 핵실험 금지에 뒤이어, 핵확산 방지조약이 1968년 초에 양대 초강대국과 다른 나라들에 의해서 서명되었다. 우주에 관한 다른 협정도 체결되어서, 1975년에는 러시아인들과 미국인들의 그 유명한 공동 노력이 이루어졌다. 무기제한과 같은 중대한 사안은 수많은 회담에서 다루어졌다. 게다가 텔러 등의 과학자들이 지적했듯이, 협상의 어려움은 두 초강대국의 총체적인 목표, 태도, 정책에 있었을 뿐만 아니라, 사전에 조정된 무기제한 계획을 곧장 허사로 만들어버린 과학기술의 발전이 가지는 성격 자체에도 있었다.

이 문제와 상당히 긴밀하게 연관되었지만, 소련과 미국 사이에 훨씬 더 규모가 큰 데탕트라는 이슈도 불확실한 미래를 향해서 나아갔다. 데탕트는 1975년 여름에 개최된 헬싱키 회담에서 굉장한 성공을 거두었다. 그곳에서 미국과 다른 서구 국가들은 제2차 세계대전 이후에 공산주의에 의해서 다시 그려진 중유럽과 동유럽 지도를 인정한 대가로, 양 세계 사이의 접촉을 확대해달라는 것과 그런 접촉 때에 좀더 큰 자유를 부여해달라는 비현실적인 약속을 얻어냈다. 그러나 최혜국 조항, 신용거래 그리고 소련 유대인들의 운명에 대한 미국의 관심을 둘러싼 문제 때문에, 소련과 미국 사이에는 포괄적인 경제협정이 체결되지 못했다. 나아가 얼마 되지 않아 데탕트는 새로운 국제적 사건의 전개에 의해서 또다시 수렁에 빠지게 되었는데, 그것에 대해서는 이 장 후반부에서 자세히 다루어질 것이다.

아이러니하게도, 쿠바 사태 이후로 미소 관계가 개선되고 더욱 안정된 반면에, 그리고 소련 지도자들이 드골 대통령 시절의 프랑스 및 다른 자본주의 국가들로부터 환영을 받았던 반면에, 공산주의 세계 내에서 소련 지도자들의 입지는 악화되었다. 중국과의 갈등은 1960년 무렵에 공개적으로 분출되었으며 그 이후에 더욱 확대되고 심각해졌다. 1960년 8월, 소련 인력이 중국에서 갑자기 철수하고 원조가 중단된 이후에 양국은 갑자기 매우 적대적인 관계가 되었다. 양국 및 양국의 정당은 상대측을 격렬히 비난하면서 세계 공산주의의 주도권을 놓고 서로 경쟁했는데, 중국은 보통 소련의 "수정주의"에 반대하고 혁명적인 입장을 옹호했다. 더구나 중국은 핵보유국이 되었으며, 소련의 아시아 쪽 영토에 대한 권리를 크게 요구했다. 어떤 사람들은 베트남 전쟁과 같은 국제적인 위기가 단지 양대 공산주의 국가 사이의 적대감을 강화시켰을 따름이라고 언급했다. 비록 공업 및 기술 발전에서 소련에 훨씬 뒤쳐져 있었지만, 그리고 "문화혁명"과 그 여파 그리고 다른 국제문제에 완전히 몰입해 있기는 했지만, 중국은 당장은 아닐지라도 미래에 소련에 커다란 위협을 줄 것이라고 생각되었다.

동유럽 문제는 더 시급했다. 헝가리 혁명을 진압한 후 12년 동안, 소련은 시대의 변화에 적응하려고 노력했고, 상당한 정도의 제도적 다양성 그리고 궁극적으로 이데올로기적인 다양성을 가진 공산주의적 다원주의를 용인하려고 했다. 브레진스키의 표현에 따르면, 위성국가들은 주니어 동맹국(junior ally)들이 될 수 있었다. 심지어 티토조차도 보통 일종의 형제애에 기반을 둔 인정을 받았고, 권위를 가지고 발언했다. 그러나 동유럽의 여러 국가들과 소련 사이만이 아니라, 이들 대부분의 나라에서 탈스탈린주의, 경제적 자유화 그리고 다른 중요한 변화가 일어남에 따라서 이 나라들의 내부에서도 긴장이 지속되고, 실제로 고조되었다. 중국과의 관계 단절은 뜻밖에도 1961년에 알바니아가 "중국 진영"으로 넘어가는 결과를 초래했다. 새로운 지도자인 차우세스쿠의 루마니아는 비록 공산주의 진영에 가까스로 남아 있었고 국내적으로 강경 노선을 지속하기는 했지만, 놀라울 정도로 그리고 심지어 충격적일 정도로 소련으로부터 독립적인 자세를 보여주었다. 1956년에 한 약속이 거짓임을 보여주었던 폴란드는 자유를 향한 진전 흐름을 억눌렀으며, 강하지는 않지만 지속적인 박해를 통해서 가톨릭 교회, 자유주의적 지식인들과 학생들, 그리고 변화를 바라는 다른 사회 세력들을 억제하는 데에 힘을 집중하고 있었다.

그런 다음 1968년의 "프라하의 봄(Prague Spring)"이 도래했고, "형제" 사회주의 국가에 대한 소련군의 또다른 무력 개입 사건이 발생되었다. 1968년 이전의 수년 동안에는, 체코슬로바키아의 지식인들과 개혁주의적 당원들 사이에서 좀더 급진적인 탈스탈린주의와 개혁에 대한 바람이 커지고 있었다. 브레즈네프는 1967년 말에 프라하를 방문한 이후에, 인기가 없던 당 지도자인 노보트니를 당내 개혁파의 대표인 둡체크로 교체했다. 둡체크는 극적인 변화 프로그램을 발표했는데, 거기에는 언론의 자유, 정치경찰의 권한 축소, 경제 분야에서 시장 자유의 확대, 과도기를 거친 이후의 자유선거 등이 포함되어 있었다. 즉각적으로, 비교적 자유로운 토론이 언론에서 허용되었다. 이런 개혁 조치는 당 대회에서 승인되고 확대됨으로써, 소련, 동독, 폴란드, 불가리아의 지도층은 경악을 금치 못했다. 소련 지도자들은 개혁에 한계선을 그으려고 시도했고, 소련과 체코슬로바키아의 정치국원들 사이에 전례가 없던 면대면 토론을 통해서 갈등이 해결되는 것 같았다. 그러나 8월 20일에 소련군은 바르샤바 조약기구 동맹국들의 군대의 도움을 받아서, 50만 명의 병력을 가지고 체코슬로바키아를 침공해서 점령했다.

이 무렵에는 소련이 반체제 운동을 통제하고, 계획경제를 고수하며, 소련에 대한 굴복을 요구하기로 결정했다는 것이 분명해졌다. 체코 침공은 "자본주의의 복귀"를 방지하기 위해서 필요한 "사회주의적 국제주의" 행동으로서 정당화되었다. 이 암묵적인 정책은 곧 "브레즈네프 독트린"이라고 알려졌다. 즉, 1968년 11월에 브레즈네프가 바르샤바에서 행한 연설에서 지적했듯이, 소련이 주도하는 사회주의 공동체는 "사회주의에 적대적인 내부와 외부의 세력이 일부 사회주의 국가의 발전을 자본주의 체제의 복귀로 향하도록 돌리려고 시도할" 때에는 언제 어디서나 개입해야 하는 의무와 권리를 가지고 있다는 것이다. 개입의 반향은 브레즈네프 독트린의 등장에서만이 아니라, 1968년 여름 이후에 오래도록 지속되었다. 그러나 유럽의 많은 사회주의자들은 1968년 이후에 소련으로부터 등을 돌렸고, 서구 열강은 점차 소련에 대한 경계의 정도를 높여갔다.

그러나 공산주의 사회의 위기의 증거—경제적 정체(停滯), 사회적 불만, 정치적 소외감, 소련의 지배에 대한 분개 등을 포함하여—가 동유럽에서의 소련 권력의 궁극적인 붕괴를 가장 강력하게 시사하고 있었던 곳은 폴란드였을 것이다. 1970년대 후반에 반체제 지식인들이 파업 노동자들을 지지함으로써 노동자들과 지식인들 사이에 독특한 연대감이 생겨났고, 이것은 폴란드와 다른 나라의 공산주의 권력에 커다란 위협이 되었다. 사실, 노조 "연대(Solidarity)"를 생겨나게 만든 이 운동은 동유럽 공산주의 통치의 종식의 출발점이라고 주장되어 왔다. 이미 1970년대에 노동 단체와 반체제 단체의 지하운동이 성장하고, 출판물이 증가되기 시작했다. 1978년에 보이티야 크라코프 대주교가 요한 바오로 2세로 교황에 선출되었을 때, 이 운동은 활력을 얻었다. 1년 뒤에 그가 폴란드를 방문한 사건에 대해서 참석자들은 국가적인 단기 해방축제라고 불렀다. 그가 집전한 공개 미사에는 수백만 명이 참석했다(정부와 경찰은 여기에 감히 개입하지 못했다). 그는 인권의 필요성과 민족적이며 종교적인 자유에 대해서 공개적으로 발언했다. 교황으로서의 그의 정신적 및 도덕적 위상과 변화에 대한 그의 지지로 인해서, 많은 폴란드인들은 용기를 얻었다. 그 운동은 계속해서 발전해나갔다. 정부는 반대 세력을 진압하기를 주저했다. 적어도 그 부분적인 이유는 폴란드가 혼란에 빠진 자국 경제의 해법을 찾기 위해서 서구의 계속적인 차관에 크게 의지하고 있었기 때문이다.

반체제 지식인들과 노동단체가 지지한 가운데, 그단스크의 레닌 조선소에서 노동자들이 대규모로 파업을 성공시킨 이후에, "연대"라고 불리는 전국적인 자유노조운동이 생겨나서, 전기 기술자이자 노동운동가인 바웬사에 의해서 지도되었다. 자유노조연대는 곧 근본적인 변화를 추구하는 사회운동의 형태를 띠게 되었다. 그 조직의 공공연한 목표는 노동자들의 삶의 경제적인 개선만이 아니라, "정의, 민주주의, 진리, 합법성, 인간의 존엄, 신념의 자유, 공화정의 수리" 등이었다. 그들이 보기에 경제적인 저항은 "사회적인 저항"이었고, 사회적인 저항은 "도덕적인 저항"이었다. 정부는 사실상 상황에 대한 통제력을 상실하고 있었다. 그 징조 중의 하나는 수천 종의 반정부 출판물이 검열 없이 인쇄되고 있었다는 것이다. 소련 지도부는 이런 위협을 용납할 수 없었다. 그러나 직접적인 침공보다는 군사 쿠데타가 계획되었다. 왜냐하면 이번에 모스크바는 강력한 군사력을 지휘할 수 있는 믿을 수 있는 동지들을 가지고 있었기 때문이다. 소련 당국의 협조를 받아서 1981년 12월 13일에 쿠데타가 발생되었다. 쿠데타 지도자였던 야루젤스키 장군은 그보다 앞선 몇 개월 동안 점점 더 많은 권한을 부여받았는데, 그 시점에서는 국방부 장관, 총리, 당 제1서기를 겸하고 있었다. 그는 계엄령을 공포하고, 국가구원 군사협의회라는 통치기구를 창설하고, 자유노조연대의 지도자들과 지지자들을 체포하고 검열을 확대했다.

체제의 압도적인 힘에 대항한 적극적인 저항은 큰 한계를 가지고 있었다. 군사적인 견지에서 보면, 작전은 아주 효과적으로 이행되었다. 그럼에도 불구하고, 야루젤스키 장군이 이끈 군사정부의 "성공"은 아주 미심쩍은 것이었다. 바웬사를 비롯한 수천 명의 자유노조연대 운동가들 및 다른 반체제 인사들이 체포되어 수용소에 억류되기는 했지만, 일부의 운동 지도자들은 체포를 면했으므로 지하 반체제운동이 형성되기 시작했다. 서구의 경제 제재 그리고 공장, 사무실, 학교, 대학교에서 벌어진 체제에 대한 지속적인 소극적 저항은 야루젤스키 체제의 국가 경영을 매우 어렵게 만들었다. 1982년 말 무렵에 폴란드의 군사정부 앞에는 두 개의 분명한 선택이 놓여 있는 것 같았다. 즉, 그것은 계엄령으로 계속 통치함으로써 국민들을 더욱 소원하게 만들고 국가경제 전체의 붕괴라는 위험을 무릅쓰느냐, 아니면 계엄령을 철폐하고 대다수의 폴란드 국민들과 유지하고 있던 몇 안 되는 접촉 경로를 가동해서 긴장을 완화하고 경제 상황을 개선하려고 노력하느냐의 갈림길이었다. 폴란드 공산당국이나 그들의 소련 자문관들이나 선택은 쉽지 않았다.

1979년 12월 말에 일어난 소련의 아프가니스탄 침공은 브레즈네프 시기에 소련의 국제적인 명성과 소련 체제 자체 모두에 대해서 가장 많은 손실을 입힌 결정이었을 것이다. 침공은 1978년에 군사 독재자를 전복시킨 아프가니스탄의 공산당 정부를 지지하기 위한 것이었다. 아프가니스탄 공산당 정부는 농업 집단화, 여성에 대한 부르카 관습의 폐지 및 교육, 영향력 있는 종교 지도자들에 대한 공격을 포함하는 일련의 사회 개혁에 착수한 바 있었다. 이런 급진적인 조치는 이슬람의 반란을 자극했고, 그것은 아프가니스탄 정부를 위협했을 뿐만 아니라, 이란에서 1979년에 발생된 혁명과 나란히 보면 중앙 아시아 및 소련의 여타 지역에서의 이슬람 봉기라는 망령을 불러일으켰다. 아프가니스탄 정부는 거듭 소련의 군사적인 지원을 요청했다. 그와 대조적으로, 많은 국제 여론에 따르면, 아프가니스탄 침공은 소련 팽창주의의 징후였다. 그것은 제2차 세계대전 이후로 "그 자신의" 동유럽 제국의 범위를 넘어서 소련이 직접 군사력을 사용한 최초의 사건이었다. 그리고 그것은 중동의 석유를 차지하고 그 지역을 전반적으로 장악하려는 첫 단계라고 해석되었다. 침공 이후에 미국은 소련에 대해서 아주 강경한 입장을 취했고, 반군에게 물자를 지원했다. 그 침공은 식민지 이후의 세계에서 소련의 명예에 해악을 끼치기도 했다. 식민지 이후의 세계에서 "민족 해방"을 위한 세력으로서의 소련에 대한 이미지는 소련 "제국주의"의 증거에 의해서 퇴색되었다. 아마도 훨씬 더 중요한 것은 전쟁이 국내에 미친 해악이라고 할 수 있다. 잔혹했던 10년 동안의 전쟁은 고르바초프가 1989년에 실패한 전쟁을 종식시키기 전에 불렀던 것처럼, "피가 나는 상처"가 되었다. 상당한 대중적 지지를 얻었고 자신들이 잘 아는 바위투성이의 땅에서 활동하던 무자헤딘 반란군을 패배시킬 수 없게 되자, 소련 측의 손실은 어마어마하게 늘어났다. 전쟁 동안에 약 1만4,000명의 군인들이 사망했고, 그보다 훨씬 더 많은 군인들이 부상당하고 불구가 되었다. 그뿐만 아니라 전쟁은 정신적으로 엄청난 손상을 입혔다. 아프가니스탄에서 돌아온 많은 참전 군인들은 정신병과 약물 중독으로 고통을 당했다.

1985년의 시점에, 소련과 미국 사이 그리고 동구와 서구 사이의 긴장은 아프가니스탄과 폴란드라는 중요한 문제에만 국한되지 않았다. 오히려, 양측은 중앙 아메리카로부터 아프리카 남부, 레바논, 캄보디아에 이르기까지 전 세계에서 대결하고 있었다. 확실히, 미국의 강력한 반대와 심지어 특정 회사들에 대한 제재에도 불구하고, 서유럽 국가들은 시베리아 서부로부터 서유럽에 이르는 천연 가스 파이프라인의 건설을 계속 지원했다. 그러나 한편으로 서유럽 국가들은 이미 설치된 소련의 중거리 미사일에 대응하기 위해서, 미국의 중거리 미사일 설치를 계속 해나갈 준비가 분명히 되어 있었다. 그런 조치에 대해서 브레즈네프는 오랫동안 유난히 반대했다. 미국과 소련 사이의 아주 중요한 군비축소 협상은 교착상태에 빠져 있었다. 제2단계 전략무기제한협정(SALT II)은 미국 상원에서 비준되지 않았고, 특히 카터가 대통령직에서 물러난 이후에는 향후에 비준될 가능성도 낮아 보였다. 사실, 많은 비판자들은 레이건 행정부가 아주 거친 반소(反蘇) 정책을 폄으로써 대체로 조정과 합의를 불가능하게 만들었다고 비난했다. 그렇지만 행정부 자체를 포함한 다른 사람들은 소련이 군비축소를 위한 협상을 하도록 실질적으로 강요한 것은 바로 이런 확고한 접근법 때문이며, 특히 미국이 핵전력과 군사력을 동시에 구축했기 때문이라고 주장했다. 사실, 특히 동유럽에서 레이건 대통령 재임기가 지속적으로 긍정적으로 기억되는 것은 대부분의 역사학자들이 동의하지 않지만, 레이건의 강경한 입장이 공산주의의 붕괴를 초래했다는 신념을 반영하고 있다.

제41장

소련의 사회와 문화

그는 새로운 태양을 세상에 가져다준다.

그는 왕들과 감옥들을 폐한다.

그는 민족들을 영원한 형제관계로 맺어준다.

그는 경계와 국경을 지운다.

투쟁의 상징인 그의 피 묻은 깃발과,

억압당한 자들을 위한 구원의 횃불을 가지고,

우리는 운명의 멍에를 깨부술 것이다.

그리고 황홀한 천국을 차지할 것이다.

—키릴로프(「철의 메시아」, 1918)

소비에트 인민들은 자신들이 자본가가 아니라 그들 자신을 위해서, 자신들이 필요
한 것들을 점점 더 완전히 만족시키기 위해서 일한다는 것을 알고 있다.……소련 인
민들이 자신들의 마음과 정성을 일에 쏟아붓는 것은 바로 그런 이유 때문이다.

—스타하노프(1936)

사회주의 리얼리즘은 소련 문학과 문학 비평의 기본적인 방법이다. 그것은 예술가
들에게 진실되며 역사적으로 구체적인 현실을 혁명적 발전 안에서 묘사할 것을 요
구하고 있다. 게다가, 예술가들이 묘사하는 현실의 진실성과 역사적인 구체성은 노
동인민을 사회주의의 정신 안에서 이데올로기적으로 개조하고 교육한다는 과제에
연결되어 있어야 한다.　　　　　　　　　—1934년에 채택된 소련 작가동맹 정관

1960년대에 소련에서 일어난 인권운동은 그것에 관여된 사람의 수가 비록 소수이고 어느 정도는 묵시록적인 성격을 가지기는 했지만, 그것이 가진 도덕적 및 윤리적 의미는 어마어마하다. 그것은 도덕 환경을 변화시켰고, 소련에서 민주주의적인 변혁과 전 세계의 인권 이데올로기의 발전을 위한 정신적인 전제 조건을 만들어냈다.

—사하로프

1917년 10월에 볼세비키가 러시아에서 권력을 잡았을 때, 그들은 사회와 문화 전체를 개조하기로 결심했다. 그들이 기울인 노력의 결과는 대단했다. 엄청난 크기, 거대한 인구, 민족들 사이의 엄청난 인종적 및 문화적 다양성에도 불구하고, 공산주의 체제는 이 방대한 땅에 놀라울 정도의 사회적 및 문화적 동질성을 부여하는 데에 성공했다. 그리하여, 우리는 정치와 경제뿐만 아니라 사회와 문화를 아우르는 전체주의적인 인간 공학의 이야기로서—1930년대에 작가들은 실제로 "인간 영혼의 공학자"라고 일컬어졌다—소련의 사회 및 문화사를 해석할 수 있다. 이런 설명은 사실이기는 하지만 소련 사회를 지나치게 단순하게 보는 것이다. 왜냐하면 이 시기에는 사회와 문화 정책에서의 갑작스런 변화, 상당한 정도의 상상력과 실험, 새로운 것에 대한 폭넓은 열정, 민족적 및 문화적 다양성의 지속, 많은 혼란과 실망 그리고 불만 등의 현상도 있었기 때문이다. 사실, 1991년에 이루어진 공산주의의 붕괴에 기여하게 되는, 공산주의적 질서 해체의 징후를 우리가 알게 된 것은 바로 사회 및 문화 생활을 통해서였다.

소련 공산당

공산당은 이론뿐만 아니라 실제로도 소련 사회에서 지도적인 역할을 담당했다. 1917년에 2만5,000명도 안 되는 놀라울 정도로 적은 숫자였던 당원은 1921년에는 50만 명대를, 1920년대 후반에는 100만 명대를 넘어섰다. 1930년대의 끔찍한 대숙청을 포함하여 거듭된 숙청에도 불구하고 소련 공산주의자들의 숫자는 계속 증가했고, 독일이 소련을 침공했을 때에는 총 400만 명의 정식 당원과 후보 당원이 있었다. 많은 공산주의자들이 전쟁에서 사망했지만, 수많은 새로운 당원들이 특히 전선 부대로부터 입당을 허가받았다. 전후에 신입 당원에 대한 모집 열풍으로 당원의 수는 더욱 증가되어서 종전 직후에는 700만 명에서 900만 명, 1967년에는 1,300만 명, 1978년에는 1,600만 명 이상 그리고 1980년대에는 거의 2,000만 명이 되었다.

정규 공산당 이외에도, 거대한 청년조직들이 존재했다. 어린이들을 대상으로 한 "작은 10월당(Oktiabriata)", 9세부터 15세까지의 어린이들을 대상으로 한 "피오네르(Pioner)", 14세부터 26세 사이의 단원들을 가진 공산청년동맹 혹은 콤소몰(Komsomol) 등이 바로 그것이었다. 앞의 두 조직 그리고 궁극적으로 콤소몰도 소련의 어린 세대의 소양 교육을 위한 당 기구 역할을 담당하면서 당원이 될 수 있는 문호를 넓게 열어놓았다. 당은 직업, 사회, 문화, 체육 등 수많은 분야의 기구 및 단체와 함께 일했고, 그것들을 지도했다. 사실, 공식적인 견지에서 보면, 소련 사회는 공산주의라는 단 하나의 이데올로기와 관점만 가지고 있었다. 시민들과 시민단체는 오직 공산주의를 실천에 옮기는 정도에서만 차이가 있을 뿐이었다.

보통 "당성(黨性)"이라고 번역되는 "파르티노스트(partiinost)"는 공산주의자의 삶과 노동의 본질적인 성질을 요약해주었다. 초기에 강조되던 엄격함은 1930년대 이후에 크게 완화되었지만, 무조건적인 복종과 열심히 노동해야 한다는 요구 조건은 특히 상층사회에서 전반적으로 남아 있었다. 특히 당원들은 평생 동안 마르크스주의-레닌주의에 대한 학습을 스스로 계속해야 하며, 자신들의 지식을 모든 활동에 적용하고, 당의 지시 사항을 철저히 이행하며, 자신들이 접촉하는 사람들에게 영향을 미치도록 기대되었다. 얻는 것이 까다롭기는 했지만, "당원증"은 널리 개방되어 있었다. 그것은 실제로 지위와 중요성 그리고 무엇보다도 소련에서 "내부자"가 되었다는 사실의 가장 중요하고도 유일한 표시였다. 분명히 많은 소련 공산주의자들이 특별히 중요한 사람들은 아니었을지라도, 소련에서 모든 유명한 인물들은 사실상 당원들이었다. 제2차 세계대전 이후에 대학 교육 및 과학 연구와 같은 분야가 주로 공산주의자들의 손에 들어 있도록 보장하기 위해서 각별한 노력이 기울여졌다. 반대로, 저명한 인물들이 당에 들어오기는 훨씬 더 쉬워졌다.

소련 공산당의 사회적 구성은 시간이 지남에 따라서 변화했다. 1917년 이전에, 이 프롤레타리아트 정당은 대체로 부르주아 지도부를 가지고 있었고, 비교적 소수의 대중 추종자를 가지고 있었다. 혁명기와 그 이후에 많은 수의 노동자들이 입당했고, 프롤레타리아트 당원을 증가시키기 위해서 당원을 모집하는 특별 캠페인이 벌어지기도 했다. 소비에트 체제가 안정되고 5개년 계획이 시작되자, "소비에트 인텔리겐치아", 특히 온갖 종류의 기술 인력 및 행정 인력이 눈에 잘 띄게 되었다. 제2차 세계대전 직전에, 당은 50퍼센트의 노동자, 20퍼센트의 농민, 30퍼센트의 인텔리겐치아로 구성되어 있었으며, 인텔리겐치아 집단이 증가되고 있었다고 설명되었다. 그런 증가 추세는 전후에도 계속되었다. 왜냐하면 시간이 지남에 따라서 사회적 출신은 의미가 줄어들었고, 당국은 모든 중요한 사람들을 당 안으로 끌어들이려고 노력했기 때문이다. 수적인 측면에서 보면 농민들이 당 내에서 제대로 대변되지 못했는데, 이것은 공산주의자들이 농촌에 침투할 때 경험했던 어려움을 가리키고 있었다는 점이 언급될 필요가 있다. 여성들의 비율은 당원의 약 4분의 1까지 증가되었다.

소련 공산당의 조직은 철두철미했다. 공장, 집단농장, 학교, 군부대 등 세 명 혹은 그 이상의 공산주의자들을 찾을 수 있는 곳에서 결성된 초급 당 조직 혹은 당세포로부터 시작하여, 조직은 한 단계 한 단계 올라가서 소련 역사에서 중요한 사건인 주기적인 당 대회와 상설기구인 중앙 위원회, 서기국, 정치국에까지 이르렀다. 개별 공장이나 집단농장으로부터 장관부서와 다른 상부 통치기구에 이르기까지 매 단계마다, 공산주의자들은 어떤 바람직스럽지 못한 추세도 생기지 못하도록 하고 생산 목표가 달성될 수 있도록 살펴보는 것을 자신들의 업무로 삼으면서, 감독 역할을 하며 격려하는 의무를 지고 있었다. 이미 지적되었듯이, 고위 정부 차원에서는 구성원 전체가 공산주의자들로 구성되어 있었는데, 그렇다고 그들이 당의 감시와 통제로부터 벗어나 있는 것은 아니었다. 일반적으로, 전임 정부직과 당의 행정직 사이에서 순환 근무가 이루어지는 경우가 흔했다. 스탈린이 사망한 이후에는 당의 지도 역할이 점차 강력하게 부각되었음을 지적할 필요가 있다. 왜냐하면 사망한 서기장의 독재 권력은 엄청나게 확대되어, 심지어 당 자체에도 그림자를 드리울 정도였기 때문이다.

구 사회의 붕괴

10월 혁명은 공산당을 권력의 자리로 들어올린 반면에, 사회계급 전체의 붕괴를 초래했다. 혁명은 많은 면에서 구 지배계급들에 대한 적개심으로부터 힘을 얻었다. 그리하여 그것은 그들의 재산과 지위에 대한 광범위한 공격, 때로는 그들에 대한 인신공격으로 연결되었다. 그 결과, 전통적인 러시아 사회는 급격하고도 철저하게 평준화되었다. 수 세기 동안 러시아의 최상층 사회집단이었던 지주 귀족은 1917년과 1918년에 농민들이 그들의 토지를 차지하고 그들의 집을 종종 파괴함에 따라서 급속히 사라졌다. 노동자들이 많은 기업의 통제권을 장악하고 볼세비키가 금융, 산업, 교역을 국유화했을 때, 금융, 산업, 상업에 종사했던 상층 부르주아도 마찬가지로 제거되었다. 신경제정책 시기에는 분명히 중간 부르주아와 특히 하층 부르주아는 주목받으면서 복귀했다. 그러나 그들은 5개년 계획이 실시됨으로써 마침내 파멸되었다. 귀족이 러시아에서 너무나 오랫동안 무대를 장악했다면, 부르주아는 제대로 성립되기도 전에 제거되었다. 성직자, 수도사와 수녀, 그 외에 교회와 관련된 다른 사람들은 비록 완전히 전멸되기 직전에 박해가 멈추기는 했지만, 가혹한 박해를 당한 또다른 집단이었다. 마지막으로, 구 인텔리겐치아는 혁명에 의해서 크게 분열되었다. 많은 지식인들과 작가들은 혁명을 받아들였고—비록 많은 사람들이 스탈린의 테러에 의해서 사망하기는 했지만—사회주의 건설에 적극 참여했다. 그러나 많은 사람들은 자유주의와 휴머니즘적 가치를 위반했다는 이유로—그들 중 많은 사람들을 배출한 구 상류계급을 공산주의자들이 불신하고 박해했기 때문이기도 하지만—새로운 체제에 반대했다. 고등교육을 받은 많은 러시아인들은 망명했다. 다른 많은 사람들은 끔찍스러운 내전과 기근 시기에 죽어갔다. 사실 우리는 러시아인들의 삶에서 독립적이고 비판적인 세력으로서의 인텔리겐치아가 더 이상 존재하지 않게 되었다고 말할 수 있다. 절대적인 원칙의 문제로서 인격에 제약을 가하고 해를 끼치는 모든 것에 반대 입장을 고수하는, 독립적이고 지적인 일에 종사하는 개인들이 제도 바깥에 남아 있을 수 있는 공간은 전혀 없었다. 물론 항상 위험에 처하기는 했지만, 그런 개인들이 존재하기는 했다. 그러나 때가 되어, 특히 스탈린 사후에 우리는 또다시 현상 유지에 반대하는 독립적이고도 비판적인 인텔리겐치아가 대두하는 모습을 보게 된다.

농민

전통적인 마르크스주의는 도시화되고 산업화된 사회에 사회주의가 도래하는 모습을 그렸던 반면에, 소련은 역사의 대부분 동안 농민들의 국가였다. 1926년에 인구의 82퍼센트는 농촌지역에 살고 있었다. 1960년대 중반이 되어서야 도시 주민들의 숫자는 농촌에 살던 사람들의 숫자를 능가했다. 심지어 소련의 마지막 시기에도 농촌 인구는 여전히 총인구의 거의 3분의 1을 차지했다. 농민들이 소련의 "사회주의 건설자들"이 부과한 궁핍과 희생이라는 타격을 가장 크게 받았던 것도 놀라운 일이 아니다. 소련 역사에서는 두 차례의 인구학적 재앙이 있었다. 즉 하나는 집단화 및 기근과 연관되었고, 다른 하나는 제2차 세계대전으로부터 유래되었는데, 거기서 농민들—군인으로서의 농민들—은 가장 큰 고통을 겪으면서, 수백만 명이 사망했다.

물론 농민들은 수적으로 가장 많았기 때문만이 아니라, 정부가 추진한 정책 때문에도 소련에서 그토록 무거운 짐을 져야 했다. 농민들에 대한 공산주의자들의 견해는 언제나 이중적이었다. 한편으로, 볼셰비키는 자신들이 "인민", 즉 노동자와 농민의 이름으로 행동한다고 믿고 있었다. 다른 한편으로, 마르크스주의자로서 그들은 (절반은 프롤레타리아트화된 "빈농들"이라는 예외는 있었지만) 농민들을 소부르주아적인 자산 소유자로 보고 있었다. 그들이 보기에 이런 농민들은 농촌을 떠남으로써 충분히 프롤레타리아트화된 이후이거나, 농업이 일반 집단적인 산업 노선을 따라 변형되어야만 공산주의의 건설을 지지하게 될 것이었다. 초기에 실시된 정책에는 이런 이중성이 반영되었다. 레닌은 초기에 농민들의 토지 장악을 지지함으로써 농촌에서 커다란 호소력을 얻을 수 있었지만, 그는 이것이 농민들이 바라는 것과의 필요하지만 임시적인 "타협"이라고 생각하고 있었다. 농촌의 대중은 볼셰비키의 토지정책과 귀환한 혁명적 군인들로부터 영향—이 점은 래드키에 의해서 효과적으로 강조되었다—을 받아서 새로운 체제에 상당히 호의적인 반응을 보였고, 내전 동안에는 대체로 백군보다 볼셰비키를 선호했던 것으로 보인다. 그러나 전시 공산주의는 많은 농민들의 적대감을 불러일으켰다. 그 외에도, 볼셰비키는 형편이 나은 사람들에게 대항하도록 빈농들을 선동함으로써, 농민들을 분열시키기 위해서 노력했다. 네프 시기의 공식적인 정책은 스미치카(smychka), 즉 프롤레타리아트(그리고 프롤레타리아트의 통치정당)를 농민들과 통합시키는 "제휴" 정책이었다. 그러나 이미 우리는 프롤레타리아트화를 촉진시키려던 노력을 볼 수 있다. 일부 빈농들과 함께 도시의 공산주의자들로 구성되었던 농촌 소비에트는 농민공동체라는 전통적인 세력과 경쟁하게 되었다. 이를 위해서 협동조합과 집단농장이 조직되었다. 공산주의자들은 비교적 부유한 쿨라크들에게 대항하여 비교적 가난한 농민들을 조직하려고 했는데, 이를 위해서 농촌의 실질적인 사회적 차별을 크게 과장할 필요가 있었다. 그리고 농민들의 예절과 신앙을 변화시키기 위한 노력도 기울여졌다. 그러나 많은 공산주의자들은 농민들에 대한 이런 부드러운 접근법을 불쾌하기도 하고 위험하다고 생각하면서, 전통적인 농민층에 대해서 더 공격적인 정책을 펼 것을 촉구했다.

제1차 5개년 계획은 농민층에 대한 그런 식의 총력 공격으로 귀결되었는데, 이것은 계급전쟁과 프롤레타리아트화라는 용어로 종종 표현되었다. 수백만 명의 "쿨라크들"과 그들의 가족이 사라져갔다. 반항하거나 비교적 부유하거나 혹은 단지 운이 없는 무수한 농민들은 강제노동 수용소로 이주되었다. 또다른 수많은 농민들은 굶어 죽었다. 한때는 풍요로웠던 우크라이나에서 벌어진 끔찍한 광경은 말로 표현할 수가 없을 정도였다. 그러나 우리가 알고 있듯이, 농민들은 저항했음에도 불구하고 마침내 진압당했고, 집단농장 속으로 끌려갔다. 콜호스에 속한 전형적인 구성원은 러시아 역사에서 새로운 현상이었다. 새로운 점이란 구성원들의 빈곤이나 농민 노동에 부과된 무거운 부담에 있었던 것이 아니라, 그들의 노동과 삶에 대한 국가의 세세한 조직과 통제에서 비롯된 것이었다. 농민들은 일부의 소련 정책, 특히 교육 확대를 통해서 이익을 얻기도 했고, 그들 중의 일부는 사회의 높은 지위로 올라가기도 했지만, 대체로 소련 국민의 압도적 다수인 농촌 대중은 비참하고 때로는 절망적인 상태 속에 남아 있었다. 이미 설명했듯이, 소련 농민들은 자신들의 노동으로써 5개년 계획을 대체로 지원했지만, 보답은 거의 받지 못했다. 스탈린 사후에, 흐루쇼프 등의 지도자들은 소련 농촌의 빈사 상태를 인정했으며, 작가들은 어느 정도 표현의 자유가 확산되었던 1956년의 몇 달 동안에 그런 상태에 대한 몇몇 불멸의 작품을 남겼다. 그래도 그 이후의 몇 년 동안에는 분명히 상황이 개선되었다. 게다가 집단농장의 규모의 확대, 수포로 돌아간 아그로고로다 계획, 소프호스 형태의 농업에 대

유명한 러시아 화가인 쿠스토디예프가 1925년에 그린 이 포스터의 제목은 "도시와 농촌 사이의 제휴를 위한 레닌그라드 협회"이다. 도시노동자와 농민 그리고 농민의 아들은 그들 각각에게 전형적인 옷을 입고 있다. 차이점을 주목하라. 노동자는 소년에게 레닌이 저술한 소책자를 건네주고 있다. 레닌의 말은 포스터 아래쪽에 인용되어 있기도 하다. "도시와 농촌의 제휴를 수립하는 것은 권력을 잡고 있는 노동계급의 기본적인 과제 중의 하나이다." (*Gosizdat*)

한 일시적 강조, 콜호스 구성원들의 사유 뙈기밭을 표적으로 한 주기적인 반대 캠페인 등 전후의 조치와 프로젝트들에서 명확히 드러난 것처럼, 당과 정부는 자신들의 사회공학을 계속 시도했다. 정말로—그들의 관점에서는 논리적이었겠지만—공산주의자들은 농민들이 개별 집단으로서 소멸되고 완전히 산업화된 경제 속으로 통합될 때까지는, 긴장의 끈을 놓을 수 없는 것 같았다.

노동자

공업노동자들은 볼셰비키 혁명으로부터 많은 점에서 가장 많은 이익을 얻었다. 혁명은 그들의 이름으로 일어났고, 그들은 새로운 체제에 가장 큰 사회적 지지를 보냈다. 노동자들이 사회적으로 상승한 것은 새로운 체제의 핵심적인 부분이었다. 특히 1920년대와 1930년대 동안에는 위로 올라간 노동자들—그리고 그보다 적은 정도로 위로 올라간 농민들—을 가리키는 "비드비젠치(vydvizhentsy : 위로 올라간 사람들)"라는 특수한 용어까지 있었다. 많은 수의 노동자들과 노동계급 출신의 공산주의자들은 경제, 행정, 군대, 당에서 좀더 책임 있는 지위로 승진했다. 많은 사람들은 기술자 및 다른 기술직 전문가가 되기 위해서 특별한 훈련을 받았다. 프롤레타리아트는 특별한 고등교육을 받을 기회를 얻기도 했다. 소련 생활의 모든 부분에 걸쳐서, 스탈린 이후의 지배층 중 많은 사람들을 포함하여 많은 유명한 사람들은 이런 프롤레타리아트 승진 정책 덕분에 자신들의 지위를 얻을 수 있었다.

소련의 산업화는 러시아사에서 이전보다 훨씬 더 큰 노동인력을 만들어냈다. 어제는 농민이었던 엄청난 수의 사람들이 오늘은 노동자가 되었다. 공산주의자들이 의도했듯이, 사회는 프롤레타리아트화되고 있었다. 소련의 노동자들의 조건이 차르 시대와 비교하여 개선되었느냐의 문제는 평가하기 쉽지 않다. 그리고 만약 혁명이 일어나지 않았고 자본주의가 남아 있었더라면 노동계급의 생활조건이 어떻게 발전했을지를 판단하는 것은 훨씬 더 어렵다. 한편으로, 소련 노동자들은 특히 경제가 성장하고 안정되었기 때문에 공산주의로부터 물질적인 혜택을 받았던 것은 분명하다. 광범위한 복지정책에 의해서 노동자들과 모든 소련 시민들은 무상 의료를 제공받았으며, 기본 식료품 비용에 대한 보조금을 받았고, 직업을 보호받았으며(실업자는 사실상 전혀 없었다), 휴가비를 보조받고 여행 기회를 부여받았으며, 교육과 문화 활동의 기회를 증대시켰고, 연금을 보장받았다. 반면에, 특히 초기에는 실질 임금이 낮았다. 왜냐하면 소비보다는 생산 쪽으로 자원을 투입함으로써 산업 발전이 가능했기 때문이었다. 동일한 이유로, 대부분의 소련 역사 동안 가게에서 살 수 있는 것은 비교적 적었다. 노동자들은 물품 부족과 도시의 열악한 주거환경으로 인해서 고통을 겪기도 했다. 그러나 정부가 노동자들의 생활수준을 향상시키는 데에 역점을 두게 됨에 따라서 이런 문제들은 개선되기도 했다.

생산 증대의 필요성이 우선됨에 따라서, 일터에서 "노동자 관리(rabochii kontrol)"라는 혁명적 이상은 재빨리 파기되었다. 노동자들의 일상생활의 관리에 대한 권한은 개별 노동자들의 필요보다는 국가의 이익에 봉사하도록 만들어진 노동조합에 의해서 정해졌다. 차르 시대와는 대조적으로, 노동자들은 파업을 벌일 수도 없었고 자신들이 가진 불만을 달리 표현할 수도 없었다. 아마도 이런 상황을 반영하는 것으로서, 알코올 중독, 기강 해이, 형편없는 노동 습관 등은 남아 있었고—이런 일들은 소련 말기에는 분명히 증대되었다—많이 이야기되었지만, 이런 것들은 많은 소련 노동자들이 의식 있는 프롤레타리아트 모델과는 거리가 멀었다는 점을 보여주는 징후였다. 그러나 스탈린 사후에 소련 프롤레타리아트의 물질적인 상황은 개선되었다. 그래도 소련 체제가 종말을 향해서 갈 때, 그들은 여전히 아주 열악한 처지에 놓여 있었다.

특권과 "새로운 계급"

볼셰비키 혁명이 일으킨 최초의 충격은 기근 및 다른 재앙과 더불어, 제정 러시아의 단단한 계급구조를 분쇄하고 심지어 모든 계급을 파괴함으로써 러시아 사회를 평준화하는 데에 많은 기여를 했지만, 얼마 지나지 않아 사회적 분화현상은 다시 증대되기 시작했다. 특히 5개년 계획으로 인해서 행정 인력과 기술 인력이 엄청나게 팽창되었는데, 이들은 기존의 당 및 정부 관료와 함께 넓은 의미로 말하면 소련의 지도계급이 되었다. 과학자들, 작가들, 예술가들, 교수들, 숙청 후에 새로운 체제 속으로 통합된 다른 지식인들은 특권 집단의 중요한 구성원이 되었다. 육군과 해군 장교 그리고 그들의 가족들은 그런 집단에 추가되었다. 주로 교육과 육체노동 이외의 분야에 속한 직업으로 구분된 특권집단은 총인구의 약 15퍼센트를 구성하게 되었다.

시간이 지남에 따라서 엘리트들이 누리는 혜택은 증대되었다. 엘리트의 특권화는 비록 1930년대에 시작되기는 했지만, 브레즈네프 시기는 소비에트의 엘리트, 특히 임명된 정부, 당, 관리직 엘리트를 말하는 "노멘클라투라(nomenklatura)"에게는 "황금시대"라고 불려왔다. 엘리트 구성원들만 물건을 살 수 있는 특별한 상점이 있었다(그리고 지위가 높을수록 상점은 더 좋았다). 엘리트라는 지위는 좀더 나은 의료, 좀더 나은 주거, 희소하거나 더 나은 물품에 접근할 수 있었음을 의미했다. 달리 말해서, 소련은 이제 계급사회가 되어가고 있었다. 그러나 계급은 생산수단에 대한 자본주의적 관계가 아니라, 권력수단에 대한 공산주의적 관계에 의해서 결정된다고 주장되어왔다. 확실히, 이런 수단은 충성스러운 관리계급을 만들어내는 데에 많은 역할을 했다.

"문화혁명"과 "대후퇴"

소련의 새로운 엘리트가 전면에 나서게 되자 소련 사회는 혁명적 특질 중에서 많은 것을 상실했고, 어떤 점에서는 현저히 보수적인 성격을 띠기 시작했다. 그런 변화는 기본적으로 1930년대에 발생되었으나, 대체로 제2차 세계대전기와 전후 시기에 지속적으로 더 진행되었다. 이런 과정에서 국가의 법과 규정이 핵심적인 역할을 담당하기는 했는데, 그런 법과 규정은 기본적인 사회적 및 경제적 변화를 초래하기도 했고, 반영하기도 했다.

소련의 역사는 사회를 변혁하려는 급진적인 실험과 더불어 시작되었다. "지휘자 없는 오케스트라" 혹은 가정 공동체와 같은 실험, 그리고 "부르주아 전문가들"에 대한 공격은 집단주의와 평등주의 정신을 고양하도록 의도되었다. 나중에 논의되겠지만, 예술과 문학에서는 성상 파괴와 상상력이 장려되었다. 아마도 가장 중요한 것은 개인들을 해방시키려는 노력의 일환으로서, 가족을 약화시키기 위한 노력이 지속적으로 기울여졌다는 점일 것이다. 결혼은 더 이상 성사(聖事)가 아니고, 두 사람 사이의 단순한 법적 계약으로서 쉽게 파기될 수도 있었다. 이혼은 부부 중 한 사람의 요청에 의해서 이루어질 수 있었고, 엽서 한 장이면 충분했다. 아이를 낳는 일은 선택 사항이었으며 낙태는 합법적으로 아주 흔하게 이루어졌다. 일부 볼셰비키 지도자들은 심지어 "자유연애"에 대해서 말하기도 했다. 공동 부엌과 탁아소를 설립하려는 노력도 기울여졌다.

1930년대에는 모든 것이 변화되었다. 앞으로 살펴보게 되겠지만 예술 및 문학적 표현은 이전보다 더욱 통일성을 가지게 되었고 관례를 따르게 되었다. 평등주의에 대한 담론은 번복되었다. 기술자 그리고 다른 전문가에 대한 공격은 중단되었다. 스탈린은 "어리석은 수다"이자 "유행에 따른 좌파주의"라고 하면서 임금의 평등주의를 분명하게 배격했고, 불평등과 특권은 확대되었다. 군대와 다른 기관에서는 규율이 강화되었다. 관료와 군대 혹은 학계에서는 계급, 칭호, 훈장 등의 차등이 부활되어 커다란 중요성을 가지게 되었다. 전통적인 유니폼이 곳곳에서 다시 도입됨으로써, 사람들에게 차르 시대의 러시아를 연상시킬 정도였다. 크렘린에서 개최된 성대한 연회 중에 자신의 원수(元帥)들과 축배를 드는 대원수 스탈린의 모습은 낡은 코트를 입고 광장과 공장 뜰에서 노동자들에게 열변을 토하던 레닌과는 아주 달랐다. 학교에서도 1920년대의 실험은 중단되었다. 유니폼, 정식 강의, 암기식 학습, 표준 교과서, 숙제 등과 더불어 교실에서의 규율이 부활되었다. 교육의 내용 또한 바뀌었다. 마르크스주의–레닌주의 그리고 당의 역사에 대한 교육은 의무 사항으로 남아 있었지만, 전통적인 교과목은 다시 강조되었다. 그리고 당과 당의 지도자들을 칭송하는 것과 더불어, 애국심과 러시아의 민족적 전통이 새롭게 강조되었다. 가족 정책에서는 아주 성대한 결혼식이 부활되었고, 이혼은 어렵고 비용이 많이 들게 되었으며, 동성애는 범죄행위가 되었고, 낙태는 불법이 되었다. 특히 제2차 세계대전으로 인한 인명 손실 이후에는 많은 아이를 가지는 것이 특별히 강조되었다. 5명 내지 6명의 자녀를 낳은 어머니는 모성(母性) 메달(Medal' Materinstva)을 받았으며, 7명 내지 8명의 아이를 낳은 어머니에게는 모성(母性) 명예(Materinskaia slava)라고 알려진 훈장이 수여되었고, 10명을 낳은 어머니는 어머니 영웅(Materi-geroini)의 지위를 얻었다. 새로운 정책의 실시는 대가족에 대한 재정적인 지원을 통해서 더욱 많은 도움을 얻었다. 이 시기에 언론은 가족생활을 찬양했으며, 어머니로서의 여성의 역할을 사회주의 질서의 대들보라고 격찬했다.

비록 당 정책보다는 종종 당 정책의 흐름을 거스르던 일상생활과 심적 태도(mentality)에서의 점진적인 변화의 결과이기는 했지만, 스탈린 이후의 시기에는 특히 사회적 및 문화적 "후퇴"의 다른 징후가 주목되었다. 그때 가장 자주 언급된 것은 사생활로의 광범위한 후퇴였다. 1970년대 무렵의 소련 사회학자들은 어떤 연구자가 "가정생활로의 이동"이라고 불렀던 현상을 기록하기 시작했다. 여론조사를 보면, 소련 시민들은 일이나 사회적 인정, 혹은 조직에 대한 참여보다는 가족을 중시했다. 자신과 가족을 위한 "아늑한" 사적 공간을 만드는 것은 최고로 중요한 일이 되었다. 우정에도 그에 못지않은 가치가 부여되었다. 학자들은 소련 후기에 가족과 친구는 충성심과 문화적 가치의 기반을 제공했던 "사적 기구"가 되었고, 공식적인 질서에 대한 대안이자 심지어 미묘한 반대 기구로 기능했다고 주장했다. 그리고 이 시기에는, 특히 젊은이들 사이에서 친밀감과 가치라는 좀더 폭넓은 대안적 네트워크가 발달했다. 서구 록 음악의 다양한 흐름에 대한 열성적인 애호가들, 파나티(fanaty)라고 알려진 광적인 스포츠 팬 조직, "히피족" 혹은 "펑크족"과 같은 반문화적인 정체성이 있었고, 인텔리겐치아 사이에서는 새로운 시나 산문을 읽고 예술품을 전시하며 사상을 토론하는 사적인 문화 서클 등이 있었다. 1960년대 후반부터 1980년대까지 반체제 운동이 발전된 것은 바로 이러한 팽창하고 있던 반(半)개인적인 공간 속에서였다. 물론 이처럼 급증하고 있던 사적이고 비공식적인 시민생활에서는 음주가 널리 만연되었다. 이런 흐름 중에서 많은 것이 공식적인 이데올로기에 부합되지 않았기 때문에, 사회학자들과 당의 관료들은 1970년대의 젊은이들 사이의 "소비에트 의식의 부재"에 대해서 우려했다. 1980년대 중반에 고르바초프는 많은 국민들이 가치관과 판단, 취향과 신념 면에서 기존 질서로부터 소외되어 있으므로, 소련이 "정신적 위기"에 처해 있다고 말했다.

여성들

여성해방은 사회주의의 주요 목표였다. 여성들은 사회적 차별, 가정 폭력, 힘든 가사로부터 해방되어야 했다. 그러나 실제로 드러난 결과는 모순적이었다. 실질적인 정책도 시기에 따라서 상이했다. 일반적으로, 1917년 이전과 마찬가지로 경제 발전으로 인해서 여성들이 가정 바깥에서 일할 수 있는 새로운 기회가 많이 생겼다. 교육과 문화에 대한 기회가 제공됨으로써 여성들은 개인적인 발전을 할 수 있는 공간을 부여받고, 자신들의 역할이 단지 가족들을 위해서 봉사하는 것 이상일 수 있다는 인식을 가지게 되었다. 그리고 당과 국가는 성 평등과 여성해방이라는 원칙을 공식적으로 지지했다. 그러나 가부장적이고 보수적인 가치는 다양한 방법으로 남아 있었고, 심지어 강화되었다.

여성들에 대한 약속을 실천에 옮기기 위해서, 1917년 이후에 여성부(Zhenotdel)라고 알려진 특별 당부서가 설치되어 여성에 관한 문제를 다루었다. 콜론타이 같은 그 운동의 지도자들은 "신여성"을 창출하려고 노력했다. 신여성이란 자신감에 차고, 대담하며, 성적으로 해방되었고(이 문제는 레닌을 포함하여 자유연애에 대한 이야기를 조롱했던 볼셰비키 지도자들에게는 쟁점이 되었다), 자신의 삶을 가사에 제한하기보다는 사회주의 건설에 헌신하는 여성을 말했다. 적어도 여성 운동가들은 여성들이 독학을 하도록 하고, 인간으로서 대우받을 수 있는 권리를 옹호하기 위해서 노력했다. 레닌을 포함한 많은 공산주의자들은 여성들에게 좀더 많은 공적 역할을 부여하도록 여성들을 해방시키기 위해서 가사와 육아를 사회화하는 문제에 대해서 발언했다. 그러나 가혹한 경제 여건, 전쟁과 혁명으로 야기된 가정생활에서의 격변—당내 상황도 포함하여—그리고 여성에 대한 전통적인 태도의 유지 등의 현상을 감안하면, 이런 목표는 대체로 유토피아적이었다. 사실, 심지어 1920년대의 공식적인 정치 선전에서도 여성들을 공장 노동자나 전문 직업인으로 보여주기도 하지만, 자녀들에 둘러싸인 행복한 어머니로 그리고 있기도 하다.

1930년대에 대규모 산업화가 추진되는 동안에, 여성들의 해방은 주로 생산에 참여하는 것으로 축소되었다. 그리고 1930년에 여성부는 폐지되었다. 왜냐하면 여성 문제를 별도로 옹호하는 것은 불필요하다고 생각되었고, 여성부가 좀더 중요한 관심사라고 주장되는 것으로부터 주의를 분산시킨다고 판단되었기 때문이다. 반면에, 산업화로 인해서 여성들에게 취업의 문호는 이전의 어느 때보다도 넓게 열렸다. 그러나 얻을 수 있는 직업 형태에서나(상이한 작업 형태에 "적합한" 성[性]이 있다는 개념이 남아 있었고, 여성들은 종종 고급기술을 요하는 직업 훈련을 받지 못했다), 임금 수준에 있어서나, 관리직에 대한 접근 면에서나 여성들에게 고용 기회는 평등하지 않았다. 그래도 농민들과 노동자들에게 고등교육의 기회를 부여하고 좀더 좋고 책임 있는 직업을 가질 수 있도록 해준 정책으로부터 여성들은 남성들과 마찬가지의 혜택을 받았다. 불평등의 또다른 주요 근원은 여성들이 가사, 요리, 육아에 대한 책임을 지고 있었다는 사실이다. 엔겔이 쓴 것처럼, "국가가 가사 노동을 사회화한다는 약속을 지키는 데에 실패했기 때문에, 일하는 여성들은 하나가 아닌 두 개의 직업을 가지고 있었다." 우리가 언급했듯이, 모성은 사회적 필요에 따라서 적극 장려되고 이용되었다. 소련 지도자들은 경제성장을 위해서는 출산 및 어머니로서의 여성들의 역할을 지지하는 것이 아주 중요하다고 믿었다. 스탈린 시대로부터 소련 지도부는 여성들의 일차적인 사회적 책임은 자녀 출산과 양육이라고 보았다. 살펴봤듯이, 가정을 중시하기 위해서 수많은 정책이 입법화되었다. 제2차 세계대전으로 인해서 많은

1980년대 모스크바 거리의 젊은 여인들과 군인들. 눈으로 보기에도 기존의 취향에서 벗어나려고 하는 자유로운 모습은 스탈린 사후에 러시아에서 개인적인 자유가 좀더 커졌다는 것과 아울러, 체제와의 거리감이 커졌다는 것을 보여주는 징후였다. (*I. Moukhin*)

수의 여성들이 작업장 그리고 심지어 군대로 들어왔을 때, 전시 선전 활동에서는 남성들이 지키기 위해서 싸우고 있는 가정과 가족의 화신으로서의 여성에 대한 관점이 강조되었다. 전쟁이 끝난 후에는, 여성들의 가정 내의 역할과 가족은 이전보다 더 강조되었다.

스탈린 이후에, 생활수준을 개선하려는 커다란 노력의 일환으로서, 여성들의 지위와 조건에 대해서 상당한 주의가 기울여졌다. 그러나 특히 전시의 인구 감소의 지속적인 영향 때문에, 국가적 관심의 초점은 어떻게 하면 여성들을 "인구학적인 자원"으로서 가장 잘 동원하느냐 하는 방법의 문제였다. 한마디로 말해서 여성들이 좀더 많은 자녀를 가질 뿐만 아니라, 자녀들을 효과적으로 양육하도록 하는 문제였다. 전업 직업과 전업 가사일이라는 "이중 부담" 때문에 여성들의 기회와 만족감은 제한되었다. 그뿐만 아니라 남성성(男性性)의 위기에 대한 많은 공개적인 토론도 벌어졌다. 왜냐하면 남성은 자신의 아내가 집 밖에서 일할 때 자신들의 지위와 위엄이 해를 입는다고 느끼고 있었기 때문이다. 라피두스 등의 학자들이 기술한 것처럼, 소련 후기 사회의 여성들의 지위는 모순적이었다. 한편, 긍정적인 징후로는 여성들의 고용 수준이 높아졌을 뿐만 아니라 교육 수준도 크게 향상되었다는 점이 있었다. 그래서 소련의 고등교육 기관에서 여성들이 남성들보다 더 높은 비율을 차지하게 되었을 뿐만 아니라, 전문 직종에서도 여성들의 비율이 증가되었고, 소련 후기에는 의사의 상당수가 여성이 될 정도까지 이르렀다. 그러나 동시에, 의료 부분을 포함하여 자기 직업의 최고 지위까지 다다른 여성들은 거의 없었다. 당과 정부의 고위층에서는 여성들을 찾아보기가 놀라울 정도로 어려웠다.

소수민족들

소련에서는 민족, 종족, 언어, 종교가 다양했기 때문에, 소련 사회는 러시아 제국의 경우에 못지않게 다민족 국가로 규정되었다. 소련 시기의 대부분 동안에 민족적으로 러시아인인 사람들은 전체 인구의 약 절반이었고, 우크라이나인들과 벨라루스인들은 대략 또다른 4분의 1 정도를 차지했다. 나머지 사람들 중에는, 아르메니아인들과 그루지야인들처럼 오랜 역사와 강한 민족적 정체성을 가진 집단부터 시베리아의 종족 집단에 이르기까지 엄청나게 다양한 민족들이 있었다. 1989년의 인구조사에 따르면 소련에서 여전히 사용되고 있는 언어가 약 150개였는데, 방언과 달리 언어를 어떻게 규정하느냐에 따라서 언어학자들은 그 수가 200개에 가까울 수도 있다고 믿고 있다. 종교적인 신념 혹은 적어도 잔존하는 종교적 정체성이라는 견지에서 보면, 소련에는 많은 수의 동방 정교회 교도만이 아니라, 많은 가톨릭 교도, 개신교도, 유대교도, 이슬람 교도, 불교도, 샤머니즘 교도가 있었다.

소련 당국은 민족 집단을 다룰 때 종종 아주 모순되기도 하던 여러 가지 기본정책을 개발했다. 한편으로, 소련은 교육을 증진시켰고(지역 인텔리겐치아의 육성을 포함했다), 소수민족이 지역에서 영향력 있는 지위를 차지하도록 개인들에게 기회를 제공했으며, 지역 민족들의 언어와 문화가 보존되도록 허용해주었다. 동시에, 소련 당국은 이데올로기적, 정치적, 경제적, 혹은 사회적인 문제에서는 어떤 독립도 허용하지 않았고, 종교 행위(이것은 종종 민족적 정체성과 긴밀히 결부되어 있었다)를 단념시키려고 했고 때때로 처벌하기도 했으며, 민족 공화국과 자치지역에 대러시아인 민족들을 다수 정착시켰고, (그루지야 내의 압하스처럼) 공인된 민족 공화국에서 소수민족들에게 차별 대우를 했다. 심지어 문화 전통도 "형식은 민족주의적이지만 내용은 사회주의적이어야 한다"라는 조항에 의해서 제한을 받았다. 모든 역사는 계급투쟁과 세속 문명의 진보적인 행진이라는 단순한 개념으로 해석되어야 했다. 무엇보다도, 소련의 중앙집권적 통일성은 절대적인 원칙이었고, 유일한 정당이었던 소련 공산당은 그런 통일성의 중요한 원천이자 보증의 주체였다.

그러나 민족정책에 대한 이런 이중적인 접근법에는 위험의 씨앗이 포함되어 있었다. 지방 엘리트를 대우하고, 지방의 모국어를 학교와 공공장소에서 사용하게 해주고, 민족적 전통의 발전과 제한적인 보존을 장려하는 정책은 이점과 위험 요소를 동시에 가지고 있었던 것이다. 체제가 안정적이고 경제 기반이 단단한 한, 지방에 대한 이런 제한적인 특권은 체제에 대한 지지 및 심지어 일종의 "소비에트적" 정체성을 키워주었다. 그러나 이런 정책은 독립을 향한 요구로까지 이어질 수 있는 민족적 및 종족적 정체성이 살아남게 만들었고, 사실 때때로 그런 정체성이 생겨나는 데에 도움을 주기도 했다. 달리 말해서 문화적 자율성은 문화적 민족주의가 될 수 있었고, 때가 되면 분리주의로 이어질 수도 있었던 것이다. 소련 지도부는 항상 의구심을 가지면서, 소련을 구성하고 있는 공화국과 하위 행정단위에서 "부르주아 민족주의자들"을 계속해서 발각해냈다. 예를 들면, 우크라이나라는 절대적으로 중요한 지역의 경우에도 당 기구 자체는 그것의 "편향" 때문에 전면적인 숙청을 여러 차례 겪었다. 게다가 대러시아인 애국주의와 민족주의에 대한 세심한 통제 조치가 소련에서 중요시된 이후에, 스탈린과 정치국은 다민족 국가의 연결 매체로서 대러시아인의 역할과 러시아어를 강조하기 시작했다. 이런 흐름은 제2차 세계대전과 종전 이후의 시기에 지속되었다. 소련 동부 지역의 민족들은 자신들의 고유어로서 라틴 알파벳 대신에 키릴 문자를 사용하도록 조치되었으며, 소련의 모든 학교에서는 러시아어가 중시되었다. 소수민족들이 러시아에 통합된 것이 다른 대안에 비해서 작은 정도의 악(惡)이라는 데에서 더 나아가 긍정적인 선이라는 점을 입증하기 위해서, 역사가 다시 쓰어야 했다. 새로운 해석은 기본적으로 마르크스주의에 반대되는 것이지만, 러시아 프롤레타리아트의 진보적인 성격과 러시아 혁명운동의 선구적인 특성을 강조하는 방법을 통해서 마르크스주의의 옷에 끼워 맞추어졌다. 그러나 스탈린과 몇몇 다른 소련 지도자들은 여기에서 더 나아가, 몇 가지 최악의 편견을 과격한 방식으로 표현했다.

특히 제2차 세계대전 이후에, 유대인들은 특별한 박해를 당했다. 유대인들, 특히 이디시어를 사용하는 지식인들은 대숙청에서 특별한 목표가 되었고, 많은 사람들은 수용소로 보내지거나 처형당했다. 테러 시기에는 유대인들만이 아니라 많은 개인들과 집단도 박해당했지만, 전쟁이 끝난 직후의 시기에는 오직 유대인들만 대상으로 새로운 공격이 가해졌다. 나치가 소비에트 유대인들에게 가한 재앙을 생각해본다면, 이 일은 특히 고통스럽고 아이러니했다. "세계시민주의(cosmopolitanism)"—이것은 곧 유대인들에 대한 완곡한 표현이 되었다—에 대항한 격렬한 캠페인이 벌어져서, 유대인들은 많은 기관에서 숙청되고 널리 체포되었으며, 전반적인 공포 분위기가 조성되었다. 스탈린은 모든 유대인들을 소련 동부로 대규모 추방하려고 계획하고 있었다는 증거도 있다. 그러나 이런 공격은 스탈린의 사망으로 끝이 났다. 스탈린 이후의 시기에는 비록 그에 필적할 만한 일이 하나도 일어나지 않았지만, 유대인들의 종교와 언어 교육에 대해서는 계속해서 제약이 가해지고 그런 제약은 증대되었으므로—소련에 동화된 유대인들을 대상으로 민족적 및 종교적 정체성을 키우는 데에 도움을 주는 것에 대한 제약도 때때로 있었다—많은 유대인들이 외국으로 이주하려고 했던 원인 중의 하나가 되었다.

스탈린주의적인 탄압은 소련에서 민족주의자들의 저항을 제한하는 데에 효과가 있었다. 그러나 스탈린 이후인 1960년대와 1970년대에 소규모 민족주의 운동이 등장하기 시작했고, 이것은 규모가 큰 지하의 반체제운동과 종종 결합되었다. 우크라이나, 리투아니아, 그루지야 등지에서 조직이 결성되었다. 사미즈다트 출판물도 등장했고, 간혹 거리의 저항 행위도 시작되었다. 이런 운동에 가담한 사람들은 종종 대규모로 체포되었다. 전체적으로 보면, 이 운동에는 단지 소수의 지식인들만이 참여했다. 더 많은 사람들은 대체로 민족 문제에 대해서 여전히 별다른 관심을 보이지 않고 있었다.

교육

소련의 발전에서 교육은 매우 중요한 역할을 했다. 교육의 발전은 국가 계획에서 아주 중요한 부분이었으며, 소련의 경제와 기술의 탁월한 진보를 가능하게 만들었다. 이미 지적된 것처럼, 교육은 소련 사회의 발전의 핵심이기도 했다.

볼셰비키 혁명이 일어났을 때 러시아 국민들 중에 문자 사용 능력을 가진 사람들은 절반이 조금 안 되었다. 게다가 몇 년 동안의 내전, 기근, 전염병 그리고 소비에트 정권 수립 이후의 전반적인 무질서로 인해서 문자 사용 능력을 가진 사람들의 수는 감소했고, 교육 수준은 전반적으로 낮아지는 결과가 초래되었다. 그러나 당국은 1922년부터 대규모 교육 프로그램을 실시하기 시작했는데, 모든 어린이들을 대상으로 하는 학교를 설치하는 것만이 아니라 성인들 중에 있는 문맹을 퇴치하는 것도 목표로 삼았다. 제2차 5개년 계획이 끝날 무렵, 즉 1938년이 되면 4년제 초등학교의 연계망이 소련 전체를 포괄했고, 도시 어린이들을 위해서는 좀더 높은 수준의 7년제 학교도 설치되었다. 비록 정부가 1925년까지는 1만9,000개소 이상의 "문맹 박멸 센터"를 설치하면서 노력을 지속했지만, 문맹을 완전히 퇴치하는 것은 아주 어려웠다. 1926년의 통계를 보면 10세 이상의 소련 시민의 51퍼센트가 문자 사용 능력을 갖추었고, 1939년에는 그 수치가 81.1퍼센트였다. 독일이 침공할 무렵에는 소련 국민의 85퍼센트가, 소련 체제의 말기에는 거의 모든 사람들이 문자 사용 능력을 갖추게 되었다.

소련의 제도에서는 4년제 및 7년제 학교가 기본이었다. 그러나 10년제 학교도 다수 등장했다. 이런 유형의 학교에서는 7세부터 17세까지의 소년 소녀들을 위해서, 12년제로 된 미국의 교육제도에서 제공하는 것보다 더 많은 양의 수업을 10년 동안 실시했다. 1940년에는 고등교육기관에서와 마찬가지로 10년제 학교의 마지막 3개년에서 등록금 제도가 도입되었지만—그것은 그 이후에 폐지되었다가 다시 부활되었다—능력 있는 학생들이 학업을 계속할 수 있도록 아주 폭넓은 장학금 제도가 활용되었다.

초기에는 몇몇 아주 급진적인 방법으로 젊은이들을 교육하고 학업과 일을 결합시키면서 몇 가지 진보적인 교육을 가지고 실험을 했지만, 1930년대와 그 이후에 소련 교육은 규율을 강조하며 학문 중심적인 전통적 관행으로 완전히 되돌아갔다. 엄청난 양의 숙제와 함께 암기와 암송에 강조점이 주로 놓여졌다. 소

"문자 사용 능력은 공산주의로 가는 길이다." 1920년. 문자 사용 능력이 가진 힘을 상상으로 보여주는 신화적인 이미지를 보라. 말을 탄 사람이 들고 있는 책에는 "만국의 프롤레타리아트여, 단결하라"라고 적혀 있다. (*Gosizdat*)

련의 학교에서는 수학과 과학, 즉 물리학, 화학, 생물학, 천문학, 그리고 지리학과 제도학(製圖學)이 많이 교육되었다. 그러나 언어학, 문학, 외국어, 역사도 몇몇 다른 학문 분야와 함께 강조되었다. 예를 들면, 10년제 학교에서는 어떤 외국어가 6년 동안 교수되었다. 선택과목은 하나도 없었다. 그뿐만 아니라 소련에는 음악 및 미술적 재능을 가진 어린이들을 위한 특수학교, 군사학교, 외국어학교 등이 있었다.

중등학교 이상으로는 기술 및 다른 전문학교들, 고등 학문을 위해서 모든 조건을 갖춘 교육기관들이 있었다. 이런 고등교육기관의 수는 계속해서 증가되고 있었다. 소련 당국은 과거의 종합대학 체계를 발전시켰으나 기술, 농업, 의학, 교육학, 경제학과 같은 특수 분야에 집중한 단과대학에서의 고등교육을 더욱 강조했다. 단과대학에서의 학업은 4년부터 6년까지 다양했다. 종합대학 과정은 보통 5년이 걸렸다. 종합대학과 단과대학의 지원자들은 경쟁적인 입학시험을 치러야 했는데, 교육 공간의 부족 때문에 비율적으로 3명의 자격 있는 후보자 중에 2명이나 되는 숫자가 종종 탈락했다. 초, 중, 고등학생만이 아니라 소련의 나이 많은 대학생들도 모든 수업에 참석할 것을 요구받았으며, 일반적으로 엄격한 규율에 따라서 엄밀하게 규정된 교과과정을 따라야 했다.

교육에 대한 당과 정부의 노력은 학교를 넘어서 도서관, 박물관, 클럽, 극장, 영화관, 라디오, TV 그리고 심지어 서커스로까지 확대되었다. 물론 이 모든 기관들은 국가의 소유로서 계속 수가 증가되었고, 동일한 목적에 봉사하기 위해서 긴밀히 조정되었다. 아주 특이하게도, 소련에는 광장과 거리의 모퉁이에서 구두 선전 행위가 이루어졌는데, 당에 의해서 후원을 받는 선전가들이 200만 명 이상이었다. 소련에서는 직장인 교육과 통신 교육도 아주 널리 보급되었다. 게다가, 비록 초기에 비해서는 교육의 발전 비율이 둔화되기는 했지만, 교육의 계속적인 확대와 확산은 여러 차례에 걸친 나중의 5개년 계획에서 핵심적인 부분이 되었다.

소련 교육 그리고 심지어 소련 문화는 전반적으로 혁명 이전의 유산으로부터 큰 이익을 얻었다. 소련 학교의 높은 수준, 진지한 학문적 성격 그리고 심지어 규율도 차르 시대로부터 유래되었다. 비록 제정 러시아가 보편적인 교육제도 쪽으로 서서히 움직여가고 있기는 했지만, 공산주의가 주로 기여한 것은 모든 단계에서 교육이 광범위한 규모로 급속히 확산되도록 했다는 것이다. 많은 관찰자들은 소련의 대학생들이 놀라운 근면성과 결심을 가지고 공부했다고 말했다. 그것은 아마도 교육을 아주 존중했던 문화 전통과 아울러 당대의 생활 여건에서 유래되었을 것이다. 왜냐하면 교육은 빈곤하고 단조로운 콜호스와 공장에서의 삶에서 탈출할 수 있는 유일한 가능성을 소련 시민들에게 제공했기 때문이다. 관대한 보조금과 열정적인 장려정책이 소련 교육 분야의 주요 미덕이었다면, 통일성, 암기, 마르크스주의 이데올로기에 대한 폭넓은 강조는 주요 악·덕이었다. 소련 교육에 대한 비판적인 역사책에서는 학문—예를 들어 철학, 역사, 사회학—이 소련의 마르크스주의의 선언문에 가까우면 가까울수록 그 학문은 좀더 엄격하고, 제약이 많고, 왜곡되었다고 종종 주장되어왔다. 반면에, 많은 학자들과 교사들은 상당한 정도의 독립성과 정직성을 가지고 일하면서도 마르크스와 레닌을 교묘하게 인정하는 방법을 터득하고 있었다. 종종, 특히 역사에서는 이것이 사료적인 사실에 좀더 많은 주의를 기울이고, 분석과 해석에는 제한을 가하는 식을 의미했다. 그러나 대체로 사회과학이나 인문학보다는 수학이나 이론물리학과 같은 분야에서 지적인 자유가 더 보장되었다. 사회과학이나 인문학 분야는 이데올로기적인 입장이 아주 확고했고, 비판적인 사고의 핵심적인 기술이 장려되지 않았다.

소련 문화

소련의 과학, 학문, 문학, 예술은 소련 역사의 흐름에서 벗어나지 않았다. 국가와 국민을 변화시키려는 정치적인 추진력, 내전과 세계대전이라는 충격적인 경험, 극적인 정책 변화, 이상주의와 억압 등은 모두 소련 문화 속에 반영되었다. 그러나 한 가지 변치 않는 것은 있었는데, 그것은 바로 당의 통제가 증가되었다는 점이다. 이미 10월 혁명 직후의 몇 년 동안에 볼세비키의 문화 지도자들은 과학, 문학, 예술이 "프롤레타리아트적인 것"이어야 한다고 주장하고 있었다. 이것은 노동계급으로서의 배경을 가진 개인들에게 우선권이 부여되어야 한다는 것을 종종 의미했지만, "프롤레타리아트적"이라는 말은 이데올로기적인 측면에서 제대로 이해된 마르크스주의적 관점을 반영하는 것으로 주로 이해되었다. 나중에는 당성, 즉 파르티노스트라는 개념이 동일한 기능을 수행했다. 동시에, 문화 발전은 사회주의 발전의 핵심적인 부분이라고 평가되었다. 그리하여 스탈린 시대에는 소련의 과학, 학문, 문학, 예술이 많은 후원을 받고, 철저한 조직을 갖추었으며, 당과 국가의 정책과 긴밀하게 결합되었다. 소련의 모든 지식인들은 사실상 국가에 의해서 고용되었다. 심지어 그들의 수입이 주로 저작료에 달려 있었던 경우조차도, 지식인들의 저서는 공식적인 인증 없이는 출판될 수 없었고, 음악은 연주될 수 없었다. 소련의 창작 수준은 시기 그리고 분야에 따라서 엄청난 차이가 있었다. 혁명 이후 초기 몇 년과 1920년대 초의 실험주의, 제1차 5개년 계획의 급진주의, 1930년대의 보수주의적 엄격성, 1950년대 후반과 1960년대 초의 "해방", 브레즈네프 시대에 지하에서 활동하던 반체제운동의 성장 등 이 모든 것들은 창의적인 사상을 위해서 다양한 기회 및 제약을 동시에 만들어주었다. 그리고 분야에 따라서 정부정책의 요구에 대한 의존도는 달랐다. 그러므로 최고의 역사 혹은 문학 작품을 저술하기보다는, 과학에서 탁월한 업적을 이루거나 독창적인 음악을 작곡하는 것이 더 용이했다. 그러나 빈약한 수준에 있던 분야만이 아니라 풍성한 성과를 낸 거의 모든 분야에서도 당과 당의 이데올로기는 강한 흔적을 남겼다.

과학과 학문

다양한 이유로 인해서 과학은 소련 문화의 특권 영역이었다. 소련이 군사적으로나 기술적으로나 경제적으로 세계의 지도자가 되기 위해서는 과학은 분명히 그리고 직접적으로 유용했고, 사실 필수 불가결했다. 스스로 과학적인 성격을 가졌다는 자부심을 가지고 있던 마르크스주의에 의해서 과학은 충분히 지지되었다. 사실, 일부 저술가들은 소련의 과학과 기술에 대해서 거의 종교적일 정도의 존경심을 표명했는데, 이것은 부분적으로는 세계를 변화시키겠다는 과거의 혁명적 반항심과 결심의 표현이었다. 그러나 과학은 변증법에 종속되어 있기는 했지만 대체로 인간 사회에 주의를 집중하는 마르크스주의 이론의 바깥에 놓여 있었으므로, 예를 들어 사회학이나 문학보다는 소련에서 "더 안전한" 분야였다. 그러나 과학이 당과 이데올로기에서 완전히 벗어난 것은 아니었다. 공산주의가 과학에 간섭한 사례로는 소련이 아인슈타인의 "소부르주아적" 이론을 받아들일 때의 어려움만이 아니라, 리센코가 소련의 수많은 지도적인 생물학자들, 특히 바빌로프를 제거한 것처럼 소련 생물학, 특히 유전학을 사실상 파괴한 일 등이 포함되어 있었다. 리센코는 자신이 기본적인 유전 법칙을 인정하지 않는다고 공언했으며, 자신의 주장에 대한 당의 지지를 얻어냈다. 리센코의 이론은 마르크스주의의 환경론에 새로운 관점을 제공했고, 공산주의의 세계 변혁이 이전보다 더욱 실현 가능한 것으로 보이도록 만들었다. 그런데 유일한 난점은 리센코의 이론이 허위라는 것이었다. 그러나 아인슈타인의 이론은 적어도 실용적인 목적 때문에 수용되어야 했다. 리센코의 권위를 최종적으로 폐기하기에는 많은 세월이 걸렸고 여러 차례 운명의 전환이 있기는 했지만, 소련의 생물학은 제자리를 찾았다. 나아가, 예를 들어 작가들과는 대조적으로, 수많은 과학자들은 별로 방해를 받지 않고 자신들의 분야에서 계속해서 연구할 수 있었다. 그리고 과학은 특히 국가가 제공하는 대규모 재정 지원과 조직적인 노력에 의해서 특별한 이득을 얻었다.

스푸트니크, 달에 대한 우주선 발사, 달의 이면(裏面) 촬영, 소련 우주 비행사들의 지구 궤도 비행, 원자폭탄 및 수소폭탄 등은 소련의 응용과학의 성과와 특히 소련의 로켓, 미사일, 원자 및 우주 부문의 과학기술의 성과를 명확히 보여주었다.* 다른 분야와 마찬가지로 이 분야에서 소련은 혁명 이전의 시대로부터 물려받은 유산, 특히 우주여행 분야의 개척자인 치올콥스키(1857-1935) 같은 학자들의 지속적인 작업으로부터 득을 보았다. 첩보 활동 및 제2차 세계대전 이후에 소련으로 데려온 독일 과학자들의 기여는 이루 말할 수 없이 컸다. 물론 소련 정부는 위에 언급된, 매우 비용이 많이 드는 과학 프로그램에 재정 지원을 해주었고, 그것을 최대한 장려해주었다. 그리고 국가는 5개년 계획과 관련하여, 새로운 천연자원을 위한 대규모 탐사와 방대한 지리 탐험 등의 프로젝트를 조직했다. 북극 지방에서의 소련 과학자들의 활동은 특별히 유명해졌다. 학술원은 소련 학문의 다른 분야와 마찬가지로 소련의 과학을 계속해서 지도했다.

소련의 응용과학은 아마도 언론에서 아주 많은 칭찬을 받았을지 모르지만, 소련 과학의 전반적인 우수성은 대체로 충분한 인정을 받지 못했다. 수많은 이

---

* 소련이 우주 분야에서 이룩한 "세계 최초의 업적"으로는 다음과 같은 것들이 있다. 1957년 10월 4일에 최초의 인공위성인 스푸트니크 1호 발사, 1957년 11월 3일에 동물을 탑승시킨 최초의 인공위성 스푸트니크 2호 발사, 1959년 1월 2일에 최초의 달 로켓인 루니크 1호, 1959년 10월 10일에 최초로 달 이면 촬영, 1960년 8월 20일에 궤도로부터 최초로 동물 생환, 1961년 2월 12일에 궤도에서 최초로 금성 탐사선 발사, 1961년 4월 12일에 가가린 중령이 최초로 유인 우주비행 성공, 1961년 8월 11일과 1962년 8월 12일에 니콜라예프 소령과 포포비치 중령을 탑승시킨 최초의 2인 우주선 발사, 1963년 6월 16일에 테레시코바가 여성 최초로 우주비행 성공, 1964년 10월 12일에 우주선장인 코마로프 대령, 과학자인 페옥티스토프, 생리학자인 예고로프 박사를 탑승시킨 최초의 3인 우주선 발사, 1965년 3월 19일 보스호드 2호(선장은 벨랴예프 대령)의 레오노프 중령의 최초의 우주 유영, 1968년 9월 15-22일에 자동항법 우주선인 존드 5호의 최초의 달 주위 선회와 귀환, 1969년 1월에 소유스 4호와 소유스 5호의 우주정거장 설치 실험을 위한 최초의 비행, 1970년 11월 17일에 달 표면에 자체추진 방식의 최초의 자동실험장치인 루노호드 1호의 설치, 1971년 6월 7일에 지구 궤도에 최초의 유인 우주기지인 살류트의 설치, 1971년 12월 2일에 마르스 3호 탐사선에 의한 최초의 화성 연착륙 및 지구로의 비디오 신호 송신, 1972년 7월 22일에 베네라 8호 탐사선에 의한 금성의 태양 방향 표면에 대한 최초의 연착륙 및 50분 동안 대기 및 표면 측정 결과의 지구 전송. 그리고 소련은 1967년 4월 24일에 소유스 1호에 탑승한 코마로프 대령이 우주 비행 도중 최초의 인명 손실을 당했다고 발표했다.

름 중에 단지 몇몇 사람들만 꼽아 보더라도, 란다우 같은 이론 물리학자, 이오페와 카피차 같은 실험 물리학자, 니콜라이 세묘노프 같은 화학자, 이반 비노그라도프 같은 수학자, 암바르추미안 같은 천문학자, 블라디미르 베르나츠키 같은 지구화학자, 코마로프 같은 식물학자 등으로, 소련은 재능 있는 탁월한 과학자들을 보유하고 있었으며 과학적 업적의 범위는 미국을 제외한 다른 모든 국가들을 능가했다.

소련의 사회과학과 인문학은 과학과 비교될 수 없었다. 1920년대, "해빙" 시기, 그리고 그보다 적은 정도로는 브레즈네프 후기에 공식적인 이데올로기를 지향했으나 그것에 의해서 완전히 강요되지는 않은 연구가 비교적 가능하기는 했다. 그렇지만 소련 마르크스주의의 명령은 철학과 사회학 같은 분야에서는 사실상 온갖 성장의 여지를 질식시켰다. 특히 1920년대 이후와 짧았던 고르바초프 시대 이전에는 공식적인 이데올로기 자체도 현저히 빈약했으며, 그 결과 소련에서는 심지어 마르크스주의 사상조차도 일부 서구와 동유럽의 다양성에 비해서 조잡하고 미발달된 상태였다.

역사학 분야에서는 1930년대 초반과 중반까지 포크롭스키의 부정론적인 (negativistic) 학파가 득세했다. 포크롭스키는 러시아의 과거에 대해서 매우 비판적이고 가혹한 입장을 취하면서, 사실상 러시아의 과거가 전혀 중요하지 않다고 선언했다. 1930년대에 소련이 안정되고 문화적 보수주의로 전환하자 포크롭스키와 그의 학파는 비난받았고, 당국은 역사 분야 및 고고학처럼 역사와 관련된 학문에서 집중적인 연구 작업을 장려하기 시작했다. 특히 소련 역사학자들은 사료를 수집하고 편집하는 방향으로 돌아섰다. 그리고 몇몇 가치 있는 연구도 사회경제사 분야에서 행해졌다. 적어도 한 사람을 들면, 원래 혁명 전의 전문가였던 그레코프는 탁월한 기여를 했다. 그러나 일반적으로 1930년대 및 스탈린 사후에 어느 정도의 자유화 조치에도 불구하고, 소련의 역사학계는 당의 엄격한 규제로 인해서 엄청난 고통을 겪었는데, 지성사와 국제관계사 같은 분야에서 특히 그랬다.

언어학 연구는 다소 다른 유형을 따랐다. 이 분야에서 캅카스 지역의 여러 언어의 탁월한 학자로서 자신이 창안한 다소 기이한 이론의 포로가 된 듯한 마르(1864-1934)는 리센코가 생물학에서 했던 것과 동일한 슬픈 역할을 맡았다.

당의 지지를 받았던 마르의 이상한 견해는 소련의 문헌학과 언어학을 거의 파괴해버렸으며, 기존의 어족(語族)을 부정하면서 4가지의 기본 음성이 모든 곳에서 여러 가지 형태로 진화해왔다는 주장을 펼쳤다. 이 새로운 이론은 어떤 민족의 상이한 단계의 물질적 발달에 대해서 상이한 어족을 연관시키거나 적어도 연관시킬 수 있었기 때문에 마르크스주의적인 것으로 보였으나, 그 의미가 너무나 혼란스럽고 심지어 위험했기 때문에 스탈린 자신이 1950년에 마르 학파에 등을 돌림으로써 소련 학계를 상당히 안심시켰으며 이롭게 했다.

그러나 소련의 대부분의 학문 영역은 스탈린의 금언보다는 그의 죽음에 의해서 더욱 많은 이익을 얻었다. 1953년 봄부터, 소련 학자들은 외부 세계와 좀더 많은 접촉을 할 수 있었고, 자신의 분야에서 비교적 더 많은 자유를 향유했다. 특히, 그들은 더 이상 매사에 스탈린을 찬양한다거나, 대부분의 것들이 러시아인들에 의해서 처음 창안되었다고 입증한다거나, 러시아에 있는 서구의 영향을 부정한다거나―소련 학자들은 즈다노프가 주도권을 가지고 있던 최악의 시기에는 그렇게 해야 했다―하는 등의 일을 하지 않아도 되었다. 인공두뇌학과 몇몇 다른 종류의 경제 분석과 같은 학문 분야 전체 혹은 세부적인 학문 분야는 결국 허용되었고 심지어 장려되었다. 그러나 스탈린주의의 과도한 측면 중 일부는 사라졌지만, 강압적인 마르크스-레닌주의와 당성은 여전히 남아 있었다.

문학과 예술

다른 교육받은 러시아인들처럼, 작가들과 예술가들은 공산주의 혁명에 대해서 다른 반응을 보였다. 새로운 러시아에서 많은 사람들은 아웃사이더와 같은 느낌을 받았다. 사회적으로 볼 때, 그들 대부분은 경멸의 대상인 상류계급 출신이었다. 정치적으로 볼 때, 그들 대부분은 약간은 자유주의적이거나 아주 비정치적이었다. 그리고 많은 예술가들은 미학적으로 프롤레타리아트적인 새로운 문화 기준으로부터 소외감을 느꼈다. 그 결과, 많은 사람들은 소비에트 러시아로부터 도망쳐서 종종 유럽과 미국의 문화를 풍요롭게 만들었다. 그러나 많은 예술가들과 작가들은 남아 있었다. 정치적인 성향이 별로 없던 사람들은 새로운 질서를 무시하려고 했다. 그들은 공식적인 경로 바깥에서 예술을 창작하고, 예술 자체만을 위해서, 그리고 자신과 자신의 친구들을 위해서 글을 쓰거나 그림을 그리려고 했다. 다른 작가들과 예술가들은 "혁명적인" 예술 및 문학을 창작하기 위해서 자신들이 혁명이라고 이해하고 있는 것의 일부가 되려고 시도했다. 소련 정부가 초기에 다양한 예술적 조류를 용납하고 전위 예술가들을 긍정적인 태도로 장려했다는 점은 그런 사람들에게 도움이 되었다. 많은 사람들은 문화 관료로서 정부로부터 봉급을 받는 직책을 받아들였다. 보다 흔한 일로서, 작가들과 예술가들은 국가로부터 보조금과 작업 공간 그리고 출판 및 전시 기회를 제공받는 혜택을 누렸다. 그러나 이처럼 당과 국가의 대의(大義)에 동조하고 공식적인 도움을 받게 됨에 따라서, 그들의 활동은 곧 점점 더 제약을 받게 되었다.

혁명과 내전기의 엄청난 손실과 지식인들의 대규모 외국 이주에도 불구하고, 소련 초기의 문학은 어떤 측면에서는 "은 시대"의 흐름을 지속했다. 블로크와 벨리 같은 상징주의자들, 만델스탐과 아흐마토바 같은 아크메이스트들은 탁월한 시를 계속해서 출판하면서 새로운 방향으로 자신들의 활동을 발전시켰다. 마야콥스키 같은 미래주의자들은 혁명에 바치는 모더니즘적인 시를 써냈다. 그리고 많은 새로운 탁월한 작가들이 등장하여 종종 혁명 이전의 전통을 정교하게 발전시켰다. 1917년 이후에 자신들의 주요 작품을 발간해낸 중요 작가로는 (비록 그중 일부는 혁명 직전에 작품을 출판해내기 시작했지만) 바벨, 불가코프, 올레샤, 파스테르나크, 필냐크, 안드레이 플라토노프, 자먀틴, 조셴코 등이 있었다. 문학 비평가이자 언어 이론가인 바흐친의 아주 독창적인 작품과 마찬가지로, 형식주의 비평이 등장하여 번성했다. 비공산주의 작가들은 수많은 집단과 운동을 만들어냈는데, 이들은 "동반작가(同伴作家, poputchik)"라고 하여 당에 의해서 용인되었다. 동반작가라는 용어는 비프롤레타리아트 출신이거나 비혁명적인 작가로서 소련 권력을 기꺼이 받아들이고 사회주의 질서 내에서 건설적으로 활동하려고 했던 사람들을 가리키기 위해서 만들어진 것이었다. 동시에 "좌파적"이거나 "프롤레타리아트적"인 작가 조직들은 영향력과 국가의 지원을 위해서 경쟁했다. 1918년에 출범하여 1920년대 동안에 존속되었던 프롤레트쿨트(Proletcult)는 노동자들 사이에 문학 및 예술 창작을 장려하기 위해서 작업실을 설치했다. 프롤레트쿨트의 지도자들은 순수하고 계급적인 예술을 창작할 것을 고집했다. 그러나 실제로는 작업실 내의 노동자들은 벨리와 브류소프 같은 비프롤레타리아트적인 작가들과 종종 함께 연구했고, 많은 노동자 작가들은 아주 특이하고도 비정통적인 목소리를 발전시켰다(이것은 프롤레트쿨트의 지도자들을 크게 실망시켰다). 문학 양식과 내용(예를 들면, 서정주의와 내성[內省]이 용납될 수 있는가?) 그리고 당의 정책을 놓고 벌어진 갈등으로 인해서, 전문적인 "프롤레타리아" 작가들 가운데에 일련의 프롤레타리아 작가조직이 생겨났다. 그런 조직으로는 1920년의 전 소비에트 프롤레타리아 작가연합(VAPP)으로부터 시작하여, 제1차 5개년 계획 동안 존재했으며 자신들 이외의 다른 접근법의 존재에 대해서 종종 신랄한 비난을 가했고 전투적이었던 러시아 프롤레타리아 작가동맹(RAPP) 등이 있었다. 1920년대 후반까지는 부분적으로 1929년까지 계몽인민위원이었던 루나차르스키 덕분에 다양한 접근이 용인되었다. 심지어 프롤레타리아트의 헤게모니에 대한 러시아 프롤레타리아 작가동맹의 요구조차도 대체로 무시되었다.

곤란의 징조는 이미 1920년대 후반에 어렴풋이 보이고 있었다. 일탈적인 문학 조류에 대한 정통 마르크스주의 비평가들의 목소리는 점점 날카로워졌으며, 영향력을 확보하고 있었다. 환멸감의 표시 혹은 심지어 저항의 표시로서 수많은 사람들이 자살했다. 저명한 "농민" 시인인 예세닌은 "죽음에는 새로운 것이 아무것도 없다/그러나 살아 있는 데에는 새로운 것이 더 없다"라고 쓰고는 1925년에 목을 매어 자살했다. 그리고 좌파였던 마야콥스키는 마지막 시에서 자신이 "나 자신의 노래의 목구멍을 누르게" 되었다고 말하면서, 1930년에 스스로 목숨을 끊었다. 그러나 더욱 큰 변화는 1932년에 일어났다. 그때 모든 독립적인 출판사 및 잡지와 더불어, 모든 문학 단체는 해산되어 단일한 소련 작가동맹으로 대체되었다. 1934년에 개최된 제1회 소련 작가동맹 회의에서 당의 지도자들은 문학에서는 "사회주의 리얼리즘"이라는 단 하나의 올바른 접근만이 있다고 선포했다. 사실상 소련 문학은 이제 문자 그대로 정부의 기관이 되었으며, 작가들은 국가의 피고용인이 되었다. 작가동맹의 회원들은 안정된 수입을 얻고 잠재적인 특권을 누렸으나, 공식적인 기준에 따라서 글을 쓰도록 요구받았다. 그리고 저술이 기준을 따르지 않거나 기준이 변화되면, 저자들은 문제가 되는 부분을 고쳐 쓸 준비가 되어 있어야 했다. 많은 작가들—아흐마토바, 만델스탐,

파스테르나크, 올레샤, 바벨, 불가코프―은 공개적인 문학적 침묵 속으로 후퇴했다.

"혁명적 발전 안에서 진실되고, 역사적이면서도 구체적인 현실 묘사"라는 사회주의 리얼리즘에 대한 공식적인 정의는 이미 "진리"와 "현실"이라는 특정한 이데올로기적인 이해를 가리키고 있다. 이것은 세계에 대한 이런 현실적인 묘사의 "진실성과 역사적 구체성"이 "사회주의 정신으로 노동인민을 이데올로기적으로 개조하고 교육하는" 목적에 봉사해야 한다는 그 이상의 설명으로 정교하게 표현되었다. 다른 이론적 개념들이 곧 추가되었다. 문학은 당성(partiinost : 당의 정책에 부합되어야 한다는 것), 이념성(ideinost : 고상한 이념과 원칙으로부터 영감을 얻어야 한다는 것), 인민성(narodnost : 일반인들 즉 '나로드'에게 이해될 수 있고 그들의 필요에 봉사해야 한다는 것)에 의해서 지도되어야 한다고 언급되었다. 사회주의 리얼리즘은 이론적으로 아주 모호했으며, 실제로는 스탈린과 그의 측근들이 올바른 문학의 형태와 내용을 지시하는 것을 종종 의미했다. 사실 작가들은 영감을 얻기 위해서 스탈린의 저서를 연구하도록 강요받았다. 그 결과, 소련의 삶을 이상화하고 애국주의적 견지에서 러시아의 과거를 묘사하며 (혁명, 생산, 역사에서의) 개별적인 영웅주의를 찬미하고 소련의 새로운 남녀의 고귀한 이념을 강조하는 영화(선전 가치를 위하여 당이 아주 중시했던 장르)뿐만 아니라, 소설, 이야기, 시, 희곡이 홍수처럼 쏟아져 나왔다. 사회주의 리얼리즘적 작품의 주인공은 언제나 도덕적 미와 육체적 미의 귀감으로서 근본적인 내적 갈등과 심리적인 모호함을 전혀 가지지 않는 인물이었다. 저자들은 자신들 주변의 암울한 세계가 아니라, 나타나야 하며 미래에 나타나게 될 것들을 보도록 강요받았다. 비관론은 금지되었다.

예술이 혁명적 목적 아래에 예속되고, 사회주의 리얼리즘 문학에서 생의 복잡성 중 많은 부분이 고의로 배제됨에 따라, 스탈린 시대의 문학의 질과 지속적인 호소력이 종종 아주 낮은 수준에 머물러 있었다는 것은 놀라운 일이 아니다. 1936년에 고리키가 사망한 이후에, 소련 문단에서 그에 비견되는 위상을 가지는 작가는 등장하지 않았다. 대중적인 역사 및 현대 소설을 썼던 알렉세이 톨스토이(1883–1945)와 내전과 집단화 시기에 돈 강의 카자크들을 묘사하는 소설인 『고요한 돈 강(*Tikhii Don*)』과 『처녀지 파헤쳐지다(*Podniataia tselina*)』를 썼던 숄

로호프(1905-1984)와 같은 몇몇 재능 있는 사람들은 체제의 요구 사항에 다소 부합되면서도 좋은 작품을 써낼 수 있었다. 물론 그들 역시 변화되고 있던 당의 요구를 충족시키기 위해서 판이 거듭될 때마다 자신들이 썼던 내용을 수정해야 했다. 다른 재능 있는 작가들, 예를 들어 올레샤는 "사회주의 리얼리즘"에 대체로 적응할 수 없었다. 소련의 시는 사회주의적이고 리얼리즘적일 뿐만 아니라 단순하고 이해하기 쉬워야 한다는 명령에 의해서 특히 제약을 받았기 때문에, 소련의 산문보다 훨씬 더 수준이 낮았다. 그러나 정부가 러시아 고전과 세계 고전의 번역판을 대량 출판함으로써 독자들에게 큰 도움을 준 것은 분명한 사실이다.

스탈린 이후의 시기에 유연성이 좀더 허용되기는 했지만, 작가동맹은 당성, 이념성, 인민성이라는 사회주의 리얼리즘의 원칙들을 계속해서 고집했다. 스탈린의 숙청과 강제노동 수용소와 같은 금지된 주제가 허용된 것은 짧은 시기 동안이었다. 그리고 소련의 일상생활에 대해서 쓸 때에는 객관성이 좀더 많이 허용되었다. 문학 비평가들은 사회주의 리얼리즘에 속한 많은 문학 작품들이 정서적으로 피상적이며 거짓되다는 점을 공개적으로 인정했다. 그러나 강력한 한계는 그대로 남아 있었다. 예를 들면, 파스테르나크의 소설 『의사 지바고(*Doktor Zhivago*)』(1955년에 완성)가 소련에서는 출판이 거절되었으나 해외 출판을 통해서 커다란 찬사를 받았고, 그 소설로 인해서 파스테르나크가 1958년에 노벨상 수상자로 선정되었을 때, 그에게는 상을 받기 위한 외국 여행이 금지되었다. 소련 언론은 그 소설이 이데올로기적으로 소련의 과거에 대해서 부정확한 관점을 가지고 있다고 맹비난했다.

흐루쇼프 이후의 시기에는 소련의 업적을 묘사하라는 요구가 증대되었으나, 다양성도 아울러 증대되었고 미묘한 일탈의 조짐도 있었다. 많은 작가들은 복잡한 일상적인 인간관계에 초점을 맞추기 위해서 영웅적인 주제를 피했다. "농촌 산문(derevenskaia proza)" 작가파는 자연, 소박함, 도덕적인 품위와의 친근성과 같은 전통적인 가치를 강조하는 농촌생활의 어려움을 좀더 사실적으로 독자들에게 묘사해주었다. 우리는 비소츠키와 오쿠자바 같은 인기 있는 시인들의 노래에서 개인적인 경험과 감정이 강조된 유사한 사례를 볼 수 있다. 고전적인 사회주의 리얼리즘이 계속해서 생산되고 있었지만, 독자들의 취향에 대한 연구를 보면 대부분의 소련 독자들은 영웅적인 노동이나 혁명적인 헌신에 대한 이야기보다는 개인들과 감정 그리고 인간관계에 대한 책을 선호했다는 것이 명확히 드러난다. 전쟁, 범죄와 수사, 첩보 행위에 대한 작품은 특히 인기가 높았다. 그러나 관용의 한계는 주기적으로 다시 강조되었다. 예를 들면, "해방" 문학의 보증서 중의 하나인 『이반 데니소비치의 하루(*Odin den' Ivana Denisovicha*)』라는 강제노동 수용소에 대한 이야기(흐루쇼프의 직접 승인을 통해서 1962년에 출판)를 쓴 솔제니친은 1965년 이후에 어떤 글도 출판에 대한 허락을 받지 못했다. 그의 후기 작품은 전부 해외에서 출판되어 소련으로 밀반입된 것들이다. 그는 1969년에 작가동맹에서 제명되었고, 1973년에는 소련에서 추방되었다. 오직 서구에서나 사미즈다트를 통해서 출판될 수 있었던 시인인 브롯스키의 작품은 인간의 조건에 대한 성찰로부터 유래된 비탄과 향수로 가득 차 있었다. 그런데 브롯스키는 1964년에 5년의 중노동형을 선고받고(러시아 작가들과 세계의 항의에 직면해서 1년 뒤에 석방되었다), 1972년에 소련을 떠나야 했다. 많은 작가들은 선동을 했다는 이유로 출판이 금지되거나 심지어 재판을 받아야 했다. 사실, 소련 시기에 최고의 러시아 문학 작품 중 다수가 해외에서 저술되었다. 탁월한 망명 작가들로서 "최초의 물결"에 속한 이들로는 소설가이자 시인인 부닌, 문체가 독특한 아주 독창적인 산문작가인 레미조프가 있었는데, 이 두 사람은 각각 1953년과 1957년에 파리에서 각각 사망했다. 러시아의 일부 망명 작가들, 특히 소설가인 나보코프 그리고 나중에는 시인 브롯스키가 영어 혹은 다른 언어로 영향력 있는 저술 활동을 했다. 최근에는, 특히 공산주의가 몰락한 이후에 망명 문학은 러시아 문학 전체에서 핵심적인 부분이라고 다시 주장되어왔다.

소련의 예술 부문의 기록은 문학의 기록과 유사했다. 혁명 이후의 최초의 10년은 문학과 마찬가지로 은 시대 및 서구의 당대 조류와 밀접한 관련을 가지고 있었다. 혁명을 받아들인 대부분의 예술가들은 혁명이 본질적으로 자유와 가능성에 대한 것이라고 보았으며, 구상주의 예술이라는 인습("부르주아적 인습")으로부터 완전히 해방된 작품을 가지고 종종 예술적인 표현을 했다. 많은 예술가들은 혁명적인 예술이 혁명에도 유용해야 한다고 주장했다. "예술을 삶 속으로!"라는 말은 대중적인 구호가 되었다. 예술가들은 아주 현대적인 디자인을 사용해서, 공공 광장을 위한 기념물과 축제용 장식, 의복, 서적, 그 외의 물건들을 디자인했다. 대체로, 양식이 어떤 것을 채택하든지 간에―소련의 초기 10년 동안에는 말레비치의 초현실주의적인 추상화로부터 샤갈의 향수 어리며 황홀한 초상화, 타틀린의 환상적인 건축, 혁명 지도자들과 사건들에 대한 전통적인 회화에 이르기까지 다양한 양식이 번성했다―상상력이 크게 발휘되었다. 동일한 말은 이 초기 시기의 건축에도 적용되었다. 그때에는 날아다니는 도시와 회전하는 유리 인테리어를 가진 높이 치솟은 철제 마천루(이런 것은 건축될 수 없었다)에 대한 혁명적 비전들이 모더니즘적인 기능주의(이것은 오래가는 수많은 건축물을 만들어냈다)와 공존했다.

그러나 "사회주의 리얼리즘"이 소련 문화에서 일단 자리를 잡자마자, 소련의 예술은 아주 보수적이고 고루한 성격을 얻게 되었다. 스탈린 시대의 회화와 조각은 시각적인 표현 분야에서까지 전통적인 리얼리즘을 회복시켜주었으나, 그것은 언제나 영웅적이고 긍정적인 분위기에서, 항상 적어도 사회주의 건설의 진보와 성공을 의미하는 것이었다. 스탈린과 다른 소련 지도자들의 무수한 초상화와 함께, 햇빛이 비치는 들판에서 일하는 행복하고 건강한 농민들이나 강인하고 즐거운 표정의 공장 노동자들을 밝은 색채로 그린 그림은 흔한 것이 되었다. 한편 소련의 건축은 소련 초기의 아방가르드적인 창조적 작품에서 벗어나, 많은 장식이 달린 아파트와 사무실 건물, (과거의 거주지역과 교회를 대체한) 장엄한 대로와 행진에 적합한 광장, 모스크바 지하철의 전통주의적인 모자이크와 샹들리에처럼 광범위한 공공적인 장식예술, 스탈린 쇠퇴기에 건축되었으며 서양의 초기 마천루 양식을 바로크적이고 고딕적인 요소와 결합시킨 악명 높은 모스크바의 마천루들 쪽으로 방향을 바꾸었다. 스탈린 사후에는 독창성이 없는 리얼리즘이 회화의 주된 흐름을 지배했던 반면에, 건축은 소박하고 기능적인 성격을 가지게 되었다.

1920년대와 1930년대의 소련 음악도 유사한 궤도를 따라갔다. 아방가르드적인 실험 정신은 사회주의 리얼리즘에 길을 내주었다. 음악이 가진 감동적인 힘은 당의 문화 담당자들에게 음악도 사회주의 건설에 기여할 수 있다는 확신을 가지도록 만들어주었다. 그러나 회화보다는 음악에서 창의성과 독창성이 훨씬 더 주장되었다. 그것의 부분적인 이유는 음악이 마르크스주의와 "리얼리즘적인" 명령으로부터 좀더 멀리 떨어져 있었기 때문이었으며, 또다른 부분적인 이

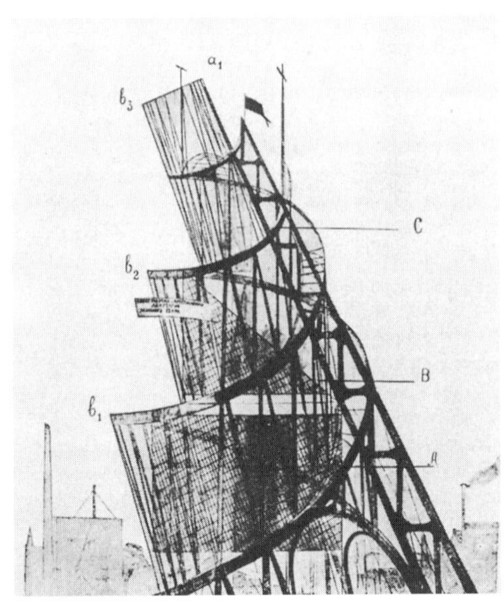

블라디미르 타틀린이 제작한 제3인터내셔널의 기념 건축물 설계 그림, 1919-1920년. 비록 실제로 건축되지는 않았지만, 공산주의 인터내셔널 본부를 위한 타틀린의 유토피아적 설계는 혁명적 모더니즘의 거대한 상징이었다. 인간이 만든 구조물 중 세계에서 가장 높은 것으로 구상된 이 나선형 철제 구조물에는 유리로 만들어진 내부의 홀이 포함될 예정이었다. 각각의 홀은 다른 홀 위에 있으며, 자연의 원리에 맞추어 회전하게 되어 있었다. 맨 아래의 정육면체 모양 부분은 1년에 한 번 축을 중심으로 회전하고, 원뿔 모양 부분은 매달 한 번씩 돌아가며, 꼭대기의 실린더 모양 부분은 매일 한 번 회전하도록 되어 있었다. 이 건물에는 회의 공간, 사무실, 통신 센터가 들어갈 예정이었다. (Punin, *Pamiatnik III Internatsionala*)

유는 재능 있는 사람들이 친 사고들 때문이었다. 국가 통제의 가장 악명 높은 사건은 1936년에 쇼스타코비치의 신작 오페라인 「므첸스크의 맥베스 부인(Ledi Makbet Mtsenskogo Uyezda)」을 공산당 기관지인 『프라우다』가 공개적으로 공격한 일이었다. 이 작품은 "자연적이고, 인간적인 음악"이 아닐 뿐만 아니라, 단지 모더니즘적인 "잡음"이자 "음악적인 소음"으로서 "욕정을 자극할 수 있을 따름"이며, 프롤레타리아트의 소박하고 순수한 취향이 아니라 부르주아의 "퇴폐적인" 취향에 적합하다고 맹비난을 받았다. 이것은 음악 분야에서 "형식주의"와 "좌파주의"에 대해서 가해진 많은 공격 중의 하나였다. 그럼에도 불구하고, 음악은 발전해갔다. 프로코피예프(그는 소련 초기에 오랫동안 해외에서 활동했다. 그 부분적인 이유는 역설적이게도 그가 자신의 혁명 음악이 제대로 평가받지 못하고 있다고 생각했을 뿐만 아니라, 음악을 위한 재정적인 지원이 빈약했기

모스크바 국립대학교. 제2차 세계대전 이후에 레닌 언덕 위에 세워진 이 대학 건물은 "스탈린주의적 고딕"이라고 불리곤 하는 양식으로 건축되었다. 고전주의적인 기둥, 거대한 외부 장식물, 웅장한 입구, 대리석으로 만들어진 공적인 중심 공간 내에 샹들리에로 장식된 내부 모습은 이런 건물들의 특징이었다. 이런 건물들은 사회주의의 위엄과 힘을 전달하려는 뜻을 가지고 있었다. (*World Wide Photos*)

때문이었다)와 쇼스타코비치는 세계적으로 인정받았다. 나중에 하차투리안과 시닛케는 또다시 소련 고전음악의 잠재력을 과시함으로써 국제적인 인정을 받았다. 재즈 역시 소련의 음악생활에서 중요한 역할을 담당했으나, 그것은 특히 소련 후기에 국가에 의해서 종종 탄압받기도 했다. 쇼스타코비치의 오페라를 비판할 때, 『프라우다』가 그는 "불안스럽고, 미칠 듯하며, 발작적인 음악을 재즈로부터" 빌려왔다고 지적한 것은 상기할 만한 가치가 있다. 1960년대와 1970년대에 비소츠키와 오쿠자바 같은 가수이자 작사자이자 작곡가들은 중요하고도 독창적인 음악 양식을 만들어내기 위해서 혁명 이전과 소비에트 러시아의 다양한 노래 전통에 의지하는 공연민요시(performed folk poetry)라는 장르를 창안해냈다.

공연예술—음악, 발레, 연극—의 역사는 다른 많은 것과 마찬가지로 모순적이었다. 비판가들이 지적하듯이, 이 예술 분야는 독창성이 결여되고 발전이 미흡했으나 자주 연주되고 공연되었다. 국가보조금이 증대되고 예술 교육과 훈련체계가 아주 크게 발달됨에 따라, 차르 시대로부터의 높은 수준은 유지되었다. 소련의 음악 교육은 일련의 탁월한 고전음악가들, 특히 바이올리니스트와 피아니스트들을 배출했다. 바이올리니스트인 오이스트라흐와 피아니스트들인 리흐테르와 길렐스 등 국제 경연대회에서 커다란 찬사를 받은 연주자들은 해외여행을 허가받은 초창기 부류의 사람들이었다. 발레는 안무 영역에서 대체로 정체 상태였다. 대부분의 경우 안무의 의도는 1917년이라는 시점에서 시계가 멈추어져 있었다. 그러나 공연 기법은 세계 최고 수준이었다. 그리고 발레는 어떤 다른 나라보다도, 많은 기금과 좋은 교육과 선발 제도라는 뒷받침을 받았다. 그럼에도 불구하고, (소련 생활에서 다른 많은 제약들과 함께) 러시아 발레의 엄격한 전통주의는 해외여행을 할 수 있는 새로운 가능성과 결합되어, 몇몇 최고 무용수들이 서방으로 망명하는 결과를 초래했다. 1961년에 망명한 누레예프와 1974년에 망명한 바리시니코프가 그런 사례에 속한다. 모스크바 예술극장은 다른 어떤 곳보다도 가장 눈에 띄는 공연 중심지 중의 하나로 남아 있었다. 그러나 그 극장이 소련에서 연극 접근법에서 가지고 있던 오랜 독점권 때문에 좀더 혁신적인 공연 기법은 금지되고 말았다. 영화는 아마도 가장 대중적인 예술이었을 것이다. 소련 영화관에서는 선별된 외국 수입 작품이 계속 상영되기는 했지만, 소련의 영화는 그 자체로 풍성한 제작 역사를 가지고 있었고, 나름대로의 실험정신, 사회주의 리얼리즘, 전통주의적 리얼리즘이라는 그 나름대로의 발전 경로를 가지고 있었다. (도브젠코 등 다른 인물들이 있기는 했지만) 혁명기와 스탈린 시대에 아마도 가장 예술적으로 탁월한 소련 영화제작자이자 스탈린 체제와의 아주 어려운 정치적 관계에 맞닥뜨린 사람은 예이젠시테인(1898–1948)이었을 것이다. 그러나 관객들은 1930년대의 알렉산드로프의 유쾌한 음악 코미디 영화처럼, 강한 이데올로기적 성격에도 불구하고 가볍고도 흥미 위주로 제작된 영화에 좀더 많은 관심을 가지고 있었다.

스탈린 사후에 "해빙"이 도래하고 반체제운동이 발전됨에 따라서 대안적인 예술적 접근법이 다시 표면으로 떠올랐다. 그런 것들은 때때로 허용되었으나, 종종 비판을 받았고 공개적인 전시가 금지되기도 했다. 예를 들면 1962년에 흐루쇼프는 모스크바의 현대미술 전시회를 방문했을 때 상스러운 농담으로 작품을 조롱했으며, 특히 1974년에는 모스크바 외곽의 한 공원에서 개최되던 비공식 전시회 장소가 불도저로 파괴된 일도 있었다. 비공식 예술은 거의 모든 점에서 당 이데올로기의 명령과 달랐다. 그것은 비애에 차 있을 수 있고, 심지어 비관적인 분위기를 가질 수도 있었으며(어두운 색조가 압도적으로 많았다), 종교적인 믿음을 암시하거나 실존적인 회의감을 제기하기도 했고, 구상주의적인 리얼리즘보다는 추상화나 상징주의를 선호하거나 미묘하게 아이러니하기도 했다. 비록 관객들은 가벼운 희극이나 영웅적인 모험 영화를 선호하는 것 같기는 했지만, 타르콥스키의 작품에서 볼 수 있듯이, 영화에서도 더욱 자유로워진 1960년대에 형식 면에서 새로운 혁신의 시대가 시작되어 이데올로기적인 성격이 약화된 주제에 초점이 맞추어졌다.

비록 공식적인 주요 무대가 아니라 모스크바에 있는 류비모프의 타간카 극장 및 많은 비공식적인 "스튜디오 극장"과 같은 소형극장에서이기는 했지만, 극장에서도 혁신과 전통 파괴 현상이 강했다. 사실상 홀대받기는 했지만, 복종적이지 않은 예술적 흐름들은 특히 교육받은 사람들이 공식적인 이데올로기로부터 점차로 멀어지고 있다는 많은 징후들 중의 하나였다.

종교

공산주의적 관점에서 보면, 소련에서의 종교는 비정상이자 위협이며 도전이었다. 러시아를 "근대화하려는" 볼셰비키의 노력은 필연적으로 자신들이 본 대로, 종교적인 미신, 신비주의, 허구를 과학적인 세계관으로 대체하는 것을 의미했다. 초기에 이런 캠페인은 주로 제도로서의 정교회를 대상으로 전개되었다. 볼셰비키는 권력을 잡은 직후에, 제국정부와 긴밀한 관련을 맺고 있던 정교회가 차지하고 있던 국교제도를 폐지했고, 교회에 대한 재정 지원을 끊어버렸으며, 방대한 교회 재산을 몰수하고, 수천 개소의 교구학교에 대한 통제권을 국가로 이전했다. 내전 동안에 혁명가들은 종종 사제들과 수도사들을 체포했고, 때때로 약식으로 처형했으며, 성사 기물을 몰수하거나 폐기했고, 많은 교회와 수도원의 문을 닫았다. 정부는 내전에서 승리하자 덜 과격한 방법을 사용했을지

모스크바의 칼리닌 대로에 있는 소련의 주택단지 앞에 위치한, 17세기의 시메온 스톨프니크 교회. 러시아에 있던 엄청나게 많은 교회들은 폐쇄당했고, 종종 파괴되었다. 일부 교회들은 계속해서 기능했지만, 여기 보이는 교회처럼 살아남았던 대부분의 교회 건물들은 공장이나, 창고, 박물관과 같은 비종교적 용도로 활용되었거나 그냥 비어 있었다. 의식에 사용되던 물건들은 치워졌고, 벽은 하얗게 칠해졌으나, 건축 기념물로서 "국가에 의해서 보호되었다." (*Sovfoto*)

는 모르지만, 훨씬 더 열정적으로 교회에 적대적인 태도를 취했다. 정부는 교회의 모든 귀중품을 압수할 것을 명령했고, 티혼 총주교(그는 표트르 대제에 의해서 단절된 총주교 조직 형태를 부활하기 위해서 1918년에 개최된 교회 협의회에서 선출되었다)를 일시로 투옥시켰으며, 교회 내에 모더니즘적인 "혁신주의(Obnovlenchestvo)"와 "살아 있는 교회(Zhivaia tserkov')" 그룹을 지지함으로써 교회를 내부로부터 붕괴시키려고 시도했고, "전투적인 무신론" 운동을 통해서 대중적인 종교적 신앙을 직접적으로 공격하기 시작했다. 1925년에 티혼이 사망한 이후에는 새로운 총주교를 선출하는 것을 가로막았으므로, 임시로 선임된 사람들이 교회 지도부를 구성하게 되었다.

사실 소련에서 무신론이 확대되었음에도 불구하고, 이런 반종교운동은 결코 성공하지 못했다. 교회에 대한 공격은 종종 교회와 성직자들의 연대와 저항 그리고 각 지역의 노력을 촉발시킴으로써, 심지어 국가의 지원을 받지 않고도 종교가 번성하게 되었다. 그리고 정교회가 국교의 지위를 상실하게 됨으로써 다른 종교와 마찬가지로 "분파적인" 기독교 신앙도 생길 수 있었다. 더욱 일반적으로, 이런 혁명 시기의 혼란과 소란 속에서 신앙과 영성은 삶의 의미와 희망의 근원으로서 부각되었다. 제1차 5개년 계획의 과격한 격변과 1930년대 후반의 유혈 공포 동안에 종교는 특히 강력하게 박해받았다. 그러나 종교기관을 엄격하게 통제하고 합리주의 사상을 장려함으로써 종교가 소멸될 것이라는 가정은 실패로 판명되었다. 출판되지 않은 1936년의 인구조사에 근거한 공식적인 보고서에 따르면, 소련 시민들 중에서 55퍼센트는 여전히 종교를 가지고 있다고 확인해 주었으며, 다른 많은 사람들은 자신들의 신앙을 감추고 있다고 추정되었다.

그런 굽힐 수 없는 엄연한 사실이 1930년대의 전반적인 사회적 안정과 결부됨으로써, 스탈린과 정치국은 종교에 대해서 좀더 관용적인 태도를 취하게 되었다. 전쟁과 전쟁 동안 교회가 보인 애국주의적인 태도는 교회가 용인되도록 했고, 교회의 지위를 높여주었다. 1943년에 교회는 총주교를 선출할 수 있다는 허락을 받아서, 정치력을 가진 세르기이(Sergii) 수좌대주교가 총주교 자리를 차지했다. 세르기이가 1945년에 사망한 이후에, 그 지위는 알렉시이(Aleksii)에 의해서 계승되었고 알렉시이는 4반세기 동안 "모스크바와 전 러시아의 총주교"로 있었다. 1971년에 알렉시이가 사망하자 피멘이 총주교로 선출되었고 1990년에는 알렉시이 2세가 그 뒤를 이어받아 총주교가 되었다.* 그리고 종교당국은 성직자가 될 학생들을 준비시키기 위해서 몇 개의 신학교의 설립과, 제한된 수의 새로운 교회를 열 수 있는 허가를 받았다. 전투적 무신론연맹의 활동과 반종교 선전도 전반적으로 축소되었다. 그에 대한 보답으로 정교회는 체제에 대해서 완전한 충성을 선언했다. 예를 들면, 정교회는 정부의 국제평화 운동 및 발칸 지역의 정교회에 영향을 미치기 위한 정부의 노력을 지지했다. 더욱 불행한 일은, 이 양측이 200-300만 명에 달하는 이전의 폴란드 동부의 우니아트 교도들을 정교도 안으로 끌어들이는 데에 협력했다는 것이다. 그러나 소련에서의 교회 활동은 일

---

* 알렉시이 2세는 2008년에 사망했고, 2009년부터는 키릴이 그를 뒤이어 "모스크바와 전 러시아의 총주교"가 되었다/역주

반적인 사회 및 교육 기능보다는 엄격한 의미에서의 종교적 기능에 국한되어 있었고—심지어 헌법에는 반종교 선전의 자유에 대항하는 종교적 고백의 자유만 선언되어 있다—교회는 제한된 범위 안에서 일시적으로 관용되기는 했지만, 마르크스 이데올로기와 공산주의 사회의 적으로 지정되어 있었다. 사실 후임자들과 마찬가지로, 특히 흐루쇼프는 소련 사회의 다른 측면을 "자유화하는" 때조차도 종교에 대한 압력을 증대시켰다. 침례교도 같은 소련의 다른 기독교인들 그리고 유대교도나 수많은 이슬람 교도 같은 다른 종교 집단도 정교도와 공통된 역사를 가지고 있었다는 점이 추가적으로 언급되어야 한다. 그들 또한 완화 조치가 있었을 때에는 그로부터 이익을 얻었지만, 근본적으로 적대적인 체제 안에서 위축되고 불안한 삶을 살아가고 있었다. 고르바초프의 글라스노스트 정책과 공산 통치의 몰락으로 인해서 러시아에서 종교의 새로운 르네상스가 가능해지기 전이라고 할지라도, 일상적인 사회 및 문화 생활의 비공식적인 공간에서 점차 종교가 부활하고 있었던 것은 국민들의 삶에 대한 공산주의 체제의 장악력이 약화되고 있었다는 또다른 가시적인 징후였다. 특히 1970년대와 1980년대에는 종교적인 기도 모임과 공부 그룹(정교회, 개신교, 유대교 그리고 다른 종교들)이 급증했으며, 젊은이들이 가족의 종교적 전통을 재발견했으며, 종교행사에 참석하는 경우가 증가되었다. 이 의미에서도, 고르바초프가 1985년에 권력을 잡았을 때 크게 우려했던 대로 소련에서 공산주의의 통치는 "정신적인 위기"에 직면해 있었다.

제42장

고르바초프 시기(1985-1991)
그리고 소련의 붕괴

우리가 원하는 사회주의는 지난 시기의 껍질과 왜곡된 것들이 깨끗이 제거되지만, 사회주의적 가르침을 건설한 사람들로부터 나온 온갖 최선의 것들을 보유한 형태의 것이다.……우리는 사회주의란 고급문화와 도덕 체계라고 생각하고 있다.…… 그런 사회에서는 노동하는 인민의 생활이 물질적인 성취와 정신적인 성취로 가득 차 있으며, 소비 지상주의와 빈약한 정신성 그리고 저급한 문화가 배척된다.

—고르바초프(1988)

나쁜 정부에게 가장 위험한 순간은 그것이 자신의 방식을 수정하려고 시도할 때이다. 어떤 왕이 오랜 기간 억압적인 통치를 한 이후에 자신의 신민들의 운명을 개선하려고 시도할 때에는, 오직 고도로 능숙한 정치적 솜씨로써만 자신의 왕위를 지킬 수 있다.

—토크빌

시간이라는 강물은 흘러가면서 인간이 만든 모든 것들을 쓸고 가버린다.

—데르자빈

1991년에 소련과 공산당 통치가 붕괴되기 이전의 몇 년 동안에, 어떤 학자도 소련의 임박한 소멸을 예견하지 못했다. 1980년대에 많은 러시아인들 스스로는 공산주의 체제가 적어도 로마노프 왕조의 300년 통치만큼 오래 지속될 것이라고 예견하고 있었다. 앞서의 장들에서 설명했듯이, 소련 체제에는 구조적인 문제와 국민들의 태도상의 문제가 만연해 있었다. 그러나 이런 상황이 초래할 결과에 대해서는 필연적인 것이 하나도 없었다. 고르바초프는 비록 비난과 찬사를 다양하게 받기는 하지만, 이 시기에 살았던 대부분의 러시아인들이 기꺼이 인정했듯이, 이런 역사적 붕괴의 주요한 원인 제공자였다. 확실히, 이 소련 지도자는 자국과 국민들을 통제하지 못했고, 사실상 자신이 의도한 것과 반대되는 결과를 얻는 일이 반복되었다. 이것은 니콜라이 2세가 1917년 혁명에 중요한 기여를 한 것과 마찬가지였다. 그러나 많은 학자들이 우리에게 상기시켜주고 있듯이, 주요 역사적 이슈들을 개인에게만 연관시키는 일은 위험하다. 또다른 고르바초프나 사태의 어떤 다른 진전이 있었더라도 유사한 결과가 나올 수 있었을 것이다. 그러나 역사란 논리적인 대안이라기보다는 발생된 일이나 발생되고 있는 일에 대한 설명이라고 한다면, 글라스노스트와 페레스트로이카(perestroika) 시대는 그 시기의 특이한 주인공인 고르바초프와 연결될 수밖에 없다. 그는 지성, 낙관론, 지칠 줄 모르는 활력, 고결함, 자기 확신에 찬 모순적인 인물이었으나, 자신의 개혁이 예상치 못하고 종종 원치 않던 결과를 가져올 때 보여준 신중함, 심지어 보수주의, 능변 그리고 놀라울 정도의 정치적 민첩성과 수완을 발휘한 것으로도 유명했다.

고르바초프와 개혁

고르바초프, 그리고 셰바르드나제와 야코블레프 같은 그의 원래의 동료들이 소련의 개혁을 시작했을 때 정확히 무엇을 염두에 두고 있었는지는 심지어 그들 자신에게도 분명하지 않았을 것이다. 그들의 의도에 대한 추정과 설명은 넘쳐나지만, 이 시기에 발생된 사태의 결정적인 요인들은 깊어가고 있던 소련의 문제점들에 대처하려는 진지한 바람, 전통적인 가치 및 정치적 안정과 변화의 균형을 맞추려는 집요한 노력, 계획과 실질적인 성과 사이의 간격, 심지어 약간의 개혁에 의해서도 노출되었던 대립된 세력들의 어지러운 힘, 예기치 못한 일들에 직면하여 계속 즉흥적인 대응을 한 일 등이었던 것으로 보인다. 소련과 동유럽에서 전개되던 사건들은 당연히 소련 지도부 전체를 포함한 모든 사람들, 특히 공산주의 체제에 어느 정도의 존경심을 가지고 있던 사람들을 망연자실하게 만들었다.

그러나 목적과 성과 사이에 벌어진 거의 총체적인 괴리에 아주 중요한 하나의 예외가 있었던 것도 당연하다. 고르바초프 그리고 특히 셰바르드나제와 다른 저명 소련 지도자들의 주장에 따르면, 자신들의 새로운 사고의 기둥 중의 하나는 인간 문제에서 핵전쟁을 용납할 수 없다는 데에 대한 절대적인 자각, 그리고 특히 소련과 미국 사이에 적어도 최소한의 국제 공조를 위한 필요성에 대한 절대적인 자각이었다. 유보 조건이 있기는 했지만, 소련의 대외정책은 그러한 자각을 반영했다고 주장할 수 있다. 그렇다면 비록 그런 인식 자체가 초보적인 것이고, 심지어 주로 고르바초프 이전의 소련에 뿌리를 가지고 있기는 하지만, 세계에 대한 이익은 이루 말할 수 없이 막대했다. 만약 그렇지 않다면, 우리는 고르바초프가 자신의 저서인 『페레스트로이카(*Perestroika*)』에서—1987년 10월에 러시아어와 영어로 출판되었는데, 저자를 잘 이해할 수 있는 좋은 자료이다—그리고 심지어 그 이후에도, 소련에서 레닌과 공산당이 최고로 중요하다고 강조했던 것, 공산주의 국가들에서 사유화와 정치적 다원주의를 배격했던 점, 사회 및 민족 문제에 대한 소련식 해결책을 찬양했던 점을 상기할 필요가 거의 없을 것이다. 그리고 바르샤바 조약이 1985년 4월 26일에 갱신되고 20년 연장된 것을 기억해야 한다. 그 조약은 동유럽에서 공산주의가 완전히 몰락한 다음인 1991년 2월 25일에 폐기되었다. 시간이라는 강물은 인간이 만든 것들을 쓸고 가버리는 법이다.

고르바초프 개혁의 토대에는 소련이 위기에 직면해 있다는 인식이 깔려 있었다. 낮은 경제성장률은 점증하던 환멸감 및 비관론과 결부되었다. 고르바초프가 서기장으로 임명되었을 때, 그는 우선 그 위기를 공개적으로 인정함으로써 위기에 대응하라고 지시했다. 정부와 당은 낮은 경제성장률, 생활수준에 대한 부정적인 영향, 암울한 농업 상태, 제조품의 빈약한 질, (컴퓨터를 포함하여) 과학과 기술에서 세계의 발전 수준을 따라잡지 못한 점, 국민총생산에서 군사비가 차지하는 엄청난 비중(미국보다 비율로는 2배 이상 높았다) 등 경제 문제들에 대해서 공개적으로 언급했다. 심화되고 있던 "정체(*停滯*)"—이것은 1970년대와 1980년대 초반을 가리키기 위해서 널리 사용된 용어이다—에 대한 인정은 문화적 위기와 이데올로기적인 위기에 대한 인정과 짝을 이루었다. 고르바초프와 당의 다른 지도자들은 공적 생활로부터의 이탈의 확산, 알코올 중독과 마약중독의 확산, 범죄율의 증가, "노동에 대한 존중심의 약화", 비관주의, 냉소주의 등을 인정했다. 고르바초프의 선언에 따르면, 소련은 한마디로 경제적 위기와 더불어 "정신적 위기(dukhovnyi krizis)"에 직면해 있었다는 것이므로, 구조적이고 정신적인 재건축(페레스트로이카)이 필요했다.

고르바초프의 행동—역사에 엄청나게 심대한 결과를 가져왔다—은 아주 잘 발달된 한 세트의 이데올로기적 신념에 의해서 형성되었다. 그것은 고르바초프가 콤소몰 활동가, 캅카스 인근의 스타브로폴 지역의 당 서기, 젊고 새로운 정치국원, 서기장 등으로 출세해나갈 때 행한 많은 연설에서 분명히 드러났다. 아주 중요한 점은 고르바초프가 레닌주의적 사회주의의 이상을 강력하게 신봉하고 있었다는 점이다. 그런 만큼 그는 소련 사회의 실질적인 쇠퇴는 말할 것도 없고, 당 생활을 포함한 소련 생활의 많은 부분을 통해서 자신이 목격한 광범한 냉소주의를 수용하기가 어려웠다. 고르바초프는 소련 초기에 행한 레닌(고르바초프는 그 시기의 레닌을 가장 존경했다)의 말을 종종 되풀이하면서, 개혁된 선봉 세력과 "민주화"의 결합을 통해서 소련이 활력을 되찾을 수 있을 것이라고 주장했다. 민주화는 경제 및 사회주의 체제에 대한 국민들의 신념에 또다시 활력을 불어넣기 위한 열쇠였다. 그리하여 고르바초프는 시민들이 공적 생활에 더욱 참여하고, 더 많은 주도권을 가질 것을 촉구했다. 동시에 그는 러시아의 오래된 정치적 전통만이 아니라, 레닌을 뒤따라 강력한 중앙의 권위가 변화의 시기에 필수적이라고 믿기도 했다. 그러나 민주주의와 강력한 권력이 동시에 작동하기 위해서는 몇 가지 자질이 필요했다. 그의 주장에 따르면, 만약 지도자들이 최고의 자질을 갖추지 못해서 진정한 선봉이 되지 못한다면, 강력한 권력은 아무 쓸모가 없다, 그래서 그는 권력의 자리에 오르기 전에도 지방 지도자들의 행동을 개선시키고, 소위 관료주의적인 천박함, 자기만족, 불필요한 요식 절차(volokita), 무기력, 출세주의, 무능력 등을 근절시키기 위해서 투쟁했다. 일반인들로서도 사회주의적 민주주의를 위해서 모든 잠재적인 능력을 다하여 일하기 위해서는, 수동성, 무책임, 기강 해이, 술 취함, 욕심, 물질주의 그리고 천박한 문화(poshlost)를 제거해야 했다.

고르바초프로서는 이런 것들은 실천적인 이상이었다. 경제적인 정체상태를 극복하려면, 국민들과 지도자들은 다 함께 더욱 적극적이고 헌신적인 자세로 국가 발전에서 책임감 있는 역할을 수행해야 했다. 고르바초프가 즐겨 말한 바에 따르면, 민주주의는 "추상적이지 않고", "경제 발전을 위한 도구"(1985)로 이해되어야 한다. 그러나 민주주의와 개혁에 대한 고르바초프의 사고에서는 더욱 깊은 도덕적인 개념도 작용하고 있었다. 알 수 있듯이, 그의 언어는 규율이 없고 무책임한 행동에 대한 혐오감으로 가득 차 있다. 우리가 알기로 고르바초프는 개인적으로 특이할 정도로 근면했으며, 도수 높은 술을 마시기를 거절했다. 더욱 복잡한 것은 고르바초프의 도덕주의가 이데올로기적이었다는 사실이다. 그는 사회주의에 대해서 말할 때, 그것의 본질적인 "휴머니즘", "인격(lichnost)"의 완전한 발달을 추구하려는 헌신적인 정신, "보편적인 인간적 가치"의 옹호와 증진에 대해서 종종 거론하곤 했다. 비록 계급적 가치에 반대되는 것으로서 보편적 가치를 강조한 것은 전적으로 정통적인 것은 아니었지만, 위의 말들은 소련의 이데올로기에서는 상투적인 문구였다. 더 중요한 것은 모든 조짐으로 보아, 고르바초프가 이런 문구를 아주 진지하게 생각하고 있었으며 그것들을 구현하려고 시도했다는 점이다.

1985년 3월 11일에 출범한 고르바초프 체제의 초기 2-3년은 아주 "전통적인" 태도를 보여주었다. 그 당시에 정치국에서 가장 나이가 적었던 신임 당 서기장은 자신의 위치를 강화하는 데에 집중해야 했고, 사실 일정 기간에 집권 인사들과 고위 행정직 인사들을 많이 교체했다. 그리하여 1985년 7월 1일에 세바르드나제가 정치국원이 되었고, 그는 바로 다음 날에 안드레이 그로미코를 대신하여 외무부 장관으로 임명받았는데, 그로미코는 좀더 의례적인 고위직으로 옮겨갔다. 당 서기장직을 놓고 원래 고르바초프와 경쟁관계였던 그리신은 은퇴한 한편, 다른 새로운 인물들이 정치국으로 들어왔다. 지도부를 이처럼 개편했음에도 불구하고 고르바초프는 다음 몇 년 동안에도 중앙 위원회와 정치국에서 반대 세력과 계속 마주쳐야 했다. 반대 세력에는 브레즈네프 시대의 부패를 종식시키는 데에만 개혁의 관심을 한정시켰던 리가초프 같은 "청교도들"로부터, 소련의 행정 및 경제생활에서 오직 더욱 과학적인 전문지식과 합리적인 절차만을 추구했던 총리인 리시코프 같은 "테크노크라트들", 그리고 고르바초프의 머뭇거리는 태도(이것은 부분적으로 집권당에서의 분열을 피하려는 바람에서 나왔다)에 점차 환멸감을 느끼게 된 옐친 같은 급진파 등이 있었다.

사실, 개혁의 필요성에 대해서 고르바초프가 초기에 한 말은 비교적 과감했지만, 실제 정책은 조심스러웠고 비교적 전통적이었다. 어떤 사람들은 고르바초프가 자신의 권력 기반이 충분히 강력해질 때까지 시간을 기다리고 있었다고 생각해왔다. 다른 사람들은 그가 문제의 심각성에 대해서 점차 알게 됨에 따라서 초기에 취한 조치의 실패에 대한 대응책을 강구하고 있었다고 주장한다. 아무튼, 1985년 3월부터 1986년 가을까지 그의 정책은 앞선 소련 개혁가들의 제안 및 권고와 아주 비슷했다. 1985년 10월에 고르바초프가 제시한 시안은 장비의 현대화와 노동생산성 향상에 각별한 강조점을 두면서, 15년 이내에 국민총소득을 2배로 높일 것을 촉구했다. 이것은 "가속화"라는 경제정책에 의해서 실현될 수 있었는데, "가속화"는 알코올 중독에 반대하는 대규모 캠페인, 무단결근과의 투쟁, 반부패 캠페인을 벌이면서, 경영자들에게 압력을 가해서 자원을 절약하도록 하고 수지를 맞추도록 하는 것 등을 포함했다. 몇 달이 지나자 고르바초프는 더욱 급진적인 변화에 대해서 말하기 시작했다. 그는 1986년 2월에 개최된 제27차 당 대회에서 "급진적인 개혁"이라는 문구를 처음 사용했으며, 7월에는 페레스트로이카가 "진정한 혁명"이라고 말했다. 그러나 이런 급진주의는 대체로 말뿐인 상태로 남아 있었다. 초기의 몇 달 동안에 글라스노스트 정책은 경제적 가속화와 긴밀히 연관되었다. 출판과 언론에서 비판의 자유를 좀더 확대시켜준 것은 비록 중요한 정책적 변화이기는 했지만, 그 자체로서 목적이라기보다는 무능하고 부패한 경영자들이나 관료들을 폭로하고 사회를 경제 발전에 참여하도록 동원시키기 위한 하나의 방편으로 간주되었다. 마찬가지로, 고르바초프는 대외정책에서도 "미국 제국주의"에 대해서 계속 비판하면서도, 서구 열강과의 관계를 개선할 것 그리고 다른 공산주의 국가들과의 관계를 더욱 존중하여 발전시킬 것에 대해서 말했고, 아프가니스탄 전쟁이 재앙(그는 1986년에 이 전쟁을 "피가 나는 상처"라고 불렀다)임을 인정했다.

그러나 불행하게도, 고르바초프의 초기 시도 중 거의 어느 것도 변화를 가져오지 못했다. 경제는 단순한 권고에는 반응을 보이지 않았다. 사실, 정부 자체의 경제정책, 특히 재정정책은 예산 부족과 물가 상승을 초래했고, 오히려 사태를 악화시켰다. 심지어 반알코올 중독 캠페인조차도 재앙으로 판명되었다. 논란거리가 없는 그것의 유일한 결과는 불법적인 증류주 생산이 급증하여, 소련

1986년, 모스크바에 모인 공산주의 세계의 지도자들. 왼쪽부터 헝가리의 카다르, 루마니아의 차우셰스쿠, 동독의 호네커, 소련의 고르바초프, 베트남의 쯔엉찐, 폴란드의 야루젤스키, 쿠바의 카스트로, 불가리아의 집코프, 체코슬라바키아의 후사크, 몽골의 체덴발. (*World Wide Photos*)

각지의 가게에서 설탕이 자취를 감출 정도였다는 것이다. 얼마 지나지 않아 새로운 행정부와 그것의 우유부단하고 혼란스러운 방향 때문에 경제는 브레즈네프 치하에서 가졌던 응집력을 상실하기 시작하면서도, 그 시대를 대체할 만한 아무것도 가지지 못한 상태가 되었다. 아프가니스탄에서의 전쟁은 계속해서 피해를 입혔다. 1986년 4월 28일에 체르노빌에서 핵 원자로가 폭발했다. 그에 따른 의학적, 환경적 파국은 기술적인 부분에서부터 뉴스 미디어에 이르기까지 소련의 수많은 결함을 확연히 드러내주었다. 사실 초기에는 스탈린주의적 비밀 유지라는 확고한 전통에 따라서 처리되었던 이 비극적인 에피소드는 결국 더욱 급진적인 글라스노스트를 위한 출발점이자 글라스노스트를 옹호하는 강력한 논거가 되었다.

1986년과 1987년에는, 비록 더욱 빠르고 널리 개혁을 진행시킬 것을 원하던 옐친 같은 공산주의자들로부터의 압력이 증가했던 것처럼 당 지도부 내에서 그의 개혁에 대한 반대 세력도 커지기 시작했지만, 고르바초프의 정책은 더욱 급진적인 성격을 띠게 되었다. 글라스노스트의 의미는 확대되었다. 1986년 후반에 고르바초프는 검열이 완화될 것이며 언론은 더 많은 비판의 자유 그리고 문제 해결책을 제안할 수 있는 자유를 부여받을 것이라는 점을 분명히 밝혔다. 주요 간행물의 방향타는 개혁 성향의 편집인들이 잡게 되었고, 언론은 과거와 현재의 정치 및 사회 문제들을 이전에는 결코 없었던 정도로 논의하기 시작했다. 이전에는 금지되었던 대담한 문학 및 역사 서적들이 새로 출간되었다. 비판적인 사회적 시각을 담은 영화도 상영되었다. 정치범들은 석방되었고—특히 반소비에트 선전에 대한 정의가 1987년 법에 의해서 크게 축소된 이후에—(고리키 시에서 연금생활을 하도록 강요당했던) 사하로프 같은 반체제 유형 인사들은 집으로 돌아가서 정치 활동을 할 수 있도록 허락받았다. 고르바초프와 그의 동지들은 소련 시민들이 "비공식 집단"이라고 불리는 자발적인 시민단체를 만들 것을 공개적으로 장려하기도 했다. 경제 분야에서 1987년에 기업 책임자들은 가격, 임금, 생산 목표를 책정하는 데에 더 큰 자율권을 부여받음으로써, 중앙계획으로부터 돌아서기 시작했다. "개별 노동 활동"(1986)과 협동조합(1988)에 관한 법은 1920년대 이래 최초로 사기업의 출현을 가져왔다. 사기업은 통상적으로 카페 같은 소규모 서비스 업체였지만, 유통업체와 심지어 몇몇 사설 은행도 있었다. 많은 경우에 1991년 이후에 상당한 자본을 가지게 되는 이 새로운 기업가들은 주로 국가 관료와 당 관료를 의미하는 정치적 자원과 물질적 자원에 대한 접촉의 기회를 이미 가지고 있던 개인들이었다. 외국 회사와의 "합작 사업"도 인가되었다. 비록 이것이 실패한 공산주의 계획경제 체제와 착취적인 자본주의 경제의 중간 입장일 수는 있겠지만, 고르바초프는 이런 변화가 소련이 고수해온 "사회주의적 선택"에 부합된다고 주장했다. 이런 조치로 인해서 부패한 관료들과 범죄조직은, 막 생겨나고 있으나 아직은 약한 사기업 분야로부터 돈을 갈취하는 기회를 얻기도 했다.

1988년 6월에 극적인 양상을 띤 제19차 당 회의와 함께 아주 대담한 노선이 채택된 데에 이어 정치개혁이 시작되었다. 회의의 전 과정이 TV로 중계되었는데, 이것은 당의 개방성과 공개성을 유례가 없을 정도로 크게 부각시켰다. 악화되고 있던 국가경제 상황, 교육 및 건강 분야에서의 문제점, 성과에 대한 과거의 거짓말 그리고 과거의 몇몇 범죄들이 연설을 통해서 소상하게 알려졌다. 보수주의자들은 과도한 비판에 대해서 언론을 비방했고, 옐친 같은 급진파는 국가의 많은 문제들 때문에 비난받아 마땅한 과거의 당 엘리트가 특권을 계속 유지하고 있는 것을 비판했는데, 이로써 당내의 분열상도 드러나게 되었다. 가장 극적인 순간은 고르바초프가 새로운 전국적인 의회기구인 인민 대표자 회의(S'yezd

narodnykh deputatov)를 창설하겠다는 계획을 발표했을 때였다. "최고 권력기구"
가 될 인민 대표자 회의는 부분적으로 복수후보제도를 통하여 선출될 예정이
었다. 과거의 최고 소비에트는 인민 대표자 회의에 의해서 선출되었고, 수적으로
좀더 적은 상임 입법기구가 될 예정이었다. 이것은 종종 불신의 대상이자 분열
된 당으로부터 개혁 국가로 변화하는 과정의 출발인 것처럼 보였다. 이런 변화
는 전부 통제되지는 않았지만 다음 2년 동안 계속되었다. 1989년 3월에 진행된
새로운 회의의 선출 과정에는 유례가 없을 정도로 많은 대중이 동원되었고, 옐
친 같은 개성이 강한 인물들 등에 의해서 많은 당내 후보들이 패배했다. 고르바
초프는 1990년에 골치 아픈 당보다는 개혁된 국가에 자신의 권력을 연결시키기
위해서 소련의 새로운 대통령직을 신설했는데, 인민 대표자 회의는 1990년 3월
에 그를 대통령으로 선출했다. 동시에, 공산당을 소련 사회와 소련의 모든 조직
전체를 통하여 "지도적이고 주도하는 세력"으로 규정한 헌법 제6조는 고르바초
프의 제안만이 아니라 대중의 강력한 압력에 의해서 폐기되었다. 고르바초프는
심지어 1989년 무렵에는 레닌주의 이데올로기의 특징 중의 하나, 즉 진리에 대한
공산주의의 독점권과 거리를 두었다. "우리는 우리가 최선이라거나, 우리가 항
상 옳다거나, 우리와 견해가 다른 사람들이 우리의 적이라고 더 이상 생각하지
않는다."

　이것은 전적으로 위로부터의 혁명도 아니었고, 전적으로 일관성 있는 혁명도
아니었다. 고르바초프는 더 이상의 급진적인 조치를 앞두고서 계속해서 머뭇거
렸다. 그는 중도적인 입장을 유지하려고 시도하면서, 당의 급진파와 제휴할지
보수파와 제휴할지 오락가락하다가 결국 양쪽 모두와 소원해졌다. 아무튼 당
은 점점 더 사회에 대한 통제력을 잃어갔다. 개혁은 고르바초프의 통제 범위를
벗어나버렸고, 종종 그로 하여금 뛰어가서 변화를 따라잡도록 강요하거나 방어
자세를 취하도록 내몰았다. 1989년 선거에서 당이 당한 치욕은 이런 통제력 상
실의 극적인 징후였다. 나중에 토의되겠지만, 여러 공화국에서 대두된 민족주의
운동과 분리주의 운동은 또다른 징후였다. 마침내, 언론이라는 공적 공간 및 심
지어 거리가 시민들의 정치 활동의 장이 되었는데, 이런 일은 1917년 혁명 이후의
초기 몇 년 이래로 러시아에서 볼 수 없던 광경이었다. 지식인들, 언론인들, 문학
비평가들은 점차 대담해져서 어떤 이슈나 주장도 금기시하지 않는 것 같은 글

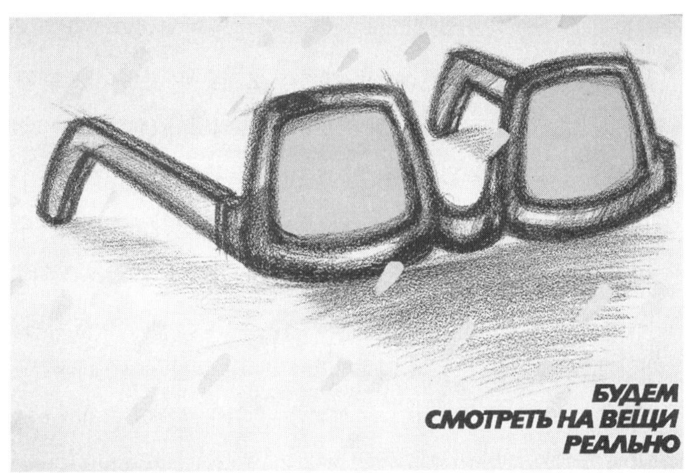

1987년부터 나온 이 전형적인 글라스노스트 포스터는 "우리는 사물을 있는 그대로 볼 것이다." 라고 선언하고 있다. 장밋빛 유리를 빼낸 안경의 모습이다. (*Sovetskii khudozhnik*)

을 출판해내고 있었다. 개혁의 진전을 요구하는 대중 시위는 특히 모스크바에서 종종 민주주의연맹, 모스크바 대중전선, (과거 공산주의의 죄악상을 문서로 남기기 위해서 결성된) "메모리알" 그리고 민주주의 러시아(새로운 의회에서 많은 의석을 얻게 된 전국적인 선거 블록)와 같은 "비공식적인" 민주주의 조직만이 아니라, 러시아 통합노동자전선과 같은 신공산주의 단체들에 의해서 조직되었다. 1989년에는 수천 명의 석탄 광부들이 들고 일어났다. 그들은 처음에는 생활조건의 개선을 요구했으나, 곧 자신들의 요구에 새로운 헌법과 작업장에서 공산당 활동을 금지할 것을 포함하게 되었다. 아주 위험스럽게도, 이 시기에는 마르크스주의적인 초강대국에서 억압되었으나 여전히 불씨가 살아 있던 수많은 민족주의 운동이 부흥되었다. 원래 16세기 말과 17세기 초에 있었던 것과 같은 새로운 동란의 시대가 국가적 국면으로 접어들게 되었다.

민족주의의 대두와 소련의 붕괴

소련 말기에 벌어진 민족적 및 종족적 경험과 활동은 아주 다양하고 풍요로우며 특수하기 때문에, 간단한 일반적인 설명으로 민족주의와 민족주의 운동의 대두에 대해서 적절하게 요약해서 제시하기는 불가능하다. 그러나 이와 관련된 역사가 고르바초프의 통치 이전에 시작되었다는 것, 고르바초프 개혁에 의해서 중앙의 통제가 약화됨에 따라서 민족주의적 감정과 조직이 강화되었다는 것, 그리고 민족들의 정체성 확립과 운동이 소련의 붕괴(이것은 소련 통치에 대한 민족적 분개심 때문에 1989년에 동유럽을 "상실한" 데에 따른 결과이기도 했고, 그런 상실에 의해서 자극되기도 했다)에 기여했다는 것 등은 대체로 사실이다. 소련의 민족정책 자체가 소련에서 민족주의 혹은 여러 민족주의의 대두에 기여했다는 것을 여기서 회상하는 것은 중요하다. 민족주의는 모스크바의 통치에 대한 반응이자 항의였을 뿐만 아니라, 소련이 다민족국가라는 공식적인 이상의 결과였으며, 그에 수반되어 민족문화와 정체성을 장려하는 정책을 취한 결과였다. 경제 발전, 도시화, 교육도 민족 및 종족 지도자들의 대두에 기여했다. 경제가 튼튼한 한, 민족 엘리트들은 소련에 대한 충성심을 가질 만한 충분한 이유가 있다고 생각했다. 그러나 경제적 위기로 인해서 이런 동맹관계를 지속하는 것은 점점 더 중요하지 않게 보이게 되었다.

일단 고르바초프가 공개적인 표현에 대한 제약을 느슨하게 하자, 소련의 정책을 통해서는 민족적 정체성과 열망이 근절되지 않았다는 것이 명확해졌다. 동시에, 자치권을 더 달라는 요구는 종종 지방권력에 대한 것이었으며, 숨 막힐 듯한 소련으로부터 독립시켜달라는 것이기도 했다. 민족주의는 단지 과거의 부활이 아니라 억압받던 자들의 귀환이었다. 소련 체제, 심지어 소련식 사회주의를 작동시키게 하겠다는 고르바초프의 이상주의적인 약속으로부터 거리감을 느끼고 있던 많은 소련 시민들에게 민족주의는 대안적인 신념을 제공했으며, 번영과 자유로 향하는 대안적 통로가 되었다. 소련 말기에는 네 가지 유형의 민족적 혹은 종족적 격변이 발생했다. 첫째, 리투아니아인들, 우크라이나인들, 혹은 그루지야인들처럼 자의식을 가진 민족집단들이 소련식 러시아의 제국적 중심에 의한 지속적인 통치에 저항했다. 둘째, 아제르바이잔의 나고르노-카라바흐 지역에 살던 아르메니아인들의 경우처럼 소련 공화국들 내의 지배민족에 대항한 소수민족의 항거가 있었다. 셋째, 러시아인 민족주의의 대두 혹은 적어도 소련으로부터 러시아의 분리를 선호하던 운동이 대두되었다. 그리고 넷째, 러시아 공화국 바깥에 살면서 자신들을 배척하던 민족주의 운동에 직면한 많은 러시아인들을 포함하여, 자신들의 민족적 고향 바깥에서 살거나 자신들만의 영토를 가지고 있지 못한 디아스포라 문제가 있었다.

앞장선 곳은 에스토니아, 라트비아, 리투아니아 등 발트 지역의 세 공화국이었다. 이 공화국들은 제1차 세계대전과 제2차 세계대전 사이의 기간에 독립국가였는데(그리고 리투아니아의 경우에는 물론 민족국가로서 오래되고 풍부한 역사적 과거를 가지고 있었다), 제2차 세계대전이 시작되고 나서야 강제로 소련에 합병되었다. 이곳은 글라스노스트 아래에서 더 큰 자유를 획득하게 되자, 독립 시기에 대한 기억과 소련 지배에 대한 분개심을 표면에 떠올리게 되었다. 독립에 대한 요구는 점점 더 빈번히 제기되었다. 1988년 6월에 최초로 대규모 비공산주의 계열의 정치 연합체인 인민전선이 승인된 곳은 바로 에스토니아였다. 그리고 소련 법이 자치권을 침해할 때 소련 법을 배격할 수 있는 권리를 1988년 11월 17일에 공포한 곳도 에스토니아였다. 1989년 1월 18일에 에스토니아어는 에스토니아 공화국의 공식 언어가 되었다. 일주일 뒤에는 훨씬 더 엄격한 형태로 리투아니아에서 리투아니아어를 공식 언어로 하는 법이 제정되었고, 그 이후에 라트비아에서는 대중 시위가 발생되고 나서 라트비아어를 공식 언어로 하는 법이 제정되었다. 1989년 5월에 리투아니아 입법부는 독립을 추구하는 결의문을 채택했다. 1989년 8월에는 발트 국가들의 독립 상태를 종식시킨 나치-소련 협정 50주년을 맞아 100만 명의 에스토니아인들, 라트비아인들, 리투아니아인들이 세 공화국을 연결하는 인간 사슬을 만들었다. 그해 말, 발트 공화국들의 정부는 한목소리로 소련의 점령과 합병이 불법이라고 선언했다. 1989년 12월 초에 리투아니아는 공산당이 보장받고 있던 권력 독점권을 폐기한 최초의 공화국이 되었다. 그달 하순에 리투아니아 공산당은 모스크바와 결별할 것을 선택함으로써, 소련에서 최초로 독립된 지방 공산당이 되었고, 정치적인 분리를 공개적으로 지지했다. 1990년 3월 11일에 대통령인 란즈베르기스의 주도로 리투아니아는 완전한 독립을 선포했다. 에스토니아와 라트비아에서 벌어진 상황도 유사한 노선을 밟았다. 주목할 만한 일은 리투아니아인들은 자신들의 공화국의 총인구에서 적어도 4분의 3이었던 데에 비해서, 라트비아인들과 에스토니아인들은 자신들의 공화국에서 겨우 절반이 조금 넘는 비율을 차지하고 있었다는 점이다. 그리고 이들 세 신생국가는 단일한 공식 언어를 지정하고, 새로운 러시아인 이주민을 근절하기 위해서 소련 이전 시기에 거주했거나 가족관계가 있는 경우에만 시민권을 부여하는 등 아주 배타적인 정책을 펴나갔다. 그러나 차별을 우려하던 뿌리 깊은 반대 세력의 주장에도 불구하고, 1991년 2월에 리투아니아의 투표자 중 91퍼센트가 독립을 승인했다. 3월에는 에스토니아와 라트비아의 국민투표에서 독립을 원하던 사람이 3대 1로 다수를 차지했다. 분명히 발트 민족들만이 아니라 많은 러시아인들 그리고 다른 민족적 배경을 가진 사람들도 결국 소련 체제로부터 벗어나기를 원했던 것이다.

고르바초프는 다른 곳에서와 마찬가지로 발트 지역의 민족주의 세력을 매우 과소평가했고, 처음에는 인정과 독립을 위한 요구를 무시하거나 묵살하려고 했다. 일단 위기가 명확해지자, 그는 다양한 종류의 공산주의자들을 포함해서 많은 관련자들을 설득하고 정치적으로 회유하고, 비록 대규모 군사적 억압으로까지는 결코 나아가지 않았지만, 그들을 압박하려고 했다. 그리하여 1990년 1월 11일에 그는 민족주의적인 발전 과정에 제동을 걸기 위해서, 떼를 지어 몰려 있던 군중과 지도자들을 설득하려고 리투아니아의 수도인 빌뉴스로 갔으나, 그의 여행은 성공을 거두지 못했다. 1990년 4월 중순부터 리투아니아에 석유 공급을 대규모 감축하기 시작한 석유 봉쇄는 비교적 성공적이었다. 그리하여 리투아니아 공화국은 5월 16일에 독립선언을 비록 폐기하지는 않았지만 유보시킬 수밖에 없었다. 더욱 강력한 압박은 빌뉴스에 군대를 투입하는 것과 같은 일로 나타나서, 14명이 사망하는 결과를 초래했다. 그리고 1991년 1월에 특전대는 리가에 있는 라트비아 정부청사를 습격했을 뿐만 아니라—일부 사람들의 견해에 따르면 쿠데타를 시도했으나 무산되었던 사건이라고 한다—민족주의 공화국들의 새로운 독립의 상징이었던 국경 검문소와 세관 요원들을 거듭 공격했다. 고르바초프는 발트 공화국들의 독립이라는 목표에는 반대하지 않지만, 그들의 운동에서 보이는 공격성과 조급성에는 반대한다는 점을 강조했다. 그는 개인적으로는 발트 공화국들이 개혁된 소련 안에 머물도록 결정하기를 바라지만, 독립은 제때에 적법하게 획득될 수 있는 것이라는 입장을 가지고 있었다.

발트 국가들의 민족주의는 서로 협력하면서 병행적으로 발전된 반면에, 캅카스 산맥 남부의 민족주의는 충돌 노선을 밟았다. 아르메니아, 그루지야, 아제르바이잔은 아주 다른 문화와 역사를 가지고 있다. 아르메니아와 그루지야는 세계적으로도 아주 오래된 두 문화를 대변하며, 소련 시기까지 별도의 민족국가가 아니었던 아제르바이잔은 그 지역의 과거와 현재의 생활에서 아주 현저한 투르크적 성격을 대변했다. 대부분의 그루지야인들은 정교도이고, 대부분의 아르메니아인들은 동방 기독교인들이지만 정교도는 아니며, 대부분의 아제르바이잔인들(특히 아제리인들)은 터키어를 말하는 이슬람 교도이다. 발트 공화국들 사람들은 소련 권력이 자신들의 독립을 분쇄했던 1940년을 암흑의 해로 보는 데에 합의할 수 있었지만, 캅카스 남부의 상이한 민족들은 최근세사에서 독특한 경험과 기억을 가지고 있었다.

그루지야 혁명의 중심 사건은 그루지야의 "피의 일요일"이었다. 1989년 4월 9일에 트빌리시에서 민족주의자들의 시위가 아주 잔인하게 진압되어 20명의 참가자들이 사망하고 200명 이상의 사람들이 부상을 당했다. 비록 모스크바 당국은 지방 관리들을 비난하고 조사를 시작했지만, 공산주의자들의 통제권은 결과적으로 회복될 수 없었다. 리투아니아에서처럼 독립 과정에서 역할을 맡으려고 했던 지방당은 그 이후의 결정적인 선거에서 패했고, 그루지야에는 감사후르디아가 이끄는 비공산당 정부가 등장했다. 1991년 4월 1일에 그루지야인들은 "1918년 5월 26일의 독립법에 기반을 두고 그루지야의 국가 독립이 회복되어야 하는 데에" 동의하는지 묻는 질문에 대해서, 공식적인 자료에 따르면 340만명의 그루지야 유권자 가운데 90.53퍼센트가 투표에 참가하여 그중 98.93퍼센트가 긍정적인 답변을 내놓았다. 그루지야인들은 그들의 정확한 정치적 미래가 무엇이든지 간에, 발트 민족들과 마찬가지로 분명히 소련을 벗어나서 살기를 바랐다. 1991년 여름에는, 당시에 에스파냐에서 자동차 경주선수로 살고 있던 바그라티온을 내세워 비록 근대적인 입헌주의 형태이기는 하지만 과거의 그루지야 왕국을 회복시키려는 관심이 널리 확산되기까지 했다. 바그라티온은 제위 계승자로 인정되고 있었으며, 감사후르디아 대통령과 의회의 초청을 받아 그루지야를 방문하기도 했다. 그러나 그루지야에서도 민족주의는 쉽게 해결점을 찾지 못했다. 특히 그루지야인들은 그들 자신의 권리를 주장하면서도, 자국 내에 있는 소수민족 집단—아자르인들, 압하스인들, 특히 오세티야인들—의 권리는 제한하고 통제하기 위해서 온갖 노력을 다했고, 때때로 상당한 규모의 무력 충돌이 발생하기도 했다.

그러나 캅카스 남부에서, 그리고 소련 전체에서 가장 광범한 무력 충돌은 아르메니아인들과 아제르바이잔인들 그리고 그들 각각의 공화국들에서 발생되었다. 이 두 민족의 적대감은 아제르바이잔 공화국 내에 있던 아르메니아인 거주 지역인 나고르노-카라바흐에 집중되었다. 아르메니아인들은 그곳에 아르메니아인들이 살고 있고, 주민들에 대한 부당한 대우가 이루어지고 있다는 주장에 근거하여 그곳을 달라고 요구했다. 아제르바이잔인들은 자신들의 고국의 한 부분이라고 생각하던 곳을 포기하려고 하지 않았다. 양측에서 시위와 폭력 행위가 발생되었는데, 특히 숨가이트에서는 반아르메니아 군중이 이틀 동안 폭동을 일으켰다. 아제르바이잔은 아르메니아로 들어가는 주요 물품을 운반하는 철로를 봉쇄했고, 아르메니아는 아제르바이잔인들을 추방했다. 특히 아제르바이잔의 수도인 바쿠에서 1990년 1월에 아르메니아인들과 일부 러시아인들을 대상으로 한 공격은 대단한 충격을 안겨주었다. 그 사건에서는 적어도 25명이 사망했다. 1월 20일에는 독립을 요구하기도 했던 아제르바이잔 폭동 참여자들을 대상으로 소련 군대가 개입했다. 중앙정부는 개입을 했다는 이유와 늦게 개입했다는 이유로 비난을 받았으며, 자신의 목적을 위해서 민족들 사이에 적대감을 자극했다고 양측으로부터 책망받았다. 아르메니아-아제르바이잔 경계는 전선으로 뒤바뀌었고, 양측은 소련군으로부터 훔치거나 획득한 많은 무기와 군수품을 공급받았다. 비록 직접적인 전투 행위는 점차 감소했지만, 상황은 휘발성을 가진 상태로 남아 있었다. 양 공화국 사이에 있는 많은 사람들은 심지어 모스크바와 다른 먼 지역으로 이주했다. 일부 아르메니아인들은 아제르바이잔의 고향 마을을 떠나서 아르메니아 공화국으로 이주하도록 소련군에 의해서 야만적으로 내몰리기도 했다.

대중적인 민족주의 운동이 비교적 느리게 전개된 곳은 투르크 계통의 카자흐스탄, 키르기스스탄, 투르크메니스탄, 우즈베키스탄, 이란 계통의 타지키스탄 등 중앙 아시아에 위치한 5개의 "이슬람" 소련 공화국들이었다. 이 공화국들은 정치적 및 민족주의적 혼란에 크게 영향을 받아, 다른 공화국들을 따라서 자신들의 "권리"와 "주권"을 주장하기도 하고, 중앙 당국 및 자신의 영역에 있는 소수민족들 그리고 때때로 자신들 사이에서 계속해서 갈등을 겪기는 했지만, 구소련에서 비교적 자기주장을 적게 했던 지역이었다. 소비에트 중앙 아시아에서 당과 행정부는 자신들의 위상을 유지하는 데에 비교적 성공했다. 그런 성공은 그 지역이 비교적 발달되지 못했다는 데에서 원인을 찾을 수 있다. 그곳에서는 단일 작물(면화)에 대한 의존도가 아주 높고, 빈곤하며, 인구가 급격히 증대되고 있었고, 특히 경제와 민족의 생존에 필수적인 막대한 보조금을 중앙정부에 의존했던 것이다. 5개 공화국 중 가장 컸던 카자흐스탄은 특별한 경우에 속한다. 그곳의 주민 중에서 카자흐인은 절반도 되지 않는다. 남부에서는 절반인 반면에, 북부에는 러시아인이 압도적으로 많다.

러시아인들의 관점에서 보면, 발트, 캅카스 남부, 중앙 아시아에서 벌어지던 독립 투쟁은 슬라브인들이 모스크바의 통치에서 벗어나려고 벌인 투쟁에 비하면 정서적으로—그리고 경제적 및 사회적 결과도 덜 중요했다—덜 걱정스러웠다. 우크라이나의 경우가 특히 그랬다. 그곳의 역사는 러시아 역사와 아주 긴밀하게 뒤얽혀 있었다. 사실, 우리가 알고 있듯이 러시아 역사는 나중에 우크라이나가 된 지역에서 시작되었다고 말할 수 있다. 1990년 7월에 민족주의적인 성향의 많은 공산주의자들과 비공산주의 반체제 인사들, 특히 루흐(Rukh)라고 알려진 민족주의 운동을 포함한 새로운 의회는 우크라이나의 "국가 주권"을 선언했다. 그에 따르면, 우크라이나 영토에서는 우크라이나 자국의 법이 소련 법보다 우선하며, "우크라이나 소비에트 사회주의 공화국은 어떤 국가 문제도 독립적으로 결정한다"라고 선포되었다. 좀더 배타적인 발트 민족주의자들과는 대조적으로, 우크라이나 정치인들은 공화국 내의 모든 주민들에게 호소했다. 소련 정부 그리고 나중에는 러시아 정부와의 관계에서도 우크라이나는 기꺼이 특정한 종류의 제휴에도 참여하려는 몇몇 조짐을 보여주었지만, 항상 유보 조건을 달았으며, 참여하는 데에는 복잡한 문제가 게재되어 있었다. 문제 가운데에는 크림 반도에 대한 우크라이나의 주권 문제, 핵무기, 특히 흑해 함대의 분할과 통제의 문제가 포함되어 있었다. 동부 우크라이나와 그보다 적은 면적의 서부 우크라이나는 서로 크게 다르다. 특히 1939년 혹은 1945년 이후에야 소련에 편입된 서부 우크라이나에서는 반공산주의와 반러시아 민족주의가 번창하는 한편 각종 종교적 부흥운동이 일어났는데, 그중에는 이전에 금지되던 우니아트 교회, 즉 가톨릭 관할구역이 때때로 전투적일 정도로 복구된 일도 포함되었다. 역사와 문화가 우크라이나 및 러시아와 긴밀하게 연관된 벨라루스인들에게서는 민족주의 운동이 비교적 덜 발달되었다. 아무튼 벨라루스 공화국의 지도자들은 모스크바에 좀더 충성했고, 모스크바의 바람에 기꺼이 협조하려고 했다. 그러나 1990년 7월에 벨라루스도 완전한 "주권" 선언을 공포했다.

소수민족의 공화국들이 자신들의 주권을 주장함에 따라서 소련이 붕괴되기 시작했다면, 1990년 3월에 중심에 있는 거대한 러시아 소비에트 연방 사회주의 공화국이 주권을 주장했을 때 소련의 운명은 거의 필연적으로 결말을 맞이하게 되었다. 고르바초프와 그의 정부는 소련의 비러시아계 민족들을 통제하려고 노력할 때 러시아 공화국으로부터 아무런 지원도 받지 못했다. 반대로 러시아 정부의 지도자들은 오래 전부터 "중앙"—모스크바의 소련 당국—을 러시아의 진로를 가로막는 걸림돌이라고 간주하기 시작했고, 러시아의 "자치권"과 심지어 "주권"을 주장했다. 그리고 다른 공화국들이 이런 일을 동일하게 하도록 지원하면서 "법의 전쟁"을 시작했는데, 여기에서 새로운 러시아 법은 러시아 영토에 대한 소련의 법을 무효화시켰다. 러시아어가 특권적인 위치에 있으며 러시아의 문화 및 역사적 과거가 크게 수용되고 있던 것과 같이, 러시아인들은 확실히 소련 내에서 어떤 이점을 향유하고 있었다. 그러나 그들은 가난했고, 심지어 많은 다른 공화국 주민들보다 훨씬 더 가난했다. 그리고 그들은 소련 체제의 특징인 빈곤, 고통, 억압을 전적으로 감당해야 했다. 그들은 심지어 다른 공화국들처럼 그들 자신의 공산당 지부와 학술원 같은 "지방" 기구조차도 허용받지 못했다. 적어도 그렇게 된 부분적인 이유는 이 조직들이 너무 강력해져서 중앙의 소련 조직과 경쟁할 수 있다는 우려 때문이었다.

러시아 공화국은 옐친이라는 놀랍고도 특이한 지도자를 가지게 되었다. 옐친은 당 수장을 지내던 지방의 스베르들롭스크(지금의 예카테린부르크)에서 고르바초프에 의하여 1985년에 모스크바의 지도부로 발탁되었다. 고르바초프는 그를 동료 개혁가로 보았으나, 그가 권위에 대항해서 고개를 들고는 더욱 빠른 속도의 변화를 요구할 정도로 대하기 아주 어려운 동지라는 것을 곧 깨달았다. 그리고 고르바초프는 옐친에게서 자신과는 완전히 달리, (과도한 음주를 포함하여) 낭비벽이 있는 사람이자, (모스크바 당 수장으로서 버스와 지하철을 타고, 숨겨진 상품을 찾으려고 친히 상점을 불쑥 찾으며, 공무원들에게 공개적인 토론에서 대중 앞에 나서도록 강요하는 등) 대중적인 지도 방식을 가지고 있다는 것을 알게 되었다. 1987년 10월에 개최된 중앙 위원회에서 옐친은 느린 개혁

러시아 정교회의 총주교인 알렉시이 2세가 자유선거로 선출된 옐친 초대 러시아 소비에트 연방 사회주의공화국 대통령을 축복하고 있다. (*World Wide Photos*)

속도와 중앙 당 기구, 특히 정치국의 의사 방해, 그리고 현실에 안주하려고 하며 우유부단한 고르바초프의 지도력을 거칠게 비판하는 연설을 했다. 그는 정치국에서 사임할 것을 요청했다. 결국 그는 고르바초프와 정치국으로부터 비난받았고, 모스크바 당 조직의 수장에서 해임당했다. 이 사건은 단지 옐친의 야망과 인기에 기름을 부은 격이 되었다. 비록 당 지도자들이 공개적으로 다른 후보를 지지했으며 옐친을 언론에서 자주 비방했지만, 옐친은 1989년에 인민 대표자 회의 선거가 새롭게 실시될 때 소련에서 가장 큰 선거구인 모스크바 시에서 압도적인 승리를 거두었다. TV로 중계된 이 기구의 회의에서 그는 특권과 부패를 대담하게 비판하고, 더욱 빠른 속도의 경제적 및 정치적 개혁을 계속해서 지지했다. 그러나 그는 소련의 정치무대가 아닌, 대두되고 있던 러시아의 정치무대로 자신의 노력을 집중하기 시작했다. 그는 1990년 3월에 새로 신설된 러시아 공화국 의회 선거에서 승리를 거두었고, 최고 소비에트 의장으로 선출되었다. 그런 다음 그는 러시아 의회가 국민투표를 실시하도록 설득하여, 러시아 공화국 시민들에 의해서 직접 선출되는 새로운 대통령직의 설치가 승인되도록 했다. 1991년 6월 12일에 실시된 선거에서 옐친은 고르바초프나 중앙정부의 어떤 다른 지도자도 얻을 수 없었던 대중적인 지지와 민주주의적 절차를 놀랍도록 과시하면서, 러시아 공화국 대통령으로 선출되었다. 숍차크가 레닌그라드의 시장이 되었고, 포포프가 모스크바의 시장이 되는 등 러시아 공화국, 특히 대도시에서는 선거를 통해서 다른 자유주의자들이 이미 직책을 차지했다. 옐친이 1990년 7월 12일에, 그리고 그다음 날에는 숍차크와 포포프가 공산당을 탈당했다는 것은 지적할 만한 가치가 있다. 유서 깊은 도시, 장소, 거리는 옛 이름을 되찾았고, 차르 국가의 흰색, 푸른색, 붉은색 국기와 쌍두독수리 문장이 부활되었고, 공개적인 종교행사는 점점 빈번히 개최되었다. 이렇듯 자유주의는 민족주의 및 종교적 부흥과 결합되었다. 옐친이 대통령으로 선출되던 날, 레닌그라드 투표자들은 자신들의 도시가 다시 상트페테르부르크로 불려야 한다고 결정했다. 동시에, 러시아 지도자들은 러시아의 국가적 지위에 대한 자신들의 미래관이 민족에 바탕을 둔 러시아 민족주의—비록 이것이 러시아인들 사이에서 고조되고 있었고, 수많은 우익 민족주의 집단과 연관되어 있기는 했지만—가 아니라, 다민족 연방으로서의 러시아 개념에 기반을 두고 있다는 것을 명확히 했다. 물론 엄청난 문제는 남아 있었다. 사실 완전히 눈이 부실 정도의 변화는 오페라와 비슷한 어떠한 볼거리를 제공했던 반면에, 경제와 사회생활의 기본 과정은 파괴되어갔다. 볼가 강 유역의 타타르인들로부터 시베리아 동부의 야쿠트족 그리고 훨씬 북쪽에 있는 유목종족 등 모든 사람들이 자신들의 역사적인 권리, 자신들이 가지고 있던 다이아몬드, 혹은 자신들이 가지고 있던 순록에 대한 소유권을 주장함에 따라서, 러시아 소비에트 연방 사회주의 공화국을 통치하는 것 자체는 거의 불가능한 일이 되어버렸다. 긴밀한 협력관계로부터 각자가 다른 사람을 정계에서 축출하려고 단호히 시도하는 등 거듭된 입장의 반전을 겪으면서 보여준 고르바초프와 옐친 사이의 고통스러운 상호작용은 소련이라는 무대에서 중심 자리를 차지하게 되었다.

동유럽과 세계

만약 우리가 소비에트 체제의 해체를 보다 넓은 맥락 속에서 바라본다면, 특히 종속된 국가들이 모스크바의 통제로부터 빠져나가던 이런 해체 과정이 시작되었다가, 그것이 아주 급격하게 정점을 향해서 움직이고 있었던 곳이 바로 동유럽이었음을 알 수 있다. 되돌아보면, 1989년이라는 기적적인 해에 벌어진 놀라운 사건들에 대해서는 두 가지 중요한 설명이 있는 것 같다. 그중 하나는 위성국가의 국민들이 공산주의 제도와 체제에 대해서 엄청난 정도의 반대 의견—사실 적개심—을 가졌다는 것이고, 다른 하나는 고르바초프가 자신의 공산주의 동맹국을 방어하기 위한 소련군의 어떤 군사 개입도 반대하기로 결정했다는 것이다. 대부분의 외부 관찰자들은 동유럽에서 공산주의가 얼마나 심한 정도로 파산했으며, 얼마나 심한 정도로 경멸되고 있었는지에 대해서 제대로 파악하지 못했다. 고르바초프의 결정은 정치적인 원칙이자 합리적인 실용주의의 문제였다. 소련 지도자는 처음에는 소련에서와 마찬가지로 위성 국가들에서도 페레스트로이카가 시도되어야 하고, 그런 과정을 통해서 체제가 강화될 따름이라고 순박하게 믿었던 것 같다. 그러나 일단 체제가 해체되고 그 과정이 놀라운 속도를 내기 시작하자, 그는 과거의 질서를 구하기 위해서 할 수 있는 일이 아무것도 없다는 결론을 내렸다. 그가 자신을 배신자라고 비판하던 소련 강경론자들을 크게 꾸짖었을 때, 동유럽의 변화를 막을 수 있었던 것은 탱크밖에 없었다. 그런데 그것은 주권국가의 내정에 대해서 외국이 군사적인 개입을 하지 않는다고 종종 말하던 고르바초프의 반대 입장 원칙을 깨뜨리는 일이 될 것이었다. 아무튼 그는 탱크가 영원히 사용될 수 없다는 점을 이해하고 있었다.

그리하여 1989년에는 폴란드, 체코슬로바키아, 헝가리, 루마니아, 불가리아 그리고 물론 독일 연방 공화국으로 완전히 흡수되어 사라질 운명에 처한 동독에서 공산주의가 붕괴되었다. 대규모 난민들이 새롭게 개방된 국경을 건넜으며, 한때 무시무시하던 베를린 장벽은 조각조각 뜯겨져나감으로써 기념품이 되었다. 루마니아에서 정권이 전복된 직후에 차우셰스쿠와 그의 아내가 처형되는 등 수많은 에피소드와 세부 사항들이 후대를 위한 인간의 기억과 역사책 속에 고이 담기게 될 예정이었다. 동독에서 발생된 일에는 서독이 엄청나게 중요했고 폴란드에서는 자유노조연대와 가톨릭 교회가 독특한 역할을 맡았던 것처럼, 각 국가마다 특징이 있었지만 공통점도 있었다. 무엇보다도 지적 및 정치적 자유—이것은 글라스노스트라고 부를 수도 있다—가 부여되고, 특히 1989년 6월 4일에 폴란드로부터 자유선거가 시작되자, 공산주의 체제는 견뎌낼 수 없다는 것이 드러났다. 심지어 공산주의 몰락 이후에도 기존 질서 중 많은 부분이 살아남았던 루마니아와 불가리아처럼 논란이 된 경우—아마도 러시아의 미래와 특별히 관련되었다—에서조차도, 차우셰스쿠와 집코프 시절로의 복귀에 대한 두려움이 아니라, 과거의 인맥들이 계속해서 특권을 보유하며 이 국가들의 민주주의적 발전에 제동을 거느냐가 이슈가 되었다.

고르바초프는 신속하고도 창의적으로 이런 사건들에 대해서 반응했다. 그는 승산 없는 전투를 시작하지 않았고, 특히 독일 통일이라는 중심 이슈에 대해서는 통일을 전적으로 수용했다. 그리하여 특히 콜 총리를 비롯하여 독일인들이 사의(謝意)를 표했을 뿐만 아니라, 고르바초프는 소련군을 철수시키고 재배치하기 위해서 유리한 조건의 재정 지원과 몇몇 다른 원조를 독일로부터 받을 수 있었다. 게다가 독일 문제를 해결하고, 골칫거리인 동유럽을 소련이 포기한 것은 평화와 국제협력을 추구하는 고르바초프의 대외정책에도 잘 부합되었다.

외무부 장관인 셰바르드나제와 함께 만든 고르바초프의 외교정책은 1987년 이후에 더욱 자유주의적인 방향으로 변화되었다. 원칙적인 관점에서 보면, 그는 소련이라는 세계 강국이 미래에는 주로 군사력에 기반을 둘 것이 아니라, 국제 문제에 대한 해결책을 찾고 국가적 주권을 존중하면서 다른 세계열강과의 협력에 기반을 두어야 한다고 주장하기 시작했다. 그의 "새로운 사고"라는 통치 원칙에는 다자간 공동정책, 협력, 불개입 그리고 그가 종종 반복해서 말했듯이, "인간 공통의 가치"의 인정 등이 포함되어 있었다. 비록 끝없는 내전 상태에 있는 것처럼 보이던 아프가니스탄 정부군에게 소련이 계속해서 대규모 군사 원조를 제공하기는 했지만, 소련 군대는 1989년에 마침내 아프가니스탄을 떠났다. 매우 복잡하고 질질 끌기만 하던 미국과의 협상은 1991년 7월 말에 몇몇 종류의 무기에 대한 감축 협정으로 마무리되었다. 그 당시에 논평가들은 조약의 특수한 조항들보다는 새로운 협력 정신이 훨씬 더 의미심장하다고 지적했다. 예를 들면, 제2차 세계대전 말 무렵에 소련이 장악한 쿠릴 열도의 몇몇 작은 섬들을 되찾겠다는 일본의 결심 및 소련이 카스트로와 쿠바를 함께 버리라는 미국의 압력과 관련하여 몇몇 이견과 긴장이 남아 있기는 했지만, 고르바초프와 그의 국가는 빠른 속도로 세계질서의 존경받는 후원자가 되고 있었다. 비록 소련이 군사적으로 개입하지는 않았지만, 1990년에 쿠웨이트에 대한 이라크의 점령 이후에 벌어진 위기와 전쟁에서, 그리고 1991년에 그 전쟁의 여파로 국제적인 관심이 계속된 아랍-이스라엘 갈등으로 옮겨졌을 때, 고르바초프와 소련은 그런 역할을 성공적으로 수행했다. 1990년 10월에 고르바초프가 노벨 평화상을 수상했다는 점도 덧붙여 말할 수 있다. 그러므로 고르바초프의 대외정책은 주로 관점에 따라서 참사라고 생각될 수도 있고, 대성공이라고 생각될 수도 있으며, 그 둘 다라고 생각될 수도 있다. 아무튼 이 점에서 고르바초프는 러시아 내부보다는 외부에서 확실히 인기가 더 높았다.

마지막 위기

국내의 상황은 파국적인 양상을 띠었다. 고르바초프 집권 초기의 낙관론과 확신은 이미 사라지고 없었다. 고르바초프는 글라스노스트가 개혁을 위한 자신의 노력에 대한 대중의 열광을 불러일으킬 것이라고 기대하고 확신했다. 그가 1987년에 지적했듯이, 개혁은 "선을 증대시키고 악을 물리칠 것이며", 국가의 "정신적인 위기"를 치유하는 데에 도움을 줄 것이었다. 그러나 오히려 위기는 단지 심화되는 것처럼 보였다. 과거의 악행에 대한 공개적인 토론의 물결은 개혁에 대한 새로운 낙관론이 아니라, 사회주의적 프로젝트의 모든 이상을 비웃음거리로 만드는 것처럼 보였다. 현재는 자신의 의견이 표명되도록 만들 수 있는 많은 기회 및 고매한 이상으로 가득 차 있을지는 모르지만, 매일마다의 물질생활은 악화되어가고 있었다. 그런 사실은 오랫동안 반복되어온 비극적인 소련 역사 이야기의 일부인 것 같았다. 글라스노스트는 출판과 일상적인 대화 모두에서 좋은 대의에 대한 헌신과 낙관론을 낳은 것이 아니라, 과거와 현재 모두에 대한 분노 및 (특히 지도자들의 수사적 표현 및 약속에 대한) 냉소적 태도를 증대시켰고, 그 당시의 관찰자들이 구석구석 스며든 애도와 해체의 담론이라고 부른 현상 그리고 "막다른 지경"에 이르렀다는 생각을 불러일으켰다.

　러시아인들은 절망감을 가질 만한 충분한 이유를 가지고 있었다. 경제는 계속 악화되고 있었다. 1990년 무렵, 국내의 총생산과 산업 증가율이 하락하고, 소매 물가는 상승하고 있었다. 1991년에는 산업 쇠퇴와 인플레이션이 통제 범위를 벗어나기 시작했다. 소비품 부족 사태는 근래의 어떤 기억보다도 더욱 심각하여 상점에는 긴 줄이 생겼고, 심지어 기근에 대한 우려마저 있었다. 1990년 봄에는 우랄 지역, 시베리아, 우크라이나의 광부들이 다시 파업을 일으켰다. 그들은 처음에는 참기 어려운 물질적 상황을 문제 삼았으나, 곧 고르바초프와 소련 정부를 비난하는 한편, 옐친과 러시아의 새로운 정부에 대한 지지 의사를 표명했다. 그러는 동안에 범죄, 매춘, 그 외의 사회문제들이 증가하고 있었다. 예산 부족분이 증가되고 신화폐(이것은 공급 부족 사태가 일어나지 않은 몇 가지 중의 하나였다)를 급격히 발행함에 따라서 사태는 오직 더 악화되었다. 50루블과 100루블 화폐를 환수 조치하고 이런 고액화폐가 아주 제한된 조건하에서만 교환되도록 강제했던 1991년 1월 23일의 법령처럼, 문제를 해결하려는 많은 시도는 재앙으로 뒤바뀌었다. 아주 형편없이 실시된 그 법령은 인플레이션을 잡는 데에도 실패했고 범죄를 줄이는 데에도 실패한 반면에, 평범한 노동자들과 연금 생활자들에게 타격을 입혔다. 사실, 빈번히 발표되던 법령과 지시 사항은 더욱 심각한 혼란을 조장했다. 연방 공화국과 그보다 하위의 권력기관이 새롭게 자기주장을 하기는 했지만, 누가 무엇을 소유하거나 관리하는지는 아주 불명확했다. 똑같은 재산 항목이나 경제활동의 영역이라도, 중앙정부, 연방 공화국, 지역 행정부, 혹은 지방자치 당국이 각각 자기 것이라고 주장할 수 있었다. 온갖 종류의 당국자들이 내놓는 개혁 조치는 기껏해야 부분적이고, 무계획적이었으며, 불가능하지는 않았다고 해도 시행하기가 어려웠다. 거듭 약속되었던 전반적인 경제 개혁은 계속해서 연기되었다.

1988년 12월에 약 2만5,000명이 사망하고 50만 명이 집을 잃게 만든 아르메니아의 지진 같은 자연재해나 1989년 6월에 우랄 지역의 아샤 근처에서 열차가 충돌하고 가스가 폭발한 인적 재해 및 그 여파는 무능력을 포함하여 소비에트 체제가 가진 수많은 결함을 폭로해주었다. 소련의 생태적 훼손의 성격과 정도가 더 잘 알려짐에 따라서 생태학적 주제는 훨씬 더 크게 부각되었다. 대규모 매장지가 계속해서 발견된 것은 아마도 정부와 체제에 훨씬 더 큰 타격을 입혔을 것이다. 1988년 10월에는 벨라루스의 민스크 부근에서 약 10만2,000명의 유해가 발굴되었다. 키예프 외곽에서도 20만에서 30만 명 사이의 유해가 묻힌 매장지가 발견되었는데, 특별 위원회는 1989년 3월에 나치가 아닌 스탈린에 의한 희생자들이 포함되어 있다는 결론을 내렸다. 1989년 10월 2일에는 우랄 산맥의 첼랴빈스크와 스베르들롭스크 인근의 대규모 매장지에서 약 30만 명 이상의 시신이 발견되었고, 이런 일은 다른 곳에서도 있었다. 글라스노스트는 이 모든 일들에 대한 정보를 제공했고, 해외의 러시아 문인들과 마찬가지로 1930년대의 숙청 시기에 처형당한 많은 공산주의자들의 복권에도 기여했을 뿐만 아니라, 아주 다양한 의견과 비판을 가능하게 해주었다. 고르바초프와 그의 정책은 우로부터, 좌로부터, 그리고 모든 방향으로부터 공격을 받았다.

그렇기는 했지만, 고르바초프의 형식적인 권한은 커져가고 있었다. 고르바초프가 당과 국가 모두의 지도자가 된 것은 소련 지도자들에게 전혀 새로운 사실이 아니었다. 최근의 방식에서 새로운 점은 국가적 지위가 이제 당에 반대하는 데에 사용될 수 있다는 사실이었다. 고르바초프는 국가권력의 기반을 잘 준비했다. 그는 1988년 10월에 그로미코로부터 의장직을 이어받았고, 1989년 4월 25일에는 2,250명으로 이루어진 인민 대표자 회의에 의해서 의장에 선출되었으며, 1990년에는 그 회의에 의해서 이전보다 높은 지위로 신설된 소련 대통령직에 선출되었다. 정치국과 당의 영향력이 쇠퇴함에 따라서, 1990년 3월부터 12월까지 존재했던 18인 대통령 위원회나 그것에 뒤이어 설치된 8인 소련 안보 위원회 같은 측근 자문기구들이 더 큰 중요성을 획득했다. 소련 안보 위원회는 대체로 국가의 주요 부서 장관들로 구성되었다. 고르바초프는 장관을 임명하고, 국제 교섭을 실시하고, 행정기관을 통제할 수 있는 더욱 큰 권한을 부여받았다. 그는 경제 문제를 다루고, 행정명령에 의한 것을 포함하여 국가 내의 "법과 질서"를 강화할 수 있는 특별한 권한을 가지게 되었다. 1991년 여름에는 고르바초프가 당을 완전히 떠나서 모든 것을 국가 행정과 개혁에 걸 것이라는 추측이 무성했다. 실제로 그는 반대 방향으로 돌아서서 다시 한번 당의 충분한 지원을 얻었고, 험난한 길에 들어선 자신과 함께 당을 데려가기로 결정한 것 같았다.

고르바초프의 정책을 평가한다거나 심지어 단지 제시하는 것도 쉬운 일은 아니다. 그 자신의 프로젝트, 계획, 목적을 그가 행한 정치적 및 다른 전술적인 양보 및 타협과 구분하는 것 그리고 소련 내의 다른 정치 세력에 의해서 그에게 부과된 별개의 요소들과 구분하는 것은 종종 불가능한 것 같다. 최종 결과는 개혁과 규제 사이에서 이리저리 오락가락하는 것으로 아주 유명한 복잡한 과정이었다. 최종적인 방향 전환의 몇몇 사례만을 언급하면, 고르바초프는 1990년 10월에 소위 샤탈린 계획을 승인했다. 그것은 경제학자인 샤탈린과 연관되어 있었는데, 소련에서 500일 이내에 시장경제를 확립한다는 것이었다. 그러나 고르바초프는 곧 보수주의자들로부터 압력을 받고 후퇴했다. 그는 비교적 덜 급진적인 제안에서 내용을 차용해서 그 계획을 완화시키고는, 곧 모든 핵심적인 조치를 제거한 채 경제를 통제하기 위해서 과거의 행정제도와 자신의 권력에 더욱 굳건하게 의지했다. 그리고 고르바초프는 급진 개혁에서 후퇴하여 당의 보수주의자들과 공동보조를 맞추는 것처럼 보이기도 했다. 그는 1990년 12월에 자신의 정부에서 많은 자유주의자들과 중도파를 숙청하고, 정부의 몇몇 강력한 지위에 보수주의자들을 배치했으며, 경찰 및 경찰 역할을 하는 군대에 새로운 권한을 부여했다. 많은 민주주의자들은 고르바초프와 협력하는 것이 더 이상 불가능하다고 확신하게 되었다. 바로 이 무렵에, 고르바초프의 측근 동지 중의 한 사람인 셰바르드나제가 항의와 경고의 표시로서 외무부 장관직을 사임했다. 그러나 봄과 여름에 또다른 방향 전환이 있었다. 고르바초프는 비록 구체적인 내용이나 일정표는 여전히 없었지만, 경제 및 전반적인 개혁을 위해서 이전보다 더 큰 열의를 보였다. 1991년 7월에 고르바초프는 권력 독점권을 합법적으로 요구할 수 있는 권한을 이미 상실해버린 공산당이 공식적인 이데올로기로서 마르크스주의-레닌주의를 포기하고, 시장경제와 다당제 정치에 전념하는 당으로 변화할 것을 제안했다. 이러한 혁명적인 새로운 당 프로그램은 11월로 예정된 제29차 당 대회에서 검토될 예정이었다.

경제적 위기와 함께 시작되었으며 점점 심각해져가던 위기에 대한 이런 간단한 논의는 여기서 끝을 맺고, 1991년 6월 25일에 미국 의회 산하 위원회에서 행한 증언을 통해서 소련 경제 붕괴의 본질과 문제를 아주 설득력 있게 제시한 그로스만의 설명으로 방향을 돌리는 것이 아주 적절할 것이다.*

우리는 지난 몇 년 동안의 소련에서처럼 어떤 중요한 국가의 경제 상황이 그토록 깊고 그토록 빠르게 급전직하하는 사례—큰 전쟁이나 전쟁의 결과를 별도로 하고—를 근대사에서 찾아보기는 어렵다. 10년도 되지 않은 최근까지만 하더라도 그것이 세계의 미래를 위해서 어떤 의미를 가졌든지 간에, 서구의 진지한 관찰자들은

---

* 그로스만(버클리 대학교)이 제시한 설명의 요약문은 미국하원의 외교 위원회의 유럽 및 중동 소위원회 및 미국의회의 합동경제 위원회의 합동 청문회에 제출되었다.

전 지구적인 경제 경쟁에서 결국 동구가 "승리하는" 것은 아닌지 아주 진지하게 고려하던 형편이었다. 오늘날에는 동일할 정도로 진지한 사람들은 동일할 정도의 진지함을 가지고서, 그것이 세계의 미래를 위해서 무슨 의미를 가지든지 간에, 소련 경제(그리고 정치체제와 사회)가 훨씬 더 깊이 궁핍과 무질서 속으로 빠져들지 않게 하기 위해서는 서구로부터 마셜 플랜과 같은 수천 억 달러의 원조를 제공할 것을 지지하고 있다.

사실 비록 현재의 경제 상황이 파국적이기는 하지만, 그것은 눈앞에 보이는 것만으로 우리가 상상할 수 있을 정도로 아주 예상하지 못한 것은 아니었다. 비록 독재체제의 기밀 유지와 (비교적 소수의 반체제 인사들을 제외하면) 겁먹은 대중의 침묵에 의해서 감추어지기는 했지만, 사실 부패와 파멸이라는 잠재적인 힘은 수십 년 동안 작동되어왔다. 그렇게 장기적으로 부식성을 가진 흐름들 가운데, 우리는 국가적 자원을 엄청날 정도로 군사적 및 제국적 목적으로 전환한 것을 언급할 수 있다. 경제 성장과 발전을 위한 천연자원과 인적자원을 부주의하게 낭비적으로 소모했고, 그런 일은 비군사적인 기술적 발전과 질적 개선이 지체되는 현상과 결부되었다. 막대한 수입품 없이는 국민들을 먹일 수 없게 되었고, 환경의 엄청난 물리적 저하와 오염이 인간 건강에 중대한 영향을 미치게 되었고, 경제 계획과 관리를 위한 중앙집중적인 체제가 점차로 경직되었으며 이것은 엄격한 물가 및 임금 통제와 화폐에 대한 부실한 관리에 의해서 악화되었다. 관료들의 광범한 부패 및 (시간이 지남에 따라서) 대규모로 조직화된 범죄와 밀접히 연관된 거대한 지하경제가 꾸준히 발전되었다. 창의력은 말할 것도 없고, 노동 인센티브와 노동 규율, (지하경제 이외에는) 진취성과 책임감은 저하되었다. 그리고 결과적으로 경제성장은 꾸준히 지체되고 실제로 쇠락했다.

우리는 수십 년 동안 소련 경제를 깊은 위기라는 역사적 순간으로 몰아넣고 있던 잠재적인 경제적 요인들(정치적, 사회적, 민족적 요인들은 차치하고서라도)의 음울한 목록을 더 확대할 수도 있다. 그 순간은 고르바초프 집권하에서 도래했다. 그것은 고르바초프가 소련이 조만간 배출할 수 있었던 가장 솜씨 좋은 경제 개혁가—그는 그렇게 보이지 않는다—이기 때문이 아니라, 또다른 공산주의 지도자를 상상하기 어렵고, 과거의 엉터리들에 대한 신뢰감을 보다 재빠르고 철저하게 떨어뜨릴 수 있는 인물이어야 했기 때문이다.

경제적, 사회적, 정치적 위기 그리고 불확실성이라는 상황은 소련 체제 전체를 무너뜨리는 최종 드라마를 위한 무대였다. 그러나 이런 최종적인 조치를 촉발한 것은 소련의 유지라는 특수한 문제였다. 1991년 3월에 실시된 국민투표에서—리투아니아, 라트비아, 에스토니아, 아르메니아, 그루지야, 몰다비아는 참여하기를 거부했다—소련을 유지하지만, 개별 공화국의 "주권"이 보장된다는 새로운 조건이 달린 안이 다수의 표를 얻었다. 그리하여 고르바초프는 새로운 연방 조약을 작성하는 작업에 착수했다. 7월 11일에 인민 대표자 회의는 소련 주권국가연방을 창설하는 계획을 승인했다. 그에 따르면, 많은 부분의 경제 및 행정 권한이 구성 국가들에게 양도되어야 했다. 비록 이것은 고르바초프의 개혁에 대한 점증하는 실망감 속에서 최후의 결정타였을 따름이지만, 보수적인 공산주의자들은 소련의 이런 약화를 승인하지 않기로 결정했다. 조약이 서명되기 하루 전날인 8월 19일에 고르바초프 자신이 보수주의자들과 화해하려고 임명한 지도적인 관료들로 구성된 국가비상 위원회(GKChP)는 고르바초프를 그의 별장에서 체포하고(비록 그가 병환 중이며 일을 하지 못할 상황이기 때문에 자발적으로 권력을 자신들에게 넘겼다고 공식적으로 발표하기는 했지만), 모스크바 중심가에 탱크와 군인들을 배치하고, 소련을 파괴하고 있는 "정치적인 모험주의자들"에 대항해서 소련을 수호할 것을 맹세했다. 쿠데타는 거리의 대규모 시위, (모스크바 의회 건물 앞에서 탱크 위에 올라가서 행한 옐친의 대담한 연설을 포함하여) 여러 공화국 정부의 저항, 핵심적인 군 및 경찰 부대가 쿠데타 지도자들의 명령에 대한 복종 거부, 빈약한 계획과 조직 등으로 3일 만에 좌절되었다.

쿠데타 이후에 고르바초프는 자신의 직책으로 되돌아왔으나, 그의 권력은 거의 남아 있지 않았다. 소련의 해체는 커다란 추진력을 얻었다. 리투아니아, 라트비아, 에스토니아는 즉각 독립을 선언했고, 이것은 국제적인 승인과 심지어 소련의 승인도 받았다. 우크라이나를 포함한 대부분의 다른 공화국들도 독립을 선언했다. 그러는 동안에 옐친의 러시아 정부는 소련 정부의 직책을 넘겨받고, 소련 공산당을 불법으로 선언했으며, 공산당의 재산을 장악하는 데까지 나아

1991년 8월에 크렘린의 쿠데타가 실패한 이후, 어떤 젊은 리투아니아 여성이 리투아니아의 넘어진 레닌 동상 위에 앉아 있다. (AFP/Getty Images)

갔다. 12월 9일에 회동한 러시아, 우크라이나, 벨라루스 공화국의 지도자들은 소련이 폐기되었으며, 독립국가연합(Sodruzhestvo Nezavisimykh Gosudarstv)이라고 불리는 느슨한 형태의 국가 간 조직으로 대체되었다고 선포했다. 그 이후의 몇 주일 내에, 나머지 공화국들도 독립을 선언했다. 1991년 12월 25일에 고르바초프는 TV에 나와서 사실상 더 이상 존재하지 않던 국가의 대통령직을 사임하겠다고 발표했다. 큰 승리를 거둔 옐친은 새롭고도 아주 불확실한 상황 속에서 중심 인물로 부각되었다.

맺음말

소련의 소멸은 그 겉모습만큼이나 적어도 아주 의외였고 갑작스러운 일이었으며, 논쟁거리이기도 했다. 소련은 70여 년 동안 극도의 증오의 대상이기도 했고 열광적으로 존중받기도 했다. 소련은 제2차 세계대전에서 독일에 승리하고 세계에서 양대 열강 중의 하나의 지위를 획득한 이후에, 국가의 힘과 생존 능력을 보편적으로 인정받았던 것 같았다. 숭배하는 태도를 보이던 공산주의자들은 차치하고, 수많은 관찰자들은 연속성과 안정성이라는 관점에서 소련 역사를 해석했다. 그들은 네프의 시작 이후든지, 1930년대의 문화적 "대후퇴" 이후든지, 독일과 일본에 대한 대전쟁과 승리 이후든지, 스탈린의 사망 이후든지, 혹은 흐루쇼프의 부상(浮上) 이후든지 간에 소련 역사가 서구 국가들과 아주 비슷하다고 생각했다. 이런 여러 발전들 중에서 어느 것도 결정적인 전환점이 되지는 못했지만, 많은 서구 사람들이 페레스트로이카와 글라스노스트를 환영한 것은 그러한 틀 내에서였다. 소련은 주요 파트너로서 민주주의 국가들에 합류할 것이고, 심지어 제공할 것도 많다고 생각되었다. 소련이 완전히 해체되고 붕괴될 것이라고 예측한 사람은 거의 없었다.

그러나 소련 체제가 붕괴되고 있다는 징후는 많았다. 고르바초프는 소련 사회의 "정신적 위기"에 대해서 말할 때 스스로 그와 비슷한 점을 인정했다. 폭넓은 비관론과 냉소주의, 마르크스주의자들의 수사적 약속, 알코올 중독과 범죄 같은 사회문제, 개인생활로의 폭넓은 후퇴, 사회주의적 기준과 상충되는 문화적 가치 및 취향의 성장 등은 침체된 경제와 더불어 소련이 진흙으로 만든 발을 가진 초강대국이라는 많은 징후들이었다. 소련에서 "민족과 민족성의 개화"로 인해서 다양한 민족들이 "단일한 가족—소비에트인"으로 긴밀하게 통합될 것이라는 환상에 대해서도 똑같은 말을 할 수 있다. 고르바초프의 개혁은 소련 국민들이 사회주의의 휴머니즘적 이상에 의해서 또다시 감동되고, 체제 자체가 개선되거나 아니면 폐기될 필요가 있다는 낙관론적인 믿음을 전제로 하고 있었다. 혹은 고르바초프의 몰락 이후에 옐친이 주장했듯이, "그는 공산주의와 시장, 국민 소유권과 사적 소유권, 다당제와 소련 공산당 등 불가능한 것들을 자신이 통합할 수 있다고 생각했다." 우리는 그의 이상론으로 인해서 고르바초프를 존경할 수 있고, 그를 공산주의 선지자들의 긴 명단 안에 포함시킬 수 있다. 그러나 그의 꿈은 불가능한 일이었던 것 같다.

경제학자들은 이 체제에 오랫동안 결함이 있었다고 경고해왔다. 일찍이 소련 체제의 초기에, 일부 경제학자들은 소련 경제체제의 근본적인 결함을 지적했다. 소련 체제 안에 있던 헝가리에서 활동했던 코르나이, 그리고 미국의 대학교라는 좀더 좋은 위치에서 소련의 비공식적인 제2경제를 연구했던 그로스만과 트레믈 같은 전문가들은 초기의 비판을 이어갔다. 사실 소련이 석탄과 철에 기반을 둔 전통적인 산업화라는 관점에서는 성공적이었지만 인공두뇌학, 컴퓨터, 그리

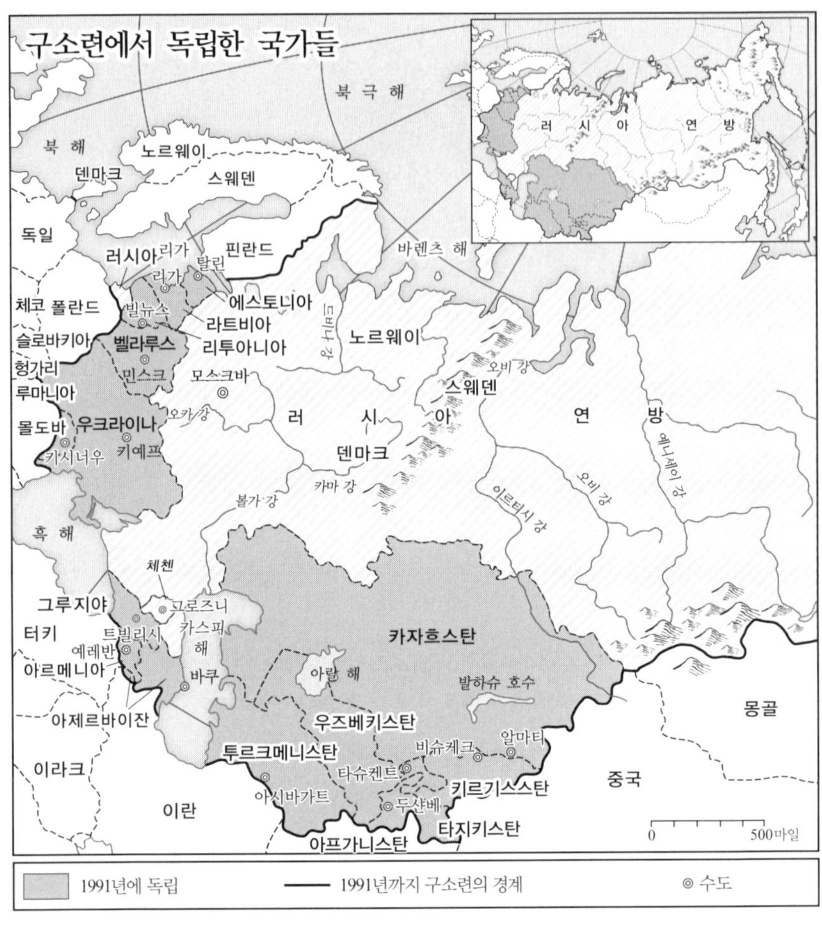

고 전반적으로 새로운 통신기술 분야에서는 서구를 따라잡을 수 없었다고 주장하는 일은 진부한 말이 되었다. 그리고 현대 기술은 고립되어 사는 것을 항상 더 어렵게 만들었고, 소련 국민들도 나머지 세계에 대해서 아주 잘 알게 되었다. 소련은 무기 경쟁으로 인해서 미국보다 훨씬 더 적었던 생산능력 면에서 백분율로 볼 때 2배나 되는 비용을 지불해야 했다. 그로스만은 1970년에서 1985년에 이르는 15년 동안 소련 경제가 내리막길로 미끄러져 내려가기보다는 일종의 막다른 골목에 머무를 수 있었던 것은 막대한 석유와 천연 가스의 수출 덕분이었다고 거듭 지적했다.

실수는 아주 많았다. 아마도 최악의 실수는 이데올로기라는 프리즘을 통해서는 현실을 제대로 바라볼 수 없었다는 점일 것이다. 민족주의는 그것으로 인해 소련이 파괴될 때까지 제대로 이해되지 못했다. 사실 고르바초프는 자신이 빌뉴스로 가서 리투아니아인들이 분리해나가지 않도록 설득할 수 있다고 믿었던 것 같다. 그러나 러시아인들에 대한 이해는 훨씬 더 좋지 못했다. 러시아인들의 이해와 러시아 민족주의는 소련이 폐기되는 데에 주요한 역할을 담당했다. 비록 고르바초프가 계획한 것은 아닐지라도, 어떤 관점에서 보더라도 그가 한 기여는 엄청나게 중요했다. 전체주의라는 거대한 힘을 믿고, 파편화된 사회가 전체주의에 성공적으로 도전할 수 없다고 믿었던 사람들에게 고르바초프의 기여는 커다란 충격을 주었다. 만약 그렇다면, 전체주의 체제는 오직 위로부터 아래의 방향으로만 해체될 수 있다. 소련에서 그런 일이 일어났다. 아무튼, 체제를 강화하려는 의도를 가지고 있었던 글라스노스트와 다른 조치들은 완전한 실패로 이어졌다. 데르자빈의 말과 대응되는 것으로서 헤라클레이토스의 훨씬 더 유명한 말을 인용하면, "만물은 유전(流轉)한다."

제7부
러시아 연방

제43장

공산주의 이후의 정치와 경제 : 옐친, 푸틴과 그 이후

우리나라는 운이 없었다.……우리에게 마르크스주의 실험을 실시하기로 결정되었다. 운명적으로 우리는 정확히 이 방향으로 밀려들어갔다. 아프리카에 있는 어떤 나라가 아니라, 그들은 우리를 가지고 이 실험을 시작했다. 마침내 우리는 이 사상을 위한 장소가 하나도 없다는 것을 입증했다. 그것은 세계의 문명국가들이 선택한 길로부터 우리를 밀어냈을 따름이다.   ─옐친(1991년 6월)

혁명 뒤에는 보통 반혁명이 뒤따르고, 개혁 뒤에는 반개혁이 뒤따르며, 그다음에는 혁명기에 악행을 저지른 사람들에 대한 조사와 처벌이 뒤따른다.……러시아의 역사적 경험에는 그런 사례가 풍부하다. 그러나 나는 이런 사이클이 종식되었다고 확고히 말할 때가 되었다고 생각한다. 어떤 혁명이나 반혁명도 없을 것이다. 러시아와 그 국민으로서는 확고하고도 경제적으로 지지되는 국가적 안정이 좋은 것이며, 우리는 이런 정상적인 인간의 논리에 따라서 살아가는 것을 한참 늦은 지금에야 배우고 있다.   ─푸틴(2001년 3월)

민주주의는 역사적인 용어이며, 동시에 완전히 국가를 초월하는 것이다.……그러나 또다른 것도 있다. 많은 우리 시민들에게는, 정치적으로, 특히 경제적으로 아주 어려웠던 1990년대의 과정은 우리나라에서 기본적인 민주주의 제도의 도래와 결합되었고, 그때는 그들에게 아주 어려운 시기였다. 이것은 이 용어가 어떻게 이해되어야 하는지에 대해서 강한 영향을 미쳤다.   ─메드베데프(2009년 4월)

소련과 공산주의 통치의 붕괴 이후에 러시아 역사는 흔히 "전환" 시기라고 생
각되어왔다. 그러나 무엇을 향한 전환인가? 러시아의 일부 정치 지도자들이 최
근에 주장했듯이, 전환기는 끝났는가? 미국과 서유럽의 관점에서 보면 전환이
라는 생각은 보통 시장 자본주의와 자유민주주의를 의미하는 것으로 생각되
었고, 많은 러시아인들도 그와 동일한 것을 희망했다. 시간이 아직 얼마 지나지
않았기 때문에, 공산주의 이후의 러시아의 정치적, 사회적, 문화적 모습을 자신
있게 규정할 수는 없다. 1991년 이후의 러시아에 대해서 말할 때 "포스트"—포
스트 공산주의, 포스트 사회주의, 포스트 소비에트, 포스트 전체주의—라는
말을 널리 사용하는 것을 보면, 현재는 불확실하고 과거가 비중이 높다는 것
을 알 수 있다. 러시아와 서구의 학자들이 최근의 역사를 규정하기 위해서 제안
하는 종종 역설적인 정의들, 즉 혼합된 정치질서에 대해서 말하면서 "관리형 민
주주의", "자유주의적 권위주의", "비자유주의적 민주주의", 혹은 "관리 다원주
의"라고 하거나, 대두되고 있는 경제체제의 성격을 묘사하면서 "정실(情實) 자
본주의", "과두적 협동조합주의", "산업 봉건주의", "관료 자본주의", "국가 협동
조합 자본주의"라고 할 때 또한 그렇다. 정치적 및 경제적 구조를 넘어서, 다른
많은 문제들은 해결되지 않은 채 남아 있거나 요즈음에도 종종 해결이 절실한
데, 그중 어떤 것도 러시아사에서 새로운 것은 아니다. 국가로서의 러시아의 의
미(국가에 의해서 사회적 프로젝트라고 명백히 선포된 "러시아 이념"), 다민족 국
가인 러시아에서 소수민족의 지위, 서구에 대한 러시아의 정치적 관계와 문화적
관계, 일상적인 공적 생활과 사적 생활을 이끄는 도덕적 가치 등이 그런 문제들
이다. 앞으로 살펴보게 되겠지만, 비록 대부분의 러시아인들이 러시아가 "정상적
인" 사회가 되기를 바란다고 말하고 있으며 심지어 정상사회의 범주에 대해서조
차도 사람마다 다른 의미를 가지고 있지만, 러시아인들 스스로는 자신들의 국
가가 어디에 위치해 있으며 종종 어디로 가기를 원하는지에 대해서조차 의견이
나뉘어져 있고, 확실한 입장을 가지고 있지 못하다. 이런 변화와 불확실성의 역
사의 중심에는, 초기에 선출된 두 명의 러시아 대통령, 즉 옐친(재임 기간 1991-
1999)과 푸틴(재임 기간 2000-2008, 2008년에 총리로 임명됨)이 있다. 비록 이전
에 공산주의자였던 이 두 사람 모두 국가권력과 개별 지도자들이 역사를 만든
다고 판단하고 있지만, 둘 중 어느 누구도 자신들 주위의 상황을 완전히 통제

하지는 못했다. 그들은 마르크스가 오래 전에 말한 것, 즉 "인간은 자신의 역사를 만들어 가지만, 자신이 바라는 꼭 그대로 만드는 것은 아니다. 인간은 스스로 선택한 환경 속에서가 아니라, 이미 존재하는, 주어진, 물려받은 환경 속에서 역사를 만들어가는 것이다"라는 사실을 매일 경험했다. 이 점은 요즈음 정치와 경제 모두에서 보이는 깊은 모순을 부분적으로 설명해줄 수 있다.

옐친의 대통령 재임기

건축 기사로 일하다가 당 행정가라는 직업을 가지게 된 옐친(1931–2007)은 근면하고 부지런한 활동에 힘입어 당의 최고위직까지 올라갔다. 고르바초프와 마찬가지로 옐친은 분명히 체제를 신뢰했고, 체제가 작동되도록 만드는 기술을 가지고 있었다. 그러나 그때 그는 느린 개혁 속도 때문에 고르바초프 및 당과 결별했다. 옐친의 경력만이 아니라, 그가 한 말과 글(특히 그가 자신의 친구인 젊은 저널리스트인 유마셰프와 작성한 두 권의 자서전적인 저서들)을 보면, 그는 극히 예민한 개인이자 용기 있는 투사였으며, 패배를 아주 싫어했고, 때때로 변덕스럽고 예측 불가능한 인물이었다. 옐친과 함께 일했던 사람들은 그가 정력적이고, 충동적이며, 신경질적이며, 화를 잘 내고, 위험을 무릅쓰는 사람이자, 비교적 부패하지 않았으며, 언제나 책임지기를 좋아했다고 묘사했다. 그는 1970년대 중반부터 스베르들롭스크에서, 그리고 1980년대 후반에 모스크바에서 오랫동안 지방당의 "수장"이었다. 자주 그리고 때때로 그는 중병을 앓았고 과도한 음주를 했으므로, 그의 행동과 목표에 대한 평가는 아주 복잡하다. 그러나 분명히 기억해야 할 것은 옐친이 고르바초프를 넘어서 급진주의자로 부상했다는 것, 즉 소련의 붕괴와 러시아의 주요 개혁을 선호했다는 점이다. 옐친은 실제로 반기아 상태의 아주 빈곤한 배경 출신이었고 소련 체제가 제공한 것 이외에는 아무런 문화적 자질도 가지고 있지 않았기 때문에, 고르바초프보다 더욱 소비에트와 당이 낳은 산물이라고 볼 수 있었으나, 체제와 더욱 날카롭고도 단호하게 결별했다. 그는 레닌주의에 적응할 필요도 없었고, 레닌에 대한 향수도 전혀 없었다. 다른 한편으로 옐친은 이데올로기적으로 방향을 다시 잡았다고 해도 권위주의적인 공산주의 수장이라는 오랜 경력상의 정치적 태도를 바꾸지는 않았

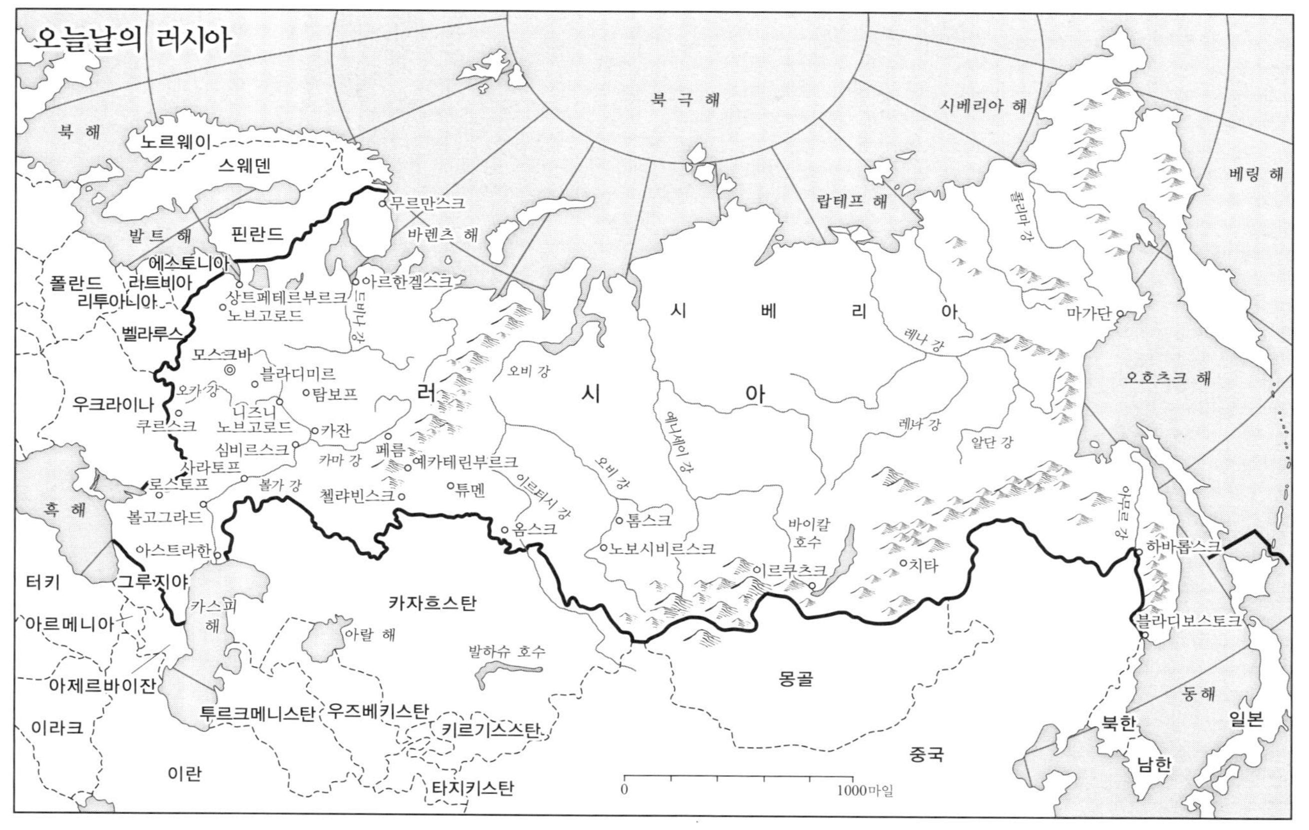

오늘날의 러시아
북 극 해
시베리아 해
베링 해
북 해
노르웨이
스웨덴
랍테프 해
콜리마 강
무르만스크
발 트 해
핀란드
바렌츠 해
에스토니아
라트비아
폴란드
리투아니아
아르한겔스크
시 베 리 아
마가단
상트페테르부르크
노브고로드
드비나 강
벨라루스
레나 강
모스크바
블라디미르
오비 강
시
아
오호츠크 해
오카 강
탐보프
러
레나 강
우크라이나
니즈니
노브고로드
카잔
예니세이 강
알단 강
쿠르스크
심비르스크
카마 강
페름
예카테린부르크
오비 강
이르티시 강
바이칼
호수
사라토프
롱스토프
볼가 강
첼랴빈스크
튜멘
톰스크
아무르 강
흑 해
옴스크
노보시비르스크
이르쿠츠크
치타
하바롭스크
볼고그라드
아스트라한
터키
그루지야
카스피
해
카자흐스탄
블라디보스토크
아르메니아
아랄 해
발하슈 호수
아제르바이잔
몽골
동 해
투르크메니스탄
우즈베키스탄
키르기스스탄
북한
일본
이라크
이란
중국
남한
타지키스탄
0   1000마일

다. 특히 우리가 입법부와 그가 투쟁을 벌인 과정을 연구해보면, 양측이 거듭 비합법적으로 행동했다는 것을 알 수 있다. 옐친에 대한 최상의 전기를 집필한 정치학자인 콜턴은 그를 "역설적인 영웅"이라고 묘사했다. 그는 과장되지만 일관성이 없고, 지나치게 대담하면서도 조심스러우며, 기본적인 시야라든지 종합 계획보다는 직관에 따라서 행동했다는 것이다. 그러나 콜턴의 평가의 핵심은 옐친의 역사적 역할에 초점을 맞추었다. "그가 한 일 때문에, 그리고 총알이 아니라주로 투표로 해낸 일 때문에 그는 권위주의와 국가주의로부터 민주주의적 정치와 시장에 기반을 둔 경제로 향하는 전 지구적인 추세의 선동가들 중의 한 사람이었다. 그는 민주운동가로서 만델라, 바웬사, 고르바초프, 하벨과 같은 부류의 인물이다." 러시아의 과거 지도자들 가운데 그가 표트르 대제를 오랫동안좋아했다는 것은 시사하는 바가 있다.

옐친은 러시아를 변화시키기 위한 프로그램을 가지고 권력을 잡았는데, 그의 프로그램에서는 긍정적인 목표보다는 부정적인 목표가 훨씬 더 분명했다. 사실 그는 이데올로기적인 전사가 아니라 환멸감을 느낀 공산주의자였다. 그 자신의 설명에 따르면, 그의 마음은 무엇보다도 공산주의의 실패 때문에 바뀌었다. 비주류에 속한 많은 사람들이 이미 그랬듯이, 그는 1980년대 말에는 공산당의 단일한 통치와 경제의 국가 통제가 더 이상 작동하지 않는다는 결론을 내렸다. 그러므로 시장경제와 다당제의 민주주의를 도입하고, 이 두 가지를 위해서 요구되는 출판과 언론의 자유를 도입하는 것이 현실적으로 불가피했다. 그는 러시아가 "정상적이며 문명화된" 국가가 되고, 세계에서 존중받으며, 전 세계적인 자본주의 경제 속으로 통합되는 것을 보려고 했다. 이런 새로운 확신 때문에, 그는 너무나 머뭇거린다는 이유로 고르바초프의 노력에 반대했다. 사실 그는 아주 조바심을 내면서 변화를 바랐으며, 기존 질서에 개인적으로 기꺼이 도전하려고 했다. 특히 그는 1991년 6월 12일에 복수 후보가 나온 선거에서 (고르바초프 측의 후보를 물리치고) 러시아 공화국 대통령으로 선출된 이후에, 자신이 여론을 구현하고 있다고 확신했다. 러시아 의회 앞의 탱크 위에 서서 1991년 8월의 쿠데타에 영웅적으로 저항한 그의 모습은 파산한 소련 체제와 결별하려고 노력하던 러시아인들의 지도자로서의 그의 대중성을 공고히 해주는 상징적인 장면이었다.

1991년 8월, 보리스 옐친 러시아 대통령이 탱크 위에 올라가서 군대와 시민들에게 쿠데타에 저항하도록 촉구하고 있다. (*Associated Press*)

1991년부터 1999년의 마지막 날까지 지속된 옐친 집권기는 몇 개의 중요한 시기로 나눌 수 있다. (때때로 "제1차 러시아 공화국"이라고 지칭되는) 1991년 8월부터 1993년 10월까지의 시기는 위로부터의 급진 개혁으로 시작되었다가, 양극화의 심화와 공개적인 충돌로 막을 내렸다. 1993년 10월부터 1998년 8월까지의 시기는 옐친의 권력이 확대되었으나, 개혁 과정에서 심지어 위기라고까지 할 수 있을 정도로 문제가 심화되던 때였다. 1998년 8월부터 1999년 12월까지의 시기는 개혁에서 후퇴하고, 점차 사회 안정과 옐친 자신의 개인적인 권력과 안정을 강조하던 기간이었다. 옐친 자신의 행정처리 방식은 이 모든 것을 복잡하게 만들었다. 옐친은 자신의 의사일정의 맨 꼭대기에 경제적 변화를 올려놓았다. 그러나 그 자신은 경제학에 대한 이해가 거의 없었으므로, 추바이스, 가이다르, 키리옌코 같은 경제 개혁가들에 대한 신뢰감을 거듭 표명했다. 그런데 이런 신뢰감은 오래 유지되지 못했다. 개혁 과정에서 엄청난 어려움이 생기고, 점차로 강력한 이해관계를 가진 반대파가 경제 개혁 혹은 적어도 그런 특별한 종류의 경제 개혁을 원하지 않게 됨에 따라서 대통령은 거듭 후퇴해야 했고, 다른 무언가를 찾으려고 했다. 이런 우여곡절 속에서 옐친은 그보다 앞선 고르바초프와 마찬가지로 모든 방향으로부터 비난받았다. 한때 러시아에서 가장 호평받는 정치인이었던 옐친에 대한 여론조사의 지지율은 2퍼센트 내지는 심지어 1퍼센트로까지 떨어지곤 했다. 그러나 옐친은 아주 위험한 혈관 우회 수술을 받기도 하고, 계속적으로 병을 앓았음에도 불구하고 사망하지 않았다. 그리고 그는 러시아 헌법상 대통령이라는 매우 강력한 지위로부터 큰 도움을 받아서, 심지어 정치적으로도 살아남았을 뿐만 아니라 다시 등장해서 정부 내의 지도적인 인물들을 종종 해임하고 정부의 노선을 다소 변경하기도 했다. 러시아 대통령의 생존 능력, 그리고 심지어 적어도 어떤 의미에서는 러시아 정치의 정상에 머무를 수 있는 그의 능력은 지속적으로 많은 관찰자들을 당황하게 만들었고, 심지어 일부 사람들은 절망감에 빠지기도 했다. 그러나 그의 생존 능력은 값비싼 대가를 치렀다. 대부분의 논평가들은 옐친의 행동이 어떤 경제 및 정치적 원칙을 추구하는 것이라기보다는 단지 자신의 지위를 유지하려는 결심에서 나온 것이라고 해석하게 되었다.

1992년은 서구 경제 조언자들의 영향을 받고 정부에 들어온 가이다르, 추바이스 그리고 다른 젊은 러시아 경제학자들이 발전시킨 "충격요법(shokovaia terapiia)"이라는 급진적인 경제 프로그램과 함께 시작되었다. 충격요법은 국가에 의한 중앙계획에 대한 집착으로부터 러시아 경제를 "치유하고", 경제적 개인으로서의 러시아 시민들의 수동성을 "치유하며", 가격통제를 신속히 종식시키고 산업과 농업에 대한 보조금을 축소하며(이것은 예산 수지를 맞추는 데에 도움을 줄 것이었다), 공업, 금융, 상업, 농업, 부동산을 사유화함으로써 스스로 유지될 수 있는 시장체제의 기반을 창출하려는 의도를 가지고 있었다. 스탈린의 위로부터의 경제 혁명과 마찬가지로, 충격요법은 경제적인 프로그램인 만큼이나 정치적이고 문화적인 프로그램이기도 했으며, 공산주의 경제를 파괴하는 것에 대한 프로그램이면서도 효과적인 자본주의 경제를 위한 기반을 건설하기 위한 것이었거나 그 이상이었다고 주장되어왔다. 아무튼 옐친은 이런 돌파 전략과 신속한 성공의 약속에 매력을 느꼈다. 그는 충격요법에 따른 고통이 6개월에서 1년 이내에 끝날 것이라고 국민들에게 거듭—분명히 진심으로—장담했다. 세계은행의 주요 경제학자는 옐친의 개혁이 시장에 대한 거의 신화적인 믿음에 의해서 촉발되었다고 나중에 말했다. 그런 믿음 때문에 경제적 전환기에 국가의 역할을 덜 중요하게 보이도록 만들었고, 효과적인 시장을 위해서는 우선 제도적인 틀을 창출할 필요성이 있었음을 무시했다는 것이다.

실제로, 개혁 노선은 고르지 않았고, 지체되었으며, 많은 고통을 낳았다. 일부 경제학자들은 그것이 문제의 주요 근원이었던 개혁의 불완전성 때문이라고 주장한 반면에, 다른 학자들은 사회의 조직과 태도가 적응할 수 있도록 훨씬 더 점진적인 노선을 제안했다. 아무튼, 의회 내에서 공산주의자들과 민족주의자들로 구성된 반대 세력(옐친은 법령에 의한 통치행위에 의해서 그들을 때때로 설득하기는 했다), 기득권을 가진 엘리트들(특히 산업 관리자들과 관료들)의 강력한 이해관계, 개혁 조치에 의해서 야기된 고통을 당해서 생겨난 대중적인 불만이나 심지어 소요사태, 여전히 기울어가던 경제 등의 상황에 직면한 옐친은 자신이 노력을 기울이고 있던 개혁의 급진적인 제안 사항들을 종종 수정했다. 변화의 속도는 느려졌고, 일부 산업에 대한 보조금을 축소하려던 계획은 완화되거나 폐기되었으며, 대부분의 농업 자산은 국유화 상태로 남아 있었다. 그러나 경제 개혁은 극적인 양상으로 진행되었다. 산업에 대한 많은 보조금과 마찬가지로, 거의 모든 물품에 대한 가격 통제가 해제되었다. 아주 중요한 것은 사유화가 빠른 속도로 진행되었다는 점이다. 1992년부터 국영회사는 합자회사로 바뀌기 시작했다. 그리고 비록 주식을 사는 사람은 주로 내부의 관리인이나 회사의 노동자들이었지만, 시민들은 이런 주식을 사는 데에 도움을 얻기 위해서 구매권(voucher)을 제공받았다. 실제로, 임원들은 계속해서 대부분의 기업을 통제했고, 주식이 되팔리면서 소유권은 소수의 손에 축적되기 시작했고, 범죄조직인 "마피아"가 경제에서 영향력을 키워가게 되었다. 정치학자인 브레슬라우어는 1994년 7월에 시작된 제2단계의 사유화를 "상상할 수 있는 금권정치적인 정실주의(情實主義) 중에서 가장 규모가 크고 가장 노골적인 사례 중의 하나"라고 묘사했다. 정부는 거대 산업이 가진 가치의 일부만 받은 채 그것을 유력하고 부유한 개인들에게 팔아버렸다. 기업 인수금은 아주 종종 은행의 대출금과 개인들로부터 빌린 돈을 통해서 정부에 넘겨졌는데, 그런 돈은 상환되지 않았다. 자본주의로의 전환의 속도를 높이고, 정부를 지지하고 잠재적으로 충성스러운 유산층을 창출한다는 정치 논리가 경제 논리보다 또다시 앞섰다.

이런 개혁의 결과는 모순된 것이었다. 한편으로, 국제적으로 선도에 선 회사로부터 종종 비참할 정도로 빈약한 수많은 지방 기업가들의 활동에 이르기까지 러시아에서는 사기업이 급속도로 확산되었다. 상업은행과 증권거래소도 설치되었고, 외국의 투자도 증가되었다. 점차적으로 모스크바 그리고 그보다 적은 정도로 상트페테르부르크와 다른 도시들은 엄청나게 다양한 온갖 소비품을 획득했는데, 대부분이 소련 시대에는 상상할 수조차 없었던 수입품들이었다. 지나친 물질 만능주의 때문에 "신러시아인"이라고 조롱받았던 새로운 부류의 부유한 러시아인들이 등장했다. 러시아인들은 이제 해외여행에 대해서 아무런 제약도 받지 않았기 때문에, 부유한 러시아인들이 해외에 땅을 매입한 것과 함께 여행의 빈도가 증가되었다. 그러나 동시에 개혁 초기에 발생한 끔찍할 정도의 인플레이션(1992년 1월 한 달 동안에만 적어도 300퍼센트였는데, 이것은 1993년에는 1년 동안 800퍼센트까지 낮아졌고, 1996년에는 22퍼센트에 불과하게 되었다)은 수백만 명의 저금을 재빨리 쓸어갔고, 봉급의 가치를 낮추었으며, 연로자들의 연금이 무가치하도록 만들었다. 1991년부터 (경제가 마침내 다시 성장하기 시작한 해인) 1997년 말까지 국민총생산은 충격적인 수치인 43퍼센트나 떨어졌다. 1989년부터 1997년 사이에 투자는 92퍼센트나 감소되었다. 과거의 구조가 무질서해지고 효과적인 새로운 대안이 자리잡지 못함에 따라서 농업은 큰 혼란에 빠져버렸다. 러시아의 제조업이 쇠퇴함에 따라서 수입품이 증가되었는데, 대다수의 국민들은 수입품을 살 형편이 되지 못했다. 사실 모스크바 같은 도시에서는 개인 물품을 팔려는 사람들이 온 거리에 죽 늘어섰다. 무주택자와 실업자들은 증가되었다.

시민들은 개혁이 온통 충격만 있고 요법은 전혀 없다고 불평했는데, 이것은 상당히 타당한 이야기이다. 학자들은 이런 변화를 어떻게 해석하느냐를 두고 계속 논쟁을 벌이고 있다. 러시아와 외국의 많은 비평가들은 점진적인 개혁이 가능했을 뿐만 아니라, 혼란을 적게 가져왔을 것이라고 주장했다. 일부 사람들은 비록 미국과 국제통화기금(IMF) 같은 세계 자본주의 기구의 격려를 받기는 했지만, 옐친의 급진적인 개혁이 잔혹함과 피해 면에서 스탈린의 위로부터의 혁명과 동등하다고 기술한다. 레더웨이와 글린스키 같은 정치학자들에 따르면, "시장 볼셰비즘"은……"'후진적인 다수'에 대해서 자신들이 '진보'와 '발전'을 부과할 만한 자격이 있다고 생각하던 자칭 엘리트들이 가진" 구태의연한 "자신감에 넘치고 자신들이 선봉이나 다름없다는 정신 상태에 부합되었다." 그 결과는 궁극적으로 민주주의와 근대화가 모두 축소되고, 심지어 불필요한 "비극"이 발생되었다는 것이다. 그와 대조적으로 다른 학자들은 혼란과 혼동이 생긴 이유를, 특히 경제가 이미 급격히 쇠퇴하고 있던 어려운 상황 속에서 개혁이 입법화된 탓으로 돌린다. 이런 과정은 (콜턴에 따르면) "탈독점화 혁명"이라고 볼 수 있는데, 이로써 러시아는 세계의 다른 나라들과 보조를 맞출 수 있었고, 2000년대에 볼 수 있었던 것과 같이 거의 기적과도 같은 수준의 경제성장을 위한 토대를 만들 수 있었다는 것이다. 경제성장의 최초의 징후는 이미 1997년에 명확해졌다. 경제가 호전되고 있던 1990년대 후반에도 옐친의 지지율이 아주 낮았다는 점을 볼 때 비판적인 견해가 우세하기는 했지만, 그와 비슷한 주장은 러시아 국민들 사이에서도 찾아볼 수 있었다. 특히 1990년대 초에는 불만을 가진 시민들이 가두시위에 나섰다. 러시아의 수도와 다른 도시에서는 대규모 반정부 시위가 벌어졌는데, 그중 일부는 경찰과의 격렬한 충돌로 이어졌다. 이런 시위와 집회는 보통 새로 생긴 러시아 연방공산당, "일하는 러시아" 같은 다양한 신공산주의 단체, 그리고 민족주의 단체에 의해서 조직되었다. 1992년에 조직된 "민족구원전선"에서처럼 공산주의자들과 민족주의자들 사이의 협력은 "붉은색-갈색" 동맹이라고 경멸적으로 불렸다. 파업은 더욱 흔히 발생되었다. 사실, 1992년과 그 이후의 몇 년 동안에 러시아인들은 파국이 임박했으며, 반개혁 쿠데타가 일어나고 아마도 내전이 발생할지도 모른다는 이야기를 흔히 했다.

정부는 그 자체의 정책의 희생자가 된 것 같았다. 경제가 쇠퇴함에 따라서 세수입이 타격을 입었다. 아무튼, 국가가 혼란에 빠졌다는 것은 세금을 종종 거둘 수 없거나 사람들이 세금을 고의로 납부하지 않는 것을 의미했다. 정부는 도산을 면하기 위해서 계속해서 돈을 빌렸고, 외국으로부터 대규모 차관을 얻으려고 했다. 자금이 부족해진 정부는 봉급과 임금을 수개월이나 체불했고, 이런 식의 지불 부족 사태와 자금 부족 사태는 경제 전반에 만연되어 있었다. 연금 생활자들은 눈에 띌 정도로 고통을 겪었다. 특히 붕괴되어가던 기업들이 제공하는 사회적 서비스를 배제한다면 소련은 결코 강력한 사회보장체계를 갖추지 못했다는 사실에 의해서, 상황은 더욱 악화되었다. 극단적인 자금 부족 때문에, 교도소와 군대와 같은 국가 기구는 절망적인 상황에 빠졌다. 정치적인 탄압과 징벌은 차치하고서라도, 수감자들의 상태는 소련 시기와 비교해서도 나빠

졌다. 사병들과 장교들은 연방정부가 군대의 밀린 봉급을 지불할 수 있을 정도
의 돈을 모으기까지 생존하려면, 고기를 잡고 사냥을 하고 농사를 지으며 버섯
을 수집하도록 상급자들로부터 "조언받았다." 때때로 제복을 입은 군인들이 거
리에서 구걸을 했다. 늘 그렇듯이, 아주 간단히 요약된 설명이 제시할 수 있는
것보다 상황은 훨씬 더 복잡했다. 군대의 극빈 상태는 부분적으로 고위급 지휘
부와 다른 요인들에 의해서 실질적인 감군이 방해되었기 때문에 초래되었다. 마
찬가지로 다른 이해관계, 그리고 때때로 그와 동일한 이해관계 때문에, 주로 노
후한 국방 산업과 중공업이 계속 유지되었다. 그리고 심지어 광산이 손실을 보
면서 운영되거나 공급 과잉이 되었을 때조차도 광산을 폐쇄시키기가 아주 어려
웠다. 견고히 자리잡은 상층 행정가들은 직장을 잃을 상황에 있던 노동자들과
같은 처지였고, 종종 쓸데없이 노동자들을 교체했다. 그러나 온갖 차이와 조건
이 있다고 하더라도, 경제적인 파국은 아주 크게 부각되었다.

러시아의 중앙정부는 14개의 비러시아계 공화국이 분리되어나간 이후라고 할
지라도, 거대한 러시아를 구성하던 지역들을 통제하고, 때때로 단지 영향을 미치
는 것이 아주 어렵거나 불가능하다는 것을 깨달았다. 궁극적으로 89개의 별도
의 연방주체가 되는 이 지역들은 지대한 영향을 미치는 권리와 특권을 종종 요
구했다. 그 당시에는 오직 체첸만이 독립을 위한 대규모 전쟁을 벌였지만, 타타
르스탄의 경우에는 완전한 주권을 요구하기 직전의 단계까지 나아갔다. 지방
의 이해관계와 선거 민주주의가 토대를 잡게 됨에 따라서 지방의 관료들은 모
스크바에 복종할 만한 이유를 점점 찾을 수 없었다. 중앙에서 내려오는 대부분
의 지시 사항은 단순히 무시되었다. 부패와 범죄가 급증했다. 일부 사람들은 사
유화를 이용하거나, 종종 특별 허가의 도움을 받거나, 심지어 불법적으로 석유,
가스, 금속류, 그 외의 귀금속을 해외에 수출하거나, 혼란스러운 경제 상황에서
다른 방법으로 이윤을 챙기면서 단기간에 엄청난 부자가 되었다. 자본주의 초
기 단계였던 다른 나라의 노상강도 귀족들과는 종종 달리, 러시아의 귀족들은
불행하게도 고국의 경제를 발전시키기 위해서 엄청난 부를 사용하기보다는 그
것을 해외로 빼돌렸다는 점에서 차이점을 보였다. 사실 차관, 원조, 투자금으로
러시아에 유입된 것보다 더 많은 자본이 러시아에서 빠져나갔다.

옐친 주도하의 이런 초창기(1991-1996)의 정치생활도 점차 위기가 특징이 되

었다. 사실 작동하는 민주주의적 정치질서를 만들려던 옐친의 노력은 경제 문제로 인해서 크게 훼손되었고, 정치적인 갈등은 종종 효과적인 경제 개혁을 어렵도록 만들었다. 입법부인 러시아 인민 대표자 회의와 최고 소비에트에는 여전히 공산주의자가 다수였고, 심지어 비공산주의자들도 심화되던 사회적 무질서로 고통받거나 옐친의 권위주의적인 통치방식에 마음이 상했기 때문에 옐친의 급진적인 경제 개혁에 점차 반대하게 되었다. 그리고 그들은 대중의 고통과 불만을 잘 알고 있었다. 그러므로 의원들은 옐친과의 마지막 결전에서 자신들이 군대와 국민들로부터 지지받을 것이라고 믿을 만한 어느 정도의 이유를 가지고 있었다. 아주 혼성적인 집단, 아니 여러 집단들의 연합이라고 할 수 있는 반대 세력의 지도자들 중에는 부통령인 루츠코이와 입법부의 수장인 하스불라토프가 포함되어 있었다. 옐친은 아마도 군인 경력과 인상적인 외모 때문에 루츠코이를 서둘러 부통령직에 임명했을 것이다. 1992년 말에 옐친은 압력을 받아 가이다르를 사임시켜야 했고, 일반적으로 좀더 받아들여질 만한 체르노미르딘이 총리가 되었다. 인민 대표자 회의는 옐친의 권한을 법령에 의한 통치 정도로 제한하는 데에 성공했고, 대통령의 권한을 제약하는 수많은 법을 통과시켰다. 그러나 비록 한 번은 아주 근소한 정도까지 가기는 했지만, 입법부 의원들이 대통령을 탄핵하거나 그의 권한을 법에 의해서 극도로 제한하는 데에 성공하지는 못했다. 모든 사람들은 입법부가 권력의 균형추를 대통령으로부터 옮겨가기로 결심했으며, 진전을 보이고 있다는 것을 인식하게 되었다. 옐친은 자신의 권위와 (비록 사유재산 문제에 대한 것은 아니었지만) 수많은 다른 핵심적인 이슈를 걸고—비록 그는 국민투표를 승인하도록 입법부를 위협해야 하기는 했지만—1993년 4월에 국민투표를 실시함으로써 맞섰다. 결과는 옐친에게 흡족한 것이었다. 59퍼센트는 대통령을 "신임했고", 53퍼센트는 정부의 사회 및 경제 정책을 지지했으며, 49.5퍼센트는 대통령 조기선거를 찬성했으나, 67.2퍼센트는 의회의 조기선거에 찬성했다.

  옐친은 강력한 중앙 권위의 필요성 및 러시아를 공산주의로부터 벗어나게 하는 보증인으로서의 자신의 역할에 대한 확신을 가졌고, 1993년의 국민투표를 통해서 국민들의 새로운 신임을 받은 것에 대해서 만족했다. 그래서 그는 입법부를 희생하고 자신의 권력과 행동의 자유를 확대시키기로 결심했다. 그의 조언자들은 사법부, 행정부, 입법부보다 대통령의 권력을 높이 두는 헌법안을 작성했다. 그러는 사이에, 입법부도 대통령의 권한을 제한하는 자체의 헌법안을 작성했다. 옐친은 이런 장애물을 제거하기로 결정했다. 그는 9월 21일에 인민 대표자 회의를 해산하고, 새로운 헌법을 승인하고 새로운 양원제 의회 의원들을 선출하기 위해서 12월에 선거를 실시할 것이라고 발표했다. 그러는 동안에 그는 대통령령에 의한 통치를 하게 되어 있었다. 의회는 반격을 가했다. 의원들은 건물 안에 바리케이드를 치고, 옐친은 헌법을 어겼기 때문에 통치에 부적합하다고 선언했으며, 루츠코이가 러시아의 신임 대통령으로서 취임선서를 하게 했고, 의회를 지키려고 하는 시민들에게 무기를 나누어주었다. 무기가 공급되었고, 반란에 참여한 아주 다양한 개인들과 집단들이 루츠코이 등이 효과적인 군사력을 갖추려고 시도하던 벨리돔(Belyi dom)으로 무리 지어서 모여들었다. 목격자들의 기억에 따르면, 공산주의의 붉은 깃발 옆에 로마노프 가문의 깃발이 휘날리고 있었다. 카자크들과 심지어 신나치주의자들도 눈에 띄었다. 최후의 결전은 곧 폭력화되었다. 10월 3일에 더 많은 추종자들과 어느 정도의 지지 군중을 확보한 루츠코이와 하스불라토프는 고전적인 군사 반란과 정권 장악 전술로써 오스탄키노 TV 센터와 시청에 대한 공격을 승인했다. 4일에는 탱크를 가진 군대가 도착하여 벨리돔의 반란자들에게 폭격함으로써 항복을 받아냈고, 그들을 체포했다. 100명 이상의 사람들이 사망했는데, 그중 많은 사람들은 구경꾼들이었다. 벨리돔 자체는 완전한 폐허의 모습이 되었다. 러시아인들은 내전 이래로 정치에서 그처럼 군사력이 사용된 것을 본 적이 없었고, 거리에서도 이 정도의 유혈 사태를 보지 못했다. 폭력은 국가 내의 정치적인 분열을 더욱 심화시켰고, 심지어 많은 민주파도 옐친에게서 멀어졌다.

1993년에 있었던 의회에서의 참사 이후에 1994년에는 더 큰 재앙인 체첸 전쟁이 시작되었다. 새로운 러시아 연방의 89개 연방주체 중의 하나인 체첸 공화국의 인구는 러시아 전체 인구의 1퍼센트도 안 되었고, 머나먼 캅카스 변방에 위치해 있었다. 그곳은 단지 석유와 가스의 수송로라는 점에서만 중요했다. 이슬람교를 믿는 민족인 체첸인들은 19세기 중반에 러시아의 통치를 받게 되자 샤밀의 지도하에 투쟁을 했고, 1917년 이후에는 소련 권력에 저항했다. 제2차 세계대전 중에 스탈린은 그들이 충성스럽지 않다고 생각하고는, 끔찍한 상황 속에서 그들을 중앙 아시아로 추방해버렸다. 체첸인들은 최고 독재자가 사망한 이후에야 자신들의 고향 땅으로 돌아올 수 있었다. 소련이 붕괴되고 소련의 각 공화국들이 독립을 선언하던 1991년에, 소련 공군의 장성인 두다예프가 원로회에 의해서 체첸의 지도자로 선출되어 독립을 선포했다. 그런 다음, 그는 아주 애매한 선거를 통해서이기는 하지만 체첸 공화국의 대통령으로 선출되었다. 두다예프는 모스크바의 권위에 자주 반항했고, 자국이 러시아에서 수많은 범죄 활동의 근거지가 되도록 용인했다. 두다예프를 타도하려던 러시아 기관원들의 수차례에 걸친 은밀한 시도는 실패했다. 러시아의 새로운 의회, 국가 두마, 심지어 많은 군 지도자들도 군사 개입에 반대했지만, 옐친은 체첸을 침입하기로 결정했다(그는 그것을 "평화를 가져오는 사명"이라고 불렀다). 1994년 12월 11일에, 4만 명의 군인들이 체첸으로 파견되었다. 의심할 것 없이, 옐친은 체첸인들의 군사적 준비 상태와 전투력을 극도로 과소평가했다. 국방부 장관인 그라초프도 마찬가지의 입장을 가지고서, 아주 신속하고 손쉬운 승리를 약속했다. 그리고 대통령은 러시아 민족주의자들에게서 반감을 불러일으키기를 원하지 않았으며, 러시아 연방의 구성단위가 자의로 간단히 러시아 연방에서 탈퇴할 수는 없다는 점을 모든 사람들에게 확언해주기를 바랐다. 양편에서 자존심 싸움을 벌이고, 고집을 부렸다. 최초의 군사 작전이 실패하자 체첸의 수도인 그로즈니와 체첸 땅은 전쟁터가 되었고, 베트남 혹은 좀더 유사한 비유를 들면 아프가니스탄과 비슷해졌다.

러시아군은 끔찍한 상태에 있었고, 체첸인들과의 전쟁에 대한 준비가 전혀 되어 있지 않았다. 이것은 고르바초프와 옐친 시대의 러시아의 상황 전개를 추적하던 사람들에게는 아마도 전혀 예상하지 못한 일이 아니었겠지만, 전 세계 사람들에게는 아주 놀라운 일이었다. 필요한 보병의 지원도 받지 않은 채 심지어 시가지 지도도 없이 그로즈니를 탱크로 공격한 결과, 공격군은 고립되고 궤멸당했다. 대규모 폭격은 궁극적으로 도시의 상당 부분을 폐허로 만들었으나, 대부분 평화로운 러시아계 주민들을 살상했다. 왜냐하면 체첸계 도시민들은 아주 재빨리 피신했기 때문이다. 체첸 전사들에 관해서 말하면, 그들은 놀라울 정도로 추적하기 힘들었다. 그들은 보통 손쉽게 도망쳤고, 갑자기 사방에서 습격했다. 그로즈니에서 약 4만 명이 사망했다. 확실히, 러시아 군대는 그로즈니를 탈환하거나 재탈환했지만 또다시 그곳을 포기해야 했다. 체첸에서 당한 러시아군의 총 사상자 수는 아프가니스탄에서 소련군이 당한 피해를 능가하는 것으로 추산되었다. 1995년 4월 6일부터 8일까지 내무부 소속 특수 병력이 사마슈키 마을에서 민간인들을 대량 학살한 일처럼 고의적으로 자행되는 잔학 행위를 통해서, 불가피한 사망과 전쟁으로 인한 파괴는 더욱 부각되었다. 전반적으로 양측에서 많은 잔학 행위를 저질렀지만, 먼저 공격한 사람들은 바로 러시아인들이었다. 사마슈키 학살이 일어난 지 약 1년 후에, 러시아인들은 위성전화를 통해서 러시아 군용기로부터 체첸 지휘부로 곧장 날아가는 로켓을 발사하여 두다예프 대통령을 살해하는 데에 성공하기까지 했다. 그러나 교착 상태에 빠지기도 했음에도 불구하고 격렬한 전쟁은 계속되었다. 러시아를 대표하는 레베드와 체첸의 비교적 온건한 지도자인 마스하도프가 평화협정에 서명한 것은 여러 달이 지난 후인 1996년 8월이 되어서였다. 비록 러시아와 정식으로 관계를 설정하는 문제는 미래의 일로 남아 있기는 했지만, 승리한 체첸인들은 결과적으로 독립을 얻었고, 영토를 온전히 보유하게 되었다.

체첸 전쟁과 관련해서 옐친과 그의 정부가 크게 우려하던 일은 실제로 발생되지 않았다. 체첸인들을 제압하지 못한 일로 인해서 도미노 효과로 다른 민족들이나 다른 지역이 모스크바에서 분리해나가는 일은 벌어지지 않았던 것이다. 그러나 다른 주요 측면에서 체첸 전쟁은 재앙이었다. 러시아 군대가 보여준 아주 참담할 정도의 전투 수행 능력은 애국적인 러시아인들에게, 그리고 일반적인 러시아인들에게조차 수치이자 추문이었다. 직접적인 비난의 화살은 옐친과 그라초프 그리고 그들의 보좌관들을 향했다. 옐친이 체첸 전쟁과 잔혹한 행위를 고집스럽게 진행하는 것에 대해서 그를 용서할 수 없었던 자유주의자들은 훨씬 더 확실히 대통령과 선을 긋게 되었다. 두마에서는 오직 민족주의자들과 공산주의자들만이 전쟁을 지지했다. 그리고 사실, 대부분의 국민들은 이 처참한 전쟁에 반대했다. 1995년 1월에 실시된 전국적인 여론조사에서는 71퍼센트가 반대 의견을 가진 것으로 나타났다. 게다가 전쟁은 이미 기울어가고 있던 옐친의 인기에 피해를 입혔다. 1995년 1월이 되면, 80퍼센트의 국민들이 옐친 대통령을 못마땅해하는 것으로 드러났다. 아주 존경받고 있던 코발료프가 대통령 인권 위원회 수장의 자리에서 사임한 것은 개인적인 제스처 이상의 의미를 가지고 있었다. 옐친의 휴머니즘적이고 진보적인 신비스러움은 더 이상 존재하지 않았다. 어떤 국가도 새로운 체첸 운동을 적극적으로 인정하려고 하지는 않았지만, 해외에서도 체첸 전쟁은 아주 고통스러운 인상을 남겼다.

옐친은 1993년 10월에 유혈 사태를 빚으며 의회에 승리했지만, 러시아 정부의 행정부와 입법부 사이에는 협조관계와 안정적인 균형이 성립되지 않았다. 옐친은 러시아가 문명의 길에 서 있도록 하는 데에 자신의 개인적인 역할이 필수적이며, 자신에 대한 모든 반대가 공산주의로의 회귀에 관한 위협이라고 굳게 확신했던 것 같았다. 1993년 12월 12일에 새로운 헌법에 대한 국민투표에서 승리함으로써, 옐친의 입지는 더욱 강력해졌다. 행정부를 완전히 장악한 그는 장관들을 임명하고 해임할 수 있었으며, 입법부의 승인을 얻을 수 없었을 때에는 행정명령에 의해서 필요한 조치를 통과시킬 수도 있었다. 옐친의 헌법은 중앙정부가 지방에 대해서 더 큰 권력을 가지도록 해주었다. 그것은 대통령을 탄핵한다거나 헌법을 개정하는 일도 사실상 불가능하도록 만들었다. 전문가들은 헌법을 "대통령 만능주의적인 것(super-presidentialist)"이라고 묘사했다. 그러나 결국 그는 정부예산과 온전한 입법 프로그램을 통과시키기 위해서는 양원제 입법부—연방국가의 연방주체들을 대변하는 상원격인 연방 위원회와 대체로 국민들을 대변하던 하원격인 국가 두마—의 동의를 필요로 했다. 그뿐만 아니라 의회는 총리 후보를 거부할 수도 있었다. 그러나 세 번째로 총리 후보를 거부하게 되면 입법부는 해산되고 새로운 선거가 실시되어야 했기 때문에, 이것은 임명에 대한 동의를 얻을 수 있는 효과적인 위협이 되었다.

1993년 12월 선거에서 옐친이 거둔 승리는 동시에 실시된 새로운 두마 선거의 놀라운 결과로 빛을 잃었다. 옐친은 가이다르의 "러시아의 선택"(이 당은 "대통령 정당"으로 널리 간주되었다)이나 야블린스키의 "야블로코"(최초의 당 창건자들 이름의 첫 글자를 따서 만든 이름인데, 러시아어로 "사과"라는 뜻이다) 등 자신의 개혁을 지지하는 자유주의 정당들이 다수 의석을 차지할 것으로 예상했다. 그러나 통합된 블록으로서 최대 의석은 다양한 민족주의 및 공산주의 정당들에게로 돌아갔고, 이런 정당들은 점차 연합해서 급진적인 시장 개혁과 옐친 개인에게 반대하게 되었다. 최대 득표(23퍼센트)는 지리놉스키가 주도하던 자유민주당(LDPR)이라는 역설적인 명칭을 가진 정당에게 돌아갔다. 긴밀한 협력관계를 맺었던 러시아 연방공산당(KPRF, 이 당은 주가노프가 주도했다)과 농업당은 각각 12퍼센트와 8퍼센트를 획득했다. 민족주의와 공산주의 성향의 많은 군소 정당의 후보들도 당선되었다. 이들 중에서 많은 사람들은 옐친이 만든 복잡한 절차에 따른 당 목록이 아니라 무소속으로 당선되었는데, 스스로 독립파라고 선언했다. 중앙에 기반을 가지고 있던 두 개의 거대 정당인 러시아민주당과 "러시아 여성들"은 약 15퍼센트의 득표율을 보였다. 이 와중에 "러시아의 선택"과 "야블로코"는 겨우 23퍼센트의 득표율만을 기록했을 따름이었다.

개혁주의자들이 다수파를 차지하지 못한 데에 대해서는 많은 설명이 있어왔다. 거듭 지적되었듯이, 고르바초프와 옐친은 어느 누구도 강력한 정당을 만들어서 주도하려는 단호한 노력을 기울이지 않았다. 그들은 정당 정치를 별로 높게 평가하지 않았고, 그들 자신을 아마도 높은 곳에 있는 국민적인 지도자로 생각하려고 했다. 게다가 해가 지남에 따라서 러시아의 자유주의자들과 온건파는 효과적인 통합 정당을 만들어낼 수 없었고, 분열된 채로 다투는 정파로 남아 있었다. 그러나 자유주의자들이 저조한 결과를 보여준 주된 이유는 자유주의의 기치하에 도입된 정책이 인기가 없었기 때문이었을 것이다. 전체 유권자의 약 절반이 투표에 참가하지 않았다는 것도 지적되어야 하지만, 자유주의자들과는 대조적으로 공산주의자들과 민족주의자들은 포스트 공산주의 시대의 개혁의 결과에 대해서 러시아인들 사이에 널리 퍼진 불만을 활용하려고 했다. 새로운 두마는 임기 내내 옐친에게 적대적인 태도를 보였다. 상징적으로, 두마가 최초로 취한 조치 중의 하나는 1993년 10월의 충돌 때의 옐친의 반대자들과 1991년 8월의 쿠데타를 시도했던 사람들에 대한 사면령을 선포한 것이었다. 1995년 12월에 실시된 두마 선거는 더욱 안 좋은 뉴스를 전해주었다. 좀더 자유주의적인 야블린스키의 "야블로코"와 함께, 체르노미르딘 총리와 관련되어 있었으며 온건한 신생 정당인 "우리 집 러시아당" 주위에서 조직된 개혁가들은 이전보다 훨씬 더 적은 의석을 얻은 것에 그쳤던 반면에, 공산주의자들과 민족주의자들은 의석을 더 늘린 결과로 도합 거의 54퍼센트에 달하는 득표율을 기록했다. 최대의 패배자는 온건 중도파였다. 국가는 훨씬 더 크게 분열되었다. 새로운 두마가 이전보다 더 반정부적인 성향을 보였던 일은 놀라운 것이 아니다.

그 이후의 수년 동안 러시아의 국내 정치에서 핵심적인 역할을 하게 된 두 명의 정치인, 즉 지리놉스키와 주가노프는 특히 1993년의 선거의 결과로 유명세를 얻었다. 지리놉스키는 1991년에 옐친이 승리한 첫 번째 러시아 대통령 선거에서 3위에 올랐을 때 정치적으로 갑자기 유명해졌다. 지리놉스키에 대한 많은 지지표는 정부와 기존 제도 그리고 심지어 세계에 대해서 아주 극단적이고도 저속한 방식으로 도전한 인물에게 보내준 항의성 표였다. 지리놉스키는 두마에서 자신의 반대자들에게 물리적인 폭력을 행사하기도 하고, 모든 사람들에게 모든 것을 약속해주었으며, 결코 서슴지 않고 거짓말을 하거나 잘 알려진 사실도 부정하던 사람이었다. 그러나 그런 놀라운 행태—몇몇 중요한 점에서는 지리놉스키의 친구로서 프랑스의 우익지도자인 르팽과 비슷하다—를 넘어서, 많은 관찰자들은 지리놉스키가 한 제안 속에 근본적으로 광기가 있다고 간파했던 것 같다. 그의 제안 속에는 19세기의 러시아 제국의 영토를 회복하고, 인도양까지 러시아를 팽창시키며, 미국으로부터 알래스카를 되찾고, 또다른 대전쟁을 벌여서 터키와 터키인들을 파멸시키고 남쪽으로 러시아가 적법하게 팽창할 수 있도록 보장받는 것이 세계 평화의 수립을 위한 해결책이라는 것 등이 포함되어 있었다. 분명히 지리놉스키는 옐친의 러시아가 독일의 바이마르 공화국에 비유될 수 있다는 주장에 힘을 실어주었다. 동시에 지리놉스키는 시장경제에 반대하지 않았고, 옐친이 수립했던 새로운 정치구조, 특히 강력한 대통령 중심제를 수용했다. 비록 그가 주가노프처럼 좀더 진지한 반정부 정치인들에게 인기를 점차로 내주기는 했지만, 유권자들을 그의 정당으로 끌어들인 것은 그의 정당에 있는 엄청난 풀뿌리 조직만이 아니라, 대담하고 카리스마 넘치는 민족주의적 반항아로서의 그의 모습이었다. 안필로프와 같은 맹렬한 공산주의자들과는 달리, 주가노프도 시장경제와 새로운 정치원리의 필요성을 수용했다. 그는 공산주의자들이 오직 투표함을 통해서 권력을 잡을 수 있다고 주장했다. 사실, 그는 소련 공산주의가 정치 및 경제 권력에 대한 독점을 유지한다는 불가능한 시도 때문에 실패했다는 것을 인정했다. 그리고 그는 보통 시민들의 물질적 고통에 대한 전통적인 공산주의자들의 관심을 민족주의적 이데올로기와 결합시켰다. 그는 러시아의 포스트 공산주의적 변화에서 초래된 수치스러운 결과에 대항하여, 러시아의 "정신적 유산"을 보호하기 위해서 싸울 것이라고 종종 말했다. 심지어 그는 사회주의나 공산주의에 대해서 말하기를 꺼려하는 대신에 "공동체와 집산주의라는 러시아의 전통"에 대해서 말하기를 좋아했다. 그러는 동안에 옐친 자신은 자유주의로부터 뒷걸음질을 쳤다. 가이다르 같은 지도적인 몇몇 자유주의자들은 옐친 정부를 떠났다. 1994-1995년에 옐친은 (비록 새로운 단계의 사유화가 곧 실시되기는 했지만) 구조적인 변화에 대해서보다는, 러시아가 가장 필요로 하는 것으로서 "정상화"와 "안정"에 대해서 말하기 시작했으며, (1994년에 자신의 회고록에 쓴 대로) "평온의 유일한 보증자는 대통령 자신이다"라고 덧붙였다. 정책 면에서, 옐친은 법체계를 개선하고 범죄와 싸우는 등 사회문제에 더욱 관심을 기울이기 시작했다. 그리고 그는 민족주의자들의 담론을 더욱 많이 이용하고, 러시아의 문화적 및 종교적 재탄생과 조국에 대해서 말하기 시작했다. 동시에 그는 1995년에 모든 "파시스트" 조직과 활동을 금지함으로써 민족주의 운동을 엄히 탄압했다.

1996년 6월의 대통령 선거가 다가옴에 따라서, 옐친의 정치적 생존 가능성은 아주 낮아 보였다. 5년 동안의 그의 통치 이후에 대부분의 러시아인들은 끔찍하고도 더욱 악화되는 경제적 곤경에 처해 있었고, 그들이 당하는 고난의 끝은 보이지 않았다. 농업은 큰 혼란에 빠져 있었고, 산업 생산은 계속해서 감소하고 있었다. 정부는 돈을 계속 빌렸으나, 수백만 명의 피고용인들과 은퇴자들에게 임금과 사회보장 기금도 지불할 수조차 없었다. 그러면 그런 사람들은 수 주, 수개월, 때때로 수년을 스스로 생존해내야 했다. 체첸에서의 전쟁은 계속되었다. 거대한 부패와 조직범죄는 국가 전역에서 기세를 떨쳤다. 여론조사를 통해서 살펴보면, 옐친에 대한 대중적인 승인과 지지도는 한 자리 수에 불과할 정도로 떨어졌다. 옐친에 대한 주요 도전자이자 공산주의 지도자인 주가노프는 카리스마가 부족하고 단순한 개인적인 매력도 별로 없었으나, 거대한 전국 정당을 가지고 있었고, 다양한 민족주의 세력을 포함하여 모든 불만 세력을 동원하려고 노력했다. 러시아의 민주파와 서구 측은 주가노프가 이 선거에서 승리하여 공산주의자들이 다시 권력을 잡는 것은 아닌지 널리 우려했다.

항상 대결을 즐겼던 옐친은 점점 나빠지던 건강에도 불구하고 전투를 벌이기로 결심했다. 확실히, 그는 선거에서 어느 정도 이점을 가지고 있었다. 그는 충분히 그리고 심지어 합법적이고 용인된 범위를 넘어서까지 자신의 이점을 활용했다. 특히 정부는 TV에 대해서 사실상 독점권을 가지고 있었으므로, 이 기회를 활용해서 공산주의 통치 75년 동안의 억압과 잔혹 행위를 방영했고, 옐친의 반대자들을 폄하했으며, 선거운동이 공산주의의 복귀를 막기 위한 근본적인 투쟁이라고 묘사했다. 옐친은 거듭 자신이—급진적인 개혁이 아니라—평화, 질서, 안정, 진보의 후보라고 내세우면서, 주가노프를 전체주의를 부활시키려는 사람이라고 일컬었다. 모든 행정 및 관료 기구는 가능한 모든 수단을 사용하여 올바른 투표가 이루어지도록 하라고 권고받았다. 베레좁스키와 구신스키처럼 엄청난 부를 축적한 "올리가르흐(oligarch)"*들은 당연히 공산주의자들이 권력으로 복귀할 것을 우려해서, 자신들의 라이벌 관계를 종식시키고 자신들의 영향력과 수백만 달러를 동원해서 옐친의 선거운동을 지지하기로 합의했다. 비록 미디어의 입장은 복잡하기는 했지만, 신문도 심할 정도로 현직 대통령 편을 들었다. 올리가르흐들이 언론의 상당 부분을 통제하기는 했지만(그들은 종종 갈팡질팡하기도 했지만, 이것이 여론과 대중에게 영향을 미칠 수 있는 최상의 수단이라고 생각했다), 러시아의 언론은 일반적으로 다양했고 자유로웠다. 그러나 많은 언론인들은 매우 전문성이 높았으며, 정부에 대해서 아주 비판적이었다. 그러나 주가노프와 공산주의자들에 대한 두려움 때문에, 언론은 옐친 편에 확고히 운집하게 되었다. 일부 언론은 날카로운 비판을 하다 지지하는 쪽으로 방향을 틀었고, 선거가 끝난 이후에야 다시 비판적 입장으로 돌아섰다. 공산주의자들도 이점을 가지고 있었다. 옐친이 사실상 자신의 정당을 가지고 있지 않았던 반면에, 공산주의자들은 러시아에서 유일하게 거대하고, 잘 조직되고, 전 국토를 포괄하는 정당을 가지고 있었다. 후보들은 투표 장소에 자신들의 대리인들을 보낼 수 있었는데, 모든 장소에 그런 대표를 제공할 수 있는 세력은 공산주의자들밖에 없었다.

6월 16일에 실시된 제1차 투표에서 옐친은 투표자들 중에 35퍼센트, 주가노프는 32퍼센트, 레베드(온건한 민족주의적 애국자로 선거운동을 벌인 카리스마적인 퇴역 장군인데, 몰도바에서 내전을 막은 것으로 신망을 얻었다)는 15퍼센트, 야블린스키는 7퍼센트, 지리놉스키는 6퍼센트를 득표했고, 고르바초프는 0.5퍼센트를 얻었다. 어느 누구도 과반수를 얻지 못했기 때문에 두 명의 상위 득표 후보가 결선투표에서 경쟁해야 했다. 마침내, 주가노프가 아무리 개혁

---

* "올리가르흐"는 "과두 재벌"이라고도 번역된다/역주

적으로 보였다고 할지라도 대중은 공산주의자들을 혐오하고 있었던 것으로 보였고, 이로써 옐친의 승리가 보장되었다. 7월 3일에 실시된 결선투표에서 옐친은 53.8퍼센트, 주가노프는 40.3퍼센트를 득표했다. 투표 참여율은 69퍼센트였다. 주가노프에 대한 지지율은 인상적이었다. 그러나 공산주의자들은 제1차 투표에서 충실하고 예민한 반정부 세력을 결집시킨 이후에, 결선투표에서는 자신들의 지지층을 확대하는 데에 커다란 어려움을 가지고 있었다. 나중에 발표된 분석에 따르면, 공산당은 주로 노년층과 은퇴자들에게 아주 크게 의지했고, 젊은 이들에게는 거의 지지를 받지 못했다.

옐친은 선거 결과 및 경제 활동이 점차 활성화되는 몇 가지 징후에 의해서 고무되기도 했지만, 채무 증가, 국민들의 빈곤 확대, 심지어는 극빈 상태, 범죄와 부패의 확산, 대부분의 세금을 징수하지 못하는 정부의 무능력, 생산을 증대시키지 못하는 산업의 무능력 등의 문제로 계속해서 시달렸다. 그리하여 그는 다시 한번 경제개혁으로 방향을 돌렸다. 옐친은 1997년 3월에 상하 양원에서 행한 연설에서, "국민들의 인내심이 한계점에 도달해 있다"라고 경고했다. 그는 고위 관료들을 책망하고, "유능하고 활력 있는 사람들"을 정부 속으로 끌어들이겠다고 약속했다. 그러나 그는 더 이상의 구조적인 변화가 아닌, 자신이 1995년 이래로 해왔던 것처럼 세금 징수를 개선하고, 연금을 인상하며, 부패와 싸우고, 사회 서비스를 향상시키며, 군사력을 강화하는 것이 "개혁"이라고 말했다. 그는 체르노미르딘과 가까운 많은 장관들과 차관들을 해임하고, 니즈니노브고로드 지역의 개혁주의적 젊은 주지사인 넴초프와 함께 추바이스를 정부로 복귀시켰다. (비록 일부 개별적인 올리가르흐들은 여전히 영향력을 가지고 있었지만) 이 두 사람은 계급으로서의 올리가르흐들의 정치적인 영향력을 약화시키기로 결심했다. 1997년 말 무렵에, 많은 사람들이 올리가르흐들의 보호자라고 생각하던 체르노미르딘은 옐친에게 추바이스와 넴초프를 해임하도록 설득했다. 그러나 1998년 2월에 상하 양원에서 행한 연설에서 옐친은 국가 내의 광범위한 사회문제에 대해서 자신이 관심을 가지고 있다고 되풀이하면서, 만약 정부가 이런 문제들을 해결하지 못한다면 "우리는 다른 정부를 가지게 될 것이다"라고 또다시 경고했다. 그는 또다시 장관들을 해임했는데, 이번에는 체르노미르딘 총리도 경질 대상에 포함되었다. 새로운 지도자는 비교적 덜 알려진 경제학자였던 키리옌코였다. 그는 오랜 싸움 끝에 마침내 두마의 지지를 받아서 1998년 3월에 총리가 되었다.

키리옌코 정부는 정부지출 축소와 (비록 두마는 개인별 수입세 인상을 거부했지만) 세금 징수액 증가 등을 담은, 위기 대처를 위한 내핍 계획을 발전시켰고, 국제통화기금이 수십 억 달러에 달하는 구제차관 프로그램 중의 일부를 허용하도록 효과적으로 설득했다. 이 당시의 상황은 끔찍했다. 채무는 증가되고 있었고, 국영기업 노동자들에게 임금이 빈번히 지급되지 않았으며, 경화 및 비축된 금은 고갈되어가고 있었고, 투자는 미미했으며, 자본은 계속해서 국외로 유출되고 있었으며, 루블 가치와 마찬가지로 러시아의 주식시장은 곤두박질쳤다. 문제가 전적으로 러시아 내부에만 있었던 것도 아니었다. 러시아는 아시아에서 시작되어 다른 대륙으로 확산되고 있었던 세계적인 금융 위기 속으로 휘말려 들어가게 되었다. 러시아의 통제권을 벗어난 또다른 충격적인 문제는 러시아 수출액의 50퍼센트 이상을 차지하는 천연 가스와 석유의 가격이 급락했다는 것이다. 그러나 아마도 더욱 중요한 것은 러시아가 경제를 효과적으로 재구축하는 데에 실패하면서, 일종의 피라미드 방식을 사용하고 있었다는 것이었다. 즉, 러시아는 오직 새로운 차관을 계속해서 들여옴으로써 경제가 계속해서 작동되도록 하고 있었던 것이다. 1998년 8월 17일의 "검은 월요일"에 정부는 지출을 맞추기 위해서 고율의 이자로 발행된 수십 억 달러의 재무부 단기증권에 대해서 채무 불이행을 선언하고, 루블화를 50퍼센트 평가절하했다. 주식시장은 붕괴되었고, 러시아의 많은 대규모 은행들은 파산했으며, 소규모 기업들은 문을 닫고, 실질임금은 급격히 감소되었다. 러시아에서 일하던 대부분의 외국인들은 자신들이 들어온 것보다 더 빠른 속도로 러시아를 떠났으며, 국제통화기금은 더 이상의 차관제공을 거절했다. 키리옌코는 해임되었다. 옐친은 또다시 체르노미르딘을 총리로 제안했으나, 그토록 파국적인 실패를 당한 체제와 체르노미르딘 총리 후보 사이에는 명백히 오랜 기간의 관련성이 있었기 때문에 그는 이번에는 두마의 벽을 넘을 수 없었다.

옐친은 분명히 영향력을 상실해가고 있었다. 그의 나쁜 건강 상태는 또다시 점점 더 분명해졌다. 두마로부터의 압력에 의해서, 그는 정치적으로 중립이고 실용주의자이지만 과거에 공산당과 경찰조직에서 중요한 직책을 맡았던 외무부 장관 프리마코프를 총리로 임명했다. 옐친의 위신은 이전보다 더 낮아졌고, 그가 즉각 사임할 수밖에 없거나 적어도 틀림없이 명목으로만 최고 지도자 자리에 남아 있을 것이라고 예상되었다. 그러나 옐친은 아직 포기할 준비가 되어 있지 않았다. 1999년 4월에 행한 상하 양원에서의 연설은 약하고 흐트러지고 방어적인 모습으로 행해졌지만, 그의 메시지는 아주 명확했다. 즉 러시아는 경제와 정치 생활에서 질서, 안정, 안전을 필요로 하고 있다는 것이다. 그리고 그는 "경제 분야의 지시와 계획, 미디어의 검열, 또다른 냉전의 시작, 세계경제로의 편입 거부"로 향하는 회귀와 "복수"를 목표로 삼고 있던 공산주의자들과 민족주의자들에 대해서 경고했다. 한 달 뒤에, 그는 프리마코프(그는 지나치게 대중적이고 독립적인 태도를 보였다고 주장된다)를 해임하고, 이전에 내무부의 수장이었던 스테파신을 총리로 임명했다. 그리고 그는 만약 두마가—무엇보다도 안보부서를 대표하던—스테파신을 거부한다면 두마에 대해서 무력을 사용할 수 있다는 점을 은연중에 경고조로 내비쳤다. 한 주도적인 정치학자의 말에 의하면, 옐친은 또다시 "으르렁거릴 준비"가 되어 있었다. 두마는 스테파신을 받아들였다. 신임 총리는 경제를 안정시키고 서구로부터 경제 원조를 더 많이 받기 위해서 열심히 노력했고, 어느 정도의 성과도 있었다. 그러나 몇 개월 후에, 체첸에서 새로운 폭력 사태가 발생한 가운데 옐친은 안보부서의 또다른 베테랑이자 상트페테르부르크 출신으로서 비교적 덜 알려진 전직 국가보안 위원회의 장교였던 46세의 푸틴으로 스테파신을 교체했다. 옐친은 푸틴이 러시아의 미래를 위한 새로운 세대의 지도자들을 대표한다고 야단스럽게 묘사했다. 그들은 함께 체첸에서 새로운 위기를 맞았다. 무장한 전사들이 인접한 다게스탄에 침입했다. 아마도 일부 체첸 지도자들은 체첸과 다게스탄을 통합한 독립적인 이슬람 공화국을 건립하려고 생각했다. 그해 여름에, 모스크바에 있는 아파트 건물 두 동과 남부 러시아에 있는 아파트 건물 두 동에서 폭탄이 터져서, 300명 이상의 사람들이 죽었다. 체첸의 테러리스트들은 비난받았고, 1999년 9월에 러시아의 대규모 침입으로 제2차 체첸 전쟁이 시작되었다. 아직까지 잘 보이지 않는 위치에 있던 푸틴은 "우리는 그들을 그들의 옥외 화장실 안으로 완전히 쓸어버릴 것이다"라고 선언하고 극단적인 무력 사용을 인가함으로써 자신의 스타일을 보여주었다.

이 전쟁에서 초기에 승리를 거두고 경제 상황이 호전되었기 때문에, 정부는 1999년 12월에 실시된 두마 선거에서 아주 드물게 승리를 얻을 수 있었다. 새로운 친정부 정당인 통합당—이 정당의 강령은 정부를 지지하고 러시아의 "영토적 통합과 민족적 위대함"을 보장하는 것에 국한되었다—은 올리가르흐들로부터 얻은 대규모 재정 및 미디어 지원에 힘입어 정당 명부별 투표에서 23.8퍼센트를 획득했다. 개별 의원들과 다른 개혁주의적 정당들의 지지를 받아서 정부는 처음으로 의회의 제동 없이 일할 수 있는 다수세력을 확보했다. 그리고 공산주의와 민족주의 반정부 세력은 여전히 강하기는 했지만, 처음으로 소수 세력이 되었다. 여론조사에서 푸틴의 지지율은 50퍼센트로 치솟은 반면에, 공식적인 발언에서 점점 일관성을 상실하고 국가정치보다는 다만 자신의 권력과 개인적인 안전에만 관심을 가지고 있는 것 같은 옐친의 지지율은 겨우 1.7퍼센트에 불과했다. 이제 옐친조차도 자신이 옆으로 물러설 때가 되었음을 깨달았다. 옐친은 1999년 12월 31일에 행한 신년 연설에서 대통령직 사임을 발표했고, 그것은 즉각 발효되었다. 푸틴은 대통령 권한대행으로 임명되었다. 푸틴은 즉각 감사를 표했다. 그는 옐친과 그의 가족이 평생토록 법적 소추로부터 면제되는 것과 관대한 연금을 지급받을 것을 보장해주었다. 2000년 3월에 실시된 대통령 선거에서 푸틴은 제1차 투표에서 53퍼센트의 득표율을 기록했는데, 이것은 유일한 유력 반대자로서 공산주의자인 주가노프보다 2배나 많았다. 많은 사람들에게는—옐친이 마지막 수년 동안 말해왔던 목표인—새로운 안정의 시대가 이제 진정으로 도래하고 있는 것처럼 보였다. 거대한 사회적 및 경제적 문제들은 비록 완화되기는 했지만 여전히 남아 있었다. 더욱 중요한 것은 정치적으로 소란과 불확실성의 시기가 명백히 지나가고 있다는 점이었다. 혹은 적어도 그것은 대부분의 러시아인들이 투표로써 찬성한 일이라고 주장되어왔다.

푸틴의 러시아

블라디미르 블라디미로비치 푸틴은 1952년 10월에 레닌그라드에서 태어남으로써 제2차 세계대전이나 스탈린을 직접 경험하지 않았다. 그는 (고르바초프나 옐친처럼) 흐루쇼프의 비밀 연설, 탈스탈린화 그리고 동유럽의 개혁 공산주의에 의하여 영감을 얻은 "1960년대 세대(shestidesyatniki)"에 속하지도 않았다. 영국의 정치학자인 사크와(그의 푸틴 연구는 최고 수준의 것들 중 하나이다)와 같은 학자들이 주장했듯이, 푸틴은 전형적인 1970년대 인물들(semidesyatniki) 중의 한 사람이었다. 이 세대는 아주 애국적이었지만, 특별히 이데올로기적이지는 않았다. 그들은 반체제 유형도 아니었고 헌신된 공산주의자도 아니었다. 푸틴은 대통령 권한대행으로 임명된 이후에 인터뷰에서 이렇게 말했다. "나는 순수하고도 완전히 성공적인 소비에트의 애국적 교육의 산물이다." 여기서 공산주의적 교육이 아니라 애국적 교육이라고 한 말에 강조점을 둔 것을 눈여겨볼 필요가 있다. 그 자신의 설명에 따르면, 그는 젊었을 때부터 ("낭만적인 첩보 이야기"에 영감을 받아) 소련 정보부에서 일하는 것을 꿈꿨으며, 9학년 때 레닌그라드에 있는 국가보안 위원회 사무실로 가서 거기서 일하려면 어떤 준비를 해야 하는지 질문했다. 그는 법학을 공부하라는 조언을 듣고는 나중에 레닌그라드 국립대학 법학부에 입학했고, 졸업 후에는 국가보안 위원회에 받아들여졌다. 그는 결코 중요한 첩보원은 아니었지만 동독의 드레스덴으로 파견되었다. 아마도 그가 외국 정보부에서 활동하던 중의 가장 극적인 순간은 베를린 장벽이 무너질 때 동독 비밀경찰인 스타시(Stasi)를 도와서 서류를 소각하는 일을 도왔을 때였을 것이다. 그는 그 체제가 얼마나 약한지 깨달았으며, 나중에 어떤 인터뷰에서 말했듯이, "벽과 칸막이 위에 세워진" 체제는 "유지될 수 없다"는 것을 배웠다. 푸틴은 귀국하여 잠시 레닌그라드 국립 대학교에서 외국인들을 감시하는 부서에서 잠시 일했다. 1990년에 자유주의 개혁가인 솝차크(과거에 푸틴에게 법학을 가르쳐준 교수 중의 한 사람)가 시장으로 당선되었을 때, 푸틴은 그의 국제문제 보좌관이 되어 탁월한 행정가로서의 명성을 쌓게 되었다. 솝차크가 1991년의 쿠데타 때 레닌그라드에서 저항을 주도하자, 푸틴은 국가보안 위원회를 사임하고 시장의 편에 섰다. 1995년에 푸틴은 솝차크의 요청에 따라서, 국가 두마 선거를 위한 준비로서 온건한 개혁정당인 "우리 집 러시아당"의 상트페테르부르크 지구당을 조직하고 주도했다. 1996년, 솝차크가 시장 선거에서 패배하자 푸틴도 사임했다. 일을 마무리 지을 줄 아는 사람으로서 그가 가진 명성과 충성심은 옐친에게 강한 인상을 심어주었다. 옐친은 그해에 푸틴을 모스크바로 불러들여서 행정부에서 일하도록 했다. 1999년에 사실상 알려지지 않은 인물이었지만, 옐친은 푸틴을 새로운 총리로 임명했고, 그다음에는 대통령 권한대행을 맡겼다. 2000년에 그가 53퍼센트의 득표율로 당선된 것은 안정과 희망을 위한 투표라고 볼 수 있지만, 2004년에 71퍼센트의 득표로 재선된 것은 그가 진정으로 인기가 있다는 것을 시사했다. 푸틴이 대통령으로서 8년을 보내는 동안, 그는 여론조사에서 계속해서 70퍼센트 이상의 지지율을 기록했는데 이것은 어떤 국가 지도자에게도 예외적인 수치이다. 헌법에 의해서 3회 연속 대통령직에 있을 수 없게 됨에 따라, 푸틴은 자신의 후계자를 지명함으로써 영향력을 유지했다. 후계자인 메드베데프는 2008년에 71퍼센트의 득표율로 당선되었고, 곧장 푸틴을 총리로 임명했다. 메드베데프는 어조가 아주 부드럽고 비판자들에 대해서 아주 관대하다. 그러나 그렇게 예상하는 사람은 별로 없어도 기대는 많이 하는 바대로, 메드베데프가 러시아 정치에 자신의 흔적을 남길 것인지의 여부는 2010년이라는 시점에서 말하기에는 너무 이르다. 물론 푸틴은 총리로서 특이할 정도로 활동적이다. 2008년에 시작되어 러시아에 아주 깊은 흔적을 남긴 세계경제 위기의 심대한 영향도 미래의 문제가 될 것이 틀림없다.

푸틴의 특이한 인기—특히 점차 중요성을 잃어가던 반정부 세력 혹은 국제 인권단체와 언론에서 민주주의를 약화시킨다는 강력한 비판에 직면해서도—는 정치적인 혼란에 대한 국민들의 우려 및 안정된 정부와 강력한 개인 지도자에 대한 바람에 부분적인 원인이 있었다. 1998년부터 2008년까지 경제가 꾸준히 성장한 것도 아주 중요했다(그러나 이것이 전적으로 푸틴의 통제하에 있었던 것은 아니다). 그러나 정치지도자로서의 푸틴 자신의 성격과 노력은 매우 중요했다. 우리는 푸틴의 사고방식과 정치에 대한 그의 접근법에 대해서 무엇을 알고 있는가? 옐친이 평가하고 많은 관찰자들이 동의했듯이, 푸틴은 문제 해결자이고, 실용주의자이며, 합리적으로 사고하는 사람이다. 분석가들은 푸틴이 어떤 결정을 내릴 때 점진적이고도 점증적인 방식을 취하며, 조직을 중시하기도 하지만 직접 해보는 방식의 접근을 한다고 설명해왔다. 그는 자신이 이데올로기적이지 않으며, 어떤 공식적인 국가 도그마를 정하는 데에 반대한다고 주장해왔다. 이것은 그가 종종 말했듯이, 변화를 향한 혁명적인 시도를 종식시킨다는 것을 의미했다. 그가 2001년에 농담조로 말했듯이, "러시아는 지난 세기에 혁명을 위해서 자신의 계획을 표준 이상으로 초과 달성했다." 달리 말해서 러시아에 "정

블라디미르 푸틴이 미국 언론인들과 얘기를 나누고 있다. 2001년. (*Associated Press*)

상적인” 정치를 회복시킬 때가 되었다는 것이다.

그러나 푸틴이 이데올로기를 결여하고 있다고 말하는 것은 완전히 정확하지는 않다. 많은 전문가들이 주장해왔듯이, 푸틴은 적어도 하나의 “이즘(ism)”에는 영감을 받고 있다. 그것은 러시아와 소련에서 긴 역사를 가진 “국가주의(statism, gosudarstvennichestvo)”이다. 이것은 강력한 국가가 러시아의 진보를 위해서 필요한 수단이자 진보에 대한 정의의 일부분이라는 신념이다. 특히 1990년대에 국가가 약해진 이후에—대중의 견해와 푸틴의 견해에 의하면, 국가는 사실상 실질적인 정치권력을 올리가르흐들과 범죄자들의 이해관계에 양보해주었다—푸틴은 국가권력에 다시 합법성을 부여하고 국가권력을 다시 집중할 필요성이 있다고 주장했다. 그는 “러시아인들은 눈에 띌 정도로 국가권력이 약해진 것에 대해서 깜짝 놀랐다”라고 1999년 말에 쓰면서, “대중은 국가의 지도와 통제의 규칙이 어느 정도 회복되기를 기대하고 있다.” 푸틴의 국가주의는 모순이 없지는 않다. 2000년 선거운동 기간에 “법의 독재”와 “국가가 강할수록 개인은 더 자유롭다”라고 한 그의 말은 모순어법이라고 볼 수 있다. “관리형 민주주의”라든지 “지도받는 민주주의”에 대한 생각도 마찬가지일 것이다. 이런 용어들은 비록 2006년 이후에는 대체로 "주권 민주주의"(각 나라는 자국의 독특한 필요와 전통에 국제적인 가치를 적용시켜야 하기 때문에 다른 나라들은 러시아 내의 정치관행을 비판할 권리가 전혀 없다는 의미이다)라는 말로써 대체되기는 했지만, 정부 서클 내에서 때때로 사용되었다. 그러나 이런 역설적인 사고방식은 일부 사람들이 푸티니즘(Putinism)이라고 부르고 있는 것을 이해할 때의 핵심 요소이다. 푸틴은 권위주의 대 자유주의, 국가주의 대 민주주의, 질서 대 자유, 보편주의 대 민족주의처럼 전통적인 이분법을 극복할 필요가 있다고 일관되게 주장했다. 사크와는 푸틴의 접근법이 가진 "이중적인 성격"에 대해서 썼다. 행정적인 방법을 지향하는 신소비에트적인 푸틴이 있고, 서구의 정치규범을 흡수하려고 하는 포스트 소비에트적인 푸틴이 있다는 것이다. 자유주의적인 개인주의의 가치와 국가주의적 집산주의를 결합함으로써, 푸틴식 "제3의 길" 안에서 이런 모순을 통합하려는 시도도 있다. 1917년 이전의 러시아의 삶에서 종종 발견되었듯이, 그는 푸틴을 "자유주의적 보수주의자"라고 부른다. 비판자들은 푸틴의 노선이 역설이나 심지어 모순도 아닌 단지 위선일 뿐이라고 생각한다. 즉, 그것은 경제(특히 에너지 부문)에 대한 국가의 통제를 주장하고, 언론을 장악하며, 반대세력을 흡수하거나 열외로 취급하고, (지방을 희생시키면서) 연방국가를 또다시 중앙집권화함으로써 대체로 전제정치를 재창출하는 정책을 정당화하기 위해서 사용된 자유주의적인 무화과 나뭇잎이라는 것이다.*

　푸틴의 국가주의와 밀접한 관련을 가진 것은 그의 "애국주의" 그리고 심지어 "민족주의"이다. 왜냐하면 그것은 러시아의 독특한 역사 및 문화에 대해서 말하는 것과 종종 결부되어 있기 때문이다. 대통령으로서 그가 한 말은 애국주의적이고 민족주의적인 언어의 특징을 자주 보여주었다. 특히 러시아의 발전에 관한 그의 유명한 "계획에 관한 논문"인 「새천년 전환기의 러시아(Rossiia na poroge novogo tysiacheletiia)」는 정부의 웹 사이트에 온라인으로 게재되었고, 1999년 12월에 언론과 연방의회 연두연설(상하 양원에서 한 연설을 말하는데, 때때로 "국정" 연설이라고도 불린다)에서도 다시 인쇄되었다. 그의 애국주의는 늘 그렇듯이 복잡하며, 심지어 모순적이기도 하다. 한편으로, 그는 서구주의자이다. 그는 "우리는 유럽인"이며 러시아는 동부와 남부를 포함하여 서구의 일부분이라

---

* 무화과 나뭇잎이란 전통적으로 회화나 조각에서 나신의 국부를 가리는 데에 쓰인다/역주

고 종종 주장한다. 그는 「새천년 전환기」라는 제목의 성명서에서 "러시아 이념"에 대해서 말하면서, 러시아인들이 "표현의 자유, 해외여행의 자유, 근본적인 정치적 권리와 인간의 자유"와 같은 초국가적인 보편적 가치를 흡수하고 포용하기 시작했다고 주장했다. 그는 "근대화"에 대해서 말할 때, 선진 경제만이 아니라 "시장경제", "시민사회", "법치", "민주주의"와 같은 서구적 용어로 설명했다. 그러나 그는 이런 용어들을 러시아의 틀 안에서 새롭게 해석했다. 혹은 그의 비판자들의 주장에 따르면, 그는 적어도 러시아의 독특한 전통에 대한 수사적 표현을 가지고 새로운 권위주의 그리고 심지어 "전제주의"를 정당화하려고 시도했다. 그는 새천년 논문에서 러시아인들이 보편적인 가치를 포용하는 것을 국가 발전을 위한 제2의 "기반", 즉 "러시아 국민들(여기서 그는 "러시아 국민들[rossiyane]"이라는 비민족적인 용어를 조심스럽게 사용했다. 반면에 어떤 연설에서 그는 민족적인 명칭인 "러시아인[russkii]"이라는 단어를 사용했다. "러시아 애국주의"라고 말할 때가 그 예이다)의 특유하고도(iskonnye) 전통적인 가치"와 연결시켰다. 사실 그는 러시아의 독특성(samobytnost)이라는 말을 계속해서 언급했다. 이 용어는 독특성, 유일성, 전통 등으로 다양하게 번역된다. 고집스러울 정도로, 그는 러시아가 강력한 국가라는 개념과 손을 맞잡고 "시민적인 합의"를 중심으로 통합될 필요가 있다고 주장했다. 그런 합의를 통해서 "주요 사회집단과 정치 세력"은 (「새천년 전환기의 러시아」에서 그가 말했듯이) "기본적인 가치와 근본적인 이데올로기적인 방향성"을 공유하게 된다는 것이다. 그는 2007년 4월에 연방의회에서 행한 마지막 연설에서, 러시아의 발전을 위해서는 "정치적 및 경제적 안정"에 못지않게 "국가의 정신적 통합"과 러시아의 "특이하고 독특한 가치"를 존중하는 것이 중요하다고 계속해서 주장했다. 그는 "맹목적으로 외국 모델을 추종하는 것"에 대해서 직설적으로 경고했다. 이것이 "주권 민주주의"가 의미하는 것의 일부분이다.

　소련사에 대한 푸틴의 관점도 이런 주장에 따라서 모습을 갖추었다. 그것은 옐친 및 많은 급진 개혁가들의 관점과는 상당히 다르다. 그는 연설에서 "소련의 붕괴를 애석해하지 않는 사람은 심장이 없는 사람이지만, 그것이 부활되기를 바라는 사람은 두뇌가 없는 사람이다"라고 종종 말함으로써 많은 공감과 함께 박수갈채를 받았다. 그는 소련의 과거에 "아주 가혹하고 어두운 시기"가 있었음을 인정했지만, 이것이 러시아의 유산이자 국민들의 경험과 기억의 일부분이며, 자랑스러운 순간도 많이 있었다고 주장했다. 사실 그는 소비에트 시기의 범죄에 대해서 국가가 책임을 인정하고 사과하라는 요청을 계속해서 거절했다(그리고 그의 정부는 소련 시기의 범죄에 대한 자료 수집에 활동의 초점을 맞추는 "메모리알"과 같은 인권단체들을 공격했다). 그 대신에, 그는 소련의 성취에 대해서 자부심을 가지는 것은 가치가 있다고 주장했다. 푸틴은 통합된 국가의식을 창출하기 위해서—긍정적인 면에 초점을 맞춤으로써—러시아의 많은 과거사와 화해하려고 시도했다. 제국 시대의 국기와 왕관을 쓴 쌍두독수리 국가 문장을 다시 가져온 사람은 옐친이었지만, 푸틴이 스탈린 시대의 국가(1990년대에는 글린카가 작곡한 멜로디가 가사 없이 사용되었다)를 원 작사자의 새로운 가사와 함께 부활시켰고 군대에는 붉은 별 디자인을 복귀시켰다는 것은 상징적이었다.

 "관리형 민주주의"란 무엇인가? 비록 푸틴 정부가 궁극적으로 "주권 민주주의"라는 용어를 선호하는 것으로 드러났지만, 대부분의 서구 분석가들은 푸틴의 정치를 정의 내리면서 "관리형 민주주의"라는 용어를 사용한다. 비판자들—여기에는 서구 미디어, 국제인권단체, 러시아 반정부주의자들, 대부분의 서구 정치학자들이 포함된다—은 푸틴이 민주주의와 시민사회를 약화시켰다고 주장해왔다. 가장 관대한 설명이라고 해도 푸틴 치하의 국가가 효율성은 높아졌지만 책임감은 떨어졌다고 규정했다. 더욱 거친 비판자들은 만연한 부패, 여전히 강력한 올리가르흐들, 국가의 근대화가 그다지 진전되지 못한 점 그리고 다수에게 심각한 사회문제 등을 지적하면서 효율성에 대해서조차 의문을 표시했다. 혹은 2008년에 러시아의 한 반정부 인사가 스탈린의 유명한 슬로건을 표현을 바꾸어서 푸틴의 대통령 시대를 다음과 같이 분석했다. "인생은……더 나아졌으나, 방향은 반대(혹은 더 역겨운 쪽)였다(zhit' stalo luchshe, no protivnee)." 특히 독립 미디어와 다른 비정부 시민단체의 역할 축소, 정부의 좀더 "수직적인" 구조, 좀더 "질서 잡힌" 선거 및 당 제도 등, 어떤 사실들은 일반적으로 인정되고 있다. 그러나 "민주주의"가 정치에 대한 성인 국민들 대다수를 포함하여 공적 영역에서 상이한 관점들 사이에 경쟁이 일어나는 것으로 정의된다면(이것은 서구의 정치학에서 민주주의에 대한 공통된 정의이다), 푸틴의 러시아에서 탈민주화는 참여를 불가능하게 만드는 것이라든지 완전한 경쟁을 허용하는 것이 아니라, 주로 경쟁을 축소시키는 것만 포함했다. 한마디로, 그것은 "관리되어왔다."

분석가들은 독립 미디어를 장악하려는 푸틴의 노력에서 민주주의에 대한 그의 새로운 접근법이 시작되었다고 본다. 그러나 푸틴을 옹호하는 사람들은 부유한 올리가르흐들의 손에서 미디어를 빼앗기 위한 것이라고 생각한다. 1993년에 구신스키는 러시아에서 최초로 민영 TV 방송망인 엔테베(NTV, 독립 TV)를 설립했다. 이 방송사의 뉴스, 정치 토크쇼, 풍자적인 인형 쇼인 「쿠클리(Kukly)」는 엄청난 인기를 끌며 영향력을 가지고 있었다. 특히 엔테베는 체첸 전쟁에서 양측이 당하는 고통을 폭로함으로써 가치를 인정받았다(그리고 비난받았다). 그뿐만 아니라 구신스키는 널리 읽히는 신문과 주간 잡지를 발행했는데, 이 두 가지는 비판적인 독립적 논조 때문에 존경받았다. 그리고 그는 영향력 있는 라디오 방송사에도 자금을 출연했다. 다른 재계 거물들도 매스컴을 설립하거나 국영 미디어에 대한 통제권을 차지했다. 베레좁스키는 국영 텔레비전 방송망인 오에르테(ORT)에 대한 통제권을 획득했고, 규모가 작은 자신의 채널을 설립했다. 러시아 전국 신문들의 대부분은 소수의 은행이나 에너지 회사의 통제하에 들어갔다. 옐친 시대의 언론은 비록 올리가르흐들의 부의 세계와 분명히 연관되어 있었지만 비교적 자유로웠고, 이런 자유를 이용해서 당대의 온갖 병적 현상들—범죄, 폭력, 매춘, 강간, 아동 학대—만이 아니라, 공산주의 시절의 "범죄들"에 대해서도 보도했다. 어떤 사람들은 미디어가 끊임없는 악몽 같은 이야기로 삶을 더욱 끔찍스럽게 만들고 있다고 생각했다. 문화적인 이유이건 정치적인 이유이건 간에, 푸틴과 그의 동지들은 미디어를 정화하고 통제권을 얻기로 결정했다. 푸틴은 2000년 3월에 실시된 대통령 선거에서 승리한 이후에 새로운 언론 정책을 발표했다. 그는 자유언론 원칙을 신뢰하지만, 그렇다고 해서 이것이 "대중에게 허위 정보를 전하는 수단이 되거나 국가를 상대로 한 투쟁 도구"가 되도록 허용해서는 안 된다고 주장했다. 그리고 그는 국민들이 "객관적인" 정보를 얻도록 하기 위해서는 국가 소유의 미디어가 시장을 장악해야 한다고 주장했다. 경찰의 공격, 체포(미디어 통제가 아니라 경제적인 부패 혐의 때문이라고 주장되었다), 대중 언론의 내용을 통제하는 새로운 법, 정부의 무자비한 압박 등을 혼합해서, 비판적인 TV의 입에는 대체로 재갈이 물려졌다. 특히 모든 방송망이 국영 혹은 공영회사의 수중에 일단 들어갔을 때, 그리고 새로운 방송 프로그램이 또다시 지도자들에 대한 길고도 무비판적인 보도로 가득 찼을 때, TV 방송은 소련 시대의 것과 유사해졌다. 주요 신문사와 라디오 매체도 유사한 방법으로 크렘린에 충성하는 개인이나 회사가 매입했고, 크렘린의 통제하에 들어갔다. 국제 언론인 보호 위원회에 따르면, 2007년 무렵에는 "비판적인 언론을 공적인 공간으로부터 몰아내는 작업은 이제 거의 끝내기 단계"였다. 국제 사면 위원회가 2008년 2월에 발표한 보고서에 따르면, 적대감이나 증오심을 선동하거나 "극단주의"를 자극하거나 공무원의 명예를 훼손하는 것을 금지하는 법이 종종 언론인들에게 적용되었다. 가장 충격적인 발전은 부정을 파헤치던 많은 언론인들에 대한 끔찍한 공격이었다. 그중 가장 악명 높은 일은 2004년에는 『포브스 러시아(*Forbes Russia*)』의 편집인이었던 클렙니코프, 2006년(날짜는 푸틴의 생일이었다)에는 폴릿콥스카야가 피살당한 것이다. 폴릿콥스키야는 체첸 갈등에 대한 비판적인 보도로 명성을 얻고 있던 기자로서 그가 속했던 신문인 『노바야 가제타(*Novaya Gazeta*)』는 최후의 독립 매스컴 중의 하나라고 말해진다. 이런 공격 중 거의 아무것도 해결되지 않고 있는데, 일부 비판자들은 국가 자체가 연루되어 있기 때문이라고 주장한다. 비난받아야 하는 사람이 누구든지 간에, 러시아는 국제 사면 위원회와 국제 언론인 보호 위원회가 러시아를 가리켜 비판 언론에 대해서 세계에서 가장 위험한 장소 중의 하나라고 규정지은 것에 대한 자기변호를 할 수 없었다.

특히 외국과 관련이 있거나 지지를 받는 비정부기구(NGO)들과 다른 시민운동에 대한 압박도 증가되었다. 비정부기구 부문은 1990년대와 2000년대 초반에 급성장했다. 학자들은 사회봉사자들, 교육기관, 정책 싱크탱크, 성별 집단, 신용조합, 국제권리조직을 포함하여 2004년 무렵에 러시아 연방에는 약 60만 명의 비정부, 비상업 운동원들이 있다고 추산했다. 이중에서 상당수는 러시아에서 민주주의와 시민사회를 발전시키려는 외국의 정부들과 단체들로부터 자금을 공급받았다. 구소련 지역에서 "색깔 혁명(Tsvetnaia revoliutsiia)"—여기에는 특히 2003년 후반에 그루지야에서 발발한 "장미 혁명(Revoliutsiia roz)"과 특히 2004년 말에 우크라이나에서 발발한 "오렌지 혁명(Oranzhevaia revoliutsiia)"이 있는데, 러시아 정부는 이것을 서구의 자금을 받은 비정부기구의 책임으로 돌렸다—이 발생되었고, 2004년 9월에는 테러리스트들이 북부 캅카스 베슬란의 학교를 공격하자 정부가 인질구출 작전을 폈고, 이때 많은 어린이들이 포함된 수백 명의 인질이 사망했는데, 이것을 계기로 국가권력을 강화하려는 새로운 노력이 시작되었다. 이런 일들이 있기 이전이라고 할지라도 비정부기구에 대한 정부의 우려는 분명해졌다. 일찍이 전반적으로 더욱 권위주의적인 제2기를 막 시작했을 때인 2004년 5월에, 푸틴은 연방의회에서 행한 연례연설에서 외국의 자금을 받아서 당연히 "먹이 주는 손을 물어뜯으려고" 하지 않는 비정부 단체들이 국가이익과 갈등을 일으키는 것에 대해서 경고했다. 그는 다음과 같은 2008년의 마지막 연설에서는 훨씬 더 노골적으로 일종의 비정부기구—식민주의가 러시아를 위협하고 있다고 말하기도 했다. "우리의 내정에 직접 개입하기 위해서 사용되는 외국 자금이 홍수처럼 증가되었다. 만약 우리가 먼 과거에 일어난 일을 살펴본다면, 심지어 식민주의 시대에서조차 그들은 식민지로 만들고 있는 국가들을 소위 문명화시키는 역할을 맡고 있다고 말했던 것을 알 수 있다. 이제 그들은 민주화에 대한 구호로 무장하고 있다. 그러나 목표는 동일하다. 즉 일방적인 우위를 점해서 자신들의 이익을 보장받으려는 것이다." 이런 우려는 2005년에 제정된 법에 반영되었다. 그에 따라서 모든 비정부기구는 세심한 심사 과정을 거쳐서 다시 등록해야 했다. 도태 과정은 많은 사람들이 예상한 것처럼 엄격하지는 않았으나, 특히 인권 업무에 관련된 몇몇 대규모 러시아 비정부기구가 해체되었고, 외국의 지원에 대한 접근은 훨씬 더 복잡해졌으며, 관료제적인 장애물로 인해서 많은 단체들의 사기가 낮아지기도 했다. 일반적으로 비판자들은 인권운동가들, 환경운동가들, 종교단체, 동성애 운동가들 등이 점차 많은 괴롭힘을 당하고 있다고 불평했다. 많은 인권 단체와 선거감시단체는 때로는 비정부기구 법에 따라서, 때로는 소방법 위반이라는 구실로 적어도 일시적으로 활동 정지 상태가 되기도 했다. 정부는 시민사회를 관리하려는 노력을 하면서, 정부 자체의 시민운동을 장려하기도 했다. 비판자들은 이런 운동을 공고(GONGO, government-organized NGO : 정부에 의해서 조직된 비정부기구), 만고(MANGO, manipulated NGO : 조종되는 비정부기구), 그린고(GRINGO, government-regulated and initiated NGO : 정부에 의해서 규제되고 시작된 비정부기구)라고 다양하게 불렀다. 가장 욕을 먹고 있는 단체들 중에는 친정부적이고, 민족주의적인 청년 운동인 나시(Nashi : 우리 자신)가 있다. 2005년에 창립된 이 단체의 전체 이름은 "청년민주주의 반파시스트 운동 '우리 자신'"이다. 푸틴에 대한 공개적인 시민 반대운동은 비록 대체로 약화되기는 했지만, 우익과 좌익에서 여전히 지속되고 있다. "적대감을 선동하고 극단적인 행동을 하는 것"에 대한 2002년의 법은 비록 교회의 자유주의적 비판자들을 대상으로 하고 있었지만, 특히 민족주의적인 성향의 극우파 중에서 극단적이라고 생각되는 시민단체를 대상으로 폭넓게 적용되었다. 가장 중요한 반체제 운동은 시민사회 집단과 정치적인 체제 반대 세력의 연합체인 "다른 러시아(Drugaia Rossiia)"이다. 이 단체가 가장 눈에 띄는 공개적인 모습을 드러내는 때는 매년 전국적인 범위로 진행되는 "반체제주의자(nesoglasnykh : 문자 그대로는 동의하지 않는 사람)들의 행진"인데, 정부는 이것을 막고 범위를 제한하기 위해서 강력하게 대응하고 있다. 이 모든 흐름을 요약하면서, 국제 사면 위원회의 2008년 2월 보고서는 "반대 견해, 독립 미디어, 독립 단체가 활동할 수 있는 공간은 러시아 연방에서 위축되고 있다"라고 결론내렸다.

푸틴 정부는 정부조직 자체에서, 종종 들을 수 있는 문구를 사용하면 "권력의 수직성을 강화하려고" 노력했다. 여기에는 2000년에 시작하여 지역에서 선출된 관료를 지역 행정부에 의해서 임명되는 대표들로 대체한 연방 위원회(상원)의 개혁이 있는데, 이 일은 크렘린이 감독했다. 그리고 2000년에는 지방행정을 더욱 관리하고 통제하기 위해서 임명된 전권대표들을 둔 7개의 연방관구가 설치되었다. 비판자들은 정부 내에서 소위 "유력자들"(siloviki : 러시아어로 힘 혹은 무력을 의미하는 "실라[sila]"에서 나온 단어이다)이 담당하는 지배적인 역할을 언급했다. 여기에 속한 사람들은 정보부서, 내무부, 군, 그리고 무력을 가진 국가의 다른 부서에 과거나 현재에 연관된 개인들로서, 푸틴은 그들을 종종 자신의 정부 내에서 승진시키고 조언을 구하면서 의지했다. 비록 푸틴이 비대해진 "관료제"에 대해서 종종 격분하기는 했지만, 푸틴 치하의 정부는 커졌다. 최근의 연구에 따르면, 1990년에 소련 행정부의 전체 공무원은 66만2,700명이었다. 2000년 무렵에 러시아 연방의 공무원 수는 약 100만 명이었고, 2006년 무렵에는 150만 명으로 증가되었다. 2004년 9월에 베슬란 학교 포위작전(이 사건은 때때로 정치에 미친 영향 면에서 러시아의 9·11이라고 묘사된다) 이후에, 푸틴은 사크와가 "입헌주의적 쿠데타"라고 부른 일을 시작했다(다른 사람들은 알렉산드르 2세의 암살 이후에 이루어진 알렉산드르 3세의 "반개혁"에 비유했다). 이것은 권력의 수직성을 강화하는 과정이 급격히 가속화되는 것을 의미했다. 거기에는 직접선거로 선출되는 지역 주지사들을, 대통령 자신에 의해서 임명되고 지방의회의 승인을 받는 관료들로 교체하는 것이 포함되었다. 그리고 의회와는 구분되며, 임명되기는 하지만 대표성을 가지고 단지 자문적인 기능을 가진 대안적인 전국적 심의기구를 창설하는 것도 거기에 포함되어 있었다. 정치학자인 레밍턴이 "초헌법적인 '병렬 의회'"라고 부른 이 기구들은 "정책 결정과 토의를 의회 자체로부터 대안적인 장으로 방향 전환하는 것으로서, 대통령이 임의로 상담할 수 있었다." 이런 기구들 가운데에는 (이미 2000년에 설치된) 국무 협의회(Gosudarstvennyi sovet) 그리고 특히 공공원(Obshchestvennaia palata, 2005), 국가 우선순위 구현 프로젝트 협의회(Sovet po realizatsii prioritetnykh national'nykh proektov, 2005)가 포함되었다.

그리고 푸틴은 간결하고도 충성스러운 정당구조를 만들어냈는데, 이것은 갈등과 비판을 많이 줄여주었고, 푸틴이 자신의 입법 프로그램을 법제화할 수 있도록 해주었다. 비교적 대규모의 전국적인 지지층을 확보해야 정당으로 인정했던 2001년의 선거법에 따라서 일련의 선거 개혁이 시작되어, 훨씬 더 적은 수의 정당들이 권력을 위해서 경쟁하는 제도가 생겨났다. 주로 정부를 지지하기 위해서 2001년에 창당된 통합 러시아당은 2003년에 의회 선거에서 최초로 압도적 다수의 의석을 획득했다. 그때부터 관찰자들은 통합 러시아당을 "집권당"으로 규정했으며, 의회가 주로 대통령의 요청을 수행하는 포스트 공산주의 시대의 새로운 정치형태가 출범했다고 생각했다. 동시에 정치학자들은 러시아가 "하이브리드 체제"로 남게 되었다고 주장한다. 제약이 많은 선거 규칙과 효과적인 미디어 통제를 통해서 "관리되는 것"이기는 하지만, 강력한 대통령과 충성스러운 의회는 선거를 통해서 조직화된 반대 세력을 위한 공간도 남겨두었다. 사실 선거 참여를 위한 장벽이 5퍼센트에서 7퍼센트로 높아진 2007년 12월의 국가 두마 선거 이후에는, 4개의 정당만이 대표권을 가질 수 있을 정도의 득표율을 보였다. 통합 러시아당(64.3퍼센트), 푸틴의 국가주의를 지지하지만 사회적 불평등을 비판하던 러시아 연방공산당(11.7퍼센트), 정치부터 문화에 이르기까지 모든 부문에서 러시아의 주권을 민족주의적 입장에서 옹호하면서 아주 강력한 국가를 선호하는 자유민주당(8.1퍼센트), 2006년에 창당되어 "사회민주주의적"이며 "애국적"이라고 스스로 규정했으며 푸틴이 공개적으로 칭찬했던 정당인 정의 러시아당(Spravedlivaya Rossiya, 7.7퍼센트)—정치학자들은 사실 정의 러시아당을 "준국가기관적인" 야당(국가가 사실상 통제하는 충성스러운 야당)이라는 꼬리표를 붙였다—등이 그 4개 정당이다. 자유주의적 정당들, 특히 야블로코와 우익연합—이 두 정당 모두는 아주 저명한 러시아 자유주의자들을 포함했으며, 그중 많은 사람들이 옐친 정부에서 일했다—은 2003년 이후에 사실상 정계에서 배제되었다. 그런 정당들은 지나치게 까다로웠을 뿐만 아니라 이념적으로나 전술적으로 자신들끼리 차이가 있었고, 경쟁하기에 충분할 정도(이전의 기준인 지지율 5퍼센트의 문턱도 넘지 못했다)의 규모를 가진 정당을 만들 수도 없었다. 의회에서 자유주의 정당이 존재하지 않음으로써 토론의 범위는 극적으로 좁아졌다. 사크와가 2008년에 펴낸 자신의 저서에서 말했듯이, "관리형 민주주의의 정신은 진정으로 경쟁적인 정치시장의 발달을 저해했다. 푸틴이 그런 것에 대한 준비가 잘 되어 있는지—혹은 사실상 국가가 그런 준비가 잘 되어 있는지는—불명확했다."

푸틴과 통합 러시아당의 메시지가 가지고 있는 효과는 이런 권력 강화 과정에서 중요한 요소이다. 여론조사를 보면, 그들이 선거에서 계속 승리하는 이유는 복합적이라는 점이 드러난다. 즉, 개인적인 매력도 있고(국민들은 푸틴이 예외적일 정도로 지적이고, 식견이 있으며, 정직하고, 배려심이 많다고 생각한다), 경제성장을 푸틴의 정책 덕분으로 돌리고 있기 때문이다(메드베데프 대통령은 적어도 2008년에 심각한 경제 붕괴가 시작되기 전까지는 동일한 평가를 받았던 것 같다). 그에 못지않게, 푸틴은 인기가 있는 핵심적 원칙들, 즉 시장경제를 지지하며 러시아를 서구 문명에 통합시키기를 바라지만 "굴욕감" 없이 그렇게 한다는 원칙 등을 고수했기 때문에 존경받았다. 그리하여 2003년에 실시된 중요한 의회 선거에서, 당의 메시지—혹은 일부 전문가들은 그것을 조심스럽게 만든 "비메시지(non-message)"라고 불렀다—는 (압도적으로 우호적인 뉴스 보도와 함께) 유권자들의 마음을 얻는 데에 핵심적인 역할을 했다. 구체적인 프로그램은 거의 제시되지 않았으며, 후보들은 텔레비전 토론에 참가하는 것을 거부했다. 그 대신에, 당은 "러시아는 단결되어 있고 강하다"라는 모호하지만 설득력 있는 이념을 가지고, 점차적인 안정과 번영을 향한 길을 따라서 "대통령과 함께" 움직여나가는 국가라는 긍정적이고도 애국적인 메시지를 전달했다. 광고와 연설은 경제가 나아지고 있고, 정치적 안정이 회복되었으며, 러시아의 세계적 위상이 높아지고 있다고 유권자들에게 종종 상기시켰다. 러시아사와 소련사의 인물들, 행복한 가정들, 불을 환하게 밝힌 새로운 건물들, 아름다운 농촌 광경 등 이런 메시지를 전달하기 위해서 선거운동에서 사용된 이미지는 언어만큼이나 강력했다. 국가에 대한 자부심, 세계에서 존중받으려는 희망, 번영, 모든 사람에 대한 "품위 있는 생활", 안정, 정직, 행복 등과 같은 것들은 아주 많은 유권자들을 고무시켰고, 또 계속해서 고무시키고 있는 주제들이다.

푸틴의 실질적인 업적에 대한 평가는 다양하다. 어떤 사람들은 안정과 정상화, 특히 경제 분야에서의 발전에 대해서 경탄조로 이야기한다. 다른 사람들은—그리고 대부분의 여론—대다수의 러시아인들이 1990년대보다는 형편이 나아졌고, 푸틴의 정책은 널리 퍼져 있는 "푸틴주의의 신화"로서 인정받을 만한 가치를 가지고 있다고 주장한다. 분명히 푸틴은 인상적인 입법 기록을 가지고 자부심을 가질 수 있다. 경제와 사회에 관해서 보면, 성공한 중요한 입법적 주도권을 행사한 사례로는 친기업적인 조세법 개혁, 기업에 대한 규제를 완화하는 법, 토지 소유를 허용하는 토지법, 고용주들에게 노동자들에 대한 더 큰 권한을 부여하는 노동법, 연금체계의 개선, 배심원 제도의 확대, 재판에서 피고측 변호인의 권리 확대 등이 있는데, 이중 많은 경우는 "자유주의적인" 개혁이었다. 옹호자들의 주장에 따르면, 우리가 이미 기술했듯이 그는 "권력의 수직성"을 강화함으로써 정부의 효율성을 높였다.

경제가 엄청나게 확대되었다는 것은 아주 중요하다. 1990년대 후반에 회복의 징후가 분명해졌지만—사실 푸틴은 작은 정도의 호황이 있었던 2000년에 대통령직에 올랐다—러시아 경제의 실적은 (적어도 2008년에 세계경제 위기가 시작될 때까지) 계속해서 좋아졌다. 푸틴의 대통령 재임 기간에, 국민총생산은 연평균 6퍼센트와 7퍼센트 사이쯤으로 꾸준히 증가되었다. 가계 저축과 마찬가지로, 실질적인 가처분 소득도 매년 8퍼센트와 14퍼센트 사이로 증가되었다. 인플레이션은 1999년의 36퍼센트에서 2006년에는 9퍼센트로 낮아졌다. 대외 채무액은 경감되었고, 일부 채무는 완전히 갚았다. 제조업에 대한 투자는 (1999년에

1퍼센트에서 2006년에는 13퍼센트로) 증대되었다. 국내 산업과 농업이 확대됨에 따라서 러시아산 소비품은 점점 흔히 볼 수 있게 되었다(이것은 1998년의 위기 이후에 루블화가 평가절하됨으로써 부분적인 도움을 받았다. 이 조치는 수입품을 비싸게 만들어서 국내 생산과 수출에 자극을 주었다). 오프쇼어 은행과 다른 외국 도피처로의 자본 유출 속도는 느려졌다. 한편, 속도는 아주 느리지만 중소기업의 수는 증가되었다. 임금은 보다 정기적으로 현찰로 지급됨으로써 개혁 초기에 널리 현물로 지급되던 방식을 대체하게 되었다. 극빈자 수도 감소되었다. 정책은 분명히 바뀌었다. (때때로 "워싱턴 합의"라고 불리는) 신자유주의적인 사유화, 경제 부분의 규율, 가격과 교역의 자유화에 초점을 맞춘 1990년대의 급진적인 개혁은 성장을 위한 토대를 만들기도 했지만, 경제적 혼돈, 범죄, 고통을 확대시켰다. 이런 정책은 새로운 "모스크바 합의"로 전환되었는데, 이것은 시장 지향적인 개혁을 배척하지는 않지만, 생산자원 개발정책을 선호하고 높은 취업률을 유지하며 경제를 관리하는 데에서 국가의 역할을 증대시켰다. 1998년부터 2008년 사이에 석유와 천연 가스의 가격이 특이할 정도로 높았다는 횡재도 그에 못지않게 중요했다. 러시아는 세계 최대의 천연 가스 수출국이며, 제2의 석유 수출국이기 때문이다. 러시아산 석유의 시장가는 1999년 초부터(1배럴당 약 10달러) 2008년 초까지(1배럴당 90달러 이상) 급격히 인상되었다. 이런 "오일 달러"는 경제를 위한 핵심적인 연료가 되었다. 그리고 (사실 2008년 중반에 시작된) 유가 거품의 궁극적인 붕괴에 대비하여 정부는 막대한 "안정화 기금"을 준비했다. 그러나 2006년에 세계은행 보고서가 지적했듯이, "미래의 러시아 역사교과서는 현 정부가 석유로 인해서 증가되고 있는 부를 얼마나 효과적으로 관리하는지에 따라서 현 정부의 경제정책을 평가할 것 같다"는 것에 대해서는 모든 경제학자들이 동의했다.

사실, 비판자들은 푸틴 행정부가 이런 기회를 잘 활용하여 경제개발을 지속하기 위해서 필요한 개혁을 추진시키지 못했다고 주장했다. 고무적인 거시경제 지표들 뒤에는 많은 구조적인 문제들이 남아 있었다. 아직도 제조업은 동유럽의 성장에 아주 중요한 의미를 가지고 있던 중소기업이 아니라, 대기업에 집중되어 있었다. 경제 회복의 압도적인 중심은 모스크바였다. 경제가 발전됨에 따라서 수도와 나머지 지역의 경제적 격차는 커져갔다. 은행제도는 여전히 제대로 발달하지 못했고, 지나치게 집중되어 있었다. 분쟁을 판결하는 새로운 법은 전혀 효과적이지 못했다. 많은 국민들은 임금이 너무 낮아서 필수품 이외에 소비할 여력이 별로 없었다. 인플레이션은 실질소득을 갉아먹었다. 낮은 농업 생산성과 농촌의 심각한 빈곤은 계속해서 경제의 발목을 잡았다. 그리고 그렇게 되는 방향으로 움직이기는 했지만, 러시아는 세계경제에 아직 제대로 통합되지 못했다. 이런 문제 중의 일부를 해결하려는 조치가 채택되었다. 세금은 균일하게 13퍼센트로 인하되었고, 사업세도 인하되었다. 정부는 과거에 이루어진 사유화를 되돌리는 것은 전혀 검토하지 않고 있다고 기업 소유자들에게 거듭 확언했다. 대부분의 국영농장과 집산농장은 사유화되었다. 푸틴 시대를 개관하는 글을 2008년에 공동으로 쓴 넴초프(옐친 치하에서 부총리였으며, 자유주의적인 우익연합의 지도자) 같은 신랄한 비판자들은 "석유 횡재"가 낭비되었다고 판단했다. 성장률이 더 높아야 한다는 것이다. 그에 따르면, 사기업에 대한 규제는 투자와 성장을 제한했고, 기업 금융과 재산은 소수의 손에 집중되었다. 부패는 통제되지 않았다. 커져가던 국가 관료조직과 안보기구로 너무나 많은 자금이 들어갔다. 특히 주요 도시에서 떨어진 도로와 다른 인프라는 문제가 생겨도 방치되었다. 공공의료는 타격을 입었다. 사회복지와 교육은 홀대받았다. 무엇보다도, 비판자들은 남아 있는 가장 큰 문제가 경제적 불평등이라고 주장했다. 이것은 계급과 지역 모두에 해당되는 이중적인 불평등으로서, 지속적인 경제성장과 정치적 안정을 이루는 데에 많은 위험 요소를 안고 있다.

효율적인 정부에 가장 심각한 걸림돌은 관료화와 부패였다. (러시아 역사에서 처음은 아니지만) 1991년 이후, 러시아는 이중적인 국가였다. 헌법에 기반을 두고 선출된 새로운 정부는 소련의 거대한 행정기구 위에 앉아 있는 양상이었다. 우리가 주목했듯이, 공무원의 수는 1991년 이후에 증가되었다. 푸틴의 대통령 재임 초기에 언론인인 트레티야코프가 지적했듯이, 러시아 정치를 위한 가장 큰 시험대는 "리바이어던(국가 관료조직)이 골리앗(대통령)에게 복종하느냐"의 문제이다. 많은 러시아 통치자들이 그랬듯이 푸틴은 러시아 관료조직의 "방대한" 규모와 낮은 "질적 수준"에 대해서 계속해서 우려를 표하면서, 2005년에 대국민 연설에서 "우리의 관료조직은(이곳에서처럼 그는 "치놉니체스트보 [chinovnichestvo])"라는 약간 경멸적인 과거의 단어를 종종 사용했다) 때로 아주 오만하기도 하고, 국가에 대한 봉사를 일종의 사업이라고 생각하는 폐쇄적인 카스트"라고까지 말했다. 문제는 해결되지 않은 채 남아 있다. 언제나 그렇듯이, 그것은 급부상하는 문제였던 부패와 밀접하게 관련되어 있다. 푸틴은 사적인 이해관계와 기업의 이해관계가 공적 이해를 훼손하는 것에 대해서 계속해서 격노했다. 그는 "올리가르흐"들의 권력으로부터 러시아를 해방시키겠다고 약속하면서 권력을 잡았다. 그의 말에 따르면, 올리가르흐들은 위험하게도 "권력과 자본을 합병했다." 그는 대통령 임기가 끝나가던 2006년에 행한 대국민 연설에서 "우리의 노력에도 불구하고, 우리의 발전 도상에 위치한 가장 심각한 장애물 중의 하나인 부패를 여전히 제거하지 못했다"라는 아쉬움을 표명했다. 메드베데프 대통령은 2008년 연설에서 "자유롭고 민주주의적이고 정의로운 사회에서 제1의 적은 부패이다"라고 하면서, 푸틴의 말을 되풀이했다. 사실, 국제 투명성 기구의 부패지수 순위에서 러시아는 꾸준히 유럽에서 최악의 국가의 명단에 올라왔으며(그리고 때때로 부패지수 제1위가 되기도 했다), 아주 부패한 아프리카 국가들과 전반적으로 어깨를 나란히 하고 있다. 비판자들은 국가가 사회와 경제에 대해서 그토록 많은 권한을 가지고 있는 체제에서는 부패 문제가 불가피하다고 주장한다.

연설과는 달리, 푸틴의 주요 공격은 탈세, 사기, 횡령 등으로 기소당한 일부 유력 정치 거물들을 목표로 한 조사, 불시 단속, 체포, 법적 조치를 하는 것으로 방향을 잡았다. 비판자들은 그 목표가 주로 정치적인 경쟁 상대를 제거하는 것이었으며, 종종 미디어 그리고 강력한 석유 및 천연 자원 회사를 다시 국유화하기 위한 작업의 일부였다고 반박했다. 확실히, 목표 대상이 된 주요 올리가르흐들—구신스키(2000년에 체포), 베레좁스키(체포를 피해서 2001년에 외국으로 도피), 호도르콥스키(2005년에 9년 징역형을 선고받음)—은 푸틴 체제를 격렬하게 비판했고, 비판적인 단체와 미디어에 자금 지원을 해주었다. 이런 사람들이 사기꾼이었을 가능성—여론조사를 보면 대부분의 러시아인들은 그렇게 생각하고 있다—은 높아 보인다. 포스트 공산주의 시절인 1990년대에는 누구든지 정직한 방법으로 부자가 되지 않았다고 사람들은 널리 말했다. 베레좁스키가 2000년 7월에 「모스크바 타임스(*Moscow Times*)」에서 말했듯이, "지난 10년 동안 잠들지 않은 사람은 누구든지 의도했든지 의도하지 않았든지 법을 어겨왔다.” 공격 대상이 선택적이었기 때문에, 비판자들은 주요 목표가 정치적이었음을 확신했다. 사실, 푸틴은 다른 올리가르흐들과 그들 회사의 파트너였던 외국인 투자자들에게 그들이 세금을 납부하고 국내 정치에 개입하지 않는 한, 부와 재산은 안전할 것이라고 공개적으로 분명히 밝혔다. 이 약속은 1990년대의 부패한 사유화를 무효로 만들기 위해서 재산을 다시 국유화하겠다는 공산주의자들의 계속된 이야기와는 극명히 대비되었다. 그리고 푸틴 시대에 러시아의 대자본가들은 대부분 경제적으로 형편이 좋았다. 그러나 이런 캠페인에서는 반대자들을 침묵시키는 것 이상의 문제가 달려 있었을 것이다. 많은 정치학자들은 국가가 지배적인 역할을 담당하는 새로운 협동조합주의적 체제를 창출하면서 경제에 대한 국가통제를 재천명하는 복잡한 과정을 묘사했다. 사크와가 이런 “새로운 게임 규칙”을 요약했듯이, 푸틴의 대통령 재임기의 마지막 몇 년 동안에는 “1990년대보다 공적인 것과 사적인 것의 구분선이 모호해졌으나, 이제 (올리가르흐들에 의한) 국가 장악이 아니라 (국가에 의한) 기업 장악이 우위에 서게 된 새로운 형태의 정치경제”가 출현했다. 어떤 사람들은 경제적 부와 권력이 아주 집중적인 상태로 남아 있지만, 핵심적인 정치적인 활동가로서의 “올리가르흐”들은 더 이상 존재하지 않는다고까지 주장했다.

국가가 맡은 주요 책임 중의 하나는 국가안보이다. 푸틴과 그의 동지들에게는 아주 중요하고 서로 연관된 두 개의 시험대, 즉 체첸과 테러리즘이 있었다. 푸틴은 새천년 연설에서 첫 번째 문제인 체첸에서 “러시아의 미래가 결정되고 있다”라고 분명히 밝혔다. 체첸을 잃는 것은 단지 시작일 따름이기 때문에, 체첸에서 실패하는 것은 러시아의 해체를 의미한다는 것이다. 돌이켜보면, 이런 실패는 “국가가 약해져왔는데, 이제 강해질 필요가 있다”는 것을 의미하는 것이다. 모스크바에서 일련의 아파트 폭파 사건이 일어난 이후에 시작된 제2차 체첸 전쟁은 독립운동에 대한 대응이 아니라 “종교적인 극단주의자들과 국제 테러리스트들”을 대상으로 한 전투라고 주장하면서, 1999년 하순에 “대테러 작전”으로 개시되었다. 서구의 전문가들과 러시아의 비판자들은 이 충돌이 해결되지 않은 체첸 전쟁의 원인이라기보다는 그 결과라고 해석하기는 했지만, 어느 정도로는 국제화와 이슬람화라는 성격을 가졌다는 것을 인정한다. 수도인 그로즈니가 크게 파괴되고 친러시아 정부가 수립된 이후에도, 전쟁은 길고도 잔인하게 계속되었다. 계속된 반란과 반란을 진압하는 과정에서 불법적인 구타, 유괴, 고문, 즉결 처형 등의 이유로 러시아군은 거듭 비난받았다. 반대로, 체첸 반란군은 종종 매복했다가 군인들을 습격하고, 체첸만이 아니라 이웃한 다게스탄의 러시아인들을 대상으로 자동차 폭발, 자살 폭탄, 납치를 자행했다. 테러리스트들의 공격은 계속해서 러시아의 수도와 다른 도시들에까지 미쳤고, 많은 사람들이 불구가 되고 피살되었다. 2002년에는 무장을 한 큰 무리의 체첸 청년 남녀들이 모스크바의 어떤 극장을 공격하여, 대중 뮤지컬을 관람하던 관객 전체를 인질로 잡은 적도 있었다. 2003년 7월에는 두 명의 여성 자살 폭탄범들이 모스크바의 어떤 록 콘서트를 공격했다. 2003년 12월에는 붉은광장 근처에서 폭탄이 터졌고, 2004년 2월에는 모스크바 지하철에서 폭탄이 터졌다. 그리고 2004년 8월에는 모스크바에서 이륙하던 비행기에 대한 두 차례의 명백한 폭탄 공격이 있었다. 그러나 체첸에서의 반란은 점차 중요성을 상실했다. 물론 모스크바에 충성을 바치는 카디로프 체첸 대통령이 심각한 인권 탄압과 전제적인 통치를 한다고 국제인권단체가 비난하며, 러시아의 전쟁범죄에 대한 많은 문제가 남아 있기는 하다. 그러나 모스크바의 정책은 어느 정도의 평화 상태를 가져왔다. 산발적인 공격이 계속되었지만, 러시아 정부는 2009년 4월 17일에 "대테러 작전"이 종료되었다고 공식적으로 선언했다. 그리고 그 성명서에는 "수천 명의 사람들이 겪은 슬픔과 고통"에 대해서는 전적으로 "테러리스트들"이 책임을 져야 한다고 주장되었다. 이 전쟁에서 큰 인명 손실이 있었다는 점에는 어느 누구도 의심하지 않았다. 그러나 비판자들은 누군가 책임져야 할 일들이 많았고, 남아 있는 문제들도 많다고 주장했다.

이와 연관된 관심 사항은—그리고 이것은 러시아사 전체에서 러시아의 위상 및 정통성과 아주 밀접하게 연관되어 있다—군대의 상황이었다. 공산주의의 종식은 러시아 군대에게는 엄청난 충격을 안겨주었다. 러시아의 국방 예산은 1994년부터 2000년까지 꾸준히 감소되었다. 그 결과, 공식적인 보고에 따르면 무기와 장비 공급이 제대로 되지 않았고, 전략 미사일 체계는 노후화되고 제대로 보수되지 못했다. 대부분의 해군 함정은 현대화되지 못했으며, 종종 단순 유지도 되지 못했다(이 문제는 2000년 8월에 북극권 한계선 내에서 핵잠수함인 쿠르스크 호에서 내부 폭발이 발생하여 승무원 전원이 희생되었을 때 전 세계에

극적으로 알려졌다). 그에 못지않게 군대의 인적 자원 문제도 심각했다. 장교들의 봉급과 위신은 너무 낮아서, 모병이 어려웠다. 일반화된 징병 기피는 고질적인 문제로 남았고, 군대에 들어온 많은 사람들도 육체적으로나 사회적으로 부적격자였다. 상급자들이 하급자들을 괴롭히는 일은 널리 만연되었고, 절도, 구타, 성폭행, 심지어 살인 같은 극단적인 일도 발생되었다. 장교와 사병들 사이에 자살은 널리 퍼졌다. 개인과 부대별로 탈영하는 비율도 증가되었고, 알코올 중독, 마약, 에이즈 문제도 증가되고 있었다. 식량은 때때로 공급이 부족했고 종종 질이 낮았다. 그리고 자금이 부족함에 따라서 효과적인 군사 훈련은 점차로 어려워졌다. 마침내, 때때로 굶주리고 장비가 형편없었던 부대원들을 위해서이기도 했지만, 많은 장교들은 그들 자신의 개인적인 이익을 위해서 값비싼 군사 장비를 팔아버리는 죄를 저질렀다. 옐친 시대에는 "군대 개혁"에 대한 이야기는 많이 있었지만, 실행된 것은 거의 없었다.

　이런 문제들을 공개적으로 인정하면서, 푸틴은 군 예산을 상당히 늘려주었다. 연방의회에서 행한 마지막 연설에서 그는 정부가 군인들의 봉급과 복무 조건—복무기간 단축과 훈련의 개선 등을 포함하여—을 개선시키고, 군수물자의 공급과 질을 향상시키는 데에 성공했다고 말할 수 있었다. 2003년에 그는 징병제도로부터 직업적인 "계약군"으로 점차 이행하는 계획을 지지했다. 전문가들은 이 개혁이 소련의 붕괴 이래로 군대 문제에 대처하려는 최초의 진지한 노력이라고 평가했다. 러시아의 비판자들은 전략 핵무기가 계속해서 질적으로 저하되고 있는 점, 군수 산업 생산의 기술적인 후진성, 부패, 부적절한 주거 환경, 신병들에 대한 계속된 폭력행사 등의 문제들이 아직도 남아 있다고 강조한다. 확실히, 2008년에 그루지야를 대상으로 한 전쟁에서의 신속한 승리(나중에 살펴볼 것이다), 체첸에서의 궁극적인 성공으로 인해서 대부분의 러시아인들은 자신들의 군대가 예전의 전력을 어느 정도 회복했다고 확신하고 있는 듯하다.

대외정책

고르바초프와 옐친 두 사람이 핵심적인 역할을 담당한 대로, 동유럽이 제 갈 길을 가게 하고 소련이 기꺼이 붕괴되도록 허용함으로써 냉전은 종식되고, 국제관계와 심지어 세계의 정치 지도가 크게 바뀌었다. 특히 수십 년 동안 전 세계를 맴돌던, 경쟁적인 열강 사이의 파멸적인 핵전쟁의 위험은 사라졌다. 일반적으로 옐친, 푸틴, 메드베데프, 그 외에 외교부 장관들과 정책 조언자들은 비록 강조점을 달리하기는 했지만, 고르바초프가 시작한 일을 계속했다. 일반적으로 냉전기의 적대적인 인식 및 이해관계와 연관된 긴장된 양상은 종종 이해를 공유하고 타협하는, 비교적 정상적이고 질서 잡힌 과정으로 대체되었다. 확실히 국제관계 담당자들 사이에는 갈등도 남아 있었다. 이해관계는 달랐으며, 이해관계가 어떻게 인식되는지의 문제는 계속해서 가치관에 따라 결정되었다. 그러나 포스트 공산주의 시기에 등장한 지배적인 방향성에 대해서 학자들은 "강국 실용주의", "새로운 현실주의", "정상 상태", "중도주의" 등 다양한 별명을 붙였다. 국제문제에 대한 러시아의 이런 새로운 접근법은 러시아가 "위대한 강국"이라는 주장을 출발점으로 삼는다. 이것은 정치적인 관점이 다르더라도 거의 보편적으로 공유되는 주장이다. 1999년 말에 푸틴이 주장했듯이, 이것은 "[러시아의] 지정학적, 경제적, 문화적 생존의 분리 불가능한 특징"이며, "러시아 전체 역사를 통해서 러시아인들의 심적 태도(umonastoenie)와 국가의 정책을 규정했다." 그러나 세계의 현실이 새로운 행동을 요구한다는 점은 러시아의 새로운 통치자들도 분명히 알고 있었다. 러시아의 힘은 단지 군사력을 행사하는 데에만 제한될 수 없었다. 러시아는 더 이상 "제국적인 야망"을 가져서도 안 되었다. 무엇보다도, 모든 국가의 "주권"과 이해가 인정되고 세계적인 문제에 대해서 공동으로 해결책을 찾아야 하는 협력적인 국제관계라는 장에서는 그 점이 아주 잘 인식되었다. 러시아의 영토가 축소되고, 1990년대에 심각한 경제적인 후퇴가 있었으며, 2000년 이후에 푸틴이 민주주의를 후퇴시켰다는 비판이 서구에서 강해지는 것 등을 고려해볼 때, 일부 분석가들은 러시아가 "자주적인 열강"의 하나로 간주되어야 한다는 이런 입장은 이상론에 불과하다고 주장했다. 그러나 고르바초프가 처음 거론했던 이 "새로운 사고"는 새로운 기준이 되었다. 그렇지만 특히 러시아가 잠재적인 파트너들에 의해서 실제로 대우받는 방법과 관련하여, 그리고 지역적으로 특수한 갈등과 위험이 생겨남에 따라, 이런 사고방식에 대해서는 반론과 이의가 제기되기도 했다.

  소련 붕괴 이후의 러시아의 대외정책에서는 적어도 세 가지 시각이 경쟁했다

(이때 사용된 용어는 다양하며, 일반적으로 종종 중첩되기도 하는 견해들을 체계화하려고 하는 정치학자들이 만든 것들이다). 자유주의자들 혹은 서구주의자들은 미국을 비롯한 서구와의 완전한 공조를 선호한다. 보수주의자들이나 신슬라브주의자들(범슬라브주의자들이라고 하는 것이 역사적으로 보다 정확한 용어이기는 하다)은 모든 슬라브인들을 방어하는 것을 포함하여, 전통적인 제국적 공간으로 러시아를 복귀시키고, 서구에 대한 전투적인 입장(그리하여 서구에 대항하는 열강과의 동맹)을 취할 것을 선호한다(이 입장의 변종 형태인 신유라시아주의는 인종적으로 유럽 러시아와 아시아 러시아의 혼합된 문명이 가진 공통된 역사와 운명을 강조했다). 그리고 중도주의 혹은 현실주의는 특히 다자 기구에 참여하는 것을 통해서 러시아의 자주성과 국제적인 통합을 균형 잡으려고 시도하고 있다.

옐친의 집권 초기에는 자유주의적 관점이 우세했고, 그의 비판자들이 불평하기로는 대외정책이 무조건항복에 가까울 정도로 친서구적이었다. 심지어 일부 동조적인 분석가들조차도 이 시기는 "약자의 실용주의"라고 규정했다. 옐친 후기 무렵에는, 서구 언론의 표현을 빌리면 "강경 노선"으로 정책이 전환되었다(특히 프리마코프[1996-1998 : 외무부 장관, 1998-1999 : 총리] 아래에서 그러했다. 그는 국가보안 위원회의 지도자로서, 그리고 고르바초프 아래에서는 그 기관의 후계자이자 정부 지도자로서 커다란 권위와 경험을 가졌다). 프리마코프는 경쟁적인 관점에서 세계를 보았고, 커져가던 서구 권력에 대해서 러시아가 하나의 필요한 대안의 축이라고 생각했다. 그리하여 러시아는 특히 일방적이라고 보이는 미국의 힘에 대항해서 균형을 맞출 수 있는 다자간 협력을 추구했다. 같은 이유로, 구소련 지역을 전략적 및 경제적으로 강력한 동맹으로 "통합하는 것"도 우선순위에 들어 있었다. 그러나 푸틴 아래에서 균형은 다시 바뀌었다. 러시아는 자주적인 행위자가 되어야지, 대안적인 행위자는 아니었다. "경쟁관계"라는 생각은 명백히 배제되었다. 실제로는, 서구의 헤게모니에 대한 대안 세력이자 제국주의적 지역 강국으로서의 러시아와, "자주적이지만" 협력적인 강국 사이의 이런 선택은 종종 중첩되었다. 그러나 강조되어야 하는 것은 러시아의 국제적 사고에서 근본적인 변화가 일어났다는 점이다. 2002년에 러시아 외무부 설치 200주년 기념식에서 외무부 장관인 이바노프가 선언했듯이, "러시아는 구소련이 고유하게 가지고 있던 전 지구적인 메시아적 이데올로기를 의식적으로 포기했다.” 왜냐하면 적어도 소련 후기에는 이것이 “우리나라의 국가적인 이해”에 더 이상 도움이 되지 않는다는 것이 분명해졌기 때문이다.

구 소련권과 러시아의 관계는 각별한 우려의 대상이었다. 민족주의자들, 공산주의자들, 심지어 친정부적인 통합 러시아당의 몇몇 의원들도 언젠가는 러시아 제국과 소련에서 상실된 부분—소위 “가까이 있는 외국”—을 재통합해야 한다고 공개적으로 말하기는 했지만, 대부분의 정치 엘리트들은 완전한 재통합이 불가능한 일이라는 것을 알고 있었다. 새롭게 생겨난 독립국가들이 러시아의 대외정책에서 특별한 위치를 차지하고 있다고 주장하는 데에는 그럴 만한 이유가 있다. 그것은 국경 문제이기도 하고, 그와 관련된 안보 문제도 있다. 또한 오랫동안 구축된 광범한 경제적인 유대관계도 있고, 아마도 3,000만 명에 달하는 대규모 러시아인 디아스포라 문제도 있다. 항상 러시아 자체의 국가이익에 초점이 있기는 하지만, 푸틴의 정책은 단호히 실용적이었다. 지역적인 통합의 기반으로서 독립국가연합(Sodruzhestvo Nezavisimykh Gosudarstv)을 이용한다는 소련 붕괴 직후의 희망—옐친 시대의 대부분 동안 이 희망은 강력했다—은 상호간의 의심과 실무상의 실패로 좌초되었다. 푸틴 치하에서, 이것은 구소련의 개별 국가들과의 양자 관계라는 덜 포괄적인 정책으로 바뀌었다. 여기에서는 러시아의 특별한 역할이 유지되고 강화될 필요가 있었지만, 상호 이익이 인정되었다. 러시아의 정책은 경제적인 유대관계, 러시아인들에 대한 대우, 나토와 유럽 연합(EU)이 구소련 영역까지 확산되는 것을 제한하는 데 초점을 맞추었다. 특히 석유 파이프라인의 통제(그리고 새로운 파이프라인의 건설)와 에너지 가격을 통해서 이 지역에서 러시아의 경제적 영향력을 강화하는 데 특별한 관심이 기울여졌다. 벨라루스와의 관계는 가장 성공적이었다. 그 나라의 권위주의적인 대통령인 루카셴코는 통합 경제 구역을 창설하는 것을 포함하여, 러시아와 아주 긴밀한 유대관계를 맺으려고 했다. 그와는 대조적으로, 구 소련권에서 우크라이나와 그루지야와의 관계는 아주 어려운 양상을 보여주고 있다.

러시아-우크라이나 관계에서 잠재적인 갈등의 근원은 상당히 많다. 민족적으로 보면, 수백만 명의 러시아인들이 우크라이나, 특히 우크라이나 동부와 크림 반도에 살고 있다. 그곳에서 러시아인들은 다수를 차지하며, 경제는 역사적으로 뒤얽혀 있기 때문에 분리하기가 어렵다. 그에 못지않은 우크라이나의 민족적 정체성의 핵심적인 구성 요소는 러시아의 지배에 대한 적대감이다. 그것은 홀로도모르(Holodomor), 즉 거의 대부분의 우크라이나인들이 우크라이나 민족에 대한 스탈린 정부의 고의적인 "집단 학살"이라고 보고 있는 1932-1933년의 기근과 같은 범죄에 대한 강력한 역사적 기억에 의해서 증가되었다. 이와 짝을 이루어, 러시아에도 일종의 민족주의적인 "우크라이나 혐오증"이 있다. 이런 생각을 가진 사람들은 우크라이나인들이 그들을 별도의 민족이라고 생각하는 이유를 이해하지 못하며, 러시아의 지배 의미를 축소시키고, 우크라이나의 맹렬한 친서구주의에 대해서 우려했다. 그러므로 러시아와 우크라이나가 1990년대에 국경, 군 기지, 에너지 공급 등 일련의 문제들을 우호적으로 해결해냈다는 것은 대단한 일이었다. 그런 다음에, 2004년 우크라이나 대통령 선거를 둘러싸고 갈등이 발생했다. 러시아의 입장은 부분적으로는 구소련 세계에 대한 서구의 의도, 특히 나토의 확대를 둘러싼 우려가 증대됨으로써 결정되었다. 서구의 많은 강국들은 친서구적인 야당 후보인 유셴코를 공개적으로 지지했는데, 많은 러시아인들은 이런 지지가 러시아의 영향력에 대한 공격이라고 보았다. 러시아인들은 친러시아적인 후보인 야누코비치를 공개적으로 밀었는데, 많은 우크라이나인들과 서구주의자들은 이것이 우크라이나에 대한 러시아의 신제국주의의 징후라고 생각했다. 야누코비치의 승리 선언은—비판자들은 그가 속임수를 써서 승리했다고 생각했다—잘 조직된 대중적인 항의로 이어졌다. 이런 항의에 대해서 많은 서구 단체들과 정부들이 지원했고, 궁극적으로 2004년 12월에 실시된 새로운 투표에서 유셴코가 당선되는 결과를 낳았다. "이 오렌지 혁명"이 일어난 이후에 문제가 증폭되었다. 러시아인들은 서구의 "개입"에 분개했고, 가스 공급과 가격, 교역, 유럽 연합과 나토에 가입하려는 우크라이나의 희망, 우크라이나에서의 러시아어의 위치 같은 문제들을 둘러싸고 심각한 갈등이 벌어지는 등 유셴코 정부와의 관계도 긴장되었다. 그러나 양국 정부는 완전한 결별은 피했고, 러시아 지도부는 이 갈등으로 인해서 서구와의 관계를 훼손하지 않도록 가능한 모든 일을 다 했다. 푸틴은 다른 나라의 선거에서 특정 후보를 공개적으로 지지하는 외교적인 실책을 인정하기도 했다.

그루지야의 상황은 다음과 같았다. 고르바초프 시기의 외무부 장관이었던 셰바르드나제 대통령은 2003년에 일어난 “장미혁명” 동안 의회의 부정선거 문제로 발생된 갈등이 유혈 충돌로 이어지지 않도록 사임했고, 아주 친서구적인 야당 지도자인 사카슈빌리가 권력을 잡게 되었다. 그러나 그 이전에도 양국 사이에 긴장이 있었다. 캅카스 지역은 민족 분포와 국경이 아주 복잡하고 러시아와 소련의 오랜 통치를 받는 동안 재편성되었기 때문에, 이 지역 전체, 특히 캅카스 북부에서는 영토, 지역의 권한, 영향력 등을 두고 심각한 충돌이 계속해서 발생되고 있었다. 그런 충돌은 러시아 연방의 국경 안에 있는 체첸, 다게스탄 그리고 북오세티야에서도 발생되었고, 양국 국경에 걸쳐 있으며 그루지야가 자국의 주권이 미치는 영토의 일부라고 생각해왔던 압하스와 남오세티야에서도 발생되었다. 반면에 러시아는 1990년대 내내 압하스와 남오세티야에서 일어난 분리주의 운동을 지지했다. 이런 충돌은 사카슈빌리 대통령 치하에서 증대되었다. 그는 압하스와 남오세티야의 독립운동에 대항해서 그루지야의 영토적 통합성을 고수해야 한다고 주장했으며, 그루지야의 나토 가입(미국이 이것을 지지했다)을 최우선 과제로 생각했고, 미국의 폭넓은 군사 지원을 환영했다(그리고 그는 이라크 전쟁에서 미국을 돕기 위해서 그루지야 군대를 파병했다). 그러는 동안에 러시아는 남오세티야인들에게 러시아 시민권을 부여하는 등 계속해서 독립운동을 지지했다. 갈등은 2008년 여름에 주로 남오세티야의 운명을 놓고 벌어진 러시아-그루지야 전쟁에서 절정에 달했다. 누가 도발했는지에 대해서는 양측이 논란을 벌이고 있지만, 독립지역을 되찾기로 결심한 그루지야는 주도(州都)인 츠힌발리를 폭격했으며, 러시아는 수천 명의 군인들을 남오세티야로 파병하고 그루지야의 나머지 지역에도 공습을 단행했다. 러시아는 그루지야 군대를 재빨리 격파하고 압하스와 남오세티야가 독립국가라고 인정했으며, 그루지야는 러시아가 이 지역들을 명백히 합병한 것이라고 하면서 러시아의 결정을 거부했다. 나토와 미국 그리고 다른 서구 열강들은 러시아의 조치를 비난했다.

동유럽에서 소련의 지배권이 종식되고 소련 군대가 철수함에 따라서 해당 지역에서는 극적인 변화가 발생되었다. 폴란드, 체코, 헝가리 등이 자신들의 위치를 “중유럽”으로 인식하려고 하는 경향을 보이는 것은 이 국가들이 지정학적으로 방향을 재설정했음을 가리킨다. 이 지역에서의 각국의 경험은 다양했고, 시간이 지남에 따라서 변화되었다. 예를 들면, 동독은 보다 큰 독일에 흡수되었고, 체코슬로바키아와 유고슬라비아는 좀더 작은 민족국가들로 분열되었으며, (특히 포스트 공산주의 초기의 폴란드와 체코 공화국에서) 급진적이고도 자유주의적인 자본주의적 및 민주주의적 개혁도 있었을 뿐만 아니라, (루마니아, 불가리아, 세르비아에서처럼) 공산주의자들의 영향이 머뭇거리며 남아 있거나 심지어 유지되기도 했고 회복되기도 했다. 경제적 실패와 회복의 정도는 다양했다. 그러나 러시아의 관점에서 아주 중요한 사실은 동유럽의 이전의 공산주의 블록이 동구권으로부터 자꾸 떨어져나가는 중요한 전환이 일어나고 있다는 것이었는데, 소련 이후의 러시아 정부는 놀랍게도 이것을 수용했다. 동유럽 전체에서 1989년의 붕괴 이전의 시기는 공산주의만이 아니라 러시아의 압제 시기였다고 간주되었다. 그런 압제가 일단 종식되자, 그 지역의 주민들은 러시아인들과 그들의 운명에 대해서 적대적이지는 않을지는 모르지만 기껏해야 무관심한 태도를 보이게 되었다. 이 점은 유럽 연합과 나토가 동쪽으로 "확대된" 데에서 구체적인 모습을 드러냈다. 나토는 1999년에 폴란드, 헝가리, 체코 공화국으로 확대되었다. 2004년에는 구소련의 발트 해 국가들(에스토니아, 라트비아, 리투아니아), 슬로바키아, 불가리아, 루마니아, 슬로베니아가 가입을 허락받았다. 2009년에는 크로아티아와 알바니아가 가입했고, 보스니아와 헤르체고비나, 몬테네그로, 그루지야, 우크라이나를 가입시키기 위한 협상이 활발히 진행 중이다. 이 국가들은 전부 가입을 희망한다는 뜻을 표명한 적이 있었다. 비록 새로운 가입국이 어느 정도의 정치적 및 경제적 기준에 부합되어야 한다는 요구 사항에 의해서 시간이 걸리기는 했지만, 유럽 연합도 마찬가지로 이전의 동구 블록의 상당 부분을 흡수할 정도로 확대되었다. 2004년에는 에스토니아, 라트비아, 리투아니아, 폴란드, 체코 공화국, 슬로바키아, 헝가리, 슬로베니아 등 과거에 공산권에 속한 8개의 국가들이 새로운 가입국으로 승인되었다. 이로써 유럽 연합의 관리들이 표현한 대로, "얄타에서 60년 전에 강대국들에 의해서 결정된 유럽의 분단이 마침내 종식되었다." 2007년에는 루마니아와 불가리아가 가입했고, 크로아티아와 이전에 유고슬라비아에 속했던 마케도니아 공화국은 준회원국이 되었다. 비판자들은 러시아의 의미 있는 역할이 없는 상태에서 하나의 유럽을 건설한다는 전략적인 위험뿐만 아니라, 통합의 속도가 빠르다는 점에 대해서 경고했다. 러시아 지도자들로서는 처음에 나토와 유럽 연합의 확대에 대해서 우려하며 적대적인 태도를 가지고 있었을 뿐만 아니라, 계속해서 러시아는 유럽 국가이고 유럽과 분리할 수 없다고 주장했다. 일부 러시아 외교관들 사이에서는 새로 유럽 연합에 가입한 국가들에서 "러시아 혐오증의 초기 징후"가 있다는 이야기가 있었는데, 이것은 러시아측이 계속 우려하고 있음을 시사하는 것이었지만, 푸틴은 이로써 심각한 긴장이 발생되는 것을 막았다. 푸틴이 2000년 3월에 프로스트와의 인터뷰에서 말한 것에 따르면, "러시아는 유럽 문화의 일부분이고, 나는 우리가 종종 '문명 세계'라고 부르는 유럽으로부터 우리 자신의 나라가 떨어져나가는 것을 상상도 할 수 없다. 그러므로 나토가 적이라고 상상하기는 어렵다." 물론 러시아가 유럽의 일부라는 주장은 유럽 안으로 포함시켜주고 존중해 달라는 요구이기도 했으나, 이런 기대는 때때로 좌절되기도 했다.

실제로는 유럽 연합, 나토, 서유럽의 개별 국가들 그리고 국제통화기금, 세계은행, 세계무역기구와 같은 전 지구적인 금융기구들—그리고 물론 이 모든 것들 뒤에는 미국이라는 거대한 존재가 있었는데, 그것에 대해서는 나중에 살펴볼 것이다—과의 직접적인 관계는 러시아의 최우선순위에 속했다. 그것은 특히 러시아를 서구 바깥에 있는 국가로 간주하거나 하급 파트너로 간주하려는 경향에 대항하기 위해서였다. 언급했듯이, 옐친은 강력하게 친서구적인 외교정책을 선호했다. 그는 많은 탄도 미사일을 일방적으로 폐기하고, 그 이상의 군축을 협의했으며, 쿠바와 아프가니스탄에 대한 보조금을 삭감하고, "나의 친구 헬무트", "나의 친구 빌"이라고 부를 정도로 좋아했던 콜 총리나 클린턴 대통령 같은 서구 지도자들과 따뜻한 개인적 관계를 유지했다. 서구 열강에 대한 협조에 대한 보답으로, 옐친은 (1994년 상하 양원 연설에서 그가 말한 대로) 러시아의 "국가 이익과 국가적인 자존심"이 존중될 것과 경제적인 지원을 기대했다. 그러나 이 두 가지 점에서 옐친은 점차 실망했다. 이로써 서구 앞에서 옐친이 저자세를 보인다는 정치적인 비판이 점차 큰 힘을 얻게 되었다. 서구 국가들, 세계은행, 국제통화기금으로부터 차관과 원조를 얻기 위해서 노력하면서, 옐친은 일찍이 1992년에 러시아는 공산주의로부터 돌아서는 대전환기에 있는 강국이지 "자선 대상"이 아니라는 점을, 러시아가 원조를 받기 위해서 필요한 국내 경제정책에 대해서 강한 요구를 내세웠던 서구 지도자들에게 상기시켰다.

동유럽으로 나토가 확대된 것은 특별한 긴장의 원인이 되었고, 러시아에서 강한 부정적 반응을 불러일으켰다. 이런 움직임은 반러시아적인 것이라고 판단되었는데, 여기에 타당성이 없는 것은 아니었다. 1997년 3월에 국가 두마는 나토 확대에 대해서 300대 1로 반대 의사를 표명했는데, 이것은 정치적으로 거의 만장일치를 이룬 드문 사례였다. 반서구적 옐친 비판자들은 서구가 러시아의 약화와 고립을 원하는 증거가 나토의 확대라고 주장했다. 러시아 국경 가까이까지 과거에 반소련 군사 동맹을 확대시키는 이런 움직임을 러시아인들—그들은 어떻게 하더라도 이것을 막을 수 없다는 점을 알았다—이 수용하도록 만들려는 타협책이 제안되었다. 그런 타협책 안에는 회원국들이 서구 열강과 "평화를 위한 동반자 관계"라는 모호한 표현을 사용한다거나, 회원국 확대의 속도를 늦추는 것 등이 포함되어 있었다. 그러나 우리가 살펴봤듯이, 변화의 흐름은 멈출 수 없었다. 1999년과 2009년 사이에, 소련의 주도로 나토에 대항하여 1955년에 결성된 바르샤바 조약 기구에 속했던 모든 회원국들이 나토 가맹국이 되었다. 물론 러시아는 여기에서 빠졌다.

구 유고슬라비아에서의 갈등은 러시아와 나토의 관계를 더욱 훼손시켰다. 옐친 정부는 감정적인 이유에서뿐만 아니라 실질적인 이유에서도 세르비아인들과의 특별한 관계를 주장했다. 세르비아인들은 슬라브족에 속했고 정교도였다. 볼셰비키 혁명 이전에 러시아는 세르비아인들의 보호자로 자처했다. 1994년에 국제연합의 경고를 무시했다는 이유로 미국이 보스니아의 세르비아인들을 국제연합의 승인도 받지 않고 폭격했을 때, 러시아인들은 분노했다. 그 사건을 통해서 그들은 세계에 단 하나 남아 있는 초강대국이 다른 국가들에게는 자신이 만든 규칙을 강요하면서도 스스로는 그것을 따르지 않는 것 같은 위선적인 일방통행주의를 보았다. 그러나 러시아 군대는 곧 국제연합의 지휘하에 나토군을 옆에서 도와주도록 초청되었고, 러시아는 더 이상의 미국의 공습을 막기 위한 휴전을 중재할 수 있었다. 그러나 관계는 긴장된 채로 남았다. 1994년 말 무렵에 옐친은 "차가운 평화"가 차가운 전쟁을 대체하고 있다고 경고했다. 그의 외무부 장관인 코지레프는 곧 "밀월여행은 끝났다"고 선언했다. 코소보의 비극은 하나의 이정표였다. 유고슬라비아의 나머지 지역은 계속해서 해체되었고—러시아인들은 이 문제에 대해서 아주 애석해했다—세르비아계 유고슬로비아 지도자인 밀로셰비치는 대체로 알바니아계 이슬람교도들이 거주하는 코소보가 분리되어나가는 것을 막으려고 했다. 미국이 주도한 나토는 난폭한 잔혹 행위와 "인종 청소"로 인해서 개입이 필요하다고 주장하면서, (또다시 국제연합의 승인 없이) 1999년 3월에 세르비아를 폭격했다. 러시아의 일반 대중과 정부는 격노했다. 많은 사람들은 세계에서 주요한 "깡패" 국가인 미국이 언제든지 어디에서나 원하는 대로 개입하려고 결심했다고 주장했다. 러시아 정부는 그 공격을 비난했고, 나토 창설 50주년 행사에 내빈으로 참석해달라는 제안을 단호히 거절했다. 그러나 옐친과 그의 정부는 서구와의 중요한 유대관계를 유지했고, 러시아는 폐허가 된 지역에 주둔하여 복구에 참여하면서 러시아의 국제적 위상을 높였다. 아주 중요하게도, 충돌이 발생한다고 할지라도 이것이 더 이상 끔찍스런 핵무기 대결을 의미하지는 않는다는 것이 분명해졌다.

푸틴 역시 계속해서 유럽 연합과 나토에서 반러시아적 징후에 대해서 경고하면서, 러시아의 지역적 권위를 존중해달라는 요구를 제기하는 것과 실용주의적인 일 처리를 지속하는 것 사이에서 균형을 유지했다. 사실, 러시아를 배제하거나 자극하는 것에 대해서 경고하면서, 국제 문제에 개입시켜달라는 러시아의 요구는 푸틴 치하에서 더욱 강력해졌다. 그러나 "유럽" 열강으로서 자국의 정체성을 확립하고 러시아의 이익을 추구하기 위한 최선의 방법은 협력하는 것이었다. 러시아는 소련 붕괴 이후의 시기에 유럽 열강과의 협력관계를 용이하게 하도록 고안된 수많은 협정과 기구에 참여했다. 예를 들면, 1997년의 유럽 연합-러시아 동반관계 및 협력협정, 격년으로 개최되기로 한 유럽 연합-러시아 정상회담, 2002년에 결성된 나토-러시아 협의회, (러시아가 유럽 연합의 권위가 지나치게 높게 책정되었다고 보고, 새로운 "유럽 이웃 정책"에 참여하기를 시위조로 거절한 이후인) 2005년 이후에 유럽 연합-러시아 협력의 "공동 공간"을 위한 계획 등이 포함되어 있었다. 물론, 그리고 아마도 아주 중요한 것은 유럽 연합이 수출(특히 에너지 공급)이나 수입품과 식량에 대해서 러시아에게 가장 압도적으로 큰 국제적 교역 대상이라는 점이었다.

특히 부시(재임 기간 2001-2008) 대통령과 푸틴(재임 기간 2000-2008) 대통령 재임 기간에 양국이 세계 문제에 좀더 적극적인 태도를 보였을 때, 러시아의 대미 관계는 많은 걱정을 자아냈다. 정치학자인 코헨 같은 자유주의적인 성향을 가진 미국 외교정책 비판자들은 "모스크바에서는 냉전이 종식되었으나, 워싱턴에서는 그렇지 않다.”는 것이 근본적인 문제라고 주장했다. 코헨의 말에 따르면, 미국은 “무자비하고 승자 독식의 방식으로, 1991년 이후부터 러시아가 약해졌다는 점을 이용”하려고 했다. 그리하여, 러시아는 미국과 나토 기지에 의해서 “점차로 군사적으로 포위당하게” 되었고, 러시아가 자국 영토 바깥에서 합법적인 국가이익을 얻거나 이것을 추구하려는 힘을 가지는 것이 암묵적으로 부인되는 결과가 생겼다. 우리가 살펴봤듯이, 옐친조차도 러시아를 모욕하지 말도록 서구 지도자들에게 경고했다. 옐친과 클린턴이 1994년에 모스크바에서 회동했을 때, 옐친은 실질적인 물질적 지원을 포함하여 미국의 대러시아 정책의 많은 문제점들에 대해서 불평했다. 사실 1990년대에 주로 국제통화기금과 세계은행을 통해서 수십 억 달러가 러시아에 차관으로 제공되었지만, 불만은 남아 있었다. 많은 러시아인들은 훨씬 더 많은 후원을 받을 것이라는 기대가 배신당했다고 생각했다. 클린턴(1998년의 발언)은 “칠흑같이 어두운 곳에서 40와트의 전구만 켜져 있었다”는 말로써 제한적인 노력만 있었다는 데에 동의했다. 이미 언급되었듯이, 미국의 세르비아 폭격과 나토의 팽창은 이런 긴장을 증가시켰다.

푸틴이 권력을 잡았을 때, 미국과의 관계는 비교적 안정적이었지만, 푸틴은 미국이 포스트 공산주의 시대의 러시아에 대해서 계속해서 생색내는 태도만 보이는 상황에 직면했다. 옐친 시대에는 서구의 평론가들이 러시아가 세계무대에서 정치적으로 한물간 국가이자, 경제의 기능이 마비되었으며, 인구는 감소하고, 정치질서는 혼란스럽고 부패하며, 질적으로 저하된 군대를 가진 국가로 치부하는 이야기를 듣는 것은 흔한 일이었다. 2000년 이후에는 민주주의를 후퇴시킨다는 비난이 러시아를 동반자로 간주하지 못하게 만드는 또다른 이유가 되었다. 대부분의 러시아인들과 정치인들과 마찬가지로 푸틴으로서는, 존중받고 영향력 있는 강국으로서의 러시아의 세계적 위상을 회복하는 일이 중요했다. 이것은 국내정책에서 우리가 살펴봤던 바로 그 결합, 즉 애국적인 자기주장과 실용적인 현실 정치를 혼합하는 입장을 적용하는 것을 의미했다. 푸틴은 러시아의 세계적 역할을 주장하기로 결심하면서도, “러시아라는 곰이 으르렁거리더라도” 더 이상 아무도 두려워하지 않는 세상에서 이런 일을 해야 한다는 점을 잘 알고 있었다. 냉전 종식 이후의 세계에서 미국이 가진 특이할 정도의 강력한 입지는 핵심적인 관심 사항이었다. 2000년 6월에 나온 공식적인 대외정책 개념보고서는 이제 만들어지고 있던 푸틴의 접근법을 강조했다. 즉, 러시아는 제한된 자원만 가지고 있기 때문에 극히 중요한 이해관계가 있는 지역에 관심을 집중해야 하지만 이러한 이해관계를 강력히 고수해야 한다는 것, 나토의 팽창은 바람직스럽지 않지만 안보와 경제적 협력이라는 두 가지 면에서 러시아의 협력은 더욱 중요하다는 것, 그리고 장기적으로 보면 미국이 단일하게 경제적 및 정치적으로 지배하는 현재의 상황은 "다극적인 세계"로 대체되어야 한다는 것 등이 바로 그것이다. 푸틴은 전략무기 감축 협상을 계속하고, 요격 미사일망(ABM) 규제조약을 수정하기 위한 미국의 계획에 기꺼이 타협한다는 의사를 보여주었는데, 이런 조치로 인해서 미국은 전략무기를 대폭적으로 상호 감축하는 대신에 국가 미사일 방어체제(NMD)에 대한 실험을 시작할 수 있게 되었다. 푸틴은 다른 협정에도 서명했으나 긴장은 지속되었다. 국가 미사일 방어체제를 둘러싼 갈등은 계속되었으며, 클린턴 대통령과 푸틴 대통령 사이에는 개인적인 친밀관계도 거의 없었다. 2000년 11월에 부시가 미국 대통령으로 당선되었을 때, 양국 관계는 더욱 냉각되었다. 전직 소련 전문가인 라이스와 같은 부시의 조언자들은 러시아가 약하기 때문에 협력은 불필요하며 현명하지 못하다고 공개적으로 주장했다. 러시아의 경제 문제는 스스로 해결해야 하며, 안보 관련 정보를 공유하는 것은 유출 위험 때문에 위험하고, 러시아는 "서구에 대한 위협"으로 남아 있다는 것이다.

러시아의 입장에서는 계속해서 세계에서 미국의 단일한 권력을 축소시키면서, 자국의 고립 상태를 최소화하려고 노력했다. 푸틴은 유럽, 특히 독일과의 양자 유대관계를 발전시켰다. 독일의 지도자들은 미국에 대한 러시아의 우려에 공감하고 있었다. 미국과 나토에 대응하기 위해서 인도-중국-러시아 동맹을 구축한다는 1990년대의 구상은 대체로 폐기되었지만, 푸틴 정부는 특히 러시아의 무기 시장이자 에너지 공급처인 중국과의 경제관계 확대를 활발하게 추진했다. 중동에서 러시아는 미국에 의해서 정식으로 배제되기는 했지만, 평화협상에 직접 개입했다(그러나 러시아는 1993년의 오슬로 협정에서는 공동 보증국이었다). 러시아는 이란과의 관계를 재수립해서 심지어 무기 거래를 재개했고, 이라크와도 관계를 다시 맺었다. 푸틴은 북한을 방문하여 북한이 핵무기 프로그램을 포기하도록 설득했다고 생각했다(그러나 북한은 어떤 약속도 하기를 거부했다). 그리고 푸틴은 러시아 기업들을 위한 사업 기회를 확대하기 위해서, 베트남과 남한을 방문했다. 그리고 그는 아바나에서 카스트로를 방문하여 경제관계를 지속할 것이라고 약속했고, 미국이 라틴 아메리카와 세계를 지배하려고 노력한다고 개탄하는 쿠바 대통령의 견해에 동조했다.

그러나 푸틴은 실용주의적 입장으로 인해서, 세계에서 미국에 도전하는 노선을 지나치게 멀리 지속하려는 유혹을—그리고 외교정책 수립자들과 군부 기득권층의 많은 조언을—물리칠 수 있었다. 결국 러시아의 목표는 아웃사이더나 훼방꾼이 아니라, 세계 정치의 무대에서 한자리를 차지하는 것이었다. 그리고 미국의 국력이라는 현실은 무시될 수 없었다. 부시와 푸틴 사이에 개인적으로 끌리는 감정도 도움을 주었다. 2001년 여름에 그들의 첫 만남 이후에, 부시는 "나는 그의 영혼에 대해서 감을 잡을 수 있었다"라는 유명한 말을 했다. 여러 달 뒤에, 텍사스의 대통령 목장에서 또다른 만남 이후에, 부시는 "나는 그의 정신과 영혼을 더 많이 알면 알수록, 우리가 긍정적인 방향으로 함께 일할 수 있다는 것을 더 잘 알게 된다"라고 덧붙였다. 부시가 역점을 두고 있던 미국 미사일 방어체제에 대한 토의가 다시 시작되었고, 부시는 푸틴의 관심 사항인 러시아의 세계무역기구 가입을 지지할 것이라고 약속했다. 아주 중요한 것은 (그리고 심지어 예언적인 것은) 그들이 이슬람 근본주의의 위협이라고 보는 것과 싸워야 한다는 데에서 강한 공통적 관심을 찾았다는 점이다. 그들의 회동 후에 부시가 "나는 자신의 미래를 깨닫고 있는 사람이 서구와 함께 있다는 것을 깨달았다.……반면에, 그는 미국에 의해서 폄하되기를 원하지 않는다"라고 논평한 것을 보면, 그가 여러 가지 점에서 푸틴을 이해했음을 알 수 있다. 2001년 9월 11일에 미국에 대한 테러리스트의 공격은 미국과 러시아의 관계를 한층 따뜻하게 만들었다. 푸틴은 부시 대통령을 전화로 위로해준 최초의 세계 지도자였으며, 푸틴 스스로 "전적으로 무고한 사람들을 목표로 한 야만적인 테러 행위"라고 부른 일에 대한 분노를 공유했다. 분명히, 푸틴은 체첸 갈등을 염두에 두고 있었다. 왜냐하면 그는 이미 체첸 갈등을 이슬람 근본주의 및 국제 테러리즘과 연결시켰으며, 러시아가 체첸에서 벌이는 잔혹한 싸움에 대해서 더 많은 공감을 얻을 수 있을 것으로 보았기 때문이다. 아주 미세한 정도이기는 하지만, 많은 러시아인들은 9·11을 계기로 하나의 축을 가진 세계라는 환상은 깨지고, 안보와 평화를 위한 공동 투쟁에서 미국이 좀더 협조적인 태도로 다른 나

(2008년에 대통령으로 선출된) 드미트리 메드베데프와 (2000-2008년에 대통령을 지내고 그다음에는 총리로 지명된) 블라디미르 푸틴 사이의 정치적 관계와 균형은 많은 추측을 낳았다. 대부분의 전문가들은 러시아에서 푸틴이 우세한 위치에 남아 있다고 믿고 있다. (Dmitry Astakhov/AFP/Getty Images)

라와 협력하게 될 것이라고 보았다. 세계 테러리즘과의 투쟁에서 미국과 러시아의 "연대"를 제안함으로써, 러시아는 또다시 협력의 장으로 나아가고 있었다. 푸틴은 중앙 아시아에 있는 구소련 기지에 미군 부대를 암묵적으로 받아들이는 것 등 아프가니스탄에서 알카에다와 탈레반을 추적하기 위한 미국의 계획을 지원하기 위해서 (비록 정부 내의 많은 반대가 있었지만) 정보를 공유할 것을 제안했다. 2001년 12월에 미국 국무장관이 요격 미사일망 규제조약에서 빠져나올 것이라고 모스크바에 통보했을 때, 러시아는 별 반응을 보이지 않았다. 그 이후의 몇 달 동안 러시아는 많은 부문, 즉 새롭게 확대된 G8 공업 국가들의 정회원으로서, 이스라엘과 팔레스타인인들 사이에 평화를 위한 로드맵(Road Map for peace)에서 미국, 국제연합, 그리고 유럽연합과 함께 공동 보증국("4개국")으로서, 세계 에너지 정책과 기술 교환을 협의하는 일에서, "대량살상 무기"의 확산을 저지하기 위한 조치에서, "테러리즘과의 전쟁"에서 공조하는 일에서 미국에 적극 협력했다.

그러나 대미 관계는 또다시 악화되기 시작했다. 불신이 깊어졌고, 러시아는 미국에 양보를 해도 별로 얻을 것이 없는 것 같았다. 러시아의 많은 정치 지도자들은 미국이 요격 미사일망 규제조약을 파기하고, 중앙 아시아와 그루지야에 군대를 주둔시키며, 동유럽 국가들과 구소련의 발트 국가들을 나토와 유럽 연합으로 통합시키려는 움직임을 계속 보이는 등의 정책에 대해서 우려했다. 무엇보다도 비판자들이 불만을 토로하고 푸틴 자신도 의문을 달고 있듯이, "이 모든 양보가 러시아에 무슨 이익이 있는 것인가?"라는 질문이 제기되었다. 러시아의 많은 엘리트들은 고르바초프 시대의 백기 투항이 반복되고 있으며, 일방통행식의 미국에 의해서 상황이 점차로 악화된다고 보았다. 이런 관점에서 보면, 2003년 3월에 미국 주도의 이라크 침공을 러시아가 반대한 것도 놀라운 일이 아니다. 2001년의 아프가니스탄 침공은 탈레반에 대해서 러시아가 가져왔던 오랜 적대감 및 테러리즘의 위협에 대한 관심에 부합되었던 반면에, 이라크가 국제 테러리즘과 관련이 있다는 증거는 별로 없었다. 이라크 전쟁은 이라크와 러시아가 맺고 있던 경제적 유대관계를 위협했으며, 미국의 일방통행주의의 또다른 징후인 것으로 보였다. 그것은 러시아가 프랑스 및 독일과 보조를 맞추어 전쟁에 반대할 수 있는 명분을 제공했다. 그러나 러시아의 항의는 미국과의 관계를 단절시키지는 않았다. 사실 일부 전문가들은 이런 갈등이 훨씬 더 높은 단계로 양국 관계를 진전시킨 것이라고 보았다. "모스크바는 용기를 내어 이의를 제기했고, 워싱턴은 마지못해하면서 그렇게 할 수 있는 권리를 인정해주었다." 그러나 긴장의 근원은 남아 있었다. 오히려, 푸틴과 부시의 두 번째 대통령 재임 기간에 긴장은 높아졌다. 미국 관리들은 러시아 정부가 사업계의 거물들을 체포하고 독립 미디어를 공격한다고 종종 비판하면서, 여전히 걸음마 단계에 있는 "시민사회"와 경쟁적인 정당이라는 안정된 체계를 갖추고 있지 못한 것에 대한 실망감을 공개적으로 표명했다. 반대로, 러시아의 관리들은 나토의 확대, 그리고 그루지야와 우크라이나와 키르기스스탄에서의 민주주의적인 "색깔 혁명"을 선동하려는 미국의 노력, 가까운 외국들*과 동유럽에서의 미군의 주둔, 폴란드와 체코 공화국에서 요격 미사일 방어망 체계를 구축하려는 계획에 대한 2007년의 발표, 2008년 전쟁 동안에 그루지야에 대한 지원 등 미국이 취한 최근의 많은 정책이 러시아를 위협한다고 비판했다. 이란의 핵발전소 건설을 러시아가 도와

* 구소련 국가들을 가리킨다/역주

준 일, 이웃 국가들과의 거래 도구로 석유 공급을 이용한 일 등은 미국의 강한 비판을 불러일으켰다. 미국과의 교역이 아직 저조한 상태에 머물러 있다는 것은 이질감과 거리감을 더해주었다. 몇몇 수사적 표현은 아주 적대적일 수도 있었다. 예를 들면, 2006년에 빌뉴스에서의 회동에서 미국의 체니 부통령은 러시아가 인권을 제약하고 이웃 국가들을 지배하려고 하는 것에 대해서 러시아를 비난했으며, 푸틴은 2007년에 "연약하고 유약한 국가를 원하고 있는" 외국 정부들을 책망했다. 그럼에도 불구하고, 양측은 러시아와 미국 사이의 관계가 "우호"와 "신뢰"에 기반하고 있으며, "신냉전"에 대한 말은 터무니없다고 계속 주장했다. 푸틴과 같은 러시아 지도자들에게, 이것은 실용주의와 이상론 모두에 기반을 둔 우호관계였다. 한 러시아 외교정책 자문가가 표현한 것처럼, "러시아 지도부 내에 있는 많은 사람들은 미국에 대해서 분개하고 있지만, 미국의 힘에 적응하는 것이 낫다는 결론을 내렸다." 아무튼, 비록 미국이 세계에서 종종 "어리석고" 해로운 일을 하기는 하지만 그것은 "현대화의 방향으로 갈 때 우리가 얻어탈 수 있는 유일한 증기선이다." 러시아인들은 미국의 일방통행주의, 그리고 심지어 이데올로기적인 메시아주의에 대해서 계속 불만을 토로하면서도, 격한 반응을 보이지는 않았다. 2008년의 미국 대통령 선거에서 공화당이 패배하고 오바마가 대통령으로 당선된 이후에, 러시아 외교관들은 2009년에 바이든 부통령이 말한 대로 "이제 재조정 버튼을 눌러서, 우리가 할 수 있고 함께 일해야 하는 많은 문제를 다시 논의할 때가 되었다"라는 미국의 공식적인 성명을 환영했다. 러시아인들이 격렬하게 반대했던 일, 즉 중유럽에 요격 미사일을 배치하는 계획을 포기하는 등의 중요한 조치가 취해졌다. 동시에, 러시아의 지도자들은 세계의 부와 권력의 새로운 중심지들이 계속해서 대두됨에 따라서 미국의 국력이 쇠퇴할 것인지에 대한 입장표명을 계속 보류했다. 메드베데프 대통령이 2009년에 브릭스(BRICs) 국가들(브라질, 러시아, 인도, 중국)과의 회동에서 말했듯이, "좀더 공정한 세계질서"가 수립되는 것은 바로 그렇게 떠오르는 경제를 가진 국가들과의 동맹을 통해서일 수도 있다.

제44장

1991년 이후의 사회와 문화

삼총사여, 당신들은 어디로 달려가고 있는가? 당신들이 가는 길은 어디에 있는가?

마부는 또다시 보드카에 취해 있다.

성인(聖人)들이 예언했듯이, 모든 것은 위기일발의 상황에 놓여 있다.

나는 고대 러시아인들의 슬픔과 갈망을 가지고 그것을 바라보고 있다.

—그레벤시치코프(1996)

집단농장이 여기 있었을 때, 당신은 썰매나 지붕 재료 혹은 당신이 원하는 어떤 종류의 못도 가질 수 있었다. 이제 모든 것이 흩어졌다. 그게 전부이다. 그 모든 것은 점점 흩어져가고 있다. 내가 하려고 하는 이야기는 이것이다. 여기에서 좋은 것은 아무것도 없다.

—비코프(76세, 이수포바 마을 주민, 2004)

1991년에 공산주의 통치가 종식된 이후, 사회생활과 문화생활에 대한 경험을 규정짓는 개념은 불확실성이었을 것이다. 번영하는 시장 민주주의로 신속하게 전환할 것이라는 약속을 옐친이 이행하지 못한 사실, 자유가 가져다준 것에 대해서 가졌던 광범한 희망 뒤에는 단순한 실망감과 분노라기보다는 미묘한 방향감각을 상실하는 현상이 뒤따랐다. 1990년대에 행해진 여론조사를 보면, 국민들이 물질적인 고통(이것은 결국 새로운 것은 아니었다)보다는 널리 만연된 불안정(nestabil'nost'), 해체, 미래에 대한 불확실성 등으로 힘들어했다는 것을 계속해서 알 수 있었다. 학자들은 "소련 생활의 가면 벗기기" 같은 역사적으로 부정적인 용어를 사용하여 이 시기를 규정했다. 우리는 많은 급진 개혁이 다름 아니라 과거의 경제적, 사회적, 정치적 구조를 해체하려고 했던 목적으로부터 영감을 얻었음을 보았다. 이런 역사적인 파괴 행위는 굉장한 경험이자 새로운 기회 및 희망을 제공할 수는 있었지만, 끔찍스럽고 실망스러운 것이었을 가능성도 높았다. 많은 사람들에게는 그 두 가지 말이 한꺼번에 다 사실일 수도 있었다. 이런 역사는 새로운 형태의 질서와 통제를 점차 공식적으로 수용하게 된 것, 과거에 대한 향수, "정상 상태"에 대한 희망 등을 설명하는 데에 도움을 줄 수도 있다. 이 장에서는 이런 모순된 사회적 경험을 살펴보려고 한다. 그뿐만 아니라, 사람들이 주위 세계를 어떻게 이해하고, 러시아가 어디로 가고 있는지 판단하며, 자신들이 어떻게 적응하며 무엇을 믿는지를 결정하려고 노력했는지 고찰해보려고 한다.

빈곤과 부

공산주의의 해체의 가장 눈에 띄는 결과 중의 하나는 러시아 사회가 다시 극심하게 계층화되었다는 점이다. 사회주의적인 균등—비록 이것은 실질적인 사회현상이라기보다는 이데올로기적인 이상이기는 했지만—은 완전히 폐기되고, 개인 기업인들에 의한 재산과 부의 무자비한 획득, 투쟁과 경쟁을 위한 개인들의 새로운 자유, 급격히 확대되는 사회적 불평등이 그것을 대신했다. 많은 러시아인들은 이런 변화를 개인적으로나 도덕적으로 불쾌하게 생각했다. 경제의 사유화는 프리흐바티자치야(prikhvatizatsiia)(생소하기는 하지만 사유화를 의미하는 일상적인 단어인 프리바티자치야[privatizatsiia]가 강탈한다거나 움켜잡는다는 의미와 결합되어 조롱조의 신조어인 프리흐바티자치야가 생겼다)라는 오명을 널리 얻었다. 그리고 러시아인들은 (비록 조롱조의 유머도 있었지만) 경멸적인 투로 신러시아인들(nouveau riche)에 대해서 말하기 시작했다. 여기에 속한 사람들은 최근에 급속히 부를 획득했을 뿐만 아니라, 당연한 것으로 여겨지는 부정직함, 이기적인 탐욕, 부패한 정치적 특권과의 결탁, 지하 범죄, 과시적인 소비지상주의, 낮은 문화수준 등의 특징을 가졌다고 규정되는 계층이었다. 노상강도 귀족, 정실 자본주의, 약탈형 정치가들 등 러시아인들과 서구 언론이 새로운 러시아 부자들을 묘사하기 위해서 사용된 다른 용어들도 사회분석과 도덕적 판단이 혼합되어 있음을 보여주었다.

자유주의적인 사회학자들은 이런 새로운 경제 엘리트의 대두에 대해서 보다 관대한 해석을 제시한다. 특히 교육받고 도시화된 자산가들이 개인적인 창의력, 경제적 자유와 정치적 자유, 공적 생활에 대한 시민적인 참여를 지지하는 것은 짐작컨대 자연스러운 경향이라는 점을 고려해본다면, 그들도 역사에 등장한 다른 부르주아들과 마찬가지로 러시아의 시장 민주주의 발달에 기여했다고 볼 수 있다는 것이다. 한편 다른 분석가들은 기업가들이 포스트 공산주의 시대의 러시아에서 다양한 방법으로 정상적인 사업을 방해하고 왜곡하는 수많은 장애물들과 마주쳤다고 논평했다. 그런 장애물의 사례로는 사기업 활동을 범죄행위라고 보았던 소련의 유산, 부적절한 제도적, 법적, 회계상의 조건들, 높은 비중을 차지하고 있는 부패와 범죄, 심지어 러시아 기업의 창립과 기업의 운영 과정에서의 폭력, 러시아 일반인들 사이에 사기업에 대한 부정적이거나 선호가 불분명한 태도가 확산되었다는 점을 들 수 있다. 분명한 사실은 비록 난데없이 생겨났다고는 볼 수 없지만, 강력한 새로운 계급이 사실상 하룻밤 사이에 등장했다는 것이다. 대부분의 주도적인 자본가들은 비록 그들이 개인적인 추진력과 동기—어떤 사람들은 이것을 통찰력이라고 보고 어떤 사람들은 탐욕이라고 본다—를 가진 개인이기도 했지만, 1990년대에 이미 자원과 권력에 대한 접근 권한을 가지고 있었다. 전문가들에 따르면, 1990년대 중반에 엄청난 부와 정치권력과의 밀접한 유대관계 때문에 "올리가르흐"들이라고 알려진 기업인들이 주도했던 7개의 강력한 금융—산업 집단 중 5개는 소련 시기의 관료 및 기구의 정치적 및 재정적 지원을 직접 받아서 설립되었다. (21세기 초에 세계에서 최고 부자 중의 한 사람으로 널리 생각되었던) 호도르콥스키는 공산청년동맹(콤소몰)의 간부였다. 블라디미르 비노그라도프는 국영은행의 경제학자이자 콤소몰 간부였다. 베레좁스키는 학술원에서 정보관리 전문가로 있으면서, 소련의 대형자동차 제조회사를 위한 자문 역할을 맡았다. 예외도 있었다. 예를 들면, 푸틴 시대에 러시아 최고 부자의 목록 중 종종 꼭대기에 자리잡은 아브라모비치는 교육 수준이 높지도 않았고 특별한 연고도 없었지만, 고르바초프 시대에 암시장 거래와 소규모 사업으로 출세하기 시작했다. 이런 슈퍼 엘리트의 범위를 넘어서 살펴보면, 1990년대 중반의 대다수의 대기업인들은 경영자이거나 기업 관리인이었고, 전형적으로는 공산당원이었으며 종종 높은 수준의 교육을 받았다. 물론 구신스키 같은 일부 기업가들은 훌륭한 교육(전형적으로는 기술 교육이 아니라 인문계 교육을 받았다)을 받았으나, 스스로 체제의 국외자라고 느끼고 있었다. 예를 들면, 구신스키는 소련–미국 합작 사업을 설립하는 데에 도움을 줌으로써 부를 축적하기 이전에는 작은 극장의 지배인이자 택시 운전사였다. 이런 집단은 푸틴 시기에 직접적인 정치적인 영향력이 점차 제한되기는 했지만, 계속해서 부를 증대시켰다. 『포브스』지의 추산에 따르면, 러시아에서 10억 달러(미국 달러 기준) 이상의 자산가의 수는 2004년의 36명(10억 달러 자산가인 모스크바 시장 부인을 제외하면 모두 남자)으로부터 2008년에는 87명으로 증가되었는데, 이것은 세계에서 미국 다음으로 많은 숫자이다.

사실상 예외적일 정도의 부를 수중에 집중시킬 수 있었던 올리가르흐들에 대해서 온갖 관심이 집중되었음에도 불구하고, 러시아의 새로운 기업인 집단은 다양했다. 대부분의 "신러시아인들"은 비록 올리가르흐들과 많은 공통점을 가지고 있었지만 동일하지는 않았다. 그들은 젊고 부유했으며, 제조업—침체되어 있기는 하지만, 여론상으로는 좀더 존경받는 경제 분야—이 아니라, 금융, 상업, 서비스 분야와 범죄를 통하여 자신들의 부를 축적했다. 그들 대부분은 비록 자신들의 사업을 위한 보호와 후견 "지붕(krysha)"을 위해서 비용을 지불하는 것일 따름이기는 하지만, 범죄조직과 어느 정도 관련되어 있었다. "신러시아인들"은 그들이 가진 부만이 아니라, 새로운 경제적 기풍을 나타내는 데 아주 많은 시사점을 주기 때문에 많은 주목을 받았다. 그들이 가진 메르세데스와 랜드 크루저, 그들의 값비싼 서구식 복장, 그들의 멋진 응접실과 체육관, 서구 잡지에서 영감을 얻은 거품 욕조와 수입 가구로 치장된 벽돌식 별장(kottedzhi), 그리고 그들의 여성들("신러시아인들"은 항상 남성이었다. 부인이든 곳곳에 있는 정부[情婦]이든 간에 여성의 역할은 소유되거나, 돌보아주거나, 남성의 삶을 장식하기 위한 것이었다)만이 아니라, 그들의 직업과 부 등 모든 것은 그들이 과거 소련의 엘리트와는 확연히 다르다는 것을 보여주었다. 그러나 이것은 자본주의적 기업가라는 빙산 중에 눈에 보이는 일각일 따름이었다. 1991년 이후에 새로운 기업 활동을 하는 다양한 집단이 생겼는데, 그중에는 남성들도 있었고 아주

1992년에 모스크바에서 개최된 "인민 베체"에 참석한 시위자. 포스터에는 "소련에서 페레스트로이카의 목표 : 그들 제각각인가? 프리흐바티자치야"라고 적혀 있다. 그림에는 기업가들과 관료들이 공장 지배권을 장악하고, 일반 시민들은 오직 "구매권"만 부여받았음을 보여주고 있다. 그 뒤에 있는 시위 참가자들은 적기(赤旗)를 들고 있다. (*Mark Steinberg*)

가끔 여성들도 있었다. 그중에는 사유화된 기업의 최고 경영자들, 기업의 중역이 된 공무원들, 새로운 미디어와 소규모 기업의 창립자들, 보호료 명목의 돈을 갈취하는 "마피아" 두목들도 있었다. 합리적인 자본주의에 결코 유리하지 않은 여건이었음에도 불구하고, 러시아 전역에 걸쳐서 수만 명의 기업인들이 기업 활동에 뛰어들었다. 그러나 1998년에 발생된 금융위기로 인해서 많은 사람들이 기업 활동을 중단할 수밖에 없었다. 반면에, 평가절하된 루블은 국내 생산을 위한 새로운 가능성을 만들어주었다. 그리하여 서비스와 교역만이 아니라 국내 제조업에 종사하는 중소기업이 성장하게 되었다. 사실 1999년 무렵에는 비록 모스크바, 상트페테르부르크, 그 외의 대도시에 집중되어 있기는 하지만, 소규모 기업이 급증하고 있었다.

사회학자들과 경제학자들은 새로운 러시아에서 사업가들이 직면하고 있는 주요 도전은 공적인 태도—흔히 설명된 것에 따르면, 직접적인 노동을 통해서 벌지 않은 부는 "전통적으로" 도덕적 경멸의 대상이었다—가 아니라, 러시아의 자본주의가 성장하게 된 구조적인 상황이라는 유산이라고 주장했다. 말하자면, 국가자산과 공적 자산이 대규모로, 그리고 종종 부패한 방법으로 개인들의 손으로 이전된 것인데, 이것은 사회학자인 본넬의 말에 따르면 "욕심 유형(mode of acquisitiveness)"을 만들어냈다. 그것은 베버가 설명한 근대 자본주의의 합리적인 모델(이러한 "문명화된" 기업 및 사회 상태는 많은 기업인들이 열망하는 바로 그것이기는 하다)이라기보다는 "개인주의적인 유대관계, 정치적인 영향, 범죄, 부패, 폭력적인 기업 운영 방식"에 기반을 둔 체계였다. 그러나 개인들은 이런 불확실한 체계에 참여할 준비가 되어 있었다. 사실 기업인들만이 아니라 점차로 많은 수의 컨설턴트들, 주식 중개인들, 상품 교역자들 그리고 온갖 종류의 기업에 고용된 사람들은 자본주의적 태도와 가치를 받아들였다. 더욱 폭넓게 보면, 많은 수의 봉급 및 임금 생활자들은 교육 수준이나 전문기술 그리고 직업을 기준으로 점차 자신들을 "중간계급"으로 보기 시작했다. 수입품이든지 국내산이든지 간에 소비품을 구매할 수 있는 능력은 제한적이기는 했지만 계속 증가되었고, 새로운 경제 질서도 수용되었다. 1999년부터 2004년 사이의 여론조사를 보면, 자신을 "중간계급"이라고 간주하는 러시아인들의 비율은 전체 인구의 약 20퍼센트에서 43퍼센트로 2배 이상이나 증가되었다. 그들의 대부분은 젊고, 교육받았고, 대도시에서 살았으며, 자신들의 수입이 좋다고 느꼈으며, 미래에 대해 낙관적인 태도를 가지고 있었다. 사실 객관적인 수치로 보면, 오늘날 중간계급의 실질적인 비율은 아주 낮다.

러시아에서 부의 성장은 빈곤의 지속 및 확대와 불가분의 관계이다. 이런 점에서 1990년대는 대단히 충격적이었고, 그 영향은 지속되었다. 극심한 인플레이션, 직접적인 임금 삭감, 노동 시간 단축, 일시적인 해고, 현금보다는 현물로 임금을 지급받는 일(이런 일은 1990년대 초반에 널리 행해졌다) 등의 다양한 이유로, 평균적인 실질임금은 하락했다. 1990년대를 통해서 엄청난 수의 노동자들은 아마도 다수가 임금을 제때에 못 받았고, 급료를 받기 위해서 때때로 수개월을 기다려야 했다. 대부분의 기업들은 해고보다는 임금 삭감을 선택했는데—이것은 사회적인 불안을 두려워해서였을 뿐만 아니라, 소련 시대의 가부장주의의 유산에 따라서 회사가 자사의 노동자를 돌보아야 한다는 인식이 반영된 결과이기도 했다—이로써 실업이라는 재앙을 어느 정도 제한할 수 있었다. 그러나 대부분의 전문가들이 지극히 보수적이라고 생각하는 공식적인 실업 자료에 따르더

1991년 이후에 상행위의 자유가 부여된 초기에, 모스크바에서는 이와 같은 소규모 판매 부스가 급증했다. 사진에서처럼 거의 대부분이 수입 상품인 주류, 담배, 간식거리 등이 특히 흔히 볼 수 있는 품목이었다. 독일어로 된 광고, 비닐로 만든 쇼핑백(그중 하나는 미국의 성조기로 장식되어 있다), 브래지어가 보인다. (*Mark Steinberg*)

라도, 실업률은 1992년의 5퍼센트로부터 1999년의 13퍼센트로까지 꾸준한 증가세를 보여주었다. 이런 구조적인 상황 악화는 이미 소련 시대에도 낮았던 생활수준에 강한 영향을 미쳤다. 1990년대 동안 국민 대다수의 1일 음식 섭취량은 감소되었다. 육류와 유제품의 1인당 소비는 줄었고, 총 칼로리 섭취량은 세계보건기구가 정한 최소치보다 낮은 수준에 다다랐다. 그런데 이 모든 일은 적어도 대도시에서는 수입된 고급 음식으로 가득 찬 상점과 새로운 값비싼 식당이 급증하는 동안에 발생되었다.

물론 일을 할 수 없던 사람들에게는 상황이 훨씬 더 좋지 않았다. 실업자들, 장애인들, 구소련 지역에서 도망친 사람들, 경제 이민들 그리고 주거 허가 없이 도시에서 살던 사람들 등 "박탈당한 사람들" 부류에 속한 사람들의 수가 증가했다고 학자들은 말했다. 절망적인 농촌의 빈곤 상황은 농촌으로부터의 대규모 이주를 유발함으로써, 수만 곳의 마을이 보통 소수의 노인들만 거주하는 유령 마을로 바뀌었다. 2004년에는 1만3,000여 곳의 마을이 공식적으로 비어 있었다. 생활비에 비해서 정부가 지급하는 연금의 가치가 낮아짐으로써 거대한 노

1999년, 모스크바의 작은 식료품 가게와 환전소. 푸시킨의 사진이 창문에 걸려 있다. 이처럼 상업 활동, 러시아 민족의 문화적 자부심, 외국의 광고가 혼합된 모습은 흔히 볼 수 있었다. (*Mark Steinberg*)

인층이 빈곤 상태로 내몰렸다. 노숙자들—여기에는 버려진 사람들, 고아들, 아동 깡패단을 구성한 가출 아동들만이 아니라 "박탈당한 사람들"이 포함되었다—은 대도시의 고질적인 문제가 되었다. 많은 러시아인들이 전환기에 살아남지 못했다는 것은 종종 문자 그대로 사실이었다. 소련 국민들의 기대수명이 65세에 달했던 1985년에 비해서 1990년대 말 무렵에 남성들은 평균적으로 겨우 59세까지만 살 가능성이 높았다(여성들의 기대수명은 74세로부터 70세로 아주 소폭 낮아졌다). 상승하던 사망률(1990년부터 2000년까지 30퍼센트 높아졌는데, 이로써 러시아는 주요 국가들 중에서 사망률이 가장 높았다)은 하강하던 출산율(많은 가족들은 시대가 불안정하기 때문에 소수의 자녀만 가지거나 자녀를 아예 포기했다)과 결합되어, 전체 인구의 감소로 이어졌다. 21세기가 시작되었을 때, 러시아의 인구는 매년 약 100만 명 정도 감소되고 있었다. 그리고 일부 유능한 사람들을 포함하여 많은 러시아인들은 해외로 이주했다.

　푸틴 치하에서 경제가 성장함에 따라서 이런 상황은 개선되었으나, 모든 사람들은 빈곤과 좋지 못한 건강이 꾸준히 문제로 남아 있다는 데에 동의했다. 세계은행의 기준에 따르면, 러시아에서 빈곤인구는 1999년에 41.5퍼센트로 절

2007년에 모스크바 중심가에서 찍은 이 사진에서 보이는 것처럼, 일부 도시민들의 부가 증대되는 반면에 비참한 빈곤과 노숙자가 존재한다는 것은 포스트 공산주의의 러시아의 생활에 있는 지속적이고도 골치 아픈 특징 중의 하나이다. (*Maxim Marmur/AFP/Getty Images*)

정에 달했다가, 그 이후의 10년 동안에는 20퍼센트까지 낮아졌다. 그러나 이런 추세는 2008년에 시작된 심각한 경제 위기로 제동이 걸렸고, 빈곤은 여전히 널리 확산되어 있다. 2008년에 신임 대통령인 메드베데프는 러시아가 직면하고 있는 가장 큰 내부적인 위협으로서 부패와 함께 빈곤을 들었다. 비정부기구의 연구와 생활 조건에 대한 국민들의 주관적인 생각에 대한 여론조사는 새로운 경기 후퇴가 시작되기 전인 2008년에 40퍼센트나 되는 국민들이 여전히 빈곤 상태에서 살고 있었음을 보여준다. 뉴스 보도와 사회학적인 연구는 대부분의 사람들이 기본적인 음식 이외의 것은 구매할 여력이 없다는 것을 계속해서 보여주었다. 상황은 특히 농촌지역―학자들은 "농촌의 빈곤화"라고 말하기 시작할 정도였다―과 러시아 연방의 남부 지역에서 심각했다. 공공 보건의 파국적인 상황도 지속적인 관심사로 남아 있었다. 유럽의 기준에는 러시아가 한참 뒤처져 있기는 했지만, 기대수명이 약간 늘어난 것(1999년부터 2008년까지 남성들의 경우에는 2년 증가)과 유아 사망률이 낮아진 것은 발전의 긍정적인 징조였다. 사실, 계속적인 인구 감소는 지속적인 사회적 훼손의 징후일 수 있다. 많은 러시아인들은 인구 감소가 경제적 위험을 야기할 뿐만 아니라 고통당하는 "민족”의 징후라고 보았기 때문에, 불안해했다. 출산율이 소수민족들 사이에서 더 높았다는 것은 최근에 민족적 및 종족적 적대감을 키우고 자극하는 많은 조건들 중의 하나이다.

1990년대 초에 공산주의자들과 민족주의자들이 주도한 일련의 격렬한 반정부 시위가 때때로 발생되었고, 2000년대에는 소수민족에 대한 폭력이 증가하고 있다는 점을 제외하면, 놀랍게도 러시아 사회가 심각하게 계층화되었다는 것이 공공연한 사회적 양극화나 대중의 항의로 이어지지는 않았다. 확실히, 여론조사는 새로운 부자들이 자신들의 부를 확대하기 위해서 사용하는 부도덕하고 불법적인 수단에 대해서, 그리고 그들이 정치권력과 맺은 부패한 연결 고리에 대해서 많은 사람들이 경멸감을 가지고 있다는 것을 보여주었다. 그리고 1990년대의 선거를 통해서 공산주의자들과 민족주의자들이 거둔 성공은 소위 “원한의 정치”를 반영했다. 그것은 소련의 몰락에 대한 정치적 손실이라는 비교적 추상적인 감정과 물질적인 고통이라는 개인적이고도 아주 구체적인 감정이 결합되어 생겼다. 그러나 새로운 사회적 조건—많은 사람들이 주장하기로는, 이 조건은 사회주의에 대한 환멸감으로부터 생겨났으므로 어떤 타당한 대안은 존재하지 않는 것처럼 보인다—을 수용하는 것과 변화를 위한 투쟁보다 생존에 초점을 맞추는 것은, 어려운 삶에 대한 가장 눈에 띄는 반응이었다. 파업이 발생되는 경우는 드물었다. 노동조합은 나시 활성화되지 못했다. 그리고 노동자들에 대한 여론조사는 점점 더 많은 보통의 러시아인들이 상품에 대한 좀더 많은 구매력을 가지기를 원하고, 새로운 사회적 상승의 기회를 가질 수 있기를 바란다는 사실을 보여준다. 그러나 무엇보다도, 개인들과 가족들은 생존 방법을 찾는 데에 자신들의 에너지를 집중했다. 특히 상황이 악화되던 1990년대에 사람들은 여러 개의 직업을 가졌고, 하찮은 일거리라도 찾아서 형편없이 낮은 연금과 장애인 생활비를 보충했으며, 식량을 위하여 텃밭을 경작했고, 가능하다면 친척들로부터 도움을 얻었으며, 자신들이 더 이상 필요로 하지 않는 물건들을 시장이나 거리 모퉁이에서 팔았다(혹은 구매해서 되팔았다). 특히 1990년대 초에는 거리에서 손에 물건을 잔뜩 들고서 파는 개인들이 긴 줄로 서 있는 모습은 흔한 광경이 되었다. 그리고 구걸 행위도 어디에서나 있었다. 특히 가정경제의 핵심 인물이자 개인으로서 여성들은 이런 생존 전략의 전면에 있었다. 보통의 러시아인들은 사회주의 이후의 경제적 곤경에 직면하여 소극적인 태도를 보이지 않았으나, "전환기"에 대해서 많은 사람들이 예상했던 것보다 더 큰 인내심을 가지고 있었던 것처럼 보이기도 했다.

쇠락, 해체, 무질서

공산주의의 몰락 이후에, 사회생활에 대한 공적인 인식에서 쇠락과 해체 현상이 만연했다. 녹이 슬고 고장이 난 기계, 열악해지는 도로와 건물, 붕괴되는 건물(낡은 건물은 보수를 하지 않았기 때문이며, 새로운 건물은 제대로 지어지지 않았기 때문이다), 온갖 종류의 설비가 노후화되고 수리되지 않음으로써 발생된 사고와 폭발, 가스와 석유 파이프라인의 파열, 화재, 정전, 독극물 방출, 비행기 사고 등으로 인해서, 러시아는 1990년대에 "항구적인 재난 구역"이 되고 있었다. 이런 일들은 신문과 정부 위원회에서 자주 보도 및 보고되었고, 시민들도 쉽게 목격할 수 있었다. 레닌은 공산주의란 소비에트의 권력과 전 국가의 전화(電化)를 더한 것과 동일하다고 선언한 적이 있다. 그런데 이제 고철로 팔기 위해서 전선과 장비를 약탈해가는 현상이 유행병처럼 번져나간다고 신문에 보도되었다. 이로써 정전만이 아니라 많은 감전 사고가 일어났다. 2000년 8월에 핵잠수함인 쿠르스크 호가 침몰해서 승무원 전체가 사망하는 비극이 일어났고, 그 직후에는 모스크바의 오스탄키노 텔레비전 송신탑에서 대화재가 발생되었다. 소련의 기술력을 상징하던 이 두 가지(오스탄키노 송신탑은 볼셰비키 혁명 50주년을 기념하기 위해서 세워졌다)에서 발생된 사고는 상징적인 것처럼 보였다. 한 소련 학자가 지적했듯이, "깜깜한 TV 화면은 러시아가 재앙의 시대로 들어가고 있다는 것을 말해주는 것처럼 보였다." 1990년대 이래로 어느 정도의 발전도 있었다. 건물과 도로의 외형적인 상태는 우선 새로운 부가 집중되어 재건축과 현대화 작업이 격렬하게 이루어졌던 모스크바에서 나아지기 시작했고, 다른 도시에서도 점차 그런 일이 일어났다. 그러나 열악해지던 아파트 건물과 새로운 화려한 주거지역, 그리고 황폐한 이웃과 번쩍번쩍 빛나는 쇼핑몰이나 문이 달린 공동 주거지역이 공존하는 모습은 러시아의 새로운 도시 풍경의 특징으로 남아 있다. 마찬가지로, 공공 안전에 대한 통계는 화재 등의 사고가 감소되고 있음을 보여준다. 그렇지만 러시아에서는, 심지어 모스크바에서도 여전히 다른 산업 국가들보다 더 많은 인명이 화재 등의 사고로 희생되고 있고, 2007년에 어떤 외국 언론인이 "러시아의 부분적인 부흥 아래에 지속되고 있는 무질서"라고 표현한 현상이 명확히 드러나고 있다.

사람들도 역시 고통을 겪고 있었다. 특히 1990년대에는 전염병뿐만 아니라, 심장마비, 뇌졸중, 암 등의 발병률이 급격하게 증가되었다. 결핵은 유행병 수준에 다다랐다. 간염, 매독, 에이즈 발병률도 치솟았고, 디프테리아, 뇌염, 장티푸스, 말라리아, 소아마비, 폐렴, 유행성 감기의 발병률도 심각했다. 높은 비율의 신병들은 육체적으로 부적합하다는 판정을 받았다. 모병 책임자인 갈킨 장군은 1990년대 후반에 신병들의 건강 상태가 "파국적"이라고 선언했다. 문제의 일부는 의사 등 의료 종사자들에 대한 낮은 봉급, 의약품과 다른 물품의 부족, 후진적이고 낙후되어가던 의료 설비 때문에 비틀거리고 있던 의료체계에 있었다. 제한적인 민영화는 극소수의 사람들에게만 혜택이 돌아갔다. 그러나 특히 널리 확산된 빈곤, 스트레스, 알코올 중독, 흡연, 인구 밀집, (특히 창녀들과의) 콘돔을 사용하지 않는 성행위, 정맥 마약 주사 등의 사회적 조건이 1차적인 원인이었다. 특히, 감옥제도는 "병리학적인 펌프"라고 묘사되었다. 높아가는 사망률과 인구 감소—그리고 1990년대 중반에 자살률은 세계에서 가장 높은 수준에 다다랐다—는 좌익과 우익 양쪽의 비판자들이 흔히 사용한 표현에 따르면 러시아가 "죽어가고 있는" 것처럼 보이도록 만들었다. 푸틴 치하에서 상황이 개선되기는 했지만, 그 정도는 높지 못했다. 세계보건기구는 공공 보건의 거의 모든 통계 수치에서 진보가 이루어졌다고 보고했지만, 러시아는 여전히 세계에서 가장 취약한 국가 중의 하나라고 규정했다. 2007년의 징집자들 중에서 30퍼센트는 "부적격"으로 판정되었고, 50퍼센트는 복무 능력이 부족하다고 판정받았다. 심지어 젊은 러시아인들은 육체적으로 계속해서 고통받았다. 2008년에 메드베데프 대통령은 대국민 연두 연설에서 초, 중, 고등학생들의 건강 상태가 "그야말로 끔찍하다"는 것을 인정했다. 비판자들은 러시아인들이 21세기 들어서까지 닻을 잃은 상태이며, 소외되어 있고, 취약하다고 비통한 어조로 지적했다. 학생들은 여전히 배우는 도중이지만 미래에 대해서는 확신하지 못하며, 일터에 들어간 이후에도 그들에게 물질적인 성공은 요원한 일이었다. 마약 복용, 매춘, 에이즈는 10대와 청년들 사이에 아주 널리 확산되었다. 사람들은 소련 시대에는 이런 문제들이 비교적 "알려지지 않았다"는 사실—이것은 그런 문제들이 공개되지 않았다는 것을 말하는 것이다—과 더불어, 이런 문제들이 심각해져가고 있다는 사실을 통해서 그 의미를 인식하게 되었다. 나중에 토의되겠지만, 젊은이들 사이의 대중문화—음악, 의복 스타일, (일부 젊은이들은 "맥주를 사서 친구들과 앉아서 음악을 듣는 것"에 제한되어 있다고 요약되는) 레저 활동—는 러시아 사회가 잘못된 방향으로 나아가고 있다는 또다른 징후라고 생각되었다. 사실, 1990년대에 실시된 여론조사에 따르면 많은 러시아인들은 공산주의 이후의 경제적, 사회적, 문화적 발전의 전 노선이 "막다른 길"로 나아가고 있다고 보고 있었다.

옐친 그리고 특히 푸틴이 범죄와의 전쟁을 선포하기는 했지만, 1991년 이후의 범죄의 확산은 많은 사람들에게 러시아가 사회적으로나 도덕적으로 몰락하고 있으며, 국가가 필요한 질서와 정상 상태를 유지할 능력을 가지고 있지 못함을 확실히 보여주는 징후였다. 폭행, 살인, 부패, 불법 침입, (국제적인 일도 포함한) 마약 밀매, 불법적인 무기 거래와 (특히 여성과 어린이를 대상으로 한) 인신매매 등의 일들은 충격적으로 확산되었다. 조직범죄—"마피아"—는 실제보다는 외국인들과 러시아인들의 상상 속에서 더욱 크게 보였다. 1997년의 여론조사를 보면, 정부가 국정을 책임지고 있다고 느끼는 사람들보다 더 많은 수의 러시아인들은 범죄조직이 국가를 경영하고 있다고 믿었다. 그럼에도 불구하고, 범죄는 실질적이고 지속적인 문제로서 다양한 형태를 띠고 있었다. 소련 경제가 붕괴되고 사기업이 성장함에 따라서 "보호 명목의 갈취 행위"도 급증했다. 가장 단순한 형태의 갈취자들은 다른 깡패들, 거리의 강도들, 경찰, 정치인들(이들 모두는 "지붕"을 제공하겠다고 경쟁했다)에 대항하여 보호 "지붕"을 제공하는 대가로 정기적인 상납금을 뜯어가는 것이었다. 최상의 형태로는, 이들 갈취자들은 실질적인 보호를 제공했고, 국가와 법적 기구가 약할 때에는 기업과 개인들 사이의 계약과 재산권을 강요하기도 했다. 최악의 갈취자들은 "우리에게 값을 지불해라. 그렇지 않으면 당신은 심지어 목숨으로라도 값을 지불해야 할 것이다"라는 식으로 노골적으로 돈을 뜯어갔다. 종종 이런 갈취 유형들이 혼합되기도 했다. 종종 "마피아"라고 불리는 이들 범죄 집단은 밀수, 마약 거래, 위조, 조직적 매춘에 종사할 뿐만 아니라 은행, 카지노 등의 사업에 투자하기도 했다. 전문가들은 대규모의 범죄적인 "지하경제"에 대해서 기술했다. 합법적인 경제 행위를 추구하면서 불법적이거나 때때로 폭력적인 수단을 사용하는 경우, 법적으로 논란이 되지는 않는 불법적인 사유화를 하는 경우, 범죄자들이 완전히 합법적인 활동에 종사하는 경우, 일반 시민들이 폭력단과 연계되지 않은 채 불법적인 활동을 하는 경우 등 이런 범죄 경제는 종종 합법적인 경제와 연결되어 있었다. 사실, 진짜 깡패들은 어떤 범죄적인 문화 관습—도둑들 사이에서 인정되고 있는 "법"—을 고수한다고 하지만, 아무런 도덕적이거나 합리적인 절제력을 가지고 있지 않은 폭력배 문제는 심지어 범죄자들의 암흑세계조차도 위험하고 불확실한 상태로 만들어버렸다. 아주 나쁜 경우는 "사회적 블랙홀"이었다. 그런 곳에서는 약탈과 폭력을 통해서 어떤 지역을 통치하는 보이지 않는 사회적 네트워크와 무법천지, 그리고 어떤 수단을 사용하든지 개인적인 생존 윤리를 앞세우며 신뢰와 사회적 규범을 붕괴시키는 현상 등이 국가의 권위와 법질서, 그리고 시민사회를 대체했다. 사회적 블랙홀은 캅카스 북부와 러시아의 북부와 극동에서 생겨나고 있다고 설명되었다.

  아마도 가장 극적으로 충격적인 범죄 행위는 공적 인물들에 대한 계약 살인일 것이다. (1998년에 상트페테르부르크에서 [살해당한] 저명한 자유주의 개혁가인 스타로보이토바와 같은) 정치인들, 저널리스트들(가장 유명한 사건으로는 2006년에 [살해당한] 취재기자인 폴릿콥스카야), 인권운동가들, 변호사들, 은행가들, 사업가들이 종종 백주 대낮에 거리에서 저격당하여 피살되었다. 그리고 다른 많은 사람들은 지방 당국에 도전했다고 하여, 범죄자들을 지나친 열정을 가지고 조사했다고 하여, 갈취자들과의 약정을 어겼다고 하여, 갈취자들의 보호나 후견에 대한 요구를 받아들이지 않았다고 하여, 혹은 알 수 없는 다른 이유들로 생명의 위협을 받았다. 많은 이런 범죄행위는 해결되지 않은 채 남아 있다. 한편 덜 잔인하지만 곳곳에서 찾아볼 수 있는 골칫거리는 지방 경찰관으로부터 크렘린의 관료에 이르기까지 폭넓게 퍼진 공무원 부패였다. 일반 시민들에게는 공무원들에게 뇌물을 제공하는 것이 친숙한 경험이 되었다. 아주 합법적인 일을 더 신속히 처리하기 위한 급행료로부터 (대학 입학과 같은) 합격을 보장받는 데에 이르기까지, 어떤 규정이나 법에 예외적인 혜택을 보장받기 위해서, 도움을 계속 받기 위하여 공무원을 노골적으로 매수하기 위해서 등 다양한 경우에 뇌물을 주어야 했다. 특히 법과 법적 규범이 여전히 발전되고 있는 맥락 속에서 "범죄"가 무엇이며 단지 필요한 "호혜"가 무엇인지에 대한 정의가 애매모호했기 때문에, 이 모든 문제는 더욱 복잡했다.

신념과 이데올로기

러시아인들이 자신들 주위의 현실을 어떻게 이해하고 해석했느냐는 것은 사실 자체만큼이나 중요했다. 인지(認知)와 희망 그리고 이상은 사회적 및 경제적 상황에 대한 반응을 형성했다. 1991년 이래로 러시아인들은 자유와 민주주의의 의미, 일상생활을 지도하는 문화적 가치와 윤리, 러시아 민족의 성격과 미래와 같은 핵심적인 질문에 대해서 자신들이 어떻게 믿고 있는지 결정하기 위해서 투쟁하고 있었다. 여기에 대해서 알 수 있는 유용한 근거는 특히 전 러시아 여론 연구 센터(VTsIOM)나 레바다 센터(Levada Center) 같은 전문적이고 독립적인 단체가 정기적으로 실시한 여론조사이다. 이런 여론조사는 다른 사회조사와 함께 러시아의 "전환기"에 대해서 많은 불확실한 것들을 밝혀주었다. 1990년대 말 무렵, 압도적인 다수의 러시아인들(70퍼센트)은 10년 동안의 변화로부터 얻은 것보다는 잃은 것이 많다고 믿었다. 여론조사는 세계적인 열강으로서 러시아가 당한 모욕, 잘 알려진 사회의 도덕적 붕괴, 서구 대중문화의 침투에 대해서 대부분의 러시아인들이 실망했음을 보여주었다. 우리가 살펴봤듯이, 정치 지도자들은 이런 정서에 종종 공감을 표했다. 개혁의 구체적인 결과 때문만이 아니라, 힘든 현재보다 더 나은 대안이 전혀 없다는 것을 잘 알고 있었기 때문에 환멸감이 널리 퍼져 있었다. 그래서 1990년대 말에는 대다수의 러시아인들은 계속해서 소련의 해체가 실수라고 믿었으며, 러시아를 위해서 보다 바람직한 정치형태는 소련 체제를 "민주화한" 것이라고 바라보고 있었다 (단지 9퍼센트만이 "서구식 민주주의"를 바란다고 말했다). 물론 새로운 질서가 성공함으로써 판단은 달라졌다. 부분적으로 연령과 새로운 러시아의 성공 가능성이 연관되어 있었기 때문에, 젊은 사람들은 좀더 적극적이었다. 1999년에 65세 이상의 남녀들 중 절반은 과거의 소련 체제를 선호한다고 말했는데, 이것은 30세 이하의 사람들이 단지 10퍼센트만이 그런 견해를 가지고 있었던 것과는 대조적이었다. 1990년대 후반부터 경제가 회복되고 성장해나가게 되었을 때에는 현재에 대한 러시아인들의 "만족감"과 미래에 대한 확신도 증가되었다. 그런데도 심지어 2008년에 시작된 새로운 경제 위기로 인해서 사회적 확신이 크게 떨어지기 직전에도, 레바다 센터가 실시한 여론조사를 보면 자신을 "중간계급"이라고 판단했던 사람들(그리고 연령은 24세부터 39세까지였는데, 낙관적인 전망을 할 가능성이 높았던 사람들이었다) 중에서 절반은 현재의 안정성에 대해서 의심했고, 이민을 생각하고 있었다.

"민주주의"는 국민들 사이에서 강한 지지를 받았다. 사실, 학자들의 주장에 따르면, 러시아인들은 엘리트들이 민주주의 제도를 수립한 것보다 더 빠른 속도로, 혹은 민주주의로 인하여 대부분의 사람들의 삶이 눈에 띌 정도로 나아졌다고 보장받은 것보다 더 빠른 속도로, "민주주의적 가치를 완전히 이해한" 것처럼 보인다. 1996년과 2003년 사이에 실시된 여론조사에서, 대부분—전부는 아니라는 점은 기억할 만하다—의 러시아인들은 개인의 삶과 권리가 어떤 다른 가치보다 중요하고(그리고 이것은 "보편적인" 진리이다), 법이 만인에게 동등하게 적용되어야 하며, 재산권이 침해되어서는 안 되고, 사상과 표현의 자유는 서구에 있는 사람들과 마찬가지로 러시아 사람들에게도 필요하며, 시민들은 자유롭고 경쟁적인 환경 속에서 자신들의 지도자를 선출해야 한다는 것에 동의했다. 2000년에 실시된 조사에 따르면, 확실히 국민들의 절반은 개인적인 자유보다 질서가 더 중요하다고 주장했다. 그리고 대부분의 러시아인들은 "강한 지도자"와 "강한 국가"를 소중하게 여긴다고 공언했다. 그러나 심지어 "러시아의 잠재력을 회복"한다거나 "질서"를 회복시킨다는 명목이라고 할지라도, 대부분의 러시아인들은 언론, 출판, 민주주의적 선거의 자유를 축소하는 것에는 반대했다. 심지어 미디어가 끔찍한 "문제들과 스캔들"로 가득 찬다고 할지라도, 미디어가 "좋은 일들"에만 초점을 맞추던 때로 되돌아가기보다는 "진리를 아는 것"이 더 낫다는 데에 사람들은 동의했다. 그에 못지않게 중요한 점으로서, 여론조사 결과는 국가나 지도자들이 완전한 사회를 만들 수 있다는 유토피아적 약속에 대해서 사람들이 깊이 회의하고 있음을 보여주었다.

다른 한편으로, 민주주의에 대한 믿음은 환멸감과 짝을 이루었다. 메드베데프 대통령은 2009년에 어떤 신문과의 인터뷰에서 다음과 같이 말했다. "정치적으로, 특히 경제적으로 아주 어려웠던 1990년대의 과정은 우리나라에서 기본적인 민주주의 제도의 도래와 결합"되었기 때문에, "……이것은 이 용어가 어떻게 이해되어야 하는지에 대해서 강한 영향을 미쳤다." 관찰자들은 여론조사에서 회의론, 숙명론, 수동적인 태도가 나타난 것을 주목했고, 이런 현상은 투표 참여율이 낮아지고 있는 데에도 반영되었다. 공무원들과 전문가들은 이에 대해서 우려했다. 러시아의 지도적인 정치학자인 셰브초바는 1999년에 다음과 같이 말했다. "희망을 상실하는 일은 좌절감, 절망감, 폭력을 배태한다. 국민들의 환멸감 위에 세워진 정부가 얼마나 강할 수 있겠는가?……자신들이 배신당했다고 느끼는 사람들이 언젠가 격렬한 복수심에 사로잡히지 않는다고 누가 보장할 수 있겠는가? 러시아는 정의를 찾으려고 시도했던 길고도 비극적인 역사를 가지고 있다." 그리고 가혹한 1990년대에도 지배적인 분위기는 참아내자는 결단이었던 것 같다. 그리고 대부분의 러시아인들에게는 참는다는 것은 계속해서 민주주의의 도상에 머물러 있는 것을 의미했다. 그러나 러시아의 여론 전문가들은 태도가 돌변할 수 있다고 경고했다. 민주주의, 시장, 서구적인 개혁과 같은 중요한 쟁점에 대한 여론은 "양면적 태도"라는 아주 특징적인 면모를 가지고 있다. 사실, 2005년 이후의 여론조사를 보면, 민주주의와 시민적 자유보다는 경제적 번영과 시민적 질서가 더 크게 중시되고 있음을 알 수 있다.

　민족주의자들과 공산주의자들은 부분적으로는 널리 퍼진 불안감, 불만, 이상 등을 자신들의 언어로 표현해주었기 때문에, 러시아의 시민생활에서 성공을 거두었다. 좌익의 공산주의자들과 우익의 민족주의자들 사이에는 중요한 차이점이 있었다. 공산주의자들은 평범한 사람들을 위한 사회정의를 좀더 많이 말했던 반면에, 민족주의자들은 외국 사상과 민족들이 러시아 사람들에게 가져오는 해악에 대해서 말하는 경향이 있었다. 그러나 양쪽 다 자유민주주의적인 개혁에 대해서 "민족적-애국적으로" 그리고 "정신적으로" 반대한다는 입장을 취했고, 종종 이 둘이 동맹을 맺기도 했다. 그들이 보기에, 자유민주주의 개혁은 개인적인 고통뿐만 아니라 민족적인 힘과 도덕적인 힘을 상실하는 결과를 낳았다. 1990년대 초의 위기의 시기에는 다양한 전투적 민족주의 집단이 조직되어 종종 모스크바와 다른 도시들의 거리에서 시위를 벌이기도 하고 흔히 경찰과 충돌을 벌였으므로, 많은 사람들은 바이마르 공화국의 상황과 유사하다고 말하

1992년, 모스크바의 붉은 광장에서 공산주의자들이 시위를 벌이고 있다. (*P. Gorshkov*)

기도 했다. 그런 전투적 민족주의 집단들로는 프로호로프의 『덴(*Den*)』(1993년에 『자브트라[*Zavtra*]』로 개칭)과 같은 "민족적, 정신적 반대파"의 신문들, 1987년에 결성된 "파먀트(Pamyat')" 같은 반유대적이고 반서구적인 조직들, 악의적인 성격의 반유대적이고 반정부적인 소책자와 신문(주요 도시의 거리 모퉁이에서 쉽게 찾아볼 수 있었다)을 출간하는 수많은 소규모 출판사들, 안필로프의 "일하는 러시아" 같은 신스탈린주의적 집단들, 혁명 이전의 러시아인들의 "흑색백인대" 계통의 러시아 인민동맹(Soiuz russkogo naroda)의 유산을 계승하자고 공개적으로 주장하는 운동들, 제국과 로마노프 가문의 복귀를 바라는 군주주의자들, 약간 변형된 만자(卍字)를 자신들의 상징으로 사용하면서 유니폼을 입은 돌격대를 가졌던 러시아 민족통합 같은 신파시스트들, 작가인 리모노프의 다소 특이한 "좌파–파시스트적인" 민족적 볼셰비키당, 의회의 의원들 중에서 "국가주의적"이며 "민족적–애국적"인 집단들, 1992년의 "인민 베체"(중세 러시아의 정치적 전통을 연상시키는 용어)와 같은 모임들, 민족주의적 장교 연맹, 부활한 카자크 운동, 민족주의자들과 공산주의자들을 통합한 민족적 구원전선 등이 있었다. 이 급진 집단들은 비록 "러시아 이념"을 공적 생활에 회복시킨다는 사상을 가진 지식인들이 종종 주도하기는 했지만, 사회적으로 보면 비숙련 노동자들, 연금 생활자들, 군인들 등—달리 말해서 이들은 공산주의의 종식 이후에 자신들이 많은 것을 잃었다고 생각하던 사람들이었다—을 끌어모았다. 1993년 10월에 의회에서 벌어진 전투 이후에 옐친이 아주 극단적인 몇몇 집단을 해산시켰고 많은 단체가 미미한 수준에 머물러 있었지만, "애국적" 반대 운동은 입법 기구와 전국 곳곳에서 강한 존재감을 보여주기도 했다. 1990년대 후반에는 두 집단이 부각되었다. 1993년에 창당된 이후에 주가노프가 이끌던 러시아 연방공산당과 지리놉스키의 자유민주당이 바로 그것이었다. 이 두 정당은 옐친 시대와 푸틴 시대에—의회 대표권을 위한 최소득표율 기준을 통과할 수 있었고, 정부에 의해서 묵인되기도 했기 때문에—러시아 정치에서 활발한 활동을 벌였다.

이데올로기적으로는, 포스트 공산주의에 대한 "애국적" 비판은 두 가지의 상호 연관된 관심사, 즉 러시아의 국력의 위기와 도덕적("정신적") 위기에 초점을 맞추었다. 민족주의자들과 공산주의자들은 러시아가 세계에서 모욕당했다는 널리 퍼진 감정을 다 함께 대변해주었고, 또 그것을 조장했다. 러시아의 정치적 공간 상실(소련의 영토는 러시아 제국과 대체로 일치했다), 러시아의 군사력 쇠퇴 그리고 경제적 약화는 열강으로서의 지위를 상실하는 결과를 초래했다고 생각되었다. 1990년대 초에 대중음악, 수입된 TV 쇼와 영화, 맥도날드와 MTV 등 외국의 대중문화와 더불어 외국 상품들—달러가 곳곳에서 유통되는 것은 말할 것도 없고, 포드와 메르세데스, 바비 인형, 음식, 심지어 보드카—이 러시아로 홍수처럼 쏟아져 들어온 일은 주권과 존엄성의 상실을 상징적으로 보여주었다. 러시아의 약화는 도덕적인 해체에서 유래되었다고 보이기도 했다. 포르노그래피, 매춘, 도심지의 야한 도박 응접실, 생산 활동보다는 교역에 더 치중한 새로운 경제, 부유한 "신러시아인들"과 그들을 모방하는 사람들이 보여주는 눈에 띄는 소비 활동, 노골적인 성과 폭력을 보여주는 영화와 TV, 퇴폐적인 청년 문화, 물질주의의 만연 등의 모든 것들은 러시아에서 정신적 힘, 그리하여 국가적 힘의 근원을 고갈시키는 것이라고 생각되었다.

러시아의 몰락의 책임은 다양한 적들에게로 돌려졌다. 우익 민족주의자들은 "민주파"가 한때의 강국을 약화시키려는 음모를 꾸미던 외국 열강과 동맹을 맺고, "조국을 등 뒤에서 칼로 찌르는" 배신자라고 맹비난했다. 그리고 그들은 개혁가들이 "서구에 아첨하며" 심지어 "경제적 대량학살"을 자행했다고 비난했고, 대중매체가 "러시아 혐오증"을 보여준다고 책망했다. 공산주의자들도 프롤레타리아트의 착취라는 계급적 개념보다는, "새로운 세계질서"가 러시아와 같은 주변부 국가들을 착취한다는 등의 국가적 개념으로써 자본주의를 공격하는 경향을 보였다. 어떤 경우든지 민족주의라는 말은 정서를 자극하고 있었다. 아주 긍정적인 면을 보면, 이것은 러시아라는 조국, 그 자연과 역사, 그 사람들, 그 "정신적인 유산"—이 말은 옐친, 푸틴, 메드베데프와 집권당도 사용했다—에 대해서 애정을 가지고 있다는 수사적인 표현이었다. 독특한 "러시아 이념"은 개인의 이익을 국가의 힘에 연결시키는 국가주의적 이상이자 진리와 선, 그리고 정의에 대한 "정신적인" 헌신을 의미하는 "집단주의(collectivism, 러시아어로는 sobornost')"라는 특징을 가지고 있었다. 그러나 민족주의 운동과 공산주의 운동은 커다란 원한, 분노, 적개심을 종종 표현하기도 했다. 가장 극단적인 목소리는 이질적인 서구 문화가 러시아를 "정신적으로 점령"했다는 말이었다. 그리하여 그들은 "기생충들"과 "배반자들"에 대한 "성스런 투쟁"을 위해서 "순박한 사람들"을 통합시킬 것을 촉구했다. 그들의 언어는 때때로 격렬할 정도로 반서구적이었고, 반유대적이었다. 한 영향력 있는 작가는 "우리나라의 몸에 '판매함'이라는 외국의 표시가 미국산 특허 못으로 박혀 있다"라고 썼다. 다른 사람들은 러시아가 가진 온갖 문제를 유대인 탓으로 돌리며(특히 상당수의 올리가르흐들의 조상이 유대인이라는 것을 지적하면서), 정부를 "유대계 권력(Yidocracy)"이라고 낙인찍었다. 소외된 많은 도시 청년들은 나치 용품, 비러시아인들에 대한 폭력 행사, 스킨헤드 복장과 집단, "유대놈"(yid)이나 "빌어먹을 민주주의(dermokratiia)"처럼 거칠고 인종주의적인 우익적 표현에 매력을 느꼈다. 보다 사회 지향적인 운동들—주로 공산주의와 사회주의적 좌파—은 이런 비판에 보통 사람들이 겪는 고통을 추가하면서, 평등주의, 사회적 정의, 보호받지 못하는 빈자에 대한 배려 등을 특징으로 하는 국가의 재탄생을 주창했다. 사회적 불만과 감정적인 민족주의는 이 모든 것들 안에서 강하게 상호 연관되어 있었다. 1990년대와 2000년대에 지리놉스키와 주가노프가 대중적인 성공을 거둔 것은 그들이 사람들의 사회경제적 분노를 대변해주는 능력만이 아니라 그들에게 감정적으로 호소하는 능력을 가지고 있었기 때문이었다. 학자들이 주장한 것에 따르면, 공산주의자들과 민족주의자들은 최근에 세계의 많은 지역에서 민족주의적 이데올로기의 중심이 되어버린 "원한의 정치"에 사실상 편입되었다. 공산주의의 종식이 많은 고통, 소외, 공인된 모욕 등을 초래했다는 것은 냉혹한 사실이다. 민족주의자들과 공산주의자들은 이런 일들에 대한 설명을 제시하기도 했고, 구원 혹은 복수를 약속하기도 했다.

특히 푸틴의 러시아에서는 민족주의가 대중문화와 여론에서 주류이며, 공식적인 미사여구가 되었다. 과장된 표현을 사용하면서, 세 개의 주요 야당—공산당, 자유민주당, 정의 러시아당(조국당, 연금생활자당, 생명당이 연합하여 2006년에 창당)—은 계속되는 "러시아인들의 불행"에 대해서 종종 말했으며, 통합된 "국가적" 공동체를 만들기 위해서 사회문제에 관심을 돌려야 한다고 하면서, "러시아 민족"의 르네상스의 필요성을 거론했다. 집권당인 통합 러시아당도 같은 말을 자주 하고 있다. 2000년 이후에, 푸틴은 러시아의 독특한 "가치"를 둘러싸고 "정신적인 통합"을 이룰 필요가 기본적으로 있다고 하면서 민족주의자와 비슷한 태도를 취했다. 소련 시절의 국가(國歌, 새로운 가사와 함께)와 군대에서 붉은 별 표식을 다시 채택한 것은 국가(國家)에 민족주의를 적용하려는 커다란 캠페인의 일부였다. 그뿐만 아니라 푸틴 정부는 러시아의 혼란스러운 자유에 전통적인 문화적 가치를 부여하려는 요구를 지지했고, 학교에서 할로윈 행사를 금지하려는 시도처럼 약간 우스꽝스럽고 효과 없는 조치로부터, 2009년에는 모스크바와 다른 주요 도시에서 카지노를 대대적으로 폐쇄시키고 학교에서 의무적인 종교 교육을 실시한다는 노력을 점진적이지만 꾸준히 기울이는 등의 방법에 이르기까지, 문화적인 퇴폐 흐름을 저지하기 위한 요구를 지지했다. 정부 관리들은 "사이비 자유주의"에 의해서 오염되지 않은 역사관을 담은 학교 역사 교과서를 다시 채택하고, 제정 러시아와 소련 시대의 과거를 기념하는 조각상을 세우는(혹은 다시 세우는) 것과 같은 다른 문화적 "개혁"을 추진했다. 정부는 2005년에 애국적 청년운동인 "나시"(비록 "우리 러시아인"을 의미하기는 하지만, 문자 그대로는 "우리 자신"이라고 번역될 수 있다)가 창단되는 데에 도움을 주었다. 비판자들은 나치 독일의 히틀러유겐트에 빗대어 그 단체에 푸틴 유겐트라는 별명을 붙였다. 낙관적이고도 애국적인 입장을 고수하는 이 운동은 "만약 외국과 비러시아적 영향이 제약되기만 한다면"이라는 조건을 달기는 했지만, 러시아가 강력한 문화전통에 힘입어 "21세기의 세계 리더"가 될 것이라고 상상했다.

특히 역사 교육은 또다시 긍정적인 국가적 업적을 설명하는 쪽으로 방향을 전환했다. 푸틴은 러시아와 소련의 과거사 전체에서 자부심을 심어줄 것을 교사들에게 자주 요청했다. 스탈린 시대의 공포정치나 강제 수용소와 같은 과거의 범죄를 깊이 다룬 교과서는 보다 긍정적인 시각을 가진 것들로 대체되었다. 2007년에 정부의 요청에 따라서 역사교사들을 위해서 출판된 영향력 있는 지침서를 쓴 저자들 중의 한 사람인 다닐린은 러시아 역사가 "힘 빠지게 만드는 불운과 불행의 연속이 아니라 국가에 대한 자부심을 심어주는 무엇"이라는 점을 교사들이 제시해야 한다고 말했다. 마찬가지로, 소련 역사에서 정치적인 억압에 관한 자료를 모아 출판하는 시민단체들, 특히 "메모리알(Memorial)"은 비판받고, 괴롭힘을 당했다. 2009년에 메드베데프 대통령은 더 나아가 "러시아 연방의 국제적 위신을 폄하하기 위한" 역사 "날조 행위"를 조사하기 위한 위원회를 설치했다. 우리가 나중에 살펴보겠지만, 대중 영화와 서적들도 과거와 현재의 러시아적 성격(Russianness)에 대한 새로운 이상화 작업으로 점차 채워졌다. 여론조사를 보면, 대중들은 러시아 역사를 애국적으로 이야기하는 것을 대체로 선호한다는 것을 알 수 있다.

이런 애국적 및 민족적 부흥이 가진 어두운 측면은 푸틴 치하에서 "급진적인 민족주의와 외국인 혐오증"—이것은 이런 흐름에 관한 자료를 기록하는 모스크바 소바(올빼미) 센터 같은 러시아 인권단체가 사용한 용어이다—이 새롭게 대두했다는 것이다. 보고서에서는, 특히 2004년 이래로(아마도 특히 2004년에 베슬란 학교가 포위되어 발생된 유혈 사태처럼 러시아에서 일어난 일련의 테러리스트들의 공격에 의해서 자극받은 듯하다) 우익단체의 급증, 소수자들(특히 캅카스와 중앙 아시아에서 온 이주자들이었으나, 그 외에도 아프리카와 동아시아에서 온 학생들도 포함되었다)에 대한 "신나치적인 스킨헤드들"의 폭력 혹은 종종 살인, 반유대주의적이고 반이슬람적인 파괴 행위와 폭력, 인종주의적 폭력을 가증스러운 범죄라기보다는 단순한 "깡패 행위"로 축소시키려는 경찰 당국의 일반적인 경향 등이 기술되었다. 인권단체들은 언론에서 외국인을 혐오하는 인종주의적인 언어가 부활되었으며, 거의 모든 정당이 "선거 전략으로서의 외국인 혐오증"을 이용하고 있다고도 언급했다. 2000년대 후반에 실시된 여론조사는 비러시아인들에 대한 적대감이 증가된 것을 보여주었다. 특히 여론조사에서는 비슬라브 이주자들을 러시아의 주요 도시에서 추방해야 한다는 견해가 대중의 강한 지지를 받고 있다는 것이 드러나 있다. 이런 맥락에서 보면, 2006년에 어떤 국제연합 직원이 러시아의 주요 도시들에 있는 외국인 공동체와 소수민족들 사이에서 "두려움과 고독감"이 예외적일 정도로 강했다고 생각했던 것도 놀라운 일이 아니다.

종교

우리는 1991년 이래로 종교기관과 신앙이 새롭게 중요해진 것을 보았다. 국가정체성과 종교 사이의 연결이 회복되었으며, 대중적인 담론에서도 종교적인 사상과 어휘가 어느 곳에서나 사용되었다. 이런 갑작스러운 종교 부흥으로 인해서 우리는 소련 사회가 진정 세속적이었으며 무신론적이었다는 소박한 이해(이것은 현대화가 필연적으로 종교를 대체했다는 주장이기는 하지만)에 의문을 제기할 수밖에 없다. 이제 우리가 알고 있듯이, 공산주의 아래에서 종교의 실제 역사에서는 종종 잔인할 정도로 강요된 세속화와 집요한 신앙 및 실천이 혼합되었다. 공산주의가 몰락한 이래로, 종교는 많은 사람들에게 정체성, 공동체, 도덕성의 강력한 근원을 제공했다. 러시아 정교회, 구교 신앙, 개신교, 가톨릭교, 이슬람교, 유대교, 불교 등 많은 종교와 종파가 부흥되었다. 그러나 가장 큰 혜택을 받은 종교는 정교회였다. 정교회는 옐친, 푸틴, 메드베데프 그리고 거의 모든 정당들로부터 공개적인 지지를 받았다. 심지어 주가노프와 그를 따르는 공산주의자들도 종교가 러시아의 기본적인 유산의 일부라고 선포하면서, 당을 신자들에게 개방한다고 선언했다. 비록 반수 약간 넘은 사람들이 신을 믿는다고 말하고, 단지 반수 조금 안 되는 사람들만이 정기적으로 미사에 참석하기는 하지만, 러시아 연방의 국민들의 다수는 지금 스스로 정교도라고 생각하고 있다(이 수치는 1991년 이래로 꾸준히 증가되었다).

정교회는 국가의 시민생활 및 도덕생활에서 커다란 역할을 맡으려고 했고, 또 그 역할을 담당했다. 알렉시이 2세 총주교(1990년에 취임, 2008년에 사망)는 정부와 가까웠으며, 공적인 쟁점에 대해서 적극적으로 발언했다. 그의 후계자인 키릴 1세(2009년에 취임)는 이런 공적인 역할을 계속했다. 정교회는 스스로 러시

1991년, 어떤 여인이 예전에 교회였던 곳에서 성호를 긋고 있다. 정교회는 소련 시기에 창고나 공장으로 바뀐 많은 정교회 건물들을 되돌려달라고 요구했고, 그런 곳들은 다시 축성되어 교회로 복구되었다. (*M. Rogozin*)

아의 사회적 및 도덕적 발전을 지도할 뿐만 아니라 강한 국가를 지지하는 데에도 커다란 관심을 가지고 있다고 믿고 있다. 2000년에 정교회의 고위 성직자들은 낙태, 동성애, 안락사, 유전공학을 비난하는 사회적 독트린을 채택했으며, 이기적인 물질 지상주의와 같은 새로운 자본주의 정신에 대해서 경고했다. 그리고 그들은 교회 통합 운동을 승인했으며(비록 이것은 교회의 우익의 반대를 받았고, 심지어 대다수가 정교도 러시아인들을 개종시키려는 다른 종교의 노력에 대해서 불쾌하게 생각하고 있음을 분명히 밝히기는 했지만), 군대(비록 전쟁이 악이라는 점을 인정하기는 했지만)와 사유재산에 대한 지지 의사를 표명했다. 푸틴이 대통령이 된 이후에는 시민생활에서 국가가 차지하는 역할이 엄청나게 증대되었는데, 정교회로서는 국가 지도자들과 정책을 지지해주었다. 그리고 이런 노력은 러시아 정교회 내의 이데올로기적인 분화 현상에 의해서 복잡해졌다. 무엇보다도 반서구주의, 반유대주의, 고립주의라는 특징을 가진 강한 우익 성향의 운동이 있다. 이 운동은 1995년에 사망할 때까지 정교회의 2인자로서 상트페테르부르크의 대주교였던 이오안이 주도했다. 알렉시이 2세는 이오안 대주교와 그의 추종자들을 포용하려고 노력하면서 계속해서 아주 온건하고 탄력적인 정책을 폈지만, 두 개의 관점 사이에 존재하던 긴장은 해결되지 않은 채로 남아 있었다. 스펙트럼의 또다른 극단에 서서 다른 견해를 가진 성직자들과 평신도들은 교회 내에서 새롭고, 의미가 잘 통하는 토착어로 된 미사 의식서의 사용, 미사에서 평신도들의 참여 확대, 정기적인 성경 공부, 세계교회운동, 적극적인 사회적 사명을 선호하는 운동—비록 이 운동을 주도하던 일부 성직자들은 성직을 박탈당하기는 했지만—을 조직했다. 2007년에 러시아 정교회는 80년간의 분열을 종식시키고 두 개의 망명 분파와 다시 통합되었다. 이 협정은 푸틴 대통령, 모스크바 시장, 정부의 다른 관리들이 참석한 가운데 조인되었다.

러시아 역사의 많은 시기에 그랬듯이, 정교회와 국가의 관계라는 문제는 복잡했다. 1993년의 헌법 제14조에는 "러시아 연방은 세속 국가이다. 어떤 종교도 국교가 되지 않으며, 의무적인 종교도 될 수 없다. 종교단체는 국가와 분리되며, 법 앞에 평등할 것이다"라고 선포되어 있다. 그러나 국가와 종교의 이런 분리는 실제로는 지속적으로 침해되어왔다. 이것은 러시아의 전통, 특히 "신앙, 조국, 국민"이라는 분리될 수 없는 삼위일체에 대한 주장에 의해서 정당화되었다. 이것은 "정교회, 전제정치, 국민성"의 통합이라는 19세기의 관제 국민성 이론의 이상을 거의 문자 그대로 부활시킨 것이다. 상징적인 일로서 교회 재산은 환원되었고, 국가의 지원을 받아 새로운 교회들이 건축되었다. 전직 대통령인 옐친이 2007년에 사망했을 때, 그의 장례식—새로 건축된 모스크바의 구세주 그리스도 대성당에 안치된 것을 포함하여—은 1894년에 알렉산드르 3세 황제의 사망 이후에 러시아 지도자로서는 최초의 정교회적 국장이었다. 국립학교에서는, "정교 문화의 기초"에 관한 과목이 교육과정에 포함되어야 한다는 2002년 이후의 규정—비록 정식으로는 정교회에 "대한" 과목만이기는 했지만—에 대해서 종교를 국가기관으로 만든다는 비판이 제기되었다.

많은 비판자들은 정교회가 국교로 대접받음에 따라, 다른 종교에 대한 관용정신이 저하되는 것에 대해서 우려한다. 핵심적인 조치는 1997년의 종교법이었다. 그것은 한편으로는 "양심과 종교 신앙의 자유"와 모든 신앙에 대한 "관용과 존중"을 보장하면서도, 다른 한편으로는 기독교, 이슬람교, 유대교, 불교가 역사적으로 전통적인 러시아의 종교라고 선포했으며, 이 종교들에 대해서는 다양한 법적 특권을 부여하면서도 다른 종교단체는 활동을 위해서 복잡한 등록 절차를 거치도록 만들었다. 여기서 "기독교"란 사실상 법적으로 "러시아 역사와 러시아의 정신성 및 문화의 수립과 발달에……특별한 기여를 했다"고 인정된 정교회를 의미했다. 이 법안이 비록 국제적으로는 종교의 자유를 침해했다고 비난받았지만, 이 법안을 옹호하는 사람들은 소련 시기에 수십 년 동안이나 고유의 종교를 억압함으로써 생겨난 빈 공간을, 자금이 많고 조직력을 갖춘 운동들이 부당하게 채우는 것을 막기 위해서는 이런 움직임이 필요하다고 주장했다. 많은 정교회 교회는 가톨릭교로부터 크리슈나 의식에 이르기까지 정교회 신도들이 스스로를 지켜야 하는 "거짓 신앙"의 기다란 목록을 입구에 붙여놓았다. 푸틴의 대통령 재임 기간에 방해와 제약이 증가되기는 했지만, 실제로 가톨릭교도들과 일부 주요 개신교 단체는 암묵적으로 인정되었고 비전통적인 교파들도 존속되었다. 「뉴욕타임스(*New York Times*)」의 어떤 언론인은 2008년에 쓴 보고서에서 상황에 대한 공통된 인식을 다음과 같이 요약했다. "정부가 정치생활에 대한 통제를 강화함에 따라, 그것은 신앙의 문제를 침범하게 되었다. 크렘린의 대리인들은 많은 영역에서 러시아 정교회를 사실상의 공식적인 종교로 만들어버리고, 신도들에게 아주 중요한 경쟁 상대인 듯한 다른 기독교 교파들을 배척했다.……정부와 러시아 정교회 사이의 이런 긴밀한 동맹관계는 푸틴 재임기의 결정적인 특징이 되었다. 서로를 강화시켜주는 양자 간의 이런 관계는 '조화를 이루며' 일하는 것이라고 보통 설명되었다." 확실히, 푸틴은 아주 분명한 어조로 러시아적 성격이 정교회와 연관되어 있다고 주장했다. 푸틴은 2004년 1월에 성탄절을 맞이하여 유서 깊은 수도원과 교회를 순회 방문했을 때, "물론, 법적으로 러시아의 정교회는 국가와 분리되어 있다.……그러나 우리의 역사 속에서와 마찬가지로 우리의 영혼 속에서 우리는 함께 있다. 현재도 그렇고, 영원히 그럴 것이다."라고 선언했다.

정교회의 대두가 종교 부흥의 유일한 징후는 아니다. 1991년 이후에 종교적 및 정신적 신앙과 실천은 풍부하고 다양하게 개화되었는데, 이것은 러시아 혁명

모스크바에 있는 구세주 그리스도 대성당은 1997년에 재건축되었다. 알렉산드르 1세는 나폴레옹에 대한 러시아의 승리를 기념하기 위해서 모스크바에 대성당 건축을 명령했고, 그것은 구세주 그리스도에게 봉헌되었다. 1883년에 알렉산드르 3세에 의해서 축성된 이곳은 거대한 소비에트 궁전을 건축하기 위해서 1931년에 스탈린의 명령으로 파괴되었다. 지반이 불안정했기 때문에 궁전은 건축될 수 없었다. 신도들은 궁전이 건축되지 못한 것은 신이 개입했기 때문이라고 생각했다. 그 대신에 공공 수영장이 건설되었다. 대성당은 모스크바 시 정부의 지원을 받아, 공산주의의 패배와 신앙의 부활의 상징으로서 원래의 모습대로 재건축되었다. 국가가 경제적으로 아주 큰 고통을 받고 있는 동안에 이 프로젝트에 아주 많은 재정이 투입된 것에 대해서 많은 사람들이 불만을 표시했지만, 완공된 대성당은 2000년에 봉헌되었다. (*Mark Steinberg*)

이전의 종교적 르네상스 시기의 여러 흐름들을 아주 강하게 연상시켜주었다(그리고 때때로 그런 흐름들이 명백히 부활하기도 했다). 영향력 있는 시인들, 작가들, 예술가들 그리고 심지어 록 음악가들은 때때로 민족 이념과 결부된 종교를 자신들의 작품의 중심에 가져다놓았다. 그러나 그 작품들에는 기독교 이전의 슬라브적 요소와 모호한 신비주의에 대한 언급, 그리고 그리스도, 마리아, 성인들, 정교회에 대한 오해가 애매모호하게 뒤얽혀 있는 경우도 종종 있었다. 지식인들은 종종 "러시아 이념"과 "러시아 영혼"에 중심이 되는 독특한 러시아적 정신성(spirituality)에 대해서 글을 썼다. 블라디미르 솔로비요프와 베르댜예프와 같은 혁명 이전과 망명기의 많은 종교 저술가들의 저작들은 재출간되어 널리 읽혔다. 그리고 우리가 말한 것과 같이, 대부분의 민족주의 운동은 자신들의 민족 개념을 정교회 신앙과 연결시켰고, 러시아의 구원이 근본적으로 "정신적인 것"이라고 규정했다. 그러나 기독교 신앙을 재발견한 많은 사람들도 스스로 제도로서의 교회에 대해서는 불편하게 생각하기도 했다.

한편, 장애물에도 불구하고 다른 종교들도 부흥을 이루었다. 불교도들, 이슬람교도들, 유대교도들 사이에 다양한 새로운 단체들, 종교 축제와 공동 축제, 연구 모임, 불당과 유대교 회당이 발전했다. 개신교도들, 복음주의 기독교도들, 모르몬 교도들, 하레 크리슈나 교도들, 통일교, 사이언톨로지, 여호와의 증인, 그리고 다른 종교 집단들도 개종자를 찾아서 러시아에서 점차 적극적인 활동을 벌임으로써, 기존의 정교회와 많은 러시아인들을 깜짝 놀라게 만들었다. 그러나 정교회에 대한 "위협"은 외국으로부터 오는 수입 종교에만 국한되지는 않았다. 포스트 공산주의 이후의 시기에는 원래 토착적인 "종교 집단"도 급증했다. "차크라, 카르마, 카발라의 뉴에이지 굴라시 그리고 음악이론"이라고 설명되어온 "마리아 데비 흐리스토스의 대백색형제단"은 그리스도와 마리아가 한 사람으로 성육신이 되었다는 믿음만이 아니라, 점성술, 신비주의, 초능력, 강신론과 결합되어 있다. 이 새로운 종교운동들은 러시아의 정신적 퇴화와 위기의 증거라고 보이기도 하고, 포스트 공산주의 시대의 새로운 자유와 창조성의 징후라고 보이기도 하는 등 다양하게 평가된다. 그러나 대부분의 러시아인들에게 종교 문제는 아주 단순하고 좀더 개인적인 것이다. 말하자면, 러시아의 종교는 유럽의 노선을 따라서 정상화되고 있는 중이다. 최근의 자료를 보면, 정기적으로 정교회 미사에 참석하는 비율은 1990년대 초반의 부흥기 이래로 하강하고 있다는 것을 알 수 있다. 신에 대한 신앙을 고백하는 비율은 계속해서 증가되고 있지만, 2008년의 여론조사에 따르면 인구의 10퍼센트만이 정기적으로 미사에 참석하고 있다. 많은 러시아인들에게는, 특히 포스트 공산주의의 경제적, 사회적, 도덕적 혼란 상황 속에서 종교적 믿음과 교류는 공동체, 견실한 진리, 미래에 대한 신뢰의 근원을 제공했다.

문학, 예술, 대중문화

공산주의 붕괴의 즉각적인 영향은 정치와 사회에서만이 아니라 문화에서도 대단히 강했다. 검열이 폐지됨으로써(소련 몰락 직전인 1990년 8월 1일), 인쇄물에 대한 정부 통제의 긴 역사가 마감되었다. 학교와 다른 학술기관에서만이 아니라, 보편적인 지도 지침으로 기능했던 마르크스-레닌주의는—지하에 잔재가 어떤 식으로 남아 있든지 간에—시야에서 사라졌다. 우리가 살펴봤듯이, 심지어 새로운 공산당조차도 한때 성스럽게 여겨졌던 규범과 거리를 두었다. 그 대신에 러시아는 모든 상상할 수 있는 사상과 독트린에 즉각 개방되었다. 러시아 지식인들은 서구의 최신 견해만이 아니라, 혁명 이전의 은 시대의 성과물을 한껏 즐기게 되었다. 불행하게도, 새로운 지적 풍요로움은 국가로부터의 지원 감소 및 재앙이라고까지 할 수 있는 전반적인 경제적 쇠퇴와 시기적으로 일치했다. 발레, 오페라, 고전음악, 회화, 연극, 영화, 문학 등의 모든 분야는 과학 및 학술기관과 함께 재정적으로 붕괴되고 있었고, 갑작스런 시장 지향적 사회 속에서 기능하도록 강요당했다. 이런 포스트 공산주의 초기 시대의 또다른 현상은 반체제 인사들과 다른 망명자들이 방문을 목적으로 하거나, 공연을 위해서나, 혹은 영구적으로 귀국했다는 것이다. 보다 깊은 의미로 보면, "우리가 잃어버린 러시아"(1990년대 초에 나온 대중 다큐멘터리 영화의 제목)로의 향수 어린 귀환, "서구 문명"으로의 귀환, 혹은 억압되거나 잊힌 가치로의 귀환처럼, "귀환 신화"는 많은 포스트 공산주의 문화의 특징이었다. 1990년대에 사회적 상황이 악화되자, 기억으로만 남아 있는 소비에트 시대의 질서, 안전, 업적에 대한 향수가 여기에 합류했다.

1991년 이후의 문학, 예술, 대중문화의 모습은 무한한 자유, 경쟁하는 가치들, 위기의식, 새로운 권위 구조 등이 혼합된 채 다양하고, 변화가 많았다. 이것을 요약하면 필연적으로 지나치게 단순한 설명이 될 수밖에 없다. 아무튼, 러시아에서 포스트 공산주의의 문화 혹은 포스트 소비에트의 경험의 나머지에 대한 정의를 내리기는 너무 이르다. 그러나 이런 복잡한 경험 가운데 무엇인가 핵심적인 흐름은 제시할 수 있다. 문학에서는—러시아인들은 오랫동안 문학을 당대 생활의 거울이라고 보았다—1991년 이후의 사회적 및 정치적 불확실성 및 혼란과 사실상 억제되지 않은 자유가 결합됨으로써, 이전에는 결코 보지 못했던 선택을 독자들에게 제공했다. 거의 즉각적으로, 서점, 특히 번잡한 거리의 도서 매대와 가판대는 포르노그래피로부터 탐정소설과 문학 고전에 이르기까지 다양한 외국 번역 작품들, 부닌, 나보코프, 솔제니친(그는 1994년에 자신이 목격한 것을 비판하고 러시아에서 생활하기 위해서 추방생활을 청산하고 러시아로 돌아왔다)의 작품처럼 오랫동안 금지되었던 망명 작가들의 소설들, 바벨, 불가코프, 올레샤, 파스테르나크처럼 이전에는 제약을 받던 소련 작가들(이들의 작품은 때때로 "귀환 문학"이라고 불린다)의 작품들, 주술적인 저작물과 성경 등 경이로울 정도로 다양하게 뒤섞인 여러 종류의 책들로 가득 차 있었다. 그러나 출판물에 대한 상업적인 시장이 대두된 것은 문학생활에서 가장 큰 변화였으며, 지식인들 사이에 커다란 우려의 근원이 되었다. 지식인들은 대중이 커다란 실존적 질문에 대한 진지한 저술보다는 과잉 폭력과 섹스를 주조로 하는 문학을 선호하는 듯하며, 시인들과 작가들이 영감을 주는 사람으로서의 위상을 잃어버리고 문화 시장에서 단지 엔터테이너가 되었다고 불만을 토로했다. 문학 연구자들도 마찬가지로 "고급문화가 대규모로 축출되었다"고 말했다. 1990년대에 섹스와 폭력은 특히 대중문화에 침투하게 되었고, 이런 추세는 지속되었다. 잡지 표지는 누드 사진으로 장식되었고, 영화는 생생한 섹스를 자주 표현했으며, 포르노 비디오와 웹 사이트가 급증했고, "성을 주제로 한 축제"는 흔한 일이 되었으며, 노골적인 에로틱 문학만이 아니라 포르노 문학이 곳곳에 널려 있었다. 이런 새로운 많은 문학 작품에서 섹스는 과잉 상태였고, 관습을 거스르며, 도덕 관념과 무관한 경향을 보여주었다. 그러나 범죄 문학(kriminal'naia literatura) 혹은 탐정소설(detektivy)과 과격한 액션 스토리인 보에비키(boeviki)는 훨씬 더 큰 인기를 끌었다. 불필요한 폭력, 사회적 도덕적 혼돈, 서툰 글 솜씨 등은 대부분의 범죄 문학의 특징이었다. 어떤 평론가는 1996년에 역겹다는 듯이, "아무 서가에나 가서 보시오. 그러면 당신은 잠재적인 독자의 이마를 똑바로 향하고 있는 권총의 검은 총구와 일그러진 인상을 가진 사람들로 인해서 눈을 뜰 수조차 없을 것이다"라고 논평했다. 설상가상으로, 문학사가인 보렌스테인의 주장에 따르면, 1990년대 내내 많은 대중문학은 "문화적 비관론의 논리"가 특징이었다. 무질서, 해체, 추락의 이미지는 현재와 미래에 대한 음울한 불안감으로써 소비에트의 전통적인(그리고 의무적인) 낙관론과 원기 왕성함을 대체했다.

섹스와 폭력이 종종 과장되게 결합된 모습은 포스트 소비에트 대중문화의 결정적인 특징이자, 많은 대중의 공공연한 관심의 근원이기도 했다. 이 삽화는 알렉산드라 마리니나의 인기 있는 탐정소설인 『죽음과 약간의 사랑』(1995)의 표지이다. (*Izdatel'stvo "Eksmo"*)

비록 많은 탁월한 작가들이 상업적인 성공을 거두기 어렵기는 했지만, 페트루셉스카야, 예로페예프, 톨스타야, 소로킨, 펠레빈 같은 소설가들과 프리고프 같은 시인들의 작품은 러시아 문학계의 활기와 독창성 그리고 뒤숭숭한 문화적 분위기에 관한 분명한 증거를 보여준다. 문학 비평가이자 소설가인 예로페예프가 보기에, 포스트 공산주의 시대의 많은 산문은 소련 작가들과 반체제 작가들 모두에게 영감을 준 휴머니즘과 희망을 포기하고, 어떤 원인이나 보편적인 진리도 배격하는 불명확한 세계관을 선호한다. 고통은 인식되었지만, 삶을 고상하게 하는 것으로 평가되지는 못했다. 희망은 환상이라고 하여 포기되었다. 이성에 대한 신뢰는 거부되었다. 교훈주의는 포스트모던적인 회의(懷疑)와 아이러니로 대체되었다. 모든 가치는 의문시되었다. 분위기는 절망과 무관심 사이에서 오락가락했다. 그런데 이런 문학에서도 심지어 어떤 냄새가 있었다고 예로페예프는 생각했다. 즉, 그것은 더 이상 과거의 러시아와 소련 문학에 스며들어 있었던 "야생화와 건초의 향기"가 아니라, "죽음, 섹스, 노년, 나쁜 음식, 일상생활"의 "악취"였다. 마찬가지로 다른 비평가들도 새로운 문학에서 혼돈, 배신, 물질적인 결핍, 성적 취향, 사회적 타락(범죄, 매춘, 폭력, 무신경한 물질 지상주의), 도덕적인 죄(혹은 도덕적 경계의 완전한 부재), 주체성의 해체, 충격에 대한 인습타파적인 경향, 회의론, 개인적인 실패(아주 낙관적으로 보면 이것은 생존의 실패일 수 있으나 드물지만 개인적인 성취의 실패인 경우도 있었다), 실존적인 절망 등이 중심 자리를 차지하고 있다고 말했다. 이것은 포스트 소비에트 시대 초기의 대부분의 소설에서 나타나는 극심한 자연주의와 비관론을 묘사하기 위해서, 러시아어로 "검은색"을 의미하는 체르누하(chernukha)라는 속어적 표현에서 반영되었다. 이것 자체는 널리 확산된 저널리즘적인 체르누하, 그리고 저널리즘과 문학 모두가 반영하고 있는 암울한 현실에 대한 반향이었다고 덧붙여 말할 수 있다.

이런 작품 중 일부는 아주 창의적이고 복잡하다. 예를 들면, 페트루셉스카야(1938-)는 "인생이 구제될 수 없을 정도로 징벌적인 조건 속에 있는 것으로 생각하는 실존주의자"라고 묘사된다. 그녀는 "보편적인 고통과 학대라는 끝없는 사슬에 묶인 희생자들과 가해자들이 거주하는 정신적인 황무지에서 볼 수 있는 일상적인 초자연적 흉물들을 그려내고 있다." 비판과 칭송을 받으면서도 상업적으로 그리고 국제적으로 비교적 성공을 거둔 펠레빈(1962-)은 아이러니하고, 초현실적이며, 종종 우스꽝스런 작품을 쓰고 있다. 그의 작품은 불확실성, 그림자, 애매모호한 은유, 환상, 불합리한 일로 가득 차 있다. 그의 작품은 인간 실존에 대한 보편적인 질문과 억제되지 않는 상상력만이 아니라, "새로운 러시아의 암울한 혼돈"을 탐구하고 있다고 말해진다. 그의 단편소설과 장편소설은 개인적인 자유, 이룰 수 없는 사랑과 갈망의 신화, 돈의 편재성과 물질만능주의, 생각 없는 추종(서구 것을 모방하고 소비하는 것에 대한 집착, TV가 이 주제에서는 중심이다), 그리고 실존적이고 형이상학적 의미에 대한 끝없고 만족할 줄 모르는 추구에 대한 것이다. 아마도 가장 큰 논란을 불러일으킨 현대 작가는 소로킨(1955-)일 것이다. 그의 작품은 퇴폐적이고도 관습을 벗어나는 주제 때문에 일부 비평가들에 의해서 찬사를 받았으나, 동일한 이유로 러시아의 민족주의자들과 도덕주의자들에 의해서는 혹평을 받았다. 2002년에 친푸틴적인 청년 그룹인 "함께 걷기(Idushchie vmeste)"의 회원들은 모스크바의 볼쇼이 극장 앞에 커다란 변기를 만들어 놓고 그의 작품을 변기 속으로 씻어 내리기도 했다. 소로킨의 작품은 과장된 섹스 그리고 특히 폭력(그는 이것이 인간 본성의 핵심이라고 말한다)을 특징으로 하고 있으며, 암울한 감정이기는 하지만 유머, 풍자, 초현실주의를 가지고 현재와 과거 그리고 미래를 다루고 있다.

이런 관점 그리고 2000년 이후의 다른 변화에 맞추어 보면, 푸틴 시대의 문학, 특히 베스트셀러의 특징이 향수적인 배경, 환상, 선이 악을 물리치는 영웅 이야기에 대한 취향이 높아지는 것이라는 점은 놀라운 일이 아니다. 이것은 예를 들면, 1990년대 말의 아쿠닌(츠하르티슈빌리의 필명)의 인기 있는 탐정소설에서 이미 분명해졌다. 그의 작품들은 광고문구에 따르면 "문학은 위대했고, 진보에 대한 신념은 무한했으며, 범죄는 저질러졌으나 우아하고 세련되게 조사되었던" 19세기를 배경으로 하고 있다. 그리고 이런 추세는 점차로 지배적인 경향이 되어가고 있었다. 보렌스테인이 말했듯이, 푸틴 시대의 많은 대중문학은 "이전 10년의 과도한 폭력과 암울한 냉소주의를 배격하고, 가정생활, 안락, 가족 사이의 유대의 지속을 선호했다." 가장 인기 있는 새로운 소설은 감상적임, 아늑함(uiutnost'), 친밀감, 가족생활을 지향한다. 그러나 심지어 예술성이 뛰어난 문학도 종종 향수, 혹은 적어도 치유될 수 없을 정도로 우울한 상실감으로 기운다.

자연주의적인 "체르누하"는 옆으로 밀려나고, "야생화와 건초"의 향기가 되돌아왔다.

우리는 러시아 영화에서도 유사한 형태를 볼 수 있다. 비록 지금도 외국 영화가 영화관에서 지배적인 위치를 차지하고 있기는 하지만, 1990년대 초반에 러시아 영화 산업은 대체로 쇠퇴하고 혼돈에 빠졌다. 그 공백에는 미국 및 다른 외국 영화(종종 최악의 작품들)가 홍수처럼 밀려와서 채워졌다. 그러나 소련 시기에 많은 예술적 및 이데올로기적 제약에도 불구하고 풍부한 전통을 쌓았던 러시아 영화제작 사업은 1990년대 후반 무렵에는 극적으로 부활했다. 1990년대 동안에 진지한 예술영화가 쇠퇴한 것이 고급예술과 문화가 오락거리에 의해서 밀려났다는 명확한 증거라고 매도되기는 했지만, 이런 우려의 소리는 발라바노프, 룽긴, 무라토바, 소쿠로프와 같은 재능 있는 감독들의 작품에 의해서 반박되었다. 소련 이후의 영화는 도시 범죄 드라마(1990년대에 아주 인기 있었으며 아마도 지배적인 형태였다), 시대극, 낭만적인 멜로드라마, 코미디(종종 블랙코미디) 등 장르 면에서 엄청나게 다양했다. 양식 면에서는, 강한 자연주의적인 것에서부터 환상적이거나 낭만적인 것에까지, 추상적인 것과 상징적인 것에 이르기까지 다양했다. 그러나 이 모든 영화는 거의 다 현재에 대한(혹은 현재를 규정하는 데에 도움이 되는 과거에 대한), 그리고 특히 "러시아"에 대한 사상과 주장을 담고 있다. 감독이자 영화사 대표인 리브네프가 1996년에 설명했듯이, "영화 언어에서 혁신적인 것을 도입하는 것이 아니라" 영화를 통해서 "우리가 서로 관심을 가지고 있는 문제들을 러시아 관객들과 토론해보자는 것"이 영화의 목적이다.

의미와 이상에 대한 이런 탐구는 종종 러시아와 러시아적 성격이라는 문제를 둘러싸고 전개되었다(이것은 영화와 마찬가지로 1990년대 초에 붕괴를 처음 겪었다가 르네상스를 경험한 연극의 중심적인 관심사이기도 했다). 질문에 대한 답변은 제시되었으나, 크게 보아 문제가 해결되었다고 볼 수는 없다. 1990년대, 특히 비평가들과 관객들은 러시아의 새로운 많은 영화 작품들이 사람들이 필요로 하는 편안함과 희망을 주기보다는 러시아의 삶의 암울하고 냉소적인 모습들을 관객들에게 제시했다고 불평했다. 예를 들면, 발라바노프의 「형제(Brat)」(1997)는 도시의 쇠락, 조직범죄, 폭력, 살인, 청년들의 소외 문제를 집중적으로 다루었다. 다른 "어두운" 영화들(체르누하)은 마찬가지로―체첸 전쟁에서이거나 모스크바 거리에서이거나―일상생활 속의 잔인함과 고통을 부각시켰다. 옐친 시대에 제작된 예술영화의 주도적인 테마는 (아마도 제정 러시아만이 아니라 소련의 과거에서) "잃어버린" 것에 대한 향수, 물질 지상주의 및 퇴폐의 증가와 그에 맞서는 정신성과 도덕성에 대한 추구, 남성성의 위기와 여성들의 고통, 사랑 그리고 특히 사랑의 부재, (자살을 포함한) 죽음과 생존 등 사회적, 문화적, 도덕적 붕괴에 대한 깊은 불안감이었다. 이것은 종종 국가적인 모욕이자 위기로 읽히기도 했다.

푸틴 시대에는―비록 많은 영화들이 계속해서 소비 지상주의, 부패, 범죄, 폐허로 가득 차 있는 현대 세계를 묘사하고 비난하기는 했지만―영화는 출구를 제시하려고 종종 노력했다. 러시아 민족주의(외국인 혐오증에 대한 암시를 포함하여)로 때때로 세련되게 표현된 애국주의는 러시아 영화에서 더욱 부각되던 주제였다. 미할코프 같은 일부 감독들은 푸틴 시대 이전에도 이러한 민족주의적인 기획을 하고 있었음이 밝혀졌다. 「위선의 태양(Utomlyonnye solntsem)」(1994)과 「시베리아의 이발사(Sibirskiy tsiryulnik)」(1998)는 전통, 자연, 가부장적인 가치에 뿌리를 둔 이상화된 러시아적 성격이라는 장밋빛 렌즈를 통해서 차르 제국과 소련의 과거를 바라보았다. 발라바노프의 「형제 2(Brat 2)」(2000)와 같은 영화는 민족의 모욕에 대해서 과격하게 복수하며 세계에서 악을 일소하는 새로운 주인공들을 제시했다. 영화의 배경인 에르미타시 박물관에서 예시되는 이런 전통은 서구와 불가분하게 연결되어 있기는 하지만, 소쿠로프의 「러시아의 방주(Russkii kovcheg)」(2002)는 러시아의 문화유산에서 구원을 보았다. 룽긴의 「섬(Ostrov)」(2006)과 같은 다른 영화들은 고통과 죄 문제에 대한 해답으로서 정교회의 부활된 영성을 제시했다. 정교회는 그 영화를 추천했으며, 몇몇 경우에는 기도와 함께 상연되었다. 또다른 영화들은 근대 이전의 시대를 환기시키는 농촌이나 지방을 배경으로 하여 과거의 성질을 되찾은 일상적인 가족생활을 깊이 있게 다루었다. 상업적으로 성공한 러시아의 "블록버스터"의 대두는 러시아 영화에서 새로운 현상이었다. 이런 작품으로는 2004년에 판타지 액션 영화인 「야경(Nochnoi dozor)」으로부터 시작하여, 아쿠닌의 소설과 많은 역사 서사시에 기반을 둔 영화가 포함되어 있다. 양식과 내용 면에서 이 영화들은 푸틴 시대에 특히 도피주의(대부분은 배경이 다른 시대나 장소로 설정되어 있었다), 악에 대항한 선의 영웅적인 투쟁, 애국적인 영웅주의와 승리 등 대중문화의 다른 조류에 부합되는 경향이 있었다.

관객과 영향력이라는 점에서 포스트 공산주의의 시각예술에서 가장 중요한 것은 TV일 것이다. 1990년대의 모든 중요한 사건과 흐름—1991년의 쿠데타, 1993년의 의회 전투, 부와 빈곤, 범죄, 문화 논쟁—은 TV로 볼 수 있었다. 「쿠클리」 같은 정치 풍자물, 「프로 에토(Pro eto)」와 같은 섹스 토크쇼, 물질 지상주의적 소비가 이상화된 게임 쇼, TV 음악 채널, 엄청난 인기를 끌었던 범죄 드라마, 연속극, 철학자 및 작가와의 토론, 역사 다큐멘터리, 과거에 대한 논쟁 등이 모든 것은 러시아인들이 포스트 공산주의의 경험에 대해서 어떻게 생각하느냐의 문제의 중심에 러시아의 TV를 올려놓았다. 한 학자의 말에 따르면, 러시아의 TV는 "소련 이후의 새로운 문화의 생산에 큰 책임을 지고" 있었다. 그렇다면 텔레비전이 전쟁터가 된 것도 전혀 놀랍지 않다. 푸틴 시대에—비록 대체로 정부가 통제하고 종종 자기 검열을 하기는 했지만—TV는 주로 정부 지도자들을 많이 보도하는 뉴스 프로그램, 도피적이고 종종 향수를 불러일으키는 코미디, 멜로드라마적인 연속극, 성공적인 탐정에게 초점을 두는 범죄 드라마, 러시아의 문학 고전을 토대로 한 연속물들, 영웅적인 전쟁과 군사 첩보 드라마(특히 제2차 세계대전 승리 60주년 무렵에) 등 시대의 전반적인 흐름에 부합되었다. 심지어 제품을 팔기 위한 상업광고에서도 민족적이고 애국적인 이미지가 종종 이용되었다.

보다 전통적인 시각예술 형태—특히 회화—도 비록 그에 대한 관객은 줄어들었지만, 1991년 이후에 활발한 모습을 보여주었다. 많은 면에서 공산주의 이후의 러시아 예술은 완전히 세계 예술의 일부가 되었다. 다른 나라에서와 마찬가지로 현대 작품은 추상적인 것, 철학적인 것, 행위적인 것("악치오니즘[aktsionizm]"은 관람자들의 반응이 작품의 일부가 된다), 상징적인 것, 마술적인 것, 팝아트적인 것, 회고적이지만 저속한 것, 원초적인 것, 기술(技術)적인 것, 관능적인 것 등 아주 다양했다. 어떤 미술가들은 질감과 형태에 몰입해 있지만, 거의 대부분의 미술가들은 비록 모호하고 불확실하기는 해도 의미에 관심을 가지고 있었다. 그러나 철학적으로 보면, 회화는 우리가 최고 수준의 포스트 공

미하일로프의 작품들은 아름다움과 고통 모두에 대한 정신적이고도 철학적인 반성으로 가득
차 있다. "러시아의 잡"이라고 불리는 연작물의 일부인 이 그림의 아래 부분은 단순히 집 안의
창문을 가리킨다고도 볼 수 있고, 말레비치의 유명한 검은 사각형(675쪽을 보라)을 반복한 것
이라고 볼 수도 있다. 이것은 영적 세계로 들어가는 입구로서 성상화의 모습을 재현하고 있기도
하다. 여기서 사각형은 신성한 색으로서 테두리가 붉게 칠해져 있다. (V. Mikhailov)

산주의 문학에서 보는 것과 동일한 많은 주제를 강조했다. 영성(靈性)―확실
한 의미나 신앙은 아니지만 영적인 감정에 대한 추구―은 (상트페테르부르크
의 화가인 미하일로프의 종종 추상적이고 반추상적인 작품에서처럼) 널리 퍼져
있었다. 기억과 향수―비록 그중 많은 것이 과거가 결코 회복될 수 없다는 아
이러니에 대한 인식이 가미되어 있기는 하지만―는 그에 못지않게 곳곳에 존재
한다(특히 카바코프 같은 망명 모스크바 개념 예술가들의 영향력 있는 작품들
이나, 노비코프가 설립하였으며 고전적인 제국시대에 대한 추억을 다루었던 상
트페테르부르크 신예술원의 영향력 있는 작품들의 경우에 그랬다). 마법으로 일
상을 초월하려는 희망(예를 들면 사즈힌), 예술적 내면성의 표현, 소련 시대로부
터의 이미지를 비꼬는 투의 장난조로 다시 제작한 작품들(즈베즈도체토바), 도
시의 꿈과 환영들(1997년 상트페테르부르크의 "마스터 클래스" 전시회의 주제),

개별 예술가의 영웅 정신, 참사와 대재앙(미하일로프) 등 포스트 소비에트 예술에서는 다른 많은 주제들도 주목받았다. 거의 모든 이런 작품들 속에서 우리는 러시아의 예술사가인 쿠르바놉스키가 러시아에서 특징적인 "로고스 중심주의(logoscentrism)"라고 부른 것을 찾아볼 수 있다. 로고스 중심주의에서는 지적이고 언어적인 연관─은연중의 말과 사상─이 시각예술에 스며들어 있다. 모스크바에서는 이것은 언어와 이미지를 가지고 지적인 작업을 하는 식으로 좀더 개념주의적인 전환을 했으며, 상트페테르부르크에서는 비록 종교적, 문학적, 역사적 환각이기는 하지만 좀더 화가 특유의 그리고 반추상적인 형태를 띠게 되었다. 그러나 포스트 공산주의 예술은 예술 자체를 위한 예술인 경우는 드물었고, 오히려 관객들이 생각하도록 만들고 자신들 주위의 세계에 대해 느끼도록 만들려고 하는 예술인 경우가 아주 흔했다.

젊은 사람들과 그들의 문화는 종종 러시아의 문화적 방향의 전조라고 종종 생각되었다. 특히 포스트 소비에트 시대에─비록 그 뿌리는 소비에트 후기 시대로까지 거슬러올라가지만─걷잡을 수 없는 소비 지상주의, 문화적 모방성, 이데올로기적이고 도덕적인 태도의 상실, 미래에 대한 엄청난 불확실성, 새로운 기회의 풍부한 제공 등은 10대와 막 성인이 된 젊은이들에게 특별히 강한 영향력을 행사했다. 언론인들, 공무원들, 학자들은 젊은 사람들이 혼전 섹스, 성 역할, 동성애, 마약 복용과 같은 문제들에 대해서 새롭고도 훨씬 덜 제한적인 태도를 보인다고 기술했다. 록 음악과 대중음악에서의 조류는 퇴폐적인 청년 문화의 증거라고 생각되었다. 1990년대로부터 오늘날에 이르기까지 러시아 라디오로 들을 수 있고, 테이프와 CD로 살 수 있으며, 러시아의 MTV 등으로 볼 수 있는 대중음악은 압도적으로 서구 음악, 특히 미국 음악이다. 1990년대와 2000년대에 젊은이들 사이에 특히 두 가지 양식이 유행했다. 그중 하나는 테크노 트랜스 음악("나에게 세상 나머지에 대해서 잊을 수 있는 공간을 달라"와 같은 식으로 묘사되었다)이고, 다른 하나는 하드록("나는 괴롭고 화나지만, 그 이유를 사실 모른다")이다. 많은 러시아 밴드는 가장 최신의 서구 음악보다도 가사에 좀더 큰 비중을 주는 등, 대중음악 양식을 자신들에게 적응시켰다. 낙담한 우울한 감정과 소외감을 종종 노래로써 환기시키는 알리사나 키노 같은 그룹이 인기를 끈 것은, 마약을 암울하게 낭만주의화하며 명백한 퇴폐성을 가진 아가타 크리스티의 「아편(Opium)」(1995) 같은 노래와 마찬가지로, 청년 문화가 혼란스럽고 어둡다는 것을 시사해준다. 보다 최근에 아주 인기 있는 흐름은 "러시아 샹송"이다. 러시아 샹송은 일상적인 러시아인들의 삶을 자연주의적으로 묘사하고 범죄와 형벌에 대해서도 낭만적인 태도를 취하기 때문에, 서구의 어떤 기자는 2006년에 러시아 샹송을 "현대 러시아의 사운드트랙"이라고 설명했다. 이 모든 것을 복잡하게 만든 것은 영성(靈性)이 현대 러시아의 록에 스며들기도 했다는 점이다. 그런 사례를 들면, 고대 성인들, 그리스도의 수난, 그리스도 이전의 슬라브인들의 정신적 전통, "고대 러시아의 슬픔(drevnerusskaia toska)"에 대한 그레벤시치코프의 민요풍의 록 음악적 설명으로부터, 「사랑」으로 이어지는 「십자가에서 흘린 피」에 대한 알리사의 하드록 이미지에 이르기까지 다양하다. 확실히, 대부분의 젊은 사람들에게 록 음악의 문학적 측면은—일단 의식한다고 할지라도—음악 자체의 댄스 리듬과 강렬한 음조보다는 덜 중요하다. 소비적인 유행복 스타일과 마찬가지로 소비적인 음악은 무엇보다도 쾌락과 흥미를 위한 것이다. 사실 최근의 많은 음악은 복잡한 가사나 음울한 멜로디 양식을 피하고, 그 대신에 낙관적인 음조와 밝은 가사를 선호한다. 그러나 문화적인 보수주의자들은 청년 문화가 정치에 무관심하다고 인정하는 한편, 거기서 볼 수 있는 퇴폐적인 경향들에 대해서 계속해서 우려한다. 2008년 이래로 러시아 대통령인 메드베데프가 영국의 하드록(특히 딥 퍼플)의 열렬한 팬이기는 하지만, 그것은 그의 정치적인 견해에 아무런 영향을 미치지 못했던 것 같다.

대중적인 청년 문화가 계속해서 불안감을 자아내고 있기는 하지만, 우리는 상당히 많은 정상적인 것들과 보통의 것들도 볼 수 있다. 연구를 통해서, 1990년대부터 오늘날에 이르기까지 대부분의 러시아 청년들은 그 이전 세대의 러시아인들과 같은 관심사와 가치를 가지고 있다는 것을 알 수 있다. 그들은 (민족적인 차이와 종교적 신념의 위치를 포함한) 국가로서의 러시아의 성격에 대해서 관심을 기울이고 있다. 그들은 한편으로 빈곤으로 인해서, 다른 한편으로는 신흥부자들의 이기심과 탐욕으로 인해서 고통스러워하고 있다. 그들은 범죄와 부패에 대해서 불안해하고 있다. (비록 구세대보다는 좀더 자유주의적인 경향을 가지고 있지만) 그들은 정치인들의 약속, 좌파와 우파 모두의 정치운동의 열정을 불신하고 있다. 그들은 서구 문화의 단순한 모방과 차용에 대해서는 엇갈린 감정을 드러낸다. 그들은 러시아가 "정상적이고" 안정된 사회가 되기를 바란다. 그리고 그들은 자신들의 삶을 품위 있게 만드는 데에 1차적인 관심을 가지고 있다. 러시아의 청년들과 함께 일했던 인류학자들과 사회학자들의 조사에 따르면, 젊은이들의 삶을 가장 잘 규정하는 것은 정상 상태의 추구이다. 한 전문가의 말을 빌리면, 젊은이들은 심하게 요동치는 러시아의 전환기에 대해서 "감동받거나 패배감을 느끼지도 않고, 행복하거나 슬퍼하지도 않으며, 격려받거나 좌절하지도 않으며, 창조적이거나 반항적이지도 않는" 반응을 보여주었다. 그들은 자신들의 힘으로 삶을 꾸려나가는 과제를 안고 살아가고 있을 따름이다. 그들은 공산주의의 "밝은 미래"라든지 자본주의가 가져다주는 그와 유사한 약속을 꿈꾸는 것이 아니라, 단지 "잘 살아가고, 편안히 살아가는 것"을 꿈꾸고 있다.

러시아 역사는 밝고 행복한 세계를 창조하려는 노력들로 가득 차 있다. 이런 이상주의는 다양하다고 할 수 있을 정도로 영웅적이기도 했고, 잔인하기도 했고, 비극적이기도 했다. 러시아가 혁명을 실컷 경험했다고 종종 선언했던 푸틴의 말은 이런 역사를 반영하기도 하고, 그것에 대해서 사람들이 널리 피곤해하고 있다는 점을 반영하기도 한다. 역사적으로 러시아가 야망을 가진 국가라고 할지라도, 목표가 좀더 소박해졌다는 것은 아마도 변화의 징조일 것이다. 분명히, 여론조사 등이 보여주는 것에 따르면, 대다수 사람들의 가장 큰 바람은 "정상 상태"이다. 대부분의 러시아인들이 그들 자신과 자기 나라에 대해서 원하는 것은 더도 말고 덜도 말고 "정상적인 생활(normal'naia zhizn')"이다. 정상 상태가 무엇인지 질문을 받으면, 대부분의 사람들은 세계 대다수의 사람들이 공유하고 있는 것, 즉 경제적 안정과 보장, 공공의 안전, 세계에서 존중받는 효율적인 정부, 사회적 필요와 개인적 권리가 보호되는 도덕적이고 공정한 사회라고 정의내린다. 많은 면에서 러시아는 "정상"과 거리가 멀다. 그러나 대부분의 국민들은 비록 최근인 1990년대에는 그렇게 믿지 않았지만, 지금은 그런 삶이 러시아에서 가능하다고 믿는다. 러시아를 둘러싸고 있는 온갖 모순과 불확실성 가운데서도 이렇게 새롭지만 여전히 손상되기 쉬운 신념은 공산주의 이후의 아주 짧은 러시아의 역사에서 아주 고무적인 발전 중의 하나라고 할 수 있을 것이다.

참고 문헌

여러 시기를 포괄하는 연구

A. 도서 목록과 사학사

American Bibliography of Slavic (previously Russian) *and East European Studies (ABSEES).* Bloomington, Ind., and Urbana-Champaign, Ill., since 1957 (now on-line).

Brumfield, W. *A History of Russian Architecture.* New York, 1993.

Horak, S. M. *Russia, the USSR, and Eastern Europe: A Bibliographic Guide to English-Language Publications.* Littleton, Colo. *(1964–74—1979; 1975–40—1982; 1981–85—1987).*

Horecky, P., ed. *Basic Russian Publications: A Selected and Annotated Bibliography on Russia and the Soviet Union.* Chicago and London, 1965.

Horecky, P., ed. *Russia and the Soviet Union: A Bibliographic Guide lo Western-Language Publications.* Chicago and London, 1965.

Kaiser, D. H., ed. "Rus', Russia, and the Russian Empire." Section 34 of the American Historical Association's *Guide to Historical Literature.* 3rd ed. New York, 1995.

Konn, T., ed. *Soviet Studies Guide.* London, 1992.

Maichel, K. *Guide to Russian Reference Books.* Stanford, 1962.

Mazour, A. G. *Modern Russian Historiography.* Princeton, N.J., 1958.

Orlovsky, D. T., ed. "Soviet Union." Section 35 of the American Historical Association's *Guide to Historical Literature.* 3rd ed. New York, 1995.

Pierce, R. A. *Soviet Central Asia. A Bibliography: Part 1: 1558–1866. Part 2: 1867–1917. Part 3: 1917–1966.* Berkeley, 1966.

Pushkarev, S. G. *A Source Book for Russian History from Early Times to 1917.* Edited by A. Ferguson et al. 3 vols. New Haven, Conn., 1972.

Pushkarev, S. G., comp. *Dictionary of Russian Historical Terms from the Eleventh Century to 1917.* Edited by G. Vernadsky and R. Fisher, Jr., New Haven, Conn., 1970.

Sanders, T., ed. *Historiography of Imperial Russia: The Profession and Writing of History in a Multinational State.* Armonk, N.Y., 1999.

Shapiro, D. *A Selected Bibliography of Works in English on Russian History, 1801–1917.* New York and London, 1962.

Sullivan, H. F. and R. Burger. *Russia and the Former Soviet Union: A Bibliographic Guide to English Language Publications, 1986–1991.* Englewood, Colo., 1994.

Szeftel, M. *Russia before 1917, in Bibliographical Introduction to Legal History and Ethnology.* Edited by J. Glissen. Brussels, 1966.

B. 백과사전

Brown, A., et al., eds. *The Cambridge Encyclopedia of Russia and the Soviet Union.* Cambridge, 1982.

Florinsky, M. T., ed. *McGraw-Hill Encyclopedia of Russia and the Soviet Union.* New York, 1961.

Kubijovyč, V., et al., eds. *Ukraine: A Concise Encyclopedia.* Vol. 1. Toronto, 1963.

Utechin, S. V. *Everyman's Concise Encyclopedia of Russia.* New York, 1961.

Wieczynski, J. L., ed. *The Modern Encyclopedia oj Russian and Soviet History.* 54 vols. Gulf Breeze, Fla., 1976. Continued by *The Supplement to the Modern Encyclopedia of Russian, Soviet, and Eurasian History.* Gulf Breeze, Fla., 1995–.

C. 지리학과 인구학

Chew, A. F. *An Atlas of Russian History: Eleven Centuries of Changing Borders.* New Haven, Conn., 1970.

Gilbert, M. *Atlas of Russian History.* New York, 1993.

Hooson, D. J. *The Soviet Union: People and Regions.* Belmont, Calif., 1966.

Jorré, G. *The Soviet Union: The Land and Its People.* Translated by E. D. Laborde. London, 1950. 3rd ed., 1967.

Kaiser, R.J. *The Geography of Nationalism in Russia and the USSR.* Princeton, N.J., 1994.

Milner-Gulland, R. R., and N. Dejevsky. *Cultural Atlas of Russia and the Soviet Union.* New York, 1989.

D. 민족 문제와 제국

Allen, W. E. D. *A History of the Georgian People.* New York, 1971.

Allworth, E. A. *The Modern Uzbeks from the Fourteenth Century to the Present: A Cultural History.* Stanford, 1990.

Baron, S. W. *The Russian Jew under Tsars and Soviet.* New York, 1964.

Becker, S. *Russia's Protectorates in Central Asia: Bukhara and Khiva, 1865–1924.* Cambridge, Mass., 1968.

Breyfogle, N., A. Schrader, and W. Sunderland, eds. *Peopling the Russian Periphery: Borderland Colonization in Eurasian History.* New York, 2007.

Brower, D. and E. Lazzerini, eds. *Russia's Orient: Imperial Borderlands and Peoples, 1700–1917.* Bloomington, Ind., 1997.

Chase, T. *The Story of Lithuania,* New York, 1946.

Chirovsky, N. L. *Old Ukraine: Its Socio-Economic History Prior to 1781.* Madison, N.J., 1963.

Doroshenko, D. *History of the Ukraine.* Edmonton, Alberta, 1941.

Dubnow, S. M. *History of the Jews in Russia and Poland.* 3 vols. Philadelphia, 1916.

d'Encausse, H. C. *Islam and the Russian Empire: Reform and Revolution in Central Asia.* Berkeley, 1988.

Greenberg, L. S. *The Jews in Russia,* 2 vols. New Haven, Conn., 1944, 1951.

Grousset, R. *The Empire of the Steppes: A History of Central Asia.* Translated by N. Walford. New Brunswick, N.J., 1970.

Hosking, G. *Russia: People and Empire, 1552–1917.* Cambridge, Mass., 1997.

Hosking, G. and R. Service, eds. *Russian Nationalism, Past and Present.* New York, 1997.

Halecki, O. *A History of Poland.* New York, 1943.

Hrushevskyi, M. *A History of the Ukraine.* New Haven, Conn., 1941.

Kappeler, A. *The Russian Empire: A Multiethnic History.* Harlow, Eng., 2001.

Kubijovyč, V., et al., eds. *Ukraine: A Concise Encyclopedia.* Vol. 1. Toronto, 1963.

Lang, D. M. *A Modern History of Georgia.* London, 1962.

Lantzeff, G. V., and R. A. Pierce. *Eastward to Empire: Exploration and Conquest on the Russian Open Frontier to 1750.* Montreal and London, 1973.

Lewis, R. A., R. H. Rowland, and R. S. Clem, eds. *Nationality and Population Change in Russia and the USSR: An Evaluation of Census Data, 1870–1970.* New York, 1976.

Nelbandian, L. *The Armenian Revolutionary Movement.* Berkeley, 1967.

Nowak, A. *History and Geopolitics: A Contest for Eastern Europe.* Warsaw, 2008.

Olcott, M. B. *The Kazakhs.* 2d ed. Stanford, 1995.

Potichnyj, P. J., and H. Aster, eds. *Ukrainian-Jewish Relations in Historical Perspective.* Edmonton, Alberta, 1988.

Raun, T. U. *Estonia and the Estonians.* Stanford, 1987.

Rorlich, A-A. *The Volga Tatars: A Profile in National Resilience.* Stanford, 1986.

Senn, A. E. *The Emergence of Modern Lithuania.* New York, 1959.

Senn, A. E. *Lithuania Awakening.* Berkeley, 1990.

Slezkine, Y. *Arctic Mirrors: Russia and the Small Peoples of the North.* Ithaca, N.Y., 1994.

Sunderland, W. *Taming the Wild Field: Colonization and Empire on the Russian Steppe.* Ithaca, N.Y., 2004.

Suny, R. G. *The Making of the Georgian Nation.* Bloomington, Ind., 1988.

Suny, R. G., ed. *Transcaucasia: Nationalism and Social Change. Essays in the History of Armenia, Azerbaijan, and Georgia.* Ann Arbor, Mich., 1983.

Swietochowski, T. *Russian Azerbaijan, 1905–1920: The Shaping of National Destiny in a Muslim Community.* Cambridge, 1985.

Vakar, N. *Belorussia: The Making of a Nation.* Cambridge, Mass., 1956.

Wheeler, G. *The Modern History of Soviet Central Asia.* London, 1964.

Zenkovsky, S. A. *Pan-Turkism and Islam in Russia.* Cambridge, Mass., 1960.

E. 총론

Auty, R., and D. Obolensky, eds. *An Introduction to Russian History.* Vol 1. *Companion to Russian Studies.* Cambridge, 1976.

Charques, R. *A Short History of Russia.* London, 1959.

Clarkson, J. *A History of Russia.* New York, 1961.

Evtuhov, C., D. Goldfrank, L. Hughes, and R. Stites. *A History of Russia: Peoples, Legends, Events, Forces.* Boston, 2004.

Florinsky, M. T. *Russia: A History and an Interpretation.* 2 vols. New York, 1953.

Freeze, G. L., ed. *Russia: A History.* New York, 1997. Rev. ed. 2002.

Harcave, S. *Russia: A History.* Chicago, 1956.

Hosking, G. *Russia and Russians: A History.* Cambridge, Mass., 2001.

Klyuchevsky (Kliuchevsky), V. O. *Course of Russian History.* Translated by C. J. Hogarth. 5 vols. New York, 1911–31.

Lievan, D., ed. *Cambridge History of Russia.* Vol. 2: *Imperial Russia, 1989–1917.* Cambridge, Eng., 2006.

Miliukov, P., C. Seignobos, L. Eisenmann, et al. *History of Russia.* Translated by C. L. Markmann. 3 vols. New York, 1968.

Pares, B. *A History of Russia.* London, 1926.

Perrie, M., ed. *Cambridge History of Russia.* Vol. 1: *From Early Rus' to 1689.* Cambridge, Eng., 2006.

Pipes, R E. *Russia Under the Old Regime.* New York, 1974.

Pokrovsky, M. N. *Brief History of Russia*. 2 vols. London, 1933.

Sumner, B. H. *Survey of Russian History*. London, 1944.

Suny, R., ed. *Cambridge History of Russia*. Vol. 3: *The Twentieth Century*. Cambridge, Eng., 2006.

Vernadsky, G. *A History of Russia*. New Haven, Conn., 1929. 5th rev. ed., 1961.

Vernadsky, G., and M. Karpovich. *A History of Russia*. Vol. 1, *Ancient Russia*. Vol. 2, *Kievan Russia*. Vol. 3, *The Mongols and Russia*. Vol. 4, *Russia at the Dawn of the Modern Age*. Vol. 5, *Tsardom of Moscow, 1547–1682*. 2 books. New Haven, Conn., 1943, 1948, 1953, 1959, 1968.

F. 전문 역사와 해석

Avrich, P. *Russian Rebels, 1600–1800*. New York, 1972.

Beumers, B. *A History of Russian Cinema*. Oxford, 2009.

Billington, J. *The Icon and the Axe: An Interpretative History of Russian Culture*. New York, 1966.

Blum, J. *Lord and Peasant in Russia from the Ninth to the Nineteenth Century*. Princeton, N.J., 1961.

Brumfield, W. *A History of Russian Architecture*. New York, 1993.

Bulgakov, S. N. *The Orthodox Church*. New York and London, 1935.

Cherniavsky, M. *Tsar and People: Studies in Russian Myths*. New Haven, Conn., 1961.

Chyzhevskyi, D. *History of Russian Literature from the Eleventh Century to the End of the Baroque*. New York and The Hague, 1960.

Fennell, J., and A. Stokes. *Early Russian Literature*. Berkeley, 1974.

Gasiorowska, X. *The Image of Peter the Great in Russian Fiction*. Madison, Wis., 1979.

Gerschenkron, A. *Continuity in History and Other Essays*. Cambridge, Mass., 1968.

Gerschenkron, A. *Europe in the Russian Mirror: Four Lectures in Economic History*. Cambridge, Mass., 1970.

Hans, N. *History of Russian Educational Policy, 1701–1917*. London, 1931.

Hans, N. *The Russian Tradition in Education*. London, 1963.

Haxthausen, A. von. *The Russian Empire, Its People, Institutions, and Resources*. Translated by R. Farie. New York, 1970.

Hingley, R. *The Russian Secret Police: Muscovite, Imperial Russian and Soviet Political Security Operations, 1565–1970*. New York, 1970.

Hunczak, T., ed. *Russian Imperialism from Ivan the Great to the Revolution*. New Brunswick, N-J., 1974.

Iswolsky, H. *Christ in Russia: The History, Tradition and Life of the Russian Church*. Milwaukee, 1960.

Kelly, C. *Children's World: Growing Up in Russia, 1890–1991*. New Haven, Conn. 2007.

Kerner, R. J. *The Urge to the Sea: The Course of Russian History*. New York, 1971.

Kochan, L., and J. Keep. *The Making of Modern Russia: Fom Kiev Rus' to the Collapse of the Soviet Union*. 3rd ed. London, 1997.

Lewin, M. *Russia—USSR—Russia: The Drive and Drift of a Superstate*. New York, 1995.

Leonard, R. *A History of Russian Music*. London, 1956.

Liashchenko, P. I. *A History of the National Economy of Russia to the 1917 Revolution*. Translated from Russian. New York, 1949.

Lincoln, W. B. *The Romanovs: Autocrats of All the Russias*. New York, 1981.

Lincoln, W. B. *Between Heaven and Hell: The Story of a Thousand Years of Artistic Life in Russia*. New York, 1998.

Lincoln, W. B. *The Conquest of a Continent: Siberia and the Russians*. New York, 1994.

Longworth, P. *The Cossacks: Five Centuries of Turbulent Life on the Russian Steppes.* New York, 1970.

Lossky, N. O. *History of Russian Philosophy.* New York, 1951.

Masaryk, T. G. *The Spirit of Russia.* Translated from German. 3 vols. New York, 1955–67.

Miliukov, P. N. *Outlines of Russian Culture.* Edited by M. Karpovich. Translated and abridged from Russian. 4 vols. Philadelphia, 1942–75.

Miliukov, P. N. *Russia and Its Crisis.* Chicago, 1905.

Mirsky, D. S. *A History of Russian Literature.* New York, 1927.

Mirsky, D. S. *Russia: A Social History.* London, 1931.

Obolensky, D. *The Byzantine Commonwealth.* New York, 1971.

Pokrovsky, M. N. *Russia in World History: Selected Essays.* Edited by R. Szporluk. Translated by R. Szporluk and M. Szporluk. Ann Arbor, Mich., 1970.

Pushkareva, N. *Women in Russian History from the Tenth to the Twentieth Century.* Ed. Eve Levin. Armonk, N.Y., 1997.

Ragsdale, H. *The Russian Tragedy: The Burden of History.* Armonk, N.Y., 1996.

Riasanovsky, N. *Russian Identities: A Historical Survey.* Oxford, 2005.

Rice, T. T. *Russian Art.* London, 1949.

Schmemann, A. *The Historical Road of Eastern Orthodoxy.* New York, 1963.

Soloviev, A. V. *Holy Russia: The History of a Religious-Social Idea.* New York, 1959.

Stephan, J. J. *Sakhalin. A History.* New York, 1971.

Stokes, A. D. (with John Fennell). *Early Russian Literature.* Berkeley, 1974.

Thaden, E. C. *Russia since 1801: The Making of a New Society.* New York, 1971.

Treadgold, D. W. *The West in Russia and China: Religion and Secular Thought in Modern Times.* Vol. 1, *Russia, 1472–1917.* Cambridge, Mass., 1973.

Utechin, S. V. *Russian Political Thought: A Concise History.* New York and London, 1964.

Volin, L. *A Century of Russian Agriculture: From Alexander II to Khrushchev.* Cambridge, Mass., 1970.

Vucinich, A. S. *Science in Russian Culture: A History to 1860.* Stanford, 1963.

Vucinich, A. S. *Science in Russian Culture (1861–1917).* Stanford, 1970.

Weidle, V. *Russia Absent and Present.* New York, 1952.

Wren, M. C. *The Western Impact upon Tsarist Russia.* Chicago, 1971.

Zenkovsky, V. V. *A History of Russian Philosophy.* 2 vols. New York, 1953.

G. 논문 모음집

Atkinson, D., A. Dallin, and G. W. Lapidus, eds. *Women in Russia.* Stanford, 1977.

Cherniavsky, M., ed. *The Structure of Russian History.* New York, 1970.

Clements, B., B. Engel, and C. Worobec, eds. *Russia's Women: Accommodation, Resistance, Transformation.* Berkeley, 1991.

Curtiss, J. S., ed. *Essays in Russian and Soviet History in Honor of G. T. Robinson.* Leiden, 1963.

Edmondson, L., ed., *Women and Society in Russia and the Soviet Union.* Cambridge, 1992.

Ferguson, A. D., and A. Levin, eds. *Essays in Russian History: A Collection Dedicated to George Vernadsky.* Hamden, Conn., 1964.

Gleason, A., ed. *A Companion to Russian History.* Oxford, 2009.

Kivelson, V., and J. Neuberger, eds. *Picturing Russia: Explorations in Visual Culture.* New Haven, Conn., 2008.

McLean, H., M. Malia, and G. Fischer, eds. *Russian Thought and Politics.* Harvard Slavic Studies, vol 4. Cambridge, Mass., 1957.

Mendelsohn, E., and M. S. Shatz, eds. *Imperial Russia, 1700–1917: Essays in Honor of Marc Raeff*. DeKalb, Ill., 1988.

Oberlander, E., et al., eds. *Russia Enters the Twentieth Century, 1894–1917*. Translated by G. Onn. New York, 1971.

Oliva, L. Jay, ed. *Russia and the West from Peter to Khrushchev*. Boston, 1965.

Pipes, R., ed. *Revolutionary Russia*. Cambridge, Mass., 1968.

Pipes, R., ed. *The Russian Intelligentsia*. New York, 1961.

Rabinowitch, A., J. Rabinowitch, and L. Kristof, eds. *Revolution and Politics in Russia: Essays in Memory of B. I. Nicolaevsky*. Bloomington, Ind., 1972.

Treadgold, D. W., ed. *Soviet and Chinese Communism: Similarities and Differences*. Seattle, 1967.

Vucinich, W. S., ed. *The Peasant in Nineteenth Century Russia*. Stanford, 1968.

Vucinich, W. S., ed. *Russia and Asia; Essays on the Influence of Russia on the Asian Peoples*. Stanford, 1972.

H. 읽을거리와 선집

Harcave, S., ed. *Readings in Russian History*. 2 vols. New York, 1962.

Kaiser, D. and G. Marker, eds. *Reinterpreting Russian History: Readings, 860–1860s*. New York, 1994.

Kollman, N., ed. *Major Problems in Early Modern Russian History*. New York, 1992.

Page, S. W., ed. *Russia in Revolution: Selected Readings in Russian Domestic History since 1855*. Princeton, N.J., 1965.

Raeff, M., ed. *Russian Intellectual History: An Anthology*. New York, 1966.

Riha, T., ed. *Readings in Russian Civilization*. 3 vols. Chicago, 1964.

Schmemann, A., ed. *Ultimate Questions: An Anthology of Modern Russian Religious Thought*. New York, 1965.

Vernadsky, G., R. Fisher, A. Ferguson, A. Lossky, and S. Pushkarev, eds. *A Source Book for Russian History from Early Times to 1917*, 3 vols. New Haven, Conn., 1972.

표트르 대제 이전의 러시아(1682년까지)

A. 사료

Avvakum. *The Life of the Archpriest Avvakum by Himself*. Translated by V. Nabokov. New York, 1960.

Baron, S. H., ed. and trans. *The Travels of Olearius in Seventeenth-Century Russia*. Stanford, 1967.

Berry, L. E., and R. O. Crummey, eds. *Rude and Barbarous Kingdom: Russia in the Accounts of Sixteenth-Century English Voyagers*. Madison, Wisc., 1968.

Cross, S. H., and O. P. Sherbovitz-Wetzor, trans and eds. *The Russian Primary Chronicle, Laurentian Text*. Cambridge, Mass., 1953.

Dewey, H. W. "The White Lake Chapter: A Medieval Russian Administrative Statute." *Speculum* 32 (1957).

Dmytryshyn, B., ed. *Medieval Russia: A Source Book, 900–1700*. New York, 1967.

Esper, T., ed. and trans. *Heinrich von Staden: The Land and Government of Muscovy: A Sixteenth-Century Account*. Stanford, 1967.

Fedotov, G. P. *A Treasury of Russian Spirituality*. New York, 1948.

Fennell, J., ed. and trans. *The Correspondence between Prince A. M. Kurbsky and Tsar Ivan IV of Russia, 1564–1579, with Russian Text*. New York, 1955.

Fennell, J., ed. and trans. *Prince A. M. Kurbsky's History of Ivan IV*. Cambridge, Eng., 1965.

Fletcher, G. *Of the Russe Commonwealth, 1591*. Facsimile ed. Introduction by R. Pipes. Cambridge, Mass., 1966.

Hellie, R., ed. and trans. *The Muscovite Law Code (Ulozhenie) of 1649*. Irvine, Calif., 1988.

Heppell, M., trans, and ed. *The Paterik of the Kievan Caves Monastery*. Cambridge, Mass., 1989.

Hollingsworth, P., trans, and ed. *The Hagiography of Kievan Rus*. Cambridge, Mass., 1992.

Howes, R. C., ed. and trans. *The Testaments of the Grand Princes of Moscow*. Ithaca, N.Y., 1967.

Kaiser, D., ed. and trans. *The Laws of Rus': Tenth to Fifteenth Centuries*. Salt Lake City, 1992.

Michell, R., and N. Forbes, trans. *The Chronicle of Novgorod, 1016–1471*. In *Royal Historical Society Publications*, Camden 3rd ser., vol. 25. London, 1914.

Palmer, W. *The Patriarch and the Tsar*. 6 vols. London, 1871–76.

Pouncy, C., ed. *Domostroi: The Rules for Russian Households in the Time of Ivan the Terrible*. Ithaca, N.Y., 1994.

Vernadsky, G., trans. *Medieval Russian Laws*. In *Records of Civilization*, no. 41, edited by A. P. Evans. New York, 1947.

Zenkovsky, S. A. *Medieval Russian Epics, Chronicles and Tales*. New York, 1963.

B. 전문 연구

Alexander, J. *Bubonic Plague in Early Modern Russia: Public Health and Urban Disaster*. Baltimore, 1980.

Anderson, M. S. *Britain's Discovery of Russia, 1555–1815*. London, 1958.

Baron, S. H. *Muscovite Russia*. London, 1980.

Baron, S. H., and N. S. Kollmann, eds. *Religion and Culture in Early Modern Russia and Ukraine*. DeKalb, Ill., 1997.

Bogatyrev, S. *The Sovereign and His Counsellors. Ritualized Consultations in Muscovite Culture 1350s–1570s*. Helsinki, 2000.

Bushkovitch, P. *Religion and Society in Russia: The Sixteenth and Seventeenth Centuries*. New York, 1992.

Cherniavsky, M. "Old Believers and the New Religion." *Slavic Review* 25 (March 1966).

Cherniavsky, M. *Tsar and People: Studies in Russian Myths*. New Haven, Conn., 1961.

Chyzhevskyi, D. *History of Russian Literature from the Eleventh Century to the End of the Baroque*. New York and The Hague, 1960.

Conybeare, F. C. *Russian Dissenters*. Cambridge, Mass., 1921.

Crummey, R. O. *Aristocrats and Servitors: The Boyar Elite in Russia, 1613–1689*. Princeton, N.J., 1983.

Crummey, R. O. *The Formation of Muscovy, 1304–1613*. London and New York, 1987.

Davies, Brian. *Warfare, State and Society on the Black Sea Steppe, 1500–1700*. New York, 2007.

Dewey, H. W. "The 1497 Sudebnik: Muscovite Russia's First National Law Code." *American Slavic and East European Review* 29 (1951).

Dukes, P. *The Making of Russian Absolutism, 1613–1801*. London and New York, 1990.

Dunlop, D. M. *The History of the Jewish Khazars*. Princeton, N.J., 1954.

Dunning, C. S. L. *Russia's First Civil War: The Time of Troubles and the Founding of the Romanov Dynasty*. University Park, Pa., 2001.

Dvornik, F. *The Slavs, Their Early History and Civilization*. Boston, 1956.

Fedotov, G. *The Russian Religious Mind*. Vol. I, *Kievan Christianity: The Tenth to the Thirteenth Centuries*. Vol. 2, *The Middle Ages: The Thirteenth to the Fifteenth Centuries*. Edited by J. Meyendorff. Cambridge, Mass., 1946, 1966.

Fennell, J. *The Crisis of Medieval Russia, 1200–1304*. London and New York, 1983.

Fennell, J. *The Emergence of Moscow, 1304–1359*. Berkeley, 1968.

Fennell, J. *A History of the Russian Church to 1448*. London, 1995.

Fennell, J. *Ivan the Great of Moscow*. London, 1961.

Flier, M. S. and D. Rowland, eds. *Medieval Russian Culture*, Berkeley, 1994.

Florovsky, G. "The Problem of Old Russian Culture." *Slavic Review* 21 (March 1962).

Franklin, S. *Writing, Society, and Culture in Early Rus, c. 950–1300*. Cambridge, 2002.

Franklin, S. and J. Shepard. *The Emergence of Rus, 750–1200*. London, 1996.

Fuhrmann, J. T. *The Origins of Capitalism in Russia: Industry and Progress in the Sixteenth and Seventeenth Centuries*. Chicago, 1972.

Graham, S. *Boris Godunov*. London, 1933.

Grekov, B. *Kiev Rus*. Translated from Russian. Moscow, 1959.

Grey, I. *Ivan III and the Unification of Russia*. New York, 1964.

Halperin, C. *Russia and the Golden Horde: The Mongol Impact on Russian History*. Bloomington, Ind., 1985.

Hellie, R. *Enserfment and Military Change in Muscovy*. Chicago, 1971.

Hellie, R. *Slavery in Russia, 1450–1725*. Chicago, 1982.

Hughes, L. *Sophia, Regent of Russia, 1657–1704*. New Haven, Conn., 1990.

Kaiser, D. H. *The Growth of the Law in Medieval Russia*. Princeton, N.J., 1980.

Kaminski, A. *Republic vs. Autocracy: Poland-Lithuania and Russia, 1686–1697*. Cambridge, Mass., 1993.

Keenan, E. "Muscovite Political Folkways." *Russian Review* 45, no. 2 (1986). Discussions in *Russian Review* 46, no. 2 (1987).

Keep, J. "The Decline of the Zemsky Sobor." *Slavonic and East European Review* 36 (1957).

Keep, J. "The Regime of Filaret." *Slavonic and East European Review* 38 (1960).

Kivelson, V. A. *Autocracy in the Provinces: The Muscovite Gentry and Political Culture in the Seventeenth Century*. Stanford, 1996.

Kivelson, V. *Cartographies of Tsardom: The Land and Its Meanings in Seventeenth-Century Russia*. Ithaca, N.Y., 2006.

Kliuchevsky, V. O. *A Course in Russian History: The Seventeenth Century* (translation of Vol. 3 of the 1957 Soviet edition of his *Collected Works*). Translated by N. Duddington. Introduction by A. Rieber. Chicago, 1968.

Kliuchevsky, V. O. *Peter the Great*. New York, 1959 (part of Vol. 4 of his *Course of Russian History*).

Kliuchevsky, V. O. *The Rise of the Romanovs*. Edited and translated by L. Archibald. New York, 1970.

Kliuchevsky, V. O. "St. Sergius: The Importance of His Life and Work." *Russian Review* (London) 2 (1913).

Kollmann, N. S. *By Honor Bound. State and Society in Early Modern Russia*. Ithaca, N.Y., 1999.

Kollmann, N. S. *Kinship and Politics: The Making of the Muscovite Political System, 1345–1547*. Stanford, 1987.

Kondakov, N. P. *The Russian Icon*. Translated from Russian. Oxford, 1927.

Lantzeff, G. *Siberia in the Seventeenth Century: A Study of Colonial Administration*. Berkeley, 1943.

Leatherbarrow, W. J., and D. C. Offord, eds. *A Documentary History of Russian Thought: From the Enlightenment to Marxism*. Ann Arbor, Mich., 1987.

Levin, E. *Sex and Society in the World of the Orthodox Slavs, 900–1700*. Ithaca, N.Y., 1989.

Madariaga, I. de. *Ivan the Terrible: First Tsar of Russia*. New Haven and London, 2005.

Martin, J. *Medieval Russia, 980–1584*. Cambridge, 1995.

Medlin, W. K. *Moscow and East Rome: A Political Study of the Relation of Church and State in Muscovite Russia*. New York and Geneva, 1952.

Medlin, W. K., and C. G. Patrinelis. *Renaissance Influences and Religious Reforms in Russia: Western and Post-Byzantine Impacts on Culture and Education (16th–17th Centuries)*. Geneva, 1971.

Michels, G. B. *At War with the Church: Religious Dissent in Seventeenth Century Muscovy*. Stanford, 1999.

Norretranders, B. *The Shaping of Tsardom under Ivan Grozny*. Copenhagen, 1964.

Nowak, F. *Medieval Slavdom and the Rise of Russia*. New York, 1970.

Obolensky, D. *The Byzantine Commonwealth: Eastern Europe, 500–1453*. London, 1971.

O'Brien, C. B. *Muscovy and the Ukraine: From the Pereiaslavl Agreement to the Truce of Andrusovo*. Berkeley, 1963.

Ostrowski, D. *Muscovy and the Mongols: Cross-Cultural Influences on the Steppe Frontier, 1304–1589*. Cambridge, 1998.

Paszkiewicz, H. *The Making of the Russian Nation*. London, 1963.

Paszkiewicz, H. *The Origin of Russia*. London, 1954.

Payne, R., and N. Romanoff. *Ivan the Terrible*. New York, 1975.

Pelenski, J. *Russia and Kazan: Conquest and Imperial Ideology (1438–1560's)*. The Hague and Paris, 1974.

Perrie, M. *The Image of Ivan the Terrible in Russian Folklore*. Cambridge, Eng., 1987.

Pierre, M. *Pretenders and Popular Monorchism in Early Modern Russia: The False Tsars of the Time of Troubles*. Cambridge, Eng., 1995.

Platonov, S. F. *Moscow and the West*. Edited and translated by J. Wieczynski. Hattiesburg, Miss., 1972.

Platonov, S. F. *The Time of Troubles: A Historical Study of the Internal Crisis and Social Struggle in Sixteenth- and Seventeenth-Century Muscovy*. Translated by J. Alexander. Lawrence, Kans., 1970.

Plokhii, S. *The Cossacks and Religion in Early Modern Ukraine*. Oxford, 2001.

Plokhii, S. *The Origins of the Slavic Nations: Premodern Identities in Russia, Ukraine and Belarus*. Cambridge, Eng., 2006.

Poe, M. *"A People Born to Slavery": Russia in Early Modern Ethnography, 1476–1748*. Ithaca, N.Y., 2000.

Poe, M. *The Russian Elite in the Seventeenth Century*. 2 Vols. Helsinki, 2003.

Pokrovsky, M. N. *History of Russia from the Earliest Times to the Rise of Commercial Capitalism*. Translated and edited by J. D. Clarkson and M. R. Griffiths. New York, 1931.

Prawdin, M. *The Mongol Empire: Its Rise and Legacy*. Translated by E. Paul and C. Paul. New York and London, 1940. 2nd ed., 1967.

Presniakov, A. E. *The Formation of the Great Russian State: A Study of Russian History in the Thirteenth to Fifteenth Centuries*. Translated by A. E. Moorhouse. Chicago, 1970.

Raeff, M. "An Early Theorist of Absolutism: Joseph of Volokolamsk." *American Slavic and East European Review* 8 (1949).

Riasanovsky, N. V. "The Norman Theory of the Origin of the Russian State." *Russian Review* (Autumn 1947).

Ševčenko, I. "Byzantine Cultural Influences." In *Rewriting Russian History*, edited by C. Black. Princeton, N.J., 1962.

Ševčenko, I. "A Neglected Byzantine Source of Muscovite Ideology." *Harvard Slavic Studies* 2 (1945).

Skrynnikov, R. *The Time of Troubles*. Gulf Breeze, Fla., 1988.

Soloviev, A. V. *Holy Russia: The History of a Religious-Social Idea*. New York, 1959.

Spinka, M. "Patriarch Nikon and the Subjection of the Russian Church to the State." *Church History* 10 (1941).

Stevens, C. *Soldiers on the Steppe: Army Reform and Social Change in Early Modern Russia*. DeKalb, Ill., 1995.

Stremoukhoff, D. "Moscow, the Third Rome: Sources of the Doctrine." *Speculum* (1953).

Szeftel, M. *Russian Institutions and Culture up to Peter the Great*. London, 1975.

Thomsen, V. *Relations Between Ancient Russia and Scandinavia and the Origins of the Russian State*. Oxford, 1877.

Thyret, I. *Between God and the Tsar: Religious Symbolism and the Royal Women of Muscovite Russia*. DeKalb, Ill., 2001.

Tikhomirov, M. N. *The Towns of Ancient Rus*. Translated from Russian. Moscow, 1959.

Vasiliev, A. A. *The Goths in the Crimea*. Cambridge, Mass., 1936.

Vernadsky, G. *Ancient Russia*. New Haven, Conn., 1943.

Vernadsky, G. *Bohdan, Hetman of Ukraine*. New Haven, Conn., 1941.

Vernadsky, G. *Kievan Russia*. New Haven, Conn., 1948.

Vernadsky, G. *The Mongols and Russia*. New Haven, Conn., 1953.

Vernadsky, G. *The Origins of Russia*. Oxford, 1959.

Vernadsky, G. *Russia at the Dawn of the Modern Age*. New Haven, Conn., 1959.

Vernadsky, G. *The Tsardom of Moscow, 1547–1682*. New Haven, Conn., 1959.

Voyce, A. *The Art and Architecture of Medieval Russia*. Norman, Okla., 1967.

Voyce, A. *Moscow and the Roots of Russian* Culture. Norman, Okla., 1964.

Voyce, A. *The Moscow Kremlin*. Berkeley, 1954.

Wolff, R. L. "The Three Romes: The Migration of an Ideology and the Making of an Autocrat." *Daedolus* (Spring 1959).

Zernov, N. *St. Sergius, Builder of Russia*. London, 1938.

Zernov, N. "Vladimir and the Origin of the Russian Church." *Slavonic and East European Review* 28 (1949–50).

제정 러시아, 1682–1917년

A. 사료

Afanasiev, A. *Russian Fairy Tales Collected by Aleksandr Afanasiev*. New York, 1945.

Annenkov, P. *The Extraordinary Decade: Literary Memoirs by P. V. Annenkov*. Edited by A. P. Mendel. Ann Arbor, Mich., 1968.

Bakunin, M. *Selected Writings*. Edited by A. Lehning. New York, 1974.

Barratt, G. R. V. *Voices in Exile: The Decembrist Memoirs*. Montreal and London, 1974.

Bisha, R., J. Gheith, C. Holden, and W. Wagner, eds. *Russian Women, 1698–1917: Experience and Expression: An Anthology of Sources*. Bloomington, Ind., 2002.

Bing, E. J., ed. *The Letters of Tsar Nicholas and Empress Marie*. London, 1937.

Bock, M. P. von. *Reminiscences of My Father, Peter A. Stolypin*. Edited and translated by M. Patoski. Metuchen, N.J., 1970.

Buchanan, G. *My Mission to Russia*. 2 vols. Boston, 1923.

Catherine the Great. *The Memoirs of Catherine the Great*. Edited by D. Maroger. Translated by M. Budberg. New York, 1961.

Chaadaev, P. *The Major Works of Peter Chaadaev*. Translated and with commentary by R. T. McNally. Notre Dame, Ind., 1969.

Chernyshevsky, N. G. *Selected Philosophical Essays*.

Chernyshevsky, N. G. *What Is to Be Done?* Translated by M. Katz and annotated by W. Wagner. Ithaca, N.Y., 1989.

Dostoevsky, F. M. *The Diary of a Writer*. Translated by R. Brasol. New York, 1954.

Engel, B. A. and C. Rosenthal, *Five Sisters: Women Against the Tsar*. New York, 1975.

Freeze, G. L. *From Supplication to Revolution: A Documentary Social History of Imperial Russia*. New York, 1988.

Geldern, J. von and L. McReynolds, eds. *Entertaining Tsarist Russia, 1779–1917*. Bloomington, Ind., 1998.

Giers, N. K. *The Education of a Russian Statesman: The Memoirs of N. K. Giers*. Edited by C. Jelavich and B. Jelavich. Berkeley, 1962.

Golder, F. A., ed. *Documents of Russian History, 1914–1917*. New York and London, 1927.

Gurko, V. I. *Features and Figures of the Past. Government and Opinion in the Reign of Nicholas II*. Stanford, 1939.

Herzen, A. I. *My Past and Thoughts*. Translated by C. Garnett. 6 vols. New York, 1924–28; abridged edition by D. Macdonald, 1973.

Izvolsky, A. P. *Recollections of a Foreign Minister*. Garden City, N.Y., 1921.

Karamzin, N. M. *Letters of a Russian Traveler, 1789–1790: An Account of a Young Russian Gentleman's Tour through Germany, Switzerland, France and England*. Translated by F. Jonas. Edited by E. Simmons. New York, 1957.

Karamzin, N. M. *Memoir on Ancient and Modern Russia*. Translated and analysis by R. Pipes. Edited by R. Pipes. Cambridge, Mass., 1959.

Kokovtsov, V. N. *Out of My Past*. Edited by H. H. Fisher. Stanford, 1935.

Kravchinsky, S. M. (Stepniak) *Underground Russia: Revolutionary Profiles and Sketches from Life*. Preface by P. L. Lavrov. New York, 1883.

Kropotkin, P. A. *Memoirs of a Revolutionist*. New York, 1899.

Kropotkin, P. A. *Modern Science and Anarchism*. London, 1913.

Kropotkin, P. A. *The State: Its Part in History*. London, 1898, 1943.

Lavrov, P. *Historical Letters*. Edited and translated by J. P. Scanlan. Berkeley, 1967.

Maklakov, V. A. *Memoirs of V. A. Maklakov: The First State Duma: Contemporary Reminiscences*. Edited by M. Belkin. Bloomington, Ind., 1964.

Maximoff, G. P., ed. *The Political Philosophy of Bakunin: Scientific Anarchism*. Chicago, 1953.

Miliukov, P. *Political Memoirs, 1905–1917*. Edited by A. P. Mendel. Ann Arbor, Mich., 1967.

Paleologue, G. *An Ambassador's Memoirs*. 3 vols. London, 1925.

Pares, B. "Conversations with Mr. Stolypin." *Russian Review* (London) 2 (1913).

Pares, B. *My Russian Memoirs*. London, 1931

Pares, B., ed. *Letters of the Tsaritsa to the Tsar, 1914–1916*. London, 1923.

Pobedonostsev, K. P. *Reflections of a Russian Statesman*. London, 1898.

Radishchev, A. N. *A Journey from St. Petersburg to Moscow*. Edited with an introduction and notes by R. P. Thaler. Cambridge, Mass., 1958.

Raeff, M., ed.. *The Decembrist Movement*. Englewood Cliffs, N.J., 1966.

Raeff, M., ed. *Plans for Political Reform in Russia, 1730–1905*. Englewood Cliffs, N.J., 1966.

Read, H., ed. *Kropotkin: Selections from His Writings*. London, 1942.

Reddaway, W. F., ed. *Documents of Catherine the Great*. Cambridge, 1931.

Rieber, A. *The Politics of Autocracy: Letters of Alexander II to Prince A. I. Bariatinskii, 1857–1864*. Paris, 1966.

Rosen, R. R. *Forty Years of Diplomacy*. 2 vols. New York, 1922.

Rozanov, V. V. *Fallen Leaves*. Translated by S. S. Koletiansky. London, 1920.

Rozanov, V. V. *Selected Works*. Edited by G. Ivask. New York, 1956.

Sazonov, S. D. *Fateful Years, 1909–1916*. New York, 1928.

Signposts. See *Vekhi*.

Soloviev, V. S. *Lectures on Godmanhood*. Poughkeepsie, N.Y., 1944. London, 1948.

Soloviev, V. S. *Russia and the Universal Church*. Translated by H. Rees. London, 1948.

Soloviev, V. S. *A Soloviev Anthology*. Edited by S. L. Frank. London, 1950.

Soloviev, V. S. *War, Progress and the End of History*. Translated by A. Bakstry. London, 1915.

Tikhomiroff, L. *Russia: Political and Social*. Translated by E. Aveling. 2 vols. London, 1888.

Tolstoy, L. *Works*. Translated by L. Maude and A. Maude. 21 vols. London and New York, 1928–37.

Vekhi: Landmarks: A Collection of Articles about the Russian Intelligentsia . Translated and edited by M. Shatz and J. Zimmerman. Armonk, N.Y., 1994.

Wallace, D. M. *Russia*. New York, 1880.

Watrous, S. D., ed. *John Ledyard's Journey through Russia and Siberia, 1787–1788: The Journal and Selected Letters*. Madison, Wis., 1966.

Witte, S. *The Memoirs of Count Witte*. Edited by A. Yarmolinsky. Garden City, N.Y., 1921.

B. 일반 연구

Benois, A. *The Russian School of Painting*. London, 1916.

Bird, A. *A History of Russian Painting*. Boston, 1987.

Burbank, J. and D. L. Ransel, eds. *Imperial Russia: New Histories for the Empire*. Bloomington, Ind., 1998.

Dmytryshyn, B., ed. *Modernization of Russia under Peter I and Catherine II*. New York and Toronto, 1974.

Figes, O. *Natasha's Dance: A Cultural History of Russia*. New York, 2002.

Florinsky, M. T. *The End of the Russian Empire*. New Haven, Conn., 1931.

Harcave, S. *Years of the Golden Cockerel: The Last Romanov Tsars, 1814–1917*. New York, 1968.

Ivanits, L. J. *Russian Folk Belief*. Armonk, N.Y., 1989.

Karpovich, M. *Imperial Russia, 1801–1917*. New York, 1932.

Kornilov, A. *Modern Russian History from the Age of Catherine the Great to the End of the Nineteenth Century*. Translated by A. Kaun. Bibliography by J. Curtiss. 2 vols. New York, 1970.

Lincoln, W. B. In *War's Dark Shadow: The Russians before the Great War*. New York, 1983.

Maynard, J. *Russia in Flux*. New York, 1948.

Miliukov, P. *Russia and Its Crisis*. Chicago, 1905; New York, 1962.

Mirsky, D. S. *History of Russian Literature*. New York, 1927.

Pares, B. *The Fall of the Russian Monarchy: A Study of the Evidence*. New York, 1939.

Pares, B. *Russia: Between Reform and Revolution*. Edited by F. B. Randall. New York, 1962.

Pavlovsky, G. *Agricultural Russia on the Eve of the Revolution*. London, 1930.

Pushkarev, S. *The Emergence of Modern Russia*. Translated from Russian. New York, 1963.

Raeff, M. *Imperial Russia, 1652–1825: The Coming of Age of Modern Russia*. New York, 1971.

Robinson, G. T. *Rural Russia under the Old Regime: A History of the Landlord-Peasant World and a Prologue to the Peasant Revolution of 1917*. New York, 1932.

Rogger, H. *Russia in the Age of Modernization and Revolution, 1881–1917*. London, 1983.

Seton-Watson, H. *The Russian Empire, 1801–1917*. Oxford, 1967.

Treadgold, D. W. *Twentieth Century Russia*. Chicago, 1959.

Vucinich, A. S. *Science in Russian Culture: A History to 1860*. Stanford, 1963.

Vucinich, A. S. *Science in Russian Culture (1861–1917)*. Stanford, 1970.

Vucinich, W. S., ed. *The Peasant in Nineteenth Century Russia*. Stanford, 1968.

Wallace, D. M. *Russia on the Eve of War and Revolution*. New York, 1961.

Westwood, J. N. *Endurance and Endeavour: Russian History, 1812–1980*. 3rd ed. The Short Oxford History of the Modern World. Oxford, 1987.

C. 전문 연구 : 정부, 제도, 사회와 문화

Alexander, J. *Emperor of the Cossacks: Pugachev and the Frontier Jacquerie of 1773–1775*. Lawrence, Kans., 1973.

Alexander, J. T. *Catherine the Great: Life and Legend*. New York, 1989.

Anderson, B. *Internal Migration during Modernization in Late Nineteenth Century Russia*. Princeton, N.J., 1980.

Anisimov, E. V. *The Reforms of Peter the Great: Progress through Coercion in Russia*. Armonk, N.Y., 1993.

Ascher, A. *P. A. Stolypin: The Search for Stability in Late Imperial Russia*. Stanford, 2001.

Ascher, A. *The Revolution of 1905*. 2 vols. Stanford, 1988, 1992.

Becker, S. *Nobility and Privilege in Late Imperial Russia*. DeKalb, Ill., 1985.

Black, C, ed. *Aspects of Social Change since 1861: The Transformation of Russian Society*. Cambridge, Mass., 1960.

Bonnell, V. *Roots of Rebellion: Workers' Politics and Organizations in St. Petersburg and Moscow, 1900–1914*. Berkeley, 1983.

Blum, J. *Lord and Peasant in Russia from the Ninth to the Nineteenth Century*. Princeton, N.J., 1961.

Bradley, J. *Muzhik and Muscovite: Urbanization in Late Imperial Russia*. Berkeley, 1985.

Brooks, J. *When Russia Learned to Read: Literacy and Popular Literature, 1861–1917*. Princeton, N.J., 1985.

Bushkovitch, P. *Peter the Great: The Struggle for Power, 1671–1725*. Cambridge, Eng., 2001.

Clausewitz, Carl von. *The Campaign of 1812 in Russia*. London, 1843.

Clowes, E., S. Kassow, and J. West, eds. *Between Tsar and People: Educated Society and the Quest for Public Identity in Late Imperial Russia*. Princeton, N.J., 1991.

Cracraft, J. *The Petrine Revolution in Russian Architecture*. Chicago, 1990.

Cracraft, J. *The Petrine Revolution in Russian Imagery*. Chicago, 1997.

Crisp, O., and L. Edmonson, eds. *Civil Rights in Imperial Russia*. New York, 1989.

Crummey, R. O. *The Old Believers and the World of the Anti-Christ; The Vyg Community and the Russian State, 1864–1855*. Madison, Wisc., 1970.

Curtiss, J. S. *Church and State in Russia, 1900–1917*. New York, 1940.

Curtiss, J. S. *The Russian Army under Nicholas I, 1825–1855*. Durham, N.C., 1965.

Dukes, P. *Catherine the Great and the Russian Nobility: A Study Based on the Materials of the Legislative Commission of 1767.* Cambridge, 1968.

Edelman, R. *Gentry Politics on the Eve of the Russian Revolution: The Nationalist Party, 1907–1917.* New Brunswick, N.J., 1980.

Edelman, R. *Proletarian Peasants: The Revolution of 1905 in Russia's Southwest.* Ithaca, N.Y., 1987.

Eklof, B. *Russian Peasant Schools: Officialdom, Village Culture, and Popular Pedagogy, 1864–1914.* Berkeley, 1986.

Eklof, B. and S. Frank, eds. *The World of the Russian Peasant: Post-emancipation Culture and Society.* Boston, 1990.

Eklof, B., J. Bushnell, and L. Zakharova, eds. *Russia's Great Reforms, 1855–1881.* Bloomington, Ind., 1994.

Ely, C. *This Meager Nature: Landscape and National Identity in Imperial Russia,* DeKalb, Ill., 2002.

Emmons, T. *The Russian Landed Gentry and the Peasant Emancipation of 1861.* Cambridge, 1967.

Emmons, T., ed. *Emancipation of the Russian Serfs.* New York, 1970.

Emmons, T. and W. Vucinich, eds. *The Zemstvo in Russia: An Experiment in Local Self-Government.* Cambridge, 1982.

Engel, B, A. *Between the Fields and the City: Women, Work, and Family in Russia, 1861–1914.* Cambridge, 1994.

Engelstein, L. *The Keys to Happiness: Sex and the Search for Modernity in Fin-de-Siècle Russia.* Ithaca, N.Y., 1992.

Field, D. *The End of Serfdom: Nobility and Bureaucracy in Russia, 1855–1861.* Cambridge, Mass., 1976.

Frank, S. P. *Crime, Cultural Conflict, and Justice in Rural Russia, 1856–1914.* Berkeley, 1999.

Frank, S. P. and M. D. Steinberg, eds., *Cultures in Flux: Lower-Class Values, Practices, and Resistance in Late Imperial Russia.* Princeton, N.J., 1994.

Freeze, G. *The Parish Clergy in Nineteenth Century Russia: Crisis, Reform, Counter-Reform.* Princeton, N.J., 1983.

Freeze, G. *The Russian Levites: The Parish Clergy in the Eighteenth Century.* Cambridge, Mass., 1977.

Frierson, C. *Peasant Icons: Representations of Rural People in Late Nineteenth Century Russia.* New York, 1993.

Fuhrmann, J. *Rasputin: A Life.* New York, 1990.

Glickman, R. L. *Russian Factory Women: Workplace and Society, 1880–1914.* Berkeley, 1984.

Golovin, N. N. *The Russian Army in the World War.* New Haven, Conn., 1931.

Gooch, G. P. *Catherine the Great and Other Studies.* London, 1954.

Gronsky, P., and N. Astrov. *The War and the Russian Government.* New Haven, Conn., 1929.

Haimson, L. H., ed. *The Politics of Rural Russia, 1905–1914.* Bloomington, Ind., 1979.

Hamm, M. F. *The City in Russian History.* Lexington, Ky., 1976.

Hartley, J. M. *Alexander I.* New York, 1994.

Heretz, L. *Russia on the Eve of Modernity: Popular Religion and Traditional Culture under the Last Tsars.* Cambridge, Eng., 2008.

Hoch, S. *Serfdom and Social Control in Russia.* Chicago, 1986.

Hosking, G. *The Russian Constitutional Experiment: Government and Duma, 1907–1914.* Cambridge, 1973.

Hughes, L. *Russia in the Age of Peter the Great.* New Haven, Conn., 1998.

Hutchinson, J. F. *Politics and Public Health in Revolutionary Russia, 1890–1918.* Baltimore, 1990.

Jones, R. E. *The Emancipation of the Russian Nobility, 1762–85.* Princeton, N.J., 1973.

Kassow, S. D. *Students, Professors, and the State in Tsarist* Russia. Berkeley, 1989.

Keep, J. *Soldiers of the Tsar: Army and Society in Russia, 1462–1874.* Oxford, 1985.

Kelly, C. and D. Shepherd, eds. *Constructing Russian Culture in the Age of Revolution: 1881–1940.* Oxford, 1998.

Kennan, G. *Siberia and the Exile System.* 2 vols. New York, 1891.

Kliuchevsky, V. O. *Peter the Great.* New York, 1959.

Kolchin, P. *Unfree Labor: American Slavery and Russian Serfdom.* Cambridge, Mass., 1987.

Kovalevsky, M. M. *Russian Political Institutions.* Chicago, 1902.

Kucherov, S. *Courts, Lawyers and Trials under the Last Three Tsars.* New York, 1953.

LeDonne, J. P. *Absolutism and Ruling Class: The Formation of the Russian Political Order, 1700–1825.* New York, 1991.

LeDonne, J. P. *Ruling Russia: Politics and Administration in the Age of Absolutism, 1762–1796.* Princeton, N.J., 1984.

Levin, A. *The Second Duma: A Study of the Social-Democratic Party and the Russian Constitutional Experiment.* New Haven, Conn., 1940.

Lieven, D. C. B. *Nicholas II: Twilight of the Empire.* New York, 1994.

Lincoln, W. B. *The Great Reforms: Autocracy, Bureaucracy, and the Politics of Change in Imperial Russia.* DeKalb, Ill., 1990.

Lincoln, W. B. *In the Vanguard of Reform: Russia's Enlightened Bureaucrats, 1825–1861.* DeKalb, Ill., 1986.

Lincoln, W. B .*Nicholas I: Emperor and Autocrat of All the Russias.* Bloomington, Ind., 1978.

Lincoln, W. B. *The Romanovs: Autocrats of All the* Russias. New York, 1981.

MacDaniel, T. *Autocracy, Capitalism, and Revolution in Russia.* Berkeley, 1988.

MacKenzie, D. *The Lion of Tashkent: The Career of General M. G. Cherniaev.* Athens, Ga., 1974.

Madariaga, I. de. *Politics and Culture in Eighteenth-Century Russia.* Harlow, Eng., 1998.

Madariaga, I. de. *Russia in the Age of Catherine the Great.* New Haven, Conn., 1981.

Manning, R. *The Crisis of the Old Order in Russia*: Gentry and Government. Princeton, N J., 1982.

Martin, A. *Romantics, Reformers, Reactionaries: Russian Conservative Thought and Politics in the Reign of Alexander I.* DeKalb, Ill., 1997.

McClelland, J. C. *Autocrats and Academics: Education, Culture, and Society in Tsarist Russia.* Chicago and London, 1979.

McGrew, R. E. *Russia and the Cholera, 1823–1832.* Madison, Wis., 1965.

Mehlinger, H. D. and J. M. Thompson. *Count Witte and the Tsarist Government in the 1905 Revolution.* Bloomington, Ind., 1972.

Miller, E. *Dimitrii Miliutin and the Reform Era in Russia.* Nashville, Tenn., 1968.

Mironov, B., with Ben Eklof. *The Social History of Imperial Russia, 1700–1917.* 2 vols. Boulder, Colo., 2000.

Monas, S. *The Third Section: Police and Society under Nicholas I.* Cambridge, Mass., 1961.

Neuberger, J. *Hooliganism: Crime, Culture, and Power in St. Petersburg, 1900–1914.* Berkeley, 1993.

Nichols, R. L. and T. G. Stavrou, eds. *Russian Orthodoxy under the Old Regime.* Minneapolis, 1978.

O'Brien, C. B. *Russia under Two Tsars, 1682–1689.* Berkeley, 1952.

Orlovsky, D. T. *The Limits of Reform: The Ministry of Internal Affairs in Imperial Russia, 1802–1881.* Cambridge, Mass., 1981.

Paleologue, G. M. *The Enigmatic Tsar: The Life of Alexander I of Russia.* London, 1938.

Papmehl, K. A. *Freedom of Expression in Eighteenth Century Russia.* The Hague, 1971.

Pearson, T. S. *Russian Officialdom in Crisis: Autocracy and Local Self-Government, 1861–1900.* Cambridge, 1989.

Pintner, W. M., and D. K. Rowney, eds. *Russian Officialdom: The Bureaucratization of Russian Society from the Seventeenth to the Twentieth Century.* Chapel Hill, N.C., 1980.

Pipes, R. ed. *Revolutionary Russia.* Cambridge, Mass., 1968.

Raeff, M. *Michael Speransky: Statesman of Imperial* Russia. The Hague, 1957.

Raeff, M. *Siberia and the Reforms of 1822.* Seattle, 1956.

Raeff, M. *The Well-Ordered Police State: Social and Institutional Change through Law in the Germanies and Russia, 1600–1800.* New Haven, Conn., 1983.

Raeff, M., ed. *Peter the Great: Reformer or Revolutionary?* Boston, 1963.

Ransel, D. L. *Mothers of Misery: Child Abandonment in Russia.* Princeton, N.J., 1988.

Ransel, D. L. *The Politics of Catherinean Russia: The Panin Party.* New Haven, Conn., 1975.

Rheinelander, A. *Prince Michael Vorontsov: Viceroy to the Tsar.* Montreal, 1990.

Rodzianko, M. V. *Reign of Rasputin: An Empire's Collapse.* New York, 1927.

Rogger, H. *National Consciousness in 18th Century Russia.* Cambridge, Mass., 1960.

Roosevelt, P. R. *Life on the Russian Country Estate: A Social and Cultural History.* New Haven, Conn., 1995.

Ruud, C. A. *Fighting Words: Imperial Censorship and the Russian Press, 1804–1906.* Toronto, 1982.

Sablinsky, W. *The Road to Bloody Sunday: Father Gapon and the St. Petersburg Massacre of 1905.* Princeton, N.J., 1976.

Schneiderman, J. *Sergei Zubatov and Revolutionary Marxism: The Struggle for the Working Class in Tsarist Russia.* Ithaca, N.Y., 1976.

Schrader, A. *The Languages of the Lash: Corporal Punishment and Identity in Imperial Russia.* DeKalb, Ill., 2002.

Schwarz, S. M. *The Russian Revolution of 1905: The Workers' Movement and the Formation of Bolshevism and Menshevism.* Chicago and London, 1967.

Seregny, S. *Russian Teachers and Peasant Revolution: The Politics of Education in 1905.* Bloomington, Ind., 1989.

Shevzov, V. *Russian Orthodoxy on the Eve of Revolution.* New York, 2003.

Sinel, A. *The Classroom and the Chancellery: State Education Reform in Russia under Count Dimitrii Tolstoy.* Cambridge, Mass., 1973.

Starr, S. F. *Decentralization and Self-Government in Russia, 1830–1870.* Princeton, N.J., 1972.

Steinberg, M. D. *Proletarian Imagination: Self, Modernity, and the Sacred in Russia, 1910–1925.* Ithaca, N.Y., 2002.

Steinberg, M. D. and H. Coleman eds. *Sacred Stories: Religion and Spirituality in Modern Russia.* Bloomington, Ind. 2007.

Sumner, B. H. *Peter the Great and the Emergence of Russia.* New York, 1962.

Surh, G. D. *1905 in St. Petersburg: Labor, Society, and Revolution.* Stanford, 1989.

Treadgold, D. W. *The Great Siberian Migration: Government and Peasant in Resettlement from Emancipation to the First World War.* Princeton, N.J., 1957.

Troyat, H. *Catherine the Great.* Translated by J. Pinkham. New York, 1980.

Verner, A. *The Crisis of Russian Autocracy: Nicholas II and the 1905 Revolution.* Princeton, N.J., 1990.

Wade, R. A., and S. J. Seregny, eds. *Politics and Society in Provincial Russia: Saratov, 1590–1917.* Columbus, Ohio, 1989.

Wagner, W. *Marriage, Property, and Law in Late Imperial Russia.* New York, 1994.

Walkin, J. *The Rise of Democracy in Pre-Revolutionary Russia: Political and Social Institutions under the Last Three Tsars.* New York, 1962.

Wildman, A. *The Making of a Workers' Revolution: Russian Social Democracy, 1891–1903.* Chicago, 1967.

Wirtschafter, E. K. *From Serf to Russian Soldier.* Princeton, N.J., 1990.

Wirtschafter, E. K. *The Play of Ideas: Russian Enlightenment Theater.* DeKalb, Ill., 2003.

Wirtschafter, E. K. *Social Identity in Imperial Russia.* DeKalb, Ill., 1997.

Wirtschafter, E. K. *Structures of Society: Imperial Russia's "People of Various Ranks."* DeKalb, Ill., 1994.

Worobec, C. *Peasant Russia: Family and Community in the Post-Emancipation Period.* 1991.

Wortman, R. *Scenarios of Power: Myth and Ceremony in Russian Monarchy from Peter the Great to the Abdication of Nicholas II.* Princeton, N.J., 2006.

Wortman, R. S. *The Development of a Russian Legal Consciousness.* Chicago and London, 1976.

Yaney, G. *Systematization of Russian Government: Social Evolution in the Domestic Administration of Imperial Russia, 1711–1905.* Urbana, Ill., 1973.

Zaionchkovskii, P. A. *The Abolition of Serfdom in Russia.* Gulf Breeze, Fla., 1978.

Zaionchkovskii, P. A. *The Russian Autocracy in Crisis, 1878–1882.* Gulf Breeze, Fla., 1979.

Zaionchkovskii, P. A. *The Russian Autocracy under Alexander III.* Gulf Breeze, Fla., 1976.

Zaitsev, P. *Taras Shevchenko: A Life.* Edited, abridged, and translated with an introduction by G. S. N. Luckyj. Toronto, 1988.

Zelnik, R. E. *Labor and Society in Tsarist Russia: The Factory Workers of St. Petersburg, 1855–1870.* Stanford, 1971.

Zelnik, R. *Law and Disorder on the Narova River: The Kreenholm Strike of 1872.* Berkeley, 1995.

D. 전문 연구 : 대외 문제, 제국, 민족 문제

Aronson, I. M. *Troubled Waters: The Origins of the 1881 Anti-Jewish Progroms in Russia.* Pittsburgh, 1990.

Barker, A. J. *The War Against Russia, 1854–1856.* New York, 1971.

Bassin, M. *Imperial Visions: Nationalist Imagination and Geographical Expansion in the Russian Far East, 1840–1865.* Cambridge, Eng., 1999.

Bromley, J. S., ed. *The Rise of Great Britain and Russia, 1688–1715/25.* Vol. 6 of *The New Cambridge Modern History.* Cambridge, Mass., 1970.

Brower, D. *Turkestan and the Fate of the Russian Empire.* London, 2003.

Brower, D. and E. Lazzerini, eds. *Russia's Orient: Imperial Borderlands and Peoples, 1700–1917.* . Bloomington, Ind., 1997.

Burbank, J., and D. L. Ransel, eds. *Imperial Russia: New Histories of the Empire.* Bloomington, Ind., 1998.

Curtiss, J. S. *Russia's Crimean War.* Durham, N.C., 1979.

Dallin, D. J. *The Rise of Russia in Asia.* New Haven, Conn., 1949.

Donnelly, A. S. *The Russian Conquest of Bashkiria: A Case Study in Imperialism, 1552–1740.* New Haven, Conn., 1968.

Fisher, A. W. *The Russian Annexation of the Crimea, 1772–1783*. Cambridge, 1970.

Geraci, R. *Window on the East: National and Imperial Identities in Late Tsarist Russia*. Ithaca, N.Y., 2001.

Golder, F. A. *Russian Expansion on the Pacific, 1641–1850*. Cleveland, 1914.

Goldfrank, D. *The Origins of the Crimean War*. New York, 1994.

Jelavich, B. *A Century of Russian Foreign Policy, 1814–1914*. New York, 1964.

Jelavich, B. *Russia and Greece During the Regency of King Otton, 1832–1835*. Thessalonika, 1962.

Jelavich, B. *Russia and the Greek Revolution of 1843*. Munich, 1966.

Jelavich, B. *Russia and the Rumanian National Cause, 1858–1859*. Bloomington, Ind., 1959.

Jelavich, B., and C. Jelavich. *Russia in the East, 1876–1880*. Leiden, 1959.

Jelavich, C. *Tsarist Russia and Balkan Nationalism: Russian Influence in the Internal Affairs of Bulgaria and Serbia, 1879–1886*. Berkeley, 1958.

Jersild, A. *Orientalism and Empire: North Caucasus Mountain Peoples and the Georgian Frontier, 1845–1917*. Montreal, 2002.

Kaplan, H. H. *The First Partition of Poland*. New York, 1962.

Kennan, G. F. *The Decline of Bismarck's European Order: Franco-Russian Relations, 1875–1890*. Princeton, N.J., 1979.

Khalid, A. *Politics of Muslim Cultural Reform: Jadidism in Central Asia*. Berkeley, 2000.

Khodarkovsky, M. *Where Two Worlds Meet: The Russian State and the Kalmyk Nomads, 1600–1771*. Ithaca, N.Y., 1992.

Langer, W. L. *The Diplomacy of Imperialism, 1890–1902*. 2 vols. New York, 1935.

Langer, W. L. *The European Alliances and Alignments, 1871–1890*. New York, 1950.

Langer, W. L. *The Franco-Russian Alliance, 1890–1894*. Cambridge, Mass., 1929.

Layton, S. *Russian Literature and Empire: Conquest of the Caucasus from Pushkin to Tolstoy*. Cambridge, Eng., 1994

Lederer, I., ed. *Russian Foreign Policy: Essays in Historical Perspective*. New Haven, Conn., 1962.

LeDonne, J. P. *The Russian Empire and the World, 1700–1917: The Geopolitics of Expansion and Containment*. New York, 1997.

Lensen, G. A. *The Russian Push toward Japan: Russo-Japanese Relations, 1697–1875*. Princeton, N.J., 1959.

Lobanov-Rostovsky, A. *Russia and Asia*. Ann Arbor, Mich., 1951.

Lobanov-Rostovsky, A. *Russia and Europe, 1789–1825*. Durham, N.C., 1947.

Lobanov-Rostovsky, A. *Russia and Europe, 1825–1878*. Ann Arbor, Mich., 1954.

Lord, R. H. *The Second Partition of Poland*. Cambridge, Mass., 1915.

Madariaga, I. de. *Britain, Russia, and the Armed Neutrality of 1780: Sir James Harris's Mission to St. Petersburg During the American Revolution*. New Haven, Conn., 1962.

Malozemoff, A. *Russian Far Eastern Policy, 1881–1904*. Berkeley, 1958.

Montesquiou-Fezensac, R. *The Russian Campaign, 1812*. Translated by L. Kennett. Athens, Ga., 1970.

Mosely, P. *Russian Diplomacy and the Opening of the Eastern Question in 1838 and 1839*. Cambridge, Mass., 1934.

Mosse, W. E. *The European Powers and the German Question, 1848–1871*. Cambridge, 1958.

Nathans, B. *Beyond the Pale: The Jewish Encounter with Late Imperial Russia*. Berkeley, 2002

Okun, S. B. *The Russian-American Company*. Translated from Russian. Cambridge, Mass., 1951.

Pierce, R. A. *Russian Central Asia, 1867–1917: A Study in Colonial Rule.* Berkeley, 1960.

Pierce, R. A. *Russia's Hawaiian Adventure, 1815–1817.* Berkeley, 1965.

Puryear, V. J. *England, Russia and the Straits Question, 1844–1856.* Berkeley, 1931.

Ragsdale, H. *Détente in the Napoleonic Era: Bonaparte and the Russians.* Lawrence, Kans., 1980.

Romanov, B. *Russia in Manchuria, 1892–1906.* Translated by S. Jones. Ann Arbor, Mich., 1952.

Sahadeo, J. *Russian Colonial Society in Tashkent, 1865–1923.* Bloomington, Ind., 2007.

Saul, N. E. *Concord and Conflict: The United States and Russia, 1867–1914.* Lawrence, Kans., 1996.

Smith, C. J. *The Russian Struggle for Power, 1914–1917: A Study of Russian Foreign Policy During the First World War.* New York, 1956.

Sumner, B. H. *Peter the Great and the Ottoman Empire.* Oxford, 1949.

Sumner, B. H. *Russia and the Balkans, 1870–1880.* Oxford, 1937.

Sumner, B. H. *Tsardom and Imperialism in the Far East and Middle East, 1880–1914.* London, 1940.

Tarle, E. V. *Napoleon's Invasion of Russia, 1812.* Translated from Russian first edition. New York, 1942.

Taylor, A. J. P. *The Struggle for Mastery in Europe, 1848–1918.* Berkeley, 1931.

Thaden, E. C. *Russia and the Balkan Alliance of 1912.* University Park, Pa. 1965.

Thaden, E. C., ed. *Russification in the Baltic Provinces and Finland.* Princeton, N.J., 1981.

Thomson, G. S. *Catherine the Great and the Expansion of Russia.* London, 1947.

Warner, D., and P. Warner. *The Tide at Sunrise: A History of the Russo-Japanese War, 1904–1905.* New York, 1974.

Weeks, T. *Nation and State in Late Imperial Russia: Nationalism and Russification on the Western Frontier, 1863–1914.* DeKalb, Ill.,., 1996.

White J. A. *The Diplomacy of the Russo-Japanese War.* Princeton, N.J., 1964.

E. 전문 연구 : 경제 발전

Blackwell, W.L. *The Beginnings of Russian Industralization, 1800–1860.* Princeton, N.J., 1968.

Gerschenkron, A. *Economic Backwardness in Historical Perspective.* Cambridge, Mass., 1962.

Kahan, A. *The Plow, the Hammer, and the Knout: An Economic History of Eighteenth-Century Russia.* Chicago, 1985.

Lih, L. *Bread and Authority in Russia, 1914–1921.* Berkeley, 1990.

Marks, S. G. *Road to Power: The Trans-Siberian Railroad and the Colonization of Asian Russia, 1850–1917.* Ithaca, N.Y., 1991.

McKay, J. P. *Pioneers for Profit: Foreign Entrepreneurship and Russian Industrialization, 1885–1913.* Chicago, 1970.

Owen, T. *Capitalism and Politics in Russia: A Social History of the Moscow Merchants, 1855–1905.* Cambridge, 1981.

Pintner, W. W. *Russian Economic Policy under Nicholas I.* Ithaca, N.Y., 1967.

Rieber, A. J. *Merchants and Entrepreneurs in Imperial Russia.* Chapel Hill, N.C., 1982.

Rozman, G. *Urban Networks in Russia, 1750–1800, and Premodern Periodization.* Princeton, N.J., 1976.

Smith, R. E. F., and D. Christian. *Bread and Salt: A Social and Economic History of Food and Drink in Russia.* New York, 1981.

Tugan-Baranovsky, M. I. *The Russian Factory in the 19th Century.* Translated by A. Levin, C. Levin, and G. Grossman. Homewood, Ill., 1970.
Von Laue, T. H. *Sergei Witte and the Industrialization of Russia.* New York, 1963.

F. 전문 연구 : 지성사와 인텔리겐치아

Ambler, E. *Russian Journalism and Politics 1861–1881: The Career of Aleksei S. Suvorin.* Detroit, 1972.
Andrew, J. *Women in Russian Literature, 1780–1863.* New York, 1988.
Avrich, P. *The Russian Anarchists.* Princeton, N.J., 1967.
Baron, S. H. *Plekhanov: The Father of Russian Marxism.* Stanford, 1963.
Berdiaev, N. *Constantin Leontieff.* Translated by H. Iswolsky. Paris, 1937.
Berdiaev, N. *The Russian Idea.* Translated by R. French. London, 1947.
Berlin, I. *Russian Thinkers.* Edited by H. Hardy and A. Kelly. New York, 1978.
Billington, J. *Mikhailovsky and Russian Populism.* New York, 1958.
Bowman, H. *Vissarion Belinskii, 1811–1848: A Study in the Origins of Social Criticism* in *Russia.* Cambridge, Mass., 1954.
Broido, E. *Memoirs of a Revolutionary.* Edited and translated by V. Broido. New York, 1967.
Brower, D. R. *Training the Nihilists: Education and Radicalism in Tsarist Russia*: Ithaca, N.Y., 1975.
Brown, E, J. *Stankevich and His Moscow Circle, 1830–1840.* Stanford, 1966.
Byrnes, R. F. *Pobedonostsev: His Life and Thought.* Bloomington, Ind., 1968.
Byrnes, R. F. *V. O. Kliuchevskii, Historian of Russia.* Bloomington, Ind., 1995.
Carr, E. H. *Michael Bakunin,* New York, 1961.
Carr, E. H. *The Romantic Exiles: A Nineteenth Century Portrait Gallery.* London, 1933.
Chmielewski, E. *Tribune of the Slavophiles: Konstantin Aksakov.* University of Florida Monograph. Social Sciences, no. 12. Gainesville, Fla., 1961.
Christoff, P. K. *An Introduction to Nineteenth-Century Russian Slavophilism: A Study in Ideas.* Vol. 1, *A. S. Xomjakov.* The Hague, 1961.
Christoff, P. K. *An Introduction to Nineteenth-Century Russian Slavophilism: A Study in Ideas.* Vol. 2, *I. V. Kireevskij.* The Hague, 1972.
Christoff, P. K. *An Introduction to Nineteenth-Century Russian Slavophilism.* Vol. 3, *K. S. Aksakov: A Study in Ideas.* Princeton, N.J., 1982.
Christoff, P. K. *An Introduction to Nineteenth-Century Russian Slavophilism.* Vol. 4, *Iu. F. Samarin.* Boulder, Colo., 1991.
Christoff, P. K. *Third Heart: Some Intellectual-Ideological Currents in Russia, 1800–1830.* The Hague, 1970.
Clark, K. *Petersburg: Crucible of Revolution.* Cambridge, Mass., 1986.
Engel, B. *Mothers and Daughters: Women of the Intelligentsia in 19th Century Russia.* Cambridge, 1983.
Evtuhov, C. *The Cross and the Sickle: Sergei Bulgakov and the Fate of Russian Religious Philosophy.* Ithaca, N.Y., 1997.
Fadner, F. *Seventy Years of Pan-Slavism: Karazin to Danilevskii, 1800–1870.* Washington, D.C., 1962.
Field, D. *Rebels in the Name of the Tsar.* Boston, 1976.
Fischer, G. *Russian Liberalism, from Gentry to Intelligentsia.* Cambridge, Mass., 1958.
Frank, J. *Dostoevsky: The Mantle of the Prophet, 1871–1881.* Princeton, N.J., 2002.
Frank, J. *Dostoevsky: The Miraculous Years, 1865–1871.* Princeton, N.J., 1995.
Frank, J. *Dostoevsky: The Seeds of Revolt, 1821–1849.* Princeton, N.J., 1976.

Frank, J. *Dostoevsky: The Stir of Liberation, 1860–1865*. Princeton, N.J., 1986.

Frank, J. *Dostoevsky: The Years of Ordeal, 1850–1859*. Princeton, N.J., 1983

Galai, S. *The Liberation Movement in Russia, 1900–1905*. Cambridge, 1973.

Gerstein, L. *Nikolai Strakhov*. Cambridge, Mass., 1971.

Getzler, I. *Martov: A Political Biography of a Russian Social Democrat*. New York, 1967.

Haimson, L. H. *The Russian Marxists and the Origins of Bolshevism*. Cambridge, Mass., 1955.

Hardy, D. *Land and Freedom: The Origins of Russian Terrorism, 1876–1879*. Westport, Conn. 1987.

Hare, R. *Portraits of Russian Personalities between Reform and Revolution*. New York, 1959.

Katz, M. *Mikhail N- Katkov: A Political Biography, 1818–1887*. The Hague, 1966.

Keep, J. L. H. *The Rise of Social Democracy in Russia*. Oxford, 1963.

Kelly, A. *Toward Another Shore: Russian Thinkers between Necessity and Chance*. New Haven, Conn., 1998.

Kindersley, R. *The First Russian Revisionists: A Study of legal Marxism in Russia*. Oxford, 1962.

Kline, G. *Religious and Anti-Religious Thought in Russia*. Chicago, 1968.

Kohn, H. *Pan Slavism: Its History and Ideology*. Notre Dame, Ind., 1953; New York, 1960.

Lampert, E. *Sons against Fathers: Studies in Russian Radicalism and Revolution*. London, 1965.

Lampert, E. *Studies in Rebellion*. London, 1957.

Lang, D. M. *The First Russian Radical: Alexander Radishchev, 1749–1802*. New York, 1960.

Lednicki, W. *Russia, Poland and the West:* Essays *in Literary and Cultural History*. London and New York, 1954.

Leslie, R. F. *Reform and Insurrection in Russian Poland, 1856–1865*. London, 1963.

Lukashevich, S. *Ivan Aksakov, 1823–1866: A Study in Russian Thought and Politics*. Cambridge, Mass., 1965.

Lukashevich,S. *Konstantin Leontev, 1831–1891: A Study in Russian "Heroic Vitalism."* New York, 1967.

Lukashevich, S. *N. F. Fedorov (1828–1903): A Study in Roman Eupsychian and Utopian Thought*. Newark, N.J., 1977.

Malia, M. *Alexander Herzen and the Birth of Russian Socialism, 1812–1855*. Cambridge, Mass., 1961.

Mazour, A. *The First Russian Revolution, 1825: The Decembrist Movement*. Stanford, 1937.

Mazour, A. G. *Women in Exile: Wives of the Decembrists*. Tallahassee, Fla., 1975.

McNally, R. T. *Chaadaev and His Friends: An Intellectual History of Peter Chaadaev and His Russian Contemporaries*. Tallahassee, Fla., 1971.

Mendel, A. P. *Dilemmas of Progress in Tsarist Russia: Legal Marxism and Legal Populism*. Cambridge, Mass., 1961.

Mendel, A. P. *Michael Balkunin: Roots of Apocalypse*. New York, 1981.

Mochulsky, K. *Dostoevsky: His Life and Work*. Translated by M. Minihan. Princeton, N.J., 1967.

Mohrenschildt, D. von. *Russia in the Intellectual Life of 18th Century France*. New York, 1936.

Paperno, I. *Chernyshevsky and the Age of Russian Realism*. Stanford, 1988.

Petrovich, M. B. *The Emergence of Russian Pan-Slavism, 1856–1870*. New York, 1956.

Pipes, R. *Social Democracy and the St. Petersburg Labor Movement, 1885–1897*. Cambridge, Mass., 1963.

Pipes, R. *Struve: Liberal on the Left, 1870–1905*. Cambridge, Mass., 1970.

Pipes, R. *Struve: Liberal on the Right, 1905–1944.* Cambridge, Mass., 1980.

Pipes, R., ed. *The Russian Intelligentsia.* New York, 1961.

Plamenatz, J. *German Marxism and Russian Communism.* London, 1954.

Pomper, P. *Peter Lavrov and the Russian Revolutionary Movement.* Chicago, 1972.

Pomper, P. *The Russian Revolutionary Intelligentsia.* Arlington Heights, Ill., 1970.

Putnam, G. F. *Russian Alternatives to Marxism: Christian Socialism and Idealistic Liberalism in Twentieth-Century Russia.* Knoxville, Tenn., 1977.

Raeff, M. *Origins of the Russian Intelligentsia: The Eighteenth Century Nobility.* New York, 1966.

Randall, F. *N. G. Chernyshevskii.* New York, 1967.

Randolph, J. *The House in the Garden: The Bakunin Family and the Romance of Russian Idealism.* Ithaca, N.Y., 2007.

Rawson, D., C. *Russian Rightists and the Revolution of 1905.* New York, 1995.

Read, C. *Religion, Revolution and the Russian Intelligentsia, 1900–1912.* Totowa, N.J., 1979.

Riasanovsky, N. V. *The Image of Peter the Great in Russian History and Thought.* New York, 1985.

Riasanovsky, N. V. *Nicholas I and Official Nationality in Russia, 1825–1855.* Berkeley, 1959.

Riasanovsky, N. V. *A Parting of Ways: Government and the Educated Public in* Russia, *1801–1855.* Oxford, 1976.

Riasanovsky, N. V. *Russia and the West in the Teachings of the Slavophiles.* Cambridge, Mass., 1952.

Rogger, H. *National Consciousness in 18th Century Russia.* Cambridge, Mass., 1960.

Rosenthal, B. G., ed. *Nietzsche in Russia.* Princeton, N.J., 1986.

Schapiro, L. *Rationalism and Nationalism in Russian Nineteenth Century Political Thought.* New Haven, Conn., 1967.

Serge, V. *Memoirs of a Revolutionary, 1901–1941.* Translated by P. Sedgwick. London, 1963.

Service, R. *Lenin: a Political Life.* Vols. 1–2. Bloomington, Ind., 1985, 1991.

Stites, R. *The Women's Liberation Movement in Russia: Feminism, Nihilism, and Bolshevism, 1860–1930.* Princeton, N.J., 1978.

Thaden, E. C. *Conservative Nationalism in 19th Century Russia.* Seattle, 1964.

Treadgold, D. W. *Lenin and His Rivals: The Struggle far Russia's Future, 1898–1906.* New York, 1955.

Trotsky, L. *1905.* Translated by A. Bostock. New York, 1971.

Ulam, A. B. *The Bolsheviks.* New York, 1965.

Venturi, F. *Roots of Revolution: A History of the Populist and Socialist Movements in Nineteenth Century Russia.* Translated by F. Haskell. New York, 1960.

Vucinich, A. *Social Thought in Tsarist Russia: The Quest for a General Science of Society 1861–1917.* Chicago and London, 1976.

Walicki, A. *The Controversy Over Capitalism.* Oxford, 1969.

Walicki, A. *A History of Russian Thought from the Enlightenment to Marxism.* Stanford, 1979.

Walicki, A. *The Slavophile Controversy. History of a Conservative Utopia in Nineteenth Century Russian Thought.* Translated by H. Andrews-Rusiecka. Oxford, 1975.

Weeks, A. L. *The First Bolshevik: A Political Biography of Peter Tkachev.* New York, 1968.

Wilson, E. *To the Finland Station.* New York, 1940.

Woehrlin, W. F. *Chernyshevsky: The Man and the Journalist.* Cambridge, Mass., 1971.

Wolfe, B. E. *Three Who Made a Revolution: A Biographical History.* New York, 1948.

Wortman, R. *The Crisis of Russian Populism.* Cambridge, Eng., 1967.

Yarmolinsky, A. *Road to Revolution: A Century of Russian Radicalism.* London, 1957.

Zenkovsky, V. V. *Russian Thinkers and Europe.* Translated from Russian. Ann Arbor, Mich., 1953.

Zetlin, M. *The Decembrists.* Translated by G. Panin. New York, 1958.

소비에트 러시아, 1971–1991년

A. 혁명과 내전

1. 일반 연구(당대인들의 저술 포함)

Acton, E., V. Iu. Cherniaev, and W. G. Rosenberg, eds. *Critical Companion to the Russian Revolution.* Bloomington, Ind., 1997.

Carr, E. H. *A History of Soviet Russia.* Vols. 1–3, *The Bolshevik Revolution, 1917–1923.* Vol. 4, *The Interregnum, 1923–1924.* Vols. 5–7, *Socialism in One Country, 1924–1926.* Vols. 8–9, *Foundations of a Planned Economy, 1926–1929* (Vol. 8 with R. W. Davies). New York, 1951–53, 1954, 1958, 1971–72.

Chamberlin, W. N. *The Russian Revolution, 1917–1921.* 2 vols. New York, 1935.

Chernov, V., *The Great Russian Revolution.* New Haven, Conn., 1936.

Curtiss, J. S. *The Russian Revolutions of 1917.* Princeton, N.J., 1957.

Denikin, A. I. *The Russian Turmoil.* London, 1922.

Figes, O. *A People's Tragedy: The Russian Revolution, 1891–1924.* New York, 1997.

Fitzpatrick, S. *The Russian Revolution.* New York, 1994.

Footman, D. *Civil War in Russia.* New York, 1961.

Footman, D. *The Russian Revolution.* New York, 1962.

Gorky, M. *Untimely Thoughts: Essays on Revolution, Culture, and the Bolsheviks, 1917–1918.* Translated by H. Ermolaev. Introduction by M. Steinberg. New Haven, Conn., 1995.

Katkov, G. *Russia, 1917: The February Revolution.* New York, 1967.

Kerensky, A. *The Catastrophe: Kerensky's Own Story of the Russian Revolution.* New York, 1927.

Kerensky, A. *The Crucifixion of Liberty.* New York, 1934.

Kerensky, A. *Russia and History's Turning Point.* London, 1965.

Liebman, M. *The Russian Revolution.* Translated by A. Pomerans. New York, 1970.

Lincoln, W. B. *Passage Through Armageddon: The Russians in War and Revolution, 1914–1918.* New York, 1986.

Mawdsley, E. *The Russian Civil War.* New York, 1996.

Steinberg, M. D. *Voices of Revolution, 1917.* New Haven, Conn., 2001.

Sukhanov, N. N. *The Russian Revolution of 1917.* New York, 1955.

Trotsky, L. *The History of the Russian Revolution,* 3 vols. New York, 1932–57.

Tucker, R. C., ed. *The Lenin Anthology.* New York, 1975.

Von Mohrenschildt, D., ed. *The Russian Revolution of 1917: Contemporary Accounts.* New York, 971.

Woytinsky, W. S. *Stormy Passage. A Personal History through Two Russian Revolutions to Democracy and Freedom: 1905–1960.* New York, 1961.

2. 주제별 읽을거리

Adams, A. E. *Bolsheviks in the Ukraine: The Second Campaign.* New Haven, Conn., 1963.

Adams, A. E., ed. *The Russian Revolution and Bolshevik Victory: Why and How?* Boston, 1960.

Anweiler, O. *The Soviets: The Russian Workers, Peasants, and Soldiers Councils, 1905–1921.* Translated by R. Hein. New York, 1974.

Avrich, P. *Kronstadt 1921.* Princeton, N.J., 1970.

Badcock, S. *Politics and the People in Revolutionary Russia: A Provincial History.* New York, 2007.

Browder, R., and F. Kerensky, eds. *The Russian Provisional Government, 1917.* 3 vols. Stanford, 1961.

Bunyan, J., ed. *Intervention, Civil War and Communism in Russia, April-December, 1918: Documents.* Baltimore, 1936.

Bunyan, J., and H. H. Fisher, eds. *The Bolshevik Revolution, 1917–1918: Documents.* Stanford, 1934.

Burdzhalov, E. N. *Russia's Second Revolution: The February Uprising in Petrograd.* Translated and edited by D. J. Raleigh. Bloomington, Ind., 1987.

Carr, E. H. *The October Revolution: Before and After.* New York, 1969.

Dan, Th. *The Origins of Bolshevism.* London, 1964.

Daniels, R. V. *Red October. The Bolshevik Revolution of 1917.* London, 1968.

Deutscher, I. ed. *The Age of Permanent Revolution: A Trotsky Anthology.* New York, 1964.

Farnsworth, B. *Alexandra Kollontai: Socialism, Feminism, and the Bolshevik Revolution.* Stanford, 1980.

Ferro, M. *The Russian Revolution of February 1917.* Translated by J. L. Richards. Englewood Cliffs, N.J., 1972.

Figes, O. *Peasant Russia, Civil War: The Volga Countryside in Revolution, 1917–1921.* Oxford, 1989.

Figes, O. and B. Kolonitskii. *Interpreting the Russian Revolution: The Language and Symbols of 1917.* New Haven, Conn., 1999.

Fischer, Louis. *The Life of Lenin.* New York, 1964.

Galili, Z. *The Menshevik Leaders in the Russian Revolution: Social Realities and Political Struggles.* Princeton, N.J., 1989.

Gankin, O. H., and H. H. Fisher, eds. *The Bolsheviks and the World War: Documents.* Stanford, 1940.

Getzler, I. *Kronstadt, 1917–1921: Fate of a Soviet Democracy.* Cambridge, 1983.

Haimson, L. H., ed. *The Mensheviks: From the Revolution of 1917 to the Second World War.* Chicago, 1974.

Hasegawa, T. *The February Revolution: Petrograd, 1917.* Seattle, 1981.

Holquist, P. *Making War, Forging Revolution: Russia's Continuum of Crisis, 1914–1921.* Cambridge, Mass., 2002.

Hunczak, T., ed. *The Ukraine, 1917–1921: A Study in Revolution.* Cambridge, Mass., 1977.

Keep, J. *The Russian Revolution: A Study in Mass Mobilization.* New York, 1976.

Kennan, G. F. *Soviet-American Relations, 1917–1920.* Vol. 1, *Russia Leaves the War.* Vol. 2, *The Decision to Intervene.* Princeton, N.J., 1956, 1958.

Koenker, D. P. *Moscow Workers and the 1917 Revolution.* Princeton, N.J., 1981.

Koenker, D. P. and W. G. Rosenberg. *Strikes and Revolution in Russia, 1917.* Princeton, N.J., 1989.

Koenker, D. P., W. G. Rosenberg, and R. G. Suny, eds. *Party, State, and Society in the Russian Civil War.* Bloomington, Ind., 1989.

Laqueur, W. *The Fate of the Revolution: Interpretations of Soviet History.* New York, 1967.

Lehovich, D. V. *White Against Red: The Life of General Anton Denikin.* New York, 1974.

Lenin, V. I. *Collected Works.* New York, 1927–42.

Lenin, V. I. *Imperialism: The Highest Stage of Capitalism.* New York, 1927.

Lenin, V. I. *The State and Revolution.* New York, 1927.

Lenin, V. I. *What Is to Be Done?* Moscow, 1947.

Lewin, M. *Lenin's Last Struggle.* New York, 1968.

Luckett, R. *The White Generals: An Account of the White Movement and the Russian Civil War.* New York, 1987.

Mally, L. *Culture of the Future: The Proletkult Movement in Revolutionary Russia.* Berkeley, 1990.

McAuley, M. *Bread and Justice: State and Society in Petrograd, 1917–1922.* Oxford, 1991.

Medvedev, R. A. *The October Revolution.* Translated by G. Saunders. Foreword by H. G. Salisbury. New York, 1979.

Melgunov, S. P. *The Bolshevik Seizure of Power.* Edited by S. G. Pushkarev and B. S. Pushkarev. Translated by J. Beaver. Santa Barbara, Calif., 1972.

Payne, R. *The Life and Death of Lenin.* New York, 1964.

Pipes, R. *The Formation of the Soviet Union: Communism and Nationalism, 1917–1923.* Cambridge, Mass., 1954.

Pipes, R., ed. *Revolutionary Russia: A Symposium.* 2nd ed. rev. Cambridge, Mass., 1968.

Possony, S. T. *Lenin: The Compulsive Revolutionary.* Chicago, 1964. Rabinowitch, A. *The Bolsheviks Come to Power. The Revolution of 1917 in Petrograd.* New York, 1976.

Rabinowitch, A. *Prelude to Revolution: The Petrograd Bolsheviks and the July 1917 Uprising.* Bloomington, Ind., 1968.

Radkey, O. H. *The Agrarian Foes of Bolshevism: Promise and Default of the Russian Socialist Revolutionaries, February to October, 1917.* New York, 1958.

Radkey, O. H. *The Election to the Russian Constituent Assembly of 1917.* Cambridge, Mass., 1950.

Radkey, O. H. *The Sickle under the Hammer: The Russian Socialist Revolutionaries in the Early Months of Soviet Rule.* New York, 1963.

Raleigh, D. J. *Revolution on the Volga: 1917 in Saratov.* Ithaca, N.Y., 1986.

Raskolnikov, F. F. *Kronstadt and Petrograd in 1917.* Translated and annotated by B. Pearce. London, 1982.

Reed, J. *Ten Days That Shook the World.* New York, 1960.

Reshetar, J. S. *The Ukrainian Revolution, 1917–1920.* Princeton, N.J., 1952.

Rosenberg, A. *A History of Bolshevism.* Garden City, N.Y., 1967.

Rosenberg, W. G. *A. I. Denikin and the Anti-Bolshevik Movement in South Russia.* Amherst, Mass., 1961.

Rosenberg, W. G. *Liberals in the Russian Revolution: The Constitutional Democratic Party, 1917–1921.* Princeton, N.J., 1974.

Rosmer, A. *Moscow under Lenin.* Translated by I. Birchall. New York, 1972.

Serge, V. *Year One of the Russian Revolution.* Translated by P. Sedgwick. New York, 1972.

Shapiro, L. *The Origins of the Communist Autocracy: Political Opposition in the Soviet State: First Phase, 1917–1922.* Cambridge, Mass., 1955.

Smith, E. E. *The Young Stalin.* New York, 1967.

Smith, S. A. *Red Petrograd: Revolution in the Factories.* Cambridge, 1983.

Stewart, G. *The White Armies of Russia.* New York, 1933.

Stites, R. *Revolutionary Dreams: Utopian Vision and Experimental Life in the Russian Revolution.* New York, 1989.

Suny, R. G. *The Baku Commune, 1917–1918: Class and Nationality in the Russian Revolution.* Princeton, N.J., 1972.

Tirado, I. A. *Young Guard! The Communist Youth League, Petrograd 1917–1920.* New York, 1988.

Varnock, E., and H. H. Fisher. *The Testimony of Kolchak and Other Siberian Materials and Documents*. Stanford, 1935.

Wade, R. *The Russian Revolution, 1917*. Cambridge, 2000.

Wheeler-Bennett, J. W. *The Forgotten Peace: Brest-Litovsk*. New York, 1939.

Wildman, A. K. *The End of the Russian Imperial Army*. 2 vols. Princeton, N.J., 1980, 1987.

B. 소련 시기 일반

Abramovitch, R. *The Soviet Revolution, 1917–1939*. New York, 1962.

Alliluyeva, S. *Twenty Letters to a Friend*. New York, 1967.

Amalrik, A. *Involuntary Journey to Siberia*. New York, 1970.

Amalrik, A. *Notes of a Revolutionary*. Translated by G. Daniels. New York, 1982.

Amalrik, A. *Will the Soviet Union Survive until 1984?* New York, 1970.

Benet, S., ed. and trans. *The Village of Viriatino: An Ethnographic Study of a Russian Village from before the Revolution to the Present*. Garden City, N.Y., 1970.

Berdiaev, N. *The Origins of Russian Communism*. London, 1948.

Berdiaev, N. *The Russian Revolution: Two Essays on Its Implications in Religion and Psychology*. London, 1931.

Bialer, S. *Stalin's Successors: Leadership, Stability, and Change in the Soviet Union*. Cambridge, 1980.

Breslauer, G. W. *Khrushchev and Brezhnev as Leaders: Building Authority in Soviet Politics*. London, 1982.

Chalidze, V. *To Defend These Rights: Human Rights and the Soviet Union*. Translated by G. Daniels. New York, 1974.

Cohen, S. F. *Bukharin and the Bolshevik Revolution*. New York, 1973.

Cohen, S. F. *Rethinking the Soviet Experience: Politics and History since 1917*. New York, 1985.

Conquest, R. *Stalin and the Kirov Murder*. New York, 1989.

Crossman, R. ed. *The God That Failed*. London, 1950.

Daniels, R. V. *A Documentary History of Communism*. New York, 1960.

Daniels, R. V. *Russia: The Roots of Confrontation*. Cambridge, Mass., 1985.

Daniels, R. V., ed. *The Stalin Revolution: Fulfillment or Betrayal of Communism?* Boston, 1965.

Davies, S. *Popular Opinion in Stalin's Russia: Terror, Propaganda and Dissent, 1934–1941*. New York, 1997.

Deutscher, I. *The Prophet Armed: Trotsky, 1879–1921*. New York, 1954.

Deutscher, I. *The Prophet Outcast: Trotsky, 1929–1940*. New York, 1963.

Deutscher, I. *The Prophet Unarmed: Trotsky, 1921–1929*. New York, 1959.

Deutscher, I. *Stalin: A Political Biography*. New York, 1949. 2nd ed., 1966.

Dmytryshyn, B. *USSR: A Concise History*. New York, 1971.

Dornberg, J. *Brezhnev: The Masks of Power*. New York, 1974.

Dunn, S., and E. Dunn. *The Peasants of Central Russia*. New York, 1967.

Farnsworth, B. *Alexandra Kollontai: Socialism, Feminism, and the Bolshevik Revolution*. Stanford, 1980.

Feshbach, M., with A. Friendly, Jr. *Ecocide in the USSR: Health and Nature under Siege*. New York, 1992.

Fischer, G. *Soviet Opposition to Stalin: A Case Study in World War II*. Westport, Conn., 1970.

Fitzpatrick, S., A. Rabinowitch, and R. Stites, eds. *Russia in the Era of NEP*. Bloomington, Ind., 1991.

Friedrich, C. J., and Z. K. Brzezinski. *Totalitarian Dictatorship and Autocracy*. Cambridge, Mass., 1956.

Galanskov, I., et al. *The Trial of the Four: A Collection of Materials on the Case of Galanskov, Ginzberg, Dobrovolsky and Lashkova, 1967–68*. Edited by P. Reddaway. Translated by J. Saprets, H. Sternberg, and D. Weissbort. New York, 1972.

Geiger, H. K. *The Family in Soviet Russia*. Cambridge, Mass., 1968.

Gerstenmaier, C. *The Voices of the Silent*. Translated by S. Hecker. New York, 1972.

Geyer, M. and S. Fitzpatrick, eds. *Beyond Totalitarianism: Stalinism and Nazism Compared*. Cambridge, Eng., 2009

Harding, N. *Leninism*. Durham, N.C., 1996.

Heller, M., with A. Nekrich. *Utopia in Power: The History of the Soviet Union from 1917 to the Present*. New York, 1986.

Hindus, M. *Red Bread: Collectivization in a Russian Village*. Foreword by R. G. Suny. Bloomington, Ind., 1988.

Hosking, G. *The First Socialist Society: A History of the Soviet Union from Within*. Cambridge, Mass., 1985.

Jones, P., ed. *The Dilemmas of De-Stalinisation: Negotiating Cultural and Social Change in the Khrushchev Era*. London, 2006.

Khrushchev, N. S. *Khrushchev Remembers*. Vol. 1, edited and translated by S. Talbott. Introduction and Commentary by E. Crankshaw. Vol. 2. *The Last Testament*. Edited and translated by S. Talbott. Foreword by E. Crankshaw. Introduction by J. L. Schecter. Boston and Toronto, 1970, 1974.

Knight, A. *Beria: Stalin's First Lieutenant*. Princeton, N.J., 1996.

Lapidus, G. W. *Women in Soviet Society: Equality, Development, and Social Change*. Berkeley, 1978.

Lapidus, G. W. ed. *Women, Work and Family in the Soviet Union*. Armonk, N.Y., 1982.

Mandelshtam, N. *Hope Abandoned*. Translated by M. Hayward. New York, 1974.

Mandelshtam, N. *Hope Against Hope*. Translated by M. Hayward. New York, 1970.

Marcuse, H. *Soviet Marxism*. New York, 1958.

McNeal, R. H. *Stalin: Man and Ruler*. New York, 1988.

McNeal, R. H. *The Bolshevik Tradition: Lenin, Stalin, Khrushchev*. Englewood Cliffs, N.J., 1963.

McNeal, R. H., ed. *Lenin, Stalin, Khrushchev: Voices of Bolshevism*. Englewood Cliffs, N.J., 1963.

Medvedev, R. *Let History Judge. The Origins and Consequences of Stalinism*. Edited by D. Joravsky and G. Haupt. Translated by C. Taylor. New York, 1971.

Medvedev, R. *On Socialist Democracy*. Edited and translated by E. de Kadt. New York, 1975.

Medvedev, Zh. A., and R. A. Medvedev. *A Question of Madness*. New York, 1971.

Meyer, A. *Communism*. New York, 1960.

Meyer, A. *Leninism*. Cambridge, Mass., 1957.

Meyer, A. *Marxism*. Cambridge, Mass., 1954.

Nettl, J. P. *The Soviet Achievement*. London, 1967.

On Trial: The Case of Sinyavsky (Tertz) and Daniel (Arzhak). Documents edited by L. Labedz and M. Hayward. Russian text translated by M. Harari and M. Hayward. French texts translated by M. Villiers. London, 1967.

Pankratova, A. M., ed. *A History of the USSR*. Compiled by K. V. Bazilevich et al. 3 vols. New York, 1970.

Rabinowitch, A., and J. Rabinowitch, eds. *Revolution and Politics in Russia. Essays in Memory of B. I. Nicolaevsky*. Bloomington, Ind., 1972.

Ratushinskaya, I. *In the Beginning*. Translated by A. Kojevnikov. New York, 1991.

Rauch, B. von. *A History of Soviet Russia*. New York, 1957.

Reddaway, P., ed. and trans. *Uncensored Russia: Protest and Dissent in the Soviet Union. The unofficial Moscow Journal A Chronicle of Current Events*. London, 1972.

Reve, K. van het, ed. *Dear Comrade: Pavel Litvinov and the Voices of Soviet Citizens in Dissent*. New York, 1969.

Rieber, A. J., and R. C. Nelson. *A Study of the USSR and Communism: An Historical Approach*. Chicago, 1962.

Rostow, W. W. *The Dynamics of Soviet Society*. New York, 1963.

Rothberg, A. *The Heirs of Stalin: Dissidence and the Soviet Regime, 1953–1970*. Ithaca, N.Y., 1972.

Ruder, C. A. *Making History for Stalin: The Story of the Belomor Canal*. Gainesville, Fla., 1998.

Schlesinger, R. *Changing Attitudes in Soviet Russia: The Family*. London, 1949.

Service, R. *Lenin: a Political Life*. Vol, 3. Bloomington, Ind., 1995.

Shatz, M. S. *Soviet Dissent in Historical Perspective*. Cambridge, 1981. ʻ

Shentalinskii, V. *Arrested Voices: Resurrecting the Disappeared Writers of the Soviet Regime*. New York, 1996.

Siegelbaum, L. H. *The Soviet State and Society between Revolutions, 1918–1929*. Cambridge, 1992.

Souvarine, B. *Stalin, A Critical Survey of Bolshevism*. New York, 1939.

Suny, R. G. *The Soviet Experiment: Russia, the USSR, and the Successor States*. New York, 1998.

Treadgold, D. W. *Twentieth-Century Russia*. Chicago, 1959. 6th ed., 1987.

Trotsky, L. *The Revolution Betrayed*. New York, 1937.

Trotsky, L. *Stalin: An Appraisal of the Man and His Influence*. New York, 1941.

Tucker, R. C. *Stalin as Revolutionary, 1879–1929: A Study in History and Personality*. New York, 1973.

Tucker, R. C. *Stalin in Power: The Revolution from Above, 1929–1941*. New York, 1990.

Ulam, A. B. *Stalin: The Man and His Era*. New York, 1973.

Von Laue, T. H. *The Global City*. Philadelphia and New York, 1969.

Von Laue, T. H. *Why Lenin? Why Stalin?* Philadelphia and New York, 1964.

Webb, S., and B. Webb. *Soviet Communism. A New Civilization?* 2 vols. New York, 1936.

Werth, A. *Russia: The Post-War Years*. New York, 1972.

Westwood, J. N. *Endurance and Endeavour: Russian History, 1812–1980*. 3rd ed. The Short Oxford History of the Modern World. Oxford, 1987.

Zubkova, E. *Russia after the War: Hopes, Illusions, and Disappointments, 1945–1957*. Armonk, N.Y., 1998.

C. 이데올로기, 정부, 행정 그리고 법

Armstrong, J. A. *The Politics of Totalitarianism: The Communist Party of the Soviet Union*. New York, 1961.

Armstrong, J. A. *The Soviet Bureaucratic Elite: A Case Study of the Ukrainian Apparatus*. New York, 1961.

Avtorkhanov, A. *Stalin and the Soviet Communist Party*. Munich, 1959.

Azrael, J. R. *Managerial Power and Soviet Politics.* Cambridge, Mass., 1966.

Barghoorn, F. C. *Soviet Russian Nationalism.* New York, 1956.

Barron, J. *KGB: The Secret Work of Soviet Agents.* New York, 1974.

Berman, H. J. *Justice in Russia.* Cambridge, Mass., 1950. Rev. ed., 1963.

Berman, H. J., and M. Kerner. *Soviet Military Law and Administration.* Cambridge, Mass., 1955.

Berman, H. J., and P. B. Maggs. *Disarmament Inspection under Soviet Law.* Dobbs Ferry, N.Y., 1967.

Berman, H. J., and J. W. Spindler, trans. *Soviet Criminal Law and Procedure: The RSFSR Code.* Introduction and analysis by H. J. Berman. Cambridge, Mass., 1965.

Brzezinski, Z. K. *The Permanent Purge.* Cambridge, Mass., 1956.

Conquest, R. *The Great Terror: A Reassessment.* New York, 1990.

Conquest, R. *The Great Terror: Stalin's Purge of the Thirties.* New York, 1971.

Dallin, A., and T. B. Larson, eds. *Soviet Politics since Khrushchev.* Englewood Cliffs, N. J., 1968.

Daniels, R. V. *The Conscience of the Revolution: Communist Opposition in Soviet Russia.* Cambridge, Mass., 1960.

Deacon, R. *A History of the Russian Secret Service.* New York, 1972.

Dinerstein, H. S., and L. Goure. *Communism and the Russian Peasant.* Glencoe, Ill., 1955.

Dinerstein, H. S., and L. Goure. *War and the Soviet Union.* New York, 1962.

Dobson, M. *Khrushchev's Cold Summer: Gulag Returnees, Crime, and the Fate of Reform after Stalin.* Ithaca, N.Y., 2009.

Erickson, J. *The Soviet High Command: A Military-Political History, 1918–1941.* New York, 1962.

Fainsod, M. *How Russia Is Ruled.* Cambridge, Mass., 1953.

Fainsod, M. *Smolensk under Soviet Rule.* Cambridge, Mass., 1958.

Fischer, G. *Soviet Opposition to Stalin.* Cambridge, Mass., 1952.

Getty, J. A. and R. Manning, eds. *Stalinist Terror: New Perspectives.* Cambridge, 1993.

Goldman, W. Z. *Terror and Democracy in the Age of Stalin: The Social Dynamics of Repression.* New York, 2007.

Gorlizki, Y. and O. Khlevniuk. *Cold Peace: Stalin and the Soviet Ruling Circle, 1945–1953.* Oxford, 2004.

Graham, L. R. *The Soviet Academy of Sciences and the Communist Party, 1927–1932.* Princeton, N.J., 1967.

Gregory, P. R. and N. Naimark, eds. *The Lost Politburo Transcripts: From Collective Rule to Stalin's Dictatorship.* New Haven, Conn., 2008.

Gsovsky, V. *Soviet Civil Law.* 2 vols. Ann Arbor, Mich., 1948, 1949.

Gsovsky, V., and K. Grybowski. *Government, Law and Courts in the Soviet Union and Eastern Europe.* New York, 1959.

Hahn, W. G. *Postwar Soviet Politics: The Fall of Zhdanov and the Defeat of Moderation, 1946–1953.* Ithaca, N.Y., 1982.

Hammer, D. P. *USSR: The Politics of Oligarchy.* Hinsdale, Ill., 1974.

Harvey, M. L., L. Goure, and V. Prokofieff. *Science and Technology as an Instrument of Soviet Policy.* Washington, D.C., 1972.

Hazard, J. N. *The Soviet System of Government.* Chicago, 1957.

Hendel, S., ed. *The Soviet Crucible: Soviet Government in Theory and Practice.* Princeton, N.J., 1960.

Inkeles, A., and R. A. Bauer. *The Soviet Citizen.* Cambridge, Mass., 1959.

Inkeles, A., R. Bauer, and C. Kluckhohn. *How the Soviet System Works.* Cambridge, Mass., 1956.

Karcz, J., ed. *Soviet and East European Agriculture.* Berkeley, 1967.

Kassof, A., ed. *Prospects for Soviet Society.* New York, 1968.

Khlevniuk, O. V. *Master of the House: Stalin and His Inner Circle.* New Haven, Conn., 2009.

Kotkin, S. *Magnetic Mountain: Stalinism as a Civilization.* Berkeley, 1995.

Kucherov, S. *The Organs of Soviet Administration of Justice: Their History and Operation.* London, 1970.

Kuromiya, Hiroaki. *The Voices of the Dead: Stalin's Great Terror in the 1930s.* New Haven, Conn., 2008.

Leites, N., and E. Bernaut. *Ritual of Liquidation: The Case of the Moscow Trials.* Glencoe, Ill., 1954.

Leonard, W. *The Kremlin since Stalin.* New York, 1962.

Levytsky. B. *The Uses of Terror. The Soviet Secret Police, 1917–1970.* Translated by H. Piehler. New York, 1972.

Malia, M. E. *The Soviet Tragedy: A History of Socialism in Russia, 1917–1991.* New York, 1994.

Matthews, M. *Class and Society in Soviet Russia.* New York, 1972.

Matthews, M., ed. *Soviet Government: A Selection of Official Documents on Internal Policies.* New York, 1974.

Meissner, B. *The Communist Party of the Soviet Union: Party Leadership.* New York, 1956.

Moore, B. *Soviet Politics: The Dilemma of Power.* Cambridge, Mass., 1950.

Odom, W. E. *The Soviet Volunteers: Modernization and Bureaucracy in a Public Mass Organization.* Princeton, N.J., 1973.

Pipes, R. *Russia under the Bolshevik Regime.* New York, 1994.

Reshetar, J. S. *A Concise History of the Communist Party of the Soviet* Union. New York, 1960.

Rigby, T. H. *Communist Party Membership in the USSR, 1917–1967.* Princeton, N.J., 1968

Schapiro, L. B. *The Communist Party of the Soviet Union.* New York, 1971.

Schlesinger, R. *Soviet Legal Theory.* London, 1945.

Solomon, P. H., Jr. *Soviet Criminal Justice under Stalin.* Cambridge, 1996.

Sorenson, R. *The Life and Death of Soviet Trade Unionism.* New York, 1969.

Stone, D. R. *Hammer and Rifle: The Militarization of the Soviet Union, 1926–1933.* Lawrence, Kans., 2000

Swearer, H. R, and M. Rush. *The Politics of Succession in the USSR: Materials on Khrushchev's Rise to Leadership.* Boston, 1964.

Tucker, R. C. *The Soviet Political Mind.* New York, 1963.

Tucker, R. C., ed. *Stalinism: Essays in Historical Interpretation.* New York, 1977.

Ulam, A. *The New Face of Soviet Totalitarianism.* Cambridge, Mass., 1963.

Ulam, A. *The Unfinished Revolution: An Essay on the Sources of Influence of Marxism and Communism.* New York, 1960.

Viola, L. *The Unknown Gulag: The Lost World of Stalin's Special Settlements.* Oxford, 2007.

Vyshinsky, A. *The Law of the Soviet State. New York, 1948.*

Walicki, A. *Marxism and the Leap to the Kingdom of Freedom: The Rise and Fall of the Communist Utopia.* Stanford, 1995.

Weinberg, E. A. *The Development of Sociology in the Soviet Union.* Boston, 1974.

Wolin, S., and R. Slusser, eds. *The Soviet Secret Police.* New York, 1957.

D. 경제 발전

Ball, A. M. *Russia's Last Capitalists: The Nepmen, 1921–1929.* Berkeley, 1987.

Baykov, A. *The Development of the Soviet Economic System.* Cambridge, 1947.

Bergson, A. *The Economics of Soviet Planning.* New Haven, Conn., 1964.

Bergson, A. *Planning and Productivity under Soviet Socialism.* New York, 1968.

Bergson, A. *Real National Income of Soviet Russia since 1928.* Cambridge, Mass., 1961.

Bergson, A. *Soviet Economic Growth.* Evanston, Ill., 1953.

Bergson, A. *The Structure of Soviet Wages.* Cambridge, Mass., 1944.

Bergson, A., and S. Kuznets, eds. *Economic Trends in the Soviet Union.* Cambridge, Mass., 1963.

Campbell, R. *Soviet Economic Power: Its Organization, Growth and Challenge.* Boston, 1960.

Dallin, D. J., and B. I. Nicolaevsky. *Forced Labor in Soviet Russia.* New Haven, Conn., 1947.

Davies, R. W. *The Industrialization of Soviet Russia.* 2 vols. Cambridge, Mass., 1980.

Davies, R. W. *The Socialist Offensive: The Collectivization of Soviet Agriculture, 1929–30,* Cambridge, Mass., 1980.

Davies, R. W. and S. G. Wheatcroft. *The Years of Hunger: Soviet Agriculture, 1931–1933.* New York, 2004.

Davies, R. W., M. Harrison, and S. G. Wheatcroft, eds. *The Economic Transformation of the Soviet Union, 1913–1945.* Cambridge, Eng., 1994.

Deutscher, I. *Soviet Trade Unions.* London, 1950.

De Witt, N. *Education and Professional Employment in the USSR.* Washington, D.C., 1961.

Dobb, M. *Soviet Economic Development Since the 1917 Revolution.* London, 1948.

Erlich, A. *The Soviet Industrialization Debate, 1924–28.* Cambridge, Mass., 1960.

Gregory, P. R., and R. C. Stuart. *Soviet Economic Structure and Performance.* New York, 1974.

Grossman, G. "The Economy at Middle Age." *Problems of Communism* (March–April 1976).

Grossman, G. "The Solitary Society: A Philosophical Issue in Communist Economic Reforms." In *Essays in Socialism and Planning in Honor of Carl Landauer,* edited by G. Grossman. Englewood Cliffs, N.J., 1970.

Grossman, G. "Subverted Sovereignty: Historic Role of the Soviet Underground." *The Tunnel at the End of the Light: Privatization, Business Networks, and Economic Transformation in Russia,* edited by Stephen S. Cohen, Andrew Schwartz, and John Zysman. Berkeley, 1998.

Grossman, G., ed. *Money and Plan: Financial Aspects of East European Economic Reforms.* Berkeley, 1968.

Jasny, N. *The Socialized Agriculture of the USSR.* Stanford, 1949.

Jasny, N. *Soviet Economy during the Plan Era.* Stanford, 1951.

Jasny, N. *Soviet Industrialization, 1928–1932.* Chicago, 1961.

Laird, R. D., ed. *Soviet Agricultural and Peasant Affairs.* Lawrence, Kans., 1963.

Lewin, M. *Russian Peasants and Soviet Power: A Study of Collectivization.* Translated by I. Nove. Evanston, Ill., 1968.

Moskoff, W. *The Bread of Affliction: The Food Supply in the USSR during World War II.* Cambridge, 1990.

Nove, A. *An Economic History of the USSR, 1917–1991,* 3rd ed. London, 1992.

Pryde, P. R. *Conservation in the Soviet Union.* Cambridge, 1972.

Quigley, J. *The Soviet Foreign Trade Monopoly: Institutions and Laws.* Columbus, Ohio, 1974.

Schwartz, H. *The Soviet Economy since Stalin.* Philadelphia, 1965.

Schwarz, S. *Labor in the Soviet Union.* New York, 1952.

E. 대외 문제

Adams, A. E. *Readings in Soviet Foreign Policy: Theory and Practice.* Boston, 1961.

Barber, J. and M. Harrison. *The Soviet Home Front 1941–1945: A Social and Economic History of the USSR in World War* II. London, 1991.

Barghoorn, F. C. *The Soviet Cultural Offensive: The Role of Cultural Diplomacy in Soviet Foreign Policy.* Princeton, N.J., 1960.

Barghoorn, F. C. *Soviet Foreign Propaganda.* Princeton, N.J., 1964.

Beloff, M. *The Foreign Policy of Soviet Russia, 1929–1941.* 2 vols. New York, 1947, 1949.

Beloff, M. *Soviet Foreign Policy in the Far East, 1944–1951.* London, 1953.

Bishop. D. G., ed. *Soviet Foreign Relations: Documents and Readings.* Syracuse, N.Y., 1952.

Borzecky, J. *The Soviet-Polish Peace of 1921 and the Creation of Interwar Europe.* New Haven, Conn., 2008.

Brandt, C. *Stalin's Failure in China, 1924–1927.* Cambridge, Mass., 1958.

Brzezinski, Z. K. *The Soviet Bloc: Unity and Conflict.* Cambridge, Mass., 1960. Rev. ed., 1967.

Carell, P. *Scorched Earth: The Russian-German War, 1943–1944.* Translated by E. Osers. Boston, 1970.

Carr, E. H. *The Soviet Impact on the Western World.* London, 1946.

Carr, E. H. *Twilight of the Comintern, 1930–1935.* New York, 1982.

Cattell, D. T. *Communism and the Spanish Civil War.* Berkeley, 1955.

Chew, A. F. *The White Death: The Epic of the Soviet-Finnish Winter* War. East Lansing, Mich., 1971.

Dallin, A. *German Rule in Russia, 1941–1945: A Study of Occupation Policies.* New York, 1957.

Dallin, D. J. *Soviet Russia and the Far East.* New Haven, Conn., 1948.

Dallin, D. J. *Soviet Russia's Foreign Policy, 1939–1942.* New Haven, Conn., 1942.

Degras, J. *The Communist International, 1919–1943.* New York, 1956.

Degras, J. *Soviet Documents on Foreign Policy, 1917–1941.* 3 vols. New York, 1951–53.

Degras, J., ed. *Calendar of Soviet Documents on Foreign Policy, 1917–1941.* London, 1948.

Erickson, J. *The Road to Stalingrad: Stalin's War with Germany.* New York, 1975.

Eudin, X., and H. H. Fisher. *Soviet Russia and the West, 1920–1927.* Stanford, 1957.

Eudin, X., and R. C. North, eds. *Soviet Russia and the East, 1920–1927.* Stanford, 1957.

Farnsworth, B. *William C. Bullitt and the Soviet Union.* Bloomington, Ind., 1967.

Fischer, L. *The Soviets in World Affairs,* 1917–1929. Princeton, N.J., 1951.

Fischer, R. *Stalin and German Communism.* Cambridge, Mass., 1948.

Floyd, D. *Mao against Khrushchev: A Short History of the Sino-Soviet Conflict.* New York, 1963.

Gaddis, J. L. *We Now Know: Rethinking Cold War History.* New York, 1997.

Garthoff. R. L. *Soviet Strategy in the Nuclear Age.* New York, 1962.

Glantz, D. M. and J. M. House. *When Titans Clashed: How the Red Army Stopped Hitler.* Lawrence, Kans., 2001.

Gleason, A. *Totalitarianism: The Inner History of the Cold War.* New York, 1995.

Gorodetsky, G. *Grand Illusion: Stalin and the* German *Invasion of Russia*, New Haven, Conn., 1999.

Griffith, W. E. *Communism in Europe: Continuity, Change and the Sino-Soviet Dispute.* Cambridge, Mass., 1966.

Gruber, H. *International Communism in the Era of Lenin: A Documentary History.* Greenwich, Conn., 1967.

Harvey, D. L., and L. C. Ciccoritti. *U.S.-Soviet Cooperation in Space.* Washington, D.C., 1974.

Hasegawa, T. *Racing the Enemy: Stalin, Truman, and the Surrender of Japan.* Cambridge, Mass., 2005.

Holloway, D. *Stalin and the Bomb: The Soviet Union and Atomic Energy, 1939–1956.* New Haven, Conn., 1994.

Hopf, T. *Social Construction of International Politics: Identities & Foreign Policies, Moscow 1955 and 1999.* Ithaca, N.Y., 2002.

Jamgotch, N., Jr. *Soviet-East European Dialogue: International Relations of a New Type.* Stanford, 1968.

Kapur, H. *Soviet Russia and Asia, 1917–1927: A Study of Soviet Policy towards Turkey, Iran and Afghanistan.* London, 1966; New York, 1967.

Kennan, G. F. *Russia and the West under Lenin and Stalin.* Boston, 1961.

Kennan, G. F. *Soviet Foreign Policy, 1917–1941.* Princeton, N.J., 1960.

Laqueur, W. Z. *The Soviet Union and the Middle East.* New York, 1959.

Laserson, M. M., ed. *The Development of Soviet Foreign Policy in Europe, 1917–1942: A Selection of Documents.* International Conciliation, no. 386 (January 1943).

Leach, B. A. *German Strategy Against Russia, 1939–1941.* Oxford, 1973.

Leffler, M. P. *For the Soul of Mankind: The United States, the Soviet Union, and the Cold War.* New York, 2007.

Lüthi, L. M. *The Sino-Soviet Split: Cold War in the Communist World.* Princeton, N. J., 2008.

Mackintosh, J. *Strategy and Tactics of Soviet Foreign Policy.* New York, 1962.

Maisky, I. *Memoirs of a Soviet Ambassador: The War 1939–1943.* New York, 1968.

Menon, R. *Soviet Power and the Third World.* New Haven, Conn., and London, 1986.

Merridale, C. *Ivan's War. Life and Death in the Red Army, 1939–1945.* New York, 2006.

Moore, H. L. *Soviet Far Eastern Policy, 1931–1945.* Princeton, N.J., 1945.

Mosely, P. E. *The Kremlin and World Politics.* New York, 1961.

Mosely, P. E. *Russia after Stalin.* New York, 1955.

Mosely, P. E., ed. *The Soviet Union, 1922–1962: A Foreign Affairs Reader.* New York and London, 1963.

Nation, R. *Black Earth, Red Star: A History of Soviet Security Policy.* Ithaca, N.Y., 1992.

Nekrich, A. M. *Pariahs, Partners, Predators: German-Soviet Relations, 1922–1941.* Edited and translated by Gregory L. Freeze; with a foreword by Adam B. Ulam. New York, 1997.

North, R. C. *Moscow and Chinese Communists.* 2nd ed. Stanford, 1962.

O'Connor, T. *Diplomacy and Revolution: G. V. Chicherin and Soviet Foreign Affairs, 1918–1930.* Ames, Ia., 1988.

Pethybridge, R., ed. *The Development of the Communist Bloc.* Boston, 1965.

Ro'i, Y. *From Encroachment to Involvement: A Documentary Study of Soviet Policy in the Middle East, 1945–1973.* New York, 1974.

Rubinstein, A. Z. *Soviet Foreign Policy Since World War II: Imperial and Global.* Cambridge, Mass., 1981.

Rubinstein, A. Z., ed. *The Foreign Policy of the Soviet Union*. New York, 1960.
Rubinstein, A. Z., ed. *Soviet and Chinese Influence* in *the Third World*. New York, 1975.
Seton-Watson, H. *The East European Revolution*. 3rd ed. New York, 1956.
Seton-Watson, H. *From Lenin to Khrushchev: The History of World Communism*. New York, 1951.
Shotwell, J. T., and M. M. Laserson. *Poland and Russia, 1919–1945*. New York, 1945.
Shulman, M. D. *Beyond the Cold War*. New Haven, Conn., 1966.
Shulman, M. D. *Stalin's Foreign Policy Reappraised*. Cambridge, Mass., 1963.
Slepyan, K. *Stalin's Guerrillas: Soviet Partisans in World War II*. Lawrence, Kans., 2006.
Sontag, R. J., and J. S. Beddie, eds. *Nazi-Soviet Relations, 1939–1941: Documents from the Archives of the German Foreign Office*. Washington, D.C., 1948.
Swearingen, A. R., and P. Langer, *Red Flag in Japan*. Cambridge, Mass., 1952.
Thurston, R. W. and B. Bonwetsch, eds. *The People's War: Responses to World War II in the Soviet Union*. Urbana, Ill., 2000.
Ulam, A. B. *Expansion and Coexistence: A History of Soviet Foreign Policy, 1917–1967*. New York, 1968.
Ulam, A. B. *Titoism and the Cominform*. Cambridge, Mass., 1952.
Ullman, R. H. *Anglo-Soviet Relations, 1917–21*. Vol. 1, *Intervention and the War*. Vol. 2, *Britain and the Russian Civil War, November 1918–February 1920*. Vol. 3, *Anglo-Soviet Accord*. Princeton, N.J., 1961, 1968, 1973.
Villmow, J. R. *The Soviet Union and Eastern Europe*. Englewood Cliffs, N.J., 1965.
Warth, R. *Soviet Russia in World Politics*. New York, 1963.
Weinberg, G. *Germany and the Soviet Union, 1939–1942*. Leiden, 1954.
Weiner, A. *Making Sense of War: The Second World War and the Fate of the Bolshevik Revolution*. Princeton, N.J., 2001.
Werth, A. *Russia at War, 1941–1945*. New York, 1964.
Zinner, Paul E. *Communist Strategy and Tactics in Czechoslovkia, 1918–1948*. New York, 1963.
Zubok, V. M. *A Failed Empire: The Soviet Union in the Cold War from Stalin to Gorbachev*. Chapel Hill, N.C., 2007.

F. 민족 문제

Armstrong, J. A. *Ukrainian Nationalism, 1939–1945*. New York, 1955.
Brown, K. *A Biography of No Place: From Ethnic Borderland to Soviet Heartland*. Cambridge, Mass., 2004.
Browne, M., ed. *Ferment in the Ukraine: Documents by V. Chornovil, I. Kandyba, L. Lukyanenko, V. Moroz and Others*. New York, 1971.
Carrere d'Encausse, H. *Decline of an Empire: Soviet Socialist Republics in Revolt*. New York, 1980.
Carrere d'Encausse, H. *The Great Challenge: Nationalities and the Bolshevik State, 1917–1930*. New York, 1992.
Carve, Sir O. *Soviet Empire: The Turks of Central Asia and Stalinism*. London, 1967.
Comrie, B. *The Languages of the Soviet Union*. Cambridge, 1981.
Conquest, R. *The Nation Killers: The Soviet Deportation of Nationalities*. London, 1970.
Dmytryshyn, B. *Moscow and the Ukraine, 1918–1952: A Study of Russian Bolshevik Nationality Policy*. New York, 1956.
Dunlop, J. B. *The Faces of Contemporary Russian Nationalism*. Princeton, N.J., 1983.
Dunn, S. P. *Cultural Processes in the Baltic Area under Soviet Rule*. Berkeley, 1967.

Fedyshyn, O. S. *Germany's Drive to the East and the Ukrainian Revolution, 1917–1918.* New Brunswick, N.J., 1971.

Gitelman, Z. Y. *Jewish Nationality and Soviet Politics: The Jewish Sections of the CPSU, 1917–1930.* Princeton, N.J., 1972.

Goldhagen, E., ed. *Ethnic Minorities in the Soviet Union.* New York, 1967.

Hirsch, F. *Empire of Nations: Ethnographic Knowledge and the Making of the Soviet Union.* Ithaca, N.Y., 2005.

Hovannisian, R. G. *The Republic of Armenia.* Vol. 1, *The First Year, 1918–1919.* Berkeley, 1971.

Israel, G. *The Jews in Russia.* Translated by S. L. Chernoff. New York, 1975.

Katz, Z., R. Rogers, and F. Harned, eds. *Handbook of Major Soviet Nationalities.* New York and London, 1975.

Kazemzadeh, F. *The Struggle for Transcaucasia, 1917–1921.* New York, 1961.

Kirchner, W. *The Rise of the Baltic Question.* Westport, Conn., 1970.

Kolarz, W. *Russia and Her Colonies.* New York, 1953.

Kolasky, J. *Education in the Soviet Ukraine.* Toronto, 1968.

Levin, N. *The Jews in the Soviet Union Since 1917: Paradox of Survival.* 2 vols. New York and London, 1990.

Lubachko, I. S. *Belorussia under Soviet Rule, 1917–1957.* Lexington, Ky., 1972.

Martin, T. *The Affirmative Action Empire: Nations and Nationalism in the Soviet Union, 1923–1939.* Ithaca, N.Y., 2001.

Massell, G. J. *The Surrogate Proletariat: Moslem Women and Revolutionary Strategies in Soviet Central Asia, 1919–1929.* Princeton, N.J., 1974.

Nahaylo, B., and V. Swoboda. *Soviet Disunion: A History of the Nationalities Problem in the USSR.* New York, 1991.

Northrop, D. *Veiled Empire: Gender and Power in Stalinist Central Asia.* Ithaca, N.Y., 2004.

Nove, A., and J. A. Newth. *The Soviet Middle East.* London, 1967.

Peters, V. *Nestor Makhno: The Life of an Anarchist.* Winnipeg, 1970.

Ro'i, Y. and A. Beker. *Jewish Culture and Identity in the Soviet Union.* New York, 1991.

Rumer, B. Z. *Soviet Central Asia: "A Tragic Experiment."* Boston, 1989.

Schwarz, S. *The Jews in the Soviet Union.* Syracuse, N.Y., 1951.

Sullivant, R. S. *Soviet Politics and the Ukraine, 1917–1957.* New York, 1962.

Tarulis, A. N. *Soviet Policy toward the Baltic States, 1918–1940.* Notre Dame, Ind., 1959.

von Rauch, G. *The Baltic States: The Years of Independence: Estonia, Latvia, Lithuania, 1917–1940.* Translated by G. Onn. Berkeley, 1974.

G. 사회, 문화, 교육, 종교

Bailes, K. E. *Technology and Society under Lenin and Stalin: Origins of the Soviet Technical Intelligentsia, 1917–1941.* Princeton, N.J., 1978.

Bereday, G., and J. Pennar, eds. *The Politics of Soviet Education.* New York, 1960.

Bonnell, V. *Iconography of Power: Soviet Political Posters under Lenin and Stalin.* Berkeley, 1997.

Borenstein, E. *Men without Women: Masculinity and Revolution in Russian Fiction, 1917–1929.* Durham, N.C., 2000

Bowlt, J. E., ed. and trans. *Russian Art of the Avant-garde: Theory and Criticism, 1902–1934.* New York, 1988.

Boym, S. *Common Places: Mythologies of Everyday Life in Russia.* Cambridge, Mass., 1994.

Brooks, J. *Thank You, Comrade Stalin! Soviet Public Culture from Revolution to Cold War.* Princeton, N.J., 2000.

Brown, E. J. *The Proletarian Episode in Soviet Literature, 1929–1932.* New York, 1953.

Brown, E. J. *Russian Literature since the Revolution.* New York, 1963, 1982.

Churchward, L. G. *The Soviet Intelligentsia: An Essay on the Social Structure and Roles of Soviet Intellectuals during the 1960's.* London and Boston, 1973.

Clark, K. *Petersburg: Crucible of Cultural Revolution.* Cambridge, Mass., 1995.

Clark, K. *The Soviet Novel: History as Ritual.* Chicago, 1981.

Clark, K. and E. Dobrenko, eds. *Soviet Culture and Power: A History in Documents, 1917–1953.* New Haven, Conn., 2007.

Clements, B. E. *Bolshevik Women.* Cambridge, 1997.

Curtiss, J. S. *The Russian Church and the Soviet State, 1917–1950.* Boston, 1953.

Danilov, V. P. *Rural Russia under the New Regime.* Translated by O. Figes. Bloomington, Ind., 1988.

Dunham, V. S. *In Stalin's Time: Middle-Class Values in Soviet Fiction.* New York, 1976.

Dunlop, J. B., R. Haugh, and A. Klimoff, eds. *Aleksandr Solzhenitsyn: Critical Essays and Documentary Materials.* Belmont, Mass., 1973.

Edele, M. *Soviet Veterans of World War II: A Popular Movement in an Authoritarian Society, 1941–1991.* Oxford, 2009.

Edmondson, L., ed. *Women and Society in Russia and the Soviet Union.* Cambridge, 1992.

Ehrenburg, I. *Memoirs: 1921–1941.* Translated by T. Shebunina. New York, 1963.

Ellis, J. *The Russian Orthodox Church: A Contemporary History.* Bloomington, Ind., 1986.

Enteen, G. M. *The Soviet Scholar-Bureaucrat: M. N. Pokrovskii and the Society of Marxist Historians.* University Park, Pa., 1978.

Evtushenko, E. *A Precocious Autobiography.* New York, 1963.

Figes, O. *The Whisperers: Private Life in Stalin's Russia.* New York, 2007.

Fitzpatrick, S. *The Cultural Front: Power and Culture in Revolutionary Russia.* Ithaca, N.Y., 1992.

Fitzpatrick, S. *Education and Social Mobility in the Soviet Union, 1921–1934.* Cambridge, 1979.

Fitzpatrick, S. *Everyday Stalinism: Ordinary Life in Extraordinary Times: Soviet Russia in the 1930s.* New York, 1999.

Fitzpatrick, S. *Stalin's Peasants: Resistance and Survival in the Russian Village after Collectivization.* New York, 1994-

Fitzpatrick, S., ed. *Cultural Revolution in Russia, 1928–1931.* Bloomington, Ind., 1978.

Fletcher, W. C. *A Study in Survival: The Church in Russia, 1927–1943.* New York, 1965.

Geldern, J. von and R. Stites. *Mass Culture in Soviet Russia.* Bloomington, Ind., 1995.

Gleason, A., P. Kenez, and R. Stites, eds. *Bolshevik Culture: Experiment and Order in the Russian Revolution.* Bloomington, Ind., 1985.

Goldman, W. Z. *Women at the Gates: Gender and Industry in Stalin's Russia.* New York, 2002.

Goldman, W. Z. *Women, the State, and Revolution: Soviet Family Policy and Social Life, 1917–1936.* Cambridge, 1993.

Gorsuch, A. *Youth in Revolutionary Russia: Enthusiasts, Bohemians, Delinquents.* Bloomington, Ind., 2000.

Graham, L. *Science and Philosophy in the Soviet Union.* New York, 1972.

Groys, B. *The Total Art of Stalinism: Avant-garde, Aesthetic Dictatorship, and Beyond.* Translated by Charles Rougle. Princeton, N.J., 1992.

Hansson, C., and K. Linden. *Moscow Women: Thirteen Interviews by Carola Hansson and Karin Linden.* Translated by G. Bothmer, G. Blechler, and L. Blechler. Introduction by G. W. Lapidus. New York, 1983.

Hayward, M., and W. C. Fletcher, eds. *Religion and the Soviet State: A Dilemma of Power.* New York, 1969.

Healy, D. *Bolshevik Sexual Forensics: Diagnosing Disorder in the Clinic and Courtroom, 1917–1939.* DeKalb, Ill., 2009.

Hellbeck, J. *Revolution on My Mind: Writing a Diary under Stalin.* Cambridge, Mass., 2006.

Heller, M. *Cogs in the Soviet Wheel: The Formation of Soviet Man.* New York, 1988.

Hosking, G. *Beyond Socialist Realism: Soviet Fiction Since "Ivan Denisovich."* New York, 1980.

Jacoby, S. *Inside Soviet Schools.* New York, 1974.

Johnson, P. *Khrushchev and the Arts: The Politics of Soviet Culture, 1962–1964.* Cambridge, Mass., 1965.

Josephson, P. R. *New Atlantis Revisited: Akademgorodok, the Siberian City of Science.* Princeton, N.J., 1997.

Keep, J., ed. *Contemporary History in the Soviet Mirror.* New York, 1964.

Kenez, P. *The Birth of the Soviet Propaganda State: Soviet Methods of Mass Mobilization, 1917–1930.* Cambridge, 1985.

Kenez, P. *Cinema and Soviet Society, 1917–1953.* Cambridge, 1992.

Koenker, D. P. *Republic of Labor: Russian Printers and Soviet Socialism, 1918–1930.* Ithaca, N.Y., 2005.

Kozlov, V. *Mass Uprisings in the USSR: Protest and Rebellion in the Post-Stalin Years.* Armonk, N.Y., 2002.

Lewin, M. *Russian Peasants and Soviet Power: A Study of Collectivization.* New York, 1968.

Lewin, M. *The Making of the Soviet System: Essays in the Social History of Interwar Russia.* London, 1985.

Lowe, D. *Russian Writing Since 1953: A Critical Survey.* Cambridge, 1987.

Luckyj, G. *Literary Politics in the Soviet Ukraine, 1917–1934.* New York, 1955.

McLean, H., and W. N. Vickery. *The Year of Protest, 1956: An Anthology of Soviet Literary Materials.* New York, 1961.

Medvedev, Zh. A. *The Rise and Fall of T. D. Lysenko.* Translated by I. M. Lerner. New York, 1969.

Pospielovsky, D. *The Russian Church Under the Soviet Regime, 1917–1982.* 2 vols. Crestwood, N.Y., 1984.

Reese, R. R. *Stalin's Reluctant Soldiers: A Social History of the Red Army, 1925–1941.* Lawrence, Kans., 1996.

Rosenberg, W. G., ed, *Bolshevik Visions: First Phase of the Cultural Revolution in Soviet Russia.* Ann Arbor, Mich., 1984.

Sakharov, A. D. *Progress, Coexistence and Intellectual Freedom.* Translated and introduction by H. Salisbury. New York, 1968.

Shlapentokh, V. *Public and Private Life of the Soviet People: Changing Values in Post-Stalin Russia.* New York, 1989.

Siegelbaum, L. H. *Cars for Comrades: The Life of the Soviet Automobile.* Ithaca, N.Y., 2008.

Siegelbaum, L. H. *Stakhanovism and the Politics of Productivity in the USSR, 1935–1941.* Cambridge, 1988.

Siegelbaum, L. H. and Ronald Grigor Suny, ed. *Making Workers Soviet: Power, Class, and Identity.* Ithaca, N.Y., 1994.

Simon, G. *Church, State and Opposition in the USSR.* Translated by K. Matett. Berkeley, 1974.

Slonim, M. *Soviet Russian Literature: Writers and Problems.* New York, 1964.

Solzhenitsyn, A. *The Cancer Ward.* Translated by R. Frank. New York, 1968.

Solzhenitsyn, A. *The First Circle.* Translated by M. Guydon. London, 1968.

Solzhenitsyn, A. *The Gulag Archipelago.* 3 vols. Vols. 1 and 2 translated by T. Whitney; vol. 3 translated by H. Willetts. New York, 1974–1978.

Starr, S. F. *Red and Hot: The Fate of Jazz in the Soviet Union, 1917–1980.* New York, 1994.

Steinberg, M. D. *Proletarian Imagination: Self, Modernity, and the Sacred in Russia, 1910–1925.* Ithaca, N.Y., 2002.

Stites, R. *Russian Popular Culture: Entertainment and Society since 1900.* Cambridge, 1992.

Stroyen, W. *Communist Russia and the Russian Orthodox Church, 1943–1962.* Washington, D.C., 1967.

Struve, G. *Russian Literature under Lenin and Stalin, 1917–1953.* Norman, Okla., 1971.

Struve, N. *Christians in Contemporary Russia.* Translated by L. Sheppard and A. Manson. New York, 1967.

Swayze, H. *Political Control of Literature in the USSR, 1946–1959.* Cambridge, Mass., 1962.

Timasheff, N. *The Great Retreat.* New York, 1946.

Tumarkin, N. *Lenin Lives!: The Lenin Cult in Souiet Russia.* Cambridge, Mass., 1983.

Viola, L. *Peasant Rebels under Stalin: Collectivization and the Culture of Peasant Resistance.* New York, 1996.

Vucinich, A. *Empire of Knowledge: The Academy of Sciences of the USSR, 1917–1970.* Berkeley, 1984.

Weiner, D. *A Little Corner of Freedom: Russian Nature Protection from Stalin to Gorbachev.* Berkeley, 1999.

Weiner, D. R. *Models of Nature: Ecology, Conservation, and Cultural Revolution in Soviet Russia.* Bloomington, Ind., 1988.

Wood, E. *The Baba and the Comrade: Gender and Politics in Revolutionary Russia.* Bloomington, Ind., 1997.

H. 고르바초프와 소련의 붕괴

Breslauer, G. W. *Gorbachev and Yeltsin as Leaders.* Cambridge, 2002.

Brown, A. *The Gorbachev Factor.* Oxford; New York, 1996.

Carrere d'Encausse, H. *The End of the Soviet Empire: The Triumph of the Nations.* New York, 1993.

Castells, M., with E. Kiselyova. *The Collapse of Soviet Communism: A View from the Information Society.* Berkeley, 1995.

Dunlop, J. *The Rise of Russia and the Fall of the Soviet Union.* Princeton, N.J., 1995.

Fowkes, B. *The Disintegration of the Soviet Union: A Study in the Rise and Triumph of Nationalism.* New York, 1997.

Goldman, M. *What Went Wrong with Perestroika.* New York, 1992.

Hough, J. F. *Democratization and Revolution in the U.S.S.R., 1985–1991.* Washington, D.C., 1997.

Kaiser, R. G. *Why Gorbachev Happened: His Triumphs and His Failure.* New York, 1991.

Kotkin, S. *Armageddon Averted: The Soviet Collapse, 1970–2000.* New York, 2001.

Kotkin, S. *Steeltown, USSR: Soviet Society in the Gorbachev Era.* Berkeley, 1991.

Kotz, D. M., with F. Weir. *Revolution from Above: The Demise of the Soviet System.* New York, 1997.

Lewin, M. *The Gorbachev Phenomenon: A Historical Interpretation.* Berkeley: University of California Press, 1991.

Lieven, A. *The Baltic Revolution: Estonia, Latvia, Lithuania, and the Path to Democracy.* New Haven, Conn., 1993.

Remnick, D. *Lenin's Tomb: The Last Days of the Soviet Empire.* New York, 1993.

Ries, N. *Russian Talk: Culture and Conversation during Perestroika.* Ithaca, N.Y., 1997.

Strayer, R. W. *Why Did the Soviet Union Collapse?: Understanding Historical Change.* Armonk, N.Y., 1998.

Suny, R. G. *The Revenge of the Past: Nationalism, Revolution, and the Collapse of the Soviet Union.* Stanford, 1993.

Walicki, A. *Marxism and the Leap to The Kingdom of Freedom: The Rise and Fall of the Communist Utopia.* Stanford, 1995.

White, S. *Gorbachev and After.* 3rd ed. Cambridge, 1992.

Yurchak, A. *Everything Was Forever, Until It Was No More: The Last Soviet Generation.* Princeton, N.J., 2006.

러시아 연방, 1991년 이후

Barker, A. M., ed. *Consuming Russia: Popular Culture, Sex, and Society since Gorbachev.* Durham, N.C., 1999.

Bonnell, V. E. and G. W. Breslauer. *Russia in the New Century: Stability or Disorder?* Boulder, Colo., 2001.

Borenstein, E. *Overkill: Sex and Violence in Contemporary Russian Popular Culture.* Ithaca, N.Y., 2008.

Brown, A., ed. *Contemporary Russian Politics: A Reader.* Oxford, 2001.

Colton, T. *Yeltsin: A Life.* New York, 2008.

Condee, N. *The Imperial Trace: Recent Russian Cinema.* Oxford, 2009.

Ellis, J. *The Russian Orthodox Church: Triumphalism and Defensiveness.* New York, 1996.

Feshbach, M. *Ecological Disaster: Cleaning Up the Hidden Legacy of the Soviet Regime.* New York, 1995.

Gessen, M. *Dead Again: The Russian Intelligentsia after Communism.* New York, 1997.

Goldman, M. *Lost Opportunity: Why Economic Reforms in Russia Have Not Worked.* New York, 1994.

Handelman, S. *Comrade Criminal: Russia's New Mafiya.* New Haven, Conn., 1995.

Herspring, D. R., ed. *Putin's Russia: Past Imperfect, Future Uncertain.* New York, 2007.

Humphrey, C. *The Unmaking of Soviet Life: Everyday Economies after Socialism.* Ithaca, N.Y., 2002.

Kampfner, J. *Inside Yeltsin's Russia: Corruption, Conflict, Capitalism.* London, 1994.

Khazanov. A. M. *After the USSR: Ethnicity, Nationalism, and Politics in the Commonwealth of Independent States.* Madison, Wisc., 1995.

Knight, A. *Spies without Cloaks: The KGB's Successors.* Princeton, N.J., 1998.

Ledeneva, A. *How Russia Really Works: The Informal Practices That Shaped Post-Soviet Politics and Business.* Ithaca, N.Y., 2006.

Lieven, A. *Chechnya: Tombstone of Russian Power.* New Haven, Conn., 1998.

McFaul, M. *Russia's Unfinished Revolution: Political Change from Gorbachev to Putin.* Ithaca, N.Y., 2001.

Mikheyev, D. *Russia Transformed.* Indianapolis, 1996.

Remnick, D. *Resurrection: The Struggle for a New Russia.* New York, 1997.

Sakwa, R. *Putin: Russia's Choice.* Second edition. London, 2008.

Shevtsova, L. *Putin's Russia*. Washington, D C., 2003.

Steinberger, M. D. and Wanner. C. Religion Morality, and *Community in Post-Soviet Societies. Bloomington*, Ind. 2008.

Shevtsova, L. *Yeltsin's Russia: Myths and Reality*. Washington, D.C., 1999.

Volkov, V. *Violent Entrepreneurs: The Role of Force in the Making of Russian Capitalism*. Ithaca, N.Y., 2002.

Woodruff, D. *Money Unmade: Barter and the Fate of Russian Capitalism*. Ithaca, N.Y., 1999.

역자 후기

이 책은 랴자놉스키 교수와 스타인버그 교수가 공동 저술한 『러시아의 역사(*A History of Russia*)』의 제8판을 완역한 것이다. 이 책의 초판은 1963년에 랴자놉스키 교수 혼자 집필하여 1963년에 옥스퍼드 대학교 출판사에서 간행된 이후에, 1969년(제2판), 1978년(제3판), 1985년(제4판), 1994년(제5판), 2000년(제6판)에 이르기까지 계속해서 개정판이 나왔다. 그러다가 2005년에 스타인버그 교수를 공동 저자로 하여 제7판이 나왔고, 2010년에는 여기 번역된 제8판이 출판되었다.

공동 저자 중의 한 사람인 니콜라스 랴자놉스키 교수는 1923년 12월 21일, 중국의 하얼빈에서 출생했다. 그의 부친인 발렌틴 알렉산드로비치 랴자놉스키(1968년에 사망)는 모스크바 대학교에서 제정 러시아 시기의 대표적인 역사학자인 클류쳅스키와 류밥스키 등에게서 역사를 배운 적이 있는 저명한 법사가로서, 1921년에 중국으로 망명한 이후에는 하얼빈에 있는 러시아 법학 연구소에서 교수 활동을 하면서 중국의 민법과 몽골 및 극동 지방의 여러 민족들의 관습법에 대한 탁월한 저술들을 남겼다(1930년대에 출간된 발렌틴 랴자놉스키의 『몽골의 관습과 법』은 1996년에 우리나라에서도 번역되어 나왔다). 랴자놉스키 가족은 1938년에 미국으로 이주하게 되었는데, 이 책의 저자인 니콜라스 랴자놉스키는 1942년에 오레곤 대학교에서 역사학 전공으로 학사학위를 받고, 제2차 세계대전에 참전한 이후에 하버드 대학교에서 카르포비치 교수 아래에서 러시아 역사를 연구했다. 그 당시에 하버드 대학교에서 연구한 동료로는 라예프, 파이프스, 트레드골드, 로거, 말리아 등 20세기의 미국 러시아 사학계를 대표하는 학자들이 대거 포함되어 있다. 랴자놉스키는 로즈 장학금을 받아 영국의 옥스퍼드 대학교로 가서, 벌린 교수의 지도하에 1949년에 박사학위를 취득했다. 미국으로 돌아온 랴자놉스키는 처음에는 아이오와 대학교에서 가르치다가 1957년부터 1997년에 은퇴할 때까지 버클리의 캘리포니아 대학교 역사학과에서 교수로 활동하면서, 여기 번역된 『러시아의 역사』만이 아니라

『니콜라이 1세와 러시아의 관제 국민성, 1825-1855(*Nicholas I and Official Nationality in Russia, 1825-1855*)』, 『갈림길 : 러시아의 정부와 교양층, 1801-1855(*A Parting of Ways: Government and the Educated Public in Russia, 1801-1855*)』, 『러시아 역사와 사상에 드러난 표트르 대제의 이미지(*The Image of Peter the Great in Russian History and Thought*)』, 『낭만주의의 대두(*The Emergence of Romanticism*)』 등 수많은 명저를 남겼다. 그러나 안타깝게도, 그는 오랜 투병 생활 끝에 불과 얼마 전인 2011년 5월 14일에 87세를 일기로 타계했다.

2005년에 출간된 제7판부터 공동 저자로 참여하게 된 스타인버그 교수는 1953년에 캘리포니아에서 출생했다. 그는 산타크루즈의 캘리포니아 대학교에서 역사학 전공으로 학사학위를 취득한 다음, 1987년에 버클리의 캘리포니아 대학교에서 랴자놉스키 교수의 지도하에 러시아 역사를 전공으로 박사학위를 취득했다. 그는 하버드 대학교와 예일 대학교에서 교수 생활을 하다가 1996년부터 어배너–샴페인에 있는 일리노이 주립대학교 역사학과 교수로 재직하고 있다. 그는 러시아 역사 전반에 걸쳐 많은 관심을 가지고 있지만, 그중에서도 특히 19세기 후반과 20세기 초반의 러시아 지성사, 문화사, 사회사에 정통한 학자이다. 그의 저서 목록에는 『세기말의 페테르부르크(*Petersburg Fin de Siècle*)』, 『프롤레타리아트의 상상력 : 러시아의 자아, 근대성, 그리고 신성한 것, 1910-1925(*Proletarian Imagination: Self, Modernity, and the Sacred in Russia, 1910-1925*)』, 『혁명의 목소리, 1917년(*Voices of Revolution, 1917*)』, 『로마노프가의 몰락 : 혁명의 시기의 정치적 꿈과 개인적인 투쟁(*The Fall of the Romanovs: Political Dreams and Personal Struggles in a Time of Revolution*)』, 『도덕 공동체 : 러시아 인쇄산업에서의 계급 관계의 문화(*Moral Communities: The Culture of Class Relations in the Russian Printing Industry, 1867-1907*)』 등 수많은 명저들이 포함되어 있다. 그뿐만 아니라, 그는 2006년부터 세계적인 권위를 가진 미국의 『슬라브 학보(*Slavic Review*)』의 편집장으로 일하면서, 미국의 슬라브학 및 러시아 역사 학술단체에서 활발한 학술 활동을 하고 있는 미국 러시아 사학계의 대표적인 학자 중의 한 사람이다.

이 두 학자의 저술로서 여기 번역된 『러시아의 역사』는 거의 반세기 동안이나 판을 거듭하면서 출간되어오고 있다는 사실에서 알 수 있듯이, 영어로 저술된 대표적인 러시아 역사 개설서 중의 하나라고 말할 수 있다. 이 책은 러시아 역사 강좌를 개설한 미국의 많은 대학교에서 교재로 채택되고 있으며, 러시아 역사 분야에서 수십 년 동안 베스트셀러의 자리를 차지해오고 있다. 그뿐만 아니라, 이 책은 그동안 중국어, 폴란드어, 이탈리아어, 터키어 등 많은 다른 언어로도 번역되었고, 우리나라에서는 제3판이 1980년대 초에 번역, 출간된 적이 있다. 그러나 제3판이 나온 이후에, 페레스트로이카가 본격화되고 소련이 해체되고 러시아 연방이 성립되는 등 수많은 변화가 러시아에서 발생되었다. 그에 따라서 스타인버그 교수가 공동 저자로 참여한 제8판은 1978년에 출간된 제3판과 비교하여 아주 많은 내용이 추가되고 수정되었다. 그러므로 역자는 『러시아의 역사』를 최신판인 제8판을 가지고 새롭게 번역하게 되었다.

＊　＊　＊

이 책의 특징은 무엇보다도 키예프 루시 이전의 러시아로부터 시작하여 최근의 러시아 연방에 이르기까지의 러시아 역사를 포괄적이고도 체계적으로 다루고 있다는 점이다. 이 책에서는 러시아 역사를 키예프 루시, 분령지 시기, 모스크바 러시아, 제정 러시아, 소비에트 러시아, 러시아 연방 등으로 시대 구분하면서, 그 각각의 시기에 해당되는 정치사, 경제사, 사회사, 문화사가 설명되어 있다. 러시아는 그 나라의 영토가 방대한 만큼이나 많은 역사적 주제들을 가지고 있는데, 이 책에서는 주요 주제들이 대부분 다루어지면서도 산만하지 않게 체계적으로 잘 정리되어 있다.

그렇지만 이 책은 러시아 역사의 주요 사실들을 열거하는 데에 그치지 않는다. 두 저자는 러시아 역사의 개요를 설명할 뿐만 아니라, 학자들 사이에서 논란거리가 되고 있는 주제를 설명할 때 많은 최신 학설들을 요약하여 제시한다. 그러면서도 저자들은 어느 한편의 주장에 치우치기보다는 냉철하다고 할 수 있을 정도의 균형감각을 가지고 내용을 서술한다. 그뿐만 아니라 이 책은 지리적 환경, 심리, 인구 변화, 국제관계 등 역사적 주제를 심층적이고도 다양하게 이해할 수 있는 방법을 제시한다. 그리고 이 책은 2차 자료만이 아니라 수많은 원사료를 활용하여 저술되었다. 원사료는 각 장의 첫 부분과 본문 곳곳에서 설명되거나 인용되어 있는데, 이를 통해서 우리는 역사적인 주제에 대하여 스스로 많은 생각을 할 수 있게 됨으로써 역사적 사고력을 키울 수 있다.

스타인버그 교수가 공동 저자로 참여한 이후에 두 번째로 개정되어 나온 『러시아의 역사』의 제8판에서는 이전 판에 비해서 많은 점이 보완되었다. 그중에서도 눈에 띄는 점은 그동안 역사학계에서 소홀히 취급되어오다가 20세기 후반부터 점점 더 많이 연구되기 시작한 최신 주제들에 많은 지면이 할애되어 있다는 사실이다. 러시아 역사 분야에서의 여성, 소수민족, 시민사회, 종교 등에 대한 설명이 그런 사례에 속한다. 그리고 이전 판과 비교하여 제8판에서는 20세기와 최근의 역사에 대한 내용이 대거 업데이트되었다. 이 점은 역사서술이 옛날의 이야기에 그치는 것이 아니라, 현재의 모습과 역동적으로 연관되어 있다는 저자들의 기본 생각을 반영하고 있는 것으로 보인다. 사실, 러시아의 역사를 공부하고 연구하는 중요한 이유가 "오늘날의 러시아"에 대한 이해라고 볼 때, 20세기 이후의 러시아 역사에 대한 내용을 대폭 보완한 저자들의 결정은 타당하다고 생각된다. 그러므로 이 책은 단지 러시아의 역사만이 아니라, 현대 러시아의 정치, 경제, 사회, 문화에 대한 설명으로도 아주 유용하다고 말할 수 있다.

우리가 왜 러시아 역사를 공부해야 하는지, 그리고 러시아 역사가 우리에게 왜 중요한지에 대해서 이 자리에서 자세히 설명할 필요는 없을 것이다. 그러나 간단하게만 언급하면, 무엇보다도 러시아의 역사에 대한 지식 없이는 세계사에 대한 이해는 거의 불가능하다는 점을 지적할 수 있다. 키예프 루시 시기와 몽골 침입기를 사례로 들 수 있듯이, 러시아는 역사의 성립 이후로 세계와 끊임없이 관련을 맺으며 존재해왔다. 더구나, 표트르 대제와 예카테리나 대제 이후에 러시아는 유럽사의 방향을 결정하는 위치에 올라 있었고, 러시아 혁명 이후와 냉전시대에는 세계사의 흐름을 뒤바꿀 정도의 영향력을 행사하게 되었다. 우리나라의 경우만 보더라도, 아관파천, 러일 전쟁, 3·1 운동, 사회주의 운동, 남북 분단, 북한정권의 수립, 6·25전쟁, 1983년의 대한항공 007편 격추 사건, 북방정책 등 러시아를 빼고서는 우리나라의 역사를 설명하기 어려울 정도로 러시아 역사는 우리에게 직접적이고도 중대한 영향을 미쳐왔다. 소련이 해체된 오늘날에도 러시아 역사는 여전히 우리의 관심에서 벗어날 수 없다. 러시아는 세계 최대의 영토와 수많은 천연자원을 보유한 국가일 뿐만 아니라, 유엔 안전 보장 이사회의 일원으로서 막강한 정치적 힘을 가지고 있다. 그리고 러시아는 톨스토이, 도스토옙스키, 차이콥스키 등 일일이 거론할 수도 없을 정도로 많은 세계적인 작가들과 예술가들을 배출한 문화 강국일 뿐만 아니라, 미국보다 앞서 유인 우주선을 발사하고 우주 정거장을 건설할 정도의 과학 강국이기도 하다.

우리는 세계사 가운데서 러시아 역사가 차지하고 있는 위치 때문만이 아니라, 러시아 역사가 가진 그 자체의 특징과 매력 때문에도 그것을 관심 있게 공부하고 연구할 필요성이 있다. 러시아 역사를 공부해보면 금방 알 수 있지만, 러시아인들은 적어도 이반 대제의 집권기인 15세기부터 자신들의 정체성(正體性)과 세계사적 사명에 대해서 끊임없이 질문을 제기해왔다. 이런 질문은 비잔티움 제국이 붕괴된 이후의 정치적 상황에서도 유래되었지만, 다른 한편으로는 16세기 중반부터 놀라운 속도로 뻗어나간 영토와도 밀접한 관련을 가지고 있다. 또한 외부적으로 국가적인 위상이 크게 높아진 것과는 대조적으로, 내부적으로는 전제권력과 농노제가 강화되고 있었으므로, 역사에 대한 러시아인들의 질문은 점점 더 진지해져갔다고 볼 수 있다. 19세기의 인텔리겐치아 운동 그리고 20세기 초의 러시아 혁명은 러시아 역사의 이런 특성과 긴밀한 상관관계를 가지고 있다. 역자가 보기에, 이 책은 러시아 역사가 가지는 이런 역동적인 흐름을 다른 어떤 개설서보다 흥미롭게 추적하고 있다고 판단된다.

*　　*　　*

역자는 2009년 9월부터 1년 동안 미국의 일리노이 주립대학교에서 연구년 생활을 할 때 이 책을 번역하기로 결정했다. 마침 그 대학교에는 이 책의 공동 저자 중의 한 사람인 스타인버그 교수가 근무하고 있었다. 그때는 아직 제8판이 출간되기 이전이므로, 역자는 스타인버그 교수의 배려로 제8판의 원고를 그에게서 직접 받아 번역 작업을 시작할 수 있었다. 다행스럽게도, 역자는 번역 도중에 애매한 사항을 스타인버그 교수에게 직접 확인할 수 있는 기회를 가지기도 했다. 그러나 이 책이 워낙 방대한 분량이다 보니, 예상과는 달리 번역에 엄청난 시간이 소요되고 말았다. 그래서 옥스퍼드 대학교 출판부에서 제8판을 정식으로 출간한 직후에 이 책을 우리나라에 소개하려던 역자의 계획은 차질을 빚고 말았다. 더구나 역자는 연구년을 마치고 귀국한 다음에는 강의 등 여러 가지 일들 때문에 번역을 마무리하지 못하고 있다가 이제야 길고도 힘든 작업의 종착점에 서게 되었다.

그런데 막상 최종적인 인쇄 작업에 들어가기 전에, 번역과 관련하여 걱정되는 점이 몇 가지 있다. 무엇보다도 러시아 역사 분야의 용어 및 인명과 지명 표기 문제가 가장 마음에 걸린다. 러시아 역사는 그 내용이 방대한 만큼 수많은 역사 용어들이 등장할 수밖에 없는데, 아직 우리나라에서는 학자들 사이에 이 분야에 관한 합의가 이루어져 있지 않다. 역자는 몇 년 전에 한국연구재단에서 진행한 역사용어 통일 작업에서 러시아 역사 분야의 책임을 맡아 용어 통일안을 제시했다. 그러나 그 당시 러시아 역사의 용어 통일 작업은 서양사 전체 중의 한 부분이었기 때문에, 정리하여 제출할 수 있는 러시아 역사용어는 그다지 많지 않았다. 그뿐만 아니라, 역사용어 통일 작업은 구체적인 역사 주제에 대한 이해와 밀접한 관련을 가지고 있으므로 학자들 사이에 합의점을 찾기가 대단히 어려웠다. 그래서 러시아 사학회의 학술대회를 통하여 이 문제에 대한 논의가 시도된 적은 있지만, 개별 용어 하나하나마다 논란이 제기되었고 러시아 역사 분야의 용어 통일 작업은 기대했던 성과를 거두기 어려웠다. 더구나 역사용어 통일안이 제시되더라도 개별 학자들이 그것을 따라야 할 의무를 가지는 것도 아니었다. 그러므로 현재로서는 우리나라에서 러시아 역사 분야의 용어를 확정하는 문제는 학문적인 논의의 수준에 맞추어 진전될 수밖에 없으리라고 판단된다. 이 번역서에서는 가급적이면 국립국어원의 자료와 네이버 백과사전 등을 참조하여, 그동안 우리나라에서 많이 사용되어 익숙한 용어를 채택하려고 했다. 그리고 발음 표기와 관련해서는 기존의 널리 알려진 용어가 있는 경우에는 예외로 하고, 국립국어원의 외래어 표기법에 따르는 것을 원칙으로 했다. 그래서 이 책의 용어와 인명 및 지명에는 러시아어 원음에 가까운 된소리는 배제되고 거센소리가 사용되었다. 그리고 나름대로 최선을 다하기는 했지만, 워낙 방대한 책이다 보니 오역이나 서투른 번역이 있을지 두려운 마음이 들기도 한다. 행여 있을 수 있는 오류는 다음 기회에 바로잡을 것을 약속드린다.

번역을 마무리하고 보니, 많은 고마운 이름들이 머리에 떠오른다. 누구보다도, 역자에게 처음으로 러시아 역사를 가르쳐주신 이인호 교수님을 비롯한 여러 은사님들과 러시아 및 서양 역사를 전공하는 선후배 동학들, 공동 저자로서 아낌없는 격려와 조언을 해주신 스타인버그 교수님, 이 책을 우리말로 처음 번역하여 소개해주신 김현택 교수님과 이길주 교수님, 편안한 학문 여건을 허락해주신 경남대학교의 박재규 총장님과 동료 교수님들, 번역 출판을 허락해주신 까치글방 사장님과 꼼꼼하게 교정 작업을 도와주신 김소라 선생님, 러시아 문학 전공자이자 아내로서 많은 조언을 해준 홍대화 박사, 언제나 사랑을 베풀어주시는 부모님과 항상 삶의 희망이 되어주는 딸 성영과 아들 성재에게 감사의 말을 전하고자 한다. 그리고 저자들은 이 책을 "우리의 학생들에게" 헌정했는데, 역자도 진지하게 강의를 들어준 경남대학교 학생들을 대상으로 똑같은 말을 하고 싶다.

2011년 8월 28일
월영동 서재에서 역자

찾아보기

그루지야 : 나토 가입 972; 민족주의 903–904; 장미혁명 972; 피의 일요일 904
그리신 Grishin, Viktor 895
극빈자 배당 559
글라드코프 Gladkov, Fyodor 755
글라스노스트 557, 890, 892, 896–897, 900, 902, 910, 912, 914, 919, 921
글린스키 Glinski, Dmitrii 933
기계–트랙터 배급소 756, 760, 829
기본법 609–611, 613
기예르스 Giers, Nikolai 597–598
기피우스 Gippius, Zinaida 669
길렐스 Gilels, Emil 886

나고르노–카라바흐 901, 905
나보코프 Nabokov, Vladimir 882, 1012
나치 : 강제 수용소 799; 박멸 796; 볼셰비키 783; 신나치 937, 1004; 지도자 재판 807; 협력 804
나폴레옹 3세 Napoléon III 576
내무 인민위원회 764, 766–768, 804
내전 : 농민 봉기 740; 백군 726; 볼셰비키 승리 이유 737–739; 스탈린 751; 연합국의 개입 730–731; 위기 739–742; 전시 공산주의 725–726; 흐루쇼프 818
냉전 : 기원 806–807; 대외관계 840–851
너지 Nagy, Imre 843–844
네르친스크 조약 581
네차예프 Nechaev, Sergei 573
네크라소프 Nekrasov, Nikolai 667
네프맨 743, 754
넬리도프 Nelidov, Aleksandr 623
넴초프 Nemtsov, Boris 945, 963
노동계급해방 투쟁동맹 605
노동해방단 605
노멘클라투라 861
노비코프 Novikov, Timur 1019
노비파자르 579
노조들의 노조 608
놀데 Nolde, Boris 597
농노해방 : 귀족 558, 631; 농민공동체 561, 639; 문자 사용 능력 657; 상환금 553, 559, 561, 641; 세금 641; 알렉산드르 2세 554–562; 인구증가 640; 자본주의 632; 지주 558; 태도 557–558; 해방 이후의 농민 636–644
농민 : 공산당 857–859; 내전 이후 봉기 740; 농노해방 이후 636–644; 도망 556; 레닌 713; 마르크스주의 713, 857; 볼셰비키 857; 봉기 통계 555–556; 스톨리핀 618–619, 638; 알렉산드르 3세 586; 전시 공산주의 725, 857
농민공동체 : 경제학 639–640; 농노해방 561, 639; 단점 639–640; 스톨리핀 618, 642
농민 토지은행 589, 642
농업 : 스톨리핀 618–619, 642–644; 제1차 5개년 계획 753; 제4차 5개년 계획 803; 제5차 5개년 계획 803; 집단 828–830; 흐루쇼프 803, 828; 7개년 계획 829
농업당 941
농촌 산문 881
누레예프 Nureev, Rudolf 886
니진스키 Nijinsky, Vaslav 674
니콜라예프 Nikolaev, Andrian 875
니콜라이 2세 Nikolai II : 개인 성품 590; 경제 595; 대외정책 597–598; 라스푸틴 592, 627, 629; 러시아화 594; 러일 전쟁 598–602; 선거법 614; 민족주의 593, 621; 살해 729; 스톨리핀 616–620; 시성 592; 10월 선언 608; 알렉산드라 591–592; 알렉산드르 3세 598–599; 유대인 594, 621; 2월 혁명 690; 제1차 세계대전 627; 전제정치 590–591; 젬스트보 593; 철도 595; 퇴위 690; 포베도노스체프 593; 핀란드 594; 헤이그 평화회담 598

다게스탄 947, 966, 972
다니엘 Daniel, Iurii 837
다닐렙스키 Danilevsky, Nikolai 681
다닐린 Danilin, Pavel 1004
달린 Dallin, Alexander 795, 832
당성 854, 873, 877, 880–881
댜길레프 Diaghilev, Sergei 668, 673
대서양 헌장 791
대숙청 765–768, 806, 811, 813, 820, 853, 869
대후퇴 862–863

데니킨 Denikin, Anton 727, 729-731, 734, 738

데르자빈 Derzhavin, Gaurii 891

(노만)데이비스 Davies, Norman 568

(로버트)데이비스 Davies, R. W. 767

데카브리스트 548, 556

데탕트 823, 840, 846

델랴노프 Delianov, Ivan 584, 656

도브롤류보프 Dobroliubov, Nikolai 571, 678

도브젠코 Dovzhenko, Aleksandr 886

도스토옙스키 572, 582, 654, 660-662, 665

독립국가연합 918

독소 불가침조약 783, 804

독일 : 나치-소련 협정 783, 902; 독일계 소련인 804; 동독 808, 812, 837, 841, 848, 910, 949, 972; 반코민테른 협정 781; 분단 811; 브레스트-리토프스크 조약 723, 741; 서독 842, 910; 연합국 통제 위원회 811; 체코슬로바키아 782; 통일 911; 투자 635; 혁명 732

동청 철도 599, 634, 778, 781

두다예프 Dudayev, Dzhokar 938-939

두런티 Duranty, Walter 749

두마 : 초대 609, 612-613, 615, 619, 635; 제2대 613-614, 617; 제3대 615, 618-619; 제4대 614-615

둡체크 Dubcek, Alexandr 847

라다(우크라이나) 734

라리오노프 Larionov, Mikhail 674

라브로프 Lavrov, Pyotr 572-573, 653, 678, 714

라스푸틴 Rasputin, Grigorii 592, 627, 629, 688

라코시 Rakosi, Matyas 843

라트비아 723, 733, 736, 780, 784, 804, 902-903, 917, 973

라팔로 조약 777

라피두스 Lapidus, Gail 866

라흐마니노프 Rakhmaninov, Sergei 673

랑어 Langer, William 597

랴시첸코 Liashchenko, Pyotr 560, 633

랴자놉스키 Riasanovsky, Nicholas 750

러시아 공장노동조합 607

러시아 프롤레타리아 작가동맹 879

러시아화 587-588, 594

러일 전쟁 598-602, 622, 634, 689

러청 은행 634

레닌 Lenin, Vladimir Ilich : 『국가와 혁명』 719; 권위주의 721; 낙관론 713; 농민 713; 니콜라이 2세 729; 『무엇을 할 것인가』 711; 사망 719; 4월 테제 694, 713; 스탈린 751; 신화 719-720; 유언 745-746; 인민위원회 718; 인민주의 714; 『제국주의, 자본주의 최고의 단계』 713; 제국주의; 체르니솁스키 714; 출생 718; 플레하노프 719

레닌그라드 746, 765, 784-785, 795, 909, 948-949

레닌주의 711-715, 814, 894, 899, 927

레더웨이 Reddaway, Peter 933

레미조프 Remizov, Aleksei 882

레밍턴 Remington, Thomas 959

레베드 Lebed, Aleksandr 939, 944

레비탄 Levitan, Isaak 671

레스코프 Leskov, Nikolai 666

레오노프 Leonov, Aleksei 875

레온티예프 Leontiev, Konstantin 681

레핀 Repin, Ilya 671

로리스-멜리코프 Loris-Melikov, Mikhail 575, 584

로빈슨 Robinson, Gerold 631

(미하일)로스톱체프 Rostovtzeff, Mikhail 660

(야코프)로스톱체프 Rostovtsev, Iakov 559

로자노프 Rozanov, Basil 669

로제스트벤스키 Rozhdestvensky, Zinovii 601

루나차르스키 Lunacharsky, Anatolii 684, 879

루빈시테인 Rubinstein, Anton 671

루츠코이 Rutskoi, Aleksandr 936-937

루카셴코 Lukashenko, Aleksandr 970

룽긴 Lungin, Pavel 1016-1017

류밥스키 Liuvabsky, Matvei 659

류비모프 Liubimov, Iurii 887

르보프 Lvov, Georgii 627, 690-692, 696

시냡스키 Siniavsky, Andrei 837
시닛케 Schnittke, Alfred 885
시민시 666
시베리아 횡단철도 595, 598, 601, 634, 729
10월 선언 608-611
10월당(10월 17일 동맹) 609, 615, 619, 690
시장경제 929, 942, 953, 960
시퍄긴 Sipiagin, Dmitrii 593, 606
신경제정책 : 개시 742; 네프맨 743; 스탈린
    748; 전시 공산주의 718; 쿨라크 743; 폐
    기 754; 후퇴 743
신더 Snyder, Timothy 796
신러시아인 933, 984, 986, 1001
신성종무원 656
신슬라브주의자 969
쓰시마 해전 601

아가타 크리스티 Agata Kristi 1020-1021
아그로고로다 803
아르메니아 735, 771, 903, 905, 917
아르한겔스크 729-731, 788
아말리크 Amalrik, Andrei 838
아무르 강 581-582
아바자 Abaza, Aleksandr 584
아브라모비치 Abramovich, Roman 985
아에렌탈 Aehrenthal, Alois von 623
아우슈비츠 796
아이훈 조약 582
아제프 Azeff, Evno 618
아쿠닌 Akunin, Boris 1015, 1017
아크메이스트 668, 878
아프가니스탄 : 러시아와 영국 622; 침공
    850; 전쟁 896; 철군 911
아흐마토바 Akhmatova, Anna 669-670,
    717, 878-879
안넨스키 Annensky, Innokentii 668
안드레예프 Andreyev, Leonid 669
안드로포프 Andropov, Iurii Vladimirovich
    825-826
안필로프 Anpilov, Viktor 942, 1000
알래스카 580, 942
알렉산드라 Aleksandra, Empress 591, 627,
    629
알렉산드로프 Aleksandrov, Grigorii 886

알렉산드르 2세 Aleksandr II : 교육 553; 군
    개혁 565-566; 농노해방 554-562; 대관
    식 557; 대외정책 575-580; 도시 개혁 564;
    보수주의 554; 사법개혁 564-565; 아시
    아 580-582; 암살 569, 574-575; 인민의
    의지 574-575; 인민주의 운동 573-574;
    일관성 부족 569; 재정개혁 566; 젬스트
    보 제도 562-563; 지방정부 562; 폴란드
    567-568
알렉산드르 3세 Aleksandr III : 계승 584; 교
    회-교구학교 656; 귀족 586-587; 러시
    아화 588, 594; 반동 개혁 585-586; 알렉
    산드르(레닌의 형) 714, 718; 유대인 588-
    589; 인민의 의지 585; 임시 법규 585; 젬
    스키 나찰니크 586; 종교 587-588
알렉세예프 Alekseev, Mikhail 727
알렉시이 2세(총주교) Aleksii II 889, 908,
    1005, 1007
알리사 1020-1021
알바니아 809, 847, 973
알벤슬레벤 Alvensleben, Constantin von
    576
알카에다 980
알코올 중독 834, 861, 893, 896, 919, 967,
    994
암바르추미안 Ambartsumian, Viktor 876
압록강 600
압하스 868, 972
애셔 616
야누코비치 Yanukovych, Viktor 971
야루젤스키 Jaruzelski, Wojciech 849, 897
야블로치코프 Iablochkov, Pavel 659
야블로코 940-941, 960
야블린스키 Yavlinsky, Grigory 940-941,
    944
야코블레프 Yakovlev, Aleksandr 892
얄타 791-793
어머니 영웅 863
얼리히 Erlich, Alexander 755
에스토니아 : 나토 973; 독립 736, 902-903,
    917; 소련 편입 804; 유데니치 729-730,
    738; 유럽연합 973
에이즈 967, 994
에클로프 Eklof, Ben 656

엔겔 Engel, Barbara 865
엥겔스 Engels, Friedrich 709, 713, 715, 720
연합국 통제 위원회 811
연회 운동 606
영국 : 노동당 737; 소련과의 경제협정 777;
　인도 594; 영러 협상 622
예고로프 Egorov, Boris 875
예렌부르크 Ehrenburg, Ilya 774
예로페예프 Erofeyev, Viktor 1014
예세닌 Esenin, Sergei 879
『예술 세계』 668
예이젠시테인 Eisenstein, Sergei 886
예조프 Ezhov, Nikolai 766-767
옐친 Yeltsin, Boris : 검은 월요일 946; 경제
　개혁 931-932; 대외정책 969; 두마 941-
　948; 마르크스주의 925; 민족주의 943;
　바이마르 공화국과의 비유 942; 벨리돔
　폭격 937; 부정적인 목표 929; 사임 948;
　산업 932-933; 성격 927; 스테파신 947;
　시민들의 시위 934; 시장경제 929; 언론
　944; 의회 선거 940-941; 인민 대표자 회
　의 해산 937; 인플레이션 933; 자본주의
　929; 자유주의 939-941, 943; 장관 교
　체 945; 장례식 1007; 1997년 연설 945;
　체첸 전쟁 937-939; 충격요법 931; 쿠데
　타 929-930; 프리마코프 947; 푸틴 948-
　950; 헌법 937
오가놉스키 Oganovsky, Nikolai 631
5개년 계획 : 제1차 749, 753-761, 769, 822,
　833, 858, 873, 879, 889; 제2차 760-761,
　870; 제3차 760-761; 제4차 801-802; 제5
　차 802-803, 827; 제6차 827; 제8차 831-
　832; 제9차 832; 제10차 832, 834; 제11차
　834
오렌지 혁명 956, 971
오스트롭스키 Ostrovsky, Aleksandr 666
오스트리아 : 독일 병합 781; 동원령 622; 배
　신자 576; 세르비아 624
오이스트라흐 Oistrakh, David 886
오쿤 Okun, Semen 556
오흐라나 626
올레샤 Olesha, Iurii 878, 880-881, 1012
와일드만 Wildman, Allan 626
요격 미사일망 규제조약 978, 980-981

요한 바오로 2세 John Paul II 848
우니아트 569
우바로프 Uvarov, Sergei 547, 655
우스펜스키 Uspensky, Gleb 662
우스티노프 Ustinov, Dmitrii 825
우크라이나 : 기근 759, 971; 나치 799; 나토
　의 확대 971; 독립 734-735; 러시아 연방
　970-971; 루흐 906; 산업 633; 오렌지 혁
　명 956, 971; 흐루쇼프 818
운콥스키 Unkovsky, Aleksei 567
울람 Ulam, Adam 752
울리야노프 Ulianov, Vladimir 605
워트만 Wortman, Richard 543, 611
『월간 대서양』 677
유고슬라비아 784, 790, 809, 811, 842, 973,
　975
유대인 : 니콜라이 2세 594; 박해 869; 세계
　시민주의 869; 알렉산드르 3세 588-591;
　의사들의 음모 813; 이스라엘로의 이주
　838-839; 적대감 1002
유데니치 Iudenich, Nikolai 729-730, 738
유마셰프 Yumashev, Valentin 927
유미주의 668-669, 673
유셴코 Yushchenko, Viktor 971
6·25 전쟁 812-813
은 시대 654-655, 660, 668-670, 672, 675,
　682-684, 878, 882, 1011
의사들의 음모 813
의화단운동 600
이그나토비치 Ignatovich, Inna 556
이그나티예프 Ignatiev, Nikolai 578
이바노프 Ivanov, Igor 969
이스라엘 813, 838, 980
이오페 Ioffe, Abram 876
2월 혁명 615, 689-701, 751
이즈볼스키 Izvolsky, Aleksandr 623
인구시인 804
인민위원회 718, 768, 772, 805
인민의 의지 574-575, 585, 606, 676
인민주의 572-573, 605, 654, 676-678, 714
일본 : 러일 전쟁 598-602; 연합국의 개입
　730; 청일 전쟁 598
임시정부 689-699, 703, 721, 733-734
입헌민주당(카데트) 604, 612-616, 690,

키릴로프 Kirillov, Vladimir 852
타브리드 궁전 691
타우브먼 Taubman, William 819
타지키스탄 771, 905
타타리노프 Tatarinov, Valerii 566
타틀린 Tatlin, Vladimir 883-884
터커 Tucker, Robert 752
터키 723, 735-736, 778, 780, 810, 942
테레시코바 Tereshkova, Valentina 875
텔러 Teller, Edward 846
토지와 자유 574
토크빌 de Tocqueville, Alexis 891
톨스타야 Tolstaya, Tatiiana 1014
(드미트리)톨스토이 Tolstoy, Dmitrii 569,
　584, 655-656
(레프)톨스토이 Tolstoy, Lev 572, 693, 653-
　654, 660, 663-665, 667
(알렉세이)톨스토이 Tolstoy, Aleksei N. 880
통합 러시아당 959-960, 970, 1003
투르게네프 Turgenev, Ivan 556, 570, 654,
　660-661, 665, 676, 838
투르크 : 러시아 제품의 수출 634; 삼제협상
　377; 산스테파노 조약 579; 세르비아 577
투하쳅스키 Tukhachevsky, Mikhail 765
튜체프 Tiutchev, Fyodor 576, 667
트레드골드 Treadgold, Donald 643
트레믈 Treml, Vladimir 919
트레티야코프 Tretyakov, Vitalii 963
트레포프 Trepov, Fyodor 574
트로츠키 Trotsky, Lev 703, 718, 722-723,
　730, 741, 744-746, 748-749, 751, 765,
　768, 776, 783
트카초프 Tkatchev, Pyotr 573
티호노프 Tikhonov, Nikolai 825
파리 조약 576
파블로프 Pavlov, Ivan 659
파스테르나크 Pasternak, Boris 668, 878,
　880-881
파울루스 Paulus, Friedrich 789
페레스트로이카 892, 894, 896, 910, 919,
　987
페로프 Perov, Vasilii 671
페롭스카야 Perovskaia, Sofia 574
페르디난트 Ferdinand, Francis 624

페시코프 Peshkov, Aleksei 666
페옥티스토프 Feoktistov, Konstantin 875
페인소드 Fainsod, Merle 752, 767
페트 Fet, Afanasii 667
페트로그라드 626, 675, 689-691, 694-695,
　697-698, 701-702, 723, 727, 729-730,
　734, 738, 746, 751
페트로그라드 노동자병사 소비에트 690
페트루솁스카야 Petrushevskaia, Liudmila
　1014
펠레빈 Pelevin, Viktor 1014-1015
평화 법령 733
포드고르니 Podgorny, Nikolai 822, 824-825
포베도노스체프 Pobedonostsev, Konstantin
　584, 589, 593, 656, 680
포츠머스 조약 602
포크롭스키 Pokrovsky, Mikhail 876
포포비치(비행기 조종사) Popovich, Pavel
　875
포포프 Popov, Gavriil 909
폴란드 : 공산주의 809; 공산주의 붕괴 910;
　공산체제에 대한 봉기 837, 843; 나토와
　유럽 연합 973; 소련-폴란드 전쟁 731-
　732, 735; 알렉산드르 2세 567-569; 자유
　노조운동 849; 적군 784
폴레보이 Polevoi, Boris 798
폴릿콥스카야 Politkovskaya, Anna 996
표트르 대제(1세) 543-544, 549, 551, 554,
　586, 590, 888, 929
푸시킨 Pushkin, Aleksandr 548, 556, 838,
　990
푸탸틴 Putiatin, Evfimii 567, 569
푸틴 Putin, Vladimir : 경제 962-973; 관료
　조직 963-964; 관리형 민주주의 951, 954;
　국가주의 951-952, 959, 1002; 군 예산
　967; 나토 974; 남한 978-979; 대중문학
　1015; 대통령 선거 948, 950; 독일 978; 메
　드베데프 950; 미국과의 관계 977-982;
　민족주의 952, 957; 민주주의 955; 부
　패 문제 964; 비정부기구 956-958; 세금
　963; 솝차크 949; 실용주의 950, 976, 979,
　982; 애국주의 952, 1017; 업적에 대한 평
　가 961-963; 역사 교육 1003-1004; 연방
　위원회 958; 영화 1016; 옐친 948-950; 올

러시아·중앙아시아
국경
공화국, 주, 변강주(Kray)의 경계
자치주, 자치구의 경계
수도
주도(州都)
공화국에는 밑줄이 그어져 있다.
주(州)는 행정 중심지와 이름이 다른 경우에만 지명이 적혀 있다.
추크치 해
미국령
브랑겔 섬
베링 해
북 극 해
프란츠조셉랜드
동시베리아 해
노바야시비리 섬
추코트카
(자치구)
세베르나야젬랴
제도
노바야젬랴 섬
카라 해
랍테프 해
미국령
북태평양
영국
북 해
노르웨이
스웨덴
핀란드
무르만스크
바렌츠 해
캄차카
(변강주)
네덜란드
덴마크
발트 해
카렐리야
마가단
페트로파블롭스크캄차츠키
독일
체코
공화국
폴란드
라트비아
에스토니아
칼리닌그라드
레닌그라드
(주)
상트페테르부르크
오네가
호수
아르한겔스크
네네츠
(자치구)
야쿠티야
오호츠크 해
슬로바키아
리투아니아
프스코프
노브고로드
헝가리
벨라루스
스몰렌스크
트베리
야로슬라블
볼로그다
코미
사할린
(주)
쿠릴 열도
루마니아
몰도바
브랸스크
칼루가
모스크바
코스트로마
야말로네네츠
(자치구)
크라스노야르스크
(변강주)
1945년에 소련이
점령하여 현재 러시아가
관리하고 있으나,
일본이 영토권을
주장하고 있는
북방 4개 도서
우크라이나
오룔
툴라
이바노보
블라디미르
리페츠크
랴잔
니즈니
노브고로드
키로프
페름
(변강주)
한티만시
(자치구)
하바롭스크
(변강주)
쿠르스크
벨고로드
탐보프
펜자
울리야놉스크
타타르스탄
페름
스베르들롭스크(주)
예카테린부르크
튜멘
자바이칼스키
(변강주)
아무르
(주)
유대인 자치주
유즈노사할린스크
보로네시
사라토프
사마라
첼랴빈스크
쿠르간
블라고베셴스크
프리모르스키
(변강주)
흑 해
로스토프
볼고그라드
바시코르토스탄
옴스크
톰스크
이르쿠츠크(주)
부랴티아
바이칼
호수
치타
터키
그루지야
칼미키야
아스트라한
오렌부르크
노보시비르스크
케메로보
알타이
(변강주)
하카시야
이르쿠츠크
동 해
아르메니아
시리아
아제르바이잔
다게스탄
카자흐스탄
아랄 해
발하슈 호수
알타이
투바
중국
일본
이라크
카스피 해
몽골
북한
남한
쿠웨이트
이란
투르크메니스탄
우즈베키스탄
키르기스스탄
타지키스탄
중국
사우디
아라비아
페르시아 만
아프가니스탄
파키스탄
1. 크라스노다르(변강주)
2. 스타브로폴(변강주)
3. 아디게야(공화국)
4. 카라차이-체르케시야(공화국)
5. 카바르디노발카리야(공화국)
6. 북오세티야(공화국)
7. 잉구세티야(공화국)*
8. 체첸(공화국)*
9. 니즈니노브고로드(주)
10. 모르도바(공화국)
11. 추바시아(공화국)
12. 마리옐(공화국)
13. 우드무르티아(공화국)
* 과거의 체첸-잉구세티아 공화국.
체첸과 잉구세티아 사이에는
경계가 확정되지 않았다.
0 250 500 750킬로미터
0 250 500 750마일